Wissenschaftliche Produktionsgemeinschaften

Campus Forschung
Band 906

Jochen Gläser, Dr. habil, forscht als Soziologe an der Australian National University.

Jochen Gläser

Wissenschaftliche Produktionsgemeinschaften

Die soziale Ordnung der Forschung

Campus Verlag
Frankfurt/New York

Bibliografische Information der Deutschen Nationalbibliothek
Die Deutsche Nationalbibliothek verzeichnet diese Publikation in der Deutschen Nationalbibliografie;
detaillierte bibliografische Daten sind im Internet über http://dnb.d-nb.de abrufbar.
ISBN 978-3-593-38186-2

Besuchen Sie uns im Internet: www.campus.de

Inhalt

Vorbemerkung 9

1 Die soziale Ordnung wissenschaftlicher Gemeinschaften als
   Forschungsproblem 11

   1.1 Eine nur scheinbar beantwortete Frage 11

   1.2 Das Scheitern der klassischen Modelle sozialer Ordnung in der
        Wissenschaftssoziologie 15

   1.3 Ist »wissenschaftliche Gemeinschaft« ein relevantes wissen-
        schaftssoziologisches Konzept? 30

   1.4 Neuere Modelle der Wissensproduktion 37

   1.5 Sind »wissenschaftliche Gemeinschaften« Gemeinschaften? ... 44

   1.6 Der Platz wissenschaftlicher Gemeinschaften in einer Theorie
        sozialer Ordnung 51

   1.7 Präzisierung der Frage und Planung der Antwort 60

2 Wie wird wissenschaftliches Wissen produziert? 67

   2.1 Analyserahmen 67

   2.2 Wie entstehen Forschungsaufgaben für individuelle
        Produzenten? 73

        2.2.1 Fallbeschreibungen 73

        2.2.2 Der soziale Mechanismus der Formulierung von
              Forschungsaufgaben 79

        2.2.3 Dezentralisierte Aufgabendefinition als »fehlerhafte«
              Ordnung 89

        2.2.4 Der Peer review als Instrument der Ko-Konstruktion
              von Forschungsaufgaben 95

2.3 Die Abgleichung von laufenden Arbeitsprozessen...............100

2.3.1 Fallbeschreibungen...100

2.3.2 Die Lösung des Informationsproblems während der
Bearbeitung von Forschungsaufgaben..........................107

2.3.3 Die »schwache« Ordnung der Aufgabenbearbeitung als
Erfolgsbedingung...118

2.4 Integration der Beiträge – Formulieren eines lokalen Angebots.....120

2.4.1 Fallbeschreibungen...120

2.4.2 Die Erarbeitung von Angeboten im Schatten des
Integrationsproblems..125

2.4.3 Stärken und Schwächen der kollektiven Erarbeitung
von Angeboten..130

2.5 Integration der Beiträge – Die Verwendung von Angeboten..........132

2.5.1 Fallbeschreibungen...132

2.5.2 Exkurs: Was indizieren Zitierungen?..........................141

2.5.3 Die Lösung des Integrationsproblems.........................147

2.6 Mitgliedschaft in wissenschaftlichen Gemeinschaften und die
Lösung des Motivationsproblems 152

2.6.1 Wann nimmt man an der kollektiven Produktion teil?...........152

2.6.2 Der Wissensbestand einer Gemeinschaft als Referenz
für Mitglieder..157

2.6.3 Die Lösung des Motivationsproblems.........................163

2.7 Idealtyp und Realität kollektiver Wissensproduktion...........167

2.7.1 Interessen, Stratifikation und Macht..........................167

2.7.2 Fachgebietsspezifische Variationen kollektiver Produktion...171

2.7.3 Die »Auflösung« der individuellen Ebene der
Wissensproduktion...179

2.7.4 Die Einbettung der kollektiven Wissensproduktion in
Gesellschaften..181

2.7.5 Nationale Fachgemeinschaften 184

3. Wie entstehen wissenschaftliche Gemeinschaften? 187

   3.1 Die Entstehung wissenschaftlicher Gemeinschaften als
       interdisziplinäres Problem 187

   3.2 Ausgangssituation 199

       3.2.1 Vormoderne Wissenschaft 199

       3.2.2 Neue Quellen von Wissen...202

       3.2.3 Ein neuer Träger von Wissen......................................203

       3.2.4 Kulturelle Dynamiken...205

       3.2.5 Produzenten von Wissen..209

   3.3 Die Herausbildung der notwendigen Bedingungen für die
       kollektive Wissensproduktion 217

       3.3.1 Eine neue Identität 217

       3.3.2 Neue Praktiken der Erzeugung von Beiträgen...........223

       3.3.3 Neue Praktiken der Kommunikation..........................230

       3.3.4 Neue Praktiken der wechselseitigen Bezugnahme.....236

       3.3.5 Neue Organisationsformen? 239

   3.4 Die Entstehung gemeinschaftlicher Produktion....................243

       3.4.1 Seit wann gibt es gemeinschaftliche Produktion?.......243

       3.4.2 Die Entstehung wissenschaftlicher Spezialgebiete.......249

       3.4.3 Notwendige und hinreichende Bedingungen für die
             Entstehung wissenschaftlicher Gemeinschaften.......258

4. Verallgemeinerungen 260

   4.1 Produzierende Gemeinschaften 260

       4.1.1 Wissenschaftliche Gemeinschaften.............................260

       4.1.2 Die Produktion von Open Source Software 264

       4.1.3 Gib es noch weitere Produktionsgemeinschaften?......277

   4.2 Kollektive Produktionssysteme 284

       4.2.1 Der Nutzen von Taxonomien und Idealtypen............284

       4.2.2 Vergleich kollektiver Produktionssysteme...................285

       4.2.3 Kollektive Produktionssysteme und Produktionsaufgaben....299

4.3   Gemeinschaften...304

    4.3.1   Anforderungen an eine »zweckmäßige« Definition von
    Gemeinschaften..304

    4.3.2   Ein Vorschlag für eine verallgemeinerte Definition.............306

    4.3.3   Gemeinschaften, emotionale Bindungen und Solidarität........315

5.   Anwendungen...317

    5.1   Vergemeinschaftung durch »e-science«...............................317

    5.2   Hybridisierung von Produktionsgemeinschaften und
    Märkten durch intellektuelle Eigentumsrechte.....................331

    5.3   Evaluationen als neue Rückkopplungsschleifen in der
    Wissenschaft...345

6.   Zusammenfassung der Antwort und neue Fragen.....................358

Literaturverzeichnis..377

Stichwortverzeichnis..414

Vorbemerkung

Das Thema dieser Arbeit lässt sich mehr als zwanzig Jahre bis zu meinem Studium zurückverfolgen, in dem meine Lehrer Thomas Hager und Klaus Puls meine Beschäftigung mit Systemtheorie, dem Marxschen Wissenschaftskonzept und der Arbeitsweise der Naturwissenschaften anregten. In meinen ersten Forschungsprojekten überraschte mich das Ausmaß, in dem die Forschung an der Akademie der Wissenschaften der DDR sich durch den »eisernen Vorhang« hindurch an der internationalen Wissenschaft orientierte. Das löste Überlegungen zum Verhältnis von Wissenschaft und formalen Organisationen aus, die sich mit der von den konstruktivistischen Studien der Wissenschaft ausgehenden Faszination und dem Gefühl, dass das nicht alles sein könne, verbanden. So entstand das Habilitationsprojekt, das ich mit diesem Buch abschließe.

Das klingt einfacher und geradliniger, als es war. Schließlich habe ich zwischendurch das Wissenschaftssystem gewechselt und bin dabei von einer Krise in die nächste gestolpert. Dass ich diesen Übergang in die neue Wissenschaftslandschaft bewältigt habe, verdanke ich den Menschen, die ihn mit mir gemeinsam vollzogen und mich dabei gestützt haben. Die langjährige Unterstützung durch Werner Meske und das Gefühl, jederzeit auf ihn rechnen zu können, haben mir über viele Schwierigkeiten hinweggeholfen.

Wissenschaftlich und sozial »in Empfang genommen« hat mich das Max-Planck-Institut für Gesellschaftsforschung in Köln. Dass ich heute zu einer meinen Qualitätsmaßstäben entsprechenden wissenschaftlichen Produktion in der Lage bin, verdanke ich Renate Mayntz. Ohne ihr Interesse an meiner wissenschaftlichen Entwicklung, ihre präzise Kritik an meinen Arbeiten und ihre Beratung hätte ich nichts von dem erreicht, was ich mir vorgenommen hatte. Uwe Schimank hat mir seit unserer gemeinsamen Zeit in Köln stets mit seinem Rat geholfen. Seine Anregungen zu dieser Arbeit und viele spannende Diskussionen über Soziologie haben mir sehr dabei geholfen, die interessanten soziologischen Probleme in diesem Projekt zu identifizieren.

Wolfgang van den Daele hat mit seinem wissenschaftlichen Rat sowie seinem Engagement am Wisenschaftszentrum Berlin für Sozialforschung und an

der Freien Universität dafür gesorgt, dass aus meinen Ideen ein Habilitationsprojekt und eine Habilitation wurden. Nur dank seiner Unterstützung habe
ich das Projekt beginnen und erfolgreich abschließen können. Die Deutsche
Forschungsgemeinschaft hat das Projekt mit einem Habilitationsstipendium
und seine Publikation mit einer Sachbeihilfe gefördert. Dass aus dem
Typoskript ein schönes Buch wurde, ist das Verdienst von Gerd Laudel.

Dieses Buch ist auch das Ergebnis von 15 Jahren gemeinsamer Forschung
mit Grit Laudel, die mehrere gemeinsame Projekte rettete, geduldig bizarre
erste Entwürfe kritisierte und immer wieder Verbindungen zwischen ihrer
eigenen Forschung und meinen Ideen herstellte. Ohne sie wäre aus dem ganzen Vorhaben nichts geworden.

1 Die soziale Ordnung wissenschaftlicher Gemeinschaften als Forschungsproblem

1.1 Eine nur scheinbar beantwortete Frage

Mit dieser Arbeit wird eine Frage aus der Mottenkiste der Wissenschaftssoziologie beantwortet: Wie entsteht soziale Ordnung in wissenschaftlichen Gemeinschaften, und wie wird sie aufrechterhalten? Welcher soziale Mechanismus lässt Wissenschaftler, die nur unvollkommen übereinander informiert sind, gemeinsam ein solch einzigartiges Produkt wie wissenschaftliches Wissen hervorbringen?

Diese Frage gilt als beantwortet: Wissenschaftler produzieren gemeinsam, und das produzierte Wissen ist gemeinschaftlicher Besitz. So sieht die moderne Wissenschaft sich selbst, wie wir bereits bei ihrem ersten Sprecher Bacon im Jahre 1620 nachlesen können:

… what may be expected from […] cooperative labours and from the passage of time; especially on a road which may be travelled not only by individuals (as is the case in the way of reason), but where men's labours and efforts (particularly in the acquisition of experience) may be distributed in the most suitable way and then reunited. For men will begin to know their own strength when we no longer have countless men all doing the same thing, but each man making a different contribution. (Bacon 2000: 88).

Dieses Selbstbild hat im 20. Jahrhundert soziologische Verfeinerungen erfahren. Eine erste soziologisch ambitionierte Analyse der Produktion von wissenschaftlichem Wissen hat Fleck (1979) vorgelegt. Seine epistemologische und soziologische Analyse einer wissenschaftlichen Entdeckung illustriert die kollektive Natur der individuellen Wissensproduktion. Jede individuelle wissenschaftliche Arbeit erfolge, so Fleck, unter Anwendung eines »Denkstils«, der einem »Denkkollektiv« eigen sei und die Wahrnehmungen und Herangehensweisen von dessen Mitgliedern präge (ebd.: 82–125). Ein Denkstil sei (die Bereitschaft für) gerichtete Wahrnehmung. Er beschränke das Individuum, indem er festlege, »was nicht anders gedacht werden kann« (ebd.: 99). Fleck hat als erster beobachtet, dass Wissen das Ergebnis eines kollektiven Konstruktionsprozesses ist.

Eine zweite wichtige Präzisierung verdanken wir Polanyi, der die »Koordination« der kollektiven Wissensproduktion beschreibt:

Consider [...] the effect which a complete isolation of scientists would have on the progress of science. Each scientist would go on for a while developing problems derived from the information initially available to all. But these problems would soon be exhausted, and in the absence of further information about the results achieved by others, new problems of any value would cease to arise and scientific progress would come to a standstill.

This shows that the activities of scientists are in fact coordinated, and it also reveals the principle of their coordination. This consists in the adjustment of the efforts of each to the hitherto achieved results of the others. We may call this a coordination by mutual adjustment of independent initiatives – of initiatives which are coordinated because each takes into account all the other initiatives operating within the same system. (Polanyi 1962: 1)

Die Wissenschaftssoziologie hat zu beiden Aspekten wissenschaftlicher Produktion ähnliche Auffassungen. Ihr Begründer Merton hat die kollektive Natur wissenschaftlicher Arbeit mit der Norm des »Kommunismus« erfasst:

The substantive findings of science are a product of social collaboration and are assigned to the community. They constitute a common heritage in which the equity of the individual producer is severely limited. An eponymous law or theory does not enter into the exclusive possession of the discoverer and his heirs, nor do the mores bestow upon them special rights of use and disposition. (Merton 1973a: 273)

Auch die Soziologie wissenschaftlichen Wissens, die zu Beginn der achtziger Jahre das strukturfunktionalistische Paradigma ablöste und seitdem den mainstream der Wissenschaftssoziologie bildet, betont den kollektiven Charakter des Wissens. Für sie entsteht Wissen nicht nur in individuellen, sondern zugleich auch in kollektiven Konstruktionsprozessen, wie Latours Analysen der Entstehung wissenschaftlicher Fakten exemplifizieren:

To sum up, the construction of facts and machines is a collective process. (This is the statement I expect you to believe; its fate is in your hands like that of any other statements.) This is so essential for the continuation of our travel through technoscience that I will call it our *first principle*: the remainder of this book will more than justify this rather portentous name. (Latour 1987: 29)

Es gibt also eindeutige Aussagen zum kollektiven Charakter der wissenschaftlichen Produktion, die jede weitere Antwort auf unsere Frage redundant erscheinen lassen. Dieser Eindruck ist aber nur so lange richtig, wie man sich mit allgemeinen Aussagen wie »kollektive Produktion/Konstruktion«, »wechselseitige Abstimmung« und »gemeinsamer Besitz« zufrieden gibt. Versucht man dagegen herauszufinden, wie die kollektive Produktion von Wissen *funktioniert*, findet man keine befriedigenden Antworten. Es gibt bis heute keine theoretische Beschreibung eines Produktionsmechanismus, die das Zustandekommen des besonderen Produkts »wissenschaftliches Wissen« zu erklären vermag. Polanyis Darstellung kommt der Beschreibung eines Mechanismus noch am nächsten. Sie ist aber durch die Wissenschaftssoziologie weder empirisch geprüft noch theoretisch eingeordnet worden. Deshalb bleiben wichtige Aspekte des Produktionsmechanismus unverstanden. Insbesondere ist nicht klar geworden, wie die Kollektive aussehen, in denen der Mechanismus wirkt (offensichtlich stimmen sich nicht alle Wissenschaftler mit allen ab), und wie die Abstimmung im Alltag der Wissensproduktion funktioniert.

Die beiden großen wissenschaftssoziologischen Strömungen zeigen bei der Behandlung der sozialen Ordnung kollektiver Wissensproduktion ihre charakteristischen Schwächen, die sich bereits in den oben stehenden Zitaten andeuten. Die strukturfunktionalistische Wissenschaftssoziologie hat nur die Makroebene wissenschaftlicher Gemeinschaften analysiert und auf dieser Ebene keine besonderen Mechanismen der Wissensproduktion identifiziert. Sie erklärt die Wissensproduktion aus Normen und Belohnungssystemen, die zwar einen wissenschaftsspezifischen Inhalt hätten, sich aber in ihrer Wirkungsweise nicht von analogen Mechanismen in anderen Bereichen unterschieden. Die Besonderheit wissenschaftlichen Wissens wurde auf ein Mikrophänomen zurückgeführt, das nicht weiter empirisch untersucht wurde. Die Produktion wissenschaftlicher Erkenntnisse im Labor und in wissenschaftlichen Diskursen, so lautete die Annahme, sei von einer besonderen wissenschaftlichen Rationalität getragen.

In den siebziger Jahren setzte sich in der Wissenschaftssoziologie die Auffassung durch, dass die Produktion wissenschaftlichen Wissens selbst zum Gegenstand soziologischer Analysen gemacht werden müsse. Die neuen mikrosoziologischen Analysen vermochten bald zu zeigen, dass die alltäglichen Praktiken der Wissenschaftler genau das sind – alltäglich eben und nichts epistemologisch Besonderes. Woolgar hat diese Position folgendermaßen charakterisiert:

The instrumental ethnographer tends to be on the look out for news. This ethnographer is concerned with finding things to be other than you supposed they were. In the case of science, this translates into a concern to demystify, to argue that science is »in fact« quite an ordinary enterprise, not to be feared, and essentially similar to the work of non-science in most of its particulars – in the ways in which scientists argue with each other, in the kinds of petty disputes and other unsavoury activities which sometimes characterize laboratory work, and so on. The conclusion, which is surely by now unremarkable, is that scientific work *can be shown to be similar* to non-science. (Woolgar 1982: 485)

Damit wird aber das eingangs genannte Erklärungsproblem der Wissenschaftssoziologie nur umso drückender: Wie entsteht aus alltäglichen menschlichen Praktiken ein so wenig alltägliches Produkt wie wissenschaftliches Wissen?

Whitley hat diese Schwachstelle der Soziologie wissenschaftlichen Wissens frühzeitig identifiziert, als er schrieb:

The many case studies which litter the literature seem satisfied with demonstrating that scientists are human and social creatures who are subject to similar explanatory structures as any other occupation. What they don't do is to suggest how such people manage to produce and change some thing called scientific knowledge, largely because they are so concerned to deny any special status to it. (Whitley 1983: 681)

Den Befunden der vorkonstruktivistischen und der konstruktivistischen Wissenschaftssoziologie zufolge vollziehen sich weder auf der Makroebene noch auf der Mikroebene der Produktion wissenschaftlichen Wissens Prozesse, die die besondere Natur des Produkts erklären. Keine dieser beiden Perspektiven ist weit genug, um den kollektiven Prozess der Erzeugung von Wissen zu erfassen, weil jede von ihnen nur einen Teil des Problems zum Gegenstand hat: »The relativist school is primarily concerned with the nature of human knowledge, whereas the Mertonian researchers, as I see it, are primarily concerned with the nature of the scientific communities.« (Collins 1982b: 300)

Nunmehr wird auch Kuhns Klage verständlich: »We simply no longer have any useful notions of how science works or of what scientific progress is.« (Kuhn 1986: 33). Ein solches Konzept müsste den sozialen Prozess der Erzeugung von Wissen in der Wechselwirkung von Mikro- und Makroprozessen erklären, was den Rahmen beider Ansätze überschreitet.

Es scheint eine Theorie »mittlerer Reichweite« (Merton 1968) zu fehlen, die die Produktion wissenschaftlichen Wissens zu erklären vermag. Eine solche Theorie muss unter anderem den Mechanismus spezifizieren, der die Bedingungen wissenschaftlicher Produktion kausal mit dem spezifischen Produkt verknüpft. Letztlich kann nur die Angabe eines Kausal*mechanismus* als befriedigende Erklärung gelten, da Kausal*beziehungen* zwar verursachende Faktoren und Wirkungen miteinander verknüpfen, aber keine Informationen darüber liefern, auf welche Weise die interessierenden Phänomene zustande kommen (Mayntz 2004; Hedström 2005: 11-33).

Eine solche Theorie wäre zugleich eine Theorie der sozialen Ordnung wissenschaftlicher Gemeinschaften. Die Annahme, wissenschaftliche Gemeinschaften würden kollektiv produzieren, impliziert einen *geordneten* Produktionsprozess, der im Rahmen einer Theorie kollektiver Produktionssysteme anderen kollektiven Produktionsprozessen vergleichend gegenüber gestellt werden kann. Wenn sich wissenschaftliche Gemeinschaften durch eine spezifische soziale Ordnung auszeichnen, dann müssen sie sich überdies in einer Theorie sozialer Ordnung positionieren lassen.

Es scheint also mehr zu fehlen als nur eine Erklärung, wie wissenschaftliche Gemeinschaften ihr besonderes Produkt hervorbringen. Ich werde in den folgenden Abschnitten zunächst im Einzelnen zeigen, woran die Versuche der Wissenschaftssoziologie, die soziale Ordnung wissenschaftlicher Gemeinschaften zu identifizieren, gescheitert sind (1.2 bis 1.4). Danach werde ich mich den beiden theoretischen Kontexten zuwenden, die für eine Einordnung wissenschaftlicher Gemeinschaften in die allgemeine Soziologie relevant sind. Eine erste Frage lautet, ob die Anwendung des Gemeinschaftsbegriffes auf Kollektive von Wissenschaftlern theoretisch berechtigt ist, oder ob wir es mit einer in die Irre führenden Übernahme des Wortes »Gemeinschaft« aus der Alltagssprache zu tun haben und nach ganz anderen Begriffen suchen müssen (1.5). Die zweite notwendige Einordnung betrifft die soziale Ordnung kollektiver Produktion (1.6). Welche konzeptionelle Unterstützung bietet die vergleichende Behandlung von Typen sozialer Ordnung und hier speziell kollektiver Produktionssysteme? Die Analyse dieser Perspektiven ermöglicht es, die Frage nach der sozialen Ordnung wissenschaftlicher Gemeinschaften zu präzisieren und einen Plan für ihre Beantwortung zu entwickeln (1.7).

1.2 Das Scheitern der klassischen Modelle sozialer Ordnung in der Wissenschaftssoziologie

Die anfängliche makroskopische Orientierung der Wissenschaftssoziologie ließ diese auch nach theoretischen Beschreibungen der wissenschaftlichen Gemeinschaft suchen. Dabei wurden alle aus der allgemeinen Soziologie bekannten Modelle – Gemeinschaft, Markt, Organisation und Netzwerk – erprobt. Die Bezüge zu den theoretischen Quellen dieser Modelle in der allgemeinen Soziologie waren dabei unterschiedlich stark ausgeprägt. Zum Beispiel finden sich in der wissenschaftssoziologischen Literatur nur wenige Hinweise auf den Begriff der Gemeinschaft, während das Organisationsmodell unter expliziter Anlehnung an Erkenntnisse der Organisationssoziologie formuliert wurde. Keines der Modelle konnte sich durchsetzen, weil keines befriedigende Erklärungen liefern oder ein Forschungsprogramm begründen konnte. Ich werde im Folgenden zeigen, warum diese Modelle die soziale Ordnung der kollektiven Wissensproduktion nicht zu erklären vermögen.

Normenbasierte Gemeinschaft

Die Wissenschaftssoziologie entstand mit dem Versuch, soziale Ordnung in der Wissenschaft zu erklären. Der erste Erklärungsversuch war das berühmte wissenschaftliche Ethos, das dem Begründer der Wissenschaftssoziologie Merton zufolge die Handlungen der Wissenschaftler leitet (Merton 1972a). Das soziale System der Wissenschaft, dem alle Wissenschaftler angehören, sei durch ein institutionalisiertes Ziel – die Ausweitung gesicherten Wissens – und ein spezifisches Normensystem – das wissenschaftliche Ethos – charakterisiert. Das wissenschaftliche Ethos umfasste ursprünglich vier Normen, die Merton zufolge in der Sozialisation durch die Wissenschaftler internalisiert werden und deren Handeln leiten:

–   Kommunismus: Wissenschaftliche Beiträge gehören allen und müssen deshalb allen zugänglich gemacht werden.
–   Universalismus: Bei der Beurteilung wissenschaftlicher Beiträge dürfen nur vorgängig gebildete unpersönliche Kriterien verwendet werden.
–   Uneigennützigkeit: Wissenschaftliche Arbeit und die Beurteilung wissenschaftlicher Beiträge dürfen nicht durch persönliche Interessen beeinflusst werden.
–   Organisierter Skeptizismus: Die Beurteilung von (eigenen und fremden) Beiträgen ist so lange auszusetzen, bis die dafür erforderliche Evidenz erbracht werden kann.

Das Mertonsche Modell ist ein klassisches Beispiel für »alte« institutionalistische und funktionalistische Erklärungen. Es ist »altinstitutionalistisch«, weil es die Erklärung von Handlungen auf Institutionen reduziert. Merton gesteht den Wissenschaftlern zwar eine große Bandbreite von Motivationen zu, sieht diese aber durch die Normen so weit überformt, wie es der Fortschritt der Wissenschaft nötig macht: »*Es ist* […] *das eigentümliche Muster institutioneller Kontrolle einer breiten Skala von Motiven, die das Verhalten von Wissenschaftlern charakterisiert.*« (Merton 1972a: 53). Das Normensystem seinerseits wird aufrechterhalten, weil es funktional ist – es sichert die Ausweitung zertifizierten Wissens und dient damit dem institutionalisierten Ziel der Wissenschaft.

Dieses »reine« Modell zog zahlreiche Kritiken auf sich und ist durch Merton selbst und seine Schüler um verschiedene Erklärungsfaktoren erweitert worden.[1] Eine erste Veränderung war die Einbeziehung der

---

1 Die Kritik am Mertonschen Modell entzündete sich an dessen unzureichender empirischen Fundierung. Merton bezog empirische Argumente für sein Modell aus anekdotischen wissenschaftshistorischen Berichten über die moralische Entrüstung von Wissenschaftlern angesichts des Verhaltens von Kollegen und aus der Analyse von Prioritätsstreitigkeiten (Merton 1972b: 126; Zuckerman 1988: 517). Das wurde als »sehr dürftiges Beweismaterial« kritisiert (Mulkay 1975: 50). Keiner der Versuche, die Existenz eines wissenschaftlichen Ethos empirisch zu bestätigen oder zu widerlegen, konnte überzeugen (Zuckerman 1988: 517–519). Statt dessen wurden »Gegennormen« und zusätzliche Normen eingeführt (Merton 1973c; Mitroff 1974).

Handlungsmotive von Wissenschaftlern. Der alleinige Rekurs auf Normen als Handlungserklärung geriet bald in Widerspruch zu empirischen Beobachtungen, zum Beispiel von Prioritätsstreitigkeiten in der Wissenschaft. Merton »reparierte« diesen Mangel, indem er eine zuätzliche Norm einführte, die »Originalität zum höchsten Wert erhebt« (Merton 1972b: 128). Das Belohnungssystem der Wissenschaft, das er im selben Aufsatz einführte, belohnt gerade diese Originalität. Damit war es möglich, das Streben der Wissenschaftler nach Anerkennung und die Konkurrenz zwischen Wissenschaftlern in das Mertonsche Modell einzuführen, ohne in Widerspruch zum wissenschaftlichen Ethos zu geraten.

Merton hatte noch versucht, das individuelle Motiv – Streben nach Anerkennung – und das Belohnungssystem an das Normensystem anzukoppeln. Bei seinen Schülern, die das Konzept des Belohnungssystems weiterentwickelten, stand es unverbunden neben dem Normensystem. Hagstrom führte das Streben nach Anerkennung als das zentrale Motiv der Wissenschaftler ein, ohne es aus der Originalitätsnorm abzuleiten. In seinem Modell wissenschaftlicher Gemeinschaften werden Beiträge (Publikationen) gegen Anerkennung getauscht. Wissenschaftler konkurrieren miteinander um Anerkennung für ihre Beiträge (Hagstrom 1965; ähnlich Storer 1966). Die Vorstellung, dass Wissenschaftler ihre Publikationen gegen Anerkennung, Aufmerksamkeit, Glaubwürdigkeit oder ähnliches eintauschen, hat sich in der Wissenschaftsforschung gehalten und bildet heute eine Prämisse bibliometrischer Analysen. Allerdings ist es nie gelungen, einen Zusammenhang zwischen dem Normensystem und dem Austauschmodell herzustellen (Mulkay 1977: 105).

So modifiziert, stimmte das funktionalistische Modell zwar besser mit empirischen Befunden überein. Das bewahrte es aber nicht vor fundamentaler Kritik. Keine der Reparaturen am Mertonschen Modell beseitigte nämlich den blinden Fleck seiner Wissenschaftssoziologie: die Wissensproduktion selbst. Die Erzeugung von Wissen im Labor wurde als ein außerhalb des Sozialen stehender, soziologischer Analyse und Erklärung nicht zugänglicher Prozess angesehen. Soziale Faktoren wurden nur herangezogen, um Irrtümer zu erklären (Ben-David 1971: 11–13). Die Kritik daran wurde pointiert von Whitley vorgetragen:

By asserting, if only implicitly, that scientists act perfectly rationally in creating and evaluating knowledge, much of the sociology of science has a priori ruled out of court the consideration of what scientists actually do and so concentrates on studying how people become scientists, how they are organized and rewarded and how they communicate. (Whitley 1972: 66)

Wegen dieser Leerstelle konnte das Mertonsche Modell – auch in seinen modifizierten Varianten – den Zusammenhang zwischen kognitivem und sozialem Wandel nicht erklären (ebd.: 68, 76). Das gestanden auch Vertreter der funktionalistischen Wissenschaftssoziologie ein (Ben-David 1975: 133). Das stärkste empirische Gegenargument gegen Mertons Modell war der häufig beobachtete Widerstand von Wissenschaftlern gegen wissenschaftliche Innovationen (Barber 1972; Mulkay 1974). Dieses Verhalten konnte durch kein noch so stark modifiziertes Normensystem erklärt werden, solange die Annahme aufrechterhalten wurde, Wissenschaftler gingen stets rational vor.

Damit sind wir bei einer Schwäche des Mertonschen Modells angelangt, die direkt mit unserer Frage verbunden ist: Das Modell konnte die soziale Ordnung der Wissensproduktion nicht erklären. Das wissenschaftliche Ethos ist viel zu abstrakt, um die Handlungen in der kollektiven Wissensproduktion ordnen zu können. Die Normen enthalten keine Informationen darüber, *welche* Forschungsprobleme ein Wissenschaftler *wie* bearbeiten soll. Dasselbe gilt für die »technologischen« Normen im Wissenschaftssystem, das heißt für Regeln des Experimentierens und Standards. Auch sie definieren bestimmte Handlungen der Wissenschaftler als »korrekt«, bieten aber nur sehr beschränkte inhaltliche Orientierungen (Latour/Woolgar 1986: 189f.).

Diese Beobachtung motivierte Kuhns Suche nach alternativen Erklärungen: »Return, finally, to the term ›paradigm‹. It entered *The Structure of Scientific Revolutions* because I, the book's historian-author, could not, when examining the membership of a scientific community, retrieve enough shared rules to account for the group's unproblematic conduct of research.« (Kuhn 1977a: 482) Kuhns Theorie zufolge wird wissenschaftliches Handeln nicht durch allgemeine Verhaltensnormen, sondern durch ein Paradigma orientiert. Die soziale Einheit der Analyse ist die durch den Bezug auf ein gemeinsames Paradigma charakterisierte wissenschaftliche Gemeinschaft.[2] Ein Paradigma besteht aus Annahmen über den gemeinsam bearbeiteten Weltausschnitt, Annahmen über geeignete Vorgehensweisen zur Lösung von Problemen und charakteristischen Beispielen erfolgreicher Problemlösungen.[3]

---

2 Nach einer anfänglich vagen Verwendung des Begriffs »wissenschaftliche Gemeinschaft« hat Kuhn im Postskript von 1970 die Korrespondenz Paradigma – wissenschaftliche Gemeinschaft auf der Ebene von kleineren, durch einen gemeinsamen fachlichen Bezug charakterisierten Kollektiven angesiedelt (Kuhn 1970: 178). Für diese Kollektive hat sich später der Begriff »specialty« (deutsch: wissenschaftliche Spezialgebiete) eingebürgert. Da der Begriff »wissenschaftliche Gemeinschaft« für die Diskussion der sozialen Ordnung besser geeignet ist, übernehme ich ihn und verwende den Begriff der Fachgemeinschaft, wenn es mir auf die durch den wissenschaftlichen Gegenstand bedingte Spezifik besonderer wissenschaftlicher Gemeinschaften ankommt.

3 Kuhn hat rückblickend festgestellt, dass er den Begriff Paradigma in *Die Struktur wissenschaftlicher Revolutionen* zunächst nur für orientierende Beispiele wissenschaftlicher Leistungen verwenden wollte, er den Begriff aber im Verlauf der Arbeit aufgebläht hat und unter ihm alle Theorien, Methoden, Regeln, Annahmen usw. subsumierte, die er später als »disziplinäre Matrix« beschrieb (Kuhn 1977a: 482).

In Phasen »normaler Wissenschaft« leitet das Paradigma die Forschung der Gemeinschaft an. Es konstituiert eine Perspektive, die lösbare »Rätsel« vorgibt und Wissenschaftler durch das Paradigma als unlösbar oder unsinnig charakterisierte Aufgaben und als unmöglich charakterisierte Befunde ignorieren lässt. In wissenschaftlichen Revolutionen wird ein Paradigma durch ein anderes ersetzt (Kuhn 1962).

Diese Theorie wurde in der Wissenschaftssoziologie in unterschiedlichen Formen rezipiert. Eine erste Form der Rezeption integrierte Kuhns Überlegungen in das Mertonsche Modell, indem sie das Paradigma als ein Set von Normen interpretierte. Eine Anschlussmöglichkeit dafür fand sich bei Merton selbst, der ursprünglich betont hatte, dass in wissenschaftlichen Gemeinschaften neben »sozialen« auch »technische« Normen existieren (Merton 1972a: 47f.). Diese Idee ist durch Merton nie systematisch entwickelt worden (Stehr 1978: 176). Kuhns Theorie ließ sich nun so verstehen, dass das Paradigma normative Wirkungen hat (diese Rezeption haben Böhme 1974a: 189f.; Stehr 1978: 178 und Zuckerman 1988: 516f. analysiert). Die Interpretation des Paradigmas als Normensystem wurde dadurch unterstützt, dass auch Kuhn selbst das Paradigma als einen durch Sozialisation erworbenen gemeinsamen Glauben ansah, der die wissenschaftliche Gemeinschaft normativ zusammenhält.[4] Er erklärte die Wirkung von Paradigmata durch den gleichen Mechanismus, den auch Merton herangezogen hatte: Das in Normen verwandelte Wissen wird in der Ausbildung und in der anschließenden Forschungsarbeit internalisiert und leitet so die Handlungen der Wissenschaftler (Kuhn 1972a: 293–298; Mulkay 1977: 108, 120f.; Shapin 1995: 301).

Daran anschließend konnte »mit Merton gegen Merton« argumentiert werden, dass nicht die sozialen, sondern die kognitiven und technischen Normen soziale Ordnung in wissenschaftlichen Gemeinschaften erzeugen. Dies haben ohne explizite Kritik an Merton Hagstrom (1965: 9–12) und in kritischer Absetzung von Merton Mulkay (1974: 99) getan.

Eine zweite Form der Kuhn-Rezeption bildeten Analysen zur Entstehung wissenschaftlicher Spezialgebiete (siehe zusammenfassend Edge/Mulkay 1975; Chubin 1976). Diese Analysen suspendierten die Frage, was wissenschaftliche Gemeinschaften sind, und analysierten stattdessen deren Entstehung. Es stellte

---

4 Das wurde besonders deutlich, als Kuhn im »Postskript« von 1969 zu seiner »Theorie wissenschaftlicher Revolutionen« als Antwort auf die Kritik an seinem unklaren Begriff des Paradigmas die »diziplinäre Matrix« einführt (Kuhn 1972a: 294–298). Zur »disziplinären Matrix« gehören »symbolische Verallgemeinerungen«, »metaphysische Teile von Paradigmata«, »Werte« und »beispielhafte Leistungen« (die Paradigmata im engeren Sinne). In dieser Bestimmung ist kaum noch ein konkreter Bezug auf Wissen enthalten. Dies und der Bezug auf Werte rücken das Paradigma in die Nähe eines Normensystems.

sich heraus, dass ständig neue wissenschaftliche Spezialgebiete entstehen, ohne dass Kuhns Modell erklären konnte, warum und wie das geschieht (Mulkay 1975: 54–56; für eine diesbezügliche Ergänzung siehe Kuhn 1990: 7f.). Kuhns Modell enthielt außerdem eine kognitive Variable. Die »paradigmatische Reife« oder »paradigmatische Stärke« eines Wissenschaftsgebietes beschreibt den Entwicklungsstand eines Paradigmas anhand der von ihm ausgehenden Orientierungswirkung. Mit dieser Variablen wurden Unterschiede in der Wirkung der Mertonschen Universalismus-Norm (Beyer/Stevens 1975; Beyer 1978) und in der externen Steuerbarkeit der Wissenschaft (Böhme u. a. 1973) erklärt. Dabei wurde das Paradigma als ein kognitiver Einflussfaktor auf die soziale Struktur wissenschaftlicher Gemeinschaften behandelt. Es gelang allerdings nicht, die Wechselwirkung kognitiver und sozialer Faktoren zu analysieren oder gar zu erklären. Die Faktoren standen zusammenhanglos nebeneinander, wenn nicht kognitive Faktoren sogar in den Hintergrund gedrängt wurden (zur Kritik dieser »konservativen Interpretation« von Kuhns Modell siehe Pinch 1997: 466–473).[5]

Die für eine Erklärung sozialer Ordnung wichtigste Innovation blieb also aus. Sie hätte darin bestanden, nicht mehr Normen, sondern Wissen als die Grundlage sozialer Ordnung in wissenschaftlichen Gemeinschaften anzusehen (Böhme 1974a; Shapin 1995: 301f.). Das hätte eine grundlegende Wende in der soziologischen Erklärung wissenschaftlicher Gemeinschaften bedeutet. Diese Wende unterblieb, weil Kuhn und viele an ihn anschließende Soziologen das Paradigma als in Normen verwandeltes Wissen interpretierten[6] und weil empirische Studien zur Dynamik wissenschaftlicher Spezialgebiete nicht in der Lage waren, die kognitiven Faktoren als unabhängige Variablen in soziologische Erklärungen zu integrieren. Beide Herangehensweisen schlossen Wissen praktisch wieder aus der Erklärung sozialer Ordnung aus und glichen damit in ihrer Grundstruktur dem Mertonschen Ansatz, wie Whitley kritisch anmerkte: »Despite the programmatic rhetoric, then, much of the research in the post Kuhnian sociology of science remained remarkably similar to the sort of studies carried out in the Mertonian tradition.« (Whitley 1983: 686) Gegen diese dominierenden Varianten der Kuhn-Rezeption konnte sich der Vorschlag, Wissen als soziale Ordnung erzeugend und damit als *funktionales Äquivalent* zu Normen zu behandeln, nicht durchsetzen. Für diese Variante

---

5 Die Idee, dass das Handeln der Wissenschaftler durch das produzierte Wissens selbst koordiniert wird, findet sich erstmals bei Polanyi (1951: 50–53, siehe auch das Zitat in 1.1, S. 16). Seine Anregung ist aber in der Wissenschaftssoziologie nicht aufgenommen worden.

6 Kuhn hat auch stets die Übereinstimmung seines Modells mit dem Mertons betont und radikale Interpretationen seiner Theorie kritisiert, die einen Gegensatz zwischen den beiden Modellen konstruierten (Baber 2000).

der Kuhn-Rezeption stehen Whitley (1974), Böhme (1974a; 1975) und Weingart (1976; 2003: 42–45).[7] Die handlungstheoretischen Modelle von Böhme und Weingart (1976: 73–85) nehmen eine orientierende Wirkung von wissenschaftlichem Wissen an, die auch auf Information und nicht nur auf sozialen Zwängen oder Verpflichtungen beruht. »Wenn man Kuhn in dieser Richtung folgt, wird man finden, dass die primäre Solidarität in den einzelnen scientific communities durch die technisch-methodologischen Regeln begründet wird und daß die Interaktionsbeziehungen in den scientific communities durch Inhalte veranlaßt und durch kognitive Normen geprägt sind.« (Böhme 1974a: 191)

Böhmes Modell ist für unsere Frage das interessanteste, weil es beansprucht, die Funktionsweise wissenschaftlicher Gemeinschaften zu erklären. Es beruht auf einer Einteilung wissenschaftlichen Handelns in die drei Sektoren Kommunikation, Forschung und Lehre (ebd.: 193). Wissenschaftler produzieren im Labor Ergebnisse (Daten und Theorien), mit denen sie dann in einen Argumentationszusammenhang eintreten, indem über die Wahrheit und damit Akzeptierbarkeit ihrer Sätze kommuniziert wird. Die Erzeugung von Wissen im Labor folgt dabei Regeln und Informationen, die sich aus dem Argumentationsstand ergeben. Dadurch wird sichergestellt, dass die produzierten Daten und Theorien später im Zusammenhang der Rechtfertigung bestehen können (ebd.: 197). Der Zusammenhang der wissenschaftlichen Gemeinschaften wird durch wissenschaftliche Kommunikation hergestellt: »Wir behaupten also, daß Argumentation das organisierende Prinzip von *scientific communities* ist: diejenige Interaktion, die sie zusammenhält und zu einem macht, ist Argumentation mit- und gegeneinander. Die Einheit einer Forschungsgemeinschaft ist kognitiv gesehen ein Argumentationszusammenhang.« (ebd.: 204)

Böhme weist darauf hin, dass sein Modell dem klassischen Konzept der Gemeinschaft widerspricht, demzufolge Gemeinschaften auf mechanischer Solidarität beruhen, die »die Ganzheit einer sozialen Formation darin begründet, daß sich jeder einzelne durch bestimmte gemeinsame Werte direkt auf dieses Ganze bezieht (und sich von daher seinen Platz anweisen läßt)« (ebd.: 206). Die Solidarität der wissenschaftlichen Gemeinschaft sei eine andere, entspräche aber auch nicht dem zweiten von Durkheim eingeführten Typ, der auf der funktionalen Differenzierung der Individuen beruhenden organischen Solidarität. Böhme führt deshalb zur Beschreibung der sozialen Struktur von

---

7 Ziman (2002) hat versucht, die beiden gegensätzlichen Konzepte (Integration durch Normen versus Integration durch Wissen) zu synthetisieren, indem er zunächst das Mertonsche Ethos als axiomatische Grundlage seines Modells einführt und später das Paradigma als Steuerungsinstanz für die Problemwahl hinzufügt. Da er nicht auf die Spannung zwischen den beiden Konzepten eingeht und die daraus resultierenden soziologischen Probleme nicht diskutiert, bleibt sein Modell eklektisch.

wissenschaftlichen Gemeinschaften einen neuen Typ von Solidarität ein, die »konzertierte Solidarität«, bei der die Handlungskoordination über einen gemeinsamen Gegenstand, eine gemeinsame Theorie, gemeinsame Methoden usw. hergestellt wird (ebd.: 206f.). Zu einer wissenschaftlichen Gemeinschaft gehört damit nicht mehr, wer sich bestimmten Werten verpflichtet fühlt, sondern wer auf eine bestimmte Art und Weise Wissen produziert. Damit verwirft Böhme implizit das traditionelle Konzept der Gemeinschaft und führt ein neues ein. Das geschieht aber ad hoc, ohne dass das Konzept systematisch entwickelt und seine Konsequenzen ausgelotet werden.

Böhmes Ansatz enthält einige interessante Aspekte, insbesondere die ordnende Funktion von Wissen und die explizite Auseinandersetzung mit dem Gemeinschaftsbegriff. Eine wesentliche Schwäche seines Modells besteht darin, dass es die Produktion von Wissen im Labor von der Produktion von Wissen in der kollektiven Argumentation trennt und die beiden Sphären als qualitativ voneinander verschieden behandelt. Dadurch wird die Erzeugung von Wissen von der Kommunikation über dieses Wissen separiert, was künstlich wirkt und später in der Tat durch empirische Studien zur Soziologie wissenschaftlichen Wissens widerlegt worden ist.

Die Vorschläge von Böhme und Weingart sind in der Wissenschaftssoziologie kaum rezipiert worden. Sie kamen vermutlich einfach zu spät: Mitte der siebziger Jahre begann bereits die mikrosoziologische Wende, in deren Folge die Wissenschaftssoziologie das Interesse an theoretischen Problemen auf der Makroebene wissenschaftlicher Gemeinschaften verlor. Die Modelle zeigten aber auf, dass man mit Kuhn zu einem Konzept der kollektiven Wissensproduktion hätte gelangen können, in der die Wissensproduktion durch das Wissen selbst geordnet wird. Allerdings hätte dieses Modell nicht mit der von Kuhn selbst vorgeschlagenen kognitiven Struktur – dem Paradigma – funktioniert. Hier zeigt sich ein grundsätzliches Dilemma der Kuhnschen Theorie: Die Vorstellung von einem über den langen Zeitraum zwischen wissenschaftlichen Revolutionen stabilen Paradigma, das für alle Mitglieder einer wissenschaftlichen Gemeinschaft gleich aussieht und in wissenschaftlichen Revolutionen ausgetauscht wird, lässt sich nur aufrechterhalten, wenn das Paradigma eine sparsame, abstrakte Struktur ist, die durch die Normalwissenschaft nicht verändert wird. Eine solche abstrakte Struktur kann aber nur eine begrenzte orientierende Wirkung entfalten. Dieses Dilemma mag eine der Ursachen für die unkontrollierte Aufweichung des Paradigma-Begriffs sein, der zum Schluss alle Annahmen umfasst, die durch die Mitglieder einer wissenschaftlichen Gemeinschaft geteilt werden. Da sich ein solch umfassendes Paradigma kontinuierlich entwickelt, gerät die Theorie der wissenschaftlichen Revolutionen als Ablösung eines stabilen Paradigmas durch ein anderes in Gefahr. Ein zweites Problem des Kuhnschen Modells besteht darin, dass prä- und polyparadigmatische Phasen in der Entwicklung von Wissenschaftsgebieten die Wissenschaftler ohne bzw. mit konfligierenden Signalen der Handlungskoordination belassen sollten. Dass die kollektive Wissensproduktion auch unter solchen Bedingungen funktioniert, macht deutlich, dass es nicht das Paradigma allein sein kann, dass die Handlungen der Wissenschaftler ordnet. Schließlich hat Mulkay das Kuhnsche Modell zu recht dafür kritisiert, dass es das Entstehen neuer Forschungsrichtungen, das heißt neuer Paradigmata und neuer wissenschaftlicher Gemeinschaften, nicht erklären kann (Mulkay 1975: 54–56; siehe auch Whitley 1983: 681–687).

Das Kuhnsche Modell hat also eher heuristischen Wert. Seine wichtigste Konsequenz für die Wissenschaftssoziologie war, dass sie Wissen zum legitimen Gegenstand wissenschaftssoziologischer Analysen machte (Weingart 2003: 44). Die ebenfalls in ihm angelegte Möglichkeit, Wissen als funktionales Äquivalent zu Institutionen zu behandeln, ist dagegen trotz entsprechender Vorschläge nicht genutzt worden. Insbesondere ist der *Mechanismus*, durch den Wissen die Ordnung wissenschaftlicher Gemeinschaften erzeugt, nie empirisch untersucht worden. Nur auf dieser Grundlage wäre es möglich gewesen, auch theoretisch über Kuhn hinauszugehen.

Markt

Die Idee, dass Wissenschaftler ihre Beiträge gegen Anerkennung ihrer Fachkollegen »eintauschen«, hat nicht nur zu den Modellen des »Verschenkens« von Beiträgen geführt, die auf der Idee des sozialen Austauschs beruhten (Mulkay 1977: 104), sondern auch zu ökonomischen, quasi-kapitalistischen Marktmodellen. Von diesen hat Bourdieus Konzept des »wissenschaftlichen Feldes« in der Wissenschaftssoziologie nur wenige Anhänger gefunden (Bourdieu 1975; 1998). Bourdieu beschreibt Wissenschaftler als Kapitalisten, die um »wissenschaftliche Autorität« – die spezifische Form sozialen Kapitals im wissenschaftlichen Feld – konkurrieren. Alle wissenschaftlichen Praktiken sind auf die Erlangung wissenschaftlicher Autorität (Prestige, Anerkennung, Ruhm usw.) gerichtet (Bourdieu 1975: 21; 1998: 23). Bourdieus Versuch, Wissenschaftsentwicklung (zum Beispiel wissenschaftliche Revolutionen) als Teil dieses Konkurrenzkampfes zu beschreiben, kann nicht überzeugen. Die Konvertierbarkeit wissenschaftlicher Autorität in andere Formen von Kapital (wie Verfügung über Ressourcen) bleibt zweifelhaft: Sie wird in der frühen Schrift allgemein konstatiert (Bourdieu 1975: 23, 25), in der neueren Schrift aber (offensichtlich unter dem Eindruck persönlicher Erfahrungen in Frankreich) verneint (Bourdieu 1998: 31–38). »Wissenschaftliche Autorität« als »soziales Kapital« ist eher eine Metapher und die Theorie des wissenschaftlichen Feldes eher eine ideologische Kritik als ein theoretisches Modell. Eine Erklärung der Wissensproduktion findet man jedenfalls bei Bourdieu nicht, und die empirische Basis seines Modells geht kaum über persönliche Erfahrungen hinaus.

Das einflussreichste Marktmodell ist der von Latour und Woolgar beschriebene »Glaubwürdigkeitszyklus« (»cycle of credibility«, Latour/Woolgar 1986: 187–233). Die Autoren warfen Hagstrom und auch Bourdieu vor, dass sie zwar erklären könnten, warum Wissenschaftler Wissen produzieren, nicht aber, warum sie bei dieser Produktion die Ergebnisse anderer benutzen (ebd.: 203–206).[8] Sie boten mit ihrem »cycle of credibility« eine Erklärung an: Wissenschaftler benötigen die Ergebnisse ihrer Kollegen, um selbst neues Wissen produzieren zu können. Sie müssen deshalb den Ergebnissen ihrer Kollegen vertrauen können, was die Vertrauenswürdigkeit von Wissen bzw. seiner Produzenten zu einem zentralen Faktor macht (ebd.: 187–233). Wissenschaftler produzieren neues Wissen, um die dafür erhaltene Anerkennung (in Form von »Glaubwürdigkeit«) in Ressourcen umzumünzen, mit denen sie wieder neues Wissen produzieren können usw. »Let us suppose that scientists are investors of credibility. The result is the creation of a *market*. Information now has value because, as we saw above, it allows other investigators to produce information which facilitates the return of invested capital.« (ebd.: 206) Wissenschaftler benutzen in ihrer eigenen Produktion das von Kollegen produzierte Wissen, womit sie deren Glaubwürdigkeit erhöhen. Dieser Reproduktionsprozess ist ein sich beschleunigender und ausweitender Zyklus.

Dieses Modell ist von Whitley und von Knorr-Cetina kritisiert worden. Whitley ordnete das Marktmodell in den Kontext der Laborstudien ein und bemängelte die Vernachlässigung der sozialen Strukturen wissenschaftlicher Gemeinschaften (Whitley 1983: 700–708). Knorr-Cetina hat die Übertragung ökonomischer Annahmen und Modelle auf Wissenschaft grundsätzlich in Frage gestellt. Ihre Kritik richtete sich gegen die Modellierung des Wissenschaftlers als »homo oeconomicus«, das heißt gegen die Verwendung eines Modells, das der Komplexität sozialen Handelns nicht gerecht wird. Außerdem wäre das Modell eines »Gemeinschaftskapitalismus« nicht überzeugend, da es nur einen Teil der relevanten Prozesse enthält (die Quellen der Ressourcen für Wissenschaft sind nicht Bestandteil des Modells) und weil für

---

8 Hagstrom konstatiert zwar, dass Wissenschaftler die Arbeiten ihrer Kollegen verwenden müssen, um selbst neues Wissen produzieren zu können (Hagstrom 1965: 23f.). Diese Beobachtung steht aber unverbunden neben seinem Austauschmodell.

kapitalistische Modelle grundlegende Kategorien wie »Aneignung von Mehrwert«, »Klasse« oder »Entfremdung« nicht anwendbar seien (Knorr-Cetina 1982: 106–110).

Das Marktmodell von Wissenschaft weist aber eine noch tiefer liegende Schwäche auf: Der für den Markt konstitutive Begriff »Tausch«, für gewöhnlich »der trivialste Aspekt der Sache« (Wiesenthal 2000: 51), kann nicht sinnvoll auf das angewendet werden, was Wissenschaftler mit ihren eigenen und den Ergebnissen ihrer Kollegen tun. Auch die von Latour und Woolgar beschriebene »Investition« von Glaubwürdigkeit, um neues Wissen zu produzieren, ist nur vorstellbar, wenn der ökonomische Begriff der Investitionen metaphorisch gebraucht wird. Deshalb ist das Marktmodell auch keine Antwort auf die Frage nach der sozialen Ordnung der kollektiven Wissensproduktion: In wissenschaftlichen Gemeinschaften entstehen keine »Marktpreise« im Sinne durchschnittlicher Reputationen oder Glaubwürdigkeiten, die für typische Problemlösungen vergeben werden. Konkurrenz ist zwar ein ubiquitäres Phänomen in wissenschaftlichen Gemeinschaften. Es handelt sich aber nicht um eine Konkurrenz um Tauschgelegenheiten wie im Falle des Marktes.

In der Wissenschaftssoziologie längst ad acta gelegt, erlebt das Marktmodell der Wissenschaft in jüngster Zeit eine Renaissance in der ökonomischen Analyse der Wissensproduktion durch die »neue Wissenschaftsökonomie« (Dasgupta/David 1987; 1994; David 1998; David u. a. 1999). Sie motiviert das mit der Rolle von Wissenschaft als Quelle von Innovationen, das heißt mit ihrer Bedeutung für die wirtschaftliche Entwicklung (Dasgupta/David 1994: 487–490). Die »neue« Wissenschaftsökonomie hat zum Ziel, über die »alte« hinauszugehen, die sich auf die Diskussion des Marktversagens und der unzureichenden Investition in Grundlagenforschung beschränkte (ebd.: 490f.). Sie übernimmt das strukturfunktionalistische Modell der durch ein Normensystem regulierten Wissenschaft, ohne es zu hinterfragen, und setzt sich folgende Ziele: »As will be illustrated by this paper, the new economics of science has the two-fold ambition of (1) exposing the underlying logic of the salient institutions of science, and (2) examining implications of those differentiating institutional features for the efficiency of economic resource allocation within this particular sphere of human action.« (ebd.: 492)

Das veröffentlichte wissenschaftliche Wissen wird als öffentliches Gut behandelt. Damit entsteht die klassische ökonomische Frage, wieso denn rationale, egoistische Akteure zu einem öffentlichen Gut beitragen, indem sie ihre Ergebnisse veröffentlichen. Dasgupta und David zeigen, dass ein Belohnungssystem, das den Reputationsgewinn an die Priorität der Entdeckung koppelt, die rasche Veröffentlichung von Beiträgen begünstigt und damit den raschestmöglichen wissenschaftlichen Fortschritt sicherstellt. Sie diskutieren aber auch »Fehlallokationen« von Ressourcen, die das Belohnungssystem hervorruft. Ihrer Ansicht nach führt der Wettbewerb um Reputation dazu, dass zu viele Wissenschaftler ähnliche Projekte in Angriff nehmen (Redundanz) oder unnötige Risiken eingehen.

Der größte Nutzen dieses Wissenschaftsmodells liegt darin, dass es die Grenzen einer ökonomischen Analyse der Wissenschaft aufzeigt. Die Analyse funktioniert nur, weil sie auf Annahmen beruht, die aus wissenschaftssoziologischer Perspektive problematisch sind. Die Produktion von Wissen muss als individuelles Handeln nutzenmaximierender Akteure konzeptualisiert werden, die ihre Ergebnisse gegen »Reputation« tauschen. Da die Wissenschaftler den Nutzen ihres Handelns kalkulieren können, werden in diesem Modell nur Forschungsprojekte mit einem hinreichenden »erwartbaren Reputationsgewinn« durchgeführt. Die »neue Wissenschaftsökonomie« beschert uns damit eine Wiederauflage des Marktmodells, ist aber ebenfalls nicht in der Lage, die soziale Ordnung der kollektiven Produktion zu erklären.

Organisation

Die Anwendung organisationssoziologischer Überlegungen auf Wissenschaftsgebiete stand in der Tradition des Kontingenzansatzes, demzufolge die Organisationsstruktur mit Merkmalen der Technologie korrespondiert (R. Collins 1975: 470–523; Hagstrom 1976; Whitley 1982; 1984).[9] All diese Modelle stellen Beziehungen zwischen kognitiven Charakteristika der Forschung (insbesondere der Unsicherheit bzw. dem Grad der Routinisierung) und der sozialen Ordnung von Wissenschaftsgebieten her, wobei letztere als Organisationen aufgefasst werden. Das steht in offensichtlichem Widerspruch zu der empirischen Beobachtung, dass Wissenschaftsgebiete fluide, unscharfe Grenzen aufweisen und eine klare interne Struktur vermissen lassen. Die Verfechter des Organisationsmodells sind mit diesem Widerspruch unterschiedlich umgegangen. Randall Collins rechtfertigt die Anwendung des Organisationsbegriffs auf Wissenschaftsdisziplinen dadurch, dass er »patrimonal organizations, that is, most large-scale premodern organizations« einführt, die ebenfalls keine

---

9 Die »theory of scientific organizations« von Fuchs (1992; 1993) fügt dem Modell nichts Neues hinzu. Sie bedeutet eher einen Schritt rückwärts, weil Fuchs die Idee der kollektiven Produktion aufzugeben scheint: »A specialty is a group of practitioners with similar training, attending the same conferences, reading and citing the same bodies of literature, and being more likely to talk to each other than to members of different specialties, considerable overlaps and mobility notwithstanding.« (Fuchs 1993: 934) Diese Definition hebt das Gleichartige der Tätigkeiten hervor, ignoriert aber die Gründe für die Gleichartigkeit.

klaren Strukturen und keine klar abgegrenzte Mitgliedschaft hätten (R. Collins 1975: 492). Das ist eine extreme Ausweitung des Organisationsbegriffs, nach der nicht mehr klar ist, wodurch sich Organisationen von anderen Kollektiven unterscheiden. Hagstrom bezieht seine Analyse auf »invisible colleges«, die er als Netzwerke von ca. 50 bis 100 eng verbundenen Wissenschaftlern bzw. Forschungsgruppen ansieht (Hagstrom 1976: 758f.). Er behandelt diese Netzwerke als Produktionsorganisationen, was ihm ebenfalls nur um den Preis einer extremen Aufweitung des Organisationsbegriffs gelingt. Anders als Collins sieht Hagstrom das Problem, das er sich damit einhandelt:

»These network clusters can be viewed as production organizations. From the point of view of an organizational administrator, they might seem to be hopelessly irrational ›organizations‹. There is seldom any effective control over network membership; groups may enter or leave easily. There is almost never coordinated planning or control; no agencies exist to direct component groups to work on particular problems. «(ebd.: 758)

Diese Beschreibung ist ein starkes Argument *gegen* die Anwendung des Organisationsbegriffs. Hagstrom besteht aber darauf und beschreibt eine Koordination mittels »rapid feedback through formal and informal communication« (ebd.). Sein Modell ist letztlich eines von autonomen Gruppen, die ihre jeweils lokale Produktion dadurch koordinieren, dass sie miteinander kommunizieren. Es ist eher ein Netzwerk-Modell, was auch daran deutlich wird, dass Hagstrom den Begriff Netzwerk viel häufiger verwendet als den Begriff Organisation. Hagstrom steht außerdem explizit in der Merton-Kuhnschen Tradition. Ihm zufolge sind die Mitglieder der Netzwerke einem gemeinsamen Paradigma, Werten usw. verpflichtet (ebd.: 759). Seine Unterscheidung zwischen Produktion, Distribution und Konsumtion wissenschaftlicher Ergebnisse beruht überdies auf einer Dichotomie von Produktion und Austausch (Hagstrom 1976: 761–764). Die wissenschaftliche Kommunikation ist für Hagstrom nicht Bestandteil des Produktionsprozesses, sondern eine separate Handlung, die (unter anderem) der Koordination im Netzwerk dient.

Ein weitaus verpflichtenderes Organisationsmodell ist von Whitley ausgearbeitet worden (Whitley 1974; 1982; 1984). Whitley kritisiert in seinem Buch zunächst das Kuhnsche Begriffspaar Paradigma – wissenschaftliche Gemeinschaft, das der Vielfalt der intellektuellen und sozialen Organisation der Wissenschaft nicht gerecht wird (Whitley 1984: 2–4), und führt statt dessen den Begriff »intellectual field« ein, das er als Organisation ansieht:

A broader and more general social unit of knowledge production and co-ordination is the intellectual field. These fields are conceived here as relatively well bounded and distinct social organizations which control and direct the conduct of research on particular topics in different ways through the ability of their leaders to allocate rewards according to the merits of intellectual contributions. (Whitley 1984: 7)

Whitley geht also kurzerhand davon aus, dass seine »intellectual fields« die Eigenschaften von Organisationen haben, indem er ihnen klare Grenzen, interne Kontrolle und eine Hierarchie mit einem Machtzentrum zuschreibt. Dieses Konzept steht im Widerspruch zum größten Teil der später von ihm benutzten empirischen Befunde. Whitley geht auf dieses Problem nicht ein, sondern merkt lediglich in einer Note an, dass Collins (1975) ähnlicher Ansicht sei. Wie oben ausgeführt, ist das nicht der Fall.

Dieses Vorgehen ermöglicht es Whitley später, »intellectual fields« anhand ihrer »task uncertainty« und »mutual dependence« zu vergleichen und ihnen in der Organisationssoziologie entwickelte Steuerungsmodelle (Bureaucracy, Adhocracy usw.) zuzuordnen.[10] Damit vollendet er die Reifikation von bislang nicht empirisch beobachteten Sozialstrukturen, die ihm zufolge eine ganze wissenschaftliche Gemeinschaft oder gar Disziplin abgrenzen und steuern. Die empirischen Befunde der Wissenschaftsforschung legen demgegenüber nahe, dass wissenschaftliche Gemeinschaften zwar formale Organisationen enthalten, (zum Beispiel wissenschaftliche Gesellschaften), aber zu fluide und informell strukturiert sind, um die Anwendung des Begriffs »formale Organisation« zu rechtfertigen.[11]

Netzwerk

Die Wissenschaftssoziologie hat den Netzwerk-Begriff in den siebziger Jahren erprobt, das heißt in einer Zeit, als Netzwerke noch wenig Aufmerksamkeit erfuhren und noch nicht als Typ sozialer Ordnung oder als kollektives Produktionssystem diskutiert wurden. Die Behandlung von wissenschaftlichen Gemeinschaften als Netzwerke hatte ihre Wurzeln in der Anwendung soziometrischer Methoden und der mathematisch-empirischen Netzwerkanalyse. In empirischen Studien wurde versucht, wissenschaftliche Gemeinschaften durch drei Methoden abzugrenzen: anhand der wissenschaftlichen Literatur (durch die Analyse von Publikationen oder Zitierungen), anhand

---

10 Dieser Versuch blieb schon deshalb spekulativ, weil die »Technologie« der Wissensproduktion nicht empirisch erhoben werden konnte. So muss man Whitley den Vorwurf machen, dass er die zentralen Variablen seines Modells (technische und strategische Aufgabenunsicherheit, Interdependenz, Organisationstyp usw.) weder empirisch bestimmt noch nachvollziehbar aus den von ihm zitierten empirischen Studien abgeleitet hat. Es wird in seinem Buch nicht einmal klar, was die sozialen Einheiten (»intellectual fields«) sind, die in seinem Modell verglichen werden. Whitley nennt unter anderem »British sociology«, »Engineering« und »Post-1945 Physics« (Whitley 1984: 158), die offensichtlich unvergleichbare soziale Einheiten sind.

11 Deshalb ist die Anwendung des Whitleyschen Konzepts auf »klassische« formale Organisationen (das heißt Forschungsinstitute) viel überzeugender (Whitley 1978; Hohn 1998).

von Aussagen der Wissenschaftler über berufliche Kontakte, Kenntnis der
Arbeit von Kollegen usw. oder anhand der Nutzung spezifischer Forschungstechnik (Woolgar 1976: 235f.). Die Zitierungsanalysen und Befragungen erhoben jeweils dyadische Beziehungen, die zu einer Netzwerkstruktur
aggregiert wurden.

Die Kombination von Erhebungsmethoden zeigte aber, dass unterschiedliche Methoden zu unterschiedlichen Abgrenzungen führen. Wurden Gemeinschaften mit anderen als netzwerkanalytischen Methoden abgegrenzt,
dann erfasste eine anschließende Netzwerkanalyse nie alle Mitglieder. In ihrer
Studie zweier Wissenschaftsgebiete – »Diffusion von landwirtschaftlichen Innovationen« und »Theorie finiter Gruppen« – hat Crane (1972) zunächst die
Mitgliedschaft anhand von Bibliographien erhoben und dann eine schriftliche
Befragung der Mitglieder durchgeführt, in der sie folgende »Indikatoren der
sozialen Ordnung« verwendete:

– informelle Kommunikationsbeziehungen,
– laufende Kooperationen,
– publizierte Ergebnisse von Kooperationen,
– Betreuung von Dissertationen,
– Einflüsse auf die Problemwahl,
– Einflüsse auf die Methodenwahl (ebd.: 41, 146f.).

Mittels Netzwerkanalyse konnte Crane in beiden Gemeinschaften ein großes
Netzwerk identifizieren, das je nach gewählter Analysestrategie zwischen 43
und 86 Prozent der Mitglieder miteinander verband. (ebd.: 44–47). Cranes
Ergebnisse bestätigen die Befunde aus anderen Studien dieser Zeit (zum Bei-
spiel Crawford 1971). Auch eine neuere Studie liefert grundsätzlich dasselbe
Resultat: Unterschiedliche Maße führen auf unterschiedliche Netzwerke
(Verspagen/Werker 2003). Da in dieser Untersuchung die Befragung über
Netzwerkbeziehungen als Erhebungsmethode eingesetzt wurde, liegen keine
Informationen über eventuell nicht in die Netzwerke eingebundene Mitglie-
der der Gemeinschaft vor.

Die für die Netzwerkanalyse gewählten Maße führten jeweils zu unterschiedlichen Netzwerken. In keinem Falle wurden alle mit anderen Methoden
erfassten Mitglieder einer Gemeinschaft als Mitglieder eines Netzwerkes
identifiziert. Das legt den Schluss nahe, dass wissenschaftliche Gemeinschaften zwar Netzwerke enthalten, aber keine Netzwerke sind. Damit korrespondiert die sehr vage Verwendung des Begriffes »Netzwerk« in der Wissenschaftssoziologie dieser Zeit. Wissenschaftliche Gemeinschaften wurden als
»research networks« angesehen, die wiederum als »a relatively intensive concentration of interest ties« definiert wurden (Woolgar 1976: 234). Aus dieser

Definition folgte bereits, dass die »research networks« keine inhärenten Grenzen haben, sondern »amorphous social groupings« sind (Mulkay 1977: 113), und dass nie alle Mitglieder solcher Netzwerke eindeutig bestimmt werden können (Mulkay u. a. 1975: 188–190; Woolgar 1976: 234f.).

Die Funktion des Netzwerkbegriffes bestand anscheinend lediglich darin, die Existenz von Kollektiven von Wissenschaftlern anzuzeigen, die durch nicht näher charakterisierbare Eigenschaften miteinander verbunden waren. Die Spezifika des Netzwerkbegriffs, wie wir ihn heute verwenden, spielten dabei keine Rolle und wären eher hinderlich gewesen. Eine ähnliche Funktion hatte der Begriff des »sozialen Zirkels«, der in derselben Zeit eine kurze Konjunktur erlebte. Der Begriff ist von Kadushin (1968) eingeführt und von ihm selbst (ebd.: 692) sowie von Crane (1972) und Collins (1974) auf wissenschaftliche Gemeinschaften angewendet wurde. *Soziale Zirkel* existieren, weil ihre Mitglieder ein gemeinsames politisches oder kulturelles Interesse haben. Die meisten ihrer Mitglieder sind durch direkte oder indirekte Interaktionen netzwerkartig miteinander verbunden. Es handelt sich also nicht um ausschließlich auf face-to-face-Kontakten basierende Gruppen. Soziale Zirkel sind außerdem informell organisiert, das heißt sie haben keine klaren Führer, explizit definierten Ziele, definierte Regeln für Interaktionen oder explizite Kriterien für Mitgliedschaft (Kadushin 1968: 692). Der Begriff des sozialen Zirkels passte hervorragend auf die empirischen Befunde über wissenschaftliche Gemeinschaften. Damit endete aber auch seine Nützlichkeit. Eine Theorie des sozialen Zirkels ist nie so weit entwickelt worden, dass sie Prozesse in wissenschaftlichen Gemeinschaften hätte erklären können.

1.3   Ist »wissenschaftliche Gemeinschaft« ein relevantes wissenschaftssoziologisches Konzept?

In den achtziger Jahren verlor die Wissenschaftssoziologie das Interesse an der Funktionsweise wissenschaftlicher Gemeinschaften. Eine neue Generation von Wissenschaftssoziologen hatte sich den Mikroordnungen der Konstruktion wissenschaftlichen Wissens zugewandt. Die Kritik an der strukturfunktionalistischen Wissenschaftssoziologie motivierte empirische Untersuchungen der Erzeugung von wissenschaftlichem Wissen und der Herstellung von wissenschaftlichem Konsens. Diese Untersuchungen waren explizit mikroskopisch orientiert (Collins 1983: 86; Knorr-Cetina 1995b: 156–167; Shapin 1995: 304f.), eine Orientierung, die als methodologisches und nicht als theoretisches Prinzip angesehen wurde: »The microscopism of recent science studies is a methodological principle rather than a principle of social explanation and is closely associated with sociologists growing interest in the production of scientific knowledge.« (Knorr-Cetina/Mulkay 1983: 7)

Die mikroskopischen Analysen der Produktion wissenschaftlichen Wissens haben Prozesse zum Gegenstand, die als Elementarprozesse der Produktion wissenschaftlichen Wissens angesehen werden. Dazu gehört an erster Stelle die Konstruktion wissenschaftlichen Wissens im Labor, die zum Beispiel durch Latour und Woolgar (1986) und Knorr-Cetina (1984) untersucht wurde. Knorr-Cetina beobachtete später, dass die Konstruktion von Wissen in der Hochenergiephysik zugleich ein Makrophänomen ist, das eine ganze wissenschaftliche Gemeinschaft erfasst, gab aber neuen Metaphern den Vorzug vor einer Theorie der wissenschaftlichen Gemeinschaft (Knorr-Cetina 1995a).

Die ethnomethodologischen Analysen von Wissenschaftsprozessen fragen wie Ordnung in einzelnen Handlungen von Wissenschaftlern entsteht (Garfinkel u. a. 1981; Lynch 1985; Livingston 1995; 1999). Das ist die höchste Auflösung, die mikroskopische Studien von Wissenschaftsprozessen erreichen. Die Analysen diskursiver Praktiken von Wissenschaftlern durch Gilbert und Mulkay (1984) waren ebenfalls mikroskopisch orientiert, fokussierten aber nicht auf die Wissensproduktion selbst, sondern auf die diskursiven Praktiken der Wissenschaftler. Gilbert und Mulkay beobachteten, dass Wissenschaftler die Berichte über ihre Praxis in Abhängigkeit vom Kontext der Kommunikation ändern. Selbst innerhalb eines Interviews oder einer beobachteten Konversation gaben die Wissenschaftler grundverschiedene Darstellungen ein und desselben Sachverhalts. Daraus zogen Mulkay und Gilbert den Schluss, dass die Aussagen der Wissenschaftler keine zuverlässige Quelle von Informationen über die Forschungspraxis seien und deshalb nicht als Ressource für die Erforschung der Wissenschaft, »wie sie wirklich ist«, genutzt werden sollten. Sie könnten lediglich den Gegenstand einer diskursanalytischen Untersuchung bilden (Gilbert/Mulkay 1984: 10–13; Mulkay 1991).

Eine zweite Gruppe von Untersuchungen beschäftigte sich mit dem Schicksal des im Labor konstruierten Wissens nach dem »Verlassen« des Labors. Einen sehr generellen Ansatz zur Verwandlung der im Labor konstruierten Geltungsansprüche in wissenschaftliche Fakten entstand aus der Laborstudie von Latour und Woolgar (1986) und wurde später zur durch Latour, Callon und Law entwickelten »Actor-Network-Theory« (siehe 1.4). Studien von Collins, Fujimura sowie Cambrosio und Keating beschäftigten sich (unter anderem) mit der Ausbreitung von neuen Methoden. Dabei betonen Collins sowie Cambrosio und Keating die Rolle impliziten Wissens und des direkten persönlichen Kontakts zwischen den »Quellen« und den »Empfängern« neuer

Methoden (Collins 1974; Collins/Harrison 1975; Cambrosio/Keating 1988; 1995; 1998; Collins 2001), während Fujimuras Untersuchung den Zusammenhang zwischen der Ausbreitung von Methoden und der Ausbreitung eines theoretischen Kontexts für deren Anwendung herausarbeitete (Fujimura 1988; 1992).

Große Aufmerksamkeit wurde außerdem Kontroversen zuteil, die durch widersprüchliche wissenschaftliche Ergebnisse ausgelöst wurden. Pickerings Untersuchung einer Kontroverse in der theoretischen Hochenergiephysik führte ihn zu dem Schluss, dass Wissenschaftler Theorien wählen, die Anschlussmöglichkeiten für weitere Forschungen bieten, während die »Wahrheit« der Theorie keine Rolle spielt, weil sie keine eindeutigen Entscheidungskriterien liefert (Pickering 1980; 1982). Pinch untersuchte eine Diskrepanz zwischen experimentellen Daten und einem theoretischen Modell, die weder zur Diskreditierung des Experiments noch zur Abwendung von dem Modell führte, ohne diese stabile Inkonsistenz erklären zu können (Pinch 1980; Pinch 1986). Die Untersuchung einer Kontroverse über Experimente zur Entdeckung von Gravitationswellen durch Collins (1982a; 1985: 79–128) führte zur These vom »experimenter's regress«: Über die Korrektheit eines Experiments kann nur dann sicher entschieden werden, wenn das richtige Ergebnis schon bekannt ist (Collins 1985: 84). Collins verallgemeinerte außerdem die genannten und andere empirische Studien in seinem Konzept des »Core-set«: Jede wissenschaftlichen Kontroverse, so Collins, werde von einer relativ kleinen Zahl von tatsächlich in der Debatte engagierten Wissenschaftlern entschieden. Diese Wissenschaftler handelten (implizit) aus, was als »kompetentes Experiment« gilt und deshalb als Entscheidungskriterium akzeptiert wird (Collins 1981). Leider kam es nie zu einer darüber hinausgehenden vergleichenden Analyse von Kontroversen, die für eine Theoriebildung nötig wäre (Whitley 1983: 698).

Die empirischen Analysen zur Soziologie wissenschaftlichen Wissens bezogen sich ganz überwiegend auf Elementarprozesse: Man untersuchte und untersucht einen Ort, an dem Fakten konstruiert werden, das Schicksal eines Fakts, eine Kontroverse usw. In diesem Sinne waren alle Studien mikroskopischer Natur, was nicht ohne Folgen für die Theoriebildung blieb. Das Konzept der wissenschaftlichen Gemeinschaft erfuhr explizite und implizite Akzeptanz, Indifferenz und Ablehnung.

In einer der ersten Laborstudien überhaupt nahmen Latour und Woolgar (1986) die Existenz wissenschaftlicher Gemeinschaften ganz selbstverständlich hin und entwarfen ein Marktmodell der sozialen Ordnung dieser Gemeinschaften (siehe 1.2). Das Anliegen ihrer Studie reichte über das Labor hinaus: sie wollten die »Fakt-Werdung« von wissenschaftlichem Wissen erklären, und diese »Fakt-Werdung« erfolgt nicht in einem Labor zu einem Zeitpunkt, sondern in der wissenschaftlichen Gemeinschaft. Latour und Woolgar beobachteten eine spezifische »Kultur«, die sie wie folgt beschreiben:

… daily concerns focused on a different set of specific cultural values which [...] appeared to constitute a distinct culture (or »paradigm«). Our criteria [sic!] for identifying this specific culture is not simply that a specialty represents a subset of a larger discipline. [...] Instead, we use culture to refer to the set of arguments and beliefs to which there is a constant appeal in daily life and which is the object of all passions, fears, and respect. (Latour/Woolgar 1986: 55)

Das Schicksal von lokal produziertem Wissen und die Aktivitäten der Wissenschaftler in ihrer Gemeinschaft werden zwar von einem einem Labor aus beobachtet, weisen aber klar auf die Existenz einer wissenschaftlichen Gemeinschaft hin.[12]

Während Latour und Woolgar in ihrer Laborstudie die Existenz von wissenschaftlichen Gemeinschaften anerkannten, lehnte Knorr-Cetina das Konzept grundsätzlich ab (Knorr-Cetina 1984: 126–174). Ihre prinzipielle Kritik am Konzept der wissenschaftlichen Gemeinschaft wurde durch andere aufgegriffen und verdient deshalb besondere Beachtung.[13] Sie richtet sich gegen die theoretischen Modelle, die soziale Ordnung in wissenschaftlichen Gemeinschaften durch Austauschprozesse erklären wollen, das heißt gegen das »vorkapitalistische« Modell von Hagstrom und gegen die »kapitalistischen Marktmodelle« von Bourdieu sowie von Latour und Woolgar für die Verwendung des Konzepts des homo oeconomicus (ebd.: 130–139). Knorr-Cetina kritisiert aber nicht nur die quasi-ökonomischen Modelle der Integration wissenschaftlicher Gemeinschaften, sondern auch die Annahme, dass »Wissenschaftlergemeinden [...] die Einheiten [darstellen], innerhalb derer Forschungstätigkeit im Labor kontextuell organisiert erscheint.« (ebd.: 128)

---

12 Ähnlich hat Collins stets die Bedeutung wissenschaftlicher Gemeinschaften als Kontext der Wissensproduktion im Labor und von wissenschaftlichen Kontroversen betont. Er kritisierte zum Beispiel eine ethnomethodologische Studie von Garfinkel, Lynch und Livingston (1981) explizit für ihre Fokussierung auf ein lokales Ereignis (die Konstruktion einer »Entdeckung« durch Astronomen in einer nächtlichen Beobachtung) und betonte, dass man aus der Analyse der Handlungen der Wissenschaftler nicht ableiten könne, ob es sich um eine Entdeckung handelt. Ob die Wissenschaftler tatsächlich etwas entdeckt haben (statt zum Beispiel einem Artefakt aufzusitzen), entscheidet sich anschließend in der Aufnahme des Produkts durch die wissenschaftliche Gemeinschaft (Collins 1983: 104f.).

13 Callon u. a. (1983: 191–194) beziehen sich auf Knorr-Cetina, deren Kritik bereits in der englischen Fassung ihres Buches enthalten war und außerdem als Aufsatz veröffentlicht wurde (Knorr-Cetina 1981: 68–93; 1982), und argumentieren ähnlich für die Ersetzung des Konzepts »wissenschaftliche Gemeinschaft« durch das Konzept »transwissenschaftliches Netzwerk«. Knorr-Cetinas Argumentation wurde außerdem von Jacobs aufgenommen (Jacobs 1987; Jacobs/Mooney 1997).

Die Argumentation gegen die Bedeutung wissenschaftlicher Gemeinschaften ruht auf zwei Säulen. Erstens zieht Knorr-Cetina Aufsätze von
Whitley (1978) und Edge (1979) heran. Whitley zog aus einer empirischen
Studie (Bitz u. a. 1975) folgende Schlussfolgerung: »Whereas much research
in the sociology of science assumes that specialist communities exist and are
the appropriate unit of analysis [...], our study indicated that for many scientists working in full time research laboratories or field work units such relatively broad organizational units are largely irrelevant and often unknown.«
(Whitley 1978: 427)

Wie auch immer Whitley zu dieser Auffassung gekommen ist, er hatte sie
bereits wieder aufgegeben, bevor die deutsche Übersetzung von Knorr-
Cetinas Buch erschien. Als er das Konzept von wissenschaftlichen Gemeinschaften als »reputational organizations« einführte, schrieb Whitley: »In
viewing the sciences as reputational organizations, I am therefore assuming
that the knowledge goals of scientific communities dominate work goals, and
scientists' careers in reputational terms dominate careers in terms of employ-
ment statuses.« (Whitley 1982: 316)

Ein Jahr später kritisierte Whitley nun seinerseits die Laborstudien für die
Vernachlässigung wissenschaftlicher Gemeinschaften (Whitley 1983: 702f.).[14]
Später löst er den Widerspruch dadurch auf, dass er sich von der Kuhnschen
Konzeption Paradigma-basierter Gemeinschaften absetzt, aber anders kon-
zeptualisierte Makrostrukturen (bei ihm dann »intellectual fields«) als wichtige
soziale Einheiten ansieht (siehe 1.2).

Edge wird von Knorr-Cetina mit der Aussage zitiert, dass die korrekte
Definition eines Spezialgebietes ein sinnloses Konzept sei und durch eine radikal teilnehmerorientierte Perspektive ersetzt werden sollte (Knorr-Cetina
1984: 129). Aus dem Kontext der Kritik von Edge wird jedoch klar, dass es
ihm gar nicht darum geht, die *Existenz* von wissenschaftlichen Gemeinschaften in Frage zu stellen. Er wehrt sich vielmehr gegen die These, bibliometrische Methoden und speziell Ko-Zitierungs-Analysen könnten eine »wahre«
Abgrenzung solcher Gemeinschaften liefern, das heißt objektiv feststellen, wer
dazu gehört und wer nicht (Edge 1979: 123f.).

Die erste Säule, auf der Knorr-Cetinas Argument gegen wissenschaftliche
Gemeinschaften ruht, ist also eher bröckelig. Die zweite Säule sind ihre eigenen empirischen Ergebnisse. Die Prämisse ihrer Argumentation lautet: »Denn

---

14 Whitley erklärt diesen Positionswechsel nicht. Seine Arbeit aus dem Jahre 1982 nimmt keinen
   Bezug auf die eigene frühere Negierung wissenschaftlicher Gemeinschaften. In dem Aufsatz
   von 1983 interpretiert Whitley die Ergebnisse dieser Studie als einen Beweis für das Scheitern
   des Kuhnschen Modells an der Vielfalt von intellektuellen und sozialen Strukturen im Wis-
   senschaftsbetrieb (Whitley 1983: 715, Note 3).

wenn Spezialistengemeinden der Ort der sozialen und kognitiven Organisation wissenschaftlicher Arbeit wären, könnten wir die beobachtbaren Beziehungen zwischen Wissenschaftlern und Nicht-Spezialisten als irrelevant für die Wissenserzeugung betrachten.« (Knorr-Cetina 1984: 129) Aus ihrer Beobachtung, dass die Beziehungen zwischen Wissenschaftlern und Nicht-Spezialisten die Wissenserzeugung beeinflussen, schließt Knorr-Cetina, dass Spezialistengemeinden nicht der Ort der sozialen und kognitiven Organisation wissenschaftlicher Arbeit sind (ebd.: 156).

Die Prämisse dieser Argumentation ist bereits für sich genommen problematisch: Aus der Tatsache, dass Spezialistengemeinden der Ort der sozialen und kognitiven Organisation wissenschaftlicher Arbeit sind, würde keineswegs folgen, dass alle anderen Beziehungen für die Wissensproduktion irrelevant wären. Auf diesem Fehlschluss ruht aber die gesamte Argumentation gegen die Bedeutung wissenschaftlicher Gemeinschaften. Das Argument passt außerdem auch nicht auf die empirische Evidenz, die Knorr-Cetina in anderen Kapiteln ihres Buches präsentiert. So bringt sie im Kapitel davor selbst eine starke Argumentation *für* die Rolle der wissenschaftlichen Gemeinschaften:

Weniger klar ist vielleicht [...], daß auch »Ideen« im Labor ihrem Charakter nach soziale Ereignisse sind, die sich aus Verhandlungen und Interaktionen mit anderen ergeben, wie Kapitel 3 illustriert. Man betrachte zum Beispiel die Manipulationen einzelner Wissenschaftler im Labor. Was sie lesen, sind die Erkenntnisansprüche anderer; was sie in ihren Händen halten, sind die vergegenständlichten Produkte früherer wissenschaftlicher Arbeit; was sie von ihren Instrumenten bekommen, sind Zahlen und Graphen, die ihren Sinn nur innerhalb eines spezifischen Kommunikationszusammenhanges erhalten. Wenn eine Kontroverse entsteht, müssen wissenschaftliche Resultate als Argumente in die Debatte eingebracht werden. Kurz, wissenschaftliche Operationen sind in einen Diskurs eingebettet, der in den autoritativen Schriften eines Spezialgebietes kristallisiert, in Laborexegesen verflüssigt und in den Manipulationen der Wissenschaftler verkörpert erscheint. (ebd.: 38f.)

Die Beobachtung, dass über die Grenzen der wissenschaftlichen Gemeinschaften hinausreichende Beziehungen den Inhalt wissenschaftlicher Arbeit beeinflussen (Knorr-Cetina 1984: 139–147, 157–174), ist ein wichtiges Argument gegen theoretischen Internalismus, taugt aber nicht als Argument gegen die Bedeutung des Konzepts wissenschaftlicher Gemeinschaften. Knorr-Cetinas Beobachtung, dass transwissenschaftliche und transepistemische Felder und nicht wissenschaftliche Gemeinschaften die relevanten sozialen Einheiten seien, erscheint als ein Artefakt, das sie durch ihren Versuch erzeugt, »soziale Phänomene auf der Mikroebene zu spezifizieren und Konzepte der ›Sozialstruktur‹ aus der Analyse einer Vielzahl von Mikroereignissen herzuleiten« (ebd.: 153). Zweifellos gibt es soziale Situationen, in denen außerwissenschaftliche Akteure für den Wissenschaftler wichtiger sind und einen größeren Einfluss auf die Inhalte seiner Forschung haben als die wissenschaftliche Gemeinschaft. Bezieht man sich selektiv auf diese Mikro*ereignisse*, und vernachlässigt man die im obenstehenden Zitat beschriebenen *Beziehungen*, die sich häufig nicht in Ereignissen manifestieren, dann kann das zu einer Negation wissenschaftlicher Gemeinschaften führen.

Vor kurzem hat Knorr-Cetina selbst neue Argumente für die Bedeutung wissenschaftlicher Gemeinschaften beigebracht. Im Jahre 1997 charakterisierte sie (gemeinsam mit Merz) theoretische Physiker als »a tribe of collaborators sharing objects of understanding« (Merz/Knorr-Cetina 1997: 83f.). Auch die Beschreibung von spezifischen »epistemischen Kulturen« der Hochenergiephysik und der Molekularbiologie sowie die Charakterisierung der Hochenergiephysik als post-traditionale Gemeinschaft (Knorr-Cetina 1999: 165) signalisieren die Wiederentdeckung wissenschaftlicher Gemeinschaften. Leider stellt Knorr-Cetina keine Beziehungen zu ihrer früheren Kritik her.

Die Kritik am Konzept wissenschaftlicher Gemeinschaften ist auf die genannten wenigen Arbeiten beschränkt. Als die Soziologie wissenschaftlichen Wissens begann, sich auf ihren eigenen Grundlagen weiterzuentwickeln, blieb auch die Auseinandersetzung mit der »alten« Wissenschaftssoziologie aus. Die Frage nach der sozialen Ordnung wissenschaftlicher Gemeinschaften verschwand allmählich aus der Wissenschaftssoziologie. Das wird an Aufsätzen zur Theorielandschaft der Wissenschaftsforschung deutlich, die in den neunziger Jahren geschrieben wurden. Pinch (1990) behandelt die oben genannten Richtungen der Soziologie wissenschaftlichen Wissens als Studien wissenschaftlicher Gemeinschaften, muss aber eingestehen, dass sie sich eigentlich nicht mit den Gemeinschaften selbst, sondern mit Prozessen in den Gemeinschaften beschäftigen (Pinch 1990: 90–96, besonders 91, 93). Bei Restivo (1995) taucht die Frage nach der sozialen Ordnung kollektiver Wissensproduktion überhaupt nicht auf. Seine Darstellung der Theorielandschaft konzentriert sich auf »soziologische Traditionen«. Sie ist entlang der Beiträge von Personen und Schulen organisiert und verzichtet darauf, zentrale theoretische Probleme des Gebietes zu identifizieren. Callon (1995) vergleicht dagegen Modelle der Wissenschaftsentwicklung und ihre Erklärungsleistungen. Zwei Modelle repräsentieren die klassische Wissenschaftsphilosophie und die Mertonsche Tradition der Wissenschaftssoziologie. Für das Modell der konstruktivistischen Soziologie wissenschaftlichen Wissens und für die Actor-Network-Theory (siehe 1.4) konstatiert er ein geringes Interesse an Fragen der Organisation und institutioneller Formen (ebd.: 48, 61). Knorr-Cetinas Bilanz der Laborstudien entwickelt den Begriff des Labors als zentrales theoretisches Konzept (Knorr-Cetina 1995b: 144–147). Wie in ihrem späteren Buch vermerkt sie zwar die Existenz »epistemischer Kulturen«, behandelt aber die Träger dieser Kulturen (das heißt die Wissenschaftsgebiete) nicht als eigenständige Objekte soziologischer Analyse. Shapins exzellenter Review der Soziologie wissenschaftlichen Wissens benennt die Frage nach der Bewährung wissenschaftlichen Wissens außerhalb des Labors als eines der zentralen Probleme für die zukünftige Arbeit (Shapin 1995: 307) und identifiziert als einzigen existierenden Ansatz die Actor-Network-Theory (ebd.: 307–309).

1.4   Neuere Modelle der Wissensproduktion

Die Soziologie wissenschaftlichen Wissens hat nur eine Theorie hervorgebracht, die auf Makrophänomene in der Wissenschaft anwendbar ist. Die »Actor-Network-Theory« ist in den achtziger Jahren durch Callon, Latour und Law entwickelt worden (Callon/Law 1982; Callon 1986a; 1986b; Law 1986; Latour 1987; 1988; 1996). Sie beansprucht (unter anderem) zu erklären, wie sich die Beobachtungen und Ideen der Wissenschaftler in Fakten verwandeln. Fakten sind Aussagen, die aller Informationen über die Art und Weise ihrer Erzeugung beraubt sind, deren Wahrheit von anderen Akteuren akzeptiert und zu denen keine Alternative gesehen wird. Der Mechanismus, der diese Verwandlung hervorruft, ist die Konstruktion und Erweiterung von Netzwerken, in die so viele heterogene Ressourcen (Wissenschaftler, Ausrüstung, Untersuchungsobjekte, Texte) wie möglich eingebunden werden.[15] Die Verwandlung von anfänglich bezweifelbaren Aussagen in Fakten vollzieht sich in einem Machtkampf, in dem sich das stärkere Akteurnetzwerk durchsetzt (Shapin 1995: 307–309). Ein Netzwerk ist umso stärker, je mehr Akteure (»Verbündete«) es enthält, die sich im Interesse des Netzwerkes verhalten. Insbesondere wird es durch bereits etablierte Fakten gestärkt, da diese ja ihrerseits erst durch den Kampf gegen ihre Netzwerke in Frage gestellt werden müssten. Die Konstruktion und Erweiterung von Netzwerken geschieht in einem

---

15 Die Actor-Network-Theory lehnt es ab, mit der ex-ante-Unterscheidung zwischen Natürlichem und Sozialem zu beginnen, und behandelt stattdessen die gesamte Welt als aus Netzwerken menschlicher und nichtmenschlicher Akteure bestehend, ohne allerdings einen soziologischen Akteurbegriff anzuwenden (deshalb wird mitunter der Begriff »actant« verwendet). Sie ist damit prinzipiell inkompatibel mit dem Wissenskorpus der Soziologie, der auf einer ex-ante-Unterscheidung zwischen Natürlichem und Sozialem beruht. Ihre Verbreitung verdankt sie einer wichtigen Leistung – der (Wieder-)Einführung des Nichtsozialen in die Soziologie – und einer »traditionalisierenden« Rezeption, die Ideen der Actor-Network-Theory kurzerhand in klassische soziologische Akteur-und Netzwerkbegriffe transferiert. »[Actor-Network-Theory] was never a theory of what the social is made of, contrary to the reading of many sociologists who believed it was one more school trying to explain the behaviour of social actors.« (Latour 1999: 19)

Prozess, der im Englischen als »Translation« bezeichnet wird, womit gleichzeitig »Übersetzen« (die Reinterpretation der Interessen der Akteure im Interesse des Netzwerkes) und »Verschieben« (die Veränderung der Interessen der Akteure im Interesse des Netzwerkes) gemeint ist (Latour 1987: 117). Die Grundprozesse der Netzwerkkonstruktion sind die Definition eines Problems, das für die Akteure relevant ist, die Gewinnung von potentiellen Mitgliedern, die Aushandlung von Rollen für diese Mitglieder im Netzwerk und die Etablierung von Repräsentanten, die den Kampf für das Netzwerk führen (Callon 1986b; Latour 1987).

Die Actor-Network-Theory beansprucht also, ein die Grenzen des Labors überschreitendes Phänomen zu erklären. Die Entstehung eines einzelnen Faktums ist jedoch immer noch ein Elementarereignis der kollektiven Wissensproduktion. Wenn wir für einen Moment akzeptieren, dass die Wissensproduktion aus der Verwandlung von Beobachtungen und Ideen in Fakten besteht, dann bleibt noch immer offen, wie größere Wissensstrukturen (zum Beispiel Theorien, Methodologien und Methoden) entstehen und sich verändern. Die Actor-Network-Theory erklärt zwar die Unterscheidung zwischen Mikro- und Makroanalyse für unangemessen und sieht nur noch Kontinua zwischen nichtmenschlichen und menschlichen Akteuren sowie zwischen Mikro- und Makroprozessen (Callon 1995: 58–60). Um jedoch die Evolution wissenschaftlichen Wissens mit der Actor-Network-Theory erklären zu können, müssten die Überlagerung und Interaktionen einer Vielzahl von Netzwerken analysiert werden. Das ist bislang nicht geschehen und scheint auch noch immer in weiter Ferne zu liegen. Die Actor-Network-Theory entgeht nämlich dem Mikro-Makro-Problem nur scheinbar. Die Analyse von Interaktionen zwischen Netzwerken kann offensichtlich nicht mit demselben begrifflichen Instrumentarium erfolgen wie die Interaktion zwischen Netzwerk und (potentiellem) Akteur. Die Metaphern des Kampfes und des Krieges lösen das Problem nicht (Hasse u. a. 1994). Außerdem setzt die Actor-Network-Theory bezüglich des Mikro-Makro-Problems voraus, was erst empirisch zu zeigen wäre: die »Skaleninvarianz« der Wissensproduktion, das heißt das Fehlen von Aggregationsebenen, auf denen sich spezifische Strukturen ausprägen.

Selbst wenn man also den Ansatz der Actor-Network-Theory akzeptiert, ist nicht zu sehen, wie sie zu einer Beschreibung der sozialen Ordnung der Wissensproduktion gelangen sollte. Die Theorie ist aber auch in sich problematisch, weil sie die traditionellen sozialen Strukturen der individuellen und kollektiven Wissensproduktion einebnet. Die komplexen Bedingungen der Wissensproduktion werden auf die Mitgliedschaft von Akteuren in Netzwerken und auf die Macht von Netzwerken reduziert, ohne dass man aus Zahl und Art der Akteure auf die Stärke des Netzwerkes schließen kann.

Wenn ein Prozess abgelaufen ist, dann können wir ihn mit der Actor-Network-Theory retrospektiv als den Sieg des stärkeren Netzwerkes beschreiben. Die Actor-Network-Theory kann aber die Bedingungen, unter denen ein Netzwerk stärker ist als das andere, nicht prospektiv und unabhängig vom empirischen Einzelfall angeben. Sie scheint deshalb eher eine Beschreibungssprache als eine Theorie zu sein.

Systemtheoretische Ansätze haben in der Wissenschaftssoziologie nicht Fuß fassen können. Die Behandlung wissenschaftlicher Gemeinschaften als autopoietische Kommunikationssysteme durch Luhmann (1992) ist mit den anderen theoretischen Ansätzen und mit den empirischen Untersuchungen der Wissenschaftssoziologie inkommensurabel, weil sie von grundsätzlich anderen Annahmen über die soziale Welt ausgeht. Luhmann charakterisiert die Wissenschaft als rekursiv operierendes System und bald danach als rekursiv geschlossenes System, was ihm zufolge ausschließt, »daß man nicht vom System erzeugte Einheiten als ›Elemente‹ des Systems behandelt« (ebd.: 275). Der »Einzelmensch« kann Luhmann zufolge nicht als Element des sozialen Systems Wissenschaft angesehen werden (siehe dazu seine Argumentation gegen Krohn und Küppers, ebd.: 275f., Fußnote 5). Auf dieser Grundlage entwirft Luhmann ein Wissenschaftsmodell, in dem wissenschaftliche Kommunikationen neue Kommunikationen generieren. Obwohl die Beschreibung vertraut erscheint und aus der Wissenschaftssoziologie vertraute Begriffe (Reputation, Autonomie usw.) eingeführt werden, ist dieses Modell grundsätzlich inkompatibel mit allen Modellen, in denen menschliche Akteure Wissen und Kommunikationen generieren. Es gibt keine Berechtigung dafür, Aussagen über Systeme, deren *Umwelt* von Menschen gebildet werden, in Theorien zu inkorporieren, die Menschen als *Elemente* ihrer Systeme behandeln.

Das Modell der »Selbstorganisation der Wissenschaft« von Krohn und Küppers (1989) beruht dagegen auf einem Systemkonzept, das in expliziter Abgrenzung von Luhmann Menschen als Elemente des Systems einführt (ebd.: 31). Krohn und Küppers unterscheiden zwischen zwei Typen von Handlungen der Wissenschaftler: Forschungshandeln (Handeln mit der Absicht auf Wissenserzeugung) findet ausschließlich in der Forschungsgruppe statt, während Wissenschaftshandeln (Handeln mit dem Ziel, die Fortsetzung der Forschung zu ermöglichen) in den sieben wissenschaftlichen, nichtwissenschaftlichen und hybriden Umwelten der Forschungsgruppe erfolgt. Eine dieser Umwelten ist die Fachgemeinschaft, die durch Krohn und Küppers als ein Netzwerk von Forschungsgruppen konzeptualisiert wird, in dem die Forschungsgruppen einander – in größtenteils informeller Kommunikation – über Ergebnisse und Vorhaben informieren. Fachgemeinschaften vernetzen sich zu scientific communities (ebd.: 75–77). Eine andere Umwelt wird durch

Zeitschriften gebildet, in denen die Forschungsgruppen ihre Forschungsergebnisse veröffentlichen.

Da Krohn und Küppers ihr Modell aus der Perspektive der Forschungsgruppe strukturieren, enthält es nur wenige Informationen über die soziale Ordnung auf höheren Aggregationsebenen. Wir erfahren, dass es »Rückkopplungen gibt«, die Forschungsgruppen miteinander »vernetzen«. Strukturen und Eigenschaften des entstehenden Netzwerkes bleiben jedoch im Dunkeln. Außerdem ist es angesichts der in Abschnitt 1.2 berichteten Ergebnisse fraglich, ob das Netzwerk-Konzept hier weiter hilft. Das von Krohn und Küppers vorgeschlagene Modell erscheint zu abstrakt, als dass es zur Erklärung der sozialen Ordnung in wissenschaftlichen Gemeinschaften herangezogen werden könnte.

In der symbolisch-interaktionistischen Wissenschaftsforschung werden wissenschaftliche Gemeinschaften als »soziale Welten« beschrieben. Der Begriff »soziale Welt« wurde durch Shibutani (1955: 566) eingeführt (ausführlich zur Theorie und Geschichte Strübing 2005: 170-190). Soziale Welten sind »groups with shared commitments to certain activities, sharing resources of many kinds to achieve their goals, and building shared ideologies about how to get about their business« (Clarke 1991: 131)

Das Konzept der sozialen Welten vermag wichtige empirisch beobachtbare Eigenschaften von wissenschaftlichen Gemeinschaften abzubilden, insbesondere die Existenz gleicher Tätigkeiten, einer gemeinsamen Ideologie und die diffuse, nicht formal definierte Mitgliedschaft. Darüber hinaus kann die Theorie sozialer Welten auch interne soziale Prozesse in wissenschaftlichen Gemeinschaften beschreiben, zum Beispiel die Binnendifferenzierung in einander überlappende Subwelten (»Segmentation« und »Intersection«) bis hin zu Prozessen der Legitimierung (Gerson 1983). Allerdings spielt die Frage nach der kollektiven Produktion wissenschaftlichen Wissens eine untergeordnete Rolle. Die Theorie sozialer Welten setzt *gleiche* Tätigkeiten voraus und weist *gemeinsamen* Tätigkeiten keinen besonderen Platz an.[16] Das wird zum Beispiel in Gersons Diskussion von Segmentierungsprozessen deutlich. Er behandelt die Ausdifferenzierung von wissenschaftlichen Spezialgebieten ausschließlich als Segmentierung einer sozialen Welt in Linien gleichartiger Tätigkeiten, das

---

16 Die Theorie sozialer Welten widmet dem Problem sozialer Ordnung vermutlich auch deshalb wenig Aufmerksamkeit, weil der symbolische Interaktionismus »den prozessualen, in Aushandlungen gegründeten Charakter sozialer Ordnung« betont (Strübing 2005: 187). Soziale Ordnung in wissenschaftlichen Gemeinschaften müsste durch Aushandlungsprozesse erklärt werden. Das hat der symbolische Interaktionismus bislang nicht versucht. Es scheint angesichts der diffusen Mitgliedschaft und begrenzten Kenntnis der Akteure voneinander unwahrscheinlich, dass dies gelingen könnte.

heißt als Spezialisierung von Gruppen von Wissenschaftlern. Auf den kollektiven Charakter der Wissensproduktion geht er nicht ein (ebd.: 360–363). Fujimura unterscheidet drei Ebenen der Arbeitsorganisation – Experiment, Labor und soziale Welt – und zwei Arten von Tätigkeiten – Produktion und Artikulation (womit sie koordinierende Tätigkeiten bezeichnet). Ihr Modell ist wenig überzeugend, weil sie die Unterscheidungen nicht durchzuhalten vermag. Insbesondere führt sie als Beispiel für die *Produktion* auf der Ebene der sozialen Welt das Organisieren von Konferenzen und die Beschaffung von Ressourcen an, das heißt Handlungen, die der *Artikulation* zugerechnet werden müssen (Fujimura 1987: 258–261). Auch vermag Fujimura nicht zu erklären, welche ordnende Rolle die soziale Welt in der Wissensproduktion spielt.

Einen aussichtsreicheren Versuch, die Theorie sozialer Welten für die Erklärung der sozialen Ordnung der Wissensproduktion fruchtbar zu machen, hat Star unternommen (Star 1989; 2004). Stars Ansatz geht auf Versuche von Informatikern zurück, die Arbeitsweise wissenschaftlicher Gemeinschaften als Modell für die Gestaltung von Problemlösungsprozessen in der Forschung zur Verteilten Künstlichen Intelligenz zu nutzen (Kornfeld/Hewitt 1988). Die Arbeitsweise wissenschaftlicher Gemeinschaften ist ein attraktives Modell für die Forschung zur Verteilten Künstlichen Intelligenz, weil wissenschaftliche Gemeinschaften beim Generieren von alternativen Erklärungen und beim Auswählen von Erklärungen außerordentlich erfolgreich sind (ebd.: 311). Die Autoren nahmen an, dass wissenschaftliche Gemeinschaften diesen Erfolg ihrer hochgradig parallelen Arbeitsweise und ihrer Tolerierung konfligierender Perspektiven verdanken (ebd.). Das Interesse an wissenschaftlichen Gemeinschaften hat zu einer Kooperation mit Wissenschaftsforschern geführt, in deren Ergebnis Star ein weiter ausgearbeitetes Modell vorgelegt hat. Dieses Modell schließt an das Konzept der offenen Systeme in der Forschung zur Verteilten Künstlichen Intelligenz an. Offene Systeme sind evolvierende informationsverarbeitende Systeme mit folgenden Eigenschaften (Hewitt/de Jong 1984: 148f.; Star 2004: 60–62):

–   Sie bestehen aus heterogenen, nur teilweise übereinander informierten Subsystemen.
–   Es kommt zu Verhandlungen zwischen diesen Subsystemen.
–   Die Subsysteme agieren asynchron.
–   Es gibt keine zentrale Steuerungsinstanz.

Diese Eigenschaften teilen sie mit wissenschaftlichen Gemeinschaften. Star hebt hervor, dass die Arbeitsweise wissenschaftlicher Gemeinschaften zugleich Plastizität (Anpassbarkeit and lokale Kontingenzen) und Kohärenz (die Kontinuität von Information trotz lokaler Kontingenzen) sichert (Star 2004: 62f.), das heißt einen Widerspruch bewältigt, der in offenen informationsverarbeitenden Systemen auftritt. Aus ihrer Perspektive des symbolischen Interaktionismus formuliert Star das Problem der sozialen Ordnung kollektiver Produktion folgendermaßen:»Wie bringen die Gemeinschaften der Wissenschaftler angesichts der durch lokale constraints und divergierende Standpunkte erzeugten Heterogenität Evidenz aus unterschiedlichen Quellen in Übereinstimmung?« (ebd.: 69) Ihre Antwort lautet, dass die Wissenschaftler gemeinsame Objekte schaffen, so genannte »boundary objects«. »Boundary objects sind Objekte, die plastisch genug sind, um sich an die lokalen Bedürfnisse anzupassen, aber auch robust genug, um eine gemeinsame translokale Identität zu bewahren.« (ebd.: 70) In ihren Studien heterogener Kooperationen hat Star vier Typen von »boundary objects« entdeckt, nämlich

– »Magazine«: »geordnete ›Stapel‹ von Objekten, die auf eine standardisierte Weise katalogisiert worden sind«,
– »Idealtyp oder platonisches Objekt«: »Ein solches Objekt – zum Beispiel eine Landkarte oder ein Atlas – gibt keine exakte Beschreibung irgendeines Ortes. Es abstrahiert von allen Gebieten ...«,
– »Gebiete mit übereinstimmenden Grenzen«: »gemeinsame Objekte, die dieselben Grenzen haben, aber unterschiedliche Inhalte«,
– »Formulare und Etiketten«: »Diese boundary objects werden als Methode der Kommunikation zwischen verteilten Arbeitsgruppen entwickelt« (ebd.: 70–73).

Dieses Modell wissenschaftlicher Gemeinschaften beruht – wie nur wenige vorher – auf der Idee einer Ordnung des Handelns durch den Bezug auf gemeinsames Wissen. Allerdings handelt es sich eher um eine Idee als um ein ausgearbeitetes Modell. Erstens scheint es zweifelhaft, dass sich die von wissenschaftlichen Gemeinschaften geschaffenen Objekte auf die genannten vier Typen reduzieren lassen. Zweitens erfahren wir zwar, wie einzelne »boundary objects« geschaffen werden, nicht aber, wie der Korpus wissenschaftlichen Wissens entsteht und wächst und wie »boundary objects« dazu in Beziehung stehen. Drittens führt Star »boundary objects« als Lösung zweier unterschiedlicher Probleme ein. Star hat ursprünglich untersucht, wie Kooperationen zwischen Partnern aus verschiedenen wissenschaftlichen und nichtwissenschaftlichen sozialen Kontexten (heterogene Kooperationen) koordiniert werden. Später wendet sie das in den Untersuchungen zur Kooperation entstandene Konzept auch auf wissenschaftliche Gemeinschaften an, ohne diese Ausdehnung zu diskutieren. Sie wechselt dadurch unter der Hand den Gegenstand, indem sie von der Koordination heterogener Kooperationen zur Arbeitsweise wissenschaftlicher Gemeinschaften umschwenkt (Star 1989: 46f.;

2004: 69f.).[17] Wir haben es dadurch plötzlich mit einem ganz anderen Koordinationsproblem zu tun. Kooperation beruht auf unvermittelter Interaktion, heterogene Kooperation zudem auf Interaktionen von Akteuren aus verschiedenen sozialen Welten. Die Koordination in wissenschaftlichen Gemeinschaften reicht dagegen über direkte Interaktionen hinaus. Außerdem müsste geklärt werden, was denn nun mit dem Begriff »soziale Welt« beschrieben werden soll. Ist die wissenschaftliche Gemeinschaft eine soziale Welt, dann passt der Begriff des »boundary objects« nicht mehr so richtig, da letztere ja an der Grenze *zwischen* sozialen Welten angesiedelt sind. Sind dagegen die einzelnen Labors soziale Welten, dann könnten Theorien als »boundary objects« an den Grenzen zwischen den Labors behandelt werden. Was aber ist dann eine wissenschaftliche Gemeinschaft?

Die Idee von Star und die Adaption des Konzepts der offenen Systeme werden in ihrer gegenwärtigen Form der Komplexität wissenschaftlicher Gemeinschaften (noch) nicht gerecht. Stars Ansatz hat aber den großen Vorzug, dass er die »Produktionstechnologie« der kollektiven Wissensproduktion thematisiert und sich explizit die Frage nach den Mechanismen der Handlungskoordination stellt. »Boundary objects« könnten eine partielle Antwort auf diese Frage sein.

Diesen Abschnitt abschließend möchte ich noch kurz auf ein neueres Konzept eingehen, das durch die gewählten Metaphern und durch seine weite Verbreitung den Anschein erweckt, es handele sich um eine Theorie. Mit der Beschreibung eines »neuen Modus der Wissensproduktion« unterstellen Gibbons und Kollegen, dass wissenschaftliches Wissen heute auf eine neue Art und Weise produziert werden kann, und dass dieser neue Modus der Wissensproduktion (Modus 2) sich ausbreitet (Gibbons u. a. 1994; Nowotny u. a. 2001). Ich habe den spekulativen und verschwommenen Charakter des Buches von Gibbons u. a. (1994) an anderer Stelle kritisiert (Gläser 2001a) und kann mich hier auf die Frage beschränken, ob der von den Autoren annoncierte neue Modus der Produktion wissenschaftlichen Wissens existiert oder zu erwarten steht. Die Antwort lautet, dass das nicht der Fall ist. Um die Beschreibung von »Modus 2« auf eine neue Produktionsweise wissenschaftlichen Wissens zuzuspitzen, die über traditionelle Merkmale wie organisatorische Heterogenität, Wissensproduktion in Anwendungskontexten und Interdisziplinarität hinausgeht, muss eine extreme Annahme gemacht werden: Nur die Annahme, dass lokale Kriterien der Relevanz und Qualität die Wissensproduktion dominieren, würde

---

17 Am Rande sei erwähnt, dass die »boundary objects« nicht so recht in die Theorie »offener Systeme« zu passen scheinen, weil es sich um globale (durch die Kooperationspartner gemeinsam genutzte) Objekte handelt, während es in offenen Systemen keine globalen Objekte gibt (Hewitt/de Jong 1984: 149).

Modus 2 qualitativ von dem absetzen, was die Autoren den »alten« Modus der Wissensproduktion (Modus 1) genannt, aber nur als Karikatur beschrieben haben. Die Dominanz lokaler Kriterien würde aber keine Wissensproduktion durch internationale wissenschaftliche Gemeinschaften mehr erlauben. Wenn ein solcher Modus 2 über uns kommen sollte, handelt es sich jedenfalls nicht um eine Produktion wissenschaftlichen Wissens (ebd.).

1.5   Sind »wissenschaftliche Gemeinschaften« Gemeinschaften?

In den wissenschaftssoziologischen Versuchen, die soziale Ordnung wissenschaftlicher Gemeinschaften zu erklären, gibt es eine auffällige Unterlassung. Die Frage, was es soziologisch bedeutet, Kollektive von Wissenschaftlern als *Gemeinschaften* zu bezeichnen, hat seit der Einführung des Begriffs praktisch keine Rolle gespielt.[18] Die nahe liegende Annahme, dass wissenschaftliche Gemeinschaften spezifische Gemeinschaften sind, also unter den allgemeinen Begriff fallen, aber besondere Merkmale aufweisen, ist überhaupt nur von drei Autoren diskutiert worden. Dabei findet sich bei Ben-David lediglich eine kursorische Referenz. Er beobachtet in den sechziger Jahren »the emergence of a view of science as the work of a community in the sociological sense« (Ben-David 1991b: 422f.) und fügt eine Fußnote an: »It must be noted, however, that ›community‹ here refers to a group which is held together merely by a common purpose and common culture, like some religious communities. This must be distinguished from the usage of ›community‹ to describe people bound together by propinquity.« (ebd.: 423)

Ben-David diskutiert nicht, ob diese spezifischen wissenschaftlichen Gemeinschaften unter den Gemeinschaftsbegriff der allgemeinen Soziologie fallen. Er unterstellt dies und sieht also die Einordnung von wissenschaftlichen Gemeinschaften als Gemeinschaften als unproblematisch an.

Van Rossum hat versucht, wissenschaftliche Gemeinschaften als Gemeinschaften im Sinne der allgemeinen Soziologie zu behandeln. Das erforderte es, die Beziehungen zwischen Wissenschaftlern als persönliche solidarische

---

18 Selbst ein Aufsatz unter dem Titel »Scientific community: formulations and critique of a sociological motif«, der explizit der Geschichte und Rolle des Begriffs »wissenschaftliche Gemeinschaft« in der Wissenschaftssoziologie gewidmet ist, lässt jegliche Bezugnahme auf ein allgemeines soziologisches Konzept der Gemeinschaft vermissen (Jacobs 1987; ebenso Jacobs/Mooney 1997).

Beziehungen aufzufassen (van Rossum 1977: 280–282). Solchen Beziehungen konnte van Rossum aber nur unterstützende Funktionen in der Wissensproduktion zuschreiben, zum Beispiel beim Transfer impliziten Wissens, als Integrationsmechanismus bei Abwesenheit eines Paradigmas und als Grundlage für den Austausch von noch nicht veröffentlichungsreifen Ideen (ebd.: 284–286). Dieser Rekurs auf »Hilfsfunktionen« zeigt nur umso deutlicher, dass das traditionelle Konzept der Gemeinschaft die soziale Integration und Funktionsweise wissenschaftlicher Gemeinschaften nicht erklären kann.

Der in Abschnitt 1.2 beschriebene Vorschlag Böhmes (1974a) ist demgegenüber viel attraktiver, weil seine Idee einer durch Wissen integrierten Gemeinschaft sowohl mit theoretischen Überlegungen in der Wissenschaftssoziologie als auch mit Selbstbeschreibungen des Wissenschaftssystems resoniert. Allerdings scheint dieser Vorschlag nicht mit dem klassischen Konzept der Gemeinschaft vereinbar zu sein. Um sein Modell als Form von Gemeinschaft einführen zu können, muss Böhme eine neue Art von Solidarität vorschlagen, die in wissenschaftlichen Gemeinschaften, nicht aber in den bis dahin in der Soziologie bekannten Gemeinschaften auftritt. Das hätte eine Revision des Gemeinschaftsbegriffs erfordert, die Böhme unterlässt.

Diese Versuche in der Wissenschaftssoziologie deuten eine Spannung zwischen dem allgemeinsoziologischen Gemeinschaftsbegriff und unserem Wissen über die soziale Ordnung in wissenschaftlichen Gemeinschaften an. Die Spannung wird deutlich, wenn man das von Merton formulierte wissenschaftliche Ethos mit der Beschreibung der Gemeinschaft in den »pattern variables« von Parsons vergleicht. Parsons hat mit seinen »pattern variables« vier Orientierungsalternativen des Akteurs eingeführt, und zwar:

- Affektivität versus affektive Neutralität,
- funktional diffuse versus funktional spezifische Definition der Situation,
- Partikularismus versus Universalismus,
- vorgegebene Qualitäten oder Verhalten und Leistung als Bezugspunkt der Beurteilung (Parsons/Shils 1951; Parsons 1953).[19]

Mehrere Autoren haben angemerkt, dass jeweils die erste der Orientierungsalternativen dem Begriff der Gemeinschaft und die zweite dem der Gesellschaft entspräche (Rüschemeier 1964: 27f.; Bell/Newby 1971: 26; Bender 1978: 21–23). Vergleicht man diese Charakterisierung mit dem Mertonschen

---

19 Ein ursprünglich mit eingeführtes fünftes Paar von Orientierungsalternativen, Kollektivitätsorientierung versus Selbstorientierung, hatte eine Sonderstellung inne und wurde deshalb von Parsons selbst wieder aufgegeben (zur Sonderstellung der Orientierungsalternative Kollektiv – Selbst siehe Parsons 1953: 52f., 66f.; zur Aufgabe dieses Paares Parsons/Smelser 1956: 36; Dubin 1960; Parsons 1960).

Normenquadrupel (Kommunismus, Universalismus, Uneigennützigkeit und organisierter Skeptizismus) und mit Parsons' eigener Charakterisierung der Wissenschaft als universalistisch, affektiv neutral, funktional spezifisch und leistungsorientiert (Parsons 1952: 341, 343), dann wird deutlich, dass die wissenschaftliche *Gemeinschaft* in dieser Lesart durch die Orientierungsalternativen der *Gesellschaft* charakterisiert ist.[20]

Angesichts dieser offensichtlichen Differenz zwischen den Konzepten »Gemeinschaft« und »wissenschaftliche Gemeinschaft« stellt sich die Frage, wieso der Begriff »wissenschaftliche Gemeinschaft« überhaupt geprägt und in der Wissenschaftssoziologie etabliert wurde. Dazu gibt es begriffshistorische Kommentare von Ben-David sowie von Jacobs und Mooney. Der Begriff »wissenschaftliche Gemeinschaft« entstand demzufolge aus Kuhns Rezeption von Polanyis (1951) Aufsatz »Self-Government of Science« (Jacobs/ Mooney 1997: 481). In seinem historischen Abriss theoretischer Perspektiven der Wissenschaftssoziologie zwischen 1920 und 1970 stellt Ben-David fest, dass Shils der einzige war, der in den fünfziger Jahren Polanyis Begriffsbildung aufgenommen hat (Ben-David 1991b). Die Karriere des Begriffs in der Wissenschaftssoziologie verdanken wir aber nicht Shils oder einer breiteren Rezeption von Polanyis Schrift, sondern Kuhns Werk *Die Struktur wissenschaftlicher Revolutionen* (1962). Weder Polanyi noch Kuhn beziehen sich auf ein soziologisches Konzept der Gemeinschaft. Es war offensichtlich eher ihr Alltagsverständnis von Gemeinschaft, das bei der Taufe Pate gestanden hat.

Im Lichte dieser Argumente erscheint die Bezeichnung »wissenschaftliche Gemeinschaft« mehr denn je als soziologisches Wagnis. Wenn wir Kollektive von Wissenschaftlern als wissenschaftliche Gemeinschaften bezeichnen wollen, dann ordnen wir sie als spezifische Gemeinschaften ein. In diesem Fall muss die Soziologie der Gemeinschaft entweder zur Bearbeitung des Problems sozialer Ordnung in wissenschaftlichen Gemeinschaften beitragen kön-

---

20 Parsons selbst hat die »pattern variables« nie für die Charakterisierung der Dichotomie Gemeinschaft – Gesellschaft benutzt, obwohl die Unzufriedenheit mit der Tönniesschen Dichotomie den Ausgangspunkt der Entwicklung der pattern variables gebildet hat (Parsons/Shils 1951: 48f.). Die Quellenangaben von Bell und Newby sowie Bender sind falsch, Rüschemeier gibt keine Quelle an. Und in der Tat ist Parsons nicht der ihm zugeschriebenen Auffassung. Er unterscheidet die Begriffe community (für ihn identisch mit Gemeinde, Parsons 1952: 91; Parsons 1959) und Gemeinschaft: »A collectivity in which expressive interests have primacy in ist orientation to continual action in concert may for a lack of a better term, be called a Gemeinschaft ...« (Parsons 1952: 100). Parsons' Diskussion der Beziehungen zwischen expressive interests und pattern variables macht deutlich, dass es für ihn keineswegs eine eindeutige Beziehung zwischen expressive interests und einem spezifischen Set von Orientierungsalternativen gibt (Parsons 1952: 69–88).

nen oder auf einen Widerspruch führen, der die Anwendung des Begriffs »Gemeinschaft« unmöglich macht. Die Soziologie der Gemeinschaft leistet weder das eine noch das andere, weil sie nicht existiert. Die Geschichte der Soziologie der Gemeinschaft seit der Einführung des Begriffes in die Soziologie durch Tönnies nachzuzeichnen heißt ein Artefakt konstruieren. Bei genauerem Hinsehen stellt sich nämlich heraus, dass es keine Abfolge aufeinander bezogener wissenschaftlicher Beiträge gab, sondern nur wenige Diskussionsstränge. Theoretische Beiträge beschäftigten sich meist mit der Frage, wie Gemeinschaft zu definieren sei. Empirische Arbeiten haben dagegen den Begriff »Gemeinschaft« angewendet, ohne sich um Definitionen oder wenigstens umeinander zu kümmern. Diese beiden Praktiken haben ein ungeordnetes, nur lose zusammenhängendes Publikationsmassiv geschaffen, in dem ein Alltagsverständnis von Gemeinschaft über soziologische Definitionen zu triumphieren beginnt.

Rekapitulieren wir zunächst die Tönniessche Begriffsbestimmung.[21] Tönnies hat die Gemeinschaft als ein Kollektiv eingeführt, das

– eine Schicksalsgemeinschaft ist, die man nicht wählt, sondern in die man hineingeboren wird (Tönnies 1991: 18, 216),
– das Individuum vollständig einbindet, das heißt mit all seinen Handlungen und sozialen Beziehungen (ebd.),
– an einem Ort existiert und durch häufige persönliche Kontakte charakterisiert ist (ebd.: 12, 19, 21, 216) und
– auf besonderen Beziehungen zwischen den Individuen beruht, und zwar auf emotionalen Bindungen (ebd.: 12, 17, 18, 207).

Alle in der Tönniesschen Definition genannten Merkmale sind später kontrovers diskutiert oder ad hoc suspendiert worden. Erstmals geschah dies durch Janowitz, der die Existenz von Gemeinschaftsbeziehungen in der Stadt postuliert und diese als »community of limited liability« charakterisiert hat (Janowitz 1952: 222–225; siehe auch Hunter/Suttles 1972: 47f.; Effrat 1974: 15–18). Die »communities of limited liability« banden ihre Mitglieder nicht mehr vollständig ein, sondern wiesen partielle Gemeinschaftsbeziehungen auf.[22] Dieses

21 Die Unterscheidung zwischen »mechanischer« und »organischer« Solidarität durch Durkheim (Durkheim 1977), die der von Tönnies sehr ähnlich ist, wird in der Literatur zur Gemeinschaft nur gelegentlich erwähnt und hat in der Theoriebildung keine Rolle gespielt. Das gleiche gilt für Webers Unterscheidung von Vergemeinschaftung und Vergesellschaftung als Typen sozialer Beziehungen (Weber 1947: 21). Ein zweiter Ausgangspunkt für die Soziologie der Gemeinschaft entstand unabhängig von Tönnies in den USA, wo Cooley zu Beginn des 20. Jahrhunderts das Konzept der Primärgruppe entwickelte (Cooley 1911; Shils 1957: 132f.; Newby 1992: 224–236).

22 Das entspricht dem Konzept von Weber, der feststellte, dass die meisten sozialen Beziehungen nur partiell den Charakter der Vergemeinschaftung tragen (Weber 1947: 22).

Argument wurde später durch Wellmann (1979) erneuert. Wellman hat Gemeinschaftsbeziehungen als »primary ties« bezeichnet (ebd.: 1201) und diese als »intimate ties« operationalisiert, indem er den Respondenten die Frage nach »the persons outside your home that you feel closest to« vorlegte (ebd.: 1208f.). Wellman kommt zu dem Ergebnis, dass die traditionelle Gemeinschaft in eine Vielzahl heterogener, durch das Individuum aktiv gestalteter Gemeinschaftsbeziehungen transformiert (und damit »befreit«) wird (ebd.: 1225f.).

In diesen empirischen Studien finden wir erstmals ein Muster, das für alle an Tönnies anschließenden Diskussionen charakteristisch ist. Gemeinschaft wird nicht in Auseinandersetzung mit einer Theorietradition, sondern ad hoc und anscheinend unter Zuhilfenahme eines impliziten Begriffsverständnisses definiert. Wellman bietet nicht einmal eine Definition an, sondern ersetzt »Gemeinschaft« durch »gemeinschaftstypische Beziehungen«. Das entspricht seinem Netzwerkansatz, der Kollektive als Netzwerke sozialer Beziehungen auffasst.[23]

Die Mehrdeutigkeit des Begriffs »community«, der Gemeinde und Gemeinschaft gleichermaßen einschließt, hat bald zu Inkonsistenzen geführt. Die Spannungen wurden in späteren Definitionsversuchen dadurch aufgelöst, dass man zwischen ortsgebundenen Gemeinschaften/Gemeinden und Interessengemeinschaften unterschied. Diese Unterscheidung taucht erstmals in Hillerys vergleichender Analyse von Definitionen auf (Hillery 1955: 27).[24] Eine wichtige Zäsur in der Diskussion über Gemeinschaften bildete der Vorschlag von Webber, zwischen »communities of place« und »interest communities« zu unterscheiden:

As the individual's interests develop, he is better able to find others who share these interests and with whom he can associate. The communities with which he associates and to which he

---

23 Die Identifizierung von Netzwerk und Gemeinschaft wäre aber erst einmal theoretisch und empirisch zu rechtfertigen, was Wellman nicht tut. Gegen die Gleichsetzung von Netzwerk und Gemeinschaft kann man einwenden, dass sie den kollektiven Charakter der symbolischen Konstruktion von Gemeinschaft vernachlässigt. Damit Gemeinschaften als soziale Kollektive Handlungen ihrer Mitglieder beeinflussen können, müssen sich diese als Mitglieder einer Gemeinschaft wahrnehmen. Die von Wellman analysierten Personennetzwerke mögen durch Beziehungen charakterisiert sein, die auch in Gemeinschaften auftreten. Werden sie aber von den Mitgliedern als Gemeinschaften wahrgenommen? Dass Wellmann diese Frage gar nicht erst stellt, verweist auf die Gefahr des Reduktionismus, die die Erklärung kollektiver Phänomene durch Personennetzwerke birgt (zum Problem der Reduktion von Gemeinschaften auf Netzwerke siehe Pahl/Spencer 2004a: 72f.).

24 Die erste Erweiterung des Gemeinschaftsbegriffes um Interessengemeinschaften verdanken wir anscheinend Schmalenbach, der 1920 über »Bünde« als Gemeinschaften schrieb, die nicht durch Ort oder Verwandtschaft zusammengehalten werden (siehe dazu Shils 1957: 133f.). Weder die Arbeit von Schmalenbach noch der Aufsatz von Shils sind in der Soziologie der Gemeinschaft rezipiert worden.

»belongs« are no longer only the communities of place to which his ancestors were restricted; Americans are becoming more closely tied to various interest communities than to
place communities, whether the interest be based on occupational activities, leisure pastimes,
social relationships, or intellectual pursuits. Members of interest communities within a freely
communicating society need not be spatially concentrated (except, perhaps, during the for-
mative stages of the interest community's development) for they are increasingly able to in-
teract with each other wherever they may be located. (Webber 1963: 29)

Webber suspendiert gleich drei Merkmale aus der Tönniesschen Definition:
Interessengemeinschaften werden gewählt (man wird nicht in sie hineingeboren), sie sind nicht ortsgebunden und binden ihre Mitglieder nur partiell ein.
Dabei ist bemerkenswert, dass Webber keine neue Definition von Gemeinschaft vorschlägt, obwohl das angesichts der Radikalität seiner Vorschläge
erforderlich gewesen wäre. Er unterstellt vielmehr ein implizit geteiltes Verständnis dessen, was Gemeinschaft ist, und beginnt von dort aus seine Differenzierung in »Interessengemeinschaften« und »ortsgebundenen Gemeinschaften«, von denen letztere an Bedeutung verlören.[25] Mit seiner Idee der
Interessengemeinschaft korrespondieren

- die Behandlung von Professionen als Gemeinschaften (Goode 1957; zu
  »professional communities« siehe zum Beispiel Bryk u. a. 1999),
- die Entwicklung des Konzepts der Berufsgemeinschaften von durch homogene Beschäftigung geprägten Gemeinden (zum Beispiel Bergbau,
  Bulmer 1975) zu sozial abgegrenzten Gemeinschaften (van Maanen/
  Barley 1984: 298),
- die Beschreibung von Praxisgemeinschaften (Lave/Wenger 1991;
  Wenger 1998; Wenger/Snyder 2000),
- die Beschreibung von Fan-Gemeinschaften (zum Beispiel Jindra 1994)
  und Marken-Gemeinschaften (Muniz/O'Guinn 2001) sowie von Gemeinschaften in der Musikszene (Inhetveen 1997; Hitzler 1998; Hitzler/
  Pfadenhauer 1998).

Mittlerweile ist die empirische Unterstützung für das Konzept der Interessengemeinschaften so stark, dass es sich in der angloamerikanischen »Gemein-
schafts-Soziologie« eingebürgert hat, eine Unterscheidung zwischen lokalen

---

25 Webbers Position konnte in einer Theorie der Gemeinschaft, die nahezu völlig von der Ge-
meindesoziologie dominiert wurde, nicht ohne weiteres akzeptiert werden (Silk 1999: 8). Bell
and Newby wiesen die Idee der Interessengemeinschaft prinzipiell zurück, weil Interessengemeinschaften einen anderen Typ von sozialen Beziehungen aufweisen würden als »echte«
Gemeinschaften: »... the basic points that needs to be made is that what [Webber] calls an interest ›community‹ is an essentially single-stranded (simplex) relationship, whereas community
is about multi-stranded (multiplex) relationships« (Bell/Newby 1971: 18).

Gemeinschaften und Interessengemeinschaften als den beiden Grundtypen von Gemeinschaft vorzunehmen (Stacey 1969: 135f.; Effrat 1974; Chekki 1990: 2; Silk 1999: 8; Black/Hughes 2001: 1–3; Brint 2001: 9–11). Das trägt allerdings nicht zur Konsistenz der theoretischen Ansätze bei.

In jüngster Zeit wird der Gemeinschaftsbegriff extensiv für Kollektive verwendet, die durch das Internet vermittelte Kommunikationen unterhalten. Auch die Diskussion über diese »virtuellen Gemeinschaften« beruft sich auf ein implizites geteiltes Verständnis dessen, was Gemeinschaften sind. Befürworter der Idee betonen die Merkmale »Zuneigung« und »vollständige Einbindung«, die zu einem Merkmal »Existenz von multiplexen, intimen Beziehungen und Solidarität« abgeschwächt wurden. Insbesondere die Existenz von emotionalen Beziehungen wurde als Beweis dafür herangezogen, dass virtuelle Gemeinschaften nicht anders sind als reale (Baym 1995: 147; Cerulo 1997; McLaughlin u. a. 1997: 166). Die Befürworter der Existenz virtueller Gemeinschaften betonen außerdem, dass die Mitglieder der Kollektive diese als Gemeinschaften wahrnähmen (zum Beispiel Watson 1997: 109f.; Ward 1999: 6.6). Das theoretische Konzept der virtuellen Gemeinschaft ist allerdings nicht weniger konfus als das der realen, wie McLaughlin, Osborne und Smith (1995: 92–95) und Wilbur (1997) feststellen. Die Gegner der »virtual community« ziehen vor allem die Merkmale »emotionale Bindungen« und »multiplexe Beziehungen« heran und behaupten, dass es solche Gemeinschaften als virtuelle Gemeinschaften nicht geben kann (Foster 1997: 33; Calhoun 1998; Stegbauer 2001).

Die Diskussion über virtuelle Gemeinschaften passt also gut in das Muster von impliziten realistischen Annahmen und willkürlichem Rückgriff auf die Theorie, das den Umgang mit dem Konzept der Gemeinschaft traditionell prägt. Immer wieder werden Kollektive ad hoc als Gemeinschaft bezeichnet, ohne dass die Verwendung des Begriffs gerechtfertigt wird. Die Autoren scheinen implizit vorauszusetzen, dass wir ja alle wissen, »was Gemeinschaften wirklich sind«. Das Problem der sozialen Ordnung, das im Zentrum einer Theorie der Gemeinschaft stehen müsste, wird dabei völlig vernachlässigt. Weber (1947: 22) und Calhoun (1980: 108–110) haben darauf hingewiesen, dass eine Definition von Gemeinschaft anhand der Existenz eines Zusammengehörigkeitsgefühls nicht ausreicht. Um ein soziologisch relevantes Phänomen zu sein, muss eine Gemeinschaft das Handeln ihrer Mitglieder beeinflussen. Die genannten soziologischen Studien, die den Gemeinschaftsbegriff verwenden, haben die soziale Ordnung in den untersuchten Kollektiven nie thematisiert. Die Beschreibungen machen deutlich, dass nach Ansicht der Autoren die geteilten Werte und die Solidarität das Handeln beeinflussen und so Ordnung in den Gemeinschaften herstellen. Es bleibt aber offen, wie das geschieht. Werden geteilte Normen beschrieben, kann deren Einfluss auf das Verhalten der Mitglieder und damit ihre ordnende Wirkung in der Gemeinschaft angenommen werden. Für viele in der Literatur als Gemeinschaften bezeichnete Kollektive bleibt aber unklar, wodurch die soziale Ordnung hergestellt wird. Das gilt insbesondere für die Interessengemeinschaften, in denen der Gegenstand des geteilten Interesses in keinem Zusammenhang zu möglicherweise entstehenden geteilten Normen steht. Eine ähnliche Beobachtung hatten wir ja für wissenschaftliche Gemeinschaften gemacht: Wenn es die geteilten Normen in wissenschaftlichen Gemeinschaften gibt, dann kann die soziale Ordnung dieser Gemeinschaften dennoch nicht aus ihnen erklärt werden (siehe 1.2). Zumindest darin gleichen wissenschaftliche Gemeinschaften den zahlreichen anderen in der Literatur als Gemeinschaft bezeichneten Kollektiven: Es steht nicht nur die Verwendung des Begriffs auf schwachen Füßen, sondern es fehlt auch das, was die Anwendung solcher Begriffe eigentlich leisten sollte – die Erklärung der sozialen Ordnung des Kollektivs.

1.6   Der Platz wissenschaftlicher Gemeinschaften in einer Theorie sozialer Ordnung

Im letzten Abschnitt wurde deutlich, dass die Soziologie der Gemeinschaft zur Erklärung der sozialen Ordnung wissenschaftlicher Gemeinschaften nichts beiträgt, weil sie kein konsistentes Forschungsfeld ist und das Problem der sozialen Ordnung in Gemeinschaften vernachlässigt. Weder gibt es eine allgemein akzeptierte Definition, anhand derer wir entscheiden könnten, ob wissenschaftliche Gemeinschaften Gemeinschaften sind, noch könnten wir aus der Subsumtion von wissenschaftlichen Gemeinschaften unter diesen Begriff etwas über ihre soziale Ordnung lernen. Deshalb liegt es nahe, auf einer höheren Abstraktionsebene – bei der Theorie sozialer Ordnung – nach Antworten zu suchen.

Die Möglichkeit sozialer Ordnung ist das Grundproblem der Soziologie und wird als solches sehr abstrakt formuliert. Die bis heute dominierende Formulierung des Problems ist die Frage von Hobbes, wie sozialer Zusammenhalt angesichts der Vielfalt konfligierender individueller Interessen möglich ist (Parsons 1949: 89–94; Wrong 1994: 14–36). Diese Frage ist von Parsons zu einem Hauptthema der Soziologie gemacht worden. Giddens hat versucht, das Problem der sozialen Ordnung in expliziter Absetzung von Parsons neu zu definieren. Allerdings ist seine Formulierung weniger deutlich als die von Parsons und wird auch mit zunehmender Bearbeitung nicht deutlicher. Giddens formuliert das Problem sozialer Ordnung zunächst als die Frage »how the limitations of individual ›presence‹ are transcended by the ›stretching‹ of social relations across time and space« (Giddens 1984: 35) und später als die Frage »how social systems bracket time and space – how they stretch across greater or lesser spans of time-space« (Giddens 1987: 153). Die Interpretation der Frage und Giddens' Antwort bleiben bislang unklar (Wagner 1993). Die zitierten Formulierungen lassen sich als eine Frage interpretieren, die noch allgemeiner ist als die von Hobbes und Parsons, nämlich als die Frage, wie relativ dauerhafte translokale soziale Beziehungen überhaupt möglich sind.

Die Frage nach der sozialen Ordnung wissenschaftlicher Gemeinschaften beinhaltet bereits eine Spezifizierung des genannten Grundproblems. Es geht darum, wie in einem Kollektiv von Akteuren durch die Abstimmung des individuellen Handelns ein für das Kollektiv günstiger stabiler Zustand erreicht wird. Wir fragen also nicht nach sozialer Ordnung schlechthin oder nach der Möglichkeit von Gesellschaft, sondern nach geordneten Zuständen in spezifischen Kollektiven. Diese geordneten Zustände sind durch aufeinander abgestimmtes Handeln charakterisiert, was dem Konzept von sozialer Ordnung bei Hayek entspricht, der soziale Ordnung als »Struktur des Handelns aller Mitglieder einer Gruppe« (Hayek 1969: 144), als »Handelnsordnung« (ebd.: 145) bzw. als »Interaktionsmuster vieler Menschen« (Hayek 1980: 59) bezeichnet hat.

Der Frage nach der sozialen Ordnung in Kollektiven ist eine spezielle Strömung innerhalb der soziologischen Theorie gewidmet, die sich mit der vergleichenden Analyse von sogenannten »Typen« oder »Modellen« sozialer Ordnung beschäftigt. Allerdings gibt es nur wenige, selten aufeinander Bezug nehmende Arbeiten, aus denen nur schwer ein Fortschritt in Richtung auf theoretische Konsistenz abzulesen ist.[26] In diese Richtung zielt die Kritik von Scharpf: »Unfortunately, however, while there have been several seminal contributions in the literature [...] we do not have a generally applicable tax-

---

26 Es besteht nicht einmal Einigkeit darüber, wie das Forschungsfeld benannt werden sollte: wir lesen von den »Organisationsmodi Markt, Unternehmen, Netzwerk« (Powell), den »Mechanismen sozialer Koordination Markt, Gemeinschaft, Organisation« (Wiesenthal), den »Modellen sozialer Ordnung Markt, Hierarchie, Gemeinschaft, Verband« (Streeck/Schmitter), den »Steuerungsmechanismen Preis, Autorität, Vertrauen« (Bradach/Eccles), »institutional settings« (Scharpf) und anderen mehr. Die Modelle, Organisationsmodi, Steuerungsmechanismen oder ähnliches erscheinen meist in Triaden, aber auch als Dyaden oder eine größere Anzahl von Modellen. Ich beziehe mich im weitern auf diese Literatur unter der Bezeichnung »Theorie sozialer Ordnung« und bezeichne die in ihr diskutierten Typen als »Typen sozialer Ordnung«, um den Begriff der Koordination für intentionales Handeln, das Ordnung herstellen soll, reservieren zu können.

onomy that would relate types of coordination problems to types of coordination mechanisms in a theoretically consistent fashion.« (Scharpf 1993a: 126) Mayntz und Scharpf identifizieren drei Probleme in der Behandlung sozialer Handlungskoordination:

Die geläufige Typologie, die mit der einfachen Gegenüberstellung von Markt und Hierarchie beginnt und dann schrittweise (zum Beispiel um Solidarität, Netzwerk, Assoziation) erweitert wurde, leidet an der (meist implizit bleibenden) Mehrdimensionalität der diesen Typen zugrunde liegenden Klassifikation. Schwierigkeiten bereitet vor allem die Trennung zwischen Strukturmustern und Koordinationsverfahren [...]

Wichtig ist im übrigen immer, sämtliche Begriffe auf dieselbe Systemebene zu beziehen ... (Mayntz/Scharpf 1995: 60f.)

Will man mögliche Beiträge der Theorie sozialer Ordnung zur Analyse wissenschaftlicher Gemeinschaften identifizieren, muss man die von Mayntz und Scharpf (und Wiesenthal 2000: 47) kritisierten Schwächen in Rechnung stellen. Ich möchte deshalb zunächst an die Aufforderung von Mayntz und Scharpf, »sämtliche Begriffe auf dieselbe Systemebene zu beziehen«, anknüpfen und die Abstraktionsebene identifizieren, die für die Behandlung der sozialen Ordnung wissenschaftlicher Gemeinschaften relevant ist. Analysiert man die Beiträge zur Theorie sozialer Koordinationsmechanismen unter dem Gesichtspunkt der Abstraktionsniveaus, auf dem die Vergleiche jeweils formuliert werden, erkennt man sowohl eine inhärente Logik der Diskussion als auch Verletzungen dieser Logik. So lässt sich die allgemeinste Abstraktionsebene, auf der gewissermaßen oberhalb der vergleichenden Behandlung der Koordinationsmechanismen Grundformen der Sozialität des Menschen behandelt werden, als für die Behandlung von Typen sozialer Ordnung irrelevant ausschließen. Auf dieser Ebene werden gewöhnlich zwei Formen unterschieden, in denen Menschen ihre Beziehungen zu anderen erfahren können: als präexistierend oder als ausgehandelt. Trotz teilweise unterschiedlicher theoretischer Intentionen der Autoren ist es letztlich diese Unterscheidung, die Tönnies, Durkheim und Weber vornehmen: als Gemeinschaft versus Gesellschaft (Tönnies 1991),[27] mechanische versus organische Solidarität (Durkheim 1977), und als Vergemeinschaftung versus Vergesellschaftung (Weber 1947).[28] Heute werden auf dieser Ebene die Kommunitarismusdebatte und Diskussio-

---

27 Die Rezeption von Tönnies' Unterscheidung auf der niedrigeren Abstraktionsebene konkreter Akteurkonstellationen hat viel zu der in 1.5 kritisierten Konfusion in den Gemeinschaftsstudien beigetragen.

28 Weber hat in seinen späteren Schriften selbst Abstraktionsebenen der Behandlung von sozialer Ordnung unterschieden und auf der obersten Ebene zwischen Vergemeinschaftung und Vergesellschaftung unterschieden. Unter Vergesellschaftung fasst er dann sowohl Markt als auch Bürokratie (Lichtblau 2000).

nen um Wertewandel und Individualisierung geführt (siehe zum Beispiel Lau 1988; Honneth 1993a). Typen sozialer Ordnung im Sinne spezifischer Kollektive können in diesem Kontext nicht behandelt werden. Unterhalb dieses höchsten Abstraktionsniveaus lassen sich zwei relevante Ebenen identifizieren. Auf einer allgemeineren Abstraktionsebene werden Typen sozialer Ordnung, das heißt Typen, die in allen Bereichen der Gesellschaft auftreten können, einander vergleichend gegenübergestellt. Auf einer darunter liegenden Abstraktionsebene werden kollektive Produktionssysteme miteinander verglichen, das heißt Typen sozialer Ordnung, die in der Produktion auftreten.

I   Allgemeine Typen sozialer Ordnung

Die meisten neueren Arbeiten visieren diese Abstraktionsebene an und vergleichen Typen sozialer Ordnung, nämlich Markt, Gemeinschaft und Organisation.[29] Dabei scheinen die konstruierten Typen nicht in allen Fällen vergleichbar. Einigkeit scheint lediglich beim Markt zu bestehen. Streeck und Schmitter vergleichen Markt, Gemeinschaft und Staat, wobei sie letzteren ohne weitere Erklärung mit »Bürokratie« gleichsetzen (Streeck/Schmitter 1985: 1). Hollingsworth und Boyer führen ebenfalls den Staat ein, stellen diesen aber neben »private Hierarchien« (Hollingsworth/Boyer 1997: 15f.). In Bries Vergleich von acht »institutionellen Arrangements« findet sich unter anderem »ad hoc-exchange« (Brie 2000: 119). In keiner dieser Arbeiten wird sichergestellt, dass tatsächlich gleichartige soziale Phänomene miteinander verglichen werden.

Ein zweites Problem dieser Vergleiche sind die Dimensionen, in denen die vorgeschlagenen Typen miteinander verglichen werden. Sie werden meist willkürlich eingeführt, und ihr Zusammenhang zum Problem der sozialen Ordnung bleibt in den meisten Fällen unklar. So geben zum Beispiel Streeck und Schmitter als »guiding Principles of co-ordination und allocation« für den Markt »dispersed competition« und für die Gemeinschaft »spontaneous solidarity« an (Streeck/Schmitter 1985: 4–8). Sie lassen aber völlig offen, wie diese Prinzipien denn soziale Ordnung erzeugen. Diese Frage wird auch nicht beantwortet, wenn man die Informationen aus den anderen Vergleichsdimensionen mit heranzieht.

---

29 Wichtige Arbeiten sind zum Beispiel Dahl und Lindblom (1953), Milner (1978), Streeck und Schmitter (1985), Hollingsworth und Boyer (1997), Mayntz und Scharpf (1995), Scharpf (1997) und Wiesenthal (2000).

Wegen dieser Schwächen der Vergleiche lässt sich aus ihnen wenig über die soziale Ordnung in Gemeinschaften lernen, obwohl Gemeinschaften in allen Vergleichen in der einen oder anderen Form auftauchen. Sie werden dabei stets im Sinne von Tönnies' Definition behandelt, das heißt als auf geteilten Werten und Normen sowie Solidarität beruhend und anhand empirischer Beispiele wie Familie, Religionsgemeinschaft oder Clan. Das ist ein deutliches Zeichen dafür, dass der Vergleich von Koordinationsmechanismen nicht an die Diskussionen über das Konzept der Gemeinschaft anschließt, die im Zusammenhang mit empirischen Studien geführt wird.

Das Fehlen eines konsistenten abstrakten Rahmens für den Vergleich hat unter anderem zur Folge, dass soziale Ordnung auf dieser Ebene nicht erschöpfend, sondern nur anhand von Beispielen behandelt werden kann. Das wird deutlich, wenn man versucht, wissenschaftliche Gemeinschaften einem der auf dieser Abstraktionsebene diskutierten Modelle zuzuordnen. Da der Typ »Gemeinschaft« immer unter Referenz auf Tönnies bestimmt wird, können ihm wissenschaftliche Gemeinschaften nicht zugerechnet werden. Da sie auch unter keines der anderen Modelle subsumiert werden können, stehen sie völlig außerhalb der Typologien auf dieser Ebene.

Einen theoretisch begründeten systematischen Vergleichsrahmen für Typen sozialer Ordnung haben Mayntz und Scharpf (1995) vorgeschlagen. Dem Vorschlag liegt die Frage zugrunde, durch welche Handlungen soziale Ordnung entsteht. Mayntz und Scharpf unterscheiden »die einseitige oder wechselseitige Anpassung, die Verhandlung, die Abstimmung und die hierarchische Entscheidung« als »abstrahierte Grundformen sozialer Handlungskoordination«. Die Unterscheidung der Grundformen erfolgt entlang der Dimension »Ausmaß individueller Autonomie bzw. kollektiver Handlungsfähigkeit« (ebd.: 61). Scharpf hat diesen Vorschlag später weiter ausgearbeitet und die institutionellen Arrangements unterschieden, die die jeweiligen Grundformen der Handlungskoordination (bei ihm: Interaktionsmodi) möglich machen (Tabelle 1).

Dieser Vergleich vermeidet die oben benannten Probleme. Er unterscheidet sich von den anderen durch einen systematischen theoretischen Rahmen, innerhalb dessen der Vergleich durchgeführt wird. Die Typen sozialer Ordnung werden anhand der in ihnen möglichen Interaktionsmodi unterschieden. Ein solcher Rahmen ist konsistent und abstrakt genug, um systematische Vergleiche zu ermöglichen. Er weist aber auch einen spezifischen Fokus auf, der durch den analytischen Rahmen des »akteurzentrierten Institutionalismus« für die Politikforschung begründet wird (Mayntz/Scharpf 1995; Scharpf 1997). Scharpf berücksichtigt als Quelle von Ordnung lediglich Institutionen und nimmt die Abwesenheit von Institutionen (bzw. die Existenz von minimalen

| | Institutional Setting | | | |
	Anarchic field	Network	Association	Organization
Unilateral action	✕	✕	✕	✕
Negotiated agreement	(✕)	✕	✕	✕
Majority vote			✕	✕
Hierarchical direction				✕

Tabelle 1: Institutionelle Arrangements und Interaktionsmodi
(nach Scharpf 1997: 47)

Institutionen) als eine Variante (»anarchic field«) auf. In diese Kategorie (die Scharpf nicht weiter analysiert, weil sie für die Behandlung politischer Entscheidungsprozesse uninteressant ist) gehören nicht nur Märkte (die er kurz diskutiert) sondern anscheinend auch Gemeinschaften, da diese – jedenfalls nach unserem gegenwärtigen Kenntnisstand – ebenfalls durch Institutionen und das Fehlen von Mechanismen kollektiver Entscheidungsfindung charakterisiert sind.

Gemeinschaften können also in das Raster des akteurzentrierten Institutionalismus eingeordnet werden (die von Scharpf vorgenommene Unterscheidung ist vollständig), gehören dort aber in der »Restkategorie« nicht institutionell erzeugter Ordnung und werden nicht weiter analysiert. Die anderen genannten Vergleiche können wegen ihrer methodischen Schwächen nicht zur Erklärung der sozialen Ordnung von Gemeinschaften beitragen. Gemeinschaften tauchen zwar in solchen Vergleichen regelmäßig als ein Typ sozialer Ordnung auf. Worin ihre spezifische Ordnung besteht, wird aber nicht erklärt.

II Typen kollektiver Produktionssysteme

Sieht man wissenschaftliche Gemeinschaften als kollektive Wissensproduzenten an, dann muss ihre soziale Ordnung auf der Ebene kollektiver Produktionssysteme behandelt werden. Kollektive Produktionssysteme sind soziale Ordnungen, die ein spezifisches Problem lösen: Sie ordnen die Handlungen eines Kollektivs so, dass die Mitglieder des Kollektivs gemeinsam Güter produzieren können. Diese Abstraktionsebene wird in der Literatur nicht immer sauber von der zuvor diskutierten unterschieden.[30] Es geht hier nicht mehr um Märkte, Organisationen usw. schlechthin, sondern um Produktionsorganisationen (zum Beispiel Unternehmen), Produktionsnetzwerke und Produktionsmärkte (»production markets [...] composed of industrial firms either producing for other firms or for customers«, White 1988: 246). White unterscheidet Produktionsmärkte zum Beispiel von »professional theater markets« (ebd.). Nicht alle Märkte sind Produktionsmärkte, und nicht alle Organisationen sind Produktionsorganisationen.

Die vergleichende Analyse kollektiver Produktionssysteme wird gegenwärtig durch die Transaktionskostentheorie dominiert. Diese Theorie hat ihre Wurzeln in der Ökonomie. Sie wird allgemein auf Coase (1988) zurückgeführt, der Markt und Unternehmen als alternative Produktionssysteme gegenübergestellt hat.

Ronald Coase posed the problem more sharply in his classic 1937 paper, »The Nature of the Firm«. He, like others, observed that the production of final goods and services involved a succession of early stage processing and assembly activities. But whereas others took the boundary of the firm as a parameter and examined the efficacy with which markets mediated exchange in intermediate and final foods markets, Coase held that the boundary of the firm was a decision variable for which an economic assessment was needed. What is it that determines when a firm decides to integrate and when instead relies on the market? (Williamson 1981: 550)

Seit den 70er Jahren ist diese Herangehensweise insbesondere von Williamson im Kontext der »new institutional economics« wieder belebt worden (Williamson 1975; 1985; 1996; Williamson/Ouchi 1981a). Der Name »Transaktionskostentheorie« bringt dabei den spezifischen Fokus der Theorie zum Ausdruck. Es interessiert nicht der Produktionsprozess selbst, sondern der für seine Aufrechterhaltung notwendige administrative Aufwand, der in den Transaktionskosten zum Ausdruck kommt.[31] Transaktionskosten sind »the costs of

---

30 So geht es zum Beispiel Hollingsworth und Boyer (1997) zwar dem Titel ihres Aufsatzes zufolge um »soziale Systeme der Produktion«, sie vergleichen aber im Text ganz allgemein Koordinationsmechanismen, unter anderem in einer Abbildung »A General Taxonomy of Institutional Arrangements« (ebd.: 9). Ihr Vergleich bezieht Gemeinschaften ein, obwohl diese nicht als Produktionssysteme, sondern als generelle soziale Phänomene behandelt werden (ebd.: 10).

31 Williamson betont zwar, dass die Produktionskosten ebenfalls eine Variable sind: »Holding the nature of the good or service to be delivered constant, economizing takes place with reference to the sum of production and transaction costs, whence tradeoffs in this respect must be recognized.« (Williamson 1985: 22) Die Transaktionskostentheorie bietet aber kein Instrumentarium zur Analyse der Produktionskosten. Es wird auch nicht demonstriert, wie variierende Produktionskosten in das Analyseschema der Transaktionskostentheorie integriert werden könnten.

running the economic system« oder genauer »costs of planning, adapting, and monitoring task completion« (Williamson/Ouchi 1981b: 388). Sie entstehen, weil Akteure mit begrenzter Rationalität operieren und opportunistische Strategien verfolgen.

Die Transaktionskostentheorie vergleicht heute drei Organisationsformen kollektiver Produktion, und zwar Markt, Organisation und dauerhafte Vertragsbeziehungen (darunter auch Netzwerke). Der Status der Netzwerke ist umstritten: Handelt es sich um eine eigenständige neue Form (zum Beispiel Powell 1990; Teubner 1992; Windeler 2001) oder sind Netzwerke lediglich Hybride von Markt und Organisation (zum Beispiel Williamson 1996; Wiesenthal 2000)? Diese Frage zu beantworten fällt der Transaktionskostentheorie deshalb schwer, weil sie die Organisationsformen stets aus einer strukturellen Perspektive beschreibt. In dieser Perspektive haben Netzwerke in der Tat mit Märkten die Autonomie der Akteure und mit Organisationen den dauerhaften Beziehungszusammenhang gemeinsam.[32]

Die Schwierigkeiten, die die Transaktionskostentheorie bei der Behandlung von Netzwerken hat, sind symptomatisch für ein tiefer liegendes Problem. Die ökonomische Behandlung des Vergleichs und die Reduzierung der Vergleichsdimension auf die Kosten von Transaktionen hat auch auf dieser Abstraktionsebene dazu geführt, dass das zu lösende Problem – hier: die Koordination kollektiver Produktion – aus dem Auge verloren wurde. Darauf weist Simon hin, der den Vergleich von Organisationen und Märkten durch die Transaktionskostentheorie als unvollständig kritisiert:

> Um jedoch die relativen Vorteile von Organisation und Markt und die Umstände, unter welchen effizienter gearbeitet wird, zu verstehen, muß unsere Organisationsbeschreibung durch ein weiteres Element ergänzt werden. Mit dem Autoritätsmechanismus stellen Organisationen ein Instrument bereit, durch das Aktivitäten von Personengruppen auf bestimmte Weise *koordiniert* werden können, was über Märkte nicht immer erreicht werden kann. (Simon 1996: 65)

Simon stellt weiter fest, dass das Aufstellen von Regeln, die das Handeln von Akteuren koordinieren, eine der Hauptanwendungen von Autorität in Organisationen ist (ebd.: 66). Märkte dagegen, so Simon unter Verweis auf Hayek (1945), koordinieren das Handeln der Akteure unter Nutzung minimaler Informationen, nämlich durch Preise (Simon 1996: 66).

---

32 Windeler kann in seiner strukturellen Perspektive Unternehmensnetzwerke nur deshalb als einen eigenen Typ präsentieren, weil er für den Vergleich zwischen Netzwerken und Märkten eine Dimension verwendet, auf der Unternehmen nicht lokalisiert werden können (Windeler 2001: 234–237). Netzwerke unterscheiden sich Windeler zufolge von Märkten unter anderem durch den »Grad, in dem die Koordination auf dem *dauerhaften Beziehungszusammenhang* zwischen *Unternehmungen* beruht« (ebd.: 235), was auf eine einzelne Unternehmung offensichtlich nicht anwendbar ist.

Die Frage, wie die jeweiligen kollektiven Produktionssysteme Ordnung herstellen, also ein aufeinander abgestimmtes Handeln ihrer Mitglieder ermöglichen, spielt in der Transaktionskostentheorie keine Rolle. Die Transaktionskostentheorie und die Governance-Literatur der Ökonomie beschränken sich auf die Frage, wie die jeweiligen Koordinationsalternativen strukturell beschaffen sind (zum Beispiel Powell 1990: 299–304; Lindberg u. a. 1991: 14, 18–21; Williamson 1996; Weyer 1997: 62–70). Deshalb können sie nicht zur Lösung der von Scharpf formulierten Aufgabe beitragen, Typen von Koordinationsproblemen zu Typen von Koordinationsmechanismen in Beziehung zu setzen (siehe oben). In der Beschränkung auf Strukturen liegt auch der Grund, aus dem die Entscheidung über den Status der Netzwerke offen bleibt. Um Netzwerke einordnen zu können, müsste geklärt werden, wie sie Handlungen ihrer Mitglieder koordinieren. Die immer wieder zu lesenden Verweise auf die Autonomie der Akteure und die überragende Rolle von Vertrauen in Netzwerken helfen nicht weiter, weil Vertrauen kein Koordinationsmechanismus ist. Vertrauen mag eine wichtige Existenzbedingung von Netzwerken sein, ermöglicht aber nicht die Koordination von Handlungen. Greift man dagegen den Vorschlag auf, Netzwerke als »Verhandlungssysteme« aufzufassen (zum Beispiel Mayntz 1993; Scharpf 1993b; 1997), dann lassen sich Netzwerke in der Tat als eigenständiger Typ kollektiver Produktion von Markt und Unternehmen unterscheiden.

Vergleicht man nun die Ebene kollektiver Produktionssysteme mit der Ebene allgemeiner Typen sozialer Ordnung, dann fällt auf, dass wissenschaftliche Gemeinschaften unter keinen der behandelten Typen kollektiver Produktion subsumiert werden können. Versuche, wissenschaftliche Gemeinschaften als Markt, Organisation oder Netzwerk zu beschreiben, sind an ihrer spezifischen sozialen Ordnung gescheitert (1.2). Andere Modelle sind bislang nicht vorgeschlagen worden. Insbesondere tauchen Gemeinschaften nicht als kollektive Produktionssysteme auf. Das gilt ungeachtet des Vorschlages von Ouchi (1980), neben Märkten und Bürokratien »Clans« einzuführen. Sein Argument lautet: »Thus, industrial organizations can, in some cases, rely to a great extent on socialization as the principal mechanism of mediation or control, and this ›clan‹ form can be very efficient in mediating transactions between interdependent individuals.« (ebd.: 132) Damit hat Ouchi den »Clan« eindeutig als eine spezifische Variante von Organisationen eingeführt. Das ist auch die Diagnose von Behr (1995: 329), der Ouchis Clans als »gemeinschaftsbasierte, Clan-förmige Firmenkultur« beschreibt.

Auch die nicht an der Transaktionskostentheorie orientierten Beschreibungen kollektiver Produktionssysteme behandeln Märkte, Organisationen und Netzwerke, wobei letzteren mitunter ähnliche Eigenschaften zugeschrieben werden wie Gemeinschaften. Wenn zum Beispiel Bradach und Eccles ihre »Steuerungsmechanismen« miteinander vergleichen, dann tritt Vertrauen neben Preis und Autorität. Die Autoren konstatieren, dass dies etwas mit Gemeinschaft zu tun haben müsse (Bradach/Eccles 1989: 107), führen aber die Gemeinschaft nicht als produzierendes Kollektiv ein und beschreiben stattdessen Netzwerke (ohne den Begriff zu verwenden). Ähnlich argumentieren andere Autoren, die Netzwerke zum Beispiel durch Vertrauen und Reziprozität charakterisiert sehen (Powell 1990; siehe auch Hollingsworth 1991: 18–21; Lindberg u. a. 1991: 18–21, 25f.).

Die Unterscheidung von Abstraktionsebenen, auf denen Typen sozialer Ordnung diskutiert werden, hat insofern weiter zur Klärung des Problems beigetragen, als der theoretische Rahmen identifiziert werden konnte, in den wissenschaftliche Gemeinschaften als kollektive Produktionssysteme eingeordnet werden müssen. Es stellte sich allerdings heraus, dass Gemeinschaften gerade auf der Ebene kollektiver Produktionssysteme bislang nicht eingeordnet wurden, und dass die Behandlung auf der abstrakteren Ebene allgemeiner Typen sozialer Ordnung mit den gleichen Schwächen belastet ist, die schon im vorangegangenen Abschnitt für die Soziologie der Gemeinschaft konstatiert wurden. Damit bietet nach der Soziologie der Gemeinschaft auch die Theorie sozialer Ordnung zwar Anschlussmöglichkeiten, die weiter entwickelt werden können, aber keine direkte Unterstützung für die Beantwortung der Frage, wie die soziale Ordnung kollektiver Wissensproduktion beschaffen ist.

1.7   Präzisierung der Frage und Planung der Antwort

Ich habe die Frage nach der sozialen Ordnung der Wissensproduktion aus den drei theoretischen Perspektiven der Wissenschaftssoziologie, der Soziologie der Gemeinschaft und der Theorie sozialer Ordnung diskutiert. Keine der drei Perspektiven bietet eine Antwort auf die Frage an. Die Wissenschaftssoziologie hat kein Modell gefunden oder entwickelt, das die soziale Ordnung der Wissensproduktion zufrieden stellend hätte erklären können. Die drei »klassischen« Modelle sozialer Ordnung – Gemeinschaft, Markt und Organisation – scheiterten im Spannungsfeld zwischen empirischen wissenschaftssoziologischen Befunden und allgemeinsoziologischen theoretischen Verpflichtungen. Um auf wissenschaftliche Gemeinschaften anwendbar zu sein, hätte das Konzept der Gemeinschaft ohne Handlungskoordination durch Normen, das des Marktes ohne Tausch und Preis sowie das der Organisation ohne formale Struktur und Mitgliedschaftsregeln auskommen müssen.

Zwei andere Modelle – Netzwerke und soziale Welten – beschreiben zwar wichtige Phänomene in wissenschaftlichen Gemeinschaften, erklären aber nichts. Systemtheoretische Modelle erwiesen sich als inkompatibel mit der Frage nach der sozialen Ordnung oder als zu abstrakt, um kollektive Prozesse der Wissensproduktion auf ihre soziale Ordnung hin zu untersuchen. Bilanziert man die Arbeiten zur Soziologie wissenschaftlichen Wissens, dann stellt sich heraus, dass ihr wichtigster Beitrag zur Wissenschaftssoziologie die Dekonstruktion klassischer Modelle und die Betonung der Möglichkeit und Notwendigkeit empirischer Analysen von Wissensprozessen war. Der theoretische Ertrag für die Erklärung sozialer Ordnung in wissenschaftlichen Gemeinschaften ist dagegen gering. Die einzige prinzipiell auf Makroprozesse anwendbare Theorie der gegenwärtig dominierenden Soziologie wissenschaftlichen Wissens – die Actor-Network-Theory – muss ihre Eignung für die theoretische Analyse emergenter Effekte (im Gegensatz zu retrospektiven Beschreibungen) erst noch unter Beweis stellen. Auch der Versuch, wissenschaftliche Gemeinschaften als soziologisch irrelevant »wegzuerklären«, scheiterte. Es war nicht möglich, eine überzeugende Argumentation gegen die Rolle wissenschaftlicher Gemeinschaften zu konstruieren – nicht zuletzt deshalb, weil die detaillierten ethnographischen Beobachtungen, die diese Strategie stützen sollten, auch Argumente *für* die Relevanz wissenschaftlicher Gemeinschaften lieferten.

Neben den erfolglosen Versuchen konnten zwei interessante Ansatzpunkte identifiziert werden. In einer wenig beachteten Linie der Kuhn-Rezeption, die Wissen als funktionales Äquivalent zu Normen behandelte, hat Böhme vorgeschlagen, einen neuen Typ von Gemeinschaft einzuführen, der auf einer Handlungskoordination durch das vorgängig produzierte Wissen beruht. Dieser Ansatz wurde ähnlich von Star in ihren Überlegungen zur Analogie zwischen wissenschaftlichen Gemeinschaften und offenen Systemen in der Computerarchitektur entwickelt. Er ist jedoch mit den klassischen Vorstellungen von Gemeinschaft nicht vereinbar. Diese Beobachtung verwies uns an die Theorie der Gemeinschaft: Ist eine durch Wissen integrierte, Wissen produzierende Gemeinschaft kompatibel zur Theorie der Gemeinschaft, kann sie also in diese Theorie eingeordnet werden?

Die Soziologie der Gemeinschaft vermag darauf keine Antwort zu geben, weil sie keine konsistenten theoretischen Grundlagen hat. Zahlreiche jüngere Studien zu »Interessengemeinschaften«, »virtuellen Gemeinschaften«, »posttraditionalen Gemeinschaften« usw. beruhen auf einer impliziten Übereinkunft darüber, »was Gemeinschaften sind«, und nicht auf expliziten Definitionen, die zueinander in Beziehung gesetzt werden. Diese Praxis hat die spezifische soziale Ordnung von Gemeinschaften völlig aus dem Blick geraten lassen. Diese theoretische Schwäche ließe eine Einordnung wissenschaftlicher Gemeinschaften wohl zu – allerdings um den Preis einer Unterwerfung unter den theorielosen Pragmatismus.

Eine dritte Theorieperspektive, die zur Bearbeitung des Problems der sozialen Ordnung wissenschaftlicher Gemeinschaften hätte beitragen können, ist die Theorie sozialer Ordnung selbst, die Typen sozialer Ordnung vergleicht. Die für unser Problem relevante Abstraktionsebene in dieser Diskussion ist die vergleichende Analyse kollektiver Produktionssysteme. Auf dieser Ebene dominiert die ökonomisch argumentierende Transaktionskostentheorie, die sich für Probleme der Ordnung von Produktionsprozessen nicht interessiert. Da überdies Gemeinschaften auf der Ebene kollektiver Produktionssysteme nicht auftauchen und Wissenschaft sich nicht als eines der bekannten kollektiven Produktionssysteme identifizieren ließ, existiert auch hier eine Leerstelle, die mehr Fragen aufwirft, als sie beantwortet.

Die pessimistische Bilanz lautet also, dass die Analyse der sozialen Ordnung wissenschaftlicher Gemeinschaften weder durch die Wissenschaftssoziologie noch durch die allgemeine Soziologie theoretisch unterstützt wird. Wir können zwar davon ausgehen, dass wissenschaftliches Wissen kollektiv produziert wird, kennen aber weder den sozialen Mechanismus der Produktion noch die soziale Ordnung des produzierenden Kollektivs. Die optimistische Interpretation dieser Situation lautet, dass die analysierten Theorien genügend Raum lassen, wissenschaftliche Gemeinschaften einzuordnen, und eventuell nötigen Umordnungsversuchen wenig Widerstand (in Form vorgängiger akzeptierter Theorien) entgegensetzen werden (Abbildung 1).

Wenn wir die Probleme und Ansatzpunkte der drei Perspektiven integrieren, dann ergibt sich die Aufgabe, die soziale Ordnung der kollektiven Wissensproduktion zu beschreiben und in die drei genannten theoretischen Kontexte

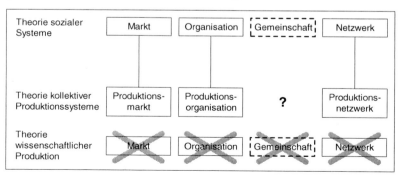

Abbildung 1: Lücken in der Theorie

einzuordnen.[33] Um die theoretische Einordnung vornehmen zu können, muss die soziale Ordnung der kollektiven Wissensproduktion in einem für die allgemeine Soziologie anschlussfähigen analytischen Rahmen beschrieben werden. Eine weitere idiosynkratische wissenschaftssoziologische Theorie oder Metaphorik wäre nutzlos. In meiner Analyse der sozialen Ordnung wissenschaftlicher Gemeinschaften werde ich deshalb Typen sozialer Ordnung als Typen von Akteurkonstellationen behandeln. Der analytische Rahmen wird zu Beginn des folgenden Kapitels eingeführt und dann in einer Sekundäranalyse empirischer Arbeiten der Wissenschaftsforschung angewendet. Das Material für die Sekundäranalyse entstammt überwiegend empirischen Studien der konstruktivistischen Soziologie wissenschaftlichen Wissens. Diese Studien enthalten zahlreiche detaillierte Beschreibungen von Prozessen, in denen wissenschaftliches Wissen konstruiert wird. Obwohl die Beschreibungen jeweils auf die lokalen Ereignisse fokussiert waren und die wissenschaftlichen Gemeinschaften in den meisten Fällen nicht als relevanten Kontext für die Wissensproduktion angesehen wurden, ist es möglich, aus den publizierten detaillierten Beobachtungen die sozialen Mechanismen der kollektiven Wissensproduktion zu rekonstruieren.

Dieses Vorgehen widerspricht in vielen Fällen den theoretischen Intentionen der mikrosoziologisch orientierten Autoren. Das wäre nur dann ein Problem, wenn die theoretische Perspektive der Autoren das Material so weit strukturierte, dass eine unabhängige Sekundäranalyse nicht mehr möglich ist. Das ist nicht einmal bei einem so grundsätzlich von der übrigen Soziologie verschiedenen theoretischen Ansatz wie der Actor-Network-Theory der Fall, da dieser letztlich nur eine besondere Beschreibungssprache für die empirischen Phänomene liefert, aus der die Beschreibungen bei Bedarf rückübersetzt werden können.

Ein zweiter Strang empirischer Studien, der für die Analyse der Wissensproduktion herangezogen werden kann, sind die bibliometrischen Studien, die vor allem quantitative Charakteristika der wissenschaftlichen Literatur untersuchen. Die Erfassung von Zeitschriftenaufsätzen in Datenbanken macht die Analyse von Strukturen und Dynamiken dieser Publikationsmassive möglich. Strukturanalysen ruhen dabei vor allem auf der Analyse von Zitierungen, die zum Beispiel im *Science Citation Index* des *Institute for Scientific Information* erfasst werden. Den Zitationsanalysen liegt die Annahme zugrunde, dass Wissen-

---

33 Solange diese Einordnung noch nicht erfolgt ist, verwende ich weiterhin den eingebürgerten Begriff »wissenschaftliche Gemeinschaft«. Er fungiert aber von nun an bis zur Identifizierung der sozialen Ordnung der Wissensproduktion lediglich als »Platzhalter«, das heißt als Bezeichnung für die in ihrer Abgrenzung, sozialen Struktur und Funktionsweise unbekannten kollektiven Produzenten von wissenschaftlichem Wissen.

schaftler die Publikationen zitieren, die sie in ihrer eigenen Arbeit verwendet haben, und dass deshalb wenigstens tendenziell (statistisch) aus Zitierungen auf inhaltliche Zusammenhänge und auf die Nützlichkeit bzw. den Einfluss der zitierten Arbeiten geschlossen werden kann. Eine zweite der Bibliometrie zugrunde liegende Annahme ist, dass die Publikationsmassive das wissenschaftliche Wissen repräsentieren, dass also von den Strukturen und Dynamiken der Publikationsmassive auf Strukturen und Dynamiken der Wissensbestände geschlossen werden kann.

Beide Annahmen sind nicht unwidersprochen geblieben, haben aber auch empirische Stützung erfahren. Die Verwendung empirischer Befunde bibliometrischer Studien erfordert aber nicht nur wegen dieser Annahmen, sondern auch wegen der generellen konzeptionellen Schwäche des Forschungsfeldes grosse Sorgfalt. Die Scientometrie hat sich in den letzten drei Jahrzehnten von der Wissenschaftssoziologie gelöst und ist ein vor allem durch die Entwicklung von Methoden und deren Anwendung in der Forschungsevaluation angetriebenes Forschungsfeld. Empirische Studien sind ganz überwiegend deskriptiv und werden ohne theoretische Anleitung durch die Wissenschaftssoziologie konzipiert.

Die Sekundäranalyse ermöglicht eine Beschreibung des sozialen Mechanismus der kollektiven Wissensproduktion und der sozialen Ordnung des kollektiven Produzenten. Daraus ergeben sich zwei Fragen zur Genese des sozialen Mechanismus. Die erste Frage lautet, wie er historisch entstanden ist, das heißt unter welchen Bedingungen, warum und wie sich der heutige Mechanismus wissenschaftlicher Produktion herausgebildet hat. Die zweite Frage lautet, wie heute neue, mit diesem Produktionsmechanismus arbeitende Kollektive entstehen. Das Entstehen immer neuer wissenschaftlicher Spezialgebiete muss jeweils mit der Ausbildung eines Produktionsmechanismus einhergehen. Wir können erst sicher sein, dass wir die soziale Ordnung der kollektiven Produktion wissenschaftlichen Wissens verstehen, wenn wir auch das »spontane« Entstehen von geordneter wissenschaftlicher Produktion erklären können. Beide Fragen werden im dritten Kapitel beantwortet. Auch dafür ist eine Sekundäranalyse empirischer Studien nötig. Die Analyse zur erstmaligen Herausbildung des Produktionsmechanismus der heutigen Wissenschaft wird sich insbesondere auf wissenschaftshistorische Studien zur »Wissenschaftlichen Revolution« im 16. und 17. Jahrhundert stützen, weil die Wissenschaftsgeschichtsschreibung die »Entstehung der modernen Wissenschaft« in dieser Zeit ansiedelt. Die Entstehung wissenschaftlicher Spezialgebiete war in den siebziger Jahren Gegenstand intensiver wissenschaftssoziologischer Studien, die theoretisch an Kuhns Konzept der wissenschaftlichen Gemeinschaft anschlossen und versuchten, Phasenmodelle der Entstehung solcher Gemeinschaften zu entwickeln.

Das vierte Kapitel ist drei Verallgemeinerungen gewidmet. Erstens werde ich zeigen, dass der Produktion wissenschaftlichen Wissens in der Tat ein besonderer Typ von kollektiven Produktionssystemen zugrunde liegt, den ich als »Produktionsgemeinschaft« bezeichne. Der dieses kollektive Produktionssystem charakterisierende Mechanismus lässt sich auch in anderen Kollektiven beobachten, zum Beispiel bei der Produktion von Open Source Software. Eine Analyse dieses Produktionsprozesses und anderer Beispiele ermöglicht eine allgemeine Charakterisierung von Produktionsgemeinschaften. Der neue Typ wird dann den bekannten kollektiven Produktionssystemen – Markt, Organisation und Netzwerk – vergleichend gegenübergestellt. Zu diesem Zweck wird der analytische Rahmen, anhand dessen Produktionsgemeinschaften beschrieben wurden, auf die anderen kollektiven Produktionssysteme angewendet. Allerdings erfolgt dies nicht auf der Grundlage einer Sekundäranalyse, sondern unter Rückgriff auf theoretische Arbeiten. Eine Diskussion von Vor- und Nachteilen der kollektiven Produktionssysteme muss angesichts der Literaturlage kursorisch bleiben. Es ist dennoch möglich, einige spezifische Vorteile von Produktionsgemeinschaften zu identifizieren. Schließlich werden Produktionsgemeinschaften in die Soziologie der Gemeinschaft eingeordnet. Dies geschieht auf der Grundlage einer radikal abstrahierenden Definition, die aus empirischen Studien abgeleitet wird. Die vorgeschlagene Definition ermöglicht es, die »klassischen Tönniesschen« Gemeinschaften, Produktionsgemeinschaften und zahlreiche weitere Kollektive, für die der Begriff reklamiert wurde, als Subtypen einzuordnen.

Im fünften Kapitel werde ich einige Anwendungen der Theorie wissenschaftlicher Produktionsgemeinschaften diskutieren. Diese Anwendungen sind immer noch theoretische Überlegungen. Sie sollen zeigen, dass die Behandlung von wissenschaftlichen Gemeinschaften als Produktionsgemeinschaften neues Licht auf einige aktuelle Prozesse im Wissenschaftssystem wirft. Neuere Probleme, zu deren Bearbeitung das Konzept der wissenschaftlichen Produktionsgemeinschaften beitragen kann, sind die Veränderungen des Wissenschaftsbetriebes durch das Internet, die Kommerzialisierung von Wissenschaft und die sich gegenwärtig vollziehende ubiquitäre Etablierung von Evaluationen im Wissenschaftssystem. In allen drei Fällen kann ausgehend vom Verständnis des Produktionsmechanismus die Frage beantwortet werden, inwieweit sich durch die neuen Entwicklungen die Produktionsbedingungen für wissenschaftliches Wissen verändern.

Im abschließenden sechsten Kapitel werde ich die Ergebnisse der Arbeit zusammenfassen und dabei insbesondere noch einmal herausarbeiten, wie weit das bisherige Wissen reichte und wo ich beanspruche, diesem Wissen etwas hinzugefügt zu haben. Das scheint insbesondere deshalb wichtig, weil ich keine empirische Arbeit vorlege, sondern eine im Wesentlichen auf Sekundäranalysen der Literatur beruhende. Das Schlusskapitel enthält außerdem den reizvollsten Teil jeder wissenschaftlichen Arbeit – die Diskussion der Forschungsprobleme, die sich aus den beantworteten Fragen ergeben.

2 Wie wird wissenschaftliches Wissen produziert?

2.1 Analyserahmen

Um die soziale Ordnung der kollektiven Wissensproduktion rekonstruieren zu können, brauchen wir einen analytischen Rahmen, der die Identifizierung der konstitutiven Merkmale dieser sozialen Ordnung im empirischen Material unterstützt. Den unter 1.6 angestellten Überlegungen zur sozialen Ordnung folgend, können wir den Gegenstand der Analyse spezifizieren. Es geht um die sozialen Mechanismen, die das aufeinander abgestimmte Handeln von Wissenschaftlern ermöglichen, die gemeinsam wissenschaftliches Wissen produzieren.

Diese Perspektive legt es nahe, die zu untersuchenden Kollektive als Akteurkonstellationen aufzufassen, wobei der Begriff hier im weitestmöglichen Sinne gebraucht wird: Eine Akteurkonstellation ist ein Zusammenhang von Akteuren, deren Interessen oder Einflusspotenziale einander tangieren (siehe Schimank 1988: 620f.). Die Verwendung des Begriffs »Akteurkonstellation« als allgemeine soziologische Kategorie ist insofern nicht unproblematisch, als die dominierende Verwendung in der Spieltheorie den Begriff für strategisch handelnde, einander beobachtende Akteure reserviert. Gerade ein Blick auf die Theorie sozialer Ordnung macht aber deutlich, dass ein allgemeiner Begriff von Akteurkonstellation eine wichtige Grundlage soziologischer Theoriebildung ist. »Akteurkonstellation« in der von Schimank vorgeschlagenen Variante ist die allgemeinste Bezeichnung für soziale Kollektive, in denen Ordnung entstehen kann.

Wenn das Handeln der Mitglieder einer Akteurkonstellation aufeinander abgestimmt ist, befindet sich diese in einem Zustand sozialer Ordnung. Das ist nicht bei jeder Akteurkonstellation der Fall. Zum Beispiel haben wir es bei einer Massenpanik im Fußballstadion zwar mit einer Akteurkonstellation zu tun, weil die Interessen und Einflusspotenziale der Akteure einander tangieren. Jeder will das Stadion verlassen, und beeinflusst durch seine Handlungen die Möglichkeiten der anderen Mitglieder der Akteurkonstellation, dieses Ziel zu erreichen. Das gleichartige Handeln der Akteure – alle streben zum Ausgang und blockieren ihn – bedeutet aber einen Ordnungsverlust (Mayntz

2000: 98). Die Akteure handeln gleichartig, weil sie in gleicher Weise auf denselben Stimulus reagieren. Ihr Handeln ist aber nicht aufeinander abgestimmt. Letzteres wäre der Fall, wenn die Akteure sich nicht am gemeinsamen Stimulus (dem Auslöser der Panik), sondern am Handeln der anderen Akteure orientieren würden.

Durch aufeinander abgestimmtes Handeln charakterisierte – geordnete – Akteurkonstellationen sind also bereits ein spezifischer Fall. Die in in der soziologischen Literatur diskutierten Typen sozialer Ordnung (siehe 1.6) sind dann Typen von Akteurkonstellationen, die sich durch qualitativ voneinander verschiedene Strukturen und Prozesse der Ordnungsbildung auszeichnen, wobei die Dimensionen für eine solche Typisierung noch zu entwickeln sind.

Ein analytischer Rahmen für die Behandlung sozialer Ordnung muss in zwei Aspekten offen gehalten werden, die in der soziologischen Diskussion oft zu schnell ausgeblendet werden. Erstens entsteht soziale Ordnung nicht nur durch darauf gerichtetes intentionales Handeln. Auf die Abstimmung des weiteren Handelns und damit auf die Herstellung einer spezifischen Ordnung gerichtete Aktivitäten werden allgemein als Koordination bezeichnet. Neben den solcherart koordinierten Ordnungen gibt es aber auch nicht koordinierte wie zum Beispiel den von Hayek als paradigmatischen Fall »spontaner Ordnung« behandelten Markt (unter anderem Hayek 1976: 107–132). Die in einem Markt stattfindenden individuellen Tauschakte werden zwar durch bilaterale Verhandlungen koordiniert. Die Makro-Ordnung des Marktes als *Akteurkonstellation* entsteht aber nicht durch Kooperation, sondern ist ein emergenter Effekt einer Vielzahl von Tauschhandlungen.[34] Man könnte sogar vermuten, dass die Koordination des Handelns in allen Akteurkonstellationen einen geringeren Beitrag zur sozialen Ordnung leistet als die Orientierung des individuellen Handelns an sozialen Bedingungen. Diese Vermutung wird durch den von Scharpf vorgenommenen Vergleich institutioneller settings gestützt (1.6): Die einseitige Anpassung ist in allen institutionellen settings möglich, während koordinierendes Handeln (Verhandlung, Abstimmung, hierarchische Entscheidung) voraussetzungsvoller ist und folglich nur unter speziellen Bedingungen auftritt.

Der zweite Aspekt, in dem die Analyse der sozialen Ordnung wissenschaftlicher Produktion bewusst offen gehalten werden muss, ist die Rolle von Institutionen. Die Frage, welche sozialen Bedingungen Ordnung entste-

---

34 Mayntz (2000) unterscheidet zwischen »geplanter« und »ungeplanter« Ordnung und zeigt, dass beide empirisch relativ selten vorkommen. Die Unterscheidung ist dennoch wichtig, weil geplante Ordnungen Gegenstand und Ziel des Handelns von Akteuren sind (selbst wenn die Handlungsergebnisse nicht dem Plan entsprechen), während ungeplante Ordnungen durch die Akteure eher als Handlungsbedingungen wahrgenommen werden.

hen lassen, wird für gewöhnlich unter Verweis auf Institutionen beantwortet. In der Tat sind Institutionen als Regelsysteme, die das Verhalten von Akteuren in bestimmten Situationen regulieren, die wichtigsten Ordnung erzeugenden sozialen Handlungsbedingungen.[35] Sie sind aber nicht das einzige soziale Phänomen, das soziale Ordnung erzeugt. Mayntz und Scharpf beschreiben die »einseitige Anpassung« als eine »abstrahierte Grundform sozialer Handlungskoordination«, bei der eine Koordination nur in der Weise zustande [kommt], daß die einzelnen Akteure sich je für sich (und sogar ohne Kenntnis der Interdependenz ihrer Handlungen) an die von anderen beeinflußten Bedingungen ihrer Handlungssituation anpassen« (Mayntz/Scharpf 1995: 61). Solche von anderen beeinflusste Bedingungen sind nicht notwendig Institutionen. Zum Beispiel wäre die Ordnung des Marktes dieser Grundform zuzurechnen, weil sie durch die einseitige Anpassung der Akteure an den Marktpreis (und damit an eine durch andere Akteure beeinflusste Handlungsbedingung) entsteht. Während »minimale Institutionen« (Scharpf 1997: 98f.) notwendig sind, um Interaktionen zwischen Marktakteuren zu regulieren, wird die kollektive Ordnung durch ein emergentes Phänomen – den Marktpreis – hergestellt, an den die Akteure ihre Tauschangebote anpassen. Es gibt soziale Ordnungen, für deren Zustandekommen und Aufrechterhaltung Institutionen notwendig, aber nicht hinreichend sind.

Die Rolle von Institutionen für die Ordnung wissenschaftlicher Gemeinschaften ist in der Wissenschaftssoziologie bereits ausführlich diskutiert worden. Im Abschnitt 1.2 habe ich zwei Versuche behandelt, die soziale Ordnung wissenschaftlicher Gemeinschaften aus Institutionen zu erklären, und zwar das klassische strukturfunktionalistische Modell von Merton und das Organisationsmodell von Whitley. Das Scheitern beider Versuche legt nahe, dass die soziale Ordnung der produzierenden Kollektive in der Wissenschaft nicht durch Institutionen hergestellt wird: Die Institutionen der wissenschaftlichen Gemeinschaft enthalten nicht genügend Informationen, um die Handlungen der Mitglieder koordinieren zu können. Der hier im Anschluss an Böhme und Star formulierte »Anfangsverdacht« lautet vielmehr, dass wissenschaftliches Wissen (und damit eine Handlungsbedingung, die nicht institutioneller Natur

---

35 Ich lege hier einen engen Institutionenbegriff zugrunde, wie er zum Beispiel im Ansatz des akteurzentrierten Institutionalismus von Mayntz und Scharpf verwendet wird (Mayntz/ Scharpf 1995: 44–48). Die Einschränkung auf Regelsysteme ist für die Analyse sozialer Ordnung nützlich. Folgte man nämlich den Vorschlägen, alle sozialen Regelmäßigkeiten als Institutionen aufzufassen, dann wäre umgekehrt alles, was Ordnung herstellt, eine Institution. Damit würde aber der Institutionenbegriff heterogene soziale Phänomene zusammenfassen und verlöre seine Unterscheidungskraft. Die Aufgabe, Typen sozialer Ordnung zu beschreiben, wäre nicht gelöst, sondern müsste als Suche nach Typen von Institutionen reformuliert werden.

ist) die soziale Ordnung wissenschaftlicher Gemeinschaften erzeugt. Bis eine positive Antwort auf die Frage vorliegt, verdienen aber Institutionen als häufigster Garant sozialer Ordnung besondere Aufmerksamkeit.

Die Suche nach einem möglicherweise neuen Typ sozialer Ordnung muss also für erzeugte (geplante) und entstandene (ungeplante) sowie für institutionelle und nichtinstitutionelle Ordnungen offen gehalten werden. Ein entsprechender analytischer Rahmen darf vor allem nicht dazu führen, dass eine dieser Varianten ex ante ausgeschlossen wird. Er muss in diesem Sinne minimale Vorgaben machen.

Wir können nun die Fragen, die durch eine Beschreibung sozialer Ordnung als Attribut von Akteurkonstellationen beantwortet werden müssen, in der notwendigen Allgemeinheit formulieren. Erstens muss die Frage beantwortet werden, welche sozialen Phänomene die Interdependenz der Akteure erzeugen und damit die Mitgliedschaft in dem zu analysierenden Kollektiv konstituieren. Zweitens geht es darum herauszufinden, wie – durch welche Phänomene und auf welche Weise – das Handeln der Mitglieder des Kollektivs geordnet wird. Das ist die Fragen nach dem sozialen Mechanismus, der es den Akteuren ermöglicht, ihre Handlungen an den Handlungen anderer Akteure desselben Kollektivs zu orientieren.

Da die folgende Analyse sich nicht auf soziale Ordnung schlechthin bezieht, sondern auf die soziale Ordnung eines Produktionssystems, können diese Fragen weiter spezifiziert werden. Die soziale Ordnung eines kollektiven Produktionssystems zu beschreiben heißt, den sozialen Mechanismus, durch den das produzierte Gut hervorgebracht wird, und die Bedingungen, die das Funktionieren dieses Mechanismus ermöglichen, anzugeben. Diese Abstraktionsebene hat in der Soziologie wenig Aufmerksamkeit erfahren. Es gibt keine vergleichende Analyse von Produktionsprozessen und ihrer Mechanismen, die hinreichend allgemein ist und Produktionsprozesse anhand charakteristischer Koordinationsprobleme vergleicht. Entsprechende Ansätze in der Organisationssoziologie (zum Beispiel Thompson 1967) sind nicht weitergeführt worden.

In der Literatur lassen sich aber Hinweise auf typische Probleme finden, die durch kollektive Produktionssysteme gelöst werden müssen. Ein erster Hinweis stammt von Scharpf, der in seiner vergleichenden Analyse der Koordination in Organisationshierarchien und Netzwerken festgestellt hat, dass hierarchische Koordination die Lösung eines Motivationsproblems und eines Informationsproblems beinhaltet (Scharpf 1993b: 62; siehe auch Simon 1996: 47f.). Diese Überlegung auf der »höchsten Abstraktionsebene« (Scharpf 1993b: 62) lässt sich zu einer Heuristik für die Analyse von kollektiven Produktionssystemen verallgemeinern: Kollektive Produktionssysteme müssen ihre Mitglieder motivieren, Beiträge zu leisten, und sie müssen eine Informationsverarbeitung sichern, die das aufeinander abgestimmte Handeln der Produzenten ermöglicht. Neben dem Informationsproblem und dem Motivationsproblem gibt es ein drittes Problem kollektiver Produktion. Dieses Problem lässt sich aus Analysen der Arbeitsteilung ablesen. Sayer und Walker haben Arbeitsteilung als eine der am meisten vernachlässigten Kategorien in der politischen Ökonomie und der Sozialtheorie bezeichnet (Sayer/Walker 1992: 1). Sie kritisieren die Transaktionskostentheorie für ihre Vernachlässigung der Produktionsprozesse und führen aus:

The organizational problem in the industrial economy begins with production rather than exchange. Bringing together labor, materials and machinery poses an elemental organizational problem at the heart of the labor process [...]; but it is the process of social labor that creates the organizational problem as usually understood, i. e., the puzzle of effectively piecing together the complex divisions of labor inherent in all modern production. The mirror image of the division of labor is, therefore, the integration of labor. (ebd.: 111)

Das Integrationsproblem kann aber nicht nur als logisches »Spiegelbild« der Arbeitsteilung interpretiert werden, das Gegenstand jeglicher Koordination ist. Es bezieht sich auch auf eine spezifische Phase der kollektiven Produktion (zum Beispiel bei Piore 1992: 441f.). In diesem Kontext lässt es sich als ein drittes grundsätzliches Problem kollektiver Produktion formulieren: Kollektive Produktionssysteme müssen die Beiträge ihrer Produzenten zu einem Gut zusammenfügen.

Damit haben wir drei Probleme formuliert, die durch kollektive Produktionssysteme gelöst werden müssen. Fassen wir nun die Überlegungen zur sozialen Ordnung in Akteurkonstellationen im Allgemeinen und zu den Problemen kollektiver Produktion im Besonderen zusammen, dann lassen sich die Fragen über die soziale Ordnung der kollektiven Wissensproduktion formulieren, die an das empirische Material gestellt werden müssen. Die Frage nach der Mitgliedschaft in der Akteurkonstellation kann für die kollektive Wissensproduktion folgendermaßen spezifiziert werden:

1) Wovon hängt ab, ob jemand Mitglied eines spezifischen wissenschaftliches Wissen produzierenden Kollektivs ist?

1a) Welches soziale Phänomen konstituiert Mitgliedschaft?

1b) Wie werden Akteure zur Teilnahme an der kollektiven Produktion motiviert?

Die Frage nach der Mitgliedschaft in der Akteurkonstellation ist also mit der Frage verbunden, wie das Motivationsproblem gelöst wird. Die Fragen sind nicht identisch, weil die Konstitution von Mitgliedschaft durch andere soziale Phänomene erzeugt werden kann als die Motivation zur Mitgliedschaft.

Um die Suche nach ordnenden Phänomenen und die Aufklärung der Rolle von Institutionen nicht zu weit einzuengen, werden nur wenige allgemeine Fragen über den kollektiven Produktionsprozess formuliert. Wenn wir das Informationsproblem und das Integrationsproblem aufeinander beziehen, dann lässt sich die Frage nach der sozialen Ordnung wie folgt zuspitzen: Wie gelingt es, die individuelle Produktion von Beiträgen durch die Wissenschaftler so an den Erfordernissen ihrer späteren Integration in ein gemeinsames Produkt zu orientieren, dass diese Integration gelingt? Genauer:

2) Wie entstehen Aufgaben für die Mitglieder des produzierenden Kollektivs?

3) Wie wird im Verlauf der Aufgabenbearbeitung sichergestellt, dass die Erfordernisse späterer Integration berücksichtigt werden?

4) Wie werden individuelle Beiträge zu einem kollektiven Produkt integriert?

5) Welche Rolle spielen Institutionen (das heißt Regelsysteme) in diesen drei Prozessen?

Die letzte Frage ergibt sich nicht aus der oben dargestellten Systematik, sondern aus der generellen Annahme, dass keine soziale Ordnung ohne Institutionen auskommt. Sie ist streng genommen redundant, weil die Antworten auf die Fragen 1 bis 4 die Rolle von Institutionen hinreichend beschreiben sollten. Die Frage nach den Institutionen scheint jedoch heuristisch wichtig, weil die ordnende Funktion von Institutionen bekannt ist.

Diese fünf Fragen spezifizieren die Frage nach der sozialen Ordnung für kollektive Produktionsprozesse. Sie werden im Folgenden für die kollektive Produktion wissenschaftlichen Wissens beantwortet. Aus taktischen Gründen werde ich zunächst die Fragen 2) bis 5) beantworten und die beiden Fragen nach der Mitgliedschaft in den produzierenden Kollektiven – die sich als die schwierigsten erweisen werden – erst im Anschluss an die Beschreibung des Produktionsprozesses behandeln. Die produzierenden Kollektive werde ich der Einfachheit halber als wissenschaftliche Gemeinschaften bezeichnen, ohne damit die Existenz eines spezifischen Typs sozialer Ordnung (zum Beispiel einer Gemeinschaft) zu unterstellen.

Die folgende Darstellung der Sekundäranalyse trägt der Tatsache Rechnung, dass die Informationen über einen kollektiven und globalen Produktionsprozess in räumlich verteilten wissenschaftlichen Gemeinschaften unter anderem empirischen Studien entnommen werden müssen, die den lokalen Charakter der Wissensproduktion voraussetzen, nachweisen wollen oder in das Zentrum ihrer Aufmerksamkeit rücken, ohne sich gleichermaßen für globale Prozesse zu interessieren. Ich werde deshalb zu Beginn jedes Abschnittes jeweils einige Fallbeschreibungen aus diesen Studien zitieren und anschließend die Rolle lokaler und globaler Faktoren in dem jeweiligen Mechanismus der kollektiven Produktion diskutieren. Dabei werden weitere empirische Befunde ad hoc herangezogen. Diese Ordnung durchbreche ich nur dort, wo ich spezifische, für das Wissenschaftssystem charakteristische Aspekte (insbesondere den Peer review und die Struktur der wissenschaftlichen Literatur) separat behandele.

2.2 Wie entstehen Forschungsaufgaben für individuelle Produzenten?

2.2.1 Fallbeschreibungen

Die Entstehung von Forschungsaufgaben wird in zwei Gruppen wissenssoziologischer Studien beschrieben. Historische Rekonstruktionen wissenschaftlicher Arbeitsprozesse beruhen auf der Analyse von Laborbüchern, Tagebüchern, Briefwechseln und anderen Dokumenten sowie in einigen Fällen auf Interviews mit Zeitzeugen. Ethnographische Studien präsentieren Beobachtungsergebnisse in Form »dichter« Beschreibungen. Beide Herangehensweisen liefern detaillierte Beschreibungen wissenschaftlicher Arbeitsprozesse einschließlich des Entstehens von Forschungsaufgaben. Das ihnen zugrunde liegende Material lässt sie jedoch unterschiedliche Aspekte dieses Prozesses betonen. Deshalb ziehe ich im Folgenden Studien beider Typen heran.

Pinch (1986) hat die experimentellen und theoretischen Forschungsprozesse zum Nachweis solarer Neutrinos in der Zeit von 1958–1980 rekonstruiert. Am Beginn dieser Forschungen stand die Suche nach Anwendungsmöglichkeiten für eine Nachweismethode. Ein Chemiker hatte ein Experiment entwickelt, in dem mit radiochemischen Mitteln Neutrinos nachgewiesen werden konnten. Allerdings gab es auf der Erde keine Neutrino-Quelle, an der der Detektor genutzt werden konnte. Kernreaktoren produzieren nur Anti-Neutrinos, und die Empfindlichkeit des Experimentalsystems war zu gering, um die theoretisch vorausgesagte Menge von in der Sonne produzierten Neutrinos nachweisen zu können. Damit entstand bald nach der Entwicklung des Experimentalsystems eine Situation, in der es nutzlos zu werden drohte, da es für die einzige Aufgabe, die es lösen könnte, nicht empfindlich genug war (ebd.: 55–59).

Das änderte sich, als die theoretische Voraussage der Zahl solarer Neutrinos, die auf die Erde treffen, drastisch nach oben korrigiert wurde. Zu dieser neuen Voraussage trugen zahlreiche Fortschritte in ganz unterschiedlichen Wissenschaftsgebieten bei (ebd.: 59–68). Eine zentrale Rolle spielten die durch die nukleare Astrophysik entwickelten Modelle der Energieerzeugung in Sternen. In diese Modelle flossen in Laborexperimenten gewonnene Daten zu den Energie- und Teilchenbilanzen der Reaktionen ein. Die in dieser Zeit aufkommenden Computer ermöglichten Modellrechnungen zu in Sternen ablaufenden Prozessen. Astronomische Beobachtungen bereicherten das Wissen über Entwicklungsstadien von Sternen. Als dann Ergebnisse von neuen Laborexperimenten eine Korrektur des theoretischen Modells der Neutrinoproduktion in Sternen auslösten, erreichte die theoretisch vorausgesagte Zahl von solaren Neutrinos plötzlich einen Wert, der mit dem Experimentalsystem prinzipiell messbar erschien. Diese Verbindung zwischen der theoretischen Entwicklung und dem Experimentalsystem löste die Planung und Durchführung eines groß angelegten Experiments zum Nachweis solarer Neutrinos aus.

In einer anderen historischen Analyse hat Pickering (1995) die Entstehung einer Aufgabe aus dem Wechselspiel von Theorie und Experiment beschrieben. Die in der Hochenergiephysik Anfang der 60er Jahr in rascher Folge neu entdeckten Experimentalteilchen lösten neue theoretische Entwicklungen aus. Eine der neuen Theorien beschrieb die Elementarteilchen als aus fundamentaleren Einheiten – Quarks – zusammengesetzt. Das implizierte, dass die fundamentaleren Einheiten Bruchteile der Elementarladung tragen, was im Widerspruch zu allen bisherigen theoretischen Annahmen stand (ebd.: 71f.).

Gell-Mann's and Zweig's 1964 proposal accommodated this apparent conflict between the properties attributed to quarks and the findings of experiments by suggesting that quarks were always to be found bound together to form hadrons in just the right combinations such that the third-integral charges of the constituent quarks added up to an integral multiple of e. There was also a possibility, however, that occasionally one might come upon a quark in isolation, since a straightforward argument led to the conclusion that the lightest quark (there were supposed to be three distinct species) would be stable – there would be no way in which it could get rid of its fractional charge. An experimental agenda could be readily constructed from this observation. Measurement of electric charges – either on elementary particles or on macroscopic samples of matter – would bear rather directly upon the quark hypothesis: any evidence for third-integral charge would immediately be evidence for the existence of »free« or »isolated« quarks. During 1964, several physicists reasoned along these lines, and some of them actually embarked on experimental searches for free quarks. (Pickering 1995: 72)

Zu den Physikern, die die Suche nach freien Quarks begannen, gehörte auch Giacomo Morpurgo, dessen Experimente Pickering rekonstruiert hat. Anders als der Chemiker im vorangegangenen Beispiel verfügte aber Morpurgo noch nicht über ein geeignetes Experimentalsystem, sondern baute die Anlage erst auf, als die Aufgabe schon formuliert war (ebd.: 72f.).

Auf ähnliche Weise beschreibt Collins die Entstehung der Aufgabe, Gravitationswellen nachzuweisen:

Most of the scientists interviewed in this field agreed that the existence of gravitational waves (the gravitational equivalent of electromagnetic radiation) is predicted by Einstein's general theory. They all agreed that the amount of energy required was far too great for the generation of detectable gravitational radiation on earth within the foreseeable future. Also they were agreed that astronomical catastrophes such as the collapse of a star, should produce gravitational radiation. Up to 1969 however, only one scientist had actually thought it worthwhile to try and detect this cosmic radiation because the resulting flux passing by the Earth was expected to be so small as to make terrestrial detection almost impossible. (Collins 1975: 208f.)

Auch hier lesen wir von einer allgemein akzeptierten Theorie, einer allgemein akzeptierten Schlussfolgerung und einem Wissenschaftler, der ein Instrument baut, um diese Schlussfolgerung zu testen.

Historische Rekonstruktionen von theoretischen Forschungsprozessen haben Muster der Entstehung von Forschungsaufgaben aufgedeckt, die denen in der experimentellen Forschung ähneln. Eine zweite Analyse Pickerings rekonstruiert Bemühungen in der theoretischen Physik der 70er Jahre, die Eigenschaften neu entdeckter Elementarteilchen zu erklären:

On 11 November 1974 two groups of HEP [High Energy Physics] experimenters, one from the East Coast and one from the West Coast of the USA, announced their independent discoveries of a new and highly unusual elementary particle. One group named it the »J«, the other the »psi«, and by common consent it has become known as the »J-psi«. I will return to the question of why it was unusual later; for the moment it is sufficient to note that its properties were not easily reconciled with expectations then current within the community. Within days of the discovery the journals were flooded with a variety of theoretical speculations on the nature of the J-psi. Ten days after the announcement of the J-psi a further experiment revealed the existence of another unusual particle – the »psi-prime« – and detailed measurements were soon made of the properties of both the J-psi and psi-prime. In the light of these observations, many of the early speculations on the nature of the J-psi quickly came to be seen as untenable, and in early 1975 only two theoretical models survived as serious contenders for the explanation of the new particles. (Pickering 1982: 128f.)

Die von Merz und Knorr-Cetina (1997) beobachteten theoretischen Physiker arbeiten unabhängig von experimentellen Befunden. Sie konstruieren ausgehend von der Theorie neue mathematische Modelle, versuchen existierende Modelle besser zu verstehen und sie auf neue (theoretische) Probleme anzuwenden. Mathematiker bearbeiten Probleme oder Vermutungen, die andere Mathematiker früher formuliert haben (MacKenzie 1999; Heintz 2000: 157–159). Dass Aufgaben über Jahrhunderte hinweg in einer »objektiven«, von den individuellen Perspektiven der Mathematiker unabhängigen Formulierung existieren, ist eine wichtige Besonderheit der Mathematik. Mathematiker bearbeiten aber nicht nur »alte«, durch andere formulierte Probleme, sondern formulieren auch selbst Forschungsaufgaben. Die von Heintz interviewten Mathematiker unterschieden bei den heute formulierten Aufgaben zwischen zwei Typen: »Auf der einen Seite gibt es ›Probleme‹ für deren Lösung es mathematische Intuition und Kreativität braucht. Das ist die ›wirkliche‹ Mathematik. Auf der anderen Seite steht die Systematisierung des bereits Geschaffenen, die Disziplin und auch eine gewisse ›Pedanterie‹ erfordert. Das ist die Aufgabe der Axiomatisierung.« (Heintz 2000: 138) Leider ist bislang nicht beschrieben worden, wie Mathematiker für sich Aufgaben aus dem Wissensbestand ableiten, die nicht bereits früher von anderen vorformuliert wurden.

Latour und Woolgar (1986: 112–124) beschreiben die Entwicklung eines biomedizinischen Spezialgebietes, der Neuroendokrinologie, gleichfalls in Form einer historischen Rekonstruktion. Die der Entwicklung zugrunde liegende Forschungsaufgabe war entstanden, bevor Latour und Woolgar ihre ethnographische Beobachtung begannen. Der von ihnen beschriebene Prozess unterscheidet sich von den bisher wiedergegebenen Beschreibungen dadurch, dass die Aufgaben nicht aus einer Theorie oder den Wechselwirkungen zwischen Theorie und Experiment abgeleitet wurden, sondern aus einem unstrukturierten Bestand empirischen Wissens. Da die Rekonstruktion im gleichen Stil gehalten ist und auf dieselbe Art von Quellen zurückgreift wie die bereits vorgestellten, aber ein ganz anders beschaffenes Wissenschaftsgebiet und eine ganz andere Art der Entstehung von Aufgaben beschreibt, bietet sie einen interessanten Kontrast, der die Variationsbreite der Entstehung von Aufgaben verdeutlicht.

Latour und Woolgar rekonstruieren die Entstehung einer »subspecialty«, die der Isolierung und Charakterisierung von »Thyrotropin Releasing Factor« (TRF) gewidmet war. Diese Substanz wurde zunächst anhand ihrer Wirkung charakterisiert: sie steuert die Sekretion von Thyrotropin durch das Gehirn. Die Physiologie hatte Fortschritte in der Untersuchung der Wirkung derartiger Faktoren zu verzeichnen, ohne dass es jedoch gelungen wäre, ihre chemische Struktur zu bestimmen.

By 1962, work on the first postulated factor (CRF, see Chapter 2) was at the same stage it had been for the previous ten years and was to remain thus for the next fifteen years. A host of factors had been postulated which remained unconfirmed in 1976 and artifacts abounded (Chapter 4). Virtually any consistent effect was given a name and a few preliminary steps of purification from the soup of brain extracts were considered sufficient to merit the writing of a paper. Frequently, the effect was regarded as sufficiently consistent to merit writing appear on aspects of rat behaviour, calcium levels, or thermoregulation. (Latour/Woolgar 1986: 116)

In dieser Situation wurde die Existenz eines neuen »Faktors« postuliert. Ein führender Wissenschaftler behauptete, dass es sich bei diesem Faktor um ein Protein handele, und erklärte die Aufklärung der chemischen Struktur dieses Faktors zur zentralen Aufgabe des Fachgebietes. Das geschah in einem ausführlichen Review bisheriger Arbeiten des Gebietes, in dem er 14 Kriterien formulierte, die eine Substanz erfüllen musste, um als neuer physiologischer Faktor anerkannt zu werden. Damit charakterisierte er zugleich die gesamte bisherige Arbeit des Gebietes als unzureichend (ebd.: 121f.). Der in dem Review publizierten neuen Interpretation des Standes der Forschung zufolge führte kein Weg mehr an der Strukturaufklärung vorbei. Das implizierte weitaus höhere Anforderungen an Nachweismethoden für den zu identifizierenden Faktor (ebd.: 124). »Previously, it had been possible to embark on physiological research with a semipurified fraction because the research objective was to obtain the physiological effect. When attempting to determine the structure, however, researchers needed absolutely to rely on the accuracy of their bioassays.« (ebd.: 124)

Dieses Beispiel unterscheidet sich in zwei wichtigen Aspekten von den zuvor zitierten. Erstens wird deutlich, dass Forschungsaufgaben nicht nur aus Theorien entstehen. Die Physiologie hatte zwar theoretische Vorstellungen davon, was die untersuchten Faktoren im Gehirn bewirken. Angesichts fehlenden Wissens über die Struktur der Faktoren und über die Substanzen, mit denen sie verunreinigt sind, konnte von einer Theorie der Wirkungsweise oder gar des Zusammenhangs zwischen Struktur und Wirkung der Faktoren keine Rede sein. Das Wissenschaftsgebiet schritt voran, indem es Faktoren zu isolieren versuchte (was nur unvollkommen gelang) und die Wirkungen der unzureichend gereinigten Faktoren beschrieb. Das entstehende Wissen war wenig systematisch und nicht generalisiert. Auch aus solch unsystematisch akkumuliertem Wissen lassen sich offensichtlich Forschungsaufgaben ableiten.

Der zweite interessante Aspekt ist der Adressat der formulierten Aufgabe. Wenn wir die vorherigen Beispiele Revue passieren lassen, dann stellen wir fest, dass die Wissenschaftler für gewöhnlich Aufgaben für sich selbst und für einzelne Forschungsprozesse oder persönliche Forschungsprogramme formulierten. Auch wenn Aufgaben so nahe lagen, dass sie von mehreren Wissenschaftlern unabhängig voneinander zur selben Zeit formuliert wurden (die Suche nach freien Quarks oder die Entwicklung einer Theorie zur Erklärung der neuen Elementarteilchen), haben die Wissenschaftler individuelle Aufgaben unabhängig voneinander formuliert. Im von Latour und Woolgar beschriebenen Fall wurde die Aufklärung der Struktur von TRF als eine vorrangige Aufgabe für die wissenschaftliche Gemeinschaft formuliert. Sie wurde dann nicht nur von der Forschungsgruppe des Autors der Aufgabe, sondern auch von anderen Forschungsgruppen als eigene Forschungsaufgabe angenommen (ebd.: 124–149).

Die bis hierhin herangezogenen Beispiele beruhen primär auf historischen Rekonstruktionen.[36] Die ethnographischen Beobachtungen des Forschungsalltags und der diesen Alltag bestimmenden Faktoren haben einen ganz anderen Charakter. Ihre »dichten« Beschreibungen betonen den lokalen Charakter der Wissenserzeugung. Die Rolle des »translokalen« Wissens, das in den historischen Rekonstruktionen so prominent war, wird nicht diskutiert, weil der Fokus der ethnographischen Beobachtungen eben die beobachtbaren, das heißt lokalen Vorgänge sind. Charakteristisch dafür sind die von Knorr-Cetina beobachteten Beispiele.

Man stelle sich zwei Wissenschaftler vor, die sich über ihrem *bag lunch* über den Fortschritt der Proteinarbeit des einen unterhalten. Dieser nimmt eine seiner Proteinproben von einem Laborgestell und zeigt sie dem anderen. Er sagt, dass er sich nicht erklären kann, warum er in seinen Experimenten bei verschiedener Temperatur verschiedene Volumen bekommt. Der andere meint, dass vielleicht die Härte der Proteinpartikel dafür maßgebend sein könnte, und entwickelt dies mit einer Reihe von Argumenten über den Zusammenhang zwischen Partikelgröße und Partikelverhalten. »Also«, sagt der erste der beiden, während er das »am schlimmsten« aussehende *sample* in seinen Händen dreht, »das Protein da schaut ja wie *Sand* aus!«

[...]

»Wenn das Protein wie Sand ausschaut«, überlegte der Wissenschaftler, um dessen Proben es sich handelte, »muss es denaturiert sein. Wenn es tatsächlich denaturiert ist, dann kann sich das nur so auswirken, dass es die Probe verdünnt. Wenn es die Proben verdünnt, wie Sand das tun würde, dann würde das die *dilution theory* bestätigen, an die alle zu glauben scheinen. Wenn es aber *nicht* denselben Effekt hat wie Sand, dann kann man damit diesen Verdünnungsquatsch widerlegen, und ich kann meine eigene Interpretation vorschlagen.« Zwei Stunden später hatte der Wissenschaftler sein ursprüngliches Projekt stehen lassen, war in den Lagerraum gegangen, um chemisch reinen Sand zu finden, hatte ein »quick and dirty experiment« begonnen, das das Verhalten der Sand- und Proteinproben unter Hitzeeinwirkung vergleichen sollte, und dabei fast ein Mixgerät zerstört, in dem der Sand dauerhafte Kratzer hinterließ. (Knorr-Cetina 1984: 92f.)

Weitere Beschreibungen des Entstehens von Forschungsaufgaben finden sich in dem Abschnitt »Die Innovationsberichte der Wissenschaftler« (ebd.: 99–106).[37] Obwohl Knorr-Cetina mit ihren Beschreibungen das sehr spezifische Ziel

---

36 Die Analysen der theoretischen Physik durch Merz und Knorr-Cetina (1997) sowie der Mathematik durch Heintz (2000) beruhen ebenfalls auf ethnographischen Beobachtungen. Diese Untersuchungen verdeutlichen aber auch die spezifischen Schwierigkeiten, die die Beobachtung geistiger Prozesse bereitet. Wenn beobachtbare physische Manipulationen eine untergeordnete Rolle in der individuellen Wissensproduktion spielen, erscheinen ethnographische Beschreibungen »gröber« (siehe Knorr-Cetina/Merz 1997 zum Konzept der »dünnen Beschreibung«).

37 Ähnliche Beobachtungen haben Latour und Woolgar gemacht, siehe insbesondere das Kapitel »The Microprocessing of Facts« (Latour/Woolgar 1986: 151–186).

verfolgt, die Rolle von Analogien in der wissenschaftlichen Arbeit zu untersuchen, ergänzt ihr Material die wissenschaftshistorischen Rekonstruktionen des Entstehens von Forschungsaufgaben in zwei wichtigen Punkten. Erstens demonstriert sie, dass die lokalen Arbeitsumgebungen eine außerordentlich wichtige Rolle bei der Entstehung von Forschungsaufgaben spielen. Verfügbare Techniken, lokale Traditionen, zufällige Gespräche mit Kollegen und andere Elemente des Forschungsalltages im jeweiligen Labor sind ein wichtiger Bestandteil der Prozesse, die zu den Forschungsaufgaben führen, die Wissenschaftler sich stellen. Zweitens zeigen die Beobachtungen von Knorr-Cetina, dass Forschungsaufgaben sehr »klein« sein können. Wissenschaftler stoßen im Verlauf ihrer Arbeit ständig auf unvorhergesehene Widerstände, und müssen Wissen erarbeiten, um den Fortgang ihrer Projekte zu sichern. Außerdem bearbeiten sie im Allgemeinen mehrere Probleme parallel. Die »Größe« der Aufgaben (im Sinne ihres Zeit- und Ressourcenbedarfs) kann von Vorhaben, die innerhalb von Tagen oder Wochen »nebenbei« gelöst werden können, bis hin zu langjährigen Forschungsprojekten reichen. »Kleine« Aufgaben werden immer wieder in den ethnographischen Beobachtungen beschrieben, während die oben genannten historischen Rekonstruktionen eher »große« Aufgaben zum Gegenstand haben, deren Bearbeitung mehrere Jahre in Anspruch nahm. Mit »Aufgabe« ist dabei stets die Aufgabe gemeint, ein Problem zu lösen und neues Wissen zu produzieren. Diese Aufgaben müssen von den in die Problemlösungsprozesse eingebetteten, den Laboralltag dominierenden Routineaufgaben bei der Durchführung von Experimenten und Beobachtungen unterschieden werden. Letztere hat Lynch (1985: 23–140) sehr detailliert beschrieben.

2.2.2 Der soziale Mechanismus der Formulierung von Forschungsaufgaben

Das Informationsproblem und das Integrationsproblem manifestieren sich ganz besonders in der Entstehung von Aufgaben der Wissenserzeugung. Damit eine kollektive Produktion von Wissen überhaupt möglich ist, müssen die »Elementaraufgaben« für individuelle Produzenten die Erzeugung von Wissen fordern, das zugleich neu und integrierbar ist. Nur neues Wissen erweitert den Bestand, und nur integrierbares Wissen kann ihm hinzugefügt werden oder ihn umgestalten. Die »Elementaraufgaben« der Wissensproduktion müssen überdies lösbar sein, das heißt, das neue Wissen muss unter den konkreten lokalen Bedingungen erzeugt werden können. Das bedeutet, dass das Informationsproblem bei der Formulierung von Aufgaben unter Antizipation des Integrationsproblems und unter Berücksichtigung der lokalen Bedingungen gelöst werden muss. Ich werde im Folgenden zeigen, wie und durch wen das Informationsproblem gelöst wird, das heißt, wer die Aufgaben formuliert und welche globalen und lokalen Informationen dazu herangezogen werden.

Die Aufgaben werden durch die Wissenschaftler selbst formuliert

Es liegt nahe, dass die beschriebenen Aufgaben nicht erteilt werden können, sondern durch die individuellen Produzenten selbst formuliert werden müssen. Selbst wenn Hinweise von Kollegen oder sogar Vorschläge für Projekte eine Rolle spielen, ist es doch immer der bearbeitende Wissenschaftler selbst, der die Aufgabe formuliert. Natürlich gibt es Ausnahmen. So formulieren zum Beispiel Doktoranden in den Naturwissenschaften ihre Aufgaben in der Regel nicht selbst, weil sie zu Beginn der Promotionsphase nicht in der Lage sind, den aktuellen Wissensbestand zu interpretieren. Man erwartet von ihnen, dass sie in der Promotionsphase eine solche Interpretation erarbeiten (Laudel 2001: 765–767). Es kann auch vorkommen, dass Laborleiter anderen Wissenschaftlern in ihrem Labor Forschungsaufgaben übertragen. Dieser Fall sollte jedoch viel seltener auftreten. In den Laborstudien ist er nicht beobachtet worden.

Forschungsaufgaben werden durch die späteren Bearbeiter formuliert, weil nur sie über alle für die Formulierung der Aufgabe notwendigen Informationen verfügen und sie synthetisieren können. Nur die Bearbeiter kennen

- den Wissensbestand *und zugleich*
- die Ziele, Prioritäten und Normen der wissenschaftlichen Gemeinschaft *und zugleich*
- die durch die lokale Arbeitsumgebung gebotenen Möglichkeiten *und zugleich*
- ihr eigenes Wissen und ihre eigenen Fähigkeiten.

Dass Wissenschaftler ihre Aufgaben selbst formulieren, erweist sich also als ein gesellschaftliches Privileg, das aus einem guten Grund gewährt wird: Niemand anders kann es für sie tun. Wann immer Wissenschaftler »von außen« mit Aufgaben konfrontiert werden, ist zunächst ein Übersetzungsprozess erforderlich, in dem die Wissenschaftler auf der Grundlage der externen Aufgabe eine Forschungsaufgabe für sich formulieren. Diese primäre Autonomie der Wissenschaftler (die Autonomie der Zielbildung) ist ein funktionales Erfordernis gemeinschaftlicher Wissensproduktion. Polanyis diesbezügliches Statement war deshalb nicht nur eine strategische Argumentation zur Verteidigung der Freiheit der Wissenschaft: »The existing practice of scientific life embodies the claim that freedom is an efficient form of organization. The opportunity granted to mature scientists to choose and pursue their own problems is supposed to result in the best utilization of the joint efforts of all scientists in a common task.« (Polanyi 1951: 34)

Diese grundsätzliche Autonomie der Wissenschaftler wird häufig dahingehend missverstanden, dass Wissenschaftler unbeeinflusst entscheiden könnten. Das ist natürlich nicht der Fall. Die Entscheidungen der Wissenschaftler über ihre Forschungsaufgaben werden durch zahlreiche Bedingungen (darunter prominent: Machtbeziehungen und Zugang zu Ressourcen) beeinflusst. Es ist aber immer noch der so beeinflusste Wissenschaftler, der die Aufgabe formuliert. Deshalb kann aus politischen Hierarchien oder Finanzierungsstrukturen nicht umstandslos auf den Grad der Autonomie der Wissenschaft geschlossen werden, wie das zum Beispiel McLauchlan und Hooks (1995) oder Kleinman und Vallas (2001: 458f.) tun. Geiger hat die Freiräume in der durch das Militär finanzierten Grundlagenforschung der USA aufgezeigt (Geiger 1988: 340f.; 1992: 98f., 103–107). Eine retrospektive Analyse der Forschung an der Akademie der Wissenschaften der DDR hat demonstrieren können, dass trotz der Durchsetzung politischer Hierarchien im Wissenschaftsbereich die Formulierung der Aufgaben in den meisten Fällen durch die Wissenschaftler erfolgte. Wo es gelang, diese Autonomie durch Interventionen einzuschränken, hat die Qualität der Forschung gelitten (Gläser/ Meske 1996; Gläser 1998).

Globale Informationen für die Formulierung der Aufgaben – der Wissensbestand der Gemeinschaft

Die Beispiele verdeutlichen die Breite des Wissens, das Wissenschaftler in die Formulierung ihrer Aufgaben einbeziehen. Beim Nachweis von solaren Neutrinos gingen nicht nur die Theorien über die in der Sonne ablaufenden Prozesse in die Formulierung der Aufgabe ein, sondern auch Experimentaldaten. Diese Daten ließen das Experiment möglich erscheinen und lösten die Formulierung der Aufgabe aus. Im Fall der Kontroverse über die korrekte theoretische Interpretation der neu entdeckten »J-psi«-Elementarteilchen wurden Ergebnisse von Experimenten sofort nach ihrer Veröffentlichung genutzt, um Theorien zu konstruieren. In diesem Beispiel und bei der Strukturaufklärung von TRF fehlten adäquate Theorien. Im Falle der »Sand-Analogie« wurde nicht nur die in Frage stehende »dilution theory«, sondern auch empirisches Wissen über Proteine – und über Sand! – in die Formulierung der Aufgabe einbezogen. Lediglich einige theoretische Forschungsprozesse bauen ausschließlich auf Theorien auf.

Wissenschaftler beziehen sich also bei der Formulierung von Forschungsaufgaben auf das gesamte aktuelle Wissen ihrer Gemeinschaft und nicht auf abstrakte, über einen längeren Zeitraum hinweg stabile Gerüste wie Theorien oder Paradigmata. Nur so können sie sicher sein, dass die durch sie formulierte Aufgabe tatsächlich auf die Produktion von neuem Wissen zielt, das über das Bekannte hinausgeht. Mit anderen Worten: Um zu vermeiden, dass sie eine bereits gelöste Aufgabe noch einmal formulieren, müssen die Wissenschaftler alle Lösungen auf ihrem Gebiet kennen.

Einige der Beispiele haben gezeigt, dass Forschungsaufgaben auch formuliert werden können, wenn keine Theorien oder Paradigmata (im Sinne geteilter Annahmen einer wissenschaftlichen Gemeinschaft) existieren.[38] Theorien oder Paradigmata sind also weder eine hinreichende noch eine notwendige Grundlage für die Formulierung von Aufgaben. Die Formulierung von passenden Aufgaben setzt lediglich voraus, dass die Wissenschaftler einen Wissensbestand als den ihren ansehen, das heißt als Gegenstand, den sie in ihrer Arbeit erweitern oder verändern. Wann immer ein Wissensbestand in dieser Weise durch Wissenschaftler übereinstimmend wahrgenommen wird, stellt er den Zusammenhang zwischen den Produzenten her, indem er einen gemeinsamen Bezugspunkt für die Formulierung von Aufgaben bildet. Das war in allen Beispielen der Fall.

Die Wissenschaftler nehmen den Wissensbestand vor allem durch zwei Kanäle wahr: Sie lesen kontinuierlich, was die anderen Mitglieder der Gemeinschaft an neuem Wissen anbieten, und sie kommunizieren ständig mit anderen Mitgliedern.[39] Die erste Aktivität – Publizieren und Lesen – wird gewöhnlich als formale Kommunikation bezeichnet, die zweite als informelle. Die beiden Kanäle sind komplementär: Sie bieten Zugang zu unterschiedlichem Wissen und haben unterschiedliche Eigenschaften. Beide sind notwendig, um eine Perspektive auf den Wissensbestand der Gemeinschaft zu entwickkeln. Die formale Kommunikation bietet Wissen an, von dem die Rezipienten

---

38 Das verweist auf eine interessante, wenig beachtete Schwäche des Kuhnschen Modells: Es lässt offen, wie in vorparadigmatischen Phasen Wissen produziert wird. Zum Beispiel können weder Normalwissenschaft noch wissenschaftliche Revolutionen vorparadigmatische in paradigmatische Wissenschaft verwandeln, weil beide die Existenz eines Paradigmas voraussetzen. Kuhn hat diese Schwäche seines Modells mit der Bemerkung zu reparieren versucht, dass Paradigmata immer, das heißt auch in vorparadigmatischen Phasen – existieren, und dass sich mit dem Übergang zur paradigmatischen Phase »nicht das Vorhandensein eines Paradigmas, sondern vielmehr seine Natur [verändert]« (Kuhn 1972a: 291). Allerdings stellt die Einführung eines Paradigmas, mit dem »normale problemlösende Forschung« unmöglich ist, seine gesamte Theorie in Frage.

39 Andere Kanäle, durch die Wissen aufgenommen wird, spielen vor allem bei der Bearbeitung der Forschungsaufgaben eine Rolle, siehe 2.3.

annehmen, dass es entsprechend den Standards ihrer Gemeinschaften erzeugt wurde und durch Kollegen »vorgeprüft« wurde. Es wird mitunter als das »Archiv« bezeichnet.[40] Jede wissenschaftliche Gemeinschaft verfügt darüber hinaus über einen informellen Wissensbestand von noch nicht publiziertem Wissen, Know how und strategischem Wissen. Forschungsergebnisse werden zum Teil mit erheblicher Verzögerung publiziert, weil die Erarbeitung von Publikationen, die Entscheidungsprozesse der Zeitschriften und deren Produktion Zeit brauchen. Das publizierte Wissen spiegelt deshalb nicht den aktuellen Arbeitsstand einer wissenschaftlichen Gemeinschaft wider, sondern einen vergangenen – es handelt sich in der Tat um ein Archiv.[41] Um ihre Chancen zu erhöhen, wirklich neues Wissen zu produzieren, sind die Wissenschaftler auf informelle Mitteilungen über die jüngsten Arbeitsergebnisse ihrer Kollegen angewiesen. Der informelle Wissensbestand umfasst außerdem technisches Know how, das heißt Wissen über die Anwendung von Methoden, die Handhabung von Geräten, Besonderheiten von Versuchstieren und Substanzen usw. Auf dieses Wissen werde ich im Abschnitt 2.3 bei der Analyse der Bearbeitung von Aufgaben eingehen. Schließlich wird in der informellen Kommunikation auch strategisches Wissen kommuniziert, das heißt Informationen über die laufenden Arbeitsprozesse und Vorhaben der Kollegen, über die Qualität der Arbeit und die Leistungsfähigkeit der Kollegen, über Karrieren, Kooperationen, Konferenzen usw.

Alle vier Typen von Wissen – Archivwissen, noch nicht publizierte Ergebnisse, Know how und strategisches Wissen über Kollegen – sind notwendig für die Ableitung von Aufgaben. Das Archivwissen bildet eine solide gemeinsame Basis, weil es sich um teilweise geprüftes und um allen zugängliches Wissen handelt. Das noch nicht publizierte Wissen beschreibt den aktuellen Arbeitsstand, das heißt die Forschungsfront.[42] Die Forschungsfront muss in die Formulierung von Aufgaben einbezogen werden, um zu gewährleisten, dass die Aufgaben die Produktion neuen Wissens beinhalten. Das Know how ist wichtig, um die Anwendbarkeit von Methoden auf neue Probleme entscheiden zu können. Das strategische Wissen schließlich trägt

---

40　Ich werde auf die Struktur und Dynamik des publizierten Wissensbestandes im Abschnitt 2.5 ausführlich eingehen, wenn ich die Einordnung von Forschungsergebnissen in den Wissensbestand analysiere.

41　Eine signifikante Differenz zwischen dem informell kommunizierten aktuellen Arbeitsstand und dem publizierten Archiv gibt es zum Beispiel in der Hochenergiephysik (siehe Traweek 1988: 118f., 125).

42　Die in der Bibliometrie üblicher Charakterisierung der in den letzten Jahren erschienenen Artikel eines Fachgebietes als Forschungsfront (Solla Price 1965; Cole 1983; Hargens 2000) ist also insofern problematisch, als die publizierte Forschungsfront dem Stand der Forschung in einigem Abstand folgt.

wichtige Entscheidungsgrundlagen bei, weil es die Abschätzung der Konkurrenzsituation in der Aufgabenbearbeitung und damit von Erfolgsaussichten, die Wahl von Kooperationspartnern und die Beurteilung von Forschungsergebnissen anderer unterstützt.

Weitere globale Informationen – die Präferenzen und Institutionen der Gemeinschaft

Wenn sie ihre Forschungsaufgaben formulieren, dann orientieren sich Wissenschaftler nicht nur am Wissen ihrer Gemeinschaft, sondern auch an deren informellen Regeln und kollektiven Präferenzen. Wissenschaftliche Gemeinschaften entwickeln Übereinkünfte darüber, was in der Wissensproduktion vordringlich getan werden sollte. Diese Prioritäten werden mitunter explizit formuliert, wie das im Beispiel der Strukturaufklärung von TRF der Fall war. In anderen Fällen bleibt die Übereinkunft implizit, aber die übereinstimmende Interpretation des geteilten Wissens lässt viele Mitglieder der Gemeinschaft gleichzeitig den Schluss ziehen, ein bestimmtes Problem müsse vordringlich gelöst werden. So hat zum Beispiel die Entdeckung neuer Elementarteilchen, deren Eigenschaften im Widerspruch zu den theoretischen Erwartungen standen, zahlreiche Theoretiker veranlasst, neue Modelle vorzuschlagen (Pickering 1982: 127–129). Die Mathematik bietet insofern ein interessantes Beispiel, als bestimmte Probleme die Mathematiker über Jahrzehnte und Jahrhunderte weg faszinieren und als wichtig angesehen werden, aber ebenso lange ungelöst bleiben (MacKenzie 1999: 7, 32; Heintz 2000: 157–159). Die institutionalisierten Prioritäten der Gemeinschaften sind aber weder eindeutig noch verbindlich. Selbst wenn die Elite einer Gemeinschaft zu dem Schluss kommt, bestimmte Aufgaben müssten vordringlich gelöst werden, gibt es keine Möglichkeit, sie anderen Wissenschaftlern oder gar einer ganzen Gemeinschaft zu oktroyieren. Die Wirkung der informellen Institutionen der wissenschaftlichen Gemeinschaften auf die Formulierung von Aufgaben ist also eher schwach, und es existieren keine wirksamen Sanktionen. Hinzu kommt, dass es sich um informelle Institutionen handelt, die einen noch weiteren Spielraum für Interpretationen bieten als formale.

Die Orientierung an der Gemeinschaft nutzt auch direkte Rückkopplungen. Das Experiment zum Nachweis solarer Neutrinos, das sehr aufwändig war und erhebliche der Gemeinschaft »zustehende« Ressourcen verbraucht hätte, wurde öffentlich angekündigt und damit gewissermaßen zur Abstimmung gestellt (Pinch 1986: 88–91). Dazu wurde zunächst ein Meeting der Astrophysiker genutzt. Außerdem wurden die Pläne publiziert. Pinch zitiert folgende Erinnerung des Experimentators: »Willy Fowler [ein prominenter Theoretiker, der an dem Experiment interessiert war, J. G.] was jumping on us and he said ›You've got to do this. You've got to write something that everyone can look at‹. He said ›You'll never get the money to build it unless you publish something on this‹. So I started writing something with John.« (ebd.: 88)

Der Experimentator und ein Theoretiker publizierten je einen Artikel über das Experiment, die nebeneinander erschienen. In ähnlicher Weise wurde die Aufgabe, die Struktur von TRF aufzuklären, in einer Publikation formuliert und damit dem Urteil der Gemeinschaft ausgesetzt. Das Ausbleiben einer Reaktion kann in beiden Fällen so gewertet werden, dass niemand Einwände hatte, die solide genug für eine kritische Publikation waren.

Lokale Informationen für die Formulierung von Aufgaben – die lokale Arbeitsumgebung

Die Bedeutung der lokalen Arbeitsumgebung für die Formulierung von Aufgaben ist besonders durch die ethnographischen Studien betont worden. Knorr-Cetina hat überzeugend nachgewiesen, dass die lokalen Bedingungen großen Einfluss auf den Verlauf der Forschungsprozesse haben. Aus den von ihr wiedergegebenen »Innovationsberichten der Wissenschaftler« geht auch hervor, wie die lokale Arbeitsumgebung die Entstehung von Aufgaben beeinflusst. Eine schwangere Wissenschaftlerin benutzte ihren Urin (der wegen ihrer Schwangerschaft Steroide enthielt) als Reagens, um Transformationsprozesse eines Organismus zu studieren (Knorr-Cetina 1984: 99–101). In einem anderen Fall wollte ein Wissenschaftler eine Substanz aus seinen Proben eliminieren und diskutierte seine Idee dazu mit einem Kollegen aus dem Labor. Der hielt die Idee für aussichtslos, erwähnte aber eine von ihm entwickelte Methode zur Eliminierung einer anderen Substanz, die vielleicht übertragbar wäre (ebd.: 103f.). Das löste eine Serie von Experimenten zur Übertragung der Methode aus. In beiden Fällen sind die in der unmittelbaren Umgebung der Wissenschaftler verfügbaren Ressourcen – seien es Kollegen und deren Wissen, Methoden oder Chemikalien – an der Entstehung der Aufgaben beteiligt. Die von Knorr-Cetina beobachteten Wissenschaftler hatten immer mehrere Ideen »auf Lager«, von denen sie die zum jeweiligen Zeitpunkt am aussichtsreichsten und relevantesten erscheinende auswählen. Welche Ideen ausgewählt wurden, hing von der lokalen Arbeitsumgebung und den durch sie gebotenen Anregungen, Möglichkeiten und Beschränkungen ab (ebd.: 110–113). Die Rolle der lokalen Arbeitsumgebung ist auch im Falle des Chemikers, der ein Experimentalsystem zum Nachweis von Neutrinos besaß, offensichtlich: Das Experimentalsystem hätte für kein anderes Experiment genutzt werden können als für die Bearbeitung der Aufgabe »Nachweis solarer Neutrinos«.

Ein zentrales Element der Arbeitsumgebung bilden die Experimentalsysteme. Dieser Begriff ist von Rheinberger genutzt worden, um lokale, historisch evolvierende Konfigurationen von Untersuchungsobjekten, Materialien, Methoden und Geräten zu beschreiben (Rheinberger 1992; 1994; 2001). Sie bilden die kleinsten funktionalen Einheiten der Forschung (Rheinberger 1992: 309) bzw. die »kleinsten vollständigen Arbeitseinheiten der Forschung« (Rheinberger 2001: 22). Rheinberger beschreibt Experimentalsysteme als aus »epistemischen Dingen« und »technischen Dingen« bestehend. »Epistemische Dinge sind die Dinge, denen die Anstrengung des Wissens gilt – nicht unbedingt Objekte im engeren Sinn, es können auch Strukturen, Reaktionen, Funktionen sein. Als epistemische präsentieren sich diese Dinge in einer für sie charakteristischen, irreduziblen Verschwommenheit und Vagheit.« (ebd.: 24) Technische Dinge sind die »stabilen Umgebungen« der epistemischen Dinge, durch die diese »eingefasst und dadurch in übergreifende Felder von epistemischen Praktiken und materiellen Wissenskulturen eingefügt« werden. »Zu den technischen Dingen gehören Instrumente, Aufzeichnungsapparaturen und, in den biologischen Wissenschaften besonders wichtig, standardisierte Modellorganismen mitsamt den in ihnen sozusagen verknöcherten Wissensbeständen.« (ebd.: 25f.)

Die lokale Arbeitsumgebung ist insofern reichhaltiger als die von Rheinberger beschriebenen Experimentalsysteme, als zu ihr auch die Kollegen des Wissenschaftlers gehören, die als »Wissensspeicher« und Quelle von Anregungen fungieren können. Außerdem enthält die lokale Arbeitsumgebung Geräte, Materialien und Objekte, die nicht (oder noch nicht oder nicht mehr) Bestandteil des Experimentalsystems sind, aber als lokale Ressourcen für die Forschung bereitstehen und wahrgenommen werden. Experimentalsysteme können deshalb als Kerne der lokalen Arbeitsumgebungen angesehen werden. Sie sind jedoch keine notwendige Bedingung und nicht die einzige lokale Grundlage der Wissensproduktion. Wissen wird auch mit ad hoc geschaffenen und wieder aufgelösten Versuchsanordnungen produziert (zum Beispiel im Falle der »Protein/Sand-Analogie«).

Obwohl man »lokale Arbeitsumgebung« und »Experimentalsystem« vor allem mit empirischen Wissenschaften assoziiert, ist eine ähnliche lokale Konfiguration auch in der Mathematik beobachtet worden:

Beispiele sind ein wesentlicher Bestandteil des »Werkzeugkastens« eines jeden Mathematikers. »Ein großes ›set‹ von Beispielen, das ist schon etwas. Ohne das geht es nicht. Ohne das kann man nicht ein gewisses Gefühl entwickeln, und das braucht seine Zeit.« Oder in der hübschen Formulierung eines anderen Mathematikers: »Jeder von uns hat seine persönliche Drosophila-Sammlung zuhause.« Die manchmal monate-, ja jahrelange Beschäftigung mit konkreten Beispielen macht aus diesen, wie es Bourbaki formulierte, eine Art »mathematische Wesen«, mit denen man »durch lange Bekanntschaft so vertraut geworden ist wie mit der wirklichen Welt (Bourbaki 1948: 151). (Heintz 2000: 152)

Mathematiker nutzen ihnen vertraute Beispiele, um neue Vermutungen an ihnen in einer quasi-experimentellen Weise zu testen. Sie wissen oder haben ein Gefühl dafür, wie sich »ihre« Objekte normalerweise verhalten, und können aus ihrem Verhalten bei der Anwendung neuer Verfahren Rückschlüsse auf diese Verfahren ziehen. Der einzige Unterschied zu den Experimentalsystemen und lokalen Arbeitsumgebungen der empirischen Wissenschaften besteht darin, dass Mathematiker ihre »Experimentalsysteme« über ihre gesamte Forschungsbiographie hinweg mit sich führen. Die »Experimentalsysteme« der Mathematik sind an die Person des Mathematikers gebunden, während Experimentalsysteme der Laborwissenschaften ortsgebunden und von Personen unabhängig sind, was den Wissenschaftlern die Möglichkeit gibt, mit verschiedenen Experimentalsystemen zu arbeiten.

Die Wahrnehmung der Informationen durch die Wissenschaftler

Wissenschaftler leiten ihre Aufgaben natürlich nicht aus dem Wissensbestand und aus der lokalen Arbeitsumgebung ab, sondern aus ihrer *Wahrnehmung* dieser Informationsgrundlagen. Selbst wenn mehrere Wissenschaftler einer Gemeinschaft die gleiche Aufgabe formulieren, wie das in einigen Beispielen der Fall war, sind die der Aufgabenformulierung zugrunde liegenden Perspektiven auf den Wissensbestand dennoch verschieden und die Aufgaben nicht identisch. Für diese Inkongruenz gibt es mehrere Gründe. Erstens ist die Literatur eines Fachgebiets über zahlreiche Zeitschriften und Bücher verstreut, von denen kein Wissenschaftler alle zur Kenntnis nehmen kann. Schon der Bestand an publiziertem Wissen erscheint also jedem Wissenschaftler anders.

Zum Beispiel sagte mir ein Mitglied der Projektgruppe während einer Diskussion über künftige Pläne und Projekte, dass er auf ein russisches Papier gestoßen sei, »das hoffentlich hier niemand kennt«. Er meinte, dass die Resultate eines seiner zu dem Zeitpunkt laufenden Versuche signifikant verbessert werden könnten, wenn er den Pflanzensaft verwendete, der in jenem Papier erwähnt war. Was diese Erwähnung zu einer fruchtbaren »Idee« machte, war genau die Tatsache, dass »niemand hier« von dem möglichen Effekt des Pflanzensaftes wusste. (Knorr-Cetina 1984: 71)

Zweitens gibt es keine explizite Übereinkunft darüber, was zum Wissensbestand einer Gemeinschaft gehört. Jeder Wissenschaftler entscheidet für sich, ob eine Publikation zu seinem Gebiet gehört oder nicht. Drittens zirkuliert ein wichtiger Teil des Wissensbestandes in informellen Kanälen. Da jeder Wissenschaftler andere persönliche Kontakte hat, unterscheidet sich auch sein Zugang zum informellen Wissen von dem der anderen Mitglieder seiner Gemeinschaft. Viertens werden selbst die Elemente, die mehrheitlich als zum gemeinsamen Wissensbestand gehörend angesehen werden, von den Wissenschaftlern unterschiedlich gewichtet, in unterschiedlicher Weise mit anderem Wissen verbunden, für wahr oder falsch gehalten usw. Diesen Aspekt haben Gilbert und Mulkay sehr klar herausgearbeitet (Gilbert/Mulkay 1984: 128–137). Die Autoren zeigen, dass die von ihnen interviewten Wissenschaftler mit zwei Versionen der »chemiosmotic theory« operierten:

In our interviews, almost every scientist clearly operated with at least two versions of chemiosmotic theory. On the one hand, chemiosmosis was depicted as a theory dealing in some detail with the processes involved in oxidative and photosynthetic phosphorylation. At this level, the scope of the theory was similar to that covered in Spencer's Nobel lecture. The content of the theory, however, and the degree to which it was taken to be experimentally validated, differed from one speaker to the next. There was little evidence of a uniform version at this level persisting from one speaker to another and much evidence of scientific disagreement. On the other hand, there was a highly simplified, basic version of chemiosmosis. This version was widely used by our respondents and can be seen as constituting, in some sense, a consensus. (ebd.: 130)

Cambrosio und Keating (1995: 11–32) beschreiben die Auseinandersetzung darüber, ob die Erfindung monoklonaler Antikörper ein bedeutender revolutionärer oder ein kleiner evolutionärer Fortschritt war. Sie zeigen, dass es schon vor der Erfindung monoklonaler Antikörper durch Köhler und Milstein Wissenschaftler gab, die solche Antikörper im Labor herstellten und für spezifische Zwecke nutzten. Aus der Perspektive dieser Wissenschaftler waren fast alle Elemente der neuen Technologie bereits bekannt, und Köhler und Milstein haben lediglich einen kleinen Schritt hinzugefügt, in dessen Ergebnis monoklonale Antikörper nun massenhaft, dauerhaft und für eine viel größere Zahl von Zwecken zur Verfügung standen. Letzteres ist für die meisten anderen Wissenschaftler ein wichtiges Argument: Was Köhler und Milstein gelungen ist, war schon oft versucht worden, weil Antikörper ein wichtiges Untersuchungs»instrument« waren. Köhler und Milstein haben deshalb nicht nur ein sich als hartnäckig erweisendes Problem gelöst, sondern damit zugleich eine Technik entwickelt, mit der Wissenschaftler verschiedener Gemeinschaften für ihre Zwecke maßgeschneiderte Antikörper herstellen konnten. Die Perspektive der neuen Nutzer, deren Praxis revolutioniert wurde, hat sich gegen die Perspektive der wenigen Experten, für die die Entdeckung ein kleiner Schritt war, durchgesetzt.

Obwohl also ein gemeinsamer Wissensbestand existiert und die Wissenschaftler auch partiell darin übereinstimmen, was diesen Wissensbestand ausmacht, hat doch jeder Wissenschaftler eine eigene Perspektive. Das Paradoxon besteht darin, dass der *gemeinsame* Wissensbestand für jeden Wissenschaftler einen *anderen* Gehalt besitzt. Ein ähnliches Argument kann bezogen auf die Wahrnehmung der lokalen Arbeitsumgebung entwickelt werden. In ihr gibt es

Kollegen, mit denen man häufiger kommuniziert als mit anderen, Methoden, Geräte und Materialien, die man kennt bzw. nicht kennt, und die man für leistungsfähig bzw. weniger leistungsfähig hält. Selbst die lokale Arbeitsumgebung erscheint also jedem in ihr arbeitenden Wissenschaftler anders.

Die Perspektiven der Wissenschaftler werden durch deren Forschungsbiographien geprägt. Unter einer Forschungsbiographie verstehe ich die Abfolge der wissenschaftlichen Arbeiten eines Wissenschaftlers in seiner bisherigen Karriere – die Projekte, an denen er beteiligt war, die Labors und Organisationen, in denen er gearbeitet hat, die Kollegen, die er kennen gelernt hat und zu denen er Kommunikationsbeziehungen unterhält usw. Insofern ist der Begriff weiter gespannt als der von Chubin und Connolly eingeführte Begriff der »Forschungspfade« (»research trails«), der die Sequenz der Projekte bezeichnet, an denen ein Wissenschaftler beteiligt war (Chubin/Connolly 1982). Die Projektsequenz ist unzweifelhaft der Kern der Forschungsbiographie, zu dem wir aber einiges hinzufügen müssen, wenn wir die individuelle Perspektive eines Wissenschaftlers auf Wissensbestände und lokale Arbeitsbedingungen verstehen wollen. Wissenschaftler erwerben Wissen nicht nur in den Projekten, in denen sie mitarbeiten, sondern wann immer sie mit Wissenschaft oder Wissenschaftlern in Berührung kommen. Da jede Forschungsbiographie unikal ist, repräsentiert auch jeder Wissenschaftler eine unikale Kombination von Wissen. Wissenschaftler beherrschen unterschiedliche Methoden, sind an unterschiedliche Teile des Wissensbestandes gelangt, haben unterschiedliche Kontakte zu benachbarten oder völlig fremden Wissensbeständen gehabt, wenden sich bei auftauchenden Problemen an verschiedene Kollegen usw. Durch diese individuell spezifische Akkumulation und Verarbeitung von Wissen wird das Wissen in den Wissenschaftlern immer wieder auf neue Weise kombiniert. Hinzu kommt, dass die individuelle Perspektive auf Wissenschaft keine rationale Angelegenheit ist, sondern durch die gesamte Persönlichkeit des Wissenschaftlers geprägt wird.

2.2.3 Dezentralisierte Aufgabendefinition als »fehlerhafte« Ordnung

Wir können als Ergebnis der Sekundäranalyse festhalten, dass die Mitglieder wissenschaftlicher Gemeinschaften ihre Aufgaben für die lokale Wissensproduktion selbst formulieren, und dass sie dabei ihre je individuelle Perspektive auf den Wissensbestand und die institutionalisierten Ziele ihrer Gemeinschaft sowie auf ihre lokale Arbeitsumgebung anwenden. Die Ordnung der kollektiven Wissensproduktion beruht mithin auf dezentralen, nur indirekt aneinander orientierten Entscheidungen. Die individuellen Produzenten entscheiden selbst über ihre Aufgaben und orientieren ihre Handlungen primär an einem Wissensbestand und erst in zweiter Linie an den Handlungen anderer Akteure. Das gilt unbeschadet der Tatsache, dass Wissenschaftler auch miteinander über ihre Forschungsaufgaben verhandeln und dabei die Wahl von Aufgaben sowohl »positiv« als auch »negativ« koordinieren.[43] Solche Verhandlungen erbringen nur einen Bruchteil der für die dezentrale Formulierung von Aufgaben notwendigen Informationen (für die Ausnahme Hochenergiephysik siehe 2.7.1).

Da sich aber alle Akteure auf denselben Wissensbestand beziehen und der Wissensbestand das gemeinsame Produkt der Akteure ist, vermittelt der Wissensbestand die Orientierung der individuellen Entscheidungen aneinander. Dadurch orientiert sich jedes Mitglied einer wissenschaftlichen Gemeinschaft *indirekt* an dem, was die anderen Mitglieder tun. Die Abstimmung von Aufgaben in wissenschaftlichen Gemeinschaften beruht auf dem vorgängig gemeinsam produzierten Wissen. Die in Einzelfällen beobachtbaren negativen und positiven Koordinationen (informelle Absprachen darüber, wer welche Aufgabe bearbeitet) vermögen nicht, eine globale Ordnung herzustellen.

Die dezentralisierte Formulierung von Aufgaben weist zwei Besonderheiten auf. Erstens verfügen Wissenschaftler, wenn sie Aufgaben für sich formulieren, nur über unvollständige Informationen darüber, was alle anderen gerade tun. Aus dem publizierten Wissen lässt sich nur entnehmen, was andere bisher getan haben, und niemandes informelles Kontaktnetz kann die gesamte Gemeinschaft umfassen. Zweitens beruht die Aufgabenformulierung auf individuell geprägten Wahrnehmungen und Bewertungen des Wissenschaftlers. Diese beiden Besonderheiten führen zu »Fehlern« in der Lösung des Informationsproblems. Es kommt häufig vor, dass mehrere Mitglieder der Gemeinschaft ähnliche oder einander überschneidende Forschungsaufgaben ableiten, diese parallel bearbeiten und konkurrierende Problemlösungen vorlegen. Ein zweiter »Fehler« ist das »Sich-Verrennen« von Wissenschaftlern, das heißt die Ableitung von Forschungsaufgaben, die durch die Gemeinschaft als unsinnig, schon gelöst oder nicht lösbar angesehen werden. Ich bezeichne beide Phänomene vorläufig als »Fehler«, weil sie die Effizienz kollektiver Produktion zu beeinträchtigen scheinen, indem sie Ressourcen verbrauchen, die besser für andere Problemlösungen eingesetzt werden könnten.

Der erste »Fehler« ist in der Wissenschaftssoziologie unter anderem durch Merton, Hagstrom und Cozzens diskutiert worden, die Mehrfachentdeckungen und die mitunter daraus entstehenden Prioritätsstreitigkeiten behandelt

---

43 »Negative Koordination« bezeichnet Verhandlungen mit dem Ziel, Berührungspunkte zwischen den Handlungen der Partner zu vermeiden (Scharpf 1993).

haben.[44] Merton gelangt in seiner wissenschaftshistorischen Analyse von Mehrfachentdeckungen zu dem Schluss, dass sie der Normalfall wären, und dass nur einmal gemachte Entdeckungen die erklärungsbedürftige Ausnahme seien (Merton 1973b: 357–364). Er schließt aus der Häufigkeit von Mehrfachentdeckungen, dass Wissenschaftler trotz der Entfernungen zwischen ihnen denselben sozialen und intellektuellen Kräften ausgesetzt seien (Merton 1973c: 375) – eine Annahme, die mit den hier angestellten Überlegungen zur Orientierung am geteilten Wissensbestand prinzipiell kompatibel ist. Hagstrom hat Mehrfachentdeckungen behandelt, indem er Wissenschaftler zur Vorwegnahme ihrer Arbeiten durch Kollegen befragte (Hagstrom 1965: 69–104). Mehr als die Hälfte der interviewten Wissenschaftler hatte diese Erfahrung schon einmal gemacht: 48 Prozent der »formal scientists«, 64 Prozent der Molekularbiologen und 70 Prozent der »physical scientists« (ebd.: 75).[45] Hagstrom beschreibt zwei Reaktionen seiner Interviewpartner auf die Konkurrenz und die Gefahr, durch andere antizipiert zu werden: »Produktdifferenzierung«, das heißt die Suche nach Aufgaben, die so speziell formuliert sind, dass ihre exakte Duplikation unwahrscheinlich ist, und die – von weniger Wissenschaftlern gewählte – Hinwendung zu riskanteren Aufgaben (ebd.: 81–85).

Die Fallstudie von Cozzens (1989a) zur Entdeckung des Opiat-Rezeptors wirft ein Problem auf, das bereits bei der Behandlung der individuellen Perspektiven von Wissenschaftlern anklang: Wann sind Entdeckungen ähnlich genug, um überhaupt als »gleich« angesehen zu werden? Ihre Studie demonstriert die Spannung zwischen Identität und Unterschied der Ergebnisse. Alle vier Ko-Entdecker beanspruchten, den Opiat-Rezeptor entdeckt zu haben. Sie taten das jedoch mit unterschiedlichen Begründungen: Jeder Wissenschaftler hielt einen anderen Beitrag (nämlich den seinen) für den Schlüssel zu dieser Entdeckung (ebd.: 163f.). In der Tat lässt ja die dezentrale Formulierung von Forschungsaufgaben erwarten, dass die Aufgaben, mithin die Forschungsprozesse und mithin deren Ergebnisse nicht identisch sind. Die Identität und die daraus resultierenden Prioritätsstreitigkeiten werden erst ex post in Verhandlungen konstruiert.

---

44 Mehrfachentdeckungen setzen nicht notwendig gleichartige Forschungsaufgaben voraus, sondern können auch völlig zufällig entstehen. Ähnlich formulierte Aufgaben lassen aber Mehrfachentdeckungen wahrscheinlicher werden, wie das von Latour und Woolgar beschriebene Beispiel der Strukturaufklärung von TRF zeigt, in dem die für die gesamte Gemeinschaft formulierte Aufgabe von mehreren Gruppen angenommen wurde (Latour/Woolgar 1986: 105–150, siehe 2.2.1).

45 Die Prozentzahlen beziehen sich auf eine sehr kleine Anzahl von Fällen. Hagstrom hat 25 »formal scientists«, 11 Molekularbiologen und 27 »physical scientists« interviewt (Hagstrom 1965: 75).

Obwohl die den Mehrfachentdeckungen zugrunde liegenden Forschungsprozesse nicht identisch sind, gingen sie auf gleiche oder zumindest ähnliche Aufgaben zurück. Die Häufigkeit von Mehrfachentdeckungen zeigt überdies, dass die Formulierung gleicher Aufgaben durch verschiedene Produzenten keine Ausnahmeerscheinung ist. Konkurrenz ist in der Wissenschaft ubiquitär, und der ihr unterliegende Prozess ist die Wahl gleicher oder ähnlicher Aufgaben durch mehrere Wissenschaftler. Gilbert hat in einer Studie zur »radar meteor astronomy« folgende Bedingungen identifiziert, die diese Art von Konkurrenz wahrscheinlich entstehen lassen: [46]

a) die Existenz einer begrenzten Zahl von Forschungsaufgaben,

b) Konsens über die Dringlichkeit einer kleinen Anzahl von Schlüsselproblemen,

c) die Bearbeitbarkeit der Probleme mit billiger, einfacher und leicht zugänglicher Forschungstechnik,

d) ineffiziente Kommunikation zwischen den Wissenschaftlern (Gilbert 1976a: 109–111).

Neben der durch diese Bedingungen ausgelösten offenen Konkurrenz gibt es verdeckte Konkurrenz. Sie entsteht, wenn Wissenschaftler ähnliche Probleme bearbeiten, ihre Forschungen aber von denen ihrer Kollegen so weit absetzen, dass sie als eigenständig gelten können. Da wegen der Unbestimmtheit der wissenschaftlichen Produktion noch nicht klar ist, welche Ergebnisse als wichtige Problemlösungen oder Entdeckungen gelten werden, ist offene Konkurrenz unnötig (Edge 1990: 216–225).

Konkurrenz um die Lösung gleicher Aufgaben und die mit ihr verbundene Redundanz resultieren also aus den kollektiv geteilten Informationsgrundlagen für die Formulierung der Aufgaben und aus der Unvollständigkeit der Informationen über die Vorhaben der anderen Mitglieder der Gemeinschaft. Im Unterschied dazu wird der zweite »Fehler« der dezentralisierten Aufgabendefinition durch den lokalen und individuellen Charakter der Aufgabenfindung verursacht. Immer wieder formulieren Wissenschaftler Forschungsaufgaben, die von ihrer Gemeinschaft mehrheitlich für falsch, unrealistisch, irrelevant – kurz: für unnütz gehalten werden. Wissenschaftler »verrennen«

---

46 Ob Wissenschaftler gleiche Aufgaben formulieren, weil die Lösung bestimmter Probleme die meiste Anerkennung durch Kollegen verspricht (Hagstrom 1965: 70), ist für die Lösung des Informationsproblems irrelevant. Die erwartbare Anerkennung könnte Wissenschaftler zwar dazu motivieren, eine bestimmte Aufgabe zu *wählen*, bietet aber nicht genügend Informationen, um eine Aufgabe zu *formulieren*, das heißt eine Wissenslücke im Stand der Forschung zu identifizieren, einen Plan für ihre Schließung zu entwerfen usw.

sich in Ideen, die außer ihnen niemand für wichtig oder nützlich hält, und folgen einem Kurs, der sie in Widerspruch zur Gemeinschaft bringt.

Ein interessantes Beispiel für diesen »Fehler« ist der Versuch Webers, Gravitationswellen nachzuweisen (Collins 1975; 1985; 1999).

In brief, gravitational-radiation detection was pioneered by Joseph Weber in the 1960s and 1970s, using relatively cheap »resonant bars«. In the early 1970s, his pioneer empirical papers came under attack, and by the mid-1970s his claims to have detected gravitational waves were largely disbelieved. For his critics, the problem was that gravitational waves seemed much too easy for Weber to see – he was claiming to detect about one thousand million times too much radiation to make sense in terms of standard theories. (Collins 1999: 167)

Drei Aspekte machen die Rekonstruktion der Arbeiten Webers und ihrer Aufnahme durch die Gemeinschaft besonders wertvoll. Erstens ist ihr Hauptakteur ein angesehener Wissenschaftler.

These experiments were based on Weber's early theoretical work on the detection of gravitational waves. He wrote his first paper on this topic in 1957 with the famous theorist John Wheeler, wrote a conference paper on the topic in 1959, won a prize from the Gravity Research Foundation for an extended essay on the topic (also in 1959), wrote another journal paper in 1960, and published his first textbook in 1961. All this was highly respected work, and was simultaneous with Weber's pioneering work on the maser (the forerunner of the laser), which many believe might well have won him a share of the Nobel Prize for Physics. The Science Citation Index (SCI) for the years 1965–69 shows Weber being cited a total of about 170 times – a respectable but not outstanding number of citations. (ebd.: 169)

Zweitens hat Weber über mehr als zwanzig Jahre an seiner Arbeit festgehalten, obwohl sie von der Gemeinschaft explizit zurückgewiesen und später ignoriert wurde. »Though, by 1975, Weber's claims were widely disbelieved, he did not give up experimental work, nor his belief in the validity of his earlier findings. A large part of Weber's career since those days has been devoted to justifying the early gravitational-radiation claims.« (ebd.: 171)

Nachdem seine experimentellen Befunde zurückgewiesen worden waren, weil der allgemein akzeptierten Theorie zufolge so starke Gravitationswellen nicht hätten auftreten dürfen, veröffentlichte Weber eine neue Theorie, der zufolge die Empfindlichkeit seines Experimentalsystems wesentlich größer und mithin die von ihm beobachteten Gravitationswellen viel schwächer seien als zuvor angenommen. Das Schicksal dieser Theorie ist insofern bemerkenswert, als sie in der Gravitationswellen-Gemeinschaft ignoriert wurde, während sie in der Neutrino-Gemeinschaft, für deren Theorien und Experimente sie gleichfalls Geltung beanspruchte, in gleich sieben Aufsätzen zurückgewiesen wurde. Der Grund dafür war, dass die Gravitationswellen-Gemeinschaft Weber »abgeschrieben« hatte, während seine Behauptungen für die Neutrino-Gemeinschaft neu waren (ebd.: 183).

Ein dritter interessanter Aspekt ist die Tatsache, dass Weber nicht vollständig isoliert war. Es gab über den gesamten Zeitraum hinweg Kollegen, die ihm zustimmten und mit ihm gemeinsam publizierten. Das beweist, dass Webers Fall nicht in dem Sinne extrem ist, dass sich ein Wissenschaftler in für *alle* Mitglieder seiner Gemeinschaft »offensichtlich abwegige« Spekulationen verrannt hätte. Webers Interpretation des Wissensbestandes, seiner Arbeitsumgebung (seines Experimentalsystems) und seiner Ergebnisse war zumindest für einige wenige Mitglieder seiner Gemeinschaft nachvollziehbar.

Parallelarbeiten und Konkurrenz sowie das »Sich-Verrennen« von Wissenschaftlern erscheinen als Fehler in der Lösung des Informationsproblems, weil in beiden Fällen Ressourcen für »unnötige« Aufgaben eingesetzt werden. Die Entscheidung, ob eine solche »Verschwendung« vorgelegen hat, kann aber nur ex post getroffen werden. Es gibt keine Beobachter, die die Richtigkeit und Zweckmäßigkeit von Aufgaben ex ante mit absoluter Sicherheit beurteilen können. Unter diesen Bedingungen sind die vermeintlichen Fehler wesentliche Stärken der kollektiven Wissensproduktion. Wir dürfen nicht vergessen, dass die Produktion von wissenschaftlichem Wissen mit einem hohen Maß an Unsicherheit behaftet ist. Die Unsicherheit ist viel grundsätzlicherer Natur als das Risiko, dass ein Problem nicht in der zur Verfügung stehenden Zeit gelöst wird. Sie erstreckt sich auf alle Elemente des Produktionsprozesses. Es ist unsicher,

- was überhaupt das Problem ist,
- ob das Problem beim gegenwärtigen Stand des Wissens gelöst werden kann,
- wie das Problem gelöst werden kann,
- welches Wissen als Ausgangsbasis für die Problemlösung dienen kann und welches für falsch gehalten werden muss und
- wer das Problem lösen kann.

Sollen Wissenslücken unter all diesen Unsicherheiten so schnell wie möglich geschlossen werden, dann ist es offensichtlich am rationellsten, Probleme aus so vielen verschiedenen Perspektiven wie möglich zu formulieren und zu lösen, und diese parallelen Anstrengungen auf die Bereiche zu konzentrieren, von denen der weitere Fortschritt abhängt. Genau das wird durch die dezentrale Entscheidung über Aufgaben ermöglicht. Außerdem ist es unter den Bedingungen durchgängiger Unsicherheit außerordentlich riskant anzunehmen, die Mehrheit hätte immer Recht. Die Wissenschaftsgeschichte ist voll von Fällen, in denen Wissenschaftler sich gegen Mehrheitsmeinungen behaupten mussten und erst nach längerer Zeit (oft erst nach ihrem Tode) bestätigt wurden.

Die parallele Bearbeitung gleicher und die Bearbeitung scheinbar abwegiger Aufgaben erweisen sich also als Möglichkeiten, die gemeinschaftliche Wissensproduktion zu beschleunigen. Hinzu kommt, dass auch Arbeiten, die aus den genannten Gründen nicht zu von der Gemeinschaft verwendeten Beiträgen führen, nicht völlig nutzlos sind. Schließlich erweitert jede Aufgabenbearbeitung die lokale Arbeitsumgebung um neues Wissen und neue Fähigkeiten. Selbst wenn die Bearbeitung einer Forschungsaufgabe nichts zum kollektiven Wissensbestand beiträgt, erweitert sie doch das lokale Potenzial für die Bearbeitung künftiger Aufgaben. Aus diesen Gründen ist das, was auf den ersten Blick als defizitäre Methode der Abstimmung von Handlungen und als Ressourcenverschwendung erscheint, bei genauerem Hinsehen ein *effektiver* Mechanismus der kollektiven Produktion neuen Wissens. Aus den gleichen Gründen kann die *Effizienz* des Mechanismus nicht beurteilt werden.

2.2.4 Der Peer review als Instrument der Ko-Konstruktion von Forschungsaufgaben

Obwohl es also kein prinzipielles Argument gegen die skizzierte dezentrale Formulierung von Forschungsaufgaben gibt, haben die wissenschaftlichen Gemeinschaften einen Mechanismus adaptiert, der die Konzentration von Ressourcen auf vordringliche und lösbare Aufgaben unterstützen soll. Seit die Gesellschaft den wissenschaftlichen Gemeinschaften die Verteilung eines Teils der für Forschung zur Verfügung stehenden Ressourcen übertragen hat, hat sich eine Auswahl von zu finanzierenden Forschungsvorhaben auf der Grundlage des Peer review, das heißt der Begutachtung der Vorhaben durch Fachkollegen, herausgebildet. Der Peer review von Projekten ist kein endogener Mechanismus, sondern entstand, als staatliche Akteure und Stiftungen begannen, Forschungsprojekte zu finanzieren und dafür der Beratung durch Wissenschaftler bedurften. Später haben die Wissenschaftler diese Finanzierungsgremien »übernommen«, so dass sie heute als Teil der Selbstverwaltung des Wissenschaftssystems oder als intermediäre Organisationen agieren (Rip 1994: 7–9).

Über den Peer review ist wahrscheinlich mehr geschrieben worden als über alle anderen Aspekte des Wissenschaftssystems. Wir können hier das Paradoxon beobachten, dass alle Wissenschaftler den Peer review kritisieren, jeder Wissenschaftler sich schon einmal als zu unrecht zurückgewiesen oder als Opfer von Verfahrensmängeln gefühlt hat, dass aber noch niemand vermocht hat, eine Alternative vorzuschlagen. Dafür gibt es Gründe, die ich im Folgenden kurz erläutern werde. Ich beschränke mich dabei hier auf den Peer review von Forschungsvorhaben und werde im Abschnitt 2.4 auf den Peer review von Publikationen eingehen. Die beiden Formen des Peer review ähneln einander in ihren Verfahren, unterscheiden sich aber in ihren Funktionen in der kollektiven Wissensproduktion.

Der Stand der Forschung zum Peer review reflektiert die spezifischen Beschränkungen der verschiedenen Strömungen in der Wissenschaftsforschung. Die strukturfunktionalistische Wissenschaftsforschung behandelte den Peer review als Auswahlverfahren. Sie hat sich dem Peer review fast ausschließlich unter dem Aspekt der Validität und Reliabilität der Verfahren sowie der Verfahrensgerechtigkeit zugewandt (zum Beispiel Cole u. a. 1981; Neidhardt 1988; Chubin/Hackett 1990). Es wurde untersucht, ob das allgemeine Verfahren fair ist oder ob zum Beispiel »old boys networks« und die Reputation der Antragsteller die Entscheidungen beeinflussen. Außerdem wurde die Frage gestellt, inwieweit die Gutachter miteinander übereinstimmen. Die Antwort auf diese Frage fiel deprimierend aus: Eine Replikationsstudie ergab, dass die Chance eines Projektes, gefördert zu werden, beim Peer review genauso groß war wie in einer Lotterie (Cole u. a. 1981).

Die zahlreichen empirischen Studien zum Peer review, die in der strukturfunktionalistischen Tradition stehen, behandeln den Peer review als wissenschaftliches Entscheidungsverfahren. In dieser Perspektive werden die Reliabilität des Verfahrens und »Fehler« der Gutachter und Herausgeber zum zentralen Problem. Ein wichtiger inhaltlicher Prozess, die Konstruktion von Wissen im Peer review, wird dagegen nicht wahrgenommen und deshalb nicht untersucht (Hirschauer 2004). Die wissenssoziologischen Studien, die Prozesse der Erzeugung von Wissen untersuchen, haben sich mit dem Peer review kaum beschäftigt. Dieser »blinde Fleck« ist vermutlich der Tatsache geschuldet, dass der Peer review keine lokale, an einem Ort beobachtbare Interaktion ist, sondern eine räumlich verteilte Interaktion. Wirkungen des Peer review von Projektanträgen auf Handlungen im Labor sind gelegentlich beobachtet worden (zum Beispiel durch Knorr-Cetina 1981: 88f.), aber der Gesamtprozess entzieht sich ethnographischen Beobachtungen. Man kann nur entweder die Gutachter oder die Begutachteten beobachten.[47]

Die Entscheidungen von Gutachtergruppen wurden durch Travis und Collins (1991) sowie durch Langfeldt (2001) beobachtet. Beide Studien demonstrieren, dass die Gutachter keine objektiven Kriterien, sondern ihre je individuellen wissenschaftlichen Perspektiven auf den Projektantrag anwenden. Travis und Collins haben an zehn Beratungen von Gutachtergruppen des

---

47 Der Peer review von Publikationen hat demgegenüber mehr Aufmerksamkeit erfahren. Hier haben die Ethnographien wissenschaftlicher Arbeit deutlich gemacht, dass Wissenschaftler das in ihren Publikationen offerierte Wissen in der Auseinandersetzung mit Gutachtern und Herausgebern und in der Antizipation solcher Auseinandersetzungen konstruieren (siehe 2.4).

britischen Forschungsrates, der wichtigsten Förderagentur für naturwissen-schaftliche Grundlagenforschung in Großbritannien, teilgenommen. Sie zei-gen, dass die Zugehörigkeit der Gutachter zu wissenschaftlichen Schulen und die daraus entspringenden wissenschaftlichen Überzeugungen den Begutach-tungsprozess prägen: »Our observation revealed that committee members sometimes make decisions based upon their membership in scientific schools of thought. This phenomenon is rather like the ›old boyism‹ discussed in pre-vious studies of peer review, but it is not a matter of common institutions but rather of cognitive similarity.« (Travis/Collins 1991: 323)

Langfeldt hat bei ihrer Beobachtung der Begutachtung von Projektanträ-gen durch den Norwegischen Forschungsrat festgestellt, dass die Praktiken der Begutachtung zwischen den Fachgebieten trotz grundsätzlich einheitli-cher Regeln erheblich variierten.

… if any of the divisions' guidelines may be said to put more emphases on criteria related to the project description, this would be the Medicine and Health Division, which put these criteria first and clearly set up more detailed criteria than did the Culture and Society Divi-sion. The reviews in the medical sciences, however, put less weight on the project descrip-tion and more weight on prior research merits and reputation than did the reviews in the other divisions. (Langfeldt 2001: 827)

Diese Beobachtungen belegen, dass die Perspektiven der Gutachter auf die Projekte durch die Forschungskultur des Faches und andere fachgebietsspezi-fische Faktoren beeinflusst werden. Die als Gutachter ausgewählten Wissen-schaftler verfügen nicht über eine privilegierte »Perspektive der Gemein-schaft«, sondern nur über ihre eigenen, individuellen Perspektiven, die auch ihre eigene Interpretation des Wissensbestandes und die darauf gegründete Auswahl der eigenen Forschungsaufgaben bestimmen. Wir haben bereits ge-sehen, dass diese Perspektiven durch individuelle Forschungsbiographien, se-lektive Wahrnehmungen des Wissensbestandes und lokale Arbeitsumgebungen geprägt werden. Gutachter unterscheiden sich darin nicht von Antragstellern. Deshalb sollten uns die häufigen Differenzen zwischen Gutachterurteilen nicht überraschen. Die Frage kehrt sich vielmehr um, und die *Übereinstimmung* von Gutachterperspektiven untereinander und mit der des Antragstellers wird zum überraschenden, erklärungsbedürftigen Phänomen.

Die einzige detaillierte empirische Untersuchung zum Einfluss von Gut-achtern auf die Konstruktion von Projektanträgen stammt von Myers, der die in zwei Antragsverfahren von Biologen verfassten Texte (Antragsentwürfe und Gutachten) analysiert und die Antragsteller dazu befragt hat (Myers 1990: 41–62). Myers konzentrierte sich auf die Analyse der Antragsentwürfe und behandelte die Gutachten als unabhängige Variable, das heißt als Einfluss-faktor auf die Konstruktion der Anträge.

Die Wissenschaftler haben ihre Anträge vor deren Einreichung angepasst, indem sie erwartete Einwände der Gutachter berücksichtigten, und sie haben auf die später in den Gutachten formulierten Einwände reagiert. Einer der beiden Wissenschaftler hat seinen Projektantrag nacheinander bei mehreren verschiedenen Förderagenturen eingereicht, der andere nutzte die Kommentare von Kollegen vor der Antragstellung (ebd.: 43). Die Veränderung der Anträge zeigt einen eindeutigen Trend: Die Kompetenz der Antragsteller wird schrittweise immer weiter herausgestellt, und die Kritik am Wissensbestand der Gemeinschaft sowie die mit dem Projekt verbundenen Ansprüche werden schrittweise immer weiter zurückgenommen. Ein wichtiger Unterschied zwischen den beiden Anträgen ist, dass der eine Wissenschaftler einen Antrag in seinem Spezialgebiet stellt, in dem er ein anerkannter Wissenschaftler ist, während der andere seinen Antrag als Außenseiter in einem benachbarten Gebiet stellt. Entsprechend unterscheiden sich die Strategien der beiden. Der etablierte Wissenschaftler betonte seine Beiträge zum Erkenntnisfortschritt der Gemeinschaft, die zugleich die eigenen Vorarbeiten zum neuen Projekt sind. Er wandelte zum Beispiel Passivkonstruktionen in Aussagen über eigene Handlungen um (»es wurde festgestellt« wurde zu »ich habe festgestellt«) und zitiert im Antrag seine eigenen Publikationen (ebd.: 49f.). Der Außenseiter zitiert die Literatur des Gebietes extensiv, um seine intime Kenntnis des Feldes nachzuweisen. Außerdem zitiert er seine eigenen, noch nicht publizierten Artikel »at whatever stage of review they have reached as he writes [the proposal]«, und fügt das Manuskript eines Artikels dem Antrag als Anlage bei (ebd.).

Das Zurücknehmen von Ansprüchen drückt sich darin aus, dass die Antragsteller ihre Interpretation des Wissensbestandes der Gemeinschaft als eine unter mehreren möglichen darstellen. Der in der Gemeinschaft etablierte Wissenschaftler nahm zum Beispiel folgende Veränderungen vor:

In an earlier draft Crews questioned the received idea that »courtship behavior [...] is dependent on androgens«; later he rephrases this idea as, »courtship behavior [...] might depend on androgens«. He must be particularly careful about claims of priority. He changes »the implications of this observation have been unappreciated« (which suggests that he was the first to grasp the implications) to »... have not been fully appreciated« (which only suggests that there is more to say about them). Asked about this change, he says that the assertion of »total originality« is »sure death« with the review committee. (ebd.: 48)

Der Außenseiter wählte dieselbe Strategie. Myers fasst die Veränderungen in den Antragsmanuskripten wie folgt zusammen: »In general, later versions present the interpretation suggested by his model as one hypothesis among several others.« (ebd.: 49).

Myers zeigt weiterhin, dass beide Wissenschaftler in der letzten Version eine größere Übereinstimmung zwischen dem Wissensbestand der Gemeinschaft (wie sie ihn darstellen) und ihren eigenen Arbeiten demonstrieren (ebd.: 53), und dass sie ihre Arbeiten an den (von ihnen wahrgenommenen) Konsens im Gebiet anschließen (ebd.: 56). Allerdings hat der etablierte Wissenschaftler in der allerletzten Version seines Antrages seine Strategie geändert und die Differenz zwischen dem von ihm vertretenen Konzept und dem mainstream herausgestellt (ebd.: 55). Myers vermutet, dass das eine Reaktion auf die Wahrnehmung der Bewilligungsrate war, die bei 5 Prozent lag. Unter diesen Bedingungen hätte ein Antrag, der sich als außergewöhnlich präsentiert, mehr Chancen auf Förderung als ein guter »mainstream«-Antrag. Leider bleibt diese Erklärung hypothetisch. Myers hat offenbar nicht nachgefragt und kann deshalb nur Vermutungen über die Motivation anstellen.

Diese Analyse von Myers zeigt, dass der Peer review in der kollektiven Produktion eine Triangulation von Perspektiven auf den gemeinsamen Gegenstand beinhaltet, die die Interpretationen des Antragstellers mit denen seiner Kollegen konfrontiert und ihn zwingt, sich an diese anzupassen. Die Gemeinschaft wählt gewissermaßen Stellvertreter aus, die die Interpretationen des Antragstellers prüfen und mit denen der Gemeinschaft abgleichen. Die kollegiale Begutachtung von Projekten soll sichern, dass die unter der Diskretion der wissenschaftlichen Gemeinschaft stehenden Ressourcen auf wichtige Aufgaben und den technologischen Normen genügende Projekte konzentriert werden.

Die Analyse von Myers macht auch deutlich, dass der Peer review von Projektanträgen diese tatsächlich an die in der Gemeinschaft mehrheitlich vertretenen Auffassungen anpasst. Das ist verständlich, denn die Antragsteller wissen ja meist nicht, wer die Gutachter sind. Wenn sie eine Begutachtung antizipieren, dann können sie sich lediglich an einer Art »Durchschnittskollegen« orientieren – das heißt an der Mehrheitsmeinung. Umgekehrt können die Gutachter dem Antragsteller ihre eigene Perspektive nicht aufzwingen, da sie ja wissen, dass es ihre eigene Perspektive ist. Selbst wenn sie der festen Überzeugung sind, die Meinung der Mehrheit zu vertreten, gehört doch das Aufzwingen eigener Ansichten nicht zum akzeptierten Verhaltensrepertoire. Die Gutachter können lediglich erzwingen, dass ihre Perspektiven auch einbezogen werden, weil sie ebenso zulässig sind wie die der Antragsteller. Da sich auch die Perspektiven der Gutachter unterscheiden, ist es nur natürlich, dass sich Antragsteller mit konfligierenden Forderungen konfrontiert sehen.

Damit wird bereits deutlich, dass ein beobachtetes Ergebnis des Peer review – die Tatsache, dass gute, nicht aber exzeptionelle Forschung gefördert wird (Neidhardt 1988: 135f.; Travis/Collins 1991: 336; Horrobin 1996;

Berezin 1998) – nahezu zwangsläufig aus der Akteurkonstellation des Peer review von Projekten folgt: Der Peer review von Projekten ist ein Prozess der Konstruktion von Wissen, in dem nach einer gemeinsamen Basis gesucht wird, auf der die Interpretationen von Antragstellern und Gutachtern gleichermaßen zulässig erscheinen.[48] In diesem Prozess werden Extreme tendenziell vermieden – antizipativ durch die Antragsteller, bevor überhaupt ein Antrag eingereicht wird, oder in der Auseinandersetzung mit den Gutachtern. Auf der Habenseite steht, dass Projekte gefördert werden, die die Gemeinschaft wahrscheinlich als wichtig erachtet. Der Peer review unterstützt also die Anpassung individueller Handlungen durch die Betonung der kollektiven Perspektiven und Prioritäten. Dass er die Bedeutung individueller Perspektiven einschränkt, ist eine unvermeidliche Begleiterscheinung.

2.3   Die Abgleichung von laufenden Arbeitsprozessen

2.3.1   Fallbeschreibungen

An die autonome Formulierung von Forschungsaufgaben schließt eine lokale Bearbeitung dieser Aufgaben an. Diese lokalen Forschungsprozesse der Mitglieder einer wissenschaftlichen Gemeinschaft müssen miteinander abgeglichen werden, damit das lokal erzeugte Wissen später in das gemeinsame Produkt (den gemeinsamen Wissensbestand) integriert werden kann. Wir müssen also die Frage beantworten, wie die Erfordernisse der späteren Integration im Bearbeitungsverlauf präsent sind und ihn beeinflussen. Die konstruktivistischen Studien haben diese Frage nach dem Wirken globaler Strukturen in lokalen Mikroprozessen weitgehend ausgeblendet. Sie zeichnen ein Bild der wissenschaftlichen Praxis, in dem sich Wissenschaftler pragmatisch an die lokalen Arbeitsbedingungen anpassen, Regeln wissenschaftlichen Arbeitens

---

48 Anders als beim später diskutierten Peer review von Publikationen scheint die Begutachtung von Projektanträgen auf den ersten Blick stärker ein Auswahlverfahren und weniger ein Ko-Konstruktionsprozess zu sein. Wenn wir uns aber die überragende Bedeutung der Antizipation von Gutachterurteilen beim Schreiben vergegenwärtigen, können wir diese Annahme zurückweisen. Die »unsichtbare Hand« der Gemeinschaft schreibt am Projektantrag mit. Hinzu kommt, dass viele Begutachtungsverfahren von Projekten eine Interaktion mit Gutachtern vorsehen. Der Australische Forschungsrat zum Beispiel gibt den Antragstellern die Möglichkeit, die eingeholten Gutachten vor der endgültigen Entscheidung zu kommentieren. Die Deutsche Forschungsgemeinschaft kennt Nachfragen im Normalverfahren und Begehungen von Sonderforschungsbereichen. Außerdem werden in Deutschland auch bei genehmigten Projekten Hinweise der Gutachter übermittelt.

ignorieren und alle verfügbaren Ressourcen nutzen, um »Dinge zum Laufen zu bringen«. Dabei müssen sie Widerstände überwinden, die aus unvorhergesehenen Verhaltensweisen ihrer Experimentalsysteme entstehen. Die Laborstudien betonen die situative Anpassung an die Umstände – an »das, was herumsteht« (Knorr-Cetina) – und haben diese Anpassungen überzeugend nachgezeichnet. Ähnlich haben historische Rekonstruktionen wissenschaftlicher Arbeitsprozesse die Rolle situativer Kontingenzen herausgearbeitet. Dass die lokalen Konstruktionsprozesse auch durch globale Bedingungen beeinflusst werden, ist durch die konstruktivistischen Studien nicht in Abrede gestellt worden. Die ordnende Wirkung dieser Einflüsse wurde aber nicht thematisiert, weil es ja gerade darum ging, den (bis zur konstruktivistischen Wende vernachlässigten) lokalen Charakter der Wissensproduktion herauszuarbeiten. Knorr-Cetina charakterisiert die »wissenschaftliche Methode« als »eine lokalsituierte, lokal sich entwickelnde Praxisform und nicht als Paradigma einer alle Grenzen transzendierenden Universalität« (Knorr-Cetina 1984: 91). Latour und Woolgar beschreiben zu Beginn ihres Kapitels »The Microprocessing of Facts« das Ziel ihrer Analyse wissenschaftlicher Praxis folgendermaßen: »In Knorr's terms, we want to demonstrate the idiosyncratic, local, heterogeneous, contextual, and multifaceted character of scientific practices …« (Latour/Woolgar 1986: 152) [49]

Im Vorwort zu seinem Buch stellt Lynch den Zusammenhang zwischen seiner Orientierung auf elementare Praktiken und der Vernachlässigung globaler Bedingungen her.

[Ethnomethodological studies of work in the sciences] are exclusively preoccupied with the production of social order, *in situ*, […].

Accordingly, readers of the present volume will notice, and some will be frustrated by the fact, that there will be little or no discussion of the general norms and reward structure in science, of »cycles of credit«, or of how the microstructure of the lab is connected to larger social and historical »forces«. The neglect of such issues will be complemented by a peculiar interest in the details of conversation and co-ordinated practice within the confines of a particular laboratory. (Lynch 1985: xv)

So innovativ und wichtig die durch diese und andere Studien produzierten Einsichten in den situativen Charakter der individuellen Wissensproduktion sind, so wenig tragen sie zur Erklärung der sozialen Ordnung der kollektiven Produktion wissenschaftlichen Wissens bei. Die produzierenden Kollektive

---

49 Aus den Beschreibungen der »Faktwerdung« von Wissen durch die Actor-Network-Theory kann zwar geschlossen werden, dass solche kollektiv erzeugten Fakten eine Rolle in der Produktion neuen Wissens spielen. Der Fokus der Actor-Network-Theory auf die Erzeugung einzelner Fakten hindert sie jedoch daran, Wissen als System von Fakten und damit als emergentes Phänomen zu behandeln, das seinerseits einen Kontext für die Erzeugung von Fakten bildet.

und das durch sie produzierte Wissen erscheinen in den konstruktivistischen Studien als entfernter Hintergrund und als erratische Quelle von Ressourcen unterschiedlichster Art, nicht aber als Quelle von Ordnung. Gerade die Betonung des lokalen, situativen Charakters der Wissensproduktion durch konstruktivistische Studien macht es so reizvoll, die ordnende Wirkung makroskopischer Strukturen auch im alltäglichen Verlauf der Wissensproduktion zu zeigen. Die minutiösen Rekonstruktionen des Geschehens im Labor und des Verlaufs theoretischer Arbeitsprozesse gestatten es, die makroskopische Ordnung der Wissensproduktion in den scheinbar chaotischen Einzelhandlungen der Wissenschaftler aufzuzeigen. Ich werde im Folgenden Beobachtungsnotizen und Beschreibungen aus den empirischen Studien zitieren und die – durch die Autoren nicht diskutierten – globalen wissenschaftlichen Einflüsse benennen. Im empirischen Material aufscheinende Hinweise auf makroskopische ordnende Einflüsse werde ich kursiv hervorheben.

Knorr-Cetina hat in ihrer Studie gezeigt, dass der Forschungsalltag der Wissenschaftler von zahllosen Entscheidungen durchsetzt ist und dass in diesen alltäglichen Entscheidungen lokale Kriterien dominieren. Das folgende Zitat beginnt mit einem ausführlichen Auszug aus ihren Beobachtungsnotizen (die ersten drei Absätze) und schließt im letzen Absatz mit ihrem Kommentar.

»Nach Dietrich besteht nun die Aufgabe darin, *das Bentonit [ein Adsorptionsmittel]* für die Versuche aufzutreiben. Er macht sich auf die Suche [...] Als er nach etwa zwei Stunden zurückkommt, sagt er, er habe es weder im Vorratsraum finden können noch in den Labors, in denen man es gewöhnlich verwendet. Er sagt auch, er befürchte nun, daß sich das *Bentonit* mit dem *Protein* binden könnte. Sie könnten es zwar riskieren, *da der Effekt vom pH-Wert abhängig ist*, aber er ist nicht gerade davon begeistert, das Risiko eingehen zu müssen.

Das Problem wird von den Anwesenden diskutiert. Anderson schlägt vor, *Kalziumkarbonat* zu benutzen, *eines der am häufigsten verwendeten Adsorptionsmittel*. Er sagt, er habe es einmal zur Separierung von *Protein* aus anderen Substanzen verwendet, und das habe perfekt funktioniert. Dietrich sagt, sie würden es morgen probieren müssen, da es keine andere Alternative gebe. Das Hauptproblem sei, *daß das Kalziumkarbonat wahrscheinlich das Protein kontaminieren wird.* Man beschließt, sich das Resultat einmal anzusehen und dann zu versuchen, das *Kalziumkarbonat* wegzubekommen.

Das zweite Problem besteht darin, zu entscheiden, wann man das Kalziumkarbonat dem Prozeß hinzufügen will. Wenn man es hinzufügt, bevor man die Trennung in eine HCl- und FeCl₃-Behandlung vornimmt, kann man das neue HCl-ausgefällte Protein mit dem alten [für das kein Adsorptionsmittel benutzt wurde] vergleichen und sehen, was man gewonnen hat, falls man etwas gewonnen hat. Wenn das Kalziumkarbonat zu Beginn hinzugefügt wird, verbindet es sich mit der Stärke und wird mit ihr während des Zentrifugierens eliminiert. Kommt es erst später im Prozeß hinzu, würde das den Bedingungen in der Praxis besser entsprechen, *allerdings muß man dann um die Farbe des Resultates fürchten.* Außerdem ist es fraglich, ob das *Kalziumkarbonat* eliminiert werden kann. In jedem Fall heißt es, die Sharpless (eine große schnelle *Zentrifuge*) ein zweites Mal zu benutzen, und Kelly (der Techniker, der das

Großlabor leitet) müßte überredet werden, da mitzumachen. Wenn Kelly nein sagt, kann man daran nichts ändern. Eine dritte Möglichkeit besteht darin, daß *Kalziumkarbonat* nach der Aufteilung in verschiedene Behandlungsmethoden hinzuzufügen und in die Sharpless nur mit dem halben Material hineinzugeben. Dietrich sagt, das würde er mit *Bentonit* nicht wagen. *Seit er gelesen hat, daß Teile des Proteins für den Effekt der Volumen-Abnahme verantwortlich sind* [den man in einem anderen laufenden Experiment erhalten hat], glaubt er, daß sich das *Bentonit* genau mit diesen *hemmenden Proteinanteilen* verbinden könnte, in welchem Fall sie Artefakte erhalten würden ...« (2–9/1)

Man braucht das Beispiel nicht fortzusetzen, um die Art von begründetem (argumentierendem) Wahlhandeln zu illustrieren, innerhalb dessen Laboroperationen spezifiziert werden. Das Beispiel zeigt auch die Abhängigkeit dieser Spezifikationen von der lokalen Situation sowie der Dynamik der lokalen Interaktionen. (Knorr-Cetina 1984: 212f., Hervorhebungen: J. G.)

Das Beispiel zeigt darüber hinaus auch deutlich die steuernde Wirkung des Wissensbestandes der Gemeinschaft. Die hervorgehobenen Begriffe und Passagen stehen für in Substanzen und Geräten vergegenständlichtes Wissen (Kalziumkarbonat, Protein, Bentonit, HCL, FeCl$_3$, Zentrifuge), theoretisches Wissen über das Verhalten von Stoffen unter bestimmten Bedingungen (Adsorptionsmittel), und komplexes Wissen über Kausalzusammenhänge (ein Effekt ist vom pH-Wert abhängig). Dieses Wissen beeinflusst (erweitert oder beschränkt) den Handlungsspielraum der Wissenschaftler ebenso wie das Fehlen von Bentonit oder die mögliche Weigerung des Technikers, eine nochmalige Benutzung der Zentrifuge zu gestatten. Der Einfluss des Wissens manifestiert sich aber viel schwächer als der der lokalen Umstände. Die Wissenschaftler sehen es nicht als problematisch an und verwenden es unhinterfragt. Seine Wirkung lässt sich lediglich an den zahlreichen Bezugnahmen in den Gesprächen der Wissenschaftler ablesen.

Dass der Wissensbestand einer Gemeinschaft auch zum Gegenstand von Verhandlungen im Labor werden kann, zeigen Latour und Woolgar (1986: 151–186). Ich gebe hier zwei kurze Protokolle einer informellen Diskussion wieder, in denen die Wissenschaftler die Verlässlichkeit von Arbeitsmethoden (a) und die Glaubwürdigkeit der Resultate eines Kollegen (b) diskutieren:

(a) Wilson (to Flower):	You know how difficult this *ACTH assay* is, for the lower amount […] I was thinking, well, for fifteen years I have wasted my money on his assay […] Dietrich had *calculated an ideal curve*. Last time he made a mistake, because if you look at the real data, each time *ACTH* goes down *Endorphin* goes down, each time *ACTH* goes up *Endorphin* goes up. So we are going to *calculate the fit between the two curves*. Snoopy did it, it's 0.8.
Flower:	Wooh!
Wilson:	And we are going to do it with the *means*, which is perfectly legal. It will be, I am sure, 0.9 (XII, 85)

(b) Wilson (to Smith): By the way, I saw on the computer yesterday a 93 % (match between) haemoglobin [...] or yeast?!

     (to Flower): You know what we are talking about? Our friend Brunick yesterday announced at the Endocrine Society Meeting that he had an *amino acid* analysis for *CRF*. You know what happened with his *GRF*? Smith had a *computer programme* to look at *homologies* and found a 98 % *homology* with *haemoglobin*, and I don't know what [...] *yeast* floating in the air. ...

Flower: That's a case for concern.

Wilson (laughing): Depends on who you are. [...] (XIII, 85).

(Latour/Woolgar 1986: 154f., Hervorhebungen: J. G.)

In ihrer Analyse dieser Konversationen stellen Latour und Woolgar fest: »For our present purposes, the most important characteristic of these kinds of exchange is that they are devoid of statements which are ›objective‹ in the sense that they escape the influence of negotiation between participants.« (ebd.: 158)

In der Tat stellen die beobachteten Konversationen exogenes Wissen in Frage. Die hervorgehobenen Begriffe und Passagen zeigen aber auch, dass die Konversationen durch exogenes Wissen mit geformt werden, das *nicht* Verhandlungsgegenstand ist. Ohne Referenz auf einen geteilten Wissensbestand könnten die Wissenschaftler gar nicht in der beobachteten Weise miteinander kommunizieren. Latour und Woolgar haben natürlich Recht mit ihrer Feststellung, dass potentiell der gesamte Wissensbestand Verhandlungsgegenstand ist und bereits als Fakt akzeptiertes Wissen wieder in Frage gestellt werden kann. Aber diese Verhandlungsprozesse müssen sich in einem durch das translokale Wissen gesetzten Rahmen vollziehen. Worüber verhandelt werden kann, und welche Argumente in diesen Verhandlungen als zulässig gelten, hängt vom existierenden Wissen ab. Die Wirkungsmächtigkeit publizierten Wissens wird in der historischen Rekonstruktion der Strukturaufklärung von TRF deutlich, in der die Forschungsaktivitäten zweier Gruppen teilweise als Reaktion auf die Publikationen anderer Gruppen erklärt werden (Latour/Woolgar 1986: 129–149).

Die zitierten Gesprächsprotokolle enthalten nicht nur Bezüge auf Wissen, sondern auch einen Bezug auf eine methodologische Regel. Die Ankündigung von Flowers »we are going to do it with the means, which is perfectly legal« verweist auf ein System von methodologischen Regeln der Zulässigkeit von Berechnungen. Die Forscher wissen von der Existenz solcher Regeln und richten ihr Verhalten an ihnen aus (was nicht notwendigerweise heißt, dass die Regeln befolgt werden, siehe unten).

Ein drittes instruktives Beispiel für den Zusammenhang zwischen translokalem Wissen und lokalen Praktiken sind die Beobachtungen von Lynch (1985). Lynchs ethnomethodologischer Ansatz hat zum Ziel, die Konstruktion von Ordnung im alltäglichen Handeln der Wissenschaftler, das heißt in ihren einzelnen Operationen und Äußerungen, zu demonstrieren. Im Kapitel »An archeology of an artifact« beschreibt Lynch ausführlich, wie Wissenschaftler entscheiden, ob elektronenmikroskopische Bilder Artefakte enthalten oder nicht (ebd.: 81–140). Er betont den lokalen Charakter dieser Entscheidungen:

> Issues of determinability for cases of artifacts were local to occasions of members' shop talk and did not seem to be resolved in reference to formal criteria. That is, attempts to isolate criteria in reference to the particular forms that artifacts exhibited in comparison to those of accepted natural structures failed to account for the range of observed cases. This was especially true for those instances discussed under the headings of »distortions« and »negative artifacts«. (ebd.: 87)

Lynch demonstriert die Bedeutung von Erfahrungen mit Geräten und Materialien für die Identifizierung von Artefakten. Dass die Entscheidungen über Artefakte nicht nur auf lokalen Informationen beruhen, wird bereits daran deutlich, dass sich die Entscheidungen auf mit komplexen Geräten produzierte Bilder beziehen. Elektronenmikroskope repräsentieren einen großen translokalen Wissensbestand. Auch das Wissen über die Bedienung solcher Geräte wird nicht nur lokal erzeugt (durch trial and error), sondern ist mit großer Wahrscheinlichkeit aus transferiertem Wissen über die Methode hervorgegangen und enthält dieses noch immer. Schließlich wird in Lynchs Beschreibungen deutlich, dass auch die Einordnung eines Phänomens als Artefakt unter Verwendung exogenen Wissens und exogener Regeln des Experimentierens (Standards) erfolgt. Für die von ihm so genannten »positive artifacts« stellt Lynch fest:

> The typicality of these artifacts relies upon a standardization of lab work in terms of (in microscopy) preparatory techniques for constructing visible displays of initially unobservable phenomena. The varieties of technical rendering practices such as staining, sectioning, embedding, and the looking procedures with the microscope, along with the utilization of standard equipment across different occasions of inquiry has provided a reliable lore of practical grounds for rendering accounts of artifacts. With the wide adoption of instruments and practices as standard modes of inquiry, numerous artifactual possibilities are found to accompany the use and in some cases the design of technical methods. (ebd.: 90f.)

Die folgende Passage zeigt, wie detailliert Lynch Entscheidungen rekonstruiert und analysiert. Die »Auflösung« der Beschreibung ist so groß, dass die Äußerungen der Wissenschaftler für sich genommen nicht als Bestandteile von Forschung identifiziert werden könnten. In der anschließenden Erklärung des Kontextes durch Lynch wird allerdings deutlich, dass auch dieses Elementarereignis in translokale Wissensstrukturen eingebunden ist:

A conversation between an electron microscopist (J) and the lab director (H) while reviewing a recently constructed electron micrographic montage:
J: I don't even know if you'd want to look at those, theyre so *bad*.
H: They are bad. Well, they're numbers aren't they.
J: They are numbers.
     (3.0)
J: They're users, but they ain't lookers.

In this instance the researcher (J) complains to his »boss« (H) about how »bad« a recently assembled micrographic montage appears. H responds in agreement, but remarks that the materials are »numbers«; i. e. they are *adequate* as »*N's*« in the *compilation of statistical data* on *terminal distribution* and *density*. (ebd.: 96f., Hervorhebungen: J. G.)

Lynchs Interpretation des Dialogs zufolge entscheiden die beiden Wissenschaftler (unter anderem) über die Eignung von Daten für eine statistische Analyse. Die Notwendigkeit einer statistischen Analyse (statt der Präsentation eines einzelnen Beispiels), ihr Gegenstand (»terminal distribution and density«) und die Art und Weise ihrer Durchführung sind mit dem translokalen Wissen verbunden, dessen Einfluss auf die Konversation dank Lynchs Interpretation in der Äußerung »they are numbers« identifiziert werden kann. Außerdem wird deutlich, dass es auch ästhetische Standards für bildliche Repräsentationen gibt, denen die diskutierten Bilder nicht genügen.

Beschreibungen von Arbeitsprozessen in der Mathematik und theoretischen Physik haben vor allem herausgestellt, dass die Arbeitsprozesse in der Manipulation von Wissen bestehen, während die Manipulation von Geräten nur gelegentlich in Form der Computernutzung auftaucht. Daraus entstehen spezifische Schwierigkeiten für die ethnographische Beobachtung und Analyse der Wissensproduktion. Die bisher durchgeführten Beobachtungen haben jedoch die prinzipielle Gleichartigkeit der Arbeitsprozesse zeigen können:

Die Herstellung von Ordnung ist gleichbedeutend mit der Auflösung von »Widerständen«, und deren Überwindung macht einen Hauptteil der mathematischen Arbeit aus. »The routine of the job is to be stuck«, wie es ein Mathematiker treffend formulierte. Festgefahren zu sein, heißt nichts anderes, als auf Widerstände gestoßen zu sein, auf Phänomene, die den Erwartungen widersprechen und die dazu zwingen, die getroffenen Annahmen und die gewählte Vorgehensweise noch einmal neu zu überdenken.
[...]
Wenn Mathematiker festgefahren sind, gehen sie ähnlich vor wie eine Naturwissenschaftlerin, die mit einem Resultat konfrontiert ist, das ihren Erwartungen widerspricht. Auch in der Mathematik wird zunächst geprüft, ob das Resultat »echt« ist oder ob es ein Artefakt ist der verwendeten Apparatur. (Heintz 2000: 148)

Pickering und Stephanides (1992) sowie Mackenzie (1999) beschreiben mathematische Arbeitsprozesse auf die gleiche Weise. Dass die Forschungsprozesse der theoretischen Physik ähnlich ablaufen, haben Pinch (1986: 113–120,

128–146) für einen der experimentellen Forschung nahe stehenden sowie Merz und Knorr-Cetina (1997) für einen ausschließlich aus mathematischen Operationen bestehenden Forschungsprozess gezeigt.

2.3.2 Die Lösung des Informationsproblems während der Bearbeitung von Forschungsaufgaben

Die Fallbeschreibungen haben bestätigt, dass die Bearbeitung von individuellen Aufgaben der Wissensproduktion in der Tat ein lokaler, idiosynkratischer Prozess ist. Wir haben in Abschnitt 2.2 festgestellt, dass keine zwei lokalen Forschungsaufgaben einander exakt gleichen, weil jede im Schnittpunkt von existierendem Wissen, lokaler Arbeitsumgebung und individueller Forschungsbiographie entsteht. Die Kombination einer unikalen Aufgabe mit einer unikalen lokalen Arbeitsumgebung lässt spezifische »Widerstände« in der Wissenserzeugung entstehen, die unter Verwendung der lokal verfügbaren Ressourcen überwunden werden.

Die Einsichten in den lokal spezifischen, opportunistischen Charakter der Aufgabenbearbeitung verdanken wir den konstruktivistischen (ethnographischen und historischen) Untersuchungen von Prozessen der Wissensproduktion. Diese Studien haben zugleich gezeigt, dass die beschriebene Form der Wissenserzeugung keine lokal verursachte Abweichung von einem allgemeinen Prinzip wissenschaftlichen Arbeitens ist, sondern die genuine Praxisform der Erzeugung wissenschaftlichen Wissens. Die folgende Diskussion zielt nicht auf die Widerlegung dieses Bildes der Wissensproduktion. Ich setze es vielmehr voraus und schließe eine Frage an: Wie wird unter diesen Bedingungen das Informationsproblem der kollektiven und damit translokalen Produktion gelöst? Wie wird insbesondere das Integrationsproblem antizipiert und dafür gesorgt, dass das, was gerade an einem Ort im Entstehen begriffen ist, später in einem anderen Kontext zu dem passt, was gleichzeitig an einem anderen Ort unter anderen lokalen Bedingungen im Entstehen begriffen ist?

Ein erster wichtiger ordnender Einfluss wird über die formulierte Arbeitsaufgabe vermittelt. Der Wissensbestand einer Gemeinschaft beeinflusst die Aufgabenbearbeitung schon deshalb, weil er eine prominente Rolle beim Zustandekommen der Aufgabe spielt. Wie wir in 2.2 gesehen haben, wird die Aufgabe unter Verwendung des existierenden Wissens formuliert. *Was* produziert werden soll, bestimmt in erheblichem Maße, *wie* produziert werden kann, das heißt welches Wissen, welche Materialien, welche Methoden und welche Technik in der Wissensproduktion verwendet werden können.

Die Fallbeschreibungen und andere empirische Studien weisen darüber hinaus auf drei verschiedene Arten von Wissen hin, dass über verschiedene Kanäle in die lokale Arbeitsumgebung importiert wird und die Aufgabenbearbeitung beeinflusst. Neben dem Wissen tragen Regeln für die Aufgabenbearbeitung, das heißt Institutionen, zur Abstimmung des Handelns bei.

Publiziertes Wissen

In den zitierten Beobachtungen von Knorr-Cetina, Latour und Woolgar sowie Lynch war die Präsenz des publizierten Wissens im Labor unübersehbar. Die Beschreibung dieser Präsenz war ein nichtintendiertes Nebenprodukt von Analysen, die ganz andere Interessen verfolgten. Das wird deutlich, wenn man sich diejenigen beobachteten Handlungen anschaut, deren Gegenstand exogenes, publiziertes Wissens ist. So beobachtet Knorr-Cetina sehr wohl die Bedeutung des publizierten Wissens, wenn sie die Klage einer Wissenschaftlerin zitiert, die etwa 40 Prozent der angeforderten Literatur nicht bekommt (Knorr-Cetina 1984: 71, siehe auch das Zitat auf S. 87). Sie zitiert diese Klage aber in einem Kontext, in dem sie den Einsatz von Literatur als »Quelle für den Kredit- bzw. Reputationszuwachs« thematisiert (ebd.). Wenige Zeilen später finden wir die Feststellung: »Lokale Strukturen bestimmen die Szene, aus der Laborbedeutungen entstehen, und setzen die Grenzen, innerhalb deren die Wissenschaftler operieren.« (ebd.: 72) Die gerade zuvor berichtete Bedeutung der Literatur ist hier schon wieder aus der Analyse verschwunden. Latour und Woolgar verfahren ähnlich, wenn sie die Prominenz der Literatur als Gegenstand der informellen Kommunikation der Wissenschaftler und ihre Bedeutung für die Produktion von Publikationen beobachten (Latour/Woolgar 1986: 52, 58), ihre späteren detaillierten Analysen aber auf das Infragestellen des publizierten Wissens in Verhandlungen zwischen den Wissenschaftlern reduzieren (siehe das Beispiel im vorangegangenen Abschnitt). Auch Lynch »sieht« die Bedeutung der Literatur, ohne sie zu analysieren:

For instance, a common sight in the lab studied was a lab member working on a technical task with a stack of research articles, opened to relevant pages, placed at the work area. The papers, particularly their »methods« sections, were consulted in light of the developing work situation, as instructions, remedies, suggestions of what to »look for«, and what to »look out for«, in the developing results. The »methods« accounts in the research articles were combined in ways unique to the current project. For instance, a chemical concentration for a buffer was taken from one account, a temporal sequence of staining instructions taken from another, and exemplary photographs of a thematic anatomical entity was used from still another article. The detailed ways in which specific instances of shop work employed research articles were not examined in this study. Access to such an order of detail could perhaps only be achieved by a competent practitioner's analysis of videotape records of specific shop tasks. (Lynch 1985: 153)

Angesichts dieses Eingeständnisses ist es natürlich fraglich, wie weit Lynch seinem Anspruch, die Konstruktion von Ordnung im Alltagshandeln der Wissenschaftler zu rekonstruieren, überhaupt gerecht werden konnte. Schließlich wurde ein häufig auftretender und offensichtlich für die beobachteten Wissenschaftler wichtiger Faktor ausgeblendet, und die Annahme, dass dieser Faktor in den von Lynch behandelten Fällen keine Rolle spielt, weil die Wissenschaftler in diesen Fällen nicht mit dem materiellen Träger der Information (dem gedruckten Artikel) hantierten, ist zu optimistisch.

Der Umgang der Wissenschaftler mit dem publizierten Wissensbestand wurde also durchaus beobachtet und berichtet. Er wird aber nicht als relevant erachtet und deshalb auch nicht in die theoretischen Konstruktionen einbezogen. Dass die Wissenschaftssoziologie sich nicht ausreichend um die Einbettung des Lesens in wissenschaftliche Arbeitsprozesse gekümmert hat, konstatiert Bazerman drei Jahre später: »Although reading consumes a substantial part of a research scientist's working life, science studies have not looked very far into exactly what happens when a scientist reads and how this reading is precisely related to scientific activity.« (Bazerman 1988: 235)

Bazerman hat sieben Physiker über ihr Lesen interviewt und sie beim Lesen beobachtet (ebd.: 237f.). Seiner Untersuchung zufolge unterscheiden die Wissenschaftler zwischen »core reading« (Publikationen, die ihre eigene Arbeit betreffen) und »peripheral reading« (Publikationen in ihrem weiteren Arbeitsgebiet). Jeder Wissenschaftler hat ein persönliches Raster, anhand dessen er Literatur wahrnimmt und beurteilt. Die Vorauswahl von Artikeln erfolgt anhand von Stichwörtern, die Methoden, Phänomene und Objekte bezeichnen, sowie anhand der Namen von Wissenschaftlern und Forschungsgruppen. Danach wird schrittweise der Kontext (vollständiger Titel und Abstract) einbezogen, was dazu führt, dass Artikel wieder ausgeschlossen werden. Die Artikel werden nicht sequentiell gelesen, sondern selektiv entsprechend ihrer Bedeutung für die aktuelle Aufgabe. Erweisen sie sich als wichtig, werden sie vollständig »durchgearbeitet«. Während die Relevanz aller Artikel eingeschätzt wird (sie ist das wichtigste Auswahlkriterium), werden nur wenige Artikel sofort auf Qualität oder Wahrheitsgehalt geprüft. Die Verlässlichkeit des Gelesenen wird zunächst vorausgesetzt (ebd.: 238–253).

Die Beobachtungen Bazermans, die durch eine methodisch ähnliche Studie von Berkenkotter und Huckin bestätigt wurden (Berkenkotter/Huckin 1995: 27–32), unterstreichen sowohl die Bedeutung der publizierten Literatur für die Aufgabenbearbeitung als auch den lokalen, idiosynkratischen Charakter ihrer Rezeption. Bazermans Studie ist bislang die einzige, die sich systematisch dem Lesen wissenschaftlicher Literatur im Kontext der Aufgabenbearbeitung zugewendet hat. Der Nutzen seiner Beobachtungen wird allerdings dadurch eingeschränkt, dass er nun wiederum den Kontext, in dem die Literatur verwendet wird, ausgelassen hat. Die Beobachtung des Lesens als von der lokalen Wissensproduktion isolierter Akt ist ebenso wenig ausreichend für das Verstehen der Rolle des exogenen Wissens wie das Ausblenden des Lesens aus der Beobachtung dieser Wissensproduktion.

Neben den gedruckten Publikationen gibt es einen zweiten wichtigen Kanal, in dem publiziertes Wissen der Gemeinschaft zirkuliert. Wissenschaftliches Wissen wird in Forschungsgeräten und -materialien fixiert, die kommerziell gehandelt werden. Außerdem gibt es vergegenständlichtes Wissen in Form von Forschungsmaterialien, die auf Anfrage weitergegeben oder in zentralen Sammelstellen hinterlegt werden. Eine solche Weitergabe von Materialien hat zur Verbreitung der Hybridoma-Technologie beigetragen (Cambrosio/Keating 1995: 85–103). Generell spielen heute die Weitergabe von Materialien und die zentrale Hinterlegung von Organismen und nicht publizierten Daten in den Biowissenschaften eine große Rolle (Latour/Woolgar 1986: 71; für die Genetik siehe Hilgartner/Brandt-Rauf 1994; Hilgartner 1997; 1998).

Auch bei den kommerziell gehandelten Geräten und Materialien und bei den zentral hinterlegten Biomaterialen und Daten handelt es sich um veröffentlichtes Wissen, weil das Wissen allen bekannt gegeben wird und prinzipiell durch alle aufgenommen werden kann. Geräte und Materialien repräsentieren mindestens das Wissen, das zu ihrer Herstellung benötigt wird, und Wissen, dass ihre Verwendbarkeit in der Aufgabenbearbeitung begründet. Latour und Woolgar haben darauf aufmerksam gemacht, dass es sich bei dem in Geräten vergegenständlichten Wissen um »altes« Wissen handelt, dass also die heutige Labortechnik auf Wissen beruht, dass vor Jahren oder Jahrzehnten erarbeitet wurde (Latour/Woolgar 1986: 66–69). Diese Beobachtung ist grundsätzlich richtig, darf aber nicht auf die gesamte Laborausstattung übertragen werden. Bestimmte Biomaterialien werden unmittelbar nach ihrer erstmaligen Erzeugung im Labor selbst vervielfältigt und zwischen den Labors ausgetauscht. Latour und Woolgar haben auch beobachtet, dass das in den Geräten vergegenständlichte Wissen häufig Wissen aus anderen Wissenschaftsgebieten ist. Während das für das zur *Herstellung* der Geräte notwendige Wissen häufig der Fall sein dürfte, beruht die *Verwendbarkeit* der Geräte im Labor aber gerade darauf, dass ein Zusammenhang zwischen den Funktionen der Geräte und dem im Labor bearbeiteten Wissen hergestellt werden kann. Die Geräte repräsentieren also mindestens eine Kopplung zwischen dem Wissen des Gebietes, dem das Gerät entstammt, und dem Wissen des Gebietes, in dem es benutzt wird.

Knorr-Cetina hat zu Recht betont, dass die Art und Weise, in der die Laborausstattung für die Wissenserzeugung genutzt wird, idiosynkratisch ist. Sie ist jedoch nicht beliebig. Die zitierten Beispiele zeigen, dass man a) mit einem Gerät nicht tun kann, was man will, weil das ihm einbeschriebene Wissen Grenzen setzt, und b) man ohne das Gerät nicht tun kann, was man will. Man kann mit einem Mikroskop Nägel in die Wand schlagen, aber man kann mit einem Hammer keine Mikroobjekte betrachten.

Das Labor, in dem sich die idiosynkratische Aufgabenbearbeitung vollzieht, ist also voll von relativ »harten«, das heißt nur bedingt veränderbarem Wissen, das in der Ausstattung vergegenständlicht ist. Dieses vergegenständlichte Wissen bietet zugleich Gelegenheiten und Beschränkungen für die lokale, idiosynkratische Forschungspraxis. Analoges kann für die »Nicht-Laborwissenschaften« Mathematik und theoretische Physik gesagt werden. Für diese Gebiete ist mathematisches Wissen Gegenstand und Mittel. In manchen Fällen kommt im Computer vergegenständlichtes exogenes Wissen hinzu.

Informell kommuniziertes Wissen

Wir hatten bereits in Abschnitt 2.1 gesehen, dass sich der Wissensbestand einer wissenschaftlichen Gemeinschaft nicht auf das Archiv, das heißt auf das publizierte Wissen, reduzieren lässt. Es gibt darüber hinaus Wissen, das nicht in das publizierte, jedermann zugängliche Archiv gelangt, sondern informell kommuniziert wird. Dazu gehört zunächst das »halböffentliche« Wissen, das nicht publiziert wird, aber jedermann zugänglich ist, der von seiner Existenz weiß und es anfordert. Eine wichtige Quelle für Methodenwissen über die von Cambrosio und Keating untersuchte Hybridoma-Technologie sind Protokolle, die von Universitätslabors für den internen Gebrauch angefertigt werden.[50] Solche Protokolle sind eine Kombination aus wissenschaftlichen, handwerklichen und idiosynkratischen Prinzipien. Sie erfordern strikte Befolgung, die meist Erfolg verspricht (ebd.: 59).

Neben Manuskripten gibt es auch Materialien mit einem solchen »halböffentlichen« Status. Viele Materialien werden auf Anfrage weitergegeben, bevor sie hinterlegt werden (wenn das überhaupt geschieht. Die Erarbeitung

---

50 Neben diesen Manuskripten gibt es drei Arten von formalen Publikationen, die Beschreibungen der Methode enthalten. Beschreibungen im Teil »Material und Methoden« von Artikeln sind kurz und nur für Insider von Nutzen. Speziell der Hybridoma-Technologie gewidmete Bücher signalisieren die Bedeutung der Technologie auch für andere Fachgebiete. Diese Bücher beschreiben die Technologie ausführlich, vernachlässigen dabei aber häufig theoretische Aspekte. Die vierte Quelle sind Zeitschriftenaufsätze, die Weiterentwicklungen der Technologie beschreiben (Cambrosio/Keating 1995: 58–63).

neuer Materialien wird in Publikationen mitgeteilt, und ihr Produzent ist verpflichtet, sie auf Anfrage weiter zu geben. Verstöße gegen diese Regel lösen in den betroffenen wissenschaftlichen Gemeinschaften gelegentlich heftige Diskussionen aus (Cohen 1995).

Neben diesem in Manuskripten und Materialien zirkulierenden Wissen spielt methodisches Know how eine große Rolle, das heißt Wissen über praktische Probleme der Laborarbeit, das nirgendwo fixiert wird, sondern nur in den Köpfen der Wissenschaftler existiert. Cambrosio und Keating zitieren einen Wissenschaftler mit der Aussage »immunochemistry has an oral tradition, and a surprising number of key elements are not easily accessible from the literature« (zitiert nach Cambrosio/Keating 1995: 52).[51] Hagstrom (1965: 98f.) und später Heintz haben Ähnliches in der Mathematik beobachtet. Die Existenz eines nicht veröffentlichten Wissensbestandes ist ein Grund für die große Bedeutung informeller Kommunikation in der Mathematik.

Gespräche sind schließlich auch deshalb wichtig, weil längst nicht alles mathematische Wissen in schriftlicher Form vorliegt. »Many of the things that are generally known are things for which there may be no known written source. As long as people in the field are comfortable that the idea works, it doesn't need to have a formal written source« (Thurston 1994: 168). McShane spricht in diesem Zusammenhang von »folk theorems«. »Folk theorems« sind mathematische Resultate, die nur mündlich, in Gesprächen wiedergegeben werden und die niemand mehr zu publizieren wagt, da sie schon bekannt sind. (McShane 1957: 316). (Heintz 2000: 229)

Die Analogie zwischen dieser Form der Weitergabe von Wissen und dem informell kommunizierten Methodenwissen in den Biowissenschaften ist offensichtlich. Auch in der Mathematik gibt es also nicht publiziertes Wissen, das für die Aufgabenbearbeitung benötigt wird. Dabei handelt es sich teilweise auch um Wissen über die Gültigkeit des Archivs, wie der Mathematiker Thurston ausführt:

There were published theorems that were generally known to be false, or where the proofs were generally known to be incomplete. Mathematical knowledge and understanding were embedded in the minds and in the social fabric of the community of people thinking about a particular topic. This knowledge was supported by written documents, but the written documents were not really primary. (Thurston 1994: 169)

Das informelle Wissen ist also nicht nur eine Ergänzung des Archivs, sondern enthält auch Elemente einer »Gebrauchsanweisung« im Sinne von Hinweisen darauf, wie das Archiv in der Wissensproduktion zu benutzen ist.

---

51 Siehe außerdem Laudel (1999: 164f.), die die Weitergabe von Know how als eigenen Kooperationstyp beschreibt, und Hine (2002) zum Austausch von Know how in mailing lists.

Implizites Wissen

Während das publizierte Wissen einer Gemeinschaft jedermann zugänglich und das informelle Wissen auf Anfrage kommuniziert wird, gibt es für eine dritte Art von Wissen technische Übermittlungsbarrieren. Der Erfolg der lokalen Wissensproduktion beruht auch auf der Verfügung über implizites Wissen. Die Bedeutung von implizitem Wissen in der Wissenschaft ist zuerst von Polanyi herausgestellt worden (Polanyi 1985). Ihm zufolge ist implizites Wissen dasjenige Wissen, das wir nicht kommunizieren können, was in seiner Formel »dass wir mehr wissen, als wir zu sagen wissen« zum Ausdruck kommt (ebd.: 14). Später hat Collins systematische empirische Untersuchungen zur Rolle und Übertragung impliziten Wissens durchgeführt (Collins 1974; Collins/Harrison 1975; Collins 2001). Cambrosio und Keating haben am Beispiel der Verbreitung der Hybridoma-Technologie gezeigt, dass man auf eine bestimmte Weise sehen und sich auf eine bestimmte Weise bewegen muss, um die Technologie erfolgreich anwenden zu können. Diese Fähigkeiten erwirbt man durch direkte Anleitung oder Beobachtung und Nachahmung (Cambrosio/Keating 1995: 50–58; siehe auch Gilbert/Mulkay 1984: 53f. sowie Heintz 2000: 175 zu implizitem Wissen in der Mathematik). Implizites Wissen kann also nur durch Vorführen angeboten und nur via Beobachtung und Nachahmung aufgenommen werden.[52]

Das implizite Wissen ist für den Erfolg des Forschungsprozesses notwendig, aber nicht öffentlich zugänglich. Es existiert nur lokal als Know how in den Köpfen der Wissenschaftler, was spezifische Formen seiner Übertragung nötig macht. Informelle Kommunikation und Besuche anderer Arbeitsumgebungen sind für eine erfolgreiche Aufgabenbearbeitung deshalb so wichtig, weil häufig Wissen benötigt wird, das zwar in der Gemeinschaft prinzipiell verfügbar ist, aber nur an anderen Orten existiert und nur bei einem Aufenthalt in der anderen Arbeitsumgebung aufgenommen und damit transferiert werden kann. Auf die eigene lokale Arbeitsumgebung und auf das Archiv kann problemlos zugegriffen werden. Wenn wichtiges Wissen aber nur an anderen Orten existiert, muss ein Transfer initiiert werden.

---

52 In der wissenschaftssoziologischen Literatur besteht keine Einigkeit darüber, wie die verschiedenen Arten von Wissen unterschieden werden sollen (Cambrosio/Keating 1995: 47–50). Die Definition von implizitem Wissen durch Collins (2001: 72) schließt auch Wissen ein, dass kommunizierbar ist, aber nicht kommuniziert wird, weil die Akteure es geheim halten wollen oder die Relevanz des Wissens nicht erfassen. Diese Ausweitung des Begriffs scheint unzweckmäßig, weil sie Eigenschaften des Wissens mit Eigenschaften der Akteure vermischt.

Die Beeinflussung der Aufgabenbearbeitung durch externes Wissen

Das publizierte, informell kommunizierte und implizite Wissen bilden gemeinsam den Wissensbestand einer wissenschaftlichen Gemeinschaft (Abbildung 2). Wir finden in seinem Zentrum das Archiv, das heißt das publizierte Wissen, dass seinerseits wieder in Kern und Forschungsfront unterteilt werden könnte (siehe S. 83), und das in »öffentlichen« Geräten und Materialien vergegenständlichte Wissen. Der Kern wird ergänzt durch Manuskripte, die zum Beispiel Methoden beschreiben und auf Anforderung zugänglich sind, und durch in Labors hergestellte Materialien, die auf die gleiche Weise zirkulieren. Dieses in Trägern fixierte Wissen ist eingebettet in einen Pool informellen Wissens, das teils eine »Gebrauchsanweisung« für das publizierte Wissen ist (zum Beispiel als Wissen über die Verlässlichkeit von im Archiv enthaltenen Informationen) und teils einfach für die Aufgabenbearbeitung wichtiges, aber nicht schriftlich fixiertes Wissen ist (die mündliche Überlieferung). Am Rande dieses Wissensbestandes gibt es in den lokalen Arbeitsumgebungen implizites Wissen, dass nur bei einem Aufenthalt in einer Arbeitsumgebung aufgenommen werden kann.

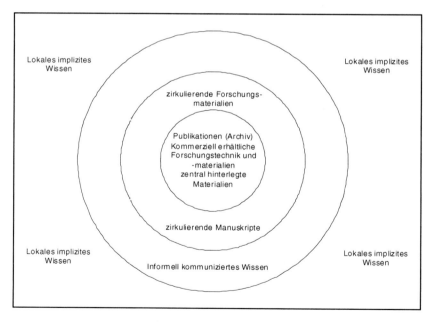

Abbildung 2: Der Wissensbestand einer wissenschaftlichen Gemeinschaft

Alle Elemente dieses Wissensbestandes beeinflussen den Verlauf der Aufgabenbearbeitung. Sie werden durch den Kauf von Geräten und Materialien, den Tausch von Materialien und die formale und informelle Kommunikation in die lokalen Arbeitsumgebungen importiert. Der ununterbrochene Import von aktuellen Informationen ist eine essentielle Bedingung für die erfolgreiche lokale Wissensproduktion. Wissenschaftler greifen beständig auf den Wissensbestand ihrer Gemeinschaft zu, indem sie lesen, mit Kollegen kommunizieren, Materialien anfordern, Geräte kaufen, andere Labors besuchen usw. Das durch diese Handlungen in die lokale Arbeitsumgebung importierte Wissen ermöglicht die Reformulierung der Aufgabe im Lichte neueren Wissens. Der Wissensbestand der Gemeinschaft evolviert kontinuierlich und kann in dieser Evolution auch die Aufgabe verändern. Ein instruktives Beispiel für diese Evolution ist die von Latour und Woolgar beschriebene Suche nach der Struktur von TRF, in der die Ergebnisse einer Forschungsgruppe die Aufgabenformulierung für die andere veränderten (Latour/Woolgar 1986: 129–134). Die Bearbeitung einer Forschungsaufgabe ist auf ein »bewegliches Ziel« ausgerichtet, weil sich das Wissen und damit die Wahrnehmung der Wissenslücke und die Methoden ihrer Bearbeitung infolge der neuen Beiträge anderer ständig verändern. Im Extremfall bedeutet das, dass die Aufgabenbearbeitung beendet werden muss, weil jemand anders das Wissen produziert und publiziert hat (Hagstrom 1965: 69–85). Der Wissensbestand muss auch herangezogen werden, wenn im Verlauf der Aufgabenbearbeitung Widerstände entstehen. Zum Beispiel kann nicht ohne Rückgriff auf den existierenden Wissensbestand entschieden werden, ob es sich bei einer »Anomalie« (Star/Gerson 1987) um ein Artefakt oder eine Entdeckung handelt (siehe dazu die Analyse von Lynch). Auch müssen mitunter neue, bislang in der lokalen Arbeitsumgebung nicht verfügbare Methoden aus dem Wissensbestand der Gemeinschaft bezogen werden, um Widerstände zu bearbeiten.

Institutionen: Regeln der Aufgabenbearbeitung

Die ordnende Wirkung von Regeln für das Forschungshandeln wurde in den Laborbeobachtungen nur gelegentlich sichtbar. Das liegt vor allem darin, dass solche Regeln als selbstverständlicher Bestandteil des alltäglichen Arbeitens in Routinen verkörpert sind und durch die Wissenschaftler noch seltener diskutiert werden als Wissen. Nur besondere Abweichungen von Regeln, die für allgemeingültig gehalten werden, erreichen die »Schwelle ethnographischer Sichtbarkeit« wie zum Beispiel in den folgenden Beobachtungen von Knorr-Cetina:

Wie jede andere Organisation entwickeln Forschungslaboratorien lokale Interpretationen methodischer Regeln, ein lokales Know-how dessen, was die Regel meint und wie man sie im Labor am besten anwendet. Zum Beispiel besaß das von mir untersuchte Forschungszentrum mehrere Service-Laboratorien, die, wie erwähnt, notwendige Standardanalysen der chemischen Zusammensetzung durchführten. Viele dieser Analysen waren »offizieller« Natur; sie waren von der Association of Official Analytical Chemists oder einer ähnlichen Gruppe getestet, dokumentiert und empfohlen worden. Als ein Wissenschaftler, der aus einem anderen Gebiet an die Institution kam, diese Dienste das erste mal benutzte, stellte er zu seiner Überraschung fest, dass die Tests ohne Wiederholung durchgeführt wurden. (Knorr-Cetina 1984: 73)

Eine von Latour und Woolgar wiedergegebene Passage bezieht sich zwar vordergründig auf eine Publikation, behandelt aber zugleich die dahinter stehende Regel, welche Daten produziert werden sollen:

Smith: I should do the whole sequencing but I don't have enough time.

Wilson: But these guys from England only put their amino acid analysis in their paper, that's bad manners. [...]

Smith: And its dangerous because there is definite variance between pig and ovine sequence and you cannot deduce the sequence from the amino acid analysis (IV, 37). (Latour/Woolgar 1986: 158)

Auch hier ist es der Regelverstoß, der die beobachtbare Diskussion der Wissenschaftler auslöst. Der Austausch macht darüber hinaus deutlich, dass die Regel die Verlässlichkeit des produzierten Wissens erhöhen soll.

Lynch hat die gleichartige Ausführung bestimmter Operationen in mehreren Projekten beobachtet, was auf die Existenz von Standards schließen lässt.

Certain tasks, in some fashion, were treated as transferable across different projects. The lab's compendium of instruments, supplies, and expertises provided for the recurrence of technical procedures as features of different Projects of action. Perfusion technique, embedding technique, sectioning and staining procedures, and fixation methods were all sequences (or formulated accounts of typified sequences,) that could be treated as independent form any particular project. (Lynch 1985: 66)

In der Mathematik existiert Heintz zufolge ein elaboriertes Institutionensystem, dass den Regeln des Experimentierens und Publizierens in anderen Disziplinen analog ist:

Mit der Institution des Beweises hat die Mathematik ein hoch elaboriertes Normengebäude aufgestellt mit dem Zweck, die mathematische Kommunikation zu erleichtern. [...]
    Beweisen heißt zunächst einmal, sich beim Mitteilen von Gedanken an klare Vorgaben zu halten: Begriffe müssen definiert, Notationen müssen geklärt werden, und jeder Argumentationsschritt ist im Prinzip zu belegen. Im Idealfall ist das Vorgehen sequentiell und deduktiv. Die auf diese Weise festgelegten Regeln und Konventionen haben für die Mathematiker verbindlichen Charakter. [...]

In der Mathematik können zwar Meinungsverschiedenheiten darüber entstehen, ob eine Regel zulässig ist. […] Ist die Regel aber einmal akzeptiert, so führt ihre Anwendung im Prinzip immer zum gleichen Resultat, und sollte sich eine Abweichung ergeben, so ist sie relativ leicht zu korrigieren … (Heintz 2000: 220)

Im Falle der Regeln in der Mathematik gibt es keine Hinweise auf lokale Modifikationen, weil es sich um Regeln für *publizierte* Beweise handelt. Regeln für die Erzeugung mathematischen Wissens und ihre lokale Handhabung sind bislang nicht beobachtet worden. Anscheinend ist in der Mathematik gleichgültig, was jemand lokal tut, weil alle für die Bewertung des Ergebnisses relevanten Informationen ohnehin in Form von Beweisen publiziert werden.

Zur globalen Steuerung der lokalen Aufgabenbearbeitung trägt also nicht nur der Wissensbestand einer Gemeinschaft bei, sondern auch deren Bestand an »Produktionsregeln«. Dabei handelt es sich um für die Praktiken der Gemeinschaft spezifische Handlungsvorschriften, die sicherstellen sollen, dass verlässliches Wissen produziert wird und dass das Wissen später in den gemeinsamen Wissensbestand eingepasst werden kann (Böhme 1974b). Unmittelbar auf die Produktion bezogene Regelsysteme sind die der Methoden für die Erzeugung von Daten (im weitesten Sinne). In diese Kategorie gehören auch Standards für Geräte und Materialien. Beide Regelsysteme sollen sicherstellen, dass in den lokalen Arbeitsumgebungen gleiche Operationen ausgeführt werden, und so den Transfer von Wissen zwischen lokalen Arbeitsumgebungen sicherstellen (Fujimura 1992; Cambrosio/Keating 1995: 58–62). Allgemeinere Produktionsregeln haben die Durchführung bestimmter Typen von Experimenten zum Gegenstand und schreiben zum Beispiel vor, Versuchsreihen durchzuführen und statistische Methoden zur Auswertung anzuwenden. Diese Regeln werden im Alltag unhinterfragt befolgt und nur im Konfliktfall diskutiert. Die Regelbefolgung in den verschiedenen lokalen Arbeitsumgebungen beruht allerdings auf lokalen Interpretationen und ist deshalb idiosynkratisch, wie Knorr-Cetina gezeigt hat. Wie schon bei der Gerätenutzung muss ich aber auch im Falle der Regelbefolgung darauf bestehen, dass der Spielraum für Idiosynkrasien begrenzt ist. Die lokalen Interpretationen der Regelbefolgung setzen Regeln nicht außer Kraft oder verkehren sie in ihr Gegenteil, sondern modifizieren sie. Das bedeutet, dass die Standardisierung und Verlässlichkeit des lokalen Forschungshandelns nicht perfekt sind, sondern durch lokale Modifikationen eingeschränkt werden. Standardisierung und Verlässlichkeit werden aber nicht völlig beseitigt, weil die Regeln der Aufgabenbearbeitung ihrerseits zweifach abgesichert sind: durch das Wissen der Gemeinschaft, in das Methoden eingebettet sind, und durch die Publikation der Art und Weise, wie die Ergebnisse der Arbeit zustande gekommen sind.

2.3.3   Die »schwache« Ordnung der Aufgabenbearbeitung als Erfolgsbedingung

Die Beschreibung allgemeiner Charakteristika der Aufgabenbearbeitung hat deutlich werden lassen, dass der Wissensbestand einer Gemeinschaft ein komplexes, aus verschiedenen Arten von Wissen bestehendes Gebilde ist, das die Bearbeitung von Forschungsaufgaben über mehrere Kanäle beeinflusst und ordnet. Zur Ordnung tragen auch Institutionen bei, die die Praktiken der lokalen Wissenserzeugung regulieren. Ihr Zweck besteht darin, die je lokalen Praktiken der Erzeugung von Wissen miteinander vergleichbar zu machen, das heißt sicherzustellen, dass die Daten, auf denen die Wissensproduktion der Gemeinschaft beruht, überall auf die gleiche Weise erzeugt werden.

Die Analyse hat die Omnipräsenz des Wissensbestandes und der Institutionen in der lokalen Aufgabenbearbeitung sowie die steuernde Wirkung dieser beiden globalen Bedingungen wissenschaftlichen Arbeitens aufgezeigt. Die Wissenschaftler müssen ihre Aufgabenbearbeitung an den sich ständig verändernden Wissensbestand anpassen, weil sie ihren Beitrag in den Wissensbestand integrieren müssen, *wie er zum Ende der Aufgabenbearbeitung existiert.* Sie müssen außerdem das neu gebotene Wissen benutzen, um die Aufgabe erfolgreich bearbeiten zu können.

Trotz dieser Allgegenwärtigkeit globaler Bedingungen der Aufgabenbearbeitung bleibt den Wissenschaftlern ein sehr großer Handlungsspielraum, der die in den Laborstudien beobachteten lokalen Idiosynkrasien der Aufgabenbearbeitung möglich macht. Die globalen Einflüsse durchsetzen zwar den gesamten Prozess der Aufgabenbearbeitung, üben jedoch nur eine schwache Steuerungswirkung aus. Genauer gesagt, ist die Steuerung dort sehr stark, wo sie die Aufgabenbearbeitung meist nicht tangiert, nämlich in den im Wissen und in den materiellen Ressourcen enthaltenen Vorgaben für zulässige Praktiken der Wissenserzeugung. Dieser Rahmen ist kaum überschreitbar. Er wird jedoch in der Regel gar nicht als einschränkender Rahmen wahrgenommen, weil er als selbstverständliches Grundlagenwissen des Fachs, das heißt in Form kollektiv geteilter Überzeugungen der Gemeinschaft, üblicher Geräte und Materialien usw. existiert.

Dort, wo der Rahmen »hart« ist, ist er also zugleich so weit, dass er nicht als steuernd wahrgenommen wird. Der Rahmen für die Aufgabenbearbeitung wird dann um so »weicher« (das heißt in der Aufgabenbearbeitung überschreitbar), je unmittelbarer er sich auf die gerade bearbeitete Aufgabe bezieht. Das Wissen und die Regeln, die die Aufgabenbearbeitung unmittelbar beeinflussen, sind ihrerseits nur ein Ausgangsmaterial, das an die Erfordernisse der lokalen Wissenserzeugung angepasst wird. Eine solche Anpassung ist unumgänglich, weil das Ziel eines Forschungsprozesses nur erreicht werden kann, wenn die in der Arbeit auftauchenden spezifischen Widerstände ad hoc beseitigt werden. Die Arbeitsaufgabe ist eine lokale Aufgabe, und lokale Kontexte dominieren in den genannten »harten« Grenzen die Aufgabenbearbeitung.

Wegen der lokalen Idiosynkrasien der Aufgabenbearbeitung riskieren die Wissenschaftler, dass das von ihnen produzierte Wissen als nicht relevant oder nicht verlässlich angesehen wird. Solche Fehlanpassungen, die aus der Diskrepanz zwischen globalem Wissen und Regeln einerseits und ihren lokalen Manifestationen andererseits resultieren, sind unvermeidbar. Dennoch ist diese schwache Steuerung der Aufgabenbearbeitung unter den gegebenen Bedingungen aus zwei Gründen effizient. Erstens ist die Aufgabe selbst idiosynkratisch, und die Dominanz lokaler Kontexte sichert die bestmögliche Anpassung von Wissen und Regeln an diese Aufgabe. Der Wissensbestand einer Gemeinschaft ist zu unspezifisch, um eine ausreichende Grundlage für die Bearbeitung einer einzelnen lokalen Aufgabe zu bieten. Dafür ist vielmehr eine *aufgabenbezogene Synthese aller verfügbaren Mittel der Aufgabenbearbeitung* erforderlich, und die kann nur lokal und nur durch den die Aufgabe bearbeitenden Wissenschaftler vorgenommen werden. Zweitens handelt es sich bei den lokalen Idiosynkrasien der Aufgabenbearbeitung um Innovationen, das heißt um eine Neukombination von Wissen oder eine Generierung von neuem Wissen. Die pragmatische Überwindung von Widerständen in der Aufgabenbearbeitung ist eine wichtige Quelle neuen Wissens, wie zum Beispiel von Knorr-Cetina beobachtete Vorgänge zeigen.

Das Muster ähnelt dem, das ich bei dem scheinbar fehlerbehafteten Mechanismus des Entstehens von Aufgaben beschrieben habe: Es besteht ein erhebliches Risiko der Vergeudung von Ressourcen, weil lokal besondere Bedingungen nicht integrierbare Produkte hervorbringen können. Die Steuerung durch den Wissensbestand und durch Regeln vermindert dieses Risiko, vermag es jedoch nicht zu beseitigen. Deshalb entstehen in der lokalen Aufgabenbearbeitung unvermeidlich »riskante Idiosynkrasien«. Diese sind aber zugleich Innovationen, die in der Aufgabenbearbeitung erprobt werden, und damit eine Erfolgsbedingung für die Produktion unter extremer Unsicherheit.

2.4 Integration der Beiträge – Formulieren eines lokalen Angebots

2.4.1 Fallbeschreibungen

Wir haben in Abschnitt 2.3 gesehen, dass die Wissenschaftler im Verlauf der Aufgabenbearbeitung beständig neues Wissen erzeugen. Dieses Wissen ist zunächst lokales Wissen, das nur teilweise in Form von Daten (Notizen in Laborbüchern, Diagrammen, Bildern usw.) und neuen Materialien fixiert ist. Wir haben auch gesehen, dass ein bedeutender Teil dieses Wissens lokal bleibt und nur in der informellen Kommunikation oder in gemeinsamer Arbeit weitergegeben wird. Für die soziale Ordnung der wissenschaftlichen Produktion ist jedoch der Teil des neuen Wissens am wichtigsten, der publiziert und damit der Gemeinschaft zur Integration in das kollektive Produkt angeboten wird.[53] Das publizierte Wissen bildet insofern den Kern des gemeinsamen Wissensbestandes, auf den sich alles andere Wissen bezieht. Informelles und implizites Wissen sind nur unter der Voraussetzung nützlich, dass ein publizierter Kern existiert, in dessen Bearbeitung sie eingesetzt werden können.

Die Erarbeitung von Angeboten in Form von Publikationen ist ein komplexer Prozess, in dem nicht einfach Ergebnisse der Aufgabenbearbeitung schriftlich fixiert, sondern Geltungsansprüche für das in der Aufgabenbearbeitung erzeugte neue Wissen konstruiert werden. Die ethnographischen Beobachter der wissenschaftlichen Praxis waren vor allem von der Differenz zwischen der Laborpraxis und dem Inhalt der Publikationen beeindruckt und haben ihre Aufmerksamkeit deshalb auf das Verschwinden von Spuren der Laborpraxis im Prozess des Publizierens konzentriert.

Die ausführlichste Analyse des Entstehens einer Publikation hat Knorr-Cetina (1984: 175–244) vorgelegt. Sie hat alle 16 Fassungen einer Publikation einschließlich der von Koautoren, Kollegen und Gutachtern kommentierten Manuskripte analysiert, die der Publikation zugrunde liegende Laborarbeit beobachtet und Interviews mit den Autoren geführt. In ihrer Analyse der Einleitung des Artikels hebt sie drei Charakteristika hervor (ebd.: 180–195). Erstens verschweigen die Autoren alle »transepistemischen« Einflüsse auf die Entstehung der Aufgabe wie ökonomische Überlegungen, Karriereerwägungen, die Existenz eines Beratervertrages usw. Wenn ökonomische Erwägungen auftauchen, werden sie sorgfältig von den wissenschaftlichen getrennt.

---

53 Ich beziehe mich im Weiteren ausschließlich auf Zeitschriftenaufsätze, die die bei weitem wichtigste Publikationsform der Naturwissenschaften sind. Die Argumentation kann sinngemäß für andere Publikationsformen aufrechterhalten werden.

Zweitens unterscheidet sich der Zusammenhang zwischen Problem und Lösung in der Einleitung von den beobachteten und berichteten Vorgängen im Labor. Im Labor wurde zuerst die Möglichkeit einer Problemlösung wahrgenommen und daran anschließend die Aufgabe definiert, während im Papier zuerst die Aufgabe beschrieben und danach Möglichkeiten der Problemlösung diskutiert werden.[54] Drittens unterscheidet sich die letzte Fassung der Einleitung von der ersten vor allem durch zurückgenommene Ansprüche und durch das Fehlen »schwacher« oder »gefährlicher« (möglicherweise konfliktträchtiger) Argumente. Knorr-Cetina führt diese Zurücknahme unter anderem darauf zurück, dass die Erarbeitung der Publikation ein kollektiver Prozess ist, an dem Koautoren, Kollegen und Gutachter beteiligt sind. Einige der Beteiligten sind auch Gegner und Konkurrenten. Knorr-Cetina kommt zu folgendem Schluss: »Das wissenschaftliche Papier ist somit das Gemeinschaftserzeugnis eines Prozesses, an dem sowohl Autoren als auch Adressaten der enthaltenen Aussagen beteiligt sind und in dem technische Kritik und soziale Kontrolle untrennbar vermischt erscheinen.« (ebd.: 199)

Bezogen auf den Methodenteil stellt Knorr-Cetina fest, er erwecke »mehr den Eindruck eines Rezeptes als einer zusammenfassenden Beschreibung vergangenen Geschehens« (ebd.: 214).

Die Welt des Abschnittes *Material und Methoden* besteht aus Firmenbezeichnungen für Instrumente, Materiallisten und Verfahrensbeschreibungen, die durch nichts als ihre Aufeinanderfolge zusammengehalten werden. Im wissenschaftlichen Papier hat die experimentelle Methode keine eigene dynamische Struktur: Es gibt keine Probleme, keine Ressourcen, die diese Probleme in Lösungen überleiten, keine Interessenfusionen, die die Ausführung der technischen Operationen tragen könnten. (ebd.: 214)

Die Beschreibung der Vorgehensweise enthält keine technisch-rationalen Begründungen für die Vorgehensweise und keine Diskussion von Alternativen. All das ist in den Laborprotokollen der Wissenschaftler sehr wohl nachzulesen, es wird aber nicht in die Publikation aufgenommen (ebd.: 216)

Der Abschnitt »Ergebnisse und Diskussion« des Artikels kann nur schwer mit einer spezifischen Phase der Laborarbeit in Verbindung gebracht werden, weil die drei Bereiche »Methoden«, »Ergebnisse« und »Diskussion« in der Laborpraxis »hoffnungslos durchmischt« erscheinen (ebd.: 221). »Zusammenfassend kann man sagen, dass der Abschnitt *Ergebnisse und Diskussion* die im Labor vorherrschende Interdependenz zwischen Methode und Resultat in wirksamer Weise leugnet, indem er die Resultate *nicht zu ihrem Erzeugungsprozess, sondern zu anderen Resultaten* in Beziehung setzt.« (ebd.: 227)

---

54 Das kann allerdings keine vollständige Umkehrung sein, da die Wahrnehmung einer Problemlösung die Wahrnehmung dessen enthalten muss, was gelöst wird, also des Problems.

Die Endfassung des Abschnitts »Ergebnisse« unterscheidet sich von der ersten Fassung »durch eine symmetrisch-unparteiische Umformulierung ursprünglich ausgedrückter eindeutiger Präferenzen und Schlussfolgerungen« (ebd.: 229). Eigene Ergebnisse stehen scheinbar neutral neben denen anderer Studien, die Präferenz für die eigenen Ergebnisse wird aber suggeriert.

Diese Beobachtungen werden durch eine Analyse von Myers bestätigt, der die Entstehung zweier Artikel rekonstruiert hat (Myers 1990: 63–100). Myers beschreibt die Entstehungsgeschichte der Artikel als Verhandlungsprozess über den Status der in den Artikeln enthaltenen Aussagen (»knowledge claims«). Dabei greift er eine Idee von Pinch (1985) auf, der Aussagen anhand ihres Abstraktionsniveaus, das heißt ihrer »Entfernung« von der eigentlichen empirischen Beobachtung, unterscheidet. Myers ordnet die Aussagen in den von ihm analysierten Publikationen aber nicht anhand ihrer Abstraktionsniveaus, sondern anhand ihrer Übereinstimmung mit der Literatur:

... I prefer to define [the hierarchy] in terms of the distance between the authors' claims and the claims of the particular part of scientific literature in which they are to be placed. [...] The higher-level claims, in each case, involve contradiction of large bodies of the literature, of claims that underlie many research programs or claims that are particularly well entrenched. The lowest-level claims contradict nothing, but neither do they add anything to what has been accepted. (Myers 1990: 73)[55]

Beide von Myers analysierte Artikel enthalten eine solche Hierarchie aufeinander aufbauender Aussagen. Myers beschreibt, wie sich diese Aussagen im Zuge der Verwandlung von Manuskripten in Publikationen verändern. Die Vorgeschichte beider Publikationen ist lang und durch Misserfolge geprägt. Die beständige Revision der Manuskripte zeigte Myers zufolge eine eindeutige Tendenz: In beiden publizierten Versionen werden die Aussagen auf einer niedrigeren Hierarchieebene formuliert, als das in den Manuskripten der Fall war. Die Autoren haben ihre Behauptungen abgeschwächt und sie stärker mit der existierenden Literatur verbunden. Dies geschah schrittweise als Reaktion auf Einwände von Lesern der Manuskripte. In einem der von Myers untersuchten Fälle ist die am weitesten reichende Aussage (»the highest-level claim«) nur in der ersten Manuskriptversion enthalten, die nirgendwo eingereicht wurde. Das erste, bei *Nature* eingereichte Manuskript enthielt weniger weitreichende Aussagen, wurde aber dennoch durch einen Herausgeber von *Nature* ohne Begutachtung zurückgewiesen, weil es »sehr lang und spekulativ« sei. Der Autor überarbeitete das Manuskript, kürzte er es auf die für *Nature*

---

55 Diese Hierarchie ist insofern recht spezifisch, als nicht alle Publikationen (wahrscheinlich nicht einmal die meisten) existierendes Wissen in Frage stellen. In vielen Fällen werden die Angebote neuen Wissens als Ergänzung des bestehenden Wissens stilisiert.

zulässige maximale Länge und reichte es wieder bei *Nature* ein. In einem An-
schreiben verteidigte er sein Manuskript gegen den Vorwurf, es sei spekulativ.
Diesmal wurde das Manuskript drei Gutachtern vorgelegt, deren Kommentare denen des Herausgebers zur ersten Fassung ähnelten. Die Gutachter fanden die am weitesten reichende Aussage im Manuskript zu spekulativ. Die
anderen, sie stützenden Aussagen wären aber allein nicht von Interesse für
ein allgemeines Publikum wie das von *Nature*. Der Autor überarbeitete sein
Manuskript erneut und reichte es bei *Science* ein. In der Überarbeitung entfernte er spekulative Aussagen und fügte neue Daten hinzu. Außerdem änderte er seine eigene Rolle in dem Manuskript radikal, indem er sich vom
Anwalt eines Modells zum Richter über das Modell machte. Damit passt er
die Struktur seines Aufsatzes stark an das Modell des konventionellen For-
schungsberichtes an.

Die Gutachten für *Science* fielen besser aus als die für *Nature*. Es wurde jedoch noch immer konstatiert, dass die verschiedenen Aussagen (»spekulative«
und »faktische«) nicht gleichzeitig angemessen in einem notwendigerweise
kurzen Aufsatz in *Science* präsentiert werden können. Die Herausgeberin
lehnte das Manuskript ohne Vorschläge für eine Überarbeitung ab. Der Autor
folgte daraufhin dem Vorschlag eines der Gutachter und reichte sein Manuskript nach einer weiteren Überarbeitung beim *Journal of Molecular Evolution*
ein. Die Überarbeitung ging in dieselbe Richtung wie zuvor: die Einleitung
wurde gekürzt, der Anspruch der Aussagen zurückgenommen, die Metho-
denbeschreibung erweitert, und (als Reaktion auf den Hinweis eines Gutachters) empirische Gegenevidenz aufgenommen. Der Artikel wurde mit Über-
arbeitungshinweisen angenommen, denen der Autor in allen Fällen folgte. Er
fügte zusätzliche Daten ein und schwächte einige Aussagen weiter ab, zum
Beispiel »acceptable« in »provisionally acceptable«. Außerdem entfernte er auf
Vorschlag eines Gutachters den letzten Hinweis auf ein eigenes Erklärungs-
modell, dass er ursprünglich vorschlagen wollte (Myers 1990: 71–94).

In beiden von Myer analysierten Publikationsprozessen wurden weiter
reichende, den Stand der Forschung der Gemeinschaft in Frage stellende
Aussagen entfernt, die Verbindung zum existierenden Wissen gestärkt und
das neue Wissen als Möglichkeit statt als Gewissheit präsentiert wurde. Denselben Trend hat Bazerman gefunden, der Versionen eines Artikels von
Compton verglichen hat und zeigt, dass im Prozess der Revision des Manuskripts Aussagen meist abgeschwächt werden (Bazerman 1988: 217f.).

In einem von Berkenkotter und Huckin (1995: 68–77) analysierten Publikationsprozess (ebenfalls in der Biologie) erfährt das Manuskript weiter reichende Änderungen. Das Manuskript wurde zunächst mit der Begründung
abgelehnt, dass die angebotenen experimentellen Daten nicht ausreichen, um

die Geltungsansprüche der Autoren für ihre Aussagen zu stützen. Die Autoren akzeptieren diese Kritik und reichen ein wesentlich überarbeitetes Manuskript ein, das die geforderten Daten enthält. Die Darstellung durch Berkenkotter und Huckin legt nahe, dass die Gutachten zusätzliche Experimente initiiert haben, in denen die notwendigen Daten erzeugt wurden (ebd.: 71). Damit wird nicht nur der dialogische Charakter des Peer review bestätigt, wie die Autoren mit ihrer linguistischen Analyse beabsichtigten, sondern auch die Involviertheit der Gutachter in die Produktion neuen Wissens, die bis in die Laborarbeit hineinreicht.

Auf eine interessante Besonderheit in der Publikationspraxis sind Traweek und Heintz gestoßen. Traweek hat für die Hochenergiephysik beobachtet, dass empirische Befunde vor ihrer Publikation in der Gemeinschaft geprüft werden. Ergebnisse werden informell kommuniziert und durch andere Gruppen experimentell geprüft, bevor sie publiziert werden (Traweek 1988: 125). Ähnliche Praktiken gibt es in der Mathematik:

> Im Gegensatz zu den empirischen Wissenschaften [...] wird in der Mathematik im Prinzip jedes Resultat überprüft, bevor es zur Publikation zugelassen wird. Dies geschieht einerseits offiziell über den Referee-Prozess, der in der Mathematik besonders sorgfältig gehandhabt wird, und andererseits inoffiziell durch das vorgängige Verschicken von Preprints an interessierte Kollegen und Kolleginnen. (Heintz 2000: 181)

In beiden Fällen lesen andere Wissenschaftler nicht nur das Manuskript, sondern kontrollieren das Ergebnis in eigener wissenschaftlicher Arbeit. In der Mathematik ist es außerdem so, dass die Gutachter die zu prüfende Arbeit (wenigstens partiell) nachvollziehen. Heintz betont auch, dass die Arbeit, die vor der Publikation eines Beweises in dessen Prüfung investiert wird, von der Bedeutung des Beweises für die Mathematik oder für die Mathematiker abhängt. Sie berichtet die Geschichte des Beweises der Fermatschen Vermutung aus dem Jahre 1637, die ein eher peripheres Problem der Zahlentheorie ist, aber von großem Interesse für die Mathematiker war, weil sie lange Zeit nicht bewiesen werden konnte. Der Englische Mathematiker Wiles kündigte im Sommer 1993 an, einen Beweis für die Vermutung gefunden zu haben. Der Beweis war sehr lang und wurde über Monate hinweg von sechs renommierten Mathematikern minutiös geprüft. Es zeigte sich, dass er eine Reihe von Fehlern und Lücken enthielt, die bis auf eine alle beseitigt werden konnten. Im Dezember 1993 gestand Wiles die Lücke offiziell ein. Erst im September 1994 konnte er sie schließen, was er einen Monat später öffentlich bekannt gab. Im Jahre 1995 wurde der Beweis zur Veröffentlichung akzeptiert und gilt seitdem als sicher (Heintz 2000: 157–159).

Andere Analysen von Publikationen konzentrieren sich auf das Produkt und untersuchen die literarischen Strategien, mit denen Autoren ihre Leser vom Wahrheitsgehalt ihrer Aussagen überzeugen wollen. Gilbert zufolge ist die Bezugnahme auf frühere Arbeiten Bestandteil einer literarischen Strategie, mit der die Leser von der Korrektheit der neuen Ergebnisse überzeugt werden sollen (Gilbert 1976b; 1977). Ähnlich hat später Latour argumentiert, der Publizieren als Fusion von Verweisen auf frühere Texte und von im Labor generierten »Fakten« in ein den Leser zwingendes System beschreibt (Latour 1987: 21–62). Die von Gilbert und Latour vorgebrachte Behauptung, Autoren würden frühere Arbeiten aus politischen Gründen zitieren, um ihre Leser durch den Verweis auf Autoritäten zu beeinflussen, ist insbesondere im Kontext der theoretischen Fundierung von Zitationsanalysen kontrovers diskutiert worden. Ich werde auf diese Kontroverse im Abschnitt 2.5.2 eingehen.

2.4.2 Die Erarbeitung von Angeboten im Schatten des Integrationsproblems

Publikationen beinhalten Angebote an die Gemeinschaft, neues Wissen in den gemeinschaftlichen Wissensbestand zu integrieren. Sie stehen damit zwischen der Produktion von Beiträgen und der Integration der Beiträge in das gemeinsame Produkt. Den Fallbeschreibungen lassen sich zwei wesentliche Aspekte des Publikationsprozesses entnehmen, die deutlich machen, dass der spätere Integrationsprozess seine Schatten voraus wirft: die Differenz zwischen der Praxis der Wissenserzeugung und dem Inhalt der Publikationen und die Beteiligung von Wissenschaftlern, die nicht als Autoren erscheinen, an der Erzeugung der Publikation.

Publikationen werden prospektiv und nicht retrospektiv verfasst

Das in einer Publikation angebotene neue Wissen enthält mindestens vier unterscheidbare Ansprüche, und zwar

- den Anspruch, auf einer zulässigen Interpretation des existierenden Wissens zu beruhen,
- die Behauptung, dass in diesem Wissen eine spezifische Lücke existiert,
- den Anspruch, eine geeignete Vorgehensweise zur Schließung dieser Wissenslücke zu repräsentieren und
- die Behauptung, die genannte Lücke tatsächlich geschlossen zu haben.

Mit diesen Ansprüchen korrespondiert die Standardstruktur von naturwissenschaftlichen Zeitschriftenaufsätzen (Einleitung – Material und Methoden –

Ergebnisse – Diskussion – Schlussfolgerungen).[56] Die Behauptungen über neues Wissen bilden Hierarchien in ihrer Nähe zu den eigentlichen Beobachtungsdaten (Pinch 1985) und in dem Ausmaß, in dem sie das existierende Wissen der Gemeinschaft beeinflussen (Myers 1990). Beide Hierarchien scheinen eng miteinander verkoppelt zu sein. Publikationen enthalten in der Regel mehrere neue Behauptungen, die unterschiedliche Wissenschaftsgebiete betreffen können und für unterschiedliche Publika relevant sind.

All diese Behauptungen müssen sich auf den Wissensbestand beziehen, *wie er zum Zeitpunkt des Erscheinens der Publikation existieren wird.* Erst in diesem Moment steht ja der Beitrag für eine eventuelle Integration in den Wissensbestand zur Verfügung. Eine solche prospektive Formulierung von Beiträgen kann natürlich nicht vollkommen gelingen. Sie muss jedoch angestrebt werden. Die Beobachtung, dass Wissenschaftler nicht schreiben, was sie bei der Entstehung des Projekts gedacht und geplant haben, und nicht über Umwege, Anpassungen und andere lokale Idiosynkrasien berichten,[57] ist aus der Perspektive der kollektiven Produktion plausibel und wenig aufregend: Der Zweck der Publikation ist nicht, einen authentischen Bericht über die Vorgänge im Labor zu geben, sondern neues Wissen für den Einbau in das gemeinsame Produkt vorzuschlagen.[58] Deshalb hat Knorr-Cetina beobachtet, dass in einer Publikation die Ergebnisse »nicht zur ihrem Erzeugungsprozess, sondern zu anderen Resultaten« in Beziehung gesetzt werden (Knorr-Cetina 1984: 227, siehe das ausführliche Zitat auf S. 121). Publiziert wird, was für die Einfügung des neuen Wissens in den gemeinsamen Wissensbestand erforderlich ist, das heißt die Wissenslücke, Methoden, Daten und deren Interpretation, wie sie durch die Autoren zum Zeitpunkt der Publikation im Kontext des *aktuellen* Wissensbestandes gesehen interpretiert werden. Daraus entsteht die dem Publikationsprozess inhärente Spannung zwischen dem Anspruch der Autoren, neues Wissen beizutragen, und der Notwendigkeit, dieses Wissen zu dem existierenden Wissen in Beziehung zu setzen.

---

56 Eine weitere Bestätigung liefern linguistische Analysen von Swales, der in der Einleitung von Zeitschriftenaufsätzen vier charakteristische Teile identifiziert hat: »1 Establishing the Research field 2 Reporting Previous Research 3 Preparing for Present Research 4 Introducing Present Research« (Swales 1986: 45; ähnlich Berkenkotter/Huckin 1995: 39–41). Siehe auch Law und Williams (1982) zur Konstruktion der Einleitung eines Artikels.

57 Gilbert und Mulkay haben Zeitschriftenaufsätze mit Beschreibungen der Forschungs- und Publikationspraxis im Interview verglichen und die gleiche Differenz beobachtet wie Knorr-Cetina (Gilbert/Mulkay 1984).

58 Der experimentelle Artikel unterlag in dieser Hinsicht einem Funktionswandel. Zum Zeitpunkt seines Entstehens, als standardisiertes Methodenwissen noch nicht vorlag, hatten Berichte die Aufgabe, die Erzeugung neuen Wissens durch Experimente so genau wie möglich zu beschreiben, um eine »virtuelle Zeugenschaft« zu ermöglichen (Shapin 1984).

In scientific articles there is a [...] tension that makes negotiation between the writer and the potential audience essential. On the one hand the researcher tries to show that he or she deserves credit for something new, while on the other the editors and reviewers try to relate the claim to the body of knowledge produced by the community. But the claim must be both new and relevant to existing research programs to be worth publishing; the writer cannot please the audience just by self-effacing. The result of this negotiation is that the literature of a scientific field reproduces itself even in the contributions of those who challenge some of its assumptions. (Myers 1990: 67)

Der prospektive Charakter von Publikationen setzt die Erwartung nicht außer Kraft, dass Publikationen die Erzeugung neuen Wissens in reproduzierbarer Form beschreiben. Dies geschieht jedoch nicht. Eine wichtige Erklärung für die skeletthafte Beschreibung der verwendeten Methoden ist, dass eine vollständige Beschreibung ohnehin nicht möglich ist. Unter diesen Bedingungen fungieren die Methodenbeschreibungen eher als Referenzen auf das nicht publizierte, aber informell kommunizierte Methodenwissen und auf eine Quelle von solchem informellen und impliziten Wissen, nämlich die Autoren. Hinzu kommt, dass der Verweis auf Technik und Materialien eine wichtige Referenz auf vergegenständlichtes Wissen ist. Generell sind die Methodenteile von Publikationen eher ein Index und keine Repräsentation des notwendigen Methodenwissens.

Die Integrationschancen für Beiträge werden durch ihre kollektive Erzeugung gesichert

Das neue Wissen, das der Gemeinschaft für die Integration in den gemeinsamen Wissensbestand angeboten werden soll, wurde unter unikalen Bedingungen und in einer idiosynkratischen Perspektive erarbeitet. Die Verwandlung dieses Wissens in eine Publikation ist ein kollektiver Prozess, in dem die idiosynkratische Perspektive des individuellen Produzenten schrittweise mit denen von immer mehr Mitgliedern der Gemeinschaft konfrontiert wird, was zu einer Reduzierung von Idiosynkrasien und damit einer Verbesserung der Integrationschancen des neuen Wissens führt. Im Falle kollektiver Autorenschaft erfolgt eine erste Konfrontation individueller Perspektiven bereits sehr frühzeitig, nämlich beim Erstellen des ersten Manuskripts. Die kollektive Erarbeitung eines Manuskripts, spätestens aber die Diskussion eines Manuskripts mit Kollegen,[59] Herausgebern und Gutachtern unterzieht die Interpretationen der Autoren einem Test.

---

59 Mullins (1973: 18) hat als erster auf die Rolle von »trusted assessors« hingewiesen, das heißt von Kollegen, die Manuskripte lesen und kommentieren, bevor sie bei Zeitschriften eingereicht werden (ausführlich siehe Chubin 1975).

Die einzige signifikante Meinungsverschiedenheit in der Literatur betrifft die Rolle des Peer review im Publikationsprozess. Die Analysen von Knorr-Cetina und Myers charakterisieren den Peer review als Moment einer kollektiven Konstruktion von Publikationen, das heißt als kollektiven Wissensprozess (siehe dazu auch Hirschauer 2004). Diese Interpretation unterscheidet sich von einer »klassischen« Linie, die in der strukturfunktionalistischen Wissenschaftssoziologie mit Zuckerman und Merton begann. Sie sieht den Peer review als Qualitätskontrolle an: »The referee system in science involves the systematic use of judges to assess the acceptability of manuscripts submitted for publication. The referee is thus an example of status judges who are charged with evaluating the quality of role-performance in a social system.« (Zuckerman/Merton 1973: 460)

Einen ähnlichen Tenor haben Selbstbeschreibungen und Analysen in den verschiedenen Wissenschaftsdisziplinen, die durch die Sorge um das Funktionieren des Peer review motiviert werden. In beiden Strömungen wird der Peer review als eine Instanz der Qualitätskontrolle gesehen, die vor allem über die Annahme oder Ablehnung von Manuskripten entscheidet.

Die Analysen des Peer review als Verfahren der Qualitätskontrolle behandeln vier Aspekte (Hirschauer 2004: 64–73).[60] Der Bias von Gutachtern ist in einigen Experimenten untersucht worden, in denen bereits publizierte Artikel in bestimmten Aspekten wie geschlechtsspezifischen Namen von Autoren oder Institutionen der Autoren verändert und dann als Manuskripte wieder eingereicht wurden. Diese Experimente haben heftige Diskussionen ausgelöst, aber keine überzeugende empirische Evidenz geliefert. Eine zweite Gruppe von Untersuchungen hat die Reliabilität von Gutachterurteilen geprüft und disziplinübergreifend eine schwache Übereinstimmung der Gutachter gefunden. Diskussionen rankten sich um die Frage, was das nun bedeuten solle, und ob von einer »Reliabilitätsschwäche« des Peer review gesprochen werden kann. Den dritten Fokus empirischer Untersuchungen bilden die im Peer review angewendeten Qualitätskriterien. Hier wurde (für *American Sociological Review*) festgestellt, dass sich die Gutachter meist auf verschiedene Aspekte eines Manuskripts bezogen und häufig unterschiedliche Publikationsempfehlungen gaben. Ein generelles Problem dieser Studien ist Hirschauer zufolge, dass aus der schriftlich fixierten Begründung der Entscheidung nicht auf ihre tatsächlichen Gründe geschlossen werden kann (ebd.: 71). Die vierte Gruppe von Untersuchungen hat versucht, die durch Zitierungen gemessene

---

60 Die Literatur zum Peer review ist unübersehbar groß. Statt hier Arbeiten noch einmal im Einzelnen zu referieren, stütze ich mich aus ökonomischen Gründen auf den Review von Hirschauer.

spätere Rezeption von Publikationen mit Publikationsentscheidungen der Gutachter und Herausgeber zu vergleichen. Diese Studien machen sich den Umstand zunutze, dass durch eine Zeitschrift abgelehnte Artikel in der Regel später in einer anderen Zeitschrift publiziert werden. Sie zeigen übereinstimmend, dass abgelehnte (und später anderswo veröffentlichte) Manuskripte weniger Zitierungen erhalten als angenommene. Die Befunde sind aber wegen methodischer Probleme der durchgeführten Zitierungsstudien von fragwürdigem Wert.

All diesen Studien liegt die Annahme zugrunde, die Begutachtung von Manuskripten sei ein wissenschaftlicher Selektionsprozess. Dementsprechend groß ist die Enttäuschung, wenn festgestellt wird, dass möglicherweise ein Matthäus-Effekt existiert (bekannte Autoren haben bessere Publikationschancen), Gutachterurteile meist voneinander abweichen, Qualitätskriterien ad hoc und nicht konsistent angewendet werden und generell kein starker Zusammenhang zwischen »Qualität« des Manuskripts, Publikationsentscheidung und späterer Rezeption besteht. Ich habe bereits im Abschnitt 2.2.4 darauf hingewiesen, dass Gutachter die Gemeinschaft vertreten, in der Begutachtung aber nicht eine »wissenschaftliche Gesamtperspektive« der Gemeinschaft, sondern nur ihre individuelle Perspektive auf den Wissensbestand und (hier) das zu begutachtende Manuskript anwenden können. Deshalb sind die genannten empirischen Befunde nicht überraschend, sondern das Erwartbare.

Da die individuellen Perspektiven auf den Wissensbestand zwangsläufig voneinander verschieden sind, geht es in dem kollektiven Argumentationsprozess über ein Manuskript nicht darum, vollständige Übereinstimmung zu erreichen. Es wird vielmehr eine von den Beteiligten für zulässig gehaltene Formulierung der oben beschriebenen Geltungsansprüche für neues Wissen gesucht. Der Autor ist in diesem Verhandlungsprozess in einer schwachen Position: Wenn keine Einigung erzielt wird, hat das für die anderen am Diskussionsprozess Beteiligten keine Konsequenzen, wohl aber für ihn – der Artikel wird nicht publiziert. Er ist aber insofern in einer starken Position, als er der einzige ist, der tatsächlich Veränderungen am Manuskript vornehmen kann. Deshalb entsteht eine Publikation, die den kleinsten gemeinsamen Nenner der beteiligten Perspektiven repräsentiert – der Autor gibt so weit nach, wie er muss, um eine Publikation zu erreichen.

Dieser Prozess vollzieht sich auch dann, wenn es scheinbar keinen kollektiven Entscheidungsprozess gibt, das heißt, wenn ein Manuskript ohne weitere Überarbeitungsvorschläge angenommen wird. Autoren antizipieren im Prozess des Schreibens das Urteil von Herausgebern und Gutachtern. Selbst wenn es also keine beobachtbaren Auseinandersetzungen gibt, wirkt die »unsichtbare Hand« der Gemeinschaft mit, wie zum Beispiel Myers' Vergleich der Urfassung zweier Aufsätze mit dem ersten bei einer Zeitschrift eingereichten Manuskript zeigt (siehe oben).

Neben dieser Abstimmung der Perspektive des Autors mit denen von anderen Mitgliedern der Gemeinschaft spielt die Qualitätskontrolle eine sekundäre Rolle. Es hat sich herausgestellt, dass eine Qualitätskontrolle im Sinne eines Nachprüfens des präsentierten neuen Wissens nur für mathematische Aufsätze ohne weiteres möglich ist, weil nur diese Aufsätze alle dafür benötigten Informationen enthalten. Selbst in diesem Falle werden in der Regel nur die Plausibilität des gesamten Arguments und einzelne Teile eines Beweises geprüft, nicht aber der gesamte Beweis nachgerechnet (Heintz 2000: 181f.). Die Gutachter von »Laboraufsätzen« sind nicht einmal zu einer solchen stichprobenartigen Prüfung in der Lage, sondern müssen die Qualitätskontrolle auf eine Prüfung der Plausibilität, die Korrektheit eventuell auftauchender Berechnungen, die Adäquanz eingesetzter Methoden und die Einhaltung von Normen beschränken. Letzteres kann nur in dem Maße erfolgen, wie die Einhaltung von Normen überhaupt aus dem Aufsatz abgelesen werden kann.

Fasst man diese Befunde zusammen, dann erscheint das Publizieren als ein komplexer sozialer Prozess, der sich in einer »Zwischenzone« zwischen lokaler Arbeitsumgebung und wissenschaftlicher Gemeinschaft vollzieht. Die Formulierung eines Angebotes für neues Wissen, das in den Wissensbestand einer Gemeinschaft integriert werden kann, unterliegt nur teilweise der Kontrolle der Autoren.

2.4.3 Stärken und Schwächen der kollektiven Erarbeitung von Angeboten

Im Publikationsprozess wird kollektiv ein durch andere verwendbares Angebot an neuem Wissen konstruiert. Dem Prozess unterliegt eine Vermutung der Autoren, was ihre Gemeinschaft als einen Beitrag akzeptieren würde. Anpassungen an die Wahrnehmungen der Gemeinschaft erfolgen beim Schreiben des Manuskripts (basierend auf der Antizipation dieser Erwartungen), gegebenenfalls als Anpassung der Perspektiven von Koautoren aneinander und durch Diskussion mit Kollegen, die das Manuskript vor seiner Einreichung bei einer Zeitschrift kommentieren. Danach erfolgt im Publikationsprozess eine Vorselektion von Angeboten anhand von Relevanz und Qualität, die zur Ablehnung zahlreicher Manuskripte führt. Die Ablehnung durch eine Zeitschrift führt in der Regel dazu, dass das Manuskript bei einer anderen Zeitschrift eingereicht wird (mitunter nach einer weiteren Überarbeitung). Dieser Prozess setzt sich fort, bis eine prinzipielle Annahme erfolgt ist. In der anschließenden kollektiven Arbeit an dem Manuskript unterbreiten mehrere Fachkollegen

(Gutachter und Herausgeber) Vorschläge, auf die der Autor mit Veränderungen am Manuskript reagiert. Auf diese Weise entsteht eine durch Autoren, Gutachter und Herausgeber geteilte Interpretation des Wissensbestandes und des neuen Wissens. Da radikale Neuinterpretationen des existierenden Wissens in dem kollektiven Prozess meist in einer Minderheitenposition sind und sich nicht durchsetzen können, schließt das Ergebnis der kollektiven Konstruktion eher an den gemeinsamen Wissensbestand an, statt ihn grundsätzlich in Frage zu stellen.

Die Erarbeitung von Angeboten für neues Wissen in einem kollektiven Prozess, der neben den individuellen Produzenten auch andere Mitglieder der wissenschaftlichen Gemeinschaft einbezieht, hat wesentliche Vorteile. Viele Probleme, die anderenfalls jeder Leser für sich allein lösen müsste, werden auf wenige Vertreter der Gemeinschaft delegiert. Dank der Einbeziehung von Vertretern der Gemeinschaft in die Konstruktion des Artikels erhalten Leser eine Fassung, die an das anschließt, was sie kennen, und die das Neue in einer ihnen vertrauten Art und Weise präsentiert. Die kollektive Vorbereitung des Angebotes hat also aus der Perspektive kollektiver Produktion einen Rationalisierungseffekt. Im Wissen um die Existenz der »Voranpassung« können die Leser einer Publikation ein »Anfangsvertrauen« entgegenbringen.

Die »Voranpassung« von Angeboten in einem kollektiven Konstruktionsprozess weist zwei wesentliche Schwächen auf. Die erste Schwäche besteht darin, dass das Anfangsvertrauen des Lesers eigentlich nicht gerechtfertigt ist, weil die Qualität der Artikel in der »Voranpassung« nur unvollkommen kontrolliert werden kann. Der Peer review ist nicht in der Lage, alle Fehler und mögliche Täuschungen aufzudecken. Mittlerweile hat sich in Diskussionen über gefälschte Daten in Publikationen herausgestellt, dass der Peer review nicht einmal alle die Probleme findet, die er finden könnte. Auch wenn die beobachtete »Fehlerrate« relativ klein ist, ist sie doch unübersehbar und hat in jüngster Zeit im Kontext der Betrugsfälle für Aufsehen gesorgt.
Die zweite Schwäche der kollektiven »Voranpassung« ist ihr konservativer Charakter. Alle empirischen Untersuchungen haben den Trend zur Zurücknahme von Behauptungen, vorsichtigeren Formulierungen und stärkeren Betonung der Übereinstimmung mit existierendem Wissen beobachtet. Das bedeutet, dass der Peer review von Publikationen tendenziell innovationsfeindlich ist – ganz analog zu der Beobachtung, dass der Peer review von Projekten riskante und generell »ungewöhnliche« Forschung benachteiligt (siehe Abschnitt 2.2.4). Die kollektive Erarbeitung von Angeboten im Publikationsprozess unterstützt ein »langsam, aber sicher«.

2.5   Integration der Beiträge – Die Verwendung von Angeboten

2.5.1   Fallbeschreibungen

Wie die Überschrift bereits andeutet, möchte ich in diesem Abschnitt zeigen, dass angebotene Beiträge dadurch in den gemeinschaftlichen Wissensbestand integriert werden, dass andere sie in der weiteren Wissensproduktion verwenden. Bevor ich Fallbeschreibungen zu diesem Thema vorstelle, möchte ich klarstellen, wie die Integration *nicht* erfolgt. Die noch immer anzutreffende Vorstellung, angebotene Beiträge würden von Kollegen geprüft, für wahr befunden und dann (auf eine niemals genauer erklärte Art und Weise) dem Wissensbestand »hinzugefügt« (zuletzt Ziman 2002: 102, 246–253), ist empirisch nicht belegt und auch nicht belegbar. Sie ist eine der Schwachstellen des strukturfunktionalistischen Wissenschaftsmodells, die offensichtlich nicht zu reparieren ist. Wir haben in 2.4.2 gesehen, dass der Peer review keine solche Überprüfung beinhaltet, weil die Gutachter die experimentellen Arbeiten nicht reproduzieren und die Möglichkeiten einer anderweitigen Prüfung des Manuskripts beschränkt sind. Das publizierte Angebot wird aus denselben Gründen nur selten explizit geprüft. Solange er nicht die in einer Publikation berichteten empirischen Arbeiten repliziert, ist jeder Leser denselben Beschränkungen unterworfen wie zuvor die Gutachter. Eine solche Replikation erfolgt nur in speziellen Fällen, weil sie zeit- und ressourcenaufwändig ist und im Erfolgsfall nicht zu neuem Wissen führt. Collins hat in seiner Rekonstruktion der Kontroverse über den Nachweis von Gravitationswellen gezeigt, dass statt Replikationen weiterführende Experimente durchgeführt wurden, in deren Kontext die fraglichen Behauptungen geprüft werden können (Collins 1975). Dafür gab es zwei Gründe. Die an der Kontroverse beteiligten Wissenschaftler hatten das Bedürfnis, etwas Neues zu tun, statt ein bekanntes Experiment in einem Routineprozess zu wiederholen. Ausserdem herrschte Uneinigkeit darüber, was ein »gutes« Experiment zur Prüfung der Behauptungen sei (Collins 1975: 210–216).

Wie wir den Beobachtungen zum Umgang mit Literatur in Abschnitt 2.3.2 entnehmen konnten, glauben Wissenschaftler zunächst, was sie lesen. Eine Replikation von Befunden wird nur in besonderen Situationen versucht.[61] Ein

---

61 Eine Ausnahme bildet anscheinend die Hochenergiephysik, in der Ergebnisse immer durch andere Gruppen experimentell geprüft werden, bevor die Gemeinschaft sie akzeptiert. Erst danach werden sie publiziert (siehe 2.4.1, S. 91). Der Grund dafür könnte darin liegen, dass all diese Experimente (die Entdeckung neuer Elementarteilchen oder Kernreaktionen) unmittelbare und weitreichende Konsequenzen für die theoretischen Grundlagen der Physik haben.

Beispiel dafür ist die oben erwähnte Kontroverse über den Nachweis von Gravitationswellen, die aber keine direkte, sondern eine Art »weiterführende Replikation« ausgelöst hat. Zwei andere Beispiele sind die Behauptung von Pons und Fleischman, im Experiment eine kalte Kernfusion beobachtet zu haben (Simon 1999: 65–69), und die Aufsehen erregenden experimentellen Befunde von Schön zur Hochtemperatur-Supraleitung und seine angebliche Konstruktion eines aus einem einzigen Molekül bestehenden Transistors. Beide Entdeckungen haben zahlreiche Forschungsgruppen veranlasst, eine Replikation zu versuchen. In beiden Fällen sind die Replikationen nicht gelungen.[62] Im Falle des Physikers Schön hat das Misslingen der Replikationsversuche die wissenschaftliche Gemeinschaft immer misstrauischer werden lassen, was zur Entdeckung von wahrscheinlich gefälschten Daten in den Publikationen führte und eine offizielle Untersuchung auslöste (Brumfiel 2002). Heute gelten die Behauptungen Schöns als ein eklatanter Fall von Betrug.

Gerade die Aufdeckung von Fälschungen macht deutlich, dass die Prüfung wissenschaftlicher Ergebnisse durch Replikation nicht der Normalfall ist. Ein anderer prominenter Betrug, die jahrelange Fälschung von Ergebnissen durch die Mediziner Herrmann und Brach, wurde durch das »Whistleblowing« eines Wissenschaftlers aufgedeckt, der die Fälschung von Daten im Labor entdeckt hatte. Die über acht Jahre hinweg veröffentlichten mehr als 50 Publikationen mit gefälschten Daten haben nicht zur Entdeckung des Betruges geführt (Schnepf 2002). Dafür gibt es einen systematischen Grund. Wissenschaftler bringen den Publikationen ein »Anfangsvertrauen« entgegen, das heißt sie nehmen an, dass die in der Publikation beschriebenen Experimente den Standards ihrer wissenschaftlichen Gemeinschaft entsprechend durchgeführt wurden. Explizite Replikationsversuche werden nur unternommen, wenn experimentelle Befunde von zentraler Bedeutung für die weitere Arbeit einer wissenschaftlichen Gemeinschaft sind (Collins 1981: 7). Daraus entstehen mitunter wissenschaftliche Kontroversen über die Gültigkeit und Interpretation empirischer und theoretischer Ergebnisse, die durch ein »coreset« aktiver Wissenschaftler geführt werden (ebd.: 8). Kontroversen und die mit ihnen verbundenen Diskussionen über Gültigkeit, Verlässlichkeit und Interpretation von Angeboten neuen Wissens sind seltene Ereignisse und können deshalb nicht den dominanten Modus der Integration neuen Wissens in den Wissensbestand einer Gemeinschaft bilden.

Wenn aber die Integration nicht durch explizite Beurteilung und ein spezifisches »Integrationshandeln« erfolgt, wie erfolgt sie dann? Eine Antwort

---

62 Anfängliche Behauptungen, die Experimente von Pons und Fleischman wären reproduziert worden, mussten später zurückgenommen werden (Lewenstein 1992).

darauf war schon in den Abschnitten 2.2 und 2.3 enthalten. Dort habe ich gezeigt, dass die neue Forschungsaufgaben unter Verwendung des existierenden Wissens der Gemeinschaft formuliert und bearbeitet werden, und dass das gesamte Wissen der Gemeinschaft eine Ressource für die Formulierung und Bearbeitung von Forschungsaufgaben ist. Dazu gehören auch die publizierten Angebote für neues Wissen. In der Beschreibung beider Phasen wurde der Wissensbestand jeweils als gegeben vorausgesetzt und sein Einfluss auf lokale Praktiken untersucht. In diesem Abschnitt soll es nun um die Veränderung des Wissensbestandes durch den Einbau spezifischer lokal erzeugter Angebote gehen.

Die Frage nach der Bewährung lokal erzeugter Angebote außerhalb des Labors weist über den lokalen mikroskopischen Fokus der Laborstudien hinaus und ist deshalb nur selten behandelt worden. Angebote für neues Wissen werden veröffentlicht und damit der gesamten Gemeinschaft zugänglich gemacht. Eine vollständige Fallbeschreibung der Verwendung würde es erfordern, alle potentiellen Nutzer einzubeziehen, was offensichtlich unmöglich ist. Es gibt aber neben den Studien zu wissenschaftlichen Kontroversen zwei weitere empirisch gestützte Konzepte, die Mechanismen der Verwendung neuen Wissens beschreiben.

Das erste, speziellere Angebot ist die Untersuchung von Fujimura, die die Ausbreitung lokal erzeugten Wissens in Form von »standardized packages« beobachtet hat (Fujimura 1988). Als Beispiel für »standardized packages« führt sie das »package« aus »oncogene theory« (der Theorie der genetischen Verursachung von Krebs) und molekularbiologischen Techniken an. In Fujimuras Rekonstruktion haben die Standardisierung von molekularbiologischen Methoden und der in sie integrierten Geräte und Materialien sowie die »mitgelieferte« Theorie, derzufolge man molekularbiologische Methoden für die Erforschung von Krebs braucht, zu einer raschen Ausbreitung und schließlichen Dominanz des »Pakets« beigetragen. Theorie und Techniken wurden von Wissenschaftlern, Forschungsorganisationen und Förderagenturen bereitwillig aufgegriffen und dominieren seit Anfang der 80er Jahre die Krebsforschung. Fujimura beschreibt diese Ausbreitung als »bandwagon effect«. Die Generalisierbarkeit ihrer Beobachtungen ist jedoch begrenzt, weil die sich ausbreitende Theorie und Methoden alternativlos waren. Fujimura stellt fest, dass die Rolle von Genen bei der Entstehung von Krebs schon vor der Entwicklung molekularbiologischer Methoden ein Forschungsproblem zweier Strömungen in der Krebsforschung war (der klassischen Genetik und der Tumor-Virologie), dass aber keine Technologien existierten, mit denen man Theorien über die Entstehung von Krebs auf der molekularen Ebene testen konnte (ebd.: 265). Zur »oncogene theory« gab es keine Alternative, sie war Anfang der 80er Jahre (und ist bis heute) »the only coherent theory for activities at the molecular level in oncogenesis« (ebd.: 269). Frühe experimentelle Ergebnisse schienen darüber hinaus die Theorie zu bestätigen. Fujimura führt keinen einzigen Fall von Opposition gegen die neuen Techniken und die neue Theorie an. Die gesamte Entwicklung verlief ihrer Darstellung zufolge unkontrovers. Wir haben es also mit einem Spezialfall der Ausbreitung wissenschaftlicher Ergebnisse zu tun, in dem die Entwicklung einer Gruppe neuer Methoden weitreichende Möglichkeiten für neue experimentelle Forschungen bietet, und zugleich eine neue theoretische Rechtfertigung erfährt.

Eine allgemeinere Perspektive auf das Schicksal neuen Wissens außerhalb des Labors ist die Actor-Network-Theory der Verwandlung neuer wissenschaftlicher Ergebnisse in »Fakten«. Latour beschreibt die Konstruktion eines wissenschaftlichen Fakts als kollektiven Prozess: »the fate of facts and machines is in the hands of later users« (Latour 1987: 59). Dieser Prozess beinhaltet das Eliminieren von »Modalitäten« aus wissenschaftlichen Aussagen (Latour/Woolgar 1986: 75–88; Latour 1987: 21–62). »Modalitäten« sind Elemente von Aussagen, die diese modifizieren oder qualifizieren (Latour 1987: 22). Sie beschreiben die Umstände, unter denen neues Wissen erzeugt wurde, oder schwächen Aussagen ab. Eine Aussage wird ein Fakt, wenn ihre Leser sie ohne Modalitäten, das heißt unhinterfragt verwenden. Um die Leser davon zu überzeugen, muss der Autor der Aussage »Verbündete« gewinnen (andere Fakten und ihre Autoren, Daten, Geräte, Untersuchungsobjekte usw.) und seine Aussage in einem Netzwerk (dem Akteurnetzwerk) mit seinen Verbündeten verkoppeln. Eine wichtige Ressource in diesem Kampf sind Zitierungen, das heißt Verweise auf bereits anerkanntes Wissen, auf Wissen mit Faktstatus. Neue Behauptungen werden durch Zitierungen in ein Netz von bereits anerkanntem Wissen eingebunden. Zitierte Artikel sind ebenso wie materielle Ressourcen im Labor »Verbündete« im Kampf um die Durchsetzung des neuen Wissens. Diese Akteurnetzwerke lassen die Widerlegung einer neuen Behauptung zu einer schwierigen Aufgabe werden: Es gilt, entweder die Verbindungen der neuen Behauptung zu ihrem Netzwerk zu unterbrechen oder das alte Wissen im Netzwerk – die »Verbündeten« – in Frage zu stellen und des Fakt-Status zu berauben.

Die Verwandlung von Ergebnissen in Fakten wird als Streben der Autoren nach Anerkennung für ihre Resultate durch eine feindliche Umwelt, das heißt als Kampf oder Krieg beschrieben (Latour 1987: 21–62). Wissenschaftler kämpfen der Actor-Network-Theory zufolge ständig um die Verwandlung ihrer eigenen Ergebnisse in Fakten und um die Verdrängung konkurrierender Befunde anderer Wissenschaftler. Es ist aber nicht schwer, diese Beschreibung des Kampfes um die Verwandlung eigener Angebote in Fakten aus der Sprache der Actor-Network-Theory in eine »traditionelle« soziologische Beschreibungssprache zu übersetzen. Die Übersetzung beschreibt Wissenschaftler, die auf eigene empirische Befunde, publizierte empirische Befunde anderer und Theorien verweisen, um Leser von der Relevanz, Korrektheit und Nützlichkeit ihrer eigenen Angebote zu überzeugen, und die solche Verweise in anderen Publikationen zu entkräften suchen, wenn sie den eigenen Behauptungen widersprechen. Es setzt sich durch, wer die Gemeinschaft überzeugen kann, das relevantere, verlässlichere und nützlichere Angebot unterbreitet zu haben.

Die Actor-Network-Theory interpretiert die Verwandlung wissenschaftlicher Ergebnisse in Fakten als Kampf der Autoren um Einfluss. Diese Interpretation ist unbefriedigend, weil sie den Prozess nur aus der Perspektive der Produzenten betrachtet und den Intentionen und Praktiken der Rezipienten wissenschaftlichen Wissens wenig Bedeutung beimisst. Die Leser einer Publikation können nur aufgeben und die Publikation ignorieren (»giving up«), dem Netzwerk beitreten und die Behauptungen glauben (»going along«) oder die Erarbeitung der Ergebnisse replizieren (»working through«, Latour 1987: 60). In dieser Lesart haben der Autor und sein Netzwerk so lange die vollständige Kontrolle über das Schicksal des angebotenen Wissens, wie sich niemand in den aufwändigen Machtkampf einer expliziten Kontroverse begibt. Dem Leser einen geringen Handlungsspielraum und geringe Einflussmöglichkeiten zuzusprechen, steht in einem gewissen Widerspruch zu der Aussage, das Schicksal eines Faktes läge in den Händen der späteren Nutzer (siehe oben). Eine solche Position widerspricht auch der in den Laborstudien beobachteten opportunistischen, idiosynkratischen Eigenlogik der Aufgabenbearbeitung, die vor allem Knorr-Cetina, aber auch Latour und Woolgar selbst beschrieben haben.

Wie ich bereits bei der Kritik der Actor-Network-Theory in Abschnitt 1.4 angemerkt habe, handelt es sich bei der von ihr beschriebenen Verwandlung neuen Wissens in Fakten noch immer um einen Mikroprozess, auch wenn dieser Prozess die Grenzen des Labors überschreitet. Die Einzelschicksale neuer Ergebnisse beschreiben einen wichtigen Elementarmechanismus im Wachstum eines Wissensbestandes. Der Wachstumsprozess ist aber nicht auf diese Einzelschicksale reduzierbar. Das Wachstum des Wissens wäre nur als Überlagerung und Interaktion einer Vielzahl von »Netzwerken« und »Verwandlungsprozessen« beschreibbar. Der analytische Rahmen der Actor-Network-Theory erlaubt solche Beschreibungen (Callon u. a. 1986: 107; Callon 1995: 58–60). Sie sind jedoch noch nicht erfolgt, und es kann durchaus bezweifelt werden, dass sie praktisch durchführbar sind.

Bei der Entstehung von Fakten handelt es sich also nur um einen (wiewohl wichtigen) Teilprozess des alltäglichen Einbaus von Wissen in den gemeinsamen Wissensbestand. In seiner gegenwärtigen Form kann der von der Mikroebene ausgehende »Blick nach oben« der Actor-Network-Theory zwar den Teilprozess beschreiben, nicht aber die Eigendynamik der Makroebene. Für die Analyse der Makroebene sind wir auf bibliometrische Analysen angewiesen. Die Bibliometrie untersucht quantitative Charakteristika der publizierten wissenschaftlichen Literatur, um Einsichten in die Struktur und Dynamik des in dieser Literatur repräsentierten Wissensbestandes zu gewinnen. Einer ihrer grundlegenden Indikatoren, auf dem die meisten der im Folgenden diskutierten Studien aufbauen, ist die Zitierung, das heißt der Verweis auf eine andere Publikation. Da die Mehrzahl bibliometrischer Studien von der Interpretation des Zitierens abhängig ist, kann es nicht verwundern, dass die Frage, wofür eine Zitierung eigentlich ein Indikator ist, seit den 70er Jahren heftig debattiert wird. Diese Frage berührt unmittelbar das hier behandelte Thema, das heißt die Verwendung angebotenen neuen Wissens. Ich werde zunächst Studien diskutieren, die die Verwendung der zitierten Literatur in den zitierenden Publikationen untersucht haben, und später eine Position zur Validität des Indikators formulieren.

Eine interessante Methode, die weitere Aufschlüsse über die Verwendung wissenschaftlicher Ergebnisse zu geben vermag, ist die Kontextanalyse von Zitierungen. Zitierungs-Kontext-Analyse untersucht wissenschaftliche Texte daraufhin, wie das in den zitierten Publikationen enthaltene Wissen im zitierenden Text verwendet wird. Sie ist im Zusammenhang mit den Zitierungsanalysen entstanden und wurde vor allem angewendet, um Typen von Zitierungen zu unterscheiden und ihre Häufigkeitsverteilungen zu analysieren. Die quantitativen und einige stärker qualitativ orientierte Arbeiten gewähren Einsichten in die Integration neuen Wissens durch dessen Verwendung.

Cozzens (1985a) hat die Zitierungs-Kontext-Analyse in einer detaillierten vergleichenden Untersuchung der Inkorporation neuen Wissens in den Wissensbestand zweier Gemeinschaften genutzt. Sie hat dafür einen naturwissenschaftlichen und einen sozialwissenschaftlichen Aufsatz ausgewählt. Der naturwissenschaftliche Aufsatz enthält ein wichtiges empirisches Ergebnis, nämlich den Nachweis eines Opiat-Rezeptors auf der Oberfläche von Nervenzellen. Dieser Artikel ist dem *Science Citation Index* zufolge in den acht Jahren nach seinem Erscheinen in 358 anderen experimentellen Artikeln an insgesamt 488 Stellen zitiert worden. Cozzens hat diese Zitierungen einer Kontextanalyse unterzogen. Die wichtigsten Ergebnisse der Analyse sind:

1) Die zentrale Behauptung des Artikels (die Existenz eines Opiat-Rezeptors) wird in den ersten Jahren nach dessen Erscheinen sehr detailliert zitiert. Im Mittel werden mit der zentralen Behauptung sechs Details erwähnt.

2) Ein großer Teil der Zitierungen (43 Prozent) bezieht sich nicht auf die zentrale Behauptung des Artikels, sondern auf »periphere« Behauptungen, zum Beispiel auf die verwendete Methode oder auf Angaben zur räumlichen Anordnung des Opiat-Rezeptors.

3) Im Laufe der Zeit verschwindet in den Zitierungen die Aufmerksamkeit für Details und für periphere Behauptungen. Am Ende wird der Aufsatz nur noch als »Nachweis der Existenz des Opiat-Rezeptors« zitiert (siehe dazu auch Cozzens 1985b: 437–439).

Diese Beobachtungen stützen in gewissem Maße die These von Latour und Woolgar über die »Fakt-Werdung durch das Weglassen von Modalitäten«.[63] Sie machen zugleich deutlich, dass sich die Verwendung wissenschaftlichen Wissens nicht auf diese Verwandlung in Fakten reduzieren lässt, weil auch andere als die zentralen Behauptungen wissenschaftlicher Papiere zitiert werden, diese jedoch nicht in Fakten verwandelt werden, sondern die weitere Wissensproduktion auf anderen Wegen beeinflussen. Im konkreten Beispiel sind unter anderem methodische Innovationen der Autoren aufgegriffen worden. Wegen der ständigen Weiterentwicklung der Methoden in den Naturwissenschaften haben einzelne Veränderungen einer Methode es schwer, Fakt-Status zu erlangen. Sie können in Vergessenheit geraten, weil sie nicht mehr benötigt werden, ihrerseits zum Ausgangspunkt weiterer Methodenentwicklungen oder Gegenstand einer »Obliteration« geworden sein, das heißt sie werden noch erwähnt, aber nicht mehr korrekt zitiert.

Der zweite von Cozzens gewählte Artikel ist ein wissenschaftssoziologischer Aufsatz von Ben-David und Collins (1966). Cozzens hat 38 Zitierungen in 35 Aufsätzen auswerten können. Die zentrale Behauptung dieses Artikels lautet, dass das Wissenschaftsgebiet Psychologie infolge einer »Rollen-Hybridisierung« an deutschen Universitäten im 19. Jahrhundert entstanden sei. Die Aufnahme dieses Artikels in der Literatur folgt einem gänzlich anderen Muster als dem, das für den naturwissenschaftlichen Aufsatz beobachtet wurde. Die einzige Gemeinsamkeit zwischen beiden Aufsätzen ist der hohe Anteil der Zitierungen von peripheren Behauptungen (im Falle von Ben-David und Collins waren es 48 Prozent). Darüber hinaus hat Cozzens folgendes beobachtet:

---

63 Thomas (1992) hat in ähnlicher Weise die Verwandlung neuen Wissens in einen Fakt bis hin zur Eponymie (dem Ersetzen formaler Zitierungen durch den Namen des Autors) verfolgt.

1) Keine der Zitierungen bezieht sich auf die von den Autoren verwendeten empirischen Methoden.

2) Die zentrale Behauptung des Aufsatzes wird viel seltener zitiert als die des naturwissenschaftlichen Aufsatzes. Nur 12 Prozent der Zitierungen beziehen sich auf den Einfluss der Rollen-Hybridisierung auf die Entstehung der Psychologie an deutschen Universitäten.

3) Am häufigsten wird das Papier als Unterstützung für Ideen zitiert, die viel allgemeiner sind als seine zentrale Behauptung. 20 Prozent der Zitierungen beziehen sich auf die verallgemeinerte Idee, dass die Entstehung neuer Disziplinen nicht allein aus Ideen erklärt werden kann, sondern die Etablierung neuer Rollen erfordert. Weitere 20 Prozent der Zitierungen sind noch weiter von der zentralen Behauptung des Artikels entfernt.

Eine ähnlich detaillierte Zitierungs-Kontext-Analyse führt Amsterdamska und Leydesdorff (1989) zu der Schlussfolgerung, dass Publikationen für gewöhnlich mehrere verschiedene Behauptungen über neues Wissen enthalten und dass ein und dieselbe Behauptung in zitierenden Papieren ganz unterschiedlich verwendet werden kann. Mit anderen Worten: Die Verwendung des erzeugten Wissens ist der Kontrolle des Anbieters weitgehend entzogen. Darauf hat Small bereits 1978 aufmerksam gemacht: Die Zitierung einer Publikation weist dieser zugleich eine Bedeutung zu. Die retrospektive Bedeutungszuweisung vereinheitlicht sich im Laufe der Zeit. »It is the process of acquiring a standard or conventional interpretation that is crucial for the social determination of scientific ideas. Stated another way, as a document is repeatedly cited, the citers engage in a dialogue on the document's significance.« (Small 1978: 338)

Small stellt weiterhin fest, dass das zitierte Dokument in der Bestimmung seines Schicksals kaum eine Rolle spielt. Wir haben bereits gesehen, dass die später durch Cozzens sowie Amsterdamska und Leydesdorff durchgeführten detaillierten Analysen zum Schicksal einzelner Publikationen diesen Befund bestätigt haben. Diese Arbeiten bestätigen die Aussage von Latour, das Schicksal eines Fakts läge in den Händen der späteren Nutzer (siehe S. 140).

Ein weiterer wichtiger Befund der Zitierungsanalysen ist, dass den Zitierungshäufigkeiten nach zu urteilen die meisten Angebote von neuem Wissen durch die Gemeinschaft nicht angenommen werden. Ein nicht geringer Teil der im Science Citation Index enthaltenen Publikationen wird nie zitiert, und die meisten Publikationen erhalten nur wenige Zitierungen. Pendlebury hat festgestellt, dass 22,4 Prozent der im Jahre 1984 publizierten naturwissenschaftlichen, 48,0 Prozent der sozialwissenschaftlichen und 93,1 Prozent der geisteswissenschaftlichen Artikel bis zum Ende des Jahres 1988 nicht zitiert wurden (Pendlebury 1991). Die Befunde für nicht im Science Citation Index enthaltene Zeitschriften sind vermutlich ungünstiger. Hinzu kommt, dass Wissen aus wenig zitierten Artikeln wahrscheinlich nicht in den Wissensbestand integriert wird.[64] Wenn wir uns außerdem vergegenwärtigen, dass Publikationen meist mehr als ein Angebot für neues Wissen enthalten, dann wird deutlich, wie selektiv wissenschaftliche Gemeinschaften das ihnen angebotene neue Wissen verwenden.

Ein robuster Befund von Zitierungsanalysen ist, dass theoretische und methodische Publikationen stärker zitiert werden als empirische.[65] Dies lässt sich durch die breitere Verwendbarkeit der beiden erstgenannten Arten von Publikationen erklären. Außerdem wurde die Existenz von sich bewegenden »Forschungsfronten« nachgewiesen, das heißt von unlängst erschienen Artikeln, die sich vornehmlich wechselseitig aufeinander beziehen (Solla Price 1965; Baldi/Hargens 1997). Diese überproportionale Bezugnahme auf jüngere Arbeiten wird verständlich, wenn wir uns an den prospektiven Charakter von Publikationen erinnern (siehe 2.4.2). Zitierungsanalysen haben auch die Beobachtung bestätigt, dass Publikationen spezifische Interpretationen des existierenden Wissens enthalten, und haben die Wirkungen solcher Interpretationen zeigen können. In mehreren Arbeiten wurde nachgewiesen, dass die Integration neuen Wissens nicht nur an der Oberfläche des Wissensbestandes erfolgt, sondern dass auch älteres, als sicher angesehenes und durch die Gemeinschaft übereinstimmend interpretiertes Wissen retrospektiv rekonstruiert wird (Small 1977; Sullivan u. a. 1980; Pickering/Nadel 1987). Die kontinuierlich erfolgende (Neu-)Interpretation bezieht sich nicht nur auf die neuesten Angebote, sondern auch auf lange bekannte und bereits »fest« integrierte Elemente des Wissensbestandes, die im Lichte neuen Wissens umgestaltet werden. Noyons und van Raan (1998) haben aus der Literatur einer bestimmten Zeitspanne eine »kollektive Perspektive« der Gemeinschaft in Form eines Klassifizierungssystems für Publikationen abgeleitet und auf die ältere Literatur des Gebietes angewendet. Es zeigte sich, dass das daraus entstehende Bild des Fachgebietes von dem zeitlichen Abstand zwischen der »Perspektive« und den Publikationen, auf die sie angewendet wird, abhängt. Das bedeu-

---

64 Wir stoßen hier auf das unlösbare Problem der Schwellwerte: Ab welcher Zahl von Zitierungen kann man davon ausgehen, dass ein Angebot in den Wissensbestand der Gemeinschaft eingefügt wurde? Eine einzige Zitierung in einer einflussreichen Arbeit, die dann statt der »Erstpublikation« zitiert wird, kann der einzige Hinweis auf eine Verwendung des Wissens sein. Umgekehrt können Publikationen relativ häufig zitiert werden, ohne dass das in ihnen enthaltene Wissen wirklich verwendet wird. Deshalb zeigt die Häufigkeit von Zitierungen die Verwendung von Wissen nur mit einer gewissen Wahrscheinlichkeit an.

65 Für theoretische Arbeiten siehe Cole, Cole und Dietrich (1978: 224f.). Dass methodische Arbeiten häufiger zitiert werden, haben unter anderem Garfield (1979: 363f.), Studer und Chubin (1980: 201), Peritz (1983) sowie Porter, Chubin und Jin (1988) beobachtet.

tet, dass wissenschaftliche Gemeinschaften ihren gesamten Wissensbestand ständig retrospektiv umkonstruieren.

Auf einen Aspekt der Verwendung angebotenen Wissens, den Zitierungsstudien nur sehr unvollkommen erfassen, hat Heintz aufmerksam gemacht: Die Verwendung neuen Wissens bedeutet immer auch einen Test. In der Mathematik, aus dem das Beispiel stammt, ist es ein Test auf Korrektheit. Heintz zitiert einen Mathematiker, der publiziertes Wissen verwenden wollte, auf Schwierigkeiten stieß, das Wissen nachprüfte und einen Fehler fand. Sie merkt dazu an, dass das Zitat deutlich macht, »wie die Überprüfung von Resultaten konkret funktioniert. Nicht nur über den offiziellen Referee-Prozess, sondern auch über die Verwendung von Resultaten in der praktischen Arbeit.« (Heintz 2000: 181)

2.5.2 Exkurs: Was indizieren Zitierungen?

Ein Teil der im vorangegangenen Abschnitt präsentierten empirischen Befunde beruht auf quantitativen Analysen von Zitierungen. Da dieser Indikator seit seiner Einführung heftig umstritten ist, will ich hier eine Position zu dieser Debatte formulieren. Ich will damit nicht nur die Gültigkeit der im vorangegangenen Abschnitt angeführten empirischen Befunde begründen. Eine Antwort auf die Frage, was Zitierungen repräsentieren, ist zugleich eine theoretische Position zur Verwendung von Wissen durch die Gemeinschaft. Unbeschadet aller weiterführenden Diskussionen stellen Zitierungen nämlich immer eine Verbindung zwischen der zitierenden und der zitierten Publikation her. Da die zitierten Publikationen älteres Wissen enthalten und die zitierenden Publikationen als Angebote von neuem Wissen angesehen werden können, ist diese Beziehung für unser Thema relevant.

Die Debatten über den Indikator »Zitierungen« werden durch zwei völlig unterschiedliche Konflikte gespeist, die sich in der Diskussion miteinander vermischen. Der erste und ältere Konflikt ist theoretischer Natur. Es handelt sich um einen Konflikt zwischen der strukturfunktionalistischen und der konstruktivistischen Interpretation von Zitierungen (Zuckerman 1987; Cozzens 1989b). Der strukturfunktionalistischen Theorie zufolge wird zitiert, weil eine entsprechende Norm existiert. Die Norm fordert »to give credit where credit is due«, das heißt Wissenschaftler, deren Publikationen verwendet wurden, durch eine Zitierung dafür zu belohnen. Zitierungen werden durch die spätere strukturfunktionalistische Theorie als die wichtigste Belohnung im Wissenschaftssystem angesehen. Die konstruktivistische Theorie des Zitierens wurde zuerst von Gilbert (1976b; 1977) formuliert und später vor allem durch die Vertreter der Actor-Network-Theory ausgearbeitet (Callon u. a. 1986; Latour/Woolgar 1986; Latour 1987; für die Rezeption in der Bibliometrie siehe Luukkonen 1997; van Raan 1998). Ihr zufolge werden Zitierungen in Publikationen aufgenommen, um den Leser zur Zustimmung zu drängen. Zitierungen sollen einen Text unangreifbar und zwingend erscheinen lassen (siehe 2.5.1).

Der zweite Konflikt entzündete sich an der Verwendung des Indikators »Häufigkeit von Zitierungen« als Maß der Qualität einer Publikation. In der Diskussion um die Validität von Zitierungen als Indikator von Qualität wird gelegentlich auf die eben genannten Theorien zurückgegriffen. Meistens wird die Auseinandersetzung jedoch mit empirischen und methodologischen Argumenten geführt. Die Validität von Zitierungen als Qualitätsmaß wird für gewöhnlich mit folgenden Argumenten in Frage gestellt:[66]

– Die Qualität einer wissenschaftlichen Arbeit ist ein komplexes Charakteristikum, das durch Zitierungshäufigkeiten nur unvollständig abgebildet wird.
– Zitierungen bilden nicht alle Einflüsse auf eine wissenschaftliche Arbeit ab.
– Auch Publikationen, die eine Arbeit nicht beeinflussen, werden zitiert.
– Der den Zitierungsstudien zugrunde liegende Science Citation Index bietet ein verzerrtes Abbild des gesamten wissenschaftlichen Outputs (bevorzugt zum Beispiel englischsprachige Publikationen) und enthält zahlreiche fehlerhafte Angaben.

Die Befürworter bibliometrischer Evaluationen stimmen diesen Kritiken zu, verneinen aber deren Relevanz für die Diskussion. Niemand würde behaupten, dass Zitierungen Qualität messen. Die Verwendung von Zitierungen als Indikator für Einfluss hänge auch nicht davon ab, dass jede einzelne Zitierung einen Einfluss repräsentiere und jeder Einfluss zitiert werde.

As soon as authors refer, already to a small extent »reasonably«, i. e., not based on a 100 %-random »reference generator«, valid patterns in citations will be detected if a sufficiently large number of papers is used for analysis. Furthermore, it is statistically very *improbable* that all researchers in a field share the same distinct reference-biases (for instance, *all* authors cite *deliberately* earlier papers which did *not* contributed [sic!] whatsoever to their field). (van Raan 1998: 134f.)

---

66 Diese Kritiken sind in der Literatur weit verbreitet (zum Beispiel MacRoberts/MacRoberts 1987; Lindsey 1989; MacRoberts/MacRoberts 1996). Ich nenne hier nur prinzipielle, von beiden Seiten akzeptierte Argumente. Darüber hinaus werden auch immer wieder Argumente angeführt, die schlicht veraltet sind, weil moderne bibliometrische Indikatoren bestimmte Probleme (zum Beispiel fachgebietsspezifische Praktiken des Zitierens) berücksichtigen (van Raan 1996).

Beide Konflikte haben dazu geführt, dass das Validitätsproblem auf die Frage nach den Motiven der zitierenden Wissenschaftler zugespitzt wurde. Dieser Frage wurden zahlreiche Studien gewidmet, die mit Fragebögen Motive der zitierenden Wissenschaftler untersuchten (siehe Bonzi/Snyder 1991 und die dort zitierte Literatur; Shadish u. a. 1995). Ohne im Einzelnen auf diese Studien einzugehen, will ich zumindest festhalten, dass die in ihnen benannten Motive keine Entscheidung zwischen den genannten Theorien bzw. für oder gegen die Verwendung von Zitierungen als Indikator für Qualität ermöglichen. Das verweist auf das generelles Problem: Unterscheiden sich die genannten Theorien überhaupt in ihren Voraussagen empirischer Phänomene? Die Leser von der Relevanz und Qualität einer Publikation zu überzeugen gelingt doch am ehesten, wenn die mit ihr inhaltlich verbundene Literatur zitiert wird. Genau darauf liefen ja auch die Argumente von Latour und Woolgar hinaus, die ich im vorangegangenen Abschnitt referiert habe: Zitierungen stärken ein Argument, wenn sie als inhaltliche Unterstützung konstruiert werden können.[67] Die gleiche Argumentation kann in Bezug auf die strukturfunktionalistische Theorie der Wissenschaft vorgebracht werden: Wissenschaftler zitieren zwar dieser Theorie zufolge, um die Autoren der verwendeten Ideen zu belohnen. Sie können aber nur diejenigen Autoren belohnen, die für ihre Arbeit relevante Arbeiten publiziert haben. Beide Mikro-Logiken führen also auf dasselbe Resultat: Es werden Arbeiten zitiert, die in einem inhaltlichen Zusammenhang zur Publikation stehen.

Dass es sich um unterschiedliche Interpretationen derselben Praxis des Zitierens und nicht um eine Beschreibung unterschiedlicher Praktiken handelt, wird an einer Studie von Law und Williams deutlich, die Diskussionen einer Gruppe von Autoren über ein gemeinsames Publikationsmanuskript beobachtet und die Entwürfe miteinander verglichen haben (Law/Williams 1982). Obwohl die Actor-Network-Theory in dieser Zeit noch im Entstehen begriffen war, ist der interpretative Gestus dieser Theorie bereits klar erkennbar, wenn die Autoren ihre Absicht formulieren: »We may now pose the basic question addressed by this paper: what is it that scientists are doing when they attempt to construct a scientific paper in such a manner that it is usable? The

---

67 Bibliometriker interpretieren die konstruktivistische Theorie dahingehend, dass Autoren hoch reputierte Wissenschaftler oder Aufsätze zitieren, um ihre Argumente zu stützen (Baldi 1998; Moed/Garfield 2004; White 2004), und haben empirische Gegenargumente gebracht (Moed/Garfield 2004). Diese Interpretation wird aber der Komplexität der Actor-Network-Theory nicht gerecht. Der Actor-Network-Theory zufolge ziehen Autoren gleichermaßen menschliche und nichtmenschliche »Verbündete« (darunter Fakten, Geräte, Materialien, Autoren und Publikationen) heran, um ihre Argumente zu stützen. Autoritative Quellen sind deshalb nicht nur hoch zitierte Autoren, sondern auch hoch zitierte Artikel oder hochrelevante Fakten aus wenig zitierten Arbeiten.

following suggests itself as a provisional answer: *they are trying to array people, events, findings and facts in such a way that this array is interpretable by readers as true, useful, good work, and the rest.*« (Law/Williams 1982: 537) Die Autoren beobachten unter anderem Diskussionen über das Aufnehmen von Zitierungen in den Text und beschreiben folgende Gründe dafür (ebd.: 540–545):

– Es wird eine zusätzliche Selbstzitierung eingeführt. Die Begründung dafür lautet, dass der andere zitierte Aufsatz noch nicht erschienen sei und die Leser etwas haben sollten, was sie nachschlagen können.

– Es werden Zitierungen von Aufsätzen des Wissenschaftlers »C« aufgenommen. Als Begründung wird in der Diskussion zunächst angeführt, C hätte große Verdienste um die Entwicklung des Gebietes, und es wäre »unfair«, ihn nicht zu zitieren. Danach wird die Relevanz seiner Arbeiten für das Thema des Aufsatzes diskutiert und festgestellt, dass C mit derselben Substanz wie die Autoren gearbeitet und für deren Fragestellung relevante Ergebnisse publiziert hat.

– Die Zitierung der Arbeiten von »B« werden damit begründet, dass diese Arbeiten von höchster Relevanz für das Thema des Artikels sind.

In der Diskussion waren sich alle Autoren der Tatsache bewusst, dass der Artikel durch zusätzliche Zitierungen (und die sie einführenden Sätze) nicht viel länger werden durfte. Deshalb wurden die Zitierungen auf diese Weise gerechtfertigt. In allen drei Fällen enthielten die Begründungen Hinweise auf die wissenschaftliche Relevanz der zitierten Arbeiten. Mit dieser Beobachtung korrespondiert eine quantitative Analyse von Moed und Garfield (2004). Die Autoren gehen von der Hypothese aus, »that authors who write papers with relatively short reference lists are more selective in what they cite than authors who compile long reference lists« (ebd.: 298). Sie verglichen Publikationen eines Wissenschaftsgebietes mit variierenden Literaturlisten und stellten fest, dass kurze Literaturlisten weniger hochzitierte, dass heißt in der Fachgemeinschaft bekannte (und vermutlich anerkannte) Publikationen enthielten. Sie schließen daraus, dass die »autoritativen« Referenzen leichter fallengelassen werden als andere. Ihre Schlussfolgerung »persuasion is not the major motivation to cite« (ebd.: 302) ist aber nur richtig, solange man nicht – wie Law und Williams im obigen Beispiel und später die Actor-Network-Theory – annimmt, dass auch inhaltlich relevante Fakten zum Zwecke der »persuasion« zitiert werden.

In ihrer allgemeinen Formulierung durch die Actor-Network-Theory wird die »persuasion«-Theorie also ununterscheidbar von der »due credit«-Theorie. Die Fokussierung von »Theorien des Zitierens« auf die Frage, warum Wissenschaftler bestimmte Arbeiten zitieren und andere nicht, scheint ohnehin nicht sehr sinnvoll. Weiterführende Ansätze wie der von Small (1978), der nach den Funktionen von Zitierungen fragt, sind durch diese »Theoriebildung« ebenso ignoriert worden wie das empirische Material der Kontextanalysen. Eine von Leydesdorff (1998) vorgeschlagene Systemtheorie von Zitierungen im Luhmannschen Duktus separiert die Praxis des Zitierens von den Praktiken der Erzeugung neuen Wissens und erscheint deshalb wenig hilfreich.

Legt man das in diesem Kapitel gezeichneten Bild der kollektiven Wissensproduktion zugrunde, dann kann von separaten »Theorien des Zitierens« keine Erklärungsleistung erwartet werden. Das Verweisen auf Literatur ist Bestandteil der Konstruktion neuen Wissens und kann nur aus dem Umgang mit Literatur in diesem Konstruktionsprozess erklärt werden. Wie ich bereits in Abschnitt 2.3.2 konstatiert habe, ist die Verwendung von Literatur im wissenschaftlichen Arbeitsprozess eines der am wenigsten untersuchten Phänomene. Noch weniger wissen wir über *Praktiken* des Zitierens und deren Zusammenhang zur Arbeit mit Literatur und zum Publikationsprozess. Solange keine Untersuchungen dieser Praktiken vorliegen, müssen »Mikrotheorien« des Zitierens hypothetisch bleiben. Das gilt auch für die folgenden Überlegungen.

Eine Zitierung zeigt in jedem Fall an, dass der Zitierende die zitierte Publikation wahrgenommen hat. Das ist die schwächste und zugleich die sicherste Interpretation von Zitierungen, die für manche soziologische Zwecke bereits hilfreich ist (Gläser/Laudel 2001). Die Kontextanalysen haben gezeigt, dass die Relevanz von Zitierungen für die zitierende Arbeit ganz unterschiedlicher Natur sein kann. Murugesan und Moravcik fanden in ihrer Zitierungs-Kontext-Analyse von Artikeln in *Physical Review* mehr als 40 Prozent »oberflächliche« Zitierungen, das heißt Zitierungen, die für die Argumentation im zitierenden Aufsatz nicht nötig waren (Moravcsik/Murugesan 1975). Chubin und Moitra (1975) haben eine Hierarchie aus vier bestätigenden Kategorien (grundlegend, ergänzend, Zusatzinformation, oberflächlich) und zwei negierenden Kategorien (total und partiell negierend) konstruiert. In den untersuchten experimentell-physikalischen Artikeln waren 14,3 Prozent der Zitierungen grundlegend, 35,7 Prozent ergänzend, 28,6 Prozent Zusatzinformationen und 17,3 Prozent oberflächlich. Nur 4,1 Prozent der Zitierungen waren negierend (alle total negierend).[68]

---

68 Zwei methodische Probleme dieser Kontextanalysen bestehen darin, dass sie (a) rückblickend erfolgen und (b) von Wissenschaftlern vorgenommen werden, die mitunter derselben Disziplin angehören, jedoch selten der wissenschaftlichen Gemeinschaft, auf deren Wissensbestand sich die Zitierungen beziehen. Die genannten Zahlen können deshalb lediglich als Indikator dafür gesehen werden, dass es Abstufungen der Wichtigkeit gibt, und dass sich einem nicht unerheblichen Anteil der Zitierungen allein auf der Grundlage des Textes keine Funktion zuordnen lässt.

Aus den in 2.4.2 angestellten Überlegungen zum Inhalt des Publikationsprozesses lassen sich zwei weitere Funktionen von Zitierungen ableiten. Erstens indizieren Zitierungen Beziehungen zwischen dem in der Publikation
angebotenen neuen Wissen und dem publizierten Wissensbestand. Damit eine
Publikation als Angebot von neuem Wissen wahrgenommen wird, muss sie
eine Lücke im existierenden Wissen aufzeigen, die mit dem neuen Wissen geschlossen werden kann. Diese Interpretation des existierenden Wissens erfordert Verweise auf die Publikationen, in denen es enthalten ist. Zweitens müssen empirische Arbeiten Verweise auf die benutzten Methoden enthalten, die
die Vorgehensweise bei der Erarbeitung des neuen Wissens indizieren. Beide
Typen von Verweisen werden zum Zeitpunkt der Publikation erarbeitet und
beziehen sich nur auf die zu diesem Zeitpunkt durch die Produzenten für relevant gehaltenen Publikationen. Wenn Experimente ursprünglich unter
Wahrnehmung einer anderen als der in der Publikation beschriebenen Wissenslücke begonnen wurden, werden die alten Literaturverweise in der Publikation nicht auftauchen. Wenn Methoden angewendet wurden, die sich nicht
als erfolgreich erwiesen, dann werden entsprechende Zitierungen nur auftauchen, wenn die Autoren das Scheitern der Methoden für ein relevantes Ergebnis
halten. Beide Möglichkeiten führen jeweils dazu, dass in der Publikation nicht
das Wissen zitiert wird, das zu Beginn oder im Verlauf der Aufgabenbearbeitung relevant war. Weder eine weitgehende Diskrepanz zwischen ursprünglich
formulierter und publizierter Aufgabe noch die Verwendung einer großen
Zahl erfolgloser Methoden können aber als »Normalfall« der Forschung angesehen werden. Die anfänglichen Entscheidungen restringieren immer auch,
was später getan werden kann. Deshalb kann für die genannten Typen von
Zitierungen eine tendenzielle Übereinstimmung mit der tatsächlichen Verwendung von Wissen im Forschungsprozess angenommen werden.

Zusätzlich zu diesen beiden Typen von Verweisen, die den bisherigen Befunden zufolge notwendige Zitierungen generieren sollten, kann es alle möglichen anderen Zitierungen geben – Zitierungen von Autoritäten, Zitierungen
eigener Arbeiten usw. Hargens zitiert einen Physiker mit der Aussage »It never hurts to cite a Nobel Prize winner« (Hargens 2000: 854). Analysen von
Motiven für Selbstzitierungen haben ergeben, dass solche Zitierungen auch
aufgenommen werden, um die Expertise des Autors in dem entsprechenden
Gebiet nachzuweisen und um auf eigene Publikationen aufmerksam zu machen. Die Motive für Selbstzitierungen sind also von denen für das Zitieren
anderer Autoren nicht grundsätzlich verschieden (Bonzi/Snyder 1991).

Ich behaupte also nicht, dass alle in einem Artikel enthaltenen Zitierungen
kognitive Bezüge zwischen dem angebotenen neuen Wissen und dem bekannten Wissensbestand herstellen oder das in der Produktion des neuen An-

gebotes verwendete Wissen indizieren. Mein Argument ist lediglich, dass jedes Angebot neuen Wissens, wenn es Chancen haben soll, angenommen zu werden, die zwei genannten Typen von Verweisen enthalten muss. Dieser »funktionale Kern« von Zitierungen indiziert die Beziehungen zwischen neuem und existierendem Wissen und damit zugleich die Verwendung von existierendem Wissen in der Produktion des neuen. Wie lange (und damit wie häufig) eine Publikation zitiert wird, hängt dabei auch von der Präsentation dieses Wissens ab. Wenn eine zitierende Publikation das angebotene Wissen in einer besser verwendbaren Form enthält (zum Beispiel durch die Kombination mit anderem Wissen), dann kann die ursprüngliche Quelle bald vergessen sein.

2.5.3 Die Lösung des Integrationsproblems

Die Antwort auf die Frage, wie wissenschaftliche Gemeinschaften neue Beiträge in das gemeinsame Produkt integrieren, ist zugleich eine erste Synthese der bisher angestellten Überlegungen, weil dass es einen von der Produktion neuer Beiträge separierbaren Prozess der Integration existierender Beiträge nicht gibt. Das Integrationsproblem wird gewissermaßen nebenbei und unbewusst gelöst. Die Integration neuen Wissens wird nur dann diskutiert, wenn der kollektive Produzent ein Problem wahrnimmt und deshalb von der Alltagsroutine abweicht. Solche Sonderfälle entstehen, wenn neue Angebote die Arbeit vieler Mitglieder der Gemeinschaft beeinflussen können, indem sie grundsätzlich neue Perspektiven auf das existierende Wissen vorschlagen, grundlegende Problemlösungen versprechen oder neue Anschlussmöglichkeiten für viele Mitglieder der Gemeinschaft anbieten. Ich werde im Folgenden zunächst den Elementarprozess der Integration charakterisieren und anschließend zeigen, wie aus diesem Elementarprozess auf der Makroebene ein »Integrationseffekt« entsteht.

Integration durch Verwendung im Forschungsalltag

Angebote für neues Wissen sind in der Regel »klein«, das heißt, sie ergänzen oder verändern das existierende Wissen in wenigen spezifischen Punkten, ohne darüber hinaus auf den Wissensbestand der Gemeinschaft auszustrahlen. Wir haben in 2.2 und 2.3 gesehen, dass diese »kleinen« neuen Angebote zunächst akzeptiert und unhinterfragt in der eigenen Arbeit verwendet werden, wenn sie sich als relevant erweisen. Die geringe Anzahl negativer Zitierungen zeigt außerdem, dass nur selten zitiert wird, um Behauptungen zu widerlegen oder zu korrigieren. Als falsch angesehenes Wissen wird vom gleichen Schicksal ereilt wie als irrelevant oder redundant angesehenes: Es wird ignoriert.

Der Elementarprozess der Integration von Wissen ist dessen Verwendung in der Produktion neuen Wissens durch andere Mitglieder der Gemeinschaft. Wie das angebotene Wissen verwendet wird, ist der Kontrolle seiner Produzenten weitgehend entzogen. In der Publikation, die das neue Wissen anbietet, wird ein Vorschlag zu seiner Interpretation und weiteren Verwendung unterbreitet. Obwohl kollektiv und unter Antizipation des Adressaten erarbeitet, repräsentiert der Vorschlag noch immer eine lokale Perspektive. Die Verwendung des angebotenen Wissens hängt dagegen primär von dem lokalen Kontext ab, in dem es aus einer bestimmten Perspektive wahrgenommen, mit anderem angebotenen Wissen kombiniert und in die lokale Arbeitsumgebung »eingepasst« wird. Das angebotene Wissen kann daher in ganz andere Zusammenhänge gestellt und lokal mit anderem expliziten Wissen kombiniert werden, als von seinen Erzeugern vorgeschlagen oder vorausgesehen wurde. Die Variationen in der Wahrnehmung von Wissen und seine Kombination mit anderen Wissenselementen ist eine der Innovationsquellen in der kollektiven Wissensproduktion (siehe 2.2.2). Die Produktion neuen Wissens beruht auf der »Mutation und Kombination« des existierenden Wissens.

Die Verwendung von Wissen ist zugleich die eigentliche Qualitätskontrolle der kollektiven Produktion. Da angebotenes Wissen für die Formulierung neuer Forschungsaufgaben und deren Bearbeitung genutzt wird, ist die Bearbeitung jeder Forschungsaufgabe auch ein Test dieses Wissens, das sich in einer spezifischen lokalen Arbeitsumgebung bewähren und dort den Erfolg der Forschung sicherstellen muss. Jede weitere Verwendung von Wissen unterzieht dieses einem neuen Test in einer anderen lokalen Arbeitsumgebung, auf der Grundlage anderer Interpretationen, in Kombination mit anderem Wissen usw. Nur wenige dieser Verwendungen können von den Erzeugern des Wissens vorausgesehen werden. Der kontinuierliche Zustrom von Wissen verändert beständig die lokalen Arbeitsumgebungen und damit die »Testbedingungen« für neues Wissen.

Die Verwendung in einer potentiell unendlichen Anzahl nicht vorhersehbarer Situationen ist ein außerordentlich leistungsfähiger Mechanismus der Qualitätskontrolle. Er begründet – neben der Vorprüfung durch den Peer review – das Vertrauen der Wissenschaftler in den Wissensbestand ihrer Gemeinschaft. Heintz zitiert einen Mathematiker, der die Qualitätskontrolle und das daraus resultierende Vertrauen beschreibt:

Wir Mathematiker glauben ja nicht daran, dass das, was veröffentlicht wird, wirklich stimmt. In jeder Arbeit sind Fehler, in jeder. Das ist ganz klar. Meistens sieht man dies ziemlich bald.

Ach ja, das hätte er ein bisschen anders machen müssen, dann haut's schon hin. Dann gibt es aber auch immer wieder Fehler, die nicht so leicht korrigierbar sind. Und insofern kann man vielleicht sagen: ein mathematisches Resultat, wenn es genügend Leute durchgearbeitet und angewandt haben, dann wird es irgendwann einmal zuverlässig. Das heißt: ein Resultat, das seit zehn Jahren bekannt und unangefochten ist, gilt als richtig. Und ein Resultat, das ganz neu und aufsehenerregend ist, gilt als interessant, aber immer mit einem kleinen Fragezeichen. (Ein Mathematiker, zitiert in Heintz 2000: 178)

Die Qualitätskontrolle durch Verwendung ist nicht nur außerordentlich leistungsfähig, sondern auch sehr effizient. Sie erfordert keinen zusätzlichen Aufwand an Zeit und Ressourcen für separate »Kontrollhandlungen«, sondern ist Bestandteil des anschließenden Produktionsprozesses. Zudem wird sie nicht für all die neuen Aussagen durchgeführt, die nicht verwendet werden, sondern nur für das Wissen, das verlässlich sein muss, weil es tatsächlich integriert wird.

Die Integration von neuem Wissen als Aggregateffekt der dezentralen Entscheidungen

Inwiefern handelt es sich bei dieser spontanen, lokal beeinflussten Verwendung von Angeboten um einen Integrationsprozess? Die Integration erfolgt, weil die Verwendung des Wissens eine Verbindung zwischen dem »alten« und dem neu angebotenen Wissen herstellt. Altes und neues Wissen werden gemeinsam genutzt, und die durch die gemeinsame Nutzung hergestellte Verbindung ist zugleich ein Vorschlag, wie das neue Wissen in den Bestand integriert werden könnte. Ich habe in den beiden vorangegangenen Abschnitten gezeigt, dass Zitierungen zwar ein problematischer Indikator für die Verwendung von Wissen sind, über den wir noch nicht genug wissen, dass sie aber nichtsdestotrotz einen Hinweis darauf bieten, wie die Integration von Wissen im publizierten Wissensbestand abgebildet wird. So hat sich zum Beispiel herausgestellt, dass Publikationen (mit Zitierungen) sowohl auf einen älteren »Kern« des Wissens als auch auf eine Forschungsfront aus neuen Arbeiten Bezug nehmen. Publikationen, die dies tun, stellen eine Verbindung zwischen relativ gesichertem Wissen, neuem Wissen und einem unter Verwendung dieser beiden Arten von Wissen erarbeiteten Angebot her. Wenn dieses Angebot seinerseits angenommen wird, impliziert das zugleich eine Bestätigung der Art und Weise seines Zustandekommens, das heißt der in der Publikation vorgeschlagenen Verbindung. Je mehr solcher Verbindungen hergestellt werden, umso stabiler werden die Verbindungen. Diesen Elementarprozess hat die Actor-Network-Theory sehr gut beschrieben. Er beruht auf den lokalen, weitgehend voneinander unabhängigen Entscheidungen der Wissenschaftler. Die Zitierungsanalysen haben darüber hinaus auch gezeigt, dass nicht nur die

Oberfläche »gehärtet«, sondern der darüber hinaus der gesamte Wissensbestand beständig retrospektiv umgebaut wird. Umbau bedeutet hier, dass in Publikationen auch neue Synthesen bekannter Elemente des Wissens vorgeschlagen werden. Das produzierende Kollektiv kann diese neuen Synthesen dadurch »aufgreifen«, dass viele Mitglieder sie in ihrer weiteren Arbeit verwenden. Neues Wissen wird nicht addiert, sondern integriert. Um die erforderlichen Verbindungen herstellen zu können, müssen die Wissenschaftler häufig auch das existierende Wissen neu interpretieren.

Die Aggregation dieser lokalen Entscheidungen führt dazu, dass das Wissen und die Verbindungen, die in den meisten lokalen Arbeitsumgebungen benutzt wurden (Relevanz) und sich in der Erzeugung neuen Wissens bewährt haben (Verlässlichkeit) integriert, das heißt relativ dauerhaft mit dem existierenden Wissen verbunden wird. Damit setzt sich zugleich eine Interpretation des »alten« Wissens durch, in der das neu integrierte einen Platz hat.

Man kann sich nun die Frage stellen, warum bestimmtes Wissen relevanter und verlässlicher angesehen wird als anderes. Die Antwort kann nur lauten, dass sich dieses Wissen auf Aspekte bezieht, die die verschiedenen Arbeitsumgebungen trotz ihrer jeweiligen lokalen Spezifik gemeinsam haben. Ohne den damit möglichen philosophischen Diskurs zu eröffnen, will ich wenigstens die drei gegenwärtig vorgeschlagenen Erklärungen nennen und eine präferieren: Erstens kann ein durch die Gemeinschaft geteiltes System von Überzeugungen die Perspektiven der Wissenschaftler harmonisieren und sie dadurch bestimmtes Wissen akzeptieren sowie anderes zurückweisen lassen. Zweitens können Machtverhältnisse in Akteurkonstellationen wie zum Beispiel die Verfügung über Ressourcen und die Kontrolle wissenschaftlicher Eliten über individuelle Arbeitsprozesse und Karrieren den Wissenschaftlern die Verwendung und damit Akzeptanz gleichen Wissens auferlegen. Drittens schließlich können die materiellen (natürlichen und technischen) Bedingungen der Wissenserzeugung in allen Arbeitsumgebungen in der gleichen Weise mit der lokalen Wissenserzeugung interferieren. Dadurch wird das auf diese Aspekte bezogene Wissen in allen Arbeitsumgebungen relevant, und Wissen, das unter diesen materiellen Bedingungen eine erfolgreiche Wissensproduktion ermöglicht, gilt als verlässlich.

Es kann mittlerweile als gesichert gelten, dass alle drei Aspekte zur Bewährung von Wissen in unterschiedlichen lokalen Kontexten beitragen. Ich möchte hier insbesondere den letzten betonen, weil meiner Ansicht nach nur der Bezug auf konstante, von sozialen Faktoren unabhängige Eigenschaften der Materialität lokaler Wissensproduktion erklären können, wieso bestimmte Elemente unseres Wissens sich nunmehr seit Jahrhunderten in völlig verschiedenen sozialen Kontexten bewähren. Mein »gemäßigter Realismus« lässt

sich in der These zusammenfassen, dass die kollektive Produktion wissenschaftlichen Wissens die Korrespondenz des Wissens mit der Natur tendenziell verbessert, weil eine vom Menschen unabhängige Materialität der Natur
in allen lokalen Arbeitsumgebungen über lange Zeiträume gleich Einflüsse zu
produzieren vermag. Die konstruktivistischen Studien haben die Rolle der
Materialität in der Wissensproduktion empirisch beobachtet und theoretisch
anerkannt, zum Beispiel in den Worten von Knorr-Cetina: »Constructionist
studies have recognized that the material world offers resistances; that facts
are not made by pronouncing them to be facts but by being intricately constructed against the resistances of the natural (and social!) order.« (Knorr-
Cetina 1995b: 148)

Der in der konstruktivistischen Diskussion umstrittene Schritt, den ich
hier vorschlage, beruht auf der Annahme, dass die »außersozialen« Grundlagen dieser Widerstände kohärent und in allen lokalen Arbeitsumgebungen in
gleicher Weise präsent sind.[69] Sie werden natürlich im praktischen Handeln
jeweils unterschiedlich konstruiert. Da jedoch ihr Einfluss auf all diese lokalen Konstruktionen identisch ist, bilden sie einen starken Einflussfaktor in der
Selektion relevanten und verlässlichen Wissens. Während also im Labor in der
Tat »nichts epistemisch besonderes passiert« (ebd.: 151), weist die *kollektive*
Wissensproduktion eine besondere Rationalität auf, die einen Erkenntnisfortschritt erzeugt. Diese kollektive Rationalität ist ein emergenter Effekt, der aus
der besonderen Art und Weise resultiert, in der das ganz gewöhnliche, idiosynkratische lokale Handeln der Wissenschaftler in ihren Gemeinschaften integriert wird (siehe dazu auch Star 2004). Knorr-Cetinas »Argument [...], dass
die Resultate der Natur- und technologischen *Wissenschaften* idiosynkratischer
Herkunft sind« (Knorr-Cetina 1984: 76, Hervorhebung: J. G.), verwechselt
die individuell angebotenen Beiträge mit den Resultaten des kollektiven Produktionsprozesses. Es ist der kollektive Produzent, der Verlässlichkeit herstellt. Er erreicht dies, indem er die Verlässlichkeit von wissenschaftlichem
Wissen in allen neu auftretenden Situationen herstellt und es dadurch immer
besser an die Natur anpasst.

---

69 Die von Pickering (1995: 186–192) behauptete Inkommensurabilität lokaler Situationen der
Wissenserzeugung beruht genau auf der gegenteiligen Annahme. Seine Argumentation in dieser Frage ist allerdings nicht überzeugend und wird auch nicht durch seine eigenen empirischen Befunde gestützt.

2.6 Mitgliedschaft in wissenschaftlichen Gemeinschaften und die Lösung des Motivationsproblems

2.6.1 Wann nimmt man an der kollektiven Produktion teil?

Die vorangegangenen Abschnitte waren der Frage gewidmet, wie in der kollektiven Produktion wissenschaftlichen Wissens das Informations- und das Integrationsproblem gelöst werden. Dabei habe ich das produzierende Kollektiv als »wissenschaftliche Gemeinschaft« bezeichnet, ohne mit dieser Bezeichnung den Anspruch zu erheben, ein spezifisches Kollektiv mit bekannter sozialer Struktur und Mitgliedschaft zu benennen. Ich habe lediglich den Minimalkonsens der Wissenschaftssoziologie und der Selbstbeschreibung der Wissenschaft vorausgesetzt: die Annahme, dass wissenschaftliches Wissen kollektiv produziert wird und dass es mithin ein produzierendes Kollektiv geben muss. Nachdem ich den Mechanismus der kollektiven Produktion und die für ihn charakteristischen Lösungen des Informations- und des Integrationsproblems beschrieben habe, ist es nun möglich, das produzierende Kollektiv näher zu bestimmen und die auf die Mitgliedschaft bezogenen Fragen zu behandeln. Die erste Frage ist, wodurch die Mitgliedschaft in einer wissenschaftlichen Gemeinschaft konstituiert wird.

Es gibt weder Regeln über die Zugehörigkeit zu einem wissenschaftliches Wissen produzierenden Kollektiv, noch kann die Mitgliedschaft an wechselseitiger Kenntnis der Mitglieder festgemacht werden. Das Kriterium für Mitgliedschaft lässt sich deshalb nur ganz allgemein so formulieren, dass die Mitgliedschaft in einer wissenschaftlichen Gemeinschaft durch die Teilnahme an deren kollektivem Produktionsprozess konstituiert wird. Wann aber nimmt man an der kollektiven Produktion teil? Diese Frage ist nicht leicht zu beantworten. Wie wir in den vorangegangenen Abschnitten gesehen haben, beruht die kollektive Produktion wesentlich auf individuellen Wahrnehmungen. Wissenschaftler nehmen Lücken in einem Wissensbestand wahr und leiten daraus Forschungsaufgaben ab. Sie nehmen Wissen wahr, das für die Bearbeitung der Aufgabe eingesetzt werden kann, und sie bieten Beiträge zur Schließung von Lücken im Wissensbestand an. Diese Wahrnehmungen sind voneinander unabhängig – weder müssen die Wahrnehmungen eines Wissenschaftlers ein geschlossenes, konsistentes System bilden, noch müssen Wissenschaftler, die einer Gemeinschaft angehören, in ihren Wahrnehmungen übereinstimmen.

Wer soll unter diesen Bedingungen als Mitglied des produzierenden Kollektivs gelten? Um diese Frage zu beantworten, müssen wir die minimale Handlung identifizieren, mit der man an der gemeinschaftlichen Produktion teilnimmt. Eine erste, logisch unanfechtbar scheinende Antwort auf diese

Frage lautet, dass *die Herstellung eines Beitrages, der durch die Gemeinschaft verwendet und damit in das gemeinsame Produkt integriert wird,* Mitgliedschaft konstituiert. Ein auf der Verwendung von Beiträgen beruhendes Kriterium scheint deshalb unanfechtbar zu sein, weil Mitgliedschaft in einem kollektiven Produktionssystem ja bedeuten sollte, dass man produziert. Die Forderung, dass nur als Produzent gelten kann, wer Teile des Produkts hergestellt hat, ist allerdings sehr streng. In vielen kollektiven Produktionsprozessen gibt es Beiträge, die für das Zustandekommen des Produkts notwendig sind, ohne materiell in das Produkt einzugehen (Transportleistungen, Koordination usw.). Analog dazu könnte in Bezug auf wissenschaftliche Gemeinschaften gefragt werden, ob nicht Arbeiten, die nicht zu verwendeten Beiträgen führen, möglicherweise dennoch für das Zustandekommen des gemeinsamen Produktes notwendig sind. Die Beschreibung der dezentralen Ableitung von Aufgaben hat dafür gute Argumente geliefert. Wenn es für einen raschen und zuverlässigen Fortschritt der Wissensproduktion notwendig ist, dass möglichst viele verschiedene Problemformulierungen und Lösungswege erprobt werden, dann ist jede dieser parallelen Erprobungen Bestandteil des kollektiven Versuchs, das Problem zu lösen, und mithin Bestandteil der kollektiven Produktion. Da außerdem zu keinem Zeitpunkt klar ist, ob ein Angebot später noch Verwendung findet, erscheint das Ausschließen von (im Moment) nicht genutzten Angeboten als problematisch.

Hinzu kommt, dass die Erarbeitung von durch die Gemeinschaft nicht genutzten Angeboten stets zwei wichtige Funktionen in der kollektiven Produktion erfüllt. Erstens erweitert sie das lokale Wissen und verbessert damit die »Produktionstechnologie« der lokalen Arbeitsumgebung. Jede wissenschaftliche Arbeit kann somit als Vorbereitung späterer Beiträge angesehen werden. Zweitens beinhaltet jede Erarbeitung von Angeboten einen Test von Wissen der Gemeinschaft. Auch wenn die Nutzung des Wissens nicht zu einem verwendeten Angebot führt, hat sie das Wissen zumindest einer weiteren Qualitätskontrolle in einer weiteren lokalen Arbeitsumgebung unterzogen. Hätte es sich als unbrauchbar erwiesen, hätte die Publikation dieses Befundes die Wissensproduktion der Gemeinschaft beeinflusst.

Die tatsächliche Integration von Beiträgen in das gemeinsame Produkt zum Kriterium der Mitgliedschaft zu machen ist noch aus einem weiteren Grund problematisch. Die Integration eines Beitrages in das gemeinsame Produkt ist das Ergebnis einer Aggregation individueller Verwendungen des Beitrages. Sie ist mithin unabhängig von den Wahrnehmungen und Handlungen desjenigen, der den Beitrag produziert und angeboten hat. Eine wissenschaftliche Gemeinschaft kann noch nach Jahrzehnten auf Wissen stoßen, dass in einem anderen Kontext produziert wurde, sich jedoch plötzlich für ihre wietere Produktion als nützlich erweist. Ist der damalige Produzent Mitglied der Gemeinschaft, wenn sein Angebot verwendet wird? War er es, als er sein Angebot in einem anderen Kontext unterbreitet hat? Können die Entscheidungen mehrerer Mitglieder einer Gemeinschaft einen Wissenschaftler unabhängig von seinen eigenen Wahrnehmungen zum Mitglied einer Gemeinschaft machen?

Das Hauptproblem des Kriteriums »verwendete Beiträge« ist, dass es die Mitgliedschaft an die Wahrnehmungen von Mitgliedern der Gemeinschaft bindet. Damit werden sowohl die aus der kollektiven Perspektive notwendigen, aber nicht erfolgreichen Versuche als auch die Wahrnehmungen der Anbieter verwendeter Beiträge ausgeblendet. Da die Verwendung von Beiträgen überdies ein spontaner Prozess mit einer unbekannten Dynamik ist, reicht das Kriterium nicht aus, um für einen beliebigen Zeitpunkt die Mitgliedschaft in einer wissenschaftlichen Gemeinschaft wenigstens theoretisch zu bestimmen. Damit meine ich nicht das Operationalisierungsproblem der empirischen Abgrenzung von wissenschaftlichen Gemeinschaften, sondern das logische Problem, dass ein auf der Verwendung der Beiträge beruhendes Mitgliedschaftskriterium die Produzenten schon existierender, aber noch nicht verwendeter Beiträge und die gerade erstmalig produzierenden Wissenschaftler ausschließt.

Wenn das Herstellen eines Beitrages, der in das gemeinsame Produkt integriert wird, eine zu strenge Forderung ist, dann könnte möglicherweise *das Anbieten eines Beitrages zum gemeinsamen Produkt* eine hinreichende Bedingung für Mitgliedschaft sein. Dieses Kriterium wird der auf dezentralen Entscheidungen beruhenden Ordnung wissenschaftlicher Gemeinschaften anscheinend besser gerecht als ein auf der Verwendung der Beiträge beruhendes. Ihm zufolge wäre als Mitglied einer wissenschaftlichen Gemeinschaft anzusehen, wer eine Lücke im Wissensbestand der Gemeinschaft identifiziert und neues Wissen anbietet, mit dem die Lücke geschlossen werden kann. Die Mitgliedschaft würde durch die Angebote konstituiert und wäre unabhängig von deren späterem Schicksal. Der Vorteil dieser Definition von Mitgliedschaft liegt darin, dass ihm zufolge auch Wissenschaftler, die nur zur Qualitätskontrolle und zur Verbesserung der lokalen »Produktionstechnologie« beigetragen haben, deren Angebot aber nicht angenommen wird, als Mitglieder gelten würden. Das Kriterium ist also weiter als das vorherige und wird dem dezentralen, probabilistischen Charakter der kollektiven Wissensproduktion besser gerecht.

Auch diese Definition von Mitgliedschaft ist anfechtbar. Die Verlagerung des Kriteriums von der Verwendung auf das Anbieten eines Beitrages stößt auf ein ähnliches Problem: Wer entscheidet, was ein Angebot in einer kollektiven Produktion ist? Da die Interessen des Anbieters für die Wahrnehmung des Angebotes von geringer Relevanz sind, kann letztlich nur anhand der Rezeption einer Gemeinschaft schlüssig entschieden werden, ob ein Angebot vorlag. Anderenfalls würde man Mitgliedschaft nicht an das Handeln, sondern an die Intentionen des Anbieters binden. Mitglied einer Gemeinschaft wäre, wer durch ein Angebot zu erkennen gibt, dass er Mitglied sein will. Unbewusst unterbreitete Angebote würden keine Mitgliedschaft begründen. Auch kann das gegen das erste Kriterium vorgebrachte Argument dahingehend erweitert werden, dass nicht alle lokalen Qualitätskontrollen und Erweiterungen der Produktionskapazität zu Angeboten führen. Wenn eingereichte Manuskripte abgelehnt werden oder so weitgehende Überarbeitungshinweise auslösen, dass der Autor auf eine Publikation verzichtet, wird kein Angebot an die Gemeinschaft unterbreitet, obwohl für die kollektive Produktion typische Handlungen erfolgten. Ein Mitgliedschaftskriterium, das auf den Wahrnehmungen und Intentionen des individuellen Produzenten beruht, reicht offensichtlich ebenfalls nicht aus, um die Mitgliedschaft in wissenschaftlichen Gemeinschaften zu bestimmen.

Diese Überlegungen sprechen dafür, nach einem noch schwächeren Kriterium für Mitgliedschaft zu suchen. Mein Vorschlag wird durch die Beobachtung begründet, dass jeder Produzent, der den Wissensbestand einer Gemeinschaft benutzt, diesen damit einer Qualitätskontrolle unterzieht. Diese Qualitätskontrolle ist ein Beitrag zur kollektiven Produktion. Sie ist die Form der Teilnahme an der Produktion. Die minimale Handlung, die eine Teilnahme an der gemeinschaftlichen Produktion konstituieren kann, ist *die am Wissensbestand einer Gemeinschaft orientierte (und ihn damit verwendende) Formulierung und Bearbeitung von Aufgaben*. Bei diesem Kriterium ist die Verwendung eines Wissensbestandes als Rohstoff die entscheidende Bedingung. Mitglied einer wissenschaftlichen Gemeinschaft ist, wer als Mitglied der Gemeinschaft handelt, indem er seine Handlungen am Wissensbestand der Gemeinschaft orientiert. Sich als Mitglied einer Gemeinschaft wahrzunehmen heißt also, einen Wissensbestand wahrzunehmen und die Formulierung und Bearbeitung von Forschungsaufgaben daran zu orientieren.

Dieses Kriterium für Mitgliedschaft ist schwächer als die beiden zuvor diskutierten, weil ihm zufolge ein Wissenschaftler auch dann Mitglied einer wissenschaftlichen Gemeinschaft ist, wenn er ihr keine Beiträge zum Wissen anbietet. Die bloße Möglichkeit, dass in seinem Handeln ein solcher Beitrag entstehen könnte, die in der Verwendung des Wissens der Gemeinschaft realisierte Qualitätskontrolle und die durch die Verwendung des Wissens erreichte Erweiterung der lokalen Produktionskapazität würden Mitgliedschaft konstituieren. Damit sind auch Wissenschaftler, die nicht als Mitglieder des produzierenden Kollektivs sichtbar werden, Mitglieder der Gemeinschaft.

Das erscheint insofern vernünftig, als diese Wissenschaftler produktive Handlungen ausführen und etwas erzeugen, was ein Beitrag werden *könnte* – nachdem es möglicherweise in ein Angebot verwandelt wird, das möglicherweise von der Gemeinschaft angenommen wird. An dieser Formulierung wird deutlich, wie schwach das Kriterium ist. Es ist überdies inhärent unscharf, weil jeder Benutzer des Wissensbestandes diesen anders definiert. Schließlich bezieht sich das Kriterium auch nicht nur auf die theoretische und empirische Substanz des gemeinsamen Wissensbestandes, sondern auch auf das Methodenwissen. Daraus folgt, dass als Mitglied der Gemeinschaft angesehen werden muss, wer das Methodenwissen der Gemeinschaft in seiner Arbeit nutzt.

Obwohl dieses Kriterium sehr weit ist und mehr Wissenschaftler einschließt als die beiden zuvor diskutierten, vermag es doch nicht, alle Produzenten zu erfassen. Wir stoßen hier wieder auf die Tatsache, dass eine Gemeinschaft etwas als Beitrag in ihrer kollektiven Produktion wahrnehmen kann, ohne dass es unter Bezug auf ihren Wissensbestand produziert worden sein muss. Die über die für die Gemeinschaft typischen Kanäle (einschlägige Zeitschriften und Konferenzen) an die Gemeinschaft adressierten Beiträge sind nicht die einzige Quelle für neues Wissen. Mitglieder der Gemeinschaft können jederzeit in der Wissensproduktion anderer Gemeinschaften Wissen entdecken, das sie für nützlich halten und deshalb in die eigene Wissensproduktion einbauen. Diese Beiträge können unter Bezugnahme auf einen anderen Wissensbestand erzeugt worden sein. Die Menge der unter Bezug auf den Wissensbestand einer Gemeinschaft erzeugten Beiträge und die Menge der durch die Gemeinschaft verwendbaren Beiträge sind nicht identisch.

Angesichts der Tatsache, dass die kollektive Wissensproduktion auf zahlreichen individuellen, parallel unternommenen Versuchen der Erzeugung von Beiträgen beruht, von denen nicht alle erfolgreich sind, erscheint die Anwendung des dritten Kriteriums sinnvoll, weil es das gesamte Spektrum *der mit der Absicht auf Erweiterung eines bestimmten Wissensbestandes unternommenen Versuche* erfasst. Zugleich können wir als eine weitere Besonderheit der kollektiven Wissensproduktion festhalten, dass sie auch durch andere Gemeinschaften produziertes Wissen als »Material« einbezieht, wenn es als nützlicher Beitrag wahrgenommen wird.[70]

---

70 Stichweh schließt daraus, dass eine Theorie moderner Wissenschaft »nicht hinreichend als Theorie wissenschaftlicher Gemeinschaften formuliert werden kann« (Stichweh 1994: 66). Die über die Grenzen der Gemeinschaft hinausreichende »nichtindendierte Kommunikation« ist in der Tat ein ungewöhnliches Phänomen. Die von Stichweh präferierte Alternative, Wissenschaft als (autopoietisches) Kommunikationssystem zu konzeptualisieren und die Erzeugung neuen Wissens durch Forschung in die Umwelt des Wissenschaftssystems zu verlagern (ebd.: 72–79), ist aber noch ungewöhnlicher (siehe auch 1.4).

2.6.2   Der Wissensbestand einer Gemeinschaft als Referenz für Mitglieder

Wir können als ein zentrales Ergebnis der bislang vorgenommenen Analysen festhalten, dass sowohl die Mitgliedschaft in dem produzierenden Kollektiv (der wissenschaftlichen Gemeinschaft) als auch die soziale Ordnung der kollektiven Produktion durch den Bezug der Mitglieder auf einen gemeinsamen Wissensbestand hergestellt werden. Kollektive Produktion setzt ein, wenn mehrere Akteure einen Arbeitgegenstand so definieren, dass sie ihre Beiträge wechselseitig in der Veränderung dieses Gegenstandes verwenden können. Ich habe bis jetzt unterstellt, dass es spezifische, thematisch fokussierte und die Forschung fokussierende Agglomerate von empirischem und theoretischem Wissen gibt, die – eingebettet in informell kommuniziertes und implizites Wissen – als Referenz und »Arbeitsmaterial« für Wissenschaftler fungieren. Ohne solche Wissensbestände kann es keine spezifischen voneinander unterscheidbaren wissenschaftlichen Gemeinschaften und keine gemeinschaftliche Wissensproduktion geben.

Nun kann die Existenz solcher Wissensbestände nicht einfach vorausgesetzt, sondern muss empirisch nachgewiesen werden. Da ich anders als Kuhn davon ausgehe, dass die soziale Ordnung einer Gemeinschaft durch das gesamte Wissen hergestellt wird, das die Gemeinschaft in der Produktion nutzt, reicht es nicht aus, eine herausragende Leistung, eine Theorie oder ein ähnliches Konstrukt zu benennen und anzunehmen, dass sich Wissenschaftler an ihr orientieren. Es geht vielmehr darum, die Strukturiertheit des gesamten Wissens zu analysieren.

Das ist jedoch nicht möglich. In Abschnitt 2.3 habe ich den Wissensbestand einer Gemeinschaft als ein komplexes Gebilde beschrieben, in dem ein publiziertes Archiv in einen Bestand kommentierenden und ergänzenden Wissens eingebettet ist, der teils schriftlich oder in Materialien fixiert und teils als informell kommuniziertes oder nicht kommunizierbares implizites Wissen existiert. Bislang gibt es keine Analyse solcher Wissensbestände, die diese in ihrer Gesamtheit als Bezugsobjekt wissenschaftlicher Gemeinschaften beschreibt. Lediglich für die publizierten Kerne der Wissensbestände wissenschaftlicher Gemeinschaften liegen bibliometrische Analysen ihrer Struktur vor. Ich werde im Folgenden auf diese Analysen zurückgreifen, um den publizierten Kern des Wissens genauer zu beschreiben.

Neben der bereits beschriebenen Kontextanalyse von Zitierungen nutzen bibliometrische Analysen vor allem Ko-Zitierungs-Analysen und Ko-Wort-Analysen. Den Ko-Zitierungs-Analysen liegt die Annahme zugrunde, dass jede Publikation eine inhaltliche Verbindung zwischen den Arbeiten herstellt, die sie zitiert, und dass die inhaltliche Verbindung zwischen zwei Publikationen umso stärker ist, je häufiger beide gemeinsam zitiert (das heißt ko-zitiert) werden. Ermittelt man die Häufigkeit der Ko-Zitierungen von Artikeln, dann kann man Cluster von einander inhaltlich nahe stehenden Artikeln identifizieren. Diese so genannten Ko-Zitierungs-Cluster repräsentieren inhaltliche Beziehungen zwischen Publikationen und damit Strukturen des Wissensbestandes. Ko-Wort-Analysen verfahren ähnlich. Sie schließen aus dem Auftauchen desselben Stichwortes in Titeln, Abstracts oder Texten auf eine inhaltliche Beziehung und identifizieren anhand der Häufigkeit gemeinsamer Stichwörter ebenfalls Cluster inhaltlich verwandter Publikationen.[71]

Eines der ersten Ergebnisse der Ko-Zitierungs-Analysen war die Erkentnis, dass der Bestand wissenschaftlichen Wissens, wie er im Science Citation Index repräsentiert ist, ein einheitliches Ganzes darstellt. Er besteht aus miteinander verbundenen Gebieten und nicht aus voneinander isolierten Inseln (Small/Griffith 1974: 35–38). Innerhalb dieses Ganzen lassen sich Small und Griffith zufolge »Dichteschwankungen« beobachten. Es gibt Gruppen von Publikationen (die Ko-Zitierungs-Cluster), die viele und starke interne Verbindungen, aber nur wenige relativ schwache Verbindungen mit anderen Gruppen aufweisen. Small und Griffith kommen zu dem Schluss, dass diese Cluster wissenschaftliche Spezialgebiete (»specialties«) repräsentieren: »The very existence of document clusters which, by definition, have a high degree of internal linkage, is evidence for the specialty hypothesis.« (ebd.: 35)

In der Tat indizieren diese Cluster ja eine häufigere gleichartige Verwendung der in ihnen enthaltenen Arbeiten und damit eine intersubjektiv geteilte Perspektive auf das durch das jeweilige Cluster repräsentierte Wissen. Auch die durch Noyons und van Raan beobachtete retrospektive Umgestaltung eines spezifischen Wissensbestandes durch Arbeiten an der Forschungsfront (siehe S. 140) belegt, dass es kollektive, sich entwickelnde Interpretationen von spezifischen Segmenten des publizierten Wissens gibt.

Die Bedeutung dieser bibliometrischen Befunde liegt darin, dass sie nicht auf Wahrnehmungen sozialer Beziehungen durch die Wissenschaftler beruhen, sondern emergente Makrostrukturen wissenschaftlichen Wissens identifiziert haben, die aus dem individuellen Forschungshandeln entstehen. Wir können deshalb als gesichert annehmen, dass Kollektive von Wissenschaftlern existieren, die sich auf denselben Bestand von in Publikationen fixiertem Wissen beziehen und dem Bestand mit neuen Publikationen neues Wissen hinzufügen, das mit dem schon existierenden inhaltlich verbunden ist.

---

71 Die Methode der Ko-Zitierungs-Analysen haben Weingart und Winterhager (1984: 172–218) sehr gut beschrieben. Eine Einführung in die Ko-Wort-Analyse findet sich bei Callon u. a.. (1986).

Die Korrepondenz der Strukturen des Wissensbestandes mit Strukturen in den sozialen Beziehungen zwischen Wissenschaftlern ist empirisch bestätigt worden. Mullins u. a. (1977) haben Autoren der in zwei Ko-Zitierungs-Clustern enthaltenen Publikationen schriftlich über ihre sozialen Beziehungen zueinander befragt. Die sozialen Beziehungen wurden in drei Niveaus unterteilt, und zwar »Kenntnis« (der Person oder ihrer Forschungen), »Lehrer-Schüler-Beziehung« und »Kollegenschaft« (Arbeit in derselben Institution oder Kooperation). Außerdem wurden Berichte über die wissenschaftliche Entwicklung der beiden Gebiete ausgewertet. Mullins u. a. ziehen aus ihrer Analyse zwei Schlussfolgerungen. Erstens stellen sie fest, dass die Ko-Zitierungs-Cluster wichtige wissenschaftliche Entwicklungen der jeweiligen Fachgebiete repräsentieren und mithin nicht einfach einen Ausschnitt aus der hochzitierten Literatur eines Gebiets darstellen, sondern kognitive Strukturen der Fachgebiete repräsentieren. Zweitens berichten die Autoren, dass den Ko-Zitierungs-Clustern kohärente Gruppen von Wissenschaftlern entsprechen, die durch dichte Netzwerke sozialer Beziehungen charakterisiert sind. Eine Untersuchung von Rowlands (1999) auf der Basis der Ko-Zitierung von Autoren (statt von Publikationen) bestätigt diese Befunde.

Wir können festhalten, dass das publizierte wissenschaftliche Wissen tatsächlich intern in unterscheidbare Wissensbestände strukturiert ist und dass mit diesen Wissensbeständen spezifische »Verdichtungen« des sozialen Handelns und sozialer Aktionen korrespondieren. Für diese wissenschaftlichen Spezialgebiete und die in ihnen agierenden Wissenschaftler hat sich im anglo-amerikanischen Sprachraum die Bezeichnung »scientific specialties« durchgesetzt. Im Jahre 1976 hat Chubin in einem Aufsatz, der den Stand der Forschung zu scientific specialties zusammenfasste, festgestellt, dass heute Disziplinen die relevanten sozialen Einheiten der Lehre und specialties die relevanten sozialen Einheiten der Forschung sind (Chubin 1976: 448).[72] Ich werde im Weiteren den Begriff »wissenschaftliches Spezialgebiet« für das Wissen und den Begriff »Fachgemeinschaft« für das mit und an diesem Wissen arbeitende Kollektiv verwenden.

---

72 Die Behandlung von Disziplinen als Kommunikationsgemeinschaften (Stichweh 1984: 50; 1992: 9f.) war für den Zeitpunkt ihrer Entstehung (vor dem Einsetzen der Binnendifferenzierung) gerechtfertigt (siehe Kapitel 3). Heute ist die Relevanz von Disziplinen als epistemischer, sozialer und kultureller Kontext der Forschung begrenzt. Das hat Konsequenzen für die Behandlung von Interdisziplinarität. Wenn Interdisziplinarität auf Forschung bezogen wird, bezeichnet sie Berührungen zwischen verschiedenen wissenschaftlichen Spezialgebieten, die viel kleiner, zahlreicher und fluider sind als Disziplinen (Klein 1998; Laudel 1999). Das wird leider in der theoretischen Diskussion oft nicht zur Kenntnis genommen (zum Beispiel Turner 2000).

Chubins Überblicksarbeit macht auch deutlich, dass die Ko-Zitierungs-Analysen durch Fallstudien bestätigt worden sind, die – an Kuhn anschließend – die Entstehung von spezialisierten Wissensbeständen und von unter gemeinsamen Bezug auf diese Wissensbestände produzierenden Kollektiven rekonstruiert haben (siehe ausführlich 3.4.2). In der Diskussion über die Entstehung von wissenschaftlichen Spezialgebieten wurde unter anderem festgehalten, dass Fachgemeinschaften sich unter Bezug auf ganz unterschiedliche Wissensbestände bilden können (Law 1973; Whitley 1974). Law unterscheidet methodenbasierte, theoriebasierte und gegenstandsbasierte wissenschaftliche Spezialgebiete (Law 1973: 302). Whitley führt noch einmal eine Hierarchie ein und unterscheidet zwischen kleineren »research areas« und größeren wissenschaftlichen Spezialgebieten. »Research areas« können sich auf ein empirisches Phänomen (zum Beispiel Supraleitung), auf ein empirisches Objekt (zum Beispiel nichtkristalline Festkörper) oder auf ein Gerät bzw. eine Methode (zum Beispiel die Nutzung von flüssigem Helium in der Tieftemperaturphysik) beziehen. Diese Typologien scheinen nicht erschöpfend zu sein, zeigen aber die Vielfalt möglicher Organisationsweisen von Wissen.

All diese Analysen konvergieren in der Feststellung, dass es Fachgemeinschaften gibt. Die Mitglieder dieser Fachgemeinschaften nehmen einen Ausschnitt des publizierten Wissens als Arbeitsgegenstand wahr, verwenden ihn bei der Formulierung und Bearbeitung von Aufgaben und tragen neues Wissen zu ihm bei. Die Gliederung des Wissensbestandes in Cluster aufeinander bezogener Beiträge ist ein emergenter Effekt der vielfachen individuellen Bezugnahmen auf Wissen. Das existierende Wissen ist zu jedem Zeitpunkt eine vorausgesetzte Struktur, die die Möglichkeit kollektiver Definitionen von Arbeitsgegenständen bietet, ohne etwa »natürliche« Grenzen der Kollektive zu definieren. Die Korrespondenz von Wissen und Sozialstruktur existiert nur in dem grundsätzlichen Sinne, dass Cluster von Publikationen kollektive Produktion signalisieren. Jenseits dieser grundsätzlichen Korrespondenz trägt der Wissensbestand einer Fachgemeinschaft jedoch kaum zur Identifizierung der Mitglieder einer Gemeinschaft bei. Die Multivalenz, Kontextabhängigkeit und Variabilität von Vorschlägen für neues Wissen, die ich in Abschnitt 2.5. diskutiert habe, macht die auf solchen Vorschlägen und deren Wahrnehmung beruhende Mitgliedschaft zwangsläufig zu einer sachlich und zeitlich veränderlichen Größe. Die wissenschaftlichen Spezialgebiete, das heißt die Wissensbestände, auf die sich Fachgemeinschaften beziehen, grenzen nicht aneinander, sondern überlagern einander mindestens in folgenden »Einheiten« der Wissensproduktion:

– Spezialgebiete überlagern einander in der wissenschaftlichen Arbeit. Jeder Wissenschaftler wird bestätigen, Wissen aus mehr als einem Spezialgebiet benutzt zu haben. Für dieses Phänomen gibt es verschiedene empirische Bestätigungen. Eine Analyse des Œuvres eines bedeutenden Wissenschaftlers hat die Zugehörigkeit der Publikationen zu mehreren Spezialgebieten aufgedeckt (Kalyane/Munnolli 1995). Eine Befragung von amerikanischen Bevölkerungswissenschaftlern über ihre Zugehörigkeit zu Fachgemeinschaften ergab, dass sich die Respondenten zwischen 0 und 8 Fachgemeinschaften zugehörig fühlten, der Mittelwert lag bei 3,68 (Richards 1984). Wissenschaftler publizieren außerdem in Zeitschriften mehrerer Spezialgebiete, wie zum Beispiel Shama, Hellgardt und Oppenheim (2000) beobachtet haben.

– Spezialgebiete überlagern einander in Publikationen. Wie bereits in der Analyse zur Verwendung von Angeboten für neues Wissen festgestellt wurde, enthalten Publikationen häufig mehr als ein Angebot für neues Wissen (siehe Abschnitt 2.5). Diese Angebote können an unterschiedliche Fachgemeinschaften adressiert werden. Amsterdamska und Leydesdorff (1989: 461) geben ein Beispiel für einen Artikel, der zwei verschiedene Fachöffentlichkeiten ansprechen sollte. Für das physikalische Spezialgebiet der schwachen Wechselwirkung wurde festgestellt, dass die Hälfte der in der Literatur enthaltenen Zitierungen auf Artikel außerhalb des Spezialgebietes verwies (Sullivan u. a. 1977: 235).

– Spezialgebiete überlagern einander in Methoden und Geräten. Latour und Woolgar haben darauf hingewiesen, dass in Geräten vergegenständlichtes Wissen aus anderen als den die Geräte nutzenden Spezialgebieten stammen kann (siehe S. 82). Die Nutzung einer Methode in mehreren wissenschaftlichen Spezialgebieten ist zum Beispiel für die Kernresonanzspektroskopie (Pestaña/Cerdán 2000) und für die Elektronenmikroskopie (van Els u. a. 1989) nachgewiesen worden. Die Analyse des Produktionsregimes von Forschungstechnologie durch Shinn (2004) bestätigt die Beobachtung, dass Forschungsgeräte häufig in mehreren Spezialgebieten genutzt werden, von denen keines dasjenige ist, in dem das Gerät entwickelt wurde.

– Spezialgebiete überlagern einander in Zeitschriften. Dies ist eine zwangsläufige Folge aus der Überlagerung von Spezialgebieten in Zeitschriftenaufsätzen und wird zum Beispiel durch die Einordnung vieler im Science Citation Index enthaltender Zeitschriften als »multidisziplinär« bestätigt.

Die ubiquitäre Überlagerung von Spezialgebieten ist dabei nicht nur eine Überlappung der Ränder von anderweitig wohlunterscheidbaren Gebieten.

Spezialgebiete sind auch ganz oder zum größten Teil in anderen Spezialgebieten enthalten. Da sie sich außerdem infolge des neu hinzukommenden Wissens beständig verändern, handelt es sich bei Spezialgebieten um sehr fluide Gebilde. Es kann nicht einmal angenommen werden, dass alle Spezialgebiete durch die kleinen, relativ stabilen »Wissens-Kerne« identifiziert werden können, die durch Ko-Zitierungs-Cluster repräsentiert werden. Wir dürfen nicht vergessen, dass die Ko-Zitierungs-Cluster keine »natürlichen« Strukturen der Wissensbestände sind, sondern Konstrukte, die auf der willkürlichen Wahl von Schwellwerten für die Häufigkeiten von Zitierungen und Ko-Zitierungen beruhen.[73] Mit dieser Technik werden deshalb Grenzen von Spezialgebieten konstruiert, die stets auch etwas anders konstruiert werden könnten.

Die Überlagerung von wissenschaftlichen Spezialgebieten und die internen Strukturierungen des Wissens lassen die Größe von Fachgemeinschaften außerordentlich stark variieren. Die Diskussion des Kriteriums für Mitgliedschaft hat bereits deutlich gemacht, dass es aus ganz prinzipiellen Gründen nicht möglich ist, alle Mitglieder einer Fachgemeinschaft zu identifizieren. Wir sind deshalb auf Annahmen und spekulative Schlussfolgerungen aus Beobachtungen angewiesen. Eine erste Überlegung dazu hat Solla Price (Solla Price 1974) angestellt, der den Aufwand für das Verfolgen der Arbeit von Kollegen und den Austausch von Informationen darüber diskutierte. Solla Price kam zu der Ansicht, dass man die Arbeit einer Gruppe von einigen hundert Wissenschaftlern verfolgen könne (ebd.: 84) und dass ein Wissenschaftler wahrscheinlich mit ca. 100 Kollegen Informationen austausche (ebd.: 96). Neben solchen spekulativen Überlegungen gibt es nur wenige empirische Informationen, was angesichts der angedeuteten methodischen Probleme nicht verwundert. Heintz hat beobachtet, dass die Fachgemeinschaften in der Mathematik sehr klein sind:

»Diese enorme Spezialisierung hat zur Folge, dass die unmittelbare Bezugsgruppe von Mathematikern sehr klein ist. Am [Max-Planck-]Institut für Mathematik werden von einer Arbeit gewöhnlich 30 *Preprints* hergestellt, wobei man nicht davon ausgehen kann, dass alle auch gelesen werden. Der engere Gesprächskreis umfasst in der Regel nicht mehr als zehn Personen, ausser man arbeitet in einem hoch gesetzten *›heissen‹* Gebiet.« (Heintz 2000: 195)

Am anderen Ende der Skala muss die Beobachtung von Knorr-Cetina eingeordnet werden, dass in der Hochenergiephysik bis zu 15.000 Wissenschaftler über zwanzig Jahre hinweg kooperativ an der Vorbereitung, Durchführung

---

73 Noyons und van Raan (1998) haben erfolglos versucht, mit einer speziellen bibliometrischen Technik »natürliche« Grenzen von Spezialgebieten zu entdecken. Wenn es natürliche Grenzen gibt, müssten Cluster einer spezifischen (»natürlichen«) Größe relativ unempfindlich gegen die Veränderung von Parametern sein. Solche stabilen Cluster-Größen existieren anscheinend nicht.

und Auswertung eines Experiments arbeiten (Knorr-Cetina 1995a: 122). Die soziale Ordnung einer Gemeinschaft dieser Größe wird anscheinend durch die die ausgeprägte Arbeitsteilung und die Strukturierung in Forschungsgruppen ermöglicht (siehe 2.7.1).

Wie bereits angemerkt, ist die Mitgliedschaft in solch unscharf bestimmten, fluiden Kollektiven eine Variable, die in einer sachlichen und einer zeitlichen Dimension variiert. Wissenchaftler können am Produktionsprozess einer oder mehrerer Gemeinschaften zugleich teilnehmen. Sie können außerdem ständig in einer Gemeinschaft mitarbeiten oder ihre Arbeitsgebiete wechseln und damit aus Gemeinschaften ausscheiden.

Empirische Studien zur Mitgliedschaft in wissenschaftlichen Gemeinschaften dürfen nicht darüber hinwegtäuschen, dass durch die angewendeten soziometrischen Maße immer nur der aktive Kern einer Gemeinschaft (die Elite und wahrscheinlich viele »ständige Vollmitglieder«) identifiziert werden können. Das liegt in der Natur der Sache, weil alle für die empirische Identifizierung eingesetzten Indikatoren immer an einer globalen Aktivität der Wissenschaftler ansetzen – entweder an einer Publikation oder an einer Interaktion mit bereits erfassten Mitgliedern einer Fachgemeinschaft. Die im Zeitraum der Messung unsichtbare lokale Wissensproduktion entgeht den Indikatoren.

Unter den Bedingungen solch kontingenter und fluider Mitgliedschaften kann die kollektive Produktion nur funktionieren, wenn der sie ordnende Wissensbestand öffentlich zugänglich ist. Wenn niemand alle Produzenten kennt, kann nur die Adressierung der Beiträge »an alle« sicherstellen, dass jeder potentielle Produzent auf das gesamte für die Produktion benötigte Wissen zugreifen kann. Deshalb ist die Existenz eines publizierten Archivs mit seinen Verweisen auf informell kommunizierbares Wissen und auf Produzenten als Träger impliziten Wissens eine notwendige Bedingung der skizzierten Produktionsweise.

2.6.3 Die Lösung des Motivationsproblems

Die Frage, warum Wissenschaftler wissenschaftliches Wissen produzieren, hat in der Wissenschaftssoziologie beinahe mehr Aufmerksamkeit erfahren als das »Wie« der Wissensproduktion. Die neue Wissenschaftsökonomie widmet sich sogar hauptsächlich der Frage, warum Wissenschaftler etwas so Unwahrscheinliches tun, wie freiwillig zu einem öffentlichen Gut beizutragen (siehe 1.4). Ich werde im Folgenden das Argument entwickeln, dass das kollektive Produktionssystem der Wissenschaft selbst keine hinreichende Motivation für die Produzenten zu liefern vermag und dass insbesondere Beiträge zum gemeinsamen Produkt nicht vergütet werden. Diese Lösung des Motivationsproblems hat – wie viele andere Besonderheiten des kollektiven Produktionssystems Wissenschaft auch – ambivalente Wirkungen.

Eine erste für die Behandlung des Motivationsproblems wichtige Eigenschaft der Wissensproduktion ist, dass wissenschaftliche Gemeinschaften *offene Produktionssysteme* sind. Als offen bezeichne ich kollektive Produktionssysteme, bei denen nicht ex ante feststeht, wer an der Produktion beteiligt ist.[74] Am Produktionsprozess einer wissenschaftlichen Gemeinschaft kann sich jedermann beteiligen, da der Gegenstand der Produktion und die benötigten Mittel öffentlich zugänglich sind und jeder für sich eine Forschungsaufgabe definieren und Beiträge zum gemeinsamen Produkt anbieten kann.[75] Diese Offenheit des Produktionssystems ist eine unausweichliche Konsequenz der dezentralisierten Entscheidungsfindung über Beiträge zum gemeinsamen Produkt, der dafür nötigen Öffentlichkeit des Arbeitsgegenstandes und der Arbeitsmittel der Gemeinschaft (des Wissensbestandes) sowie der auf individuellen Wahrnehmungen beruhenden Mitgliedschaft.

Die kollektive Wissensproduktion vollzieht sich unabhängig von der Existenzerhaltung der Produzenten. Weder die angebotenen noch die letztlich integrierten Beiträge zum gemeinsamen Wissen werden durch Gegenleistungen »vergütet«, aus denen die Produzenten ihre Subsistenz finanzieren können. Die Reputation eines Wissenschaftlers ist keine Währung, die gegen seine Beiträge eingetauscht wird, sondern eine Begleiterscheinung der Verwendung seiner Beiträge. Wenn Wissenschaftler die Beiträge anderer verwenden, erkennen sie damit zugleich die Urheberschaft und die Bedeutung des Urhebers für den Fortgang der Wissensproduktion an. Der Reputationsgewinn im Wissenschaftssystem ist deshalb ebenso ein emergenter Effekt wie die Integration von Beiträgen. Er kann kaum prognostiziert oder gesteuert werden.

Die Teilnahme an der Wissensproduktion ist gesellschaftlich als Beruf definiert, das heißt als ein System von Rollen, für deren Ausübung die Wissenschaftler nicht von ihrer wissenschaftlichen Gemeinschaft, sondern von Dritten (vor allem von Staat und Wirtschaft) finanziert werden. Die Finanzierung von Wissenschaftler-Rollen ist nur indirekt an den Reputationsgewinn in der Wissensproduktion gekoppelt. Für die Ausübung von Wissenschaft als Beruf ist zwar der Nachweis erforderlich, dass man zur Teilnahme an der Wissens-

---

74 Die Anwendbarkeit dieses Begriffes auf andere kollektive Produktionssysteme werde ich in 4.2.2 diskutieren.

75 Allerdings hat Callon (1994) in seiner Diskussion von Wissenschaft als öffentliches Gut darauf aufmerksam gemacht, dass in vielen Disziplinen das Wissen zwar prinzipiell jedermann zur Nutzung offen steht, für die tatsächliche Nutzung aber eine beträchtliche lokale Infrastruktur erforderlich ist.

produktion befähigt ist, und in diesem Nachweis spielt die akkumulierte Reputation eine Rolle. Die Beurteilung der Reputation erfolgt jedoch nur bei Stellenbesetzungen, das heißt ad hoc und irregulär. Der Erfolg einzelner Beiträge in der Wissensproduktion hat dagegen keinen unmittelbaren Einfluss auf die Möglichkeit der Berufsausübung und damit auf die Existenz des Wissensproduzenten.

Über die Motive, aus denen Wissenschaftler an der Wissensproduktion teilnehmen, sind zahlreiche Hypothesen aufgestellt worden, die ich bei der Diskussion der verschiedenen wissenschaftssoziologischen Ansätze im ersten Kapitel mit behandelt habe. Die These des strukturfunktionalistischen Wissenschaftskonzepts lautet, dass das wissenschaftliche Ethos und das institutionalisierte Ziel der Wissenschaft – die Ausweitung gesicherten Wissens – durch die Wissenschaftler internalisiert werden, und dass das so internalisierte Normensystem die individuellen Motive soweit überformt, dass Wissenschaftler an der Wissensproduktion teilnehmen (Merton). Später ist dann der Reputationsgewinn als Motiv eingeführt worden: Wissenschaftler forschen und publizieren Beiträge, weil sie sie gegen Reputation eintauschen können (Merton und Hagstrom). Die Akkumulation von Reputation ist das eigentliche Motiv. Der »Glaubwürdigkeitszyklus« erweiterte dieses Modell dahingehend, dass die Glaubwürdigkeit gegen Ressourcen eingetauscht werden kann, die eine Fortsetzung der Forschung ermöglichen. In diesem Modell ist nicht mehr erkennbar, ob Wissenschaftler forschen, um Ressourcen zu erhalten, oder Ressourcen erhalten wollen, um zu forschen. Die individuelle Wissensproduktion wird als ein endloser Zyklus der Verwandlung von neuen Ergebnissen in Glaubwürdigkeit, von Glaubwürdigkeit in Ressourcen und von Ressourcen in Glaubwürdigkeit gesehen (Latour und Woolgar). Die Annahme, dass wissenschaftliche Ergebnisse in »Autorität« als spezifische Form des sozialen Kapitals in der Wissenschaft verwandelt werden (Bourdieu), unterscheidet sich von diesem Modell nur wenig, ebenso wie die Annahme der »neuen Wissenschaftsökonomie« (Dasgupta und David), dass Reputation in Karriereerfolg, bessere Positionen und damit eine bessere Bezahlung umgewandelt werde.

Das Interessante an all diesen Vermutungen ist, dass sie für die Funktionsweise der Wissenschaft als kollektives Produktionssystem wenig relevant sind. Das Wissenschaftssystem ist gewissermaßen *indifferent gegenüber Motivationen*, solange nur irgendeine davon einen Produzenten dazu bringt, sich an der kollektiven Wissensproduktion zu beteiligen. Es stellt mit der Reputation, die Produzenten gewinnen können, eine wichtige Quelle für Motivationen bereit. Da die Reputation ein nicht kontrollierbares emergentes Phänomen ist, können Wissenschaftler lediglich versuchen, ihre Chancen auf Reputationsgewinn zu erhöhen, indem sie für sich Aufgaben formulieren, von denen sie annehmen, dass sie von der Gemeinschaft für besonders schwierig oder besonders wichtig gehalten werden. Diese Aufgaben werden aber durch eine größere Anzahl von Wissenschaftlern gleichzeitig formuliert, wodurch zugleich die Konkurrenz um die mit ihrer Lösung verbundene Reputation wächst.

Reputationsgewinn kann entweder als Selbstzweck oder als Mittel für die Befriedigung anderer Bedürfnisse angesehen werden. Letzteres kann geschehen, indem Reputation außerhalb des Wissenschaftssystems genutzt wird, um die eigene Karriere zu fördern (einflussreichere oder bessere bezahlte Positionen zu erlangen), Einfluss außerhalb der Wissenschaft zu erlangen usw. Die Möglichkeit, wissenschaftliche Reputation außerhalb des Wissenschaftssystems in andere Mittel der Bedürfnisbefriedigung zu übersetzen, eröffnet ein weites Feld möglicher Motivationen. Bei all diesen Motivationen handelt es sich um extrinsische Motivationen, das heißt um Motivationen außerhalb der Aufgabe selbst. Demgegenüber haben intrinsische Motivationen in der Literatur weniger Aufmerksamkeit erfahren. Intrinsische Motivationen werden durch die Aufgabe selbst erzeugt (zum Beispiel Neugier, das Bedürfnis, ein Problem zu lösen usw.). Wir können annehmen, dass wenigstens einige Wissensproduzenten intrinsisch motiviert sind. Diese Annahme wird durch die Beobachtung gestützt, dass intrinsische Motivationen eine fördernde Bedingung für Kreativität sind (Amabile 1996).

Alle genannten Motivationen können Wissenschaftler zur Teilnahme an der Wissensproduktion bewegen. Für die kollektive Wissensproduktion ist irrelevant, was einen Wissenschaftler zur Teilnahme motiviert. Mit Ausnahme der intrinsischen Motivation führen die Motivationen ohnehin nicht zur Bearbeitung spezifischer Forschungsaufgaben. Ebensowenig kann die Bearbeitung spezifischer Aufgaben oktroyiert werden.

Diese Lösung des Motivationsproblems entsteht aus der prekären Existenz wissenschaftlicher Gemeinschaften, die darauf angewiesen sind, dass die Subsistenz ihrer Mitglieder durch Dritte gesichert wird. Ihre Indifferenz gegenüber den Motivationen zur Teilnahme an der Wissensproduktion lässt wissenschaftlichen Gemeinschaften außerdem kaum Möglichkeiten, ihren Wissensfortschritt inhaltlich zu steuern. Wenn nicht mehr hinreichend viele Wissensproduzenten zur Lösung von Aufgaben motiviert sind, kann die Wissensproduktion in einem Gebiet zum Stillstand kommen. Die gemeinschaftliche Wissensproduktion erscheint deshalb einmal mehr als ein blindes (»amoeboides«, Markl 2002) Vortasten, dessen Geschwindigkeit und Richtung nur vom existierenden Wissen selbst abhängt.

Die Vorteile dieser Lösung des Motivationsproblems werden deutlich, wenn wir uns die extreme Unsicherheit vergegenwärtigen, unter der der Mechanismus der kollektiven Wissensproduktion operiert. Die Entkopplung der Existenz der Wissensproduzenten vom Erfolg ihrer Beiträge bedeutet, dass das Scheitern einer einzelnen Aufgabenbearbeitung nicht bestraft wird. Die Wissensproduzenten können deshalb Risiken eingehen, ohne ein Ausscheiden aus der Gemeinschaft im Falle eines Misserfolgs fürchten zu müssen. Die Entkopplung stärkt darüber hinaus die Autonomie der individuellen Wissensproduzenten. Da sie ihre Forschungsaufgaben grundsätzlich unabhängig von Entscheidungen über ihre Subsistenz formulieren, sind sie nicht gezwungen, Erwägungen Dritter in die Aufgabenformulierung einzubeziehen. Insbesondere ermöglichen das Fehlen einer Rückkopplung und die begrenzte Steuerbarkeit der Wissensproduktion, dass Aufgaben formuliert werden, die unter den jeweiligen lokalen Bedingungen *lösbar und sinnvoll* erscheinen.

2.7 Idealtyp und Realität kollektiver Wissensproduktion

2.7.1 Interessen, Stratifikation und Macht

Obwohl sie auf Sekundäranalysen empirischer Studien beruht, ist die bislang präsentierte Beschreibung des kollektiven Produktionssystems »wissenschaftliche Gemeinschaft« idealtypisch. Ich habe mich darauf konzentriert, den Mechanismus herauszuarbeiten, der zur kontinuierlichen Weiterentwicklung eines Wissensbestandes durch eine wissenschaftliche Gemeinschaft führt. Der letzte Abschnitt dieses Kapitel ist dem Verhältnis dieses Idealtyps zu den empirisch beobachtbaren Bedingungen und Verläufen der Wissensproduktion gewidmet. Ohne Anspruch auf Vollständigkeit zu erheben, werde ich einige wichtige Faktoren diskutieren, die den beschriebenen Mechanismus modifizieren.

Eine erste Differenz zwischen idealtypischem Modell und realer Wissensproduktion betrifft die in den wissenschaftlichen Gemeinschaften entstehenden sozialen Bedingungen der Wissensproduktion. Die bisherige Beschreibung der kollektiven Wissensproduktion hat die individuellen Produzenten als zwar in ihren Fähigkeiten und Wahrnehmungen verschiedene, aber sozial gleiche »Atome« der Wissensproduktion behandelt und von Interessen, Stratifikationen und Macht abstrahiert. Die folgende Diskussion hebt diese Abstraktionen auf.

Wie viele andere Handlungen auch ist die individuelle Wissensproduktion zielgerichtetes und interessengeleitetes Handeln. Diese Annahme als heuristisches Prinzip in die Wissenschaftssoziologie eingeführt zu haben, ist das Verdienst des »strong programme« von Barnes und Bloor (Barnes 1977; Bloor

1991). Das Programm hat eine Reihe empirischer Studien nach sich gezogen, die einzelne Episoden der Wissensproduktion aus kognitiven und sozialen Interessen der beteiligten Akteure erklären wollten (für eine Darstellung und interessante methodologische Kritik dieses Ansatzes siehe Woolgar 1981).

Dass die Konstruktion von Wissen soziales Handeln und keine besondere Verkörperung rationaler wissenschaftstheoretischer Prinzipien ist, kann seit den ersten Laborstudien als gesichert gelten. Immer wieder ist beobachtet worden, wie Karriereerwägungen und andere persönliche Interessen die Formulierung von Forschungsaufgaben und den Verlauf ihrer Bearbeitung beeinflusst haben (zum Beispiel Knorr-Cetina 1984: 143–147; Latour/Woolgar 1986: 187–233). Diese Beobachtungen spielten in der Anfangsphase des konstruktivistischen Programms eine wichtige Rolle, als rationalistische Modelle der Wissenserzeugung kritisiert wurden. Wir können sie heute problemlos akzeptieren, solange wir nicht in monokausale Erklärungsschemata verfallen, die Interessen als einzige Ursache der Wissensproduktion behandeln. Wie schon im Zusammenhang mit dem Motivationsproblem diskutiert, spielen die Interessen der Produzenten für das hier vorgeschlagene Modell der kollektiven Wissensproduktion eine geringe Rolle. Sie sind – da individueller Natur – Bestandteil der lokalen Idiosynkrasien der Formulierung und Bearbeitung von Aufgaben, die lokale Variationen in der Erzeugung von Beiträgen beeinflussen, ohne auf der Ebene der kollektiven Wissensproduktion dauerhaft manifest zu werden.

Verglichen mit individuellen Interessen sind die in wissenschaftlichen Gemeinschaften entstehenden sozialen Strukturen wesentlich wichtiger, weil sie die Wissensproduktion auf der kollektiven Ebene zu modifizieren vermögen. Die Diskussion sozialer Strukturen in wissenschaftlichen Gemeinschaften kann mit der Beobachtung beginnen, dass die Mitglieder einer Gemeinschaft unterschiedlich aktiv sind. Sowohl für angebotene Beiträge als auch für die Verwendung von Beiträgen gilt das Lotka-Gesetz, dass zum Beispiel für Publikationen wie folgt formuliert werden kann: Die Zahl der Wissenschaftler, die a Arbeiten publiziert haben (N_a), ist umgekehrt proportional zum Quadrat von a (Lotka 1926; Bookstein 1990: 370; Seglen 1992).

$$N_a \sim 1/a^2$$

Das bedeutet, dass die überwiegende Zahl der Beiträge durch eine kleine Zahl von Wissenschaftlern erbracht wird. Eine anschauliche Faustregel lautet, dass 80 Prozent der Beiträge von 20 Prozent der Wissenschaftler erbracht werden. Dieselbe Beobachtung ist für die durch Zitierungen angezeigte Verwendung der Beiträge gemacht worden: Ungefähr 80 Prozent der Zitierungen gehen an 20 Prozent der Publikationen bzw. Wissenschaftler.

Diese sehr schiefe Verteilung der Aktivität der Mitglieder und der Verwendung ihrer Angebote ist ein erstaunlich stabiles Charakteristikum des kollektiven Produktionssystems Wissenschaft. Es ist für eine Vielzahl von Stichproben aus unterschiedlichen Wissenschaftsgebieten immer wieder bestätigt worden. Eine befriedigende Erklärung des Phänomens steht bis heute aus. Die Lotka-Verteilung kann mit der gebotenen Vorsicht als Hinweis darauf angesehen werden, dass in wissenschaftlichen Gemeinschaften eine zahlenmäßig recht kleine Elite existiert, die die meisten und die meisten wichtigen Beiträge zum Wissensbestand der Gemeinschaft erbringt. Das wirft die Frage auf, welche Rolle »die anderen« spielen, das heißt die 80 Prozent der Wissenschaftler, die die restlichen 20 Prozent der Beiträge erbringen. Die Diskussion darüber entzündete sich an der so genannten Ortega-Hypothese. Die Ortega-Hypothese erhielt ihren Namen wegen einer Aussage in Ortega y Gassets Buch *The Revolt of the Masses*, derzufolge »experimental science has progressed thanks in great part to the work of men astoundingly mediocre, and even less than mediocre« (Ortega y Gasset 1932: 84f.). Bibliometrische Analysen, die diese Annahme testen sollten, haben keine eindeutigen Ergebnisse erbracht. Es wurde beobachtet, dass hochzitierte Arbeiten tendenziell andere hochzitierte Arbeiten zitieren, dass also die Elite unter sich kommuniziert, während die zahlreichen weniger zitierten Arbeiten eine geringe Rolle spielen (Cole/Cole 1972; Nederhof/van Raan 1987). Allerdings reicht die empirische Evidenz nicht aus, um die Ortega-Hypothese zurückzuweisen und die Gegenhypothese zu akzeptieren, der zufolge nur die Elite für die Wissensproduktion wichtig ist.

Mit Ausnahme von Zuckermans (1977) Analyse einer »Ultra-Elite« von Nobelpreisträgern und Laudels (2005) Analyse der internationalen Migration von Eliten gibt es in der Wissenschaftssoziologie nur theoretische Überlegungen zur Rolle von Eliten. Darunter wiederum gibt es nur eine Arbeit, die sich mit Funktionen der Elite in der kollektiven Wissensproduktion beschäftigt (Mulkay 1976).[76] Die Elite einer Fachgemeinschaft scheint mehrere wichtige Funktionen in der Wissensproduktion auszuüben. Obwohl sie keine Entscheidungen treffen kann, die für alle Mitglieder einer Fachgemeinschaft bindend sind, beeinflusst sie die Richtung der Wissensproduktion über verschie-

---

76 Die empirische Untersuchung von Eliten in wissenschaftlichen Gemeinschaften muss diese identifizieren, was sich als außerordentlich schwierig erweist. Wenn der Elite einer Fachgemeinschaft besondere Bedeutung zukommt, weil sie Einfluss auf Inhalt, Richtungen sowie Art und Weise der kollektiven Wissensproduktion nehmen kann, dann muss die Elite unter Bezug auf die Fachgemeinschaft bestimmt werden, das heißt eine wissenschaftliche Gemeinschaft empirisch abgegrenzt und deren Elite identifiziert werden. Beide Aufgaben bergen große, bislang nicht völlig zufrieden stellende gelöste methodische Probleme (Laudel 2003; 2005).

dene Kanäle. Erstens ist die Elite eine fachliche Elite, das heißt ihre Mitglieder erarbeiten (oder erarbeiteten) besonders einflussreiche Beiträge zum gemeinsamen Wissensbestand, die durch die Mehrheit der Mitglieder einer Gemeinschaft verwendet werden und damit deren Wissensproduktion steuern. Zweitens schaffen sich die Mitglieder wissenschaftlicher Gemeinschaften formale Organisationen wie Fachgesellschaften oder Zeitschriften, die wichtige Beiträge zur Kommunikation (Konferenzen, Zeitschriften), zur Erarbeitung von Standards und in der Verteilung von Ressourcen leisten. Die Mitglieder der Elite besetzen viele der Machtpositionen in diesen Organisationen. Sie werden in diese Positionen gewählt, weil sie fachlich einflussreich sind (siehe oben) und weil sie zu den wenigen allen Mitgliedern bekannten Mitgliedern der Gemeinschaft gehören. Drittens haben Mitglieder der Elite in der Regel einflussreiche Positionen in den Forschungsorganisationen inne, das heißt, sie leiten Forschungsinstitute, Labors oder Forschungsgruppen. In diesen Positionen entscheiden sie, für welche Forschungsaufgaben Ressourcen bereitgestellt werden. Viertens besetzen die Eliten auch die Schnittstellen zwischen Wissenschaft und Gesellschaft. Sie agieren als Gutachter und in Beiräten von Förderorganisationen sowie in der Politikberatung und sind dadurch in der Lage, forschungspolitische Entscheidungen zu beeinflussen.[77]

Die Eliten beeinflussen also die Richtung der kollektiven Wissensproduktion durch ihre eigenen wissenschaftlichen Beiträge, durch die Besetzung einflussreicher Positionen in den formalen Organisationen der Gemeinschaften und durch die Besetzung von Positionen, in denen sie über die Verwendung der durch die Gesellschaft für Wissenschaft bereit gestellten Ressourcen entscheiden. Sie verfügen damit über eine erhebliche Macht im Wissenschaftssystem. Diese Macht wird aber durch den spontanen, dezentralisierten Charakter der kollektiven Produktion begrenzt. Erstens handelt es sich bei der Elite selbst um eine informelle Schicht, die keine für ihre Mitglieder bindenden Entscheidungen treffen kann. Da die Mitglieder der Elite je individuelle Perspektiven auf den Wissensbestand haben, gibt es innerhalb der Elite voneinander abweichende wissenschaftliche Standpunkte. Das schließt nicht aus, das es in Einzelfällen (insbesondere national) zu impliziten oder expliziten Übereinkünften kommen kann, die die Vielfalt der individuellen Beiträge einschränkt. Selbst wenn jedoch die Elite einer Fachgemeinschaft einen konzertierten Einfluss auf die Wissensproduktion der Gemeinschaft ausübt, kann sie

---

77 Förderorganisationen (Braun 1993) und allgemeine »Hybridgemeinschaften« aus Wissenschaft und Politik sind wichtige Schnittstellen, über die die Forschungspolitik die Richtung des wissenschaftlichen Fortschritts zu beeinflussen sucht. Da sie dafür auf die Mitwirkung der Wissenschaftler (meist der Elite) angewiesen ist, vermag die Wissenschaft über diese Schnittstellen zugleich sich selbst zu steuern (van den Daele u. a. 1979).

keine homogene Ausrichtung der gesamten Gemeinschaft erreichen. Nicht einmal die Elite kennt alle Mitglieder der Gemeinschaft, und auch die Elite kann die prinzipielle Autonomie nicht durchbrechen, die in der lokalen, dezentralen Formulierung der Forschungsaufgaben begründet ist.

2.7.2 Fachgebietsspezifische Variationen kollektiver Produktion

Die Sekundäranalyse empirischer Studien sollte ursprünglich auch zu einer vergleichenden Beschreibung fachgebietsspezifischer Variationen der Wissensproduktion führen. Wenn der Wissensbestand einer Gemeinschaft eine solch zentrale Rolle in der kollektiven Wissensproduktion spielt, wie ich sie ihm in den vergangenen Abschnitten zugeschrieben habe, dann ist es überaus wahrscheinlich, dass strukturelle Unterschiede zwischen Wissensbeständen von Fachgemeinschaften auch Variationen in deren kollektiver Produktion verursachen.

Ich musste dieses Vorhaben aufgeben, weil die Literatur zu wenig Material bietet. Vergleichende Analysen von Wissenschaftsgebieten sind nur vor der mikrosoziologischen Wende in nennenswertem Umfang durchgeführt worden. Die konstruktivistische Soziologie wissenschaftlichen Wissens hat über mehr als zwanzig Jahre hinweg nur Einzelfallstudien produziert. Seit 1999 ist Knorr-Cetinas (1999) Vergleich von »epistemischen Kulturen« der Hochenergiephysik und der Molekularbiologie die einzige Ausnahme.

Die präkonstruktivistischen empirischen Studien sind für eine vergleichende Sekundäranalyse des Zusammenhangs zwischen Strukturen von Wissensbeständen und Varianten kollektiver Produktion nahezu nutzlos. Sie interessieren sich nicht für kollektive Produktion, bestimmen die Untersuchungseinheiten nicht sorgfältig genug und beziehen die Wissensbestände nicht in die Analyse ein. Die Vernachlässigung kollektiver Produktion ist das geringste Problem, da gutes empirisches Material rekontextualisiert werden könnte, wie das ja im gesamten Kapitel 2 geschehen ist. Die Auswahl von Untersuchungseinheiten ist dagegen außerordentlich folgenreich: Vergleichende quantitative Untersuchungen arbeiten gewöhnlich mit einem nicht näher definierten Begriff der »Disziplin«. Unter »Disziplin« werden dann nur die großen klassischen Disziplinen Chemie, Physik, Biologie, Soziologie usw. behandelt. Aus diesen Disziplinen wurden Respondenten und Zeitschriften ausgewählt, die als für die Disziplin repräsentativ angesehen wurden.

Eine solche Wahl von Untersuchungseinheiten unterstellt, dass die relevanten kognitiven Eigenschaften der Wissensbestände auf dieser Aggregationsebene erhoben werden können. Wir wissen inzwischen, dass das nicht der

Fall ist. Die Wissen produzierenden Kollektive, deren Wissensbestände und Praktiken es vergleichend zu behandeln gälte, sind die Fachgemeinschaften. Aus der Perspektive der Kuhnschen Theorie könnten Disziplinen nur dann als Ganzes untersucht werden, wenn diese bezüglich ihrer paradigmatischen Grundlagen homogen wären, also *einer* Gemeinschaft entsprächen und *ein* Paradigma aufwiesen, oder wenn die Disziplinen aus Fachgemeinschaften mit gleichen paradigmatischen Strukturen beständen. Die erstgenannte Bedingung ist offensichtlich nicht gegeben, wie die durch Kuhn selbst angeführten Beispiele und die Fallstudien zur Entstehung wissenschaftlicher Spezialgebiete zeigen. Dass die zweite Bedingung auftritt, ist sehr unwahrscheinlich. Ihr Vorhandensein ist auch nie empirisch geprüft worden. Studien, die Disziplinen vergleichen, unterstellen deren Homogenität oder arbeiten mit Mittelwerten von Variablen, von denen nicht klar ist, was sie eigentlich ausdrücken.

Als noch problematischer erweist sich die Beschreibung der kognitiven Charakteristika der Untersuchungseinheiten. Die Wissenschaftssoziologie verfügt bis heute nicht über eine Methodologie für die Beschreibung eines ihrer zentralen Untersuchungsobjekte – des wissenschaftlichen Wissens. Weder die präkonstruktivistische Behandlung des Wissens als unabhängige Handlungsbedingung der Wissenschaftler noch die konstruktivistische Behandlung von Wissen als Handlungsresultat basiert auf einer systematischen, theoriegeleiteten Beschreibung von Wissen, die vergleichende Untersuchungen ermöglicht. Die »disziplinvergleichenden« Studien haben entweder auf intuitiv gewonnene Unterscheidungen wie die zwischen »harten« Naturwissenschaften und »weichen« Sozialwissenschaften zurückgegriffen oder eine Variable »paradigmatische Reife« benutzt, die Kuhn vorgeschlagen hat.[78] Kuhn hat auch eine Hypothese über den Zusammenhang zwischen diesen beiden Unterscheidungen formuliert: Die Sozialwissenschaften weisen eine geringere paradigmatische Reife auf als die Naturwissenschaften, was in ihren Kontroversen über die Grundlagen des Faches zum Ausdruck kommt (Kuhn 1972a: 290f.; Kuhn 1973: 10f.). Diese Hypothese hat zahlreiche vergleichende Untersuchungen zum Konsens in Wissenschaftsdisziplinen ausgelöst. Meist wurden Wissenschaftler befragt, wie sie den Konsens in ihrer Disziplin einschätzen. Der »vergleichende« Ansatz von Lodahl und Gordon (1972) ging sogar so weit, die befragten Wissenschaftler den Konsens in anderen Disziplinen beurteilen zu lassen. Das Ausmaß von Konsens diente als Indikator für die paradigmatische Reife (Lodahl/ Gordon 1972; Beyer/Stevens 1975; Hargens 1975a, 1988; Beyer 1978).

---

78 Eine Ausnahme bildet Hargens (1975b), der mit einem differenzierteren Modell Spezialisierung, normative und funktionale Integration sowie das Ausmaß der Routinisierung von Chemie, Mathematik und Politikwissenschaften vergleicht.

»Erklärt« wurden vor allem Unterschiede in der Publikationspraxis der Disziplinen, die wiederum – eine Idee von Zuckerman und Merton (1973) aufgreifend – vor allem als die Rate der durch Zeitschriften zurückgewiesenen Manuskripte operationalisiert wurde. Pfeffer, Leong und Strehl (1977) haben die paradigmatische Reife zum Grad des Partikularismus von Herausgeberentscheidungen in Beziehung gesetzt und gefunden, dass die Herausgeber sozialwissenschaftlicher Zeitschriften Autoren aus ihren eigenen Institutionen stärker bevorzugen, als die Herausgeber naturwissenschaftlicher Zeitschriften das tun.

Die kurze Zusammenfassung zahlreicher Studien lautet, dass nach weitgehend übereinstimmender Ansicht von Wissenschaftlern aller Disziplinen der Konsens in Lehre und Forschung in Mathematik und Naturwissenschaften höher ist als in den Sozialwissenschaften und dass die Psychologie irgendwo dazwischen rangiert. Anhand dieser Befunde wurden die Disziplinen nach ihrer »paradigmatischen Reife« geordnet. Mit der »paradigmatischen Reife« korrespondieren den empirischen Untersuchungen der genannten Autoren zufolge die Zurückweisungsraten von Zeitschriften, die in den Sozialwissenschaften deutlich (»statistisch signifikant«) höher sind. Das ist – mit Ausnahme der Untersuchung zum Partikularismus – eine uninteressante Tautologie. Cole, Cole und Dietrich (1978) haben versucht, den Konsensus nicht durch Meinungsumfragen, sondern anhand von Entscheidungen ihrer Respondenten und anhand von bibliometrischen Maßen zu ermitteln, und keine signifikanten Unterschiede zwischen den Disziplinen gefunden. Bezogen auf die auch von ihnen gewählte Untersuchungseinheit Disziplin stellen sie fest: »The insignificant differences in extent of agreement found in the various fields suggest that these fields taken as a whole may no longer be meaningful intellectual entities. In contemporary science, intellectual variation within a field is often as great as across fields.« (ebd.: 219)

Cole hat später festgestellt, dass die Unterscheidung zwischen der Forschungsfront und dem »Kern« der publizierten Literatur eines Gebietes viel ertragreicher ist als der Versuch, die Disziplinen in eine Hierarchie paradigmatischer Reife zu bringen (Cole 1983).

Die konstruktivistischen Arbeiten haben nie zu einer vergleichbaren Beschreibung von Wissen oder von Praktiken der Wissenserzeugung geführt. Das Fehlen eines analytischen Rahmens ist auch die Hauptschwäche des Vergleichs von Hochenergiephysik und Molekularbiologie durch Knorr-Cetina (1999). Ihre Vergleichsstrategie besteht darin, jeweils die in dem einen Gebiet gemachten Beobachtungen als Perspektive zu nutzen, um das andere Gebiet zu beschreiben (ebd.: 4). Dieser Vergleich führt zu wenig mehr als zu einer Liste von epistemischen und sozialen Aspekten, die in einem der Gebiete, nicht aber in dem anderen beobachtbar sind. Damit gelingt der Autorin zwar eine kontrastreiche, interessante Darstellung der beiden Gebiete. Der »Vergleich« geht jedoch kaum über die Aneinanderreihung zweier nur lose verbundener idiosynkratischer Beschreibungen hinaus.

Eine dritte Quelle von Informationen über Unterschiede zwischen Spezialgebieten sind bibliometrische Arbeiten, die Unterschiede zwischen Publikations- und Zitierungspraktiken der Fachgebiete untersucht haben (zum Beispiel Moed u. a. 1985). Da der Schwerpunkt dieser (rein deskriptiven) Arbeiten auf einem Vergleich natur- und sozialwissenschaftlicher Arbeiten lag, werde ich auf die interessantesten Ergebnisse eingehen, wenn ich kognitive Besonderheiten der Sozialwissenschaften diskutiere (siehe unten).

Die vergleichende Analyse der kollektiven Produktionsprozesse verschiedener Fachgemeinschaften erweist sich also als ein Desiderat der Wissenschaftssoziologie. Eine wichtige Frage für solche Untersuchungen lautet, welche Variationen in der Art und Weise der kollektiven Wissensproduktion durch Variationen der epistemischen Handlungsbedingungen verursacht werden. Unter epistemischen Handlungsbedingungen verstehe ich dabei die Handlungsbedingungen, die durch Eigenschaften der bearbeiteten Weltausschnitte und durch die Strukturen des Wissensbestandes der Fachgemeinschaft, das heißt durch das Objekt und durch die Mittel der Forschung, konstituiert werden. Wie bereits ausgeführt, kann der Zusammenhang zwischen epistemischen Handlungsbedingungen und kollektiver Produktion wegen fehlender Daten bislang nicht erklärt werden. Ich möchte aber die Variation epistemischer Handlungsbedingungen wenigstens andeuten und damit plausibel machen, dass wir in der Tat unterschiedliche Varianten kollektiver Produktion erwarten können

Mathematik

Heintz führt als epistemische Besonderheiten der Disziplin Mathematik deren konsensualen Charakter und deren begriffliche Kohärenz an:

Mit begrifflicher *Kohärenz* ist die kognitive Einheit der Mathematik gemeint. Im Gegensatz zu anderen Disziplinen, die in verschiedene und teilweise widersprüchliche Theorien zerfallen, bildet das Gebäude der Mathematik nach wie vor ein zusammenhängendes Ganzes. [...]

Neben ihrer begrifflichen Kohärenz zeichnet sich die Mathematik durch ein hohes Maß an *Konsens* [...] aus. [...]

Im Gegensatz zu anderen Wissenschaften scheint es in der Mathematik keine interpretative Flexibilität zu geben. Die Schlussfolgerungen der Mathematik sind zwingend. Wer sich an die Regeln der mathematischen Methode hält, wird unweigerlich zum selben Resultat gelangen. (Heintz 2000: 19f.)

Mit der Kohärenz der Mathematik geht Heintz zufolge eine extreme Spezialisierung einher. Die Mathematik weist mehr als 6000 Spezialgebiete auf (ebd.: 19), auf denen meist sehr kleine Fachgemeinschaften arbeiten (ebd.: 195). Eine weitere epistemische Besonderheit ist, dass Mathematik ausschließlich ein »Hantieren mit Gedanken« ist (ebd.: 136; siehe auch Merz/Knorr-Cetina 1997 zur theoretischen Physik als »denkende Wissenschaft«). Heintz vermutet, dass die extreme Betonung von Kommunikation und die strengere Nachprüfung neuen Wissens im Peer review Besonderheiten der Produktion mathematischen Wissens sind, begründet dies allerdings nicht (Heintz 2000: 140, 159). Die Nachprüfung des Wissens im Peer review ist möglich, weil das gesamte dafür benötigte Wissen in der Publikation enthalten ist – eine weitere Besonderheit der Mathematik, die daraus resultiert, dass sie nur mit Wissen operiert.

Heintz hat auch versucht, »Arbeitsformen und Kooperation« der Mathematik im disziplinären Vergleich zu beschreiben (Heintz 2000: 188–195). Leider beruht dieser Vergleich hauptsächlich auf einer schriftlichen Befragung von Wissenschaftlern an schweizerischen Hochschulen, in der sehr allgemeine Angaben wie Gruppengröße und Häufigkeit von Kontakten erhoben wurden. Hinweise auf Spezifika der kollektiven Produktion können daraus nicht gewonnen werden. Viel interessanter ist der Widerspruch zwischen der überragenden Bedeutung der Kommunikation und der geringen Bedeutung von Teamarbeit sowie anderer Kooperationsformen, die zu Koautorenschaften führen (ebd.: 140f.). Ohne genaueres Wissen über diese Aspekte der kollektiven Produktion (Was passiert in der Kommunikation? Worin unterscheiden sich kooperative von Einzelprojekten?) können wir über die Ursachen für diese Divergenz nur spekulieren. Eine plausible Vermutung ist, dass »Gedankenarbeit« weniger gut auf Kooperationspartner verteilt werden kann, zugleich aber der »wechselseitigen Anregung« (Laudel 1999: 165f.) bedarf, die das Pendant zum »shop talk« der Laborwissenschaften darstellt. Gestützt wird diese Beobachtung durch eine ähnliche Bedeutung der Kommunikation (des »talking physics«) in der theoretischen Physik (Merz 1997: 316–319).

Hochenergiephysik

Hier möchte ich auf die Beobachtungen von Knorr-Cetina zurückkommen, die die mehr als 15.000 Physiker einbindenden Experimente beschrieben hat. Die Handlungen so vieler Wissenschaftler aufeinander abzustimmen, erfordert eine spezifische Ordnungsleistung. Deshalb liegt die Vermutung nahe, dass der Wissensbestand dieser Gemeinschaften eine besondere Struktur hat. In der Tat macht Knorr-Cetina deutlich, dass die Handlungen der Physiker durch den Bezug auf einen besonderen Wissensbestand – die projektierte Technik – geordnet werden:

... within a hierarchy of timings, the detector and all of its needs and parts function as a pacemaker and coordinator of scientists« activities. Coordination arises in the experiment without centralized decision making, without a centralized control hierarchy, with some individuals taking in information about the experiment, deciding what needs to be done, and issuing commands to other individuals who then perform the tasks. (Knorr-Cetina 1995a: 125)

Knorr-Cetina beschreibt hier, was wir als allgemeinen Mechanismus der Ordnungsbildung in wissenschaftlichen Gemeinschaften kennen gelernt haben, als spezifisch für die Experimente der Hochenergiephysik. In der Tat ist nicht dieser Mechanismus der Ordnungsbildung spezifisch, sondern der Detektor, den die Physiker bauen, das »central and centring object« der Gemeinschaft (ebd.). Dieser Detektor vermag anscheinend eine besondere Ordnungsleistung zu vollbringen, weil es sich um ein funktionierendes technisches Gerät handelt, zu dem alle Mitglieder der Gemeinschaft beitragen. Das Funktionieren des Gerätes setzt voraus, dass die von den Gruppen beigetragenen Teile zueinander passen. Ein gemeinsames Gerät bedeutet also eine höhere Kohärenz des gemeinsamen (zunächst projektierten und dann vergegenständlichten) Wissens und einen begrenzten Interpretationsspielraum für die beteiligten Wissenschaftler. Knorr-Cetina hat das sehr schön als »Symbiose« zwischen Detektoren und Physikern beschrieben (Knorr-Cetina 1999: 126– 130). Sie hat auch beobachtet, dass die Physiker nicht mit einer Aufgabe verbunden waren, sondern mit Objekten oder einer Reihe von Objekten, die eine unterscheidbare Einheit bildeten. Die Existenz solcher Objekte, das heißt die modulare Struktur des Detektors, scheint die soziale Ordnung einer solch großen Gemeinschaft zu ermöglichen. Der kooperative und langfristige Charakter der Arbeit, das heißt die gemeinsame Erzeugung eines Ergebnisses durch große Kollektive, kommt auch in der Publikation von Aufsätzen mit mehreren hundert Autoren zum Ausdruck (Six/Bustamante 1996).

Sozialwissenschaften

Bislang gibt es keine großen systematischen Analysen der Sozialwissenschaften. Insbesondere fehlen Studien der kognitiven Strukturen sozialwissenschaftlicher Wissensbestände. Es gibt allerdings viele Hinweise auf Besonderheiten der Wissensproduktion der Sozialwissenschaften. Insbesondere haben bibliometrische Studien spezifische Publikationspraktiken und einen spezifischen Umgang mit der Literatur in den Sozialwissenschaften beobachtet.

– *Bedeutung von Büchern und Aufsätzen in Sammelbänden:*
Es ist wiederholt festgestellt worden, dass in den Geistes- und Sozialwissenschaften Bücher nach wie vor eine zentrale Rolle als Kommunikationsmedium spielen. Small und Crane haben den Anteil der Zitierungen von Büchern in der von ihnen analysierten Literatur erhoben und fanden 0,9 Prozent für die Hochenergiephysik, 14,5 Prozent für die Psychologie, 24,5 Prozent für die Ökonomie und 39 Prozent für die Soziologie (Small/Crane 1979: 451). Eine Analyse der zehn einflussreichsten Bücher in der Australischen Soziologie hat ergeben, dass jedes dieser Bücher mehr Zitierungen erhielt als der im Erscheinungsjahr publizierte meistzitierte soziologische Zeitschriftenaufsatz, und dass jedes dieser Bücher mehr Zitierungen erhielt als der meistzitierte Zeitschriftenaufsatz der Buchautoren (Gläser 2004). Die der Elite angehörenden Autoren publizieren mehr Aufsätze in Sammelbänden als Zeitschriftenaufsätze, weil sie zahlreiche Einladungen zu ersteren erhalten (Rodman/Mancini 1981). Hinzu kommt, dass Sozialwissenschaftler die Publikation von Zeitschriftenaufsätzen zu meiden suchen, weil der Begutachtungsprozess konfliktreich und frustrierend ist (siehe auch Rodman/Mancini 1981; Klüvers 2003).

– *Zugriff auf ältere Literatur:*
Es wurde mehrfach beobachtet, dass die Geistes- und Sozialwissenschaften weniger häufig als die Naturwissenschaften auf die jüngste Literatur (die Forschungsfront) zugreifen und insgesamt häufiger ältere Publikationen zitieren (Small/Crane 1979; Hargens 2000). Hargens hat außerdem eine überdurchschnittlich häufige Bezugnahme auf die ein Spezialgebiet begründenden Arbeiten beobachtet.

– *Verortung der Publikation in einer Strömung:*
Hargens (2000) und Bazermann (1988: 282f.) haben festgestellt, dass sich sozialwissenschaftliche Publikationen explizit und unter Verwendung zahlreicher Referenzen in einer theoretischen Strömung oder als Beitrag zu einem grundlegenden, seit langem existierenden Problem des Gebietes verorten. Diese Beobachtung hat Hargens dazu motiviert, in den von ihm analysierten Artikeln nach »orienting reference lists« zu suchen, das heißt nach Listen von Zitierungen, die auf Strömungen, grundlegende Probleme des Fachgebietes oder allgemeine Herangehensweisen verweisen. Er fand, dass in dem soziologischen, dem ökonomischen und dem psychologischen Spezialgebiet solche Listen signifikant häufiger verwendet werden als in den von ihm untersuchten naturwissenschaftlichen Fachgebieten. Das Fehlen solcher Listen in den Publikationen des literaturwissenschaftlichen Fachgebietes erklärte er aus der Tatsache, dass die Publikationen in die-

sem Gebiet ihre Relevanz nicht etablieren müssen, sondern sich diese aus der Bedeutung des analysierten Werkes ergibt (Hargens 2000: 859).
- *Bezug auf allgemeine Ideen statt auf Details:*
Die in 2.5.1 ausführlich wiedergegebene Analyse von Cozzens hat demonstriert, dass Zitierungen in den Sozialwissenschaften stärker auf die grundlegenden Ideen in den zitierten Publikationen als auf dort angegebene Details Bezug nehmen.

Das sind interessante Indizien dafür, dass die Produktionsweise der Geistes- und Sozialwissenschaften von der der Naturwissenschaften grundsätzlich verschieden ist. Andererseits nutzen aber die Arbeiten, die diese Unterschiede feststellen, eine noch grundlegendere *Gemeinsamkeit* der Natur- und Sozialwissenschaften: Auch in den Geistes- und Sozialwissenschaften wird zitiert, gibt es zu einem Ganzen verbundene Ko-Zitierungs-Cluster (Small/Crane 1979) und Netzwerke von durch Zitierungen miteinander verbundenen Dokumenten (Hargens 2000). Deshalb liegt die Hypothese nahe, dass die Fachgemeinschaften in den Geistes- und Sozialwissenschaften grundsätzlich genauso kollektiv produzieren wie die naturwissenschaftlichen Fachgemeinschaften, dass aber der Wissensbestand anders strukturiert ist. Anscheinend trägt die Aufgabenformulierung Züge einer »negativen Koordination« im Sinne Scharpfs (1993), das heißt die Wissenschaftler versuchen bei der Formulierung von Forschungsaufgaben nicht nur an existierende Arbeiten anzuschließen, sondern auch, bestimmte Berührungspunkte mit existierenden Arbeiten zu vermeiden, um die Originalität ihrer Arbeit zu sichern. Es ist möglich, immer wieder direkt bei den Gründern des Faches anzusetzen und einen aktuellen Beitrag zu den von ihnen formulierten Problemen anzubieten. Das wird durch die paradox scheinenden Beobachtungen zur Entwicklung der amerikanischen Soziologie illustriert, die Wolfe angestellt hat:

There is a lack of standards that accompanies the lack of coherence, and the proliferation of endless papers on endless topics does seem to lead nowhere. Debates between quantitative and qualitative sociology remain as bitter as ever, and sociology departments are, depending on the kind of sociology they wish to produce, as divided from each other as they are from other disciplines.
[...]
If we define the classical tradition in sociology as an attempt to use comparative and historical methods to gain insights in the large-scale dilemmas of the human condition, there is probably more first-rate classical sociology being produced in America in the 1990s than at any other time since World War II. Just about every concern that was central to the nineteenth-century founders of the discipline has recently been seriously treated by sociologists in book-length form. (Wolfe 1992: 770f.)

Diese Einschätzung wird durch eine Ko-Zitierungs-Analyse von Crane und Small bestätigt, die der Soziologie zwischen 1972 und 1987 »the virtual disappearence of core areas and its increasing embeddedness in the literatures of other disciplines, including economics« bescheinigen (Crane/Small 1992: 230). Bis ethnographische Studien der Sozialwissenschaften vorliegen, die denen der Naturwissenschaften in Breite und Tiefe gleichkommen, können wir über die Ursachen für diese Besonderheiten nur spekulieren.

Mit diesen skizzenhaften Überlegungen wollte ich andeuten, was ich für eine der wichtigsten zukünftigen Aufgaben der Wissenschaftssoziologie halte: vergleichende, theoriegeleitete Studien wissenschaftlicher Praxis, die das Interesse der ethnographischen Studien an Prozessen der Wissensproduktion mit einem Interesse an den emergenten Effekten auf der Makroebene verbinden und dem Vergleich einen theoretischen Rahmen zugrunde legen. Letztlich geht es darum, die von Scharpf formulierte theoretische Frage nach dem Zusammenhang zwischen Typen von »Koordinationsproblemen« und Typen von sozialen Arrangements zur Lösung dieser Koordinationsprobleme in der Wissenschaftssoziologie auf das Studium von Fachgemeinschaften anzuwenden.

2.7.3 Die »Auflösung« der individuellen Ebene der Wissensproduktion

In meiner Analyse der kollektiven Wissensproduktion habe ich ohne weitere Begründung ein Zwei-Ebenen-Modell mit dem einzelnen Wissenschaftler auf der unteren und der Gemeinschaft auf der oberen Ebene zugrunde gelegt. Gegen ein Zwei-Ebenen-Modell scheint zu sprechen, dass die Erzeugung von Beiträgen einen immer stärker kollektiven Charakter annimmt. So beobachten wir eine stetige Zunahme der Kooperation in der Wissensproduktion. Bibliometrischen Analysen zufolge wächst die Zahl der Publikationen mit mehreren Autoren (zum Beispiel van Raan 1997: 295f.) was die Zunahme von arbeitsteiligen Kooperationen beweist (zum Zusammenhang von Kooperation und Kopublikation siehe Laudel 2002).

Ein spezifischer Trend innerhalb der allgemein zunehmenden kooperativen Bearbeitung von Forschungsaufgaben ist die wachsende Bedeutung der Forschungsgruppe als lokaler Wissensproduzent. Mit der Forschungsgruppe entsteht ein spezifisches lokales Kollektiv, das trotz wechselnder Zusammensetzung den Charakter eines kollektiven, Wissen produzierenden Akteurs anzunehmen scheint, wie zum Beispiel an Zitierungen des Œuvres von Forschungsgruppen deutlich wird (Moed 1986). Eine extreme Entwicklung scheint sich in der Hochenergiephysik zu vollziehen, wo der einzelne Physiker bereits nicht mehr als autonomer Produzent, sondern nur noch als Mitglied einer produzierenden Gruppe (oder sogar einer ganzen Produktionsgemeinschaft) agiert.

Beide Trends lassen in vielen Fachgemeinschaften eine Ebene kollektiver Produktion zwischen dem individuellen Wissenschaftler und der Gemeinschaft entstehen. Dazu scheint als ein dritter Trend die Entstehung neuer technischer Möglichkeiten für kooperative Forschung durch die computerbasierte internationale Vernetzung von Wissenschaftlern beizutragen. Diese Phänomene signalisieren vor allem neuen Forschungsbedarf, weil sie bislang nicht stringent unter dem Aspekt der kollektiven Wissensproduktion untersucht worden sind. Auf die Veränderungen wissenschaftlicher Produktion durch die Nutzung des Internet werde ich in Abschnitt 5.1 eingehen. Bezogen auf die Kooperationen lässt sich festhalten, dass sie anscheinend häufig ad hoc initiiert werden, wenn wegen der zunehmenden Spezialisierung das für eine Aufgabenbearbeitung benötigte Wissen nicht anders kombiniert werden kann (Laudel 1999: 157–167; 2001: 767–774). Die Ausweitung dieser Praktiken kooperativer Forschung würde dann nicht den Übergang von einem Zwei-Ebenen- zu einem Drei-Ebenen-Modell erfordern, sondern eine Revision unserer Vorstellungen davon, was auf der unteren Ebene vor sich geht. Ein Übergang von individueller zu kooperativer Forschung reflektiert Bedingungen, unter denen die für die Ableitung von Aufgaben und Bearbeitungsmethoden notwendige Interpretation eines Wissensbestandes nicht mehr durch ein einzelnes Individuum geleistet werden kann. Sie wird deshalb auf die Kooperationspartner verteilt, die nun jeweils Interpretationen spezifischer Wissensbestände einbringen und in den Verhandlungen über kooperative Forschung auf ein für die Aufgabenbearbeitung relevantes Maß an Komplexität reduzieren. Dies wäre in der Tat ein wichtiger neuer Trend mit weitreichenden Konsequenzen für die organisatorische und forschungspolitische Gestaltung von Forschung. Knorr-Cetina hat für die großen Kooperationen der Hochenergiephysik »das Auslöschen des Individuums als epistemisches Subjekt« konstatiert (Knorr-Cetina 1999: 166–171). Das ist möglicherweise eine angemessene Beschreibung für einen generellen Trend, der den (notwendigen) Übergang zu kooperativer Forschung in immer größerem Maßstab begleitet. Untersuchungen dieses Trends müssten sich vor allem das Nebeneinander kooperativer und individueller Wissenserzeugung in Fachgemeinschaften zunutze machen und vergleichende Analysen durchführen. In ethnographischen Studien wurden zum Beispiel sowohl lokale Kooperationen in Forschungsgruppen als auch individuelle Forschung beobachtet.

Forschungsgruppen scheinen zumindest in manchen Fällen stabile Kombinationen von Vertretern verschiedener Fachgemeinschaften zu sein, deren Wissen in der Aufgabenbearbeitung häufig kombiniert werden muss. In diesem Fall wären sie eine strukturell stabilere Variante der oben diskutierten Kooperationen. Ein anderer Fall scheint die Zusammenfassung von Vertretern nur einer Fachgemeinschaft in einer Forschungsgruppe zu sein, die dann Kooperationen mit Wissenschaftlern aus anderen Gruppen eingehen (zum Beispiel in Sonderforschungsbereichen, Laudel 1999). Auch für diesen Fall kann die Hypothese formuliert werden, dass eine Aufgabe, die früher dem einzelnen Wissenschaftler zufiel, heute durch eine Gruppe realisiert wird: das Erarbeiten und Verfolgen eines Forschungsprogramms. Auch hier sind zunächst detaillierte (und theoriegeleitete) empirische Untersuchungen nötig, um verlässliches Wissen über die Rolle von Forschungsgruppen in der kollektiven Wissensproduktion zu gewinnen.

Ähnliches kann für die kollektive Wissensproduktion in den Gemeinschaften der Hochenergiephysik gesagt werden. Die Beschreibungen legen nahe, dass das Entstehen kollektiver Akteure auf der unteren Ebene der Wissensproduktion in diesen Fachgemeinschaften am weitesten fortgeschritten ist. Die großen »Experimente« scheinen außerdem durch eine Netzwerkstruktur charakterisiert zu sein, in der die durch die beteiligten Gruppen zu leistenden Beiträge in der Aufgabenbearbeitung ausgehandelt werden und in der überdies eine ständige wechselseitige Abstimmung erfolgt. Ob diese Netzwerkstruktur eine wissenschaftliche Gemeinschaft ersetzt oder sie ergänzt, oder ob sie den Kern einer wissenschaftlichen Gemeinschaft bildet, kann erst entschieden werden, wenn die Verwendung der durch das Netzwerk erarbeiteten Beiträge, die eventuelle Verwendung von außerhalb des Netzwerkes erarbeiteten Beiträgen und die langfristige Dynamik solcher Experimente untersucht wurden. Ich habe in Abschnitt 2.7.2 darauf hingewiesen, dass die Integration der von Knorr-Cetina als »Superorganismen« beschriebenen Gemeinschaften der Hochenergiephysik durch ein gemeinsames technisches Produkt erfolgt, das den Stand des Wissens der Gemeinschaft vergegenständlicht. Dies ist zumindest ein Sonderfall sozialer Ordnung in wissenschaftlichen Gemeinschaften. Mehr lässt sich beim gegenwärtigen Stand unseres Wissens nicht sagen.

2.7.4 Die Einbettung der kollektiven Wissensproduktion in Gesellschaften

Die Beschreibung der Produktionsweise wissenschaftlicher Gemeinschaften war streng internalistisch, das heißt sie abstrahiert völlig von der Existenz der Gesellschaft, die Wissenschaft unterhält, beobachtet, beeinflusst, nutzt usw.

Eine von Gesellschaft abstrahierende Analyse von Wissenschaft muss heutzutage antiquiert, grob unvollständig, ja einfach falsch erscheinen. Ich habe gesellschaftliche Einflüsse aus gutem Grund vernachlässigt. Es ging mir ja darum, den Idealtyp kollektiver Wissensproduktion »herauszupräparieren«, das heißt den Mechanismus kollektiver Produktion auf einer Abstraktionsebene zu beschreiben, auf der er mit anderen ebenfalls »kontextfrei« beschriebenen Mechanismen verglichen werden kann. Für eine solche Beschreibung sprach außerdem, dass wissenschaftliche Gemeinschaften internationale Produktionssysteme sind und ihre Produktionsweise insofern unabhängig von jedem konkreten nationalen Bedingungsgefüge ist.

Nachdem das kollektive Produktionssystem abstrakt beschrieben wurde, können wir nun die gesellschaftlichen Bedingungen seines Funktionierens wieder einführen und damit die Komplexität der Beschreibung erhöhen. Auch dies kann hier nur als Verweis auf Forschungsbedarf erfolgen, da eine international vergleichende Wissenschaftsforschung ebenso in den Anfängen steckt wie die feldvergleichende. Zwei zukünftige Forschungsfelder lassen sich identifizieren. Erstens wissen wir fast nichts über die Einflüsse nationaler *Kulturen* auf Forschungspraktiken und Interaktionen. Traweek (1988: 86–90) hat beobachtet, dass amerikanische Hochenergiephysiker viel kompetitiver eingestellt seien als die am europäischen CERN arbeitenden und die japanischen. Wir können vermuten, dass das auch für andere Wissenschaftsgebiete gilt.[79] Solche kulturellen Unterschiede können die Produktionsweise wissenschaftlicher Gemeinschaften nicht modifizieren, da sie stets nur einige individuelle Produzenten betreffen. Sie können aber den Inhalt lokal produzierter Angebote und die Interaktionen in wissenschaftlichen Gemeinschaften beeinflussen. Bislang fehlen systematische vergleichende Studien zu solchen kulturellen Unterschieden.

Auch die Existenz nationaler wissenschaftlicher Stile ist beobachtet worden. Lange (1986) hat nationale Präferenzen in der Methodenwahl nationaler Fachgemeinschaften (Psychiatrie, Psychologie und Soziologie) in vier Ländern (BRD, DDR, UdSSR, USA) nachgewiesen. In einer anderen Studie wurden Zitierungen in allen Publikationen der Jahrgänge 1935 und 1955 der deutschen *Zeitschrift für Physik* und des internationalen *Physical Review* mittels der Zitierungs-Kontext-Analyse vergleichend untersucht. Die Analyse ergab, dass sich die Häufigkeiten bestimmter Typen von Zitierungen zwischen beiden Zeitschriften unterschieden. In beiden Jahrgängen gab es in der deutschen Zeitschrift jeweils einen größeren Anteil

---

79 Collins beschreibt einen ähnlichen Unterschied zwischen der US-amerikanischen und der italienischen Kultur in der Forschung zu Gravitationswellen (Collins 1998: 316f.).

- konzeptioneller (auf Theorie statt auf Methoden bezogene),
- organischer (für das Argument notwendiger) und
- evolutionärer (auf der zitierten Arbeit aufbauende statt eine Alternative zu ihr präsentierende) Zitierungen (Shearer/Moravcsik 1979).

Zweitens überlagern außerwissenschaftliche *Institutionen* die wissenschaftsinternen Regelsysteme. Dadurch entstehen jeweils national spezifische Funktionsweisen des Wissenschaftsbetriebes. Ich habe an anderer Stelle gezeigt, wie die Überlagerung wissenschaftsinterner, nationaler und (national spezifischer) organisationaler Regelsysteme die spezifischen Karrieremuster in der Wissenschaft hervorbringt (Gläser 2001b). Der Einfluss dieser Karrieremuster auf die Wissensproduktion ist bislang kaum untersucht worden. Dabei kann angenommen werden, dass die kognitive, organisationale und internationale Mobilität von Wissenschaftlern und die daraus resultierende individuell spezifische Neukombination von Wissen »in« einem Wissenschaftler einen Einfluss der karriererelevanten Institutionen auf die Wissensproduktion vermitteln. Andere gesellschaftliche Regelsysteme betreffen unmittelbar Forschungspraktiken und schränken zum Beispiel die Zulässigkeit von Forschungsmethoden ein. Solche Regeln entstehen, wenn Konflikte zwischen den Praktiken der Wissenserzeugung einerseits und gesellschaftlichen Prioritäten zum Beispiel des Umweltschutzes, der nationalen Sicherheit und der Ethik andererseits wahrgenommen werden. Sie verbieten bestimmte Praktiken der Wissenserzeugung (zum Beispiel im Falle der »verbrauchenden Embryonenforschung« in Deutschland) oder schreiben Modifizierungen von Praktiken vor. Aus der Perspektive der kollektiven Wissensproduktion werden damit vor allem lokale Arbeitsumgebungen modifiziert, das heißt es entstehen national spezifische Arbeitsumgebungen. Wir können also wieder davon ausgehen, dass solche nationalen Regelungen des Vollzuges der Forschung die lokale Erzeugung von Angeboten modifizieren und wahrscheinlich auch dazu führen, dass lokal anderes Wissen produziert wird, dass der Modus kollektiver Produktion selbst jedoch durch solche Regeln nicht betroffen wird. Erst wenn die internationale Angleichung von Wissenschaftspolitiken so weit fortgeschritten ist, dass die exogenen Regeln der Wissenserzeugung überall gleich sind, kann eine Veränderung der kollektiven Wissensproduktion erwartet werden. Das gilt auch für den dritten und möglicherweise folgenreichsten Einfluss auf die Wissensproduktion, nämlich für jüngere weiterreichende Versuche, die Wissensproduktion gesellschaftlichen Zwecken unterzuordnen. Zwei dieser Versuche – die Privatisierung von Wissenschaft und die evaluationsbasierte Forschungsfinanzierung – könnten in der Tat die Produktionsweise wissenschaftlicher Gemeinschaften verändern. Diese Entwicklungen werde ich in Kapitel 5 diskutieren.

Aus einer allgemeineren Perspektive lassen sich nationale Wissenschaftssysteme im Sinne nationaler, auf Wissenschaft bezogener Institutionensysteme unterscheiden, die je national spezifische Bedingungen für die lokale
Wissensproduktion schaffen. Um den Einfluss nationaler Wissenschaftssystem auf die Art und Weise und auf die Ergebnisse der Wissensproduktion zu
verstehen, reichen jedoch allgemeine Beschreibungen wie die von Whitley
(2003) nicht aus. Es ist nötig, die Wirkungen der Institutionen auf der Ebene
zu synthetisieren, auf der sie die Wissensproduktion beeinflussen, das heißt
auf der Mikroebene des individuellen Wissenschaftlers und der Forschungsgruppe. Außerdem muss empirisch untersucht werden, wie die institutionellen
Einflüsse in für die Wissensproduktion relevante Faktoren übersetzt werden.

2.7.5 Nationale Fachgemeinschaften

Die meisten wissenschaftlichen Gemeinschaften sind international. Sie haben
Mitglieder in vielen Ländern, die alle an einem gemeinsamen Wissensbestand
arbeiten. Unter bestimmten Bedingungen können in solchen internationalen
wissenschaftlichen Gemeinschaften nationale Substrukturen entstehen. Diese
Strukturierung wird anscheinend eher durch interne Dynamiken der Wissensproduktion als durch externe Einflüsse ausgelöst. Sie kann nicht allein auf das
Wirken nationaler Institutionensysteme zurückgeführt werden, obwohl diese
das Entstehen nationaler Gemeinschaften fördern können.

Ein wichtiger kognitiver Kristallisationspunkt für nationale wissenschaftliche Gemeinschaften sind national spezifische Forschungsgegenstände. So
haben Reguant und Casadella festgestellt, dass in der systematischen Paläon-
tologie, in der die Untersuchungsobjekte jeweils an bestimmte Regionen gebunden sind, mehr als die Hälfte der Publikationen in anderen Sprachen als
Englisch erscheinen (Reguant/Casadella 1994). In den spanischen Geowis-
senschaften erscheinen die meisten Publikationen in nationalen Zeitschriften.
Die Wissenschaftler widersetzen sich dem Druck, in internationalen Zeitschriften zu publizieren, weil ihre Arbeit regional orientiert ist (Rey-Rocha/
Martin-Sempere 1999). Auch für finnische technologische Publikationen
wurde eine Konzentration in nationalen Zeitschriften beobachtet (Luukkonen
1992), was aus der Orientierung dieser Arbeiten an den Bedürfnissen einer
nationalen Industrie erklärt werden kann. Wenn es ein Interesse der internationalen Fachgemeinschaft an national spezifischen Gegenständen gibt, dann
führt das häufig zu internationalen Kooperationen, wie Russel (1995: 59) für
Mexiko und seine tropische Natur sowie Thorsteinsdóttir (2000) für Forschungsmaterialien in Island und Neufundland festgestellt haben. Es kann

angenommen werden, dass die Existenz national spezifischer Forschungsobjekte die Art und Weise der kollektiven Wissensproduktion stark beeinflusst. Bislang liegen jedoch keine systematischen Studien zu diesem Thema vor. Nationale Fachgemeinschaften bilden sich auch ohne national spezifische Gegenstände, wenn die »kritische Masse« an Wissenschaftlern (Crane 1972: 65) in einem Land groß genug ist. Wenn genügend Wissenschaftler einer Fachgemeinschaft in einem Land arbeiten, dann werden sie die Vorteile nationaler Kommunikation und Kooperation ausnutzen und sich stärker aufeinander beziehen. Damit wird der Beitrag zur internationalen kollektiven Produktion nicht außer Kraft gesetzt. Für die Wissenschaftler eines Landes entsteht aber mit dem national produzierten Wissen ein zweiter Bezugspunkt und damit eine nationale Fachgemeinschaft mit einer höheren Interaktionsdichte, als sie die internationale Gemeinschaft aufweist.

Die Existenz nationaler Fachgemeinschaften kann indirekt aus der Präferenz von Sprachen und Zeitschriften geschlossen werden (Inhaber 1977; Egghe u. a. 1999). Die für größere Länder beobachtete geringere Dichte internationaler Kooperationen (Luukkonen u. a. 1992) deutet ebenfalls auf eine stärkere interne Orientierung und damit auf die Existenz nationaler Fachgemeinschaften hin. Umgekehrt integrieren sich die Wissenschaftler kleinerer Länder direkt in ihre internationale Fachgemeinschaft, was darin zum Ausdruck kommt, dass die internationalen Beziehungen von Wissenschaftlern stärker ausgeprägt sind als die nationalen (Macías-Chapula 1992; Godin/Ippersiel 1996). Diese Ergebnisse bestätigen Cranes Beobachtung, dass nicht zum Kern einer Fachgemeinschaft gehörende Wissenschaftler miteinander nicht direkt, sondern vermittelt über diesen Kern verbunden sind (Crane 1972: 42).

Was die Existenz national spezifischer Gegenstände und nationaler Fachgemeinschaften für die kollektive Wissensproduktion bedeutet, kann erst auf der Basis zukünftiger empirischer Untersuchungen geklärt werden (für den Einfluss solcher Strukturen auf die Themenfindung in Max-Planck-Instituten siehe Mayntz 2001: 20–27). Bislang gibt es nur eine empirische Studie, die die Beziehungen zwischen einer nationalen und deren internationaler Fachgemeinschaft untersucht hat. Chu hat zunächst nachgewiesen, dass die chinesischen Hochtemperatur-Supraleitungs(HTSL)-Forscher der internationalen Fachgemeinschaft angehören: »Chinese and non-Chinese HTSL researchers shared cited cores, used identical sources for formal communication, and had comparable intellectual structures for their cocitation data.« (Chu 1992a: 248) Diese Beschreibung erfüllt das in 2.6.1 eingeführte Kriterium für die Mitgliedschaft in einer wissenschaftlichen Gemeinschaft, nämlich die Orientierung der eigenen Arbeit am Wissensbestand der Fachgemeinschaft. Chu zeigt jedoch auch, dass die chinesischen Wissenschaftler nicht in die internationalen informellen Kommunikationsnetze eingebunden waren. Diese Netze gewannen an Bedeutung, als nach dem Durchbruch in der HTSL-Forschung in hohem Tempo neues Wissen produziert und zunächst informell kommuniziert wurde, was den Abstand zwischen der informell kommunizierten Forschungsfront und dem publizierten Archiv vergrößerte. Der Ausschluss aus der informellen Kommunikation »explains why Chinese researchers did wonders in the early stages of the breakthrough but had some difficulties to keep pace with their non-Chinese colleagues subsequently« (Chu 1992b: 272f.).

Die Existenz nationaler Fachgemeinschaften wird durch die Analyse von Chu direkt und durch die anderen genannten Studien indirekt bestätigt. Unser Wissen über die nationalen Substrukturen internationaler Fachgemeinschaften ist aber ausgesprochen lückenhaft. Wir wissen zum Beispiel nicht, wie groß die kritische Masse an Wissenschaftlern eines Landes sein muss, damit sich nationale Substrukturen ausbilden. Sie ist wahrscheinlich geringer als die für die Entstehung eines neuen Spezialgebietes erforderliche. Es kann außerdem vermutet werden, dass die nationalen Fachgemeinschaften keine »echten Teilmengen« der internationalen Fachgemeinschaften sind. Die unscharfen Grenzen von Fachgemeinschaften, das Kommunikationsbedürfnis und die leichtere Realisierbarkeit nationaler Kommunikation lassen die Annahme zu, dass es national spezifische »Fusionen« von Mitgliedern verschiedener internationaler Fachgemeinschaften zu einer nationalen Fachgemeinschaft gibt. Solche Fusionen können natürlich nur gelingen, wenn ein gemeinsamer Wissensbestand definiert werden kann und die Wissenschaftler die Bezüge auf den national definierten und auf den internationalen Wissensbestand gleichermaßen aufrechterhalten können. Dann bieten nationale Fusionen Möglichkeiten für Neukombinationen von Wissen und sind eine Quelle von Innovationen.

3. Wie entstehen wissenschaftliche Gemeinschaften?

3.1 Die Entstehung wissenschaftlicher Gemeinschaften als interdisziplinäres Problem

Im vorangegangenen Kapitel habe ich den Mechanismus gemeinschaftlicher, durch den gemeinsamen Gegenstand geordneter wissenschaftlicher Produktion beschrieben und seine Übereinstimmung mit zentralen empirischen Befunden der Wissenschaftsforschung demonstriert. Ich möchte nun die Frage beantworten, wie diese besondere kollektive Praxis entstanden ist. Zu diesem Zweck muss ich die soziologische Perspektive mit einer historischen verbinden und auf zwei grundverschiedene empirische Phänomene anwenden. Die Frage nach der Entstehung wissenschaftlicher Gemeinschaften bezieht sich zum einen auf die Herausbildung des Produktionsmechanismus und des ihn tragenden sozialen Kollektivs, das heißt der wissenschaftlichen Gemeinschaft. Wissenschaftliche Gemeinschaften, die in der beschriebenen Art und Weise produzieren, haben ja nicht »schon immer« existiert. Das bedeutet, dass der Produktionsmechanismus aus vorgängigen Praktiken der Wissensproduktion entstanden sein muss. Diesen Entstehungsprozess gilt es von einer Ausgangssituation her nachzuzeichnen. Damit kann zugleich das Modell gemeinschaftlicher Wissensproduktion einer zusätzlichen empirischen Prüfung unterzogen werden. Die Rekonstruktion ist ja zugleich historiographischer und soziologischer Natur – historiographisch im Nachzeichnen der Entwicklungen, die zur Entstehung des Mechanismus geführt haben, und soziologisch in der Identifizierung notwendiger und hinreichender Bedingungen für dessen Existenz. Eine solche Analyse erlaubt insbesondere die Suche nach »taken for granted-assumptions« über die moderne Wissenschaft, das heißt nach als selbstverständlich vorausgesetzten und deshalb in ihrer Bedeutung übersehenen Bedingungen wissenschaftlicher Produktion. Auch solche Bedingungen sind historisch entstanden und sollten ins Auge fallen, wenn sie erstmals auftreten.

Ein zweites Phänomen, auf das die Frage nach der Entstehung wissenschaftlicher Gemeinschaften bezogen werden kann, ist die Herausbildung neuer wissenschaftlicher Gemeinschaften aus oder neben schon existierenden. Die moderne Wissenschaft ist unter anderem durch einen ubiquitären Prozess der Entstehung neuer Fachgemeinschaften charakterisiert, die für sich einen neuen gemeinsamen Gegenstand definieren und an ihm arbeiten. Dieser Prozess setzt die Existenz des Mechanismus kollektiver wissenschaftlicher Produktion voraus. Die Frage lautet hier, unter welchen Bedingungen und wie Wissenschaftler anstelle oder neben ihrer Mitgliedschaft in etablierten wissenschaftlichen Gemeinschaften mit anderen Wissenschaftlern neue bilden. Dieser Prozess war in den 60er und 70er Jahren Gegenstand zahlreicher Fallstudien zur »Entstehung wissenschaftlicher Spezialgebiete« – so der Titel eines resümierenden Aufsatzes von Edge und Mulkay (1975). Eine Reanalyse der Fallstudien unter dem Gesichtspunkt des Entstehens gemeinschaftlicher Produktion soll die Frage beantworten helfen, wie produzierende Gemeinschaften neue Gemeinschaften hervorbringen.

Unsere Frage nach der erstmaligen Entstehung des Produktionsmechanismus verweist auf die »Entstehung der modernen Wissenschaft« und »die Wissenschaftliche Revolution«. Die Datierungen dieser Revolution variieren beträchtlich und führen nicht selten auf Zeiträume von mehr als 200 Jahren.[80] Als Höhepunkt und Abschluss wird jedoch allgemein das 17. Jahrhundert angesehen. Francis Bacon (1561–1626) gilt als eine der herausragenden Figuren der Wissenschaftlichen Revolution, weil er als erster das Credo der modernen Wissenschaft formuliert hat. Die von ihm vorgelegte erste Beschreibung der modernen Wissenschaft als produzierendes Kollektiv (siehe 1.1) stützt die Vermutung, die spezifische Produktionsweise der modernen Wissenschaft sei in der Wissenschaftlichen Revolution entstanden.

Die Entstehung der modernen Wissenschaft ist ein interdisziplinäres Forschungsproblem. Sie ist für die Wissenschaftsgeschichte zentral, weil es sich um einen bedeutenden Umbruch in der Wissenschaftsentwicklung handelt, der – wenn es ihn denn gegeben hat – gewissermaßen die Vorgeschichte von der Geschichte der Wissenschaft trennt. Da dieser Umbruch die Herausbildung einer neuen sozialen Ordnung und einer neuen Form kollektiver Produktion in der Wissenschaft beinhaltet, ist er zugleich von zentralem Interesse für die Wissenschaftssoziologie. Die Frage nach der Herausbildung einer neuen Ordnung ist eine soziologische Frage, die mit den Mitteln der Wissenschaftsgeschichte beantwortet werden muss. Statt einer Synthese beider Perspektiven gab es bisher jedoch eher getrennte disziplinäre Analysen. Wissenschaftssoziologische Modelle der modernen Wissenschaft führen unvermeid-

---

80 Zum Beispiel *The Origins of Modern Science, 1300–1800* (Butterfield 1949) oder *The Scientific Revolution, 1500–1800* (Hall 1954). Ein neueres Werk analysiert Prozesse des 15. bis Ende des 17. Jahrhunderts (Rossi 2000).

lich auf die Frage, seit wann die Wissenschaft diesem Modell entsprechend funktioniert, und wie der Übergang auf diese Funktionsweise erfolgte – auf die Frage also, die auch diesem Kapitel zugrunde liegt. Allerdings haben nur zwei Autoren soziologischer Modelle – Ben-David und Latour – tatsächlich versucht, die Entstehung des von ihnen als »moderne Wissenschaft« charakterisierten Phänomens zu rekonstruieren. Ein dritter, ähnlich gelagerter Versuch ist von David im Kontext der »neuen Wissenschaftsökonomie« unternommen worden.

Bevor ich mich diesen drei Versuchen einer historischen Rekonstruktion widme, möchte ich kurz auf eine Arbeit hinweisen, die nicht in diese Kategorie passt. Es handelt sich um Mertons Analyse der Entstehung der modernen Wissenschaft in England (Merton 1970). Merton hat diesen Prozess zwar aus einer soziologisch-institutionalistischen Perspektive analysiert, konnte sich aber nicht auf sein Modell von Wissenschaft beziehen, weil es noch nicht existierte. Er hat also nicht versucht, die Entstehung der modernen Wissenschaft als Institutionalisierung des »wissenschaftlichen Ethos« zu beschreiben. Es ist nicht ganz einfach festzustellen, was er stattdessen eigentlich getan hat (Shapin 1988). Eine sorgfältige Interpretation zeigt, dass es ihm nicht in erster Linie um die Entstehung der modernen Wissenschaft ging, sondern um die Beziehungen zwischen Wissenschaft und Gesellschaft unter den Bedingungen unvollständiger Ausdifferenzierung des Wissenschaftssystems (Gieryn 1988). Nur ein Teil dieser Arbeit bezieht sich überhaupt auf die Entstehung der modernen Wissenschaft, und mit ihrer Beschränkung auf England bildet sie keine ausreichende Grundlage für generelle Aussagen über »die Wissenschaftliche Revolution«.[81]

Merton hat die Vermutung geäußert, dass im England des 17. Jahrhunderts auch wegen des herrschenden Puritanismus ein besonders fruchtbarer Boden für die Entwicklung der Wissenschaft existierte (Merton 1970: 238). Er hat aber nie beansprucht, die Entstehung der modernen Wissenschaft kausal aus dem Puritanismus oder aus ökonomischen und militärischen Bedürfnissen herzuleiten (Gieryn 1988). Die sich an diesem Vorwurf festbeißende Kritik der internalistisch orientierten Wissenschaftsgeschichte (zum Beispiel R. Hall 1963) hat Merton mit externalistischen, häufig aus einer marxistischen

---

81 Dabei tauchte bereits ein Motiv auf, das später der Mertonschen Wissenschaftssoziologie zugrunde liegen und an dem sich ihre Kritik entzünden sollte: Die Praktiken der Wissenschaftler (Ideen, Methoden wissenschaftlichen Arbeitens usw.) wurden nicht als Gegenstand der Soziologie angesehen, sondern der »internen Geschichte der Wissenschaft« und damit der Domäne der Wissenschaftshistoriker zugerechnet: »Scientific discoveries and inventions belong to the internal history of science and are largely independent of factors other than the purely scientific.« (Merton 1970: 75, siehe auch 48, 50).

Perspektive unternommenen Analysen der Wissenschaftlichen Revolution (Bernal 1939; 1954; Hessen 1974) in einen Topf geworfen. Heute besteht weitgehend Einigkeit darüber, dass die Kritiker und auch einige Unterstützer Mertons diesen einfach missverstanden haben (Gieryn 1988; Shapin 1988; Cohen 1994: 333–336).

Während Merton die Entstehung der modernen Wissenschaft begünstigende Faktoren zu identifizieren versuchte, hat Ben-David eine weiter reichende Analyse vorgelegt, die explizit auf einem strukturfunktionalistischen Wissenschaftsmodell aufbaut. Ben-David bilanzierte ein im Jahre 1961 gehaltenes wissenschaftshistorisches Symposium zur Entstehung der modernen Wissenschaft mit einer harschen Kritik:

The emergence of modern science in the seventeenth century is the emergence of a pattern which combines continuity with rapid innovation. The views put forward at the symposium do not adequately explain this phenomenon both because they emphasize conditions which had also existed elsewhere, in constellations not much different from those prevailing in Europe, and because they failed to come to grips with the basic question of how it occurred that a specific group of people, and not just an occasional odd individual – came to regard the scientific investigation of nature as a major source of truth about the world and that they were not only allowed to do so but also, to some extent, rewarded for it. (Ben-David 1991a: 303)

Ben-David deutete seine Antwort an. Er sah die Ursachen für die Entstehung der modernen Wissenschaft in Europa in der Herausbildung eines weltweit einmaligen Systems wissenschaftlicher Institutionen, in denen Universitäten die Bewahrung des Wissens und wissenschaftliche Ausbildung ermöglichten (ebd.: 304–306), und in denen institutionelle Innovationen außerhalb der Universitäten (die »neuen Akademien« wie die *Royal Society* und die *Académie Royale des Sciences*) die Basis für die inhaltliche Innovation bildeten (ebd.: 306–309).

Sieben Jahre später hat Ben-David eine spezifischere, gleichfalls institutionalistische Antwort gegeben (Ben-David 1971). Seine Antwort auf die oben gestellte Frage lautet, dass die moderne Wissenschaft entstand, als sich eine spezifische Wissenschaftler-Rolle herausbildete. Die neue Rolle legitimierte die Produktion wissenschaftlichen Wissens durch Akteure aus unterschiedlichen sozialen Gruppen. Sie trat zunächst in rudimentärer Form im Italien des 16. Jahrhunderts auf, wo die Kontakte zwischen Angehörigen der Handwerkseliten, Künstlern und an wissenschaftlichem Fortschritt interessierten Gelehrten eine hybride Identität des Künstler-Wissenschaftlers entstehen ließen. Diese Entwicklung kam zum Stillstand, als die Aufnahme der aufkommenden Schicht der Händler in den Adel deren Emanzipationsbewegung neutralisierte und die bestehende soziale Struktur zementierte. Dadurch erstarrten auch die bis dahin zahlreichen und dynamischen wissenschaftlichen Akademien in Italien (Ben-David 1971: 55–66). Im Nordeuropa des 17. Jahrhunderts konnte dagegen aus mehreren Gründen eine Wissenschaftler-Rolle entstehen und sich stabilisieren (ebd.: 66–74):

- Der in Nordeuropa dominierende Protestantismus besaß keine zentrale Autorität und beließ die Interpretation der Bibel beim Gläubigen. Dadurch entstand für jeden Gläubigen die Möglichkeit, sein Interesse an der Wissenschaft und seinen Glauben in Übereinstimmung zu bringen.
- Die soziale Stratifikation war fluide, weil die neu entstehenden sozialen Gruppen nicht absorbiert wurden, sondern um einen eigenen Platz in der Gesellschaft kämpften.
- Die englischen »Wissenschaftler« fanden in der von Bacon vorgeschlagenen experimentellen Methode eine allgemein akzeptierte Grundlage ihrer Betätigung.

Ben-David zufolge war die Wissenschaft in England um 1700 »institutionalisiert«, weil sie als wichtige gesellschaftliche Funktion akzeptiert war, Normen existierten, die die Handlungen in der Wissenschaft relativ autonom von anderen Sphären regulierten, und andere Sphären ihre Normen in gewissem Maße an die der neuen Sphäre »Wissenschaft« angepasst hatten. Ben-David behauptet insbesondere, dass in der *Royal Society* die wissenschaftliche Betätigung als distinkt und unabhängig von der philosophischen etabliert war.

Ohne im einzelnen auf die Reibungen zwischen Ben-Davids Rekonstruktion und wissenschaftshistorischen Fakten einzugehen, will ich hier nur zwei Schwachstellen dieser Argumentation nennen. Erstens behauptet Ben-David kurzerhand, dass die Wissenschaft in England um 1700 den Mertonschen Normen folgte, ohne dafür einen einzigen historischen Beleg zu bringen. Gerade Mertons historische Studie beweist aber die (noch) unvollständige Ausdifferenzierung der Wissenschaft, die sich unter anderem in einer partiellen Identität von religiösen Werten und Werten der Wissenschaft dieser Zeit zeigte. Auch die Trennung von Wissenschaft und Philosophie oder die »Einigung« englischer Wissenschaftler auf die experimentelle Methode zu behaupten, ist weit überzogen, wie ich in den folgenden Abschnitten noch im Einzelnen zeigen werde. All diese Aspekte sind wichtige Elemente moderner Wissenschaft. Es reicht jedoch nicht aus zu behaupten, dass diese Elemente existierten. Ben-David wird hier zum Opfer der von ihm postulierten Arbeitsteilung zwischen Soziologie einerseits und Philosophie und Wissenschaftsgeschichte andererseits: Das explizite Ausklammern der Inhalte der Wissenschaft lässt ihn auch die Vorstellungen, Praktiken und Interaktionen der Wissenschaftler mit über Bord werfen.[82] Deshalb kann er über die Entste-

---

82 Zur Kritik dieses Ansatzes und der aus ihm entstehenden Fehlinterpretationen siehe Kuhn (1972b).

hung der modernen Vorstellungen, Praktiken und Interaktionen nur spekulieren bzw. nur aus reflexiven Publikationen (wie denen von Bacon) auf diese Elemente schließen. Die eigentliche soziologische Studie bezieht sich nur auf die Entstehung der Wissenschaftler-Rolle. Es ist aber überhaupt nicht plausibel, wieso das Entstehen dieser Rolle notwendig und hinreichend für das Entstehen der modernen Wissenschaft gewesen sein soll. Es geht ja nicht um das Entstehen der Berufsrolle des Wissenschaftlers (die existierte am ehesten in Italien), sondern um eine auf eine Freizeitbetätigung bezogene Rolle. Ben-David kann den Zusammenhang zwischen dem Entstehen dieser Rolle und Veränderungen in der Wissensproduktion nicht zeigen, weil er bezüglich der letzteren auf Vermutungen angewiesen ist.

Die zweite von einem Wissenschaftsmodell ausgehende historische Rekonstruktion der Entstehung moderner Wissenschaft findet sich bei Latour (1986). Latour hat eine ähnliche Frage gestellt wie Ben-David, ohne den geographischen Aspekt (warum gerade in Europa?) hervorzuheben. Für ihn gilt es herauszufinden, was die Spezifik der modernen Wissenschaft ausmacht, und die Entstehung dieser Spezifik möglichst sparsam (durch wenige Faktoren) zu erklären. Er begibt sich auf die Suche nach wenigen, einfachen, empirisch verifizierbaren Ursachen, die die enormen Unterschiede zwischen vormoderner und moderner Wissenschaft erklären können.

Latours Antwort auf diese Frage kommt nicht überraschend, liegt sie doch ganz auf der Linie seines Modells der Wissenschaft. Er sieht das größte Potenzial in Erklärungen, die die Fertigkeiten im Schreiben und in der bildlichen Darstellung einbeziehen (Latour 1986: 3). Damit sind wir bei der Grundlage der Latourschen Wissenschaftsauffassung, die die Wissensproduktion als Kampf zwischen Akteurnetzwerken modelliert: »Who will win in an agonistic encounter between two authors, and between them and all the others they need to build up a statement S? Answer: the one able to *muster on the spot the largest number of well aligned and faithful allies*. This definition of victory is common to war, politics, law, and, I shall show now, to science and technology.« (ebd.: 5)

Latour zufolge entstand die moderne Wissenschaft mit der Erfindung der von ihm so genannten »immutable mobiles«, das heißt von Objekten, die mobil und zugleich unveränderlich sind. Immutable mobiles entstehen Latour zufolge im Ergebnis zweier Entwicklungen. Erstens hat die Erfindung der optischen Perspektive die »optische Konsistenz« von Abbildungen ermöglicht. Die Perspektive in Abbildungen gestattet es, das abgebildete Objekt unabhängig von Distanz und Betrachtungswinkel als dasselbe zu rekonstruieren, und schuf damit eine neue »Kultur des Sehens«. Zweitens schuf der Buchdruck die Möglichkeit, Erkenntnisse zu fixieren und sie in unveränderlicher Form zu verbreiten. Diese Erfindungen ermöglichten die Entstehung von

»inscriptions« (visuellen und verbalen Repräsentationen), die in den Interaktionen der Wissenschaftler die Natur repräsentieren. »Inscriptions« reduzieren die Komplexität der Natur und machen sie beweglich. Sie werden durch die »Metrologie« stabilisiert, das heißt durch die wissenschaftliche Organisation von stabilen Messungen und Standards.

Ich habe darauf hingewiesen, dass die Erklärungskraft der Actor-Network-Theory begrenzt ist, und dass es sich eher um eine Reformulierung von Beschreibungen in einer anderen Sprache als um theoretische Erklärungen handelt (1.4 und 2.5.1). Selbst wenn man annimmt, dass die moderne Wissenschaft aus miteinander kämpfenden Akteurnetzwerken besteht und dass »inscriptions« zentrale Ressourcen in diesen Kämpfen sind, bleibt Latours Erklärung unvollständig. Sie behandelt zwar die Entstehung von »inscriptions«, setzt aber die Akteurnetzwerke als »ewiges« Charakteristikum von Wissenschaft voraus. Wurde wissenschaftliches Wissen »schon immer« durch miteinander kämpfende Akteurnetzwerke produziert? Latour bejaht dies implizit, wenn er die »agonistische Situation« kämpfender Akteurnetzwerke als Ursache für die rasche Verbreitung des Buchdruckes einführt, der ja seinerseits die »inscriptions« erst ermöglicht hat (ebd.: 13). Damit nimmt er die soziale Struktur der Wissenschaft als unveränderlich an und reduziert die Entstehung moderner Wissenschaft auf das Entstehen neuer Ressourcen für die Kämpfe zwischen Akteurnetzwerken. Dadurch ebnet er zahlreiche Unterschiede zwischen vormoderner und moderner Wissenschaft ein. Um der ausführlichen Darstellung in den folgenden Abschnitten nicht vorzugreifen, will ich lediglich darauf hinweisen, dass die Erweiterung wissenschaftlichen Wissens, die in der Latourschen Lesart »schon immer« durch miteinander kämpfende Akteurnetzwerke erfolgte, der mittelalterlichen Wissenschaft fremd war. Weder hatten die Wissensproduzenten ein solches Ziel (die Ziele waren vielmehr Bewahrung und Weitergabe des Wissens), noch gab es entsprechende Praktiken. Zwar kann es in der vormodernen Wissenschaft Akteurnetzwerke gegeben haben, die einzelne Statements im Sinne von Interpretationen der Klassiker zum Durchbruch zu verhelfen suchten. Das war aber nicht die dominierende Praxis. Insbesondere gab es in der vormodernen Wissenschaft keine Experimente, die »inscriptions« produzierten. Die Praktiken, die in der Sprache der Actor-Network-Theory beschrieben werden können, bildeten sich erst in der Wissenschaftlichen Revolution heraus. Der Fokus auf kämpfende Akteurnetzwerke und »inscriptions« setzt voraus, was zu erklären wäre.

Neben diesen soziologischen Rekonstruktionen gibt es auch einen Versuch, die Entstehung der modernen Wissenschaft ökonomisch zu erklären. Im Kontext der »neuen Wissenschaftsökonomie« ist vor allem der aus ökonomischer Perspektive rätselhafte Charakter der Wissenschaft als öffentliches

Gut diskutiert worden. David (1998; 2000) hat die Frage gestellt, wie die Norm der Offenheit, die die Publikation wissenschaftlicher Ergebnisse fordert und damit das öffentliche Gut schafft, historisch entstanden ist. Er stellt fest:

... the cultural ethos and social organization of Western European scientific activities during the late 16ᵗʰ and 17ᵗʰ centuries underwent a significant transformation, a break from the previously dominant regime of »secrecy in the pursue of nature's secrets«. This change should be seen as a distinctive and vital aspect of the Scientific Revolution, from which there crystallized a new set of conventions, incentive structures, and institutional mechanisms that reinforced scientific researchers' commitments to rapid disclosure and wider dissemination of their discoveries and inventions. Yet the puzzle of why and how this came about has not received the notice it would seem to deserve ... (David 1998: 16)

Davids zentrales Argument ist ökonomischer Natur: Offenheit wurde notwendig, als sich das Patronagesystem durchsetzte, in dem Adlige Wissenschaftler finanzierten und ihnen Positionen an ihren Höfen gewährten. Damit entstanden ein Wettbewerb zwischen Wissenschaftlern um solche Positionen und ein Wettbewerb der Mäzene um die besten Wissenschaftler, die den größten Reputationsgewinn versprachen. Die wachsende Kompliziertheit insbesondere der mathematischen und Mathematik nutzenden Wissenschaften ließen ein neues Problem entstehen: Wie sollten die Adligen entscheiden, wen sie »sponsern« sollen? David modelliert die daraus entstehende Situation als »common agency contracting, with rival principals«. Ihm zufolge lösten die Mäzene das Problem dadurch, dass sie es an die Bewerber delegierten: »... those screening functions were thereby devolved initially to informal networks of correspondents, and increasingly to more institutionalized communities of their fellow practitioners and correspondents.« (ebd.: 18)

In seiner späteren Argumentation zu diesem Aspekt behandelt David die Institutionalisierung des durch den Wettbewerb der Höfe entstandenen Prinzips der Offenheit in den neuen (nach 1660 entstandenen) Akademien. David stellt unter Berufung auf Lux (1991) fest, dass die neuen Akademien keine institutionelle Innovation waren, sondern bekannte Organisationsmodelle auf die Organisation wissenschaftlicher Aktivitäten anwendeten. Er fragt, warum die »Wissenschaftler« des 17. Jahrhunderts Mitglieder dieser Akademien werden wollten, obwohl in diesen die Norm der Offenlegung des Wissens institutionalisiert war. Die Modellierung der Akteurkonstellation als eine Serie wiederholter Spiele des Gefangenendilemmas zeigt, dass »... small cooperative ›networks‹ of information sharing can be supported among researchers, because cooperative behavior furthers their self-interest in the race for priority, and denial of access to pools of shared information would place them at a severe disadvantage vis-a-vis competitors.« (David 2000: 21) Die allgemeine

Mertonsche Norm der Offenheit ist David zufolge nötig, weil sie die Teilnehmer des Spiels erwarten lässt, dass sich die anderen kooperativ verhalten, was das spontane Entstehen kooperativer Netzwerke begünstigt.

Da ich auch das Wissenschaftsmodell der »neuen Wissenschaftsökonomie« bereits kritisiert habe (1.4), merke ich hier ebenfalls nur die immanenten Schwierigkeiten des historischen Erklärungsversuchs an. Ein erstes Problem ist, dass David die Entstehung von Offenheit nicht problematisieren kann, ohne die Rolle der Geheimhaltung überzubetonen. Ein beträchtlicher Teil des Wissens wurde aber gar nicht geheim gehalten (für die Naturphilosophie siehe Dear 1987: 143; Dear 1990: 665; Shapin 1996: 106). Hinzu kommt, dass andere Mechanismen als die Auswahl von Wissenschaftlern durch Mäzene und die Kooperation in kleinen Netzwerken am Werke gewesen sind. Anders wäre nicht erklärbar, dass Galilei einen Teil seines Wissens weder geheim gehalten noch publiziert, sondern informell weitergegeben hat (Büttner u. a. 2002: 20–22). Die beginnende Offenlegung technischen Wissens war dem Verschwinden alter Normen (der Zunftgeheimnisse) und finanziellen Interessen an Buchpublikationen geschuldet. Das Patronagesystem hat die Publikation von Wissen dadurch gefördert, dass es als Gegenleistung für das »Sponsoring« einen Beitrag der Wissenschaftler zum Glanz des jeweiligen Hofes definierte. Schließlich wird die Entstehung der modernen Wissenschaft allgemein in England angesiedelt, wo die Patronage eben keine Rolle spielte (siehe die Argumentation von Ben-David). Es ist deshalb zweifelhaft, dass gerade die von David beschriebenen Konkurrenzsituationen der für die moderne Wissenschaft charakteristischen Offenheit zum Durchbruch verholfen haben.

Den drei kritisierten historischen Rekonstruktionen ist gemeinsam, dass sie jeweils für ihr Wissenschaftsmodell notwendige Funktionsbedingungen identifizierten und deren Entstehung rekonstruieren. Die Wissenschaftsgeschichte ist insofern in einer schwierigeren Situation, als sie nicht mit einem konsentierten theoretischen Modell moderner Wissenschaft operiert. Deshalb ist für sie bereits eine offene Frage, was in der »Wissenschaftlichen Revolution« eigentlich entstanden ist. Die dominierende ideengeschichtliche Perspektive behandelt die »Wissenschaftliche Revolution« als Revolution der *Inhalte* der Wissenschaft, das heißt als Durchsetzung neuer Theorien und der modernen wissenschaftlichen Methode. Charakteristisch dafür ist das Kompendium von Perspektiven auf die Wissenschaftliche Revolution, das Cohen im Jahre 1994 vorgelegt hat. Nach einer ausführlichen Synopse und Analyse aller Auffassungen zur Wissenschaftlichen Revolution kommt Cohen zu dem Schluss, dass der Inhalt der »Wissenschaftlichen Revolution« in den verschiedenen philosophischen, theoretischen und methodischen Umwälzungen bestand, die seine Vorgänger beschrieben haben (Cohen 1994: 506–516). Einige wenige soziale Faktoren tauchen auf, wenn er die Ursachen der »Wissenschaftlichen Revolution« beschreibt. Auch hier dominieren aber kognitive Faktoren und der Verweis auf Personen (Kepler, Galilei, Newton usw.). Diese die Wissenschaftsgeschichtsschreibung dominierende Auffassung bringt Schuster auf den Punkt, wenn er schreibt:

The Scientific Revolution consisted of a process of change and displacement among and within competing systems of natural philosophy. The Process involved the erosion and downfall of the dominant Aristotelian philosophy of nature and its replacement during the middle third of the seventeenth century by variants of the newly constructed mechanistic natural philosophy, which, after a period of consolidation and institutionalisation, were modified and partially displaced by the post-mechanistic natural philosophies of Leibniz, and especially Newton, setting the stage for the eighteenth century. (Schuster 1990: 224)

Die Wissenschaftsgeschichtsschreibung hat bisher keine synthetische Beschreibung der zahlreichen kognitiven und sozialen Veränderungen in der fraglichen Zeit hervorgebracht. Es dominieren die Beschäftigung mit Einzelfällen (einzelnen Wissenschaftlern, Büchern, Kontroversen, Organisationen etc.) und eine damit einhergehende »idiosynkratische Expertise« (Renn 1996: 7). Wenn die Wissenschaftliche Revolution als solche behandelt wird, dann werden einzelne Prozesse isoliert voneinander beschrieben, ohne dass Wechselwirkungen oder Kausalbeziehungen diskutiert werden (zum Beispiel Cohen 1994; Rossi 2000). Dadurch bleibt eine grundsätzliche Dualität von Veränderungen in den allgemeinen gesellschaftlichen Bedingungen einerseits und in den wissenschaftlichen Inhalten andererseits erhalten.

Die dazwischen liegende Sphäre wissenschaftlicher Praktiken hat erst in den letzten zwanzig Jahren die systematische Aufmerksamkeit der Wissenschaftsgeschichte erfahren, als einige Wissenschaftshistoriker die konstruktivistische Perspektive der Soziologie wissenschaftlichen Wissens zu adaptieren begannen (Shapin 1982; für eine Übersicht siehe Golinski 1998).[83] Eine durch die konstruktivistische Wissenschaftssoziologie informierte Strömung in der Wissenschaftsgeschichte betont die Umwälzung von Praktiken der Wissensproduktion und Kommunikation in der wissenschaftlichen Revolution hat begonnen, diese Umwälzung zu rekonstruieren. Die auf schriftliche Überlieferungen und Modelle von Geräten beschränkte Datenbasis setzt solchen Rekonstruktionsversuchen allerdings prinzipielle Grenzen. Auch ist die sozialkonstruktivistische Wissenschaftsgeschichte mit dem gleichen Pro-

---

83 Das gilt ungeachtet der Tatsache, dass in der Wissenschaftsgeschichte »schon immer« über experimentelle Praktiken geschrieben wurde (Holmes 1992). Solche Vorläufer lassen sich für jede neue Entwicklung finden. Das Neue an der konstruktivistischen Perspektive ist die Aufmerksamkeit für Veränderungen in den Praktiken der Wissensproduktion und die detaillierte Rekonstruktion der neu entstehenden Praktiken.

blem belastet wie die sie orientierende Soziologie wissenschaftlichen Wissens: Der mikroskopische Fokus macht es unmöglich, ein größeres Bild zu zeichnen. Da die Wissenschaftliche Revolution nicht auf die Einführung der experimentellen Methode als einer neuen Praxis der Wissensproduktion und auf das Berichten über Fakten reduziert werden kann, tragen die mikroskopischen Rekonstruktionen zwar Wissen über einzelne Prozesse bei, können aber keine Synthese liefern.

Eine stärker kulturalistisch orientierte Richtung in der Wissenschaftsgeschichte analysiert die Umbrüche in Weltbildern, die die Wissenschaftliche Revolution ermöglicht haben. Diese Analysen haben gezeigt, wie leicht wir bei historischen Analysen vergessen können, dass Menschen nicht nur anders handelten, sondern dass es auch andere Menschen waren, die handelten.

Ich werde von all diesen Arbeiten extensiv Gebrauch machen und eine auf meine Fragestellung bezogene Synthese versuchen, indem ich die Entstehung von wissenschaftliches Wissen produzierenden Gemeinschaften rekonstruiere. Dabei werde ich die gleiche Strategie verfolgen wie im vorangegangenen Kapitel, das heißt, ich werde die empirischen Beschreibungen nach Informationen durchsuchen, die für die Entstehung der spezifischen sozialen Ordnung wissenschaftlicher Gemeinschaften relevant sind.

Eine Analyse des Entstehungsprozesses gemeinschaftlicher Produktion muss sich auf die notwendigen Bedingungen für das Funktionieren des unterliegenden Modells konzentrieren. Sie unterscheidet sich darin nicht von den zuvor kritisierten Versuchen, die Entstehung einer bestimmten Funktionsweise der Wissenschaft zu rekonstruieren. Als Leitfrage der Analyse kann die Frage dienen, wie in dem untersuchten Kollektiv folgende Bedingungen und Praktiken entstanden:

– die Orientierung individueller Handlungen durch einen gemeinsamen Wissensbestand,
– das Erarbeiten und Anbieten von neuem Wissen als Beitrag zur Erweiterung dieses Wissensbestandes und
– die Annahme dieser Beiträge durch deren Verwendung in der weiteren Forschung.

In der Analyse der wissenschaftshistorischen Literatur wurde deutlich, dass die Wissenschaftliche Revolution nicht als einheitlicher Prozess ablief, sondern eher als ein Bündel konvergierender Prozesse. Aus diesem Grund kann die Herausbildung gemeinschaftlicher Produktion nicht chronologisch beschrieben werden. Stattdessen müssen die wesentlichen Prozesse identifiziert und je für sich sowie in ihren Wechselwirkungen nachgezeichnet werden.

Um die Ungleichzeitigkeit der Prozesse zu berücksichtigen und dennoch eine Synthese der verschiedenen Dynamiken zu erreichen, habe ich die Analyse folgendermaßen gegliedert. Im Abschnitt 3.2 skizziere ich zunächst wichtige Aspekte der Ausgangssituation, aus der heraus die gemeinschaftliche Wissensproduktion entstanden ist. Dazu gehören die vormoderne Wissenschaft, durch Veränderungen der Mittel der Wissensproduktion gegebene »technologische Impulse«, die Entwicklung des kulturellen Hintergrundes und der Weltbilder, die für die Produktion von Wissen relevant sind, sowie die Akteure, das heißt die Wissensproduzenten jener Zeit. Diese Aspekte weisen unterschiedliche Entwicklungsdynamiken auf, was die Beschreibung einer definierten Ausgangssituation zu einem definierten Zeitpunkt unmöglich macht.[84] Ich konzentriere mich deshalb auf die logische Ausgangssituation und beantworte die Frage, wie, durch wen und unter welchen Bedingungen Wissen produziert wurde, als es noch keine gemeinschaftliche Produktion gemäß dem in Kapitel 2 entwickelten Modell gab.

Im Abschnitt 3.3 zeichne ich das Entstehen der notwendigen Elemente der gemeinschaftlichen Produktion nach. Neben den erwarteten Elementen – Praktiken der lokalen Wissensproduktion und Kommunikation, Orientierung an einem gemeinsamen Wissensbestand und neuen Organisationsformen – rückt dabei unerwartet die kollektive Identität als notwendige Bedingung gemeinschaftlicher Produktion ins Blickfeld. Die Allgegenwärtigkeit wissenschaftlicher Gemeinschaften kann leicht vergessen lassen, dass die Produzenten wissen müssen, dass sie einer Produktionsgemeinschaft angehören, in der sich die anderen Mitglieder ähnlich verhalten wie sie selbst. Die kollektive Identität wissenschaftlicher Gemeinschaften und die Identität des Einzelnen als Mitglied einer solchen Gemeinschaft erweisen sich als wichtige Bedingungen für ihr Funktionieren.

Obwohl Ende des 17. Jahrhunderts alle notwendigen Elemente gemeinschaftlicher Produktion nachgewiesen werden können, unterscheidet sich der Produktionsmodus der Wissenschaft dieser Zeit noch von dem heutigen. In Abschnitt 3.4 werde ich der Frage nachgehen, warum es trotz des Vorhandenseins aller Elemente zu Beginn des 18. Jahrhunderts noch einmal 100 Jahre dauern sollte, ehe die gemeinschaftliche Produktionsweise der Produktionsweise unserer modernen Wissenschaft glich. Dabei kommt eine interessante Variable ins Spiel, die am besten als »Orientierungskraft« des Wissens-

---

84 Die wissenschaftshistorischen Rekonstruktionen scheinen in der Tat durch ein Problem belastet zu sein, dass der Heisenbergschen Unschärferelation analog ist: Je genauer man eine Situation beschreibt, desto schwerer wird es, sie exakt in Raum und Zeit zu lokalisieren. Konzentriert man sich dagegen auf den historischen Zeitpunkt, dann wird es zunehmend schwerer, die Situationsdimensionen zu diesem Zeitpunkt präzise zu beschreiben.

bestandes beschrieben werden kann. Damit gemeinschaftliche Produktion funktioniert, muss der gemeinsame Gegenstand die Mitglieder der Gemeinschaft aufeinander beziehen, das heißt sie so orientieren, dass sie füreinander relevante Beiträge erbringen. Diese Qualität nahmen die Wissensbestände zu unterschiedlichen Zeiten und mit unterschiedlichen Geschwindigkeiten an. Diese Entwicklungen erscheinen als zeitlich versetzte Differenzierungsprozesse und Übergänge zu kollektiver Produktion. Sie im Einzelnen nachzuzeichnen ist hier nicht möglich. Ich deute aber wenigstens an einigen Beispielen an, wie sich die Entwicklung der Produktionsgemeinschaften in verschiedenen Gebieten vollzog. Damit lässt sich die Beantwortung der Frage nach der Entstehung neuer wissenschaftlicher Spezialgebiete aus schon existierenden verbinden. Die Einbeziehung dieser Prozesse erlaubt dann eine abschließende Diskussion notwendiger und hinreichender Bedingungen für die Entstehung wissenschaftlicher Gemeinschaften.

3.2 Ausgangssituation

3.2.1 Vormoderne Wissenschaft

Obwohl die Wissenschaftshistoriker unterschiedliche Auffassungen über die Inhalte der Wissenschaftlichen Revolution haben, sind sie sich darin einig, dass »Wissenschaft« vor der Wissenschaftlichen Revolution eine grundsätzlich andere Qualität aufwies als danach. Diese Differenz ist für alle Ebenen der damaligen Wissensproduktion beschrieben worden. Sie zeigt sich in den philosophischen Annahmen über die Welt, in den wissenschaftstheoretischen Annahmen über Wissenschaft, in der logischen Struktur der Wissenschaft selbst und in den wissenschaftlichen Praktiken. Ich beschränke mich im Folgenden auf die für unsere Frage wesentlichen Aspekte, das heißt auf die Wahrnehmung des wissenschaftlichen Wissens durch die relevanten Akteure und auf deren Praktiken.

Die vormoderne Wissenschaft wurde durch das Aristotelische Wissenschaftsverständnis geprägt. Diesem Wissenschaftsverständnis zufolge war der Gegenstand der Wissenschaft der normale Verlauf der Naturprozesse, das heißt das, was immer und überall geschieht. Der Inhalt der Wissenschaft bestand aus absolut sicherem Wissen, dessen Wahrheit unumstößlich feststand. Solches Wissen konnte gewonnen werden, indem es logisch aus offensichtlich wahren Prinzipien abgeleitet wurde. Über die Wahrheit der Prämissen konnte innerhalb der Wissenschaft nicht entschieden werden. Deshalb kamen als

Prämissen nur offensichtliche Erfahrungstatsachen in Betracht, das heißt Erfahrungen, die durch jedermann überall gemacht wurden und denen deshalb jedermann ohne weitere Argumentation zustimmen konnte, ja zustimmen musste. Beispiele dafür sind Aussagen wie »Alle schweren Körper fallen nach unten« oder »Das Ganze ist größer als ein echtes Teil von ihm«.

Diese radikal simplifizierten Erfahrungstatsachen bilden den Ausgangspunkt vormoderner Wissenschaft. Wenn die Aristotelische Wissenschaft bei ihren Schlussfolgerungen angelangt war, demonstrierte sie diese an Beispielen, die wiederum dem Alltag entnommen waren. Die Beispiele waren allgemein bekannt und ihre Wahrheit unmittelbar einsichtig. Beide Verwendungen beruhen auf dem universellen, unmittelbar als wahr evidenten Charakter von Erfahrung:

The term »experience« designated a universal statement of fact, supposedly constructed from the memory of many singular instances, and its universality expressed its intended status as an evident truth which might form a premise in a scientific demonstration. Formal universality did not in itself establish an experience as »evident« of course; it had to express, and derive from, the perennial lessons of the senses. (Dear 1987: 141f.)

Wissenschaft bestand also aus logischer Argumentation, die von Alltagserfahrungen ausging und diese zur Demonstration und Illustration benutzte. Das Besondere hatte keinen Platz in der Naturphilosophie: »… although particular natural effects undoubtedly had particular causes, the investigation of those effects and those causes lay outside the purview of the natural philosopher, who concerned himself only with necessary, certain, and universal knowledge (scientia).« (Park 1999: 347)

Diese Wissenschaftsauffassung und wissenschaftliche Praxis sind in der Tat grundverschieden von dem, was wir heute mit »Wissenschaft« assoziieren. Der Übergang zur modernen Wissenschaft setzte voraus, dass die mit Wissenschaft befassten Praktiker tief verwurzelte Auffassungen von Wissen und Wissenschaft aufgaben. Wer vormoderne Wissenschaft betrieb, tat das unter folgenden Annahmen:

– Wissenschaftliches Wissen kann nicht korrigiert und kaum erweitert werden. Korrigiert werden kann nur, was falsch ist, und wissenschaftliches Wissen ist nicht falsch. Eine Erweiterung ist nur durch neue logische Schlussfolgerungen aus Alltagserfahrungen möglich, die nicht in Widerspruch zu den existierenden stehen dürfen (denn die sind ja wahr).

– Was der einzelne Wissensproduzent erlebt und beobachtet ist nur dann Gegenstand der Wissenschaft, wenn es alle anderen (wissenschaftlichen und nichtwissenschaftlichen) Akteure auch erleben (können). Empirische Einzelbeobachtungen oder gar Experimentalergebnisse sind keine Erfahrungstatsachen im Sinne des Aristotelischen Wissenschaftsverständnisses.

- Wissenschaftliches Wissen kann insbesondere nicht durch Beiträge Einzelner vermehrt werden. Die Aufgabe der mit Wissenschaft Befassten besteht darin, das existierende Wissen zu verstehen, zu bewahren und weiterzugeben. Neues Wissen zu produzieren ist unmöglich.

Dieses Bild von Wissenschaft und wissenschaftlicher Praxis stand im Widerspruch zu den Alltagserfahrungen und Praktiken der Wissenschaftler. Insbesondere zwei Widersprüche mussten bearbeitet werden. Erstens gab es schon immer eine Fülle »interessanter« Einzelbeobachtungen, die nicht kausal erklärt werden konnten und nicht Gegenstand allgemeiner Erfahrung waren. Diese Einzeltatsachen wurden in den Bereich der Naturgeschichte verwiesen, als deren Aufgabe das Sammeln ebensolcher Einzeltatsachen galt (Daston 1998a: 22f.). Die Naturgeschichte stand in keinem Zusammenhang zur Naturphilosophie, die im oben beschriebenen Sinne Wissenschaft war.

Die Dichotomie von notwendigem, universellem und sicherem Wissen einerseits und empirischen Einzelfällen andererseits hat wegen des höheren Status des ersteren zahlreiche Probleme erzeugt. Zum Beispiel haben praktizierende Ärzte seit der zweiten Hälfte des 14. Jahrhunderts eine Tradition der Fallbeobachtung entwickelt, insbesondere im Zusammenhang mit Heilquellen und mit Krankheiten ihrer aristokratischen Klienten. Dabei gerieten sie aber immer wieder in Widerspruch zur Naturphilosophie, weil sie unsicheres empirisches Wissen und Kausalerklärungen von Einzelfällen produzierten (Park 1999).

Ein analoges Problem waren die Reibungen zwischen der Naturphilosophie und einigen »mathematischen Wissenschaften«, die mit empirischen Erfahrungen und Praktiken operierten und also nicht dem Aristotelischen Wissenschaftsideal entsprachen. Zu diesen – im Aristotelischen System »untergeordneten« – Wissenschaften gehörten zum Beispiel Astronomie und Geometrische Optik, die seit der Antike auf Beobachtungen und Experimenten Einzelner, das heißt auf nicht allgemein als wahr anerkannten Erfahrungstatsachen, beruhten. Solange sie nicht als »Wissenschaft«, sondern als separate intellektuelle Unternehmungen angesehen wurden, war dies kein Problem. Bemühungen Jesuitischer Wissenschaftler Anfang des 17. Jahrhunderts, den Status von Astronomie und Optik zu heben und sie in »Wissenschaft« zu verwandeln, gerieten dagegen in Konflikt mit dem Aristotelischen Wissenschaftsideal (Dear 1987). Die Lösung der Jesuiten bestand darin, Experimente und Beobachtungen nicht als konkrete einmalige Erfahrungen einzelner, sondern als *potenzielle allgemeine* Erfahrungen zu behandeln, das heißt als Erfahrungen, die jedermann machen würde, wann immer die beschriebenen speziellen Bedingungen einträten. Das war jedoch eine Notlösung, die nur hielt, solange keine Kontroversen auftraten, die den Status der Erfahrungen zum

Gegenstand von Auseinandersetzungen machten. Außerdem gerieten die mit Hilfe von Instrumenten gemachten Erfahrungen in einen zweiten Konflikt, weil sie die von Aristoteles eingeführte Unterscheidung zwischen der natürlichen und der künstlichen (gemachten) Welt unterliefen (Dear 1987: 159–162).

In dem Maße, wie die klassischen Aristotelischen Wissenschaften (Astronomie, Statik, Optik, Mathematik, Harmonik und im 16. Jahrhundert zunehmend auch die Mechanik, Kuhn 1977b: 35–41) durch neue Erkenntnisse Einzelner bereichert wurden, waren sie also bereits keine »klassischen« Wissenschaften mehr, obwohl sie als solche angesehen wurden. Neben dem, was vor der Wissenschaftlichen Revolution als Wissenschaft galt, gab es aber noch einen weiteren Wissenskorpus und mit ihm verbundene Praktiken. Die Aristotelische Wissenschaft als Einheit behandelnd, schreibt Eamon:

Alongside, but separate from these »official sciences«, another group of research fields emerged during the Renaissance. Typical of these were the more empirical subjects such as chemistry, magnetism, electricity and metallurgy. In contrast to the classical sciences, these newer research fields had no inherited theoretical doctrine, no classical tradition to challenge. (Eamon 1984: 112)

Diese Unterscheidung zwischen den »klassischen« und den »Baconschen« Wissenschaften wird üblicherweise Kuhn zugeschrieben (Kuhn 1972b: 173f.; 1977b), sie findet sich aber in anderer Begrifflichkeit bereits viel früher bei R. Hall (1959: 18f.). Die Entstehung der Baconschen Wissenschaften geht auf die Handwerkseliten zurück und verdankt sich der Offenlegung von deren Wissen und der Verbreitung dieses Wissens durch den Buchdruck (siehe die folgenden Abschnitte). Wenn Kuhn und Eamon behaupten, dass in der Wissenschaftlichen Revolution nur die klassischen Wissenschaften transformiert wurden, dann beziehen sie dies auf die *Inhalte* dieser Wissenschaften. Für die Praktiken der Wissensproduzenten ergibt sich ein etwas anderes Bild.

3.2.2 Neue Quellen von Wissen

Die vormoderne Wissenschaft wurde durch eine neue Quelle von Wissen herausgefordert. Die Entdeckungsreisen portugiesischer und spanischer Seefahrer brachten Informationen über weit entfernte, bislang unbekannte Regionen nach Europa.[85] Die neuen Entdeckungen durch die Seefahrt hatten mehrere signifikante kulturelle Wirkungen, die besonders von Hooykaas hervor-

---

85 Zum Beispiel beschreibt George (1980) das explosionsartige Wachstum des Wissens über entfernte Tierwelten Ende des 15. Jahrhunderts.

gehoben wurden.[86] Sie untergruben erstens die Autorität der aus der Antike überlieferten Wissenschaft, weil zahlreiche Beobachtungen der Seefahrer den Behauptungen in den antiken Texten direkt widersprachen. Die Behauptung von Aristoteles, die Tropen könnten nicht bewohnt sein, wurde ebenso durch die Anschauung widerlegt wie die mathematische Argumentation von Ptolemäus, die gesamte Landmasse sei in der nördlichen Hemisphäre zu finden. Damit wurde zweitens die Idee gestärkt, dass die unmittelbare empirische Anschauung spekulativen Ableitungen überlegen ist. Drittens trugen die Reiseberichte zur Entstehung der Idee des Fakts im Sinne eines *berichteten* (das heißt durch den Rezipienten nicht erlebten) *wahren* Ereignisses, einer Ortsbeschreibung usw. bei. Diesen Aspekt sieht Hooykaas selbst als zentralen Beitrag der Seefahrt zur Entstehung der modernen Wissenschaft an (Hooykaas 1987: 459f.). Viertens schließlich verdeutlichten die Reiseberichte die Vorläufigkeit von Wissen und untergruben auch dadurch die absolute Autorität der antiken Wissenschaft.

Diese Wirkungen manifestierten sich zwei Jahrhunderte vor der Wissenschaftlichen Revolution in Portugal und trugen Hooykaas zufolge zu einer allmählichen Veränderung des intellektuellen Klimas in Europa bei. In Portugal selbst hatten sie keine Wirkungen. Das Land erlebte nach 1540 einen allgemeinen kulturellen Verfall. Hinzu kam, dass es in Portugal nur spärliche Kontakte zwischen Gelehrten und Handwerkseliten gab (zur Bedeutung dieses Aspekts siehe 3.3.1), und dass das Monopol der Jesuiten in der Ausbildung die wissenschaftliche Gedankenfreiheit beschränkte.

3.2.3 Ein neuer Träger von Wissen

Eine zweite wichtige gesellschaftliche Veränderung wurde durch die Erfindung des Buchdruckes ausgelöst. Der Buchdruck ermöglichte die Fixierung von Wissen, indem er die Korruption von Texten durch Fehler beim handschriftlichen Kopieren oder durch vom Kopisten willkürlich vorgenommene Veränderungen ausschloss (Eisenstein 1979).[87] Außerdem machte er Wissen

---

86 Meine Darstellung der Befunde von Hooykaas stützt sich auf einen Aufsatz von ihm (Hooykaas 1987) und auf die Zusammenfassung seiner Arbeiten durch Cohen (1994: 354–357).

87 Raven kritisiert diese Perspektive mit dem Argument, dass die ersten gedruckten Bücher voller Fehler waren und kein Exemplar dem anderen völlig glich (Raven 2001: 390–394). Das ist aber nur ein sehr frühes Beispiel dafür, dass neue Technologien dem existierenden anfangs unterlegen sind. Als Argument gegen die Bedeutung des Buchdrucks überzeugt es nicht, weil der Buchdruck die *Möglichkeit* eines öffentlich zugänglichen Archivs von fixiertem, von Übertragungsfehlern freiem Wissen bot und sich diesem Ideal immer weiter annäherte.

öffentlich zugänglich. Die einfache Vervielfältigung von Texten gestattete ihre Weitergabe an ein unbekanntes, potentiell unendliches Publikum. Damit wurde eine Wissenschaft außerhalb der Universitäten überhaupt erst möglich. In der Welt der Universitäten war die Bewahrung und Weitergabe von Wissen nie ein Problem, da sie über persönliche Kontakte zwischen Lehrern und Schülern sowie zwischen Kollegen erfolgte.

The medieval university was clearly relatively small and homogeneous as compared with the rest of society in the Middle Ages. A large number of copies of any given work was never necessary within that community, whether we think of this as a single university, of several universities in a geographical area, or even as all universities in Europe. It was unlikely that a person living in the university community would long remain unaware of the existence of a significant work related to his particular interest. If a copy was not immediately at hand, it was probable that the scholar who told him of the existence of the work would also be able to outline the nature of its contents. (Drake 1970: 48)

Außerhalb der Universitäten war das völlig anders. Die klassischen Werke waren nicht verfügbar, und viele Erfindungen, die im Mittelalter gemacht wurden, gingen verloren, weil sie nicht schriftlich fixiert oder die Aufzeichnungen nicht überliefert wurden.

Der Buchdruck ermöglichte nun die neue Kommunikationsform, die, wie wir im vorangegangenen Kapitel gesehen haben, essenziell ist für gemeinschaftliche Produktion. Das gedruckte Buch ist das erste formale (subjektunabhängige) Medium wissenschaftlicher Kommunikation, mit dem Wissen effizient an ein unbekanntes, potentiell unendliches Auditorium adressiert werden kann. Dadurch kann sich nun erstmals eine sozial heterogene wissenschaftliche Gemeinschaft, deren Mitglieder unvollkommen übereinander informiert sind und nicht alle einem großen Personennetzwerk angehören, auf einen gemeinsamen Wissensbestand beziehen, der in seiner gedruckten Form auch tatsächlich überall in gleicher Form zugänglich ist. Der Buchdruck ermöglicht das Archiv, in dem der Kern des gemeinsamen Wissens festgehalten wird. Diesem Archiv werden die klassischen Werke der antiken Wissenschaft hinzugefügt, die bald auch nicht nur in Latein, sondern auch in verschiedenen Landessprachen erscheinen (Drake 1970: 50).

Die Durchsetzung des Buchdrucks bedurfte aber nicht nur seiner technischen Erfindung, sondern auch einer gesellschaftlichen Kultur, in der eine Nachfrage nach Büchern existierte. Mit dem Buchdruck entstand eine neue, an der Verbreitung von (gedrucktem) Wissen finanziell interessierte Handwerkselite (die Drucker), die in engem Kontakt zu den Autoren, das heißt auch zu den Gelehrten, stand (siehe 3.2.4). Außerdem entstand eine völlig neue Karriere – die des Autors, der vom Verkauf seiner Bücher lebt (Eamon 1994: 11). Eine elementare Voraussetzung für die Verbreitung des Buchdrucks war sein Erfolg als kommerzielles Unternehmen, der wiederum die Existenz eines Publikums, das lesen konnte, voraussetzte. Dieses Publikum existierte tatsächlich. Lesen und Schreiben waren im Europa der Frühmoderne relativ weit verbreitet, wie Eamon (1994: 121–133) für die deutschen Handwerker seit dem 15. Jahrhundert und generell für die italienischen Bevölkerung seit dem 16. Jahrhundert sowie Davis (1975: 209–226) für die französischen Städte im 16. Jahrhundert nachweisen. Diese Fähigkeiten und ein relativ breites Interesse an Büchern aller Art waren eine Voraussetzung dafür, dass der Buchdruck sich rasch als Handwerk etablieren konnte.

3.2.4 Kulturelle Dynamiken

Damit die moderne Wissenschaft entstehen konnte, mussten die sie konstituierenden Praktiken *kulturell möglich* sein, das heißt als sinnvolle und legitime Tätigkeiten angesehen werden. Diese Kompatibilität von moderner Wissenschaft und gesellschaftlicher Kultur wurde in ganz erheblichem Maße davon bestimmt, welchen Platz die Religion der Wissenschaft einräumte. Die Wissenschaftsgeschichte hat diesen Aspekt mindestens seit Mertons Arbeit kontrovers diskutiert. Ich lasse im Weiteren die Frage offen, ob der Protestantismus bessere Voraussetzungen für die Entstehung der modernen Wissenschaft geboten hat als der Katholizismus, und lege Shapiros Beschreibung zugrunde:

Although one can point to a number of variants, three basic postures have been taken. The first is that secular learning is dangerous for religion and should be shunned or at least viewed with suspicion. The second is to absorb secular learning and philosophy to form an amalgam of Christianity and learning. [...] The third, most typical of Renaissance humanists and seventeenth century latitudinarian scientists, takes the position that religion and learning are compatible and mutually reinforcing but are distinct. (Shapiro 1991: 57)

Neben den Beziehungen zwischen Religion und Wissenschaft, die durch die mit Wissenschaft Befassten gestaltet werden mussten, gab es viel subtilere gesellschaftliche Bedingungen für die Entstehung der modernen Wissenschaft. Auch die durch eine Kultur geprägten Weltbilder, unhinterfragten Annahmen und Emotionen mussten »stimmen«, damit die moderne Wissenschaft entstehen konnte. Ich möchte im Folgenden einige dieser Voraussetzungen und ihre Entstehung skizzieren.

Die moderne Naturwissenschaft beruht auf einem sehr spezifischen Naturverständnis, das – obwohl nicht notwendigerweise durch jeden Naturwissenschaftler explizit geteilt – den wissenschaftlichen Praktiken gewissermaßen einbeschrieben ist. Es beinhaltet die Annahme, dass alle Naturerscheinungen natürliche, erforschbare Ursachen haben, und die Annahme der Regelmäßigkeit, das heißt dass gleiche Bedingungen stets gleiche Wirkungen hervorbringen. Dieses Naturverständnis hat so nicht immer existiert, sondern ist das Produkt einer kulturellen Entwicklung, die Gott, Engel, Dämonen und menschliche Magier als Ursachen von Naturprozessen eliminiert hat. Daston (1998b) zeigt in ihrer Rekonstruktion dieser Entwicklung, wie sich die Grenzen zwischen dem »Natürlichen« und dem »Nicht-Natürlichen« verschieben. Das durch eine Kombination aus Aristotelischer Naturlehre und Religion gebildete Naturverständnis des Mittelalters kannte eine semiautonome, sich regelmäßig verhaltende Natur und darüber hinaus vier Typen »nicht-natürlicher« Phänomene. Das *Übernatürliche* widersprach der Ordnung der Natur, weil es eine direkte Intervention Gottes, ein Wunder, war. Das *Außernatürliche* (Missbildungen, Wettererscheinungen usw.) stand zwar außerhalb der Natur, wurde aber durch die Manipulation von natürlichen Ursachen erzeugt. Zu solchen Manipulationen waren Engel, Dämonen, menschliche Magier oder die Natur selbst in der Lage. Diese »Agenten« verfügten nicht über die (Gott allein vorbehaltene) Fähigkeit, natürliche Ursachen außer Kraft zu setzen. Sie konnten diese jedoch manipulieren. Auch das *Künstliche* war prinzipiell vom Natürlichen verschieden, weil durch Menschen geschaffene Dinge keine ontologische Identität, keine »innere Essenz« und damit keinen inhärenten Impuls zur Veränderung besaßen. Das *Unnatürliche* schließlich war eine moralische Kategorie, die gegen die Ordnung der Natur verstoßende menschliche Handlungen (Vatermord, Bestialität, Inzest usw.) bezeichnete (ebd.: 154–157).

Nur das Übernatürliche besaß unzweifelhaft eine höhere Autorität als das Natürliche. Das Außernatürliche war eine sehr vielschichtige und unklare Kategorie, weil die als außernatürlich angesehenen Erscheinungen durch »positive Akteure« (Gott, Engel, die Natur) oder durch »negative Akteure« (Zauberer, Hexen, Dämonen) erzeugt worden sein konnten. Als Ergebnis menschlicher Handlungen standen das Künstliche und das Unnatürliche in der Hierarchie eindeutig am niedrigsten.

Dieses Weltbild veränderte sich, als Wunder zum Gegenstand religiöser Auseinandersetzungen und außernatürliche Erscheinungen detailliert untersucht wurden. Das Übernatürliche (Wunder) wurde zum Streitpunkt zwischen Katholiken und Protestanten, weil letztere nur die durch die Bibel berichteten Wunder akzeptierten und das Auftreten von Wundern in der Gegenwart ausschlossen. Die katholische Kirche nutzte deshalb Wunder zur Untermauerung ihrer Autorität. Aber auch innerhalb der katholischen Kirche waren Wunder umstritten, da sie zur Legitimation neuer religiöser Doktrinen genutzt wurden (Dear 1990: 669–674; Daston 1998b: 159f.). Sowohl in den internen Auseinandersetzungen als auch im Streit mit den Protestanten musste die katholische Kirche um jeden Preis vermeiden, dass sich Wunder bei näherer Untersuchung »natürlich« erklären ließen. Deshalb etablierte die katholische Kirche eine strenge Methodologie für die Untersuchung von Wundern, die in der Verantwortung des jeweiligen Bischofs angewendet wurde. Die detaillierte Analyse von Wundern führte jedoch zu einem Vertrauensschwund, und die Bereitschaft, Ereignisse als Wunder anzusehen, nahm im 16. und 17. Jahrhundert stark ab.[88]

Das Außernatürliche wurde in all seinen Formen zum Gegenstand intensiver juristischer, medizinischer, theologischer, philosophischer und öffentliche Aufmerksamkeit. Dabei erlitten die Vorzeichen Gottes und die dämonischen Akte das gleiche Schicksal wie die Wunder – sie hielten der genaueren Betrachtung nicht stand und verschwanden aus der Kategorie des Außernatürlichen. Die außernatürlichen Phänomene wurden ›naturalisiert‹, das heißt als einmalige, zufällige Kombinationen natürlicher Ursachen und Eigenschaften angesehen. Park und Daston haben diesen Prozess an der sich wandelnden Wahrnehmung von Missgeburten verdeutlicht, ihre Zusammenfassung lautet:

Characteristically, monsters appear most frequently in the context of a whole group of related natural phenomena: earthquakes, floods, volcanic eruptions, celestial apparitions, and rains of blood, stones and other miscellanea. The interpretation of this canon of phenomena underwent a series of metamorphoses in the years after 1500. In the most popular literature such events were originally treated as divine prodigies, and popular interest in them was sparked and fuelled by the religious conflicts of the Reformation. As the period progressed, they appeared more and more as natural wonders – signs of nature's fertility rather than God's wrath. (Park/Daston 1981: 23)

Die Auflösung der Aristotelischen Grenze zwischen dem Künstlichen und dem Natürlichen, die sich sowohl auf der theoretischen als auch auf der praktischen Ebene vollzog, kann schon als ein Prozess der Wissenschaftlichen Revolution angesehen werden, weil sie sich im 17. Jahrhundert im Ergebnis der Kommunikation zwischen Handwerkseliten und Naturphilosophen vollzog. Das Unnatürliche blieb als eigenständige Kategorie erhalten (Daston 1998b: 157–166). Diese Entwicklungen – und nicht Veränderungen in der vormodernen Wissenschaft – ließen ein neues Naturverständnis entstehen:

The most striking changes must be chalked up to theology and jurisprudence rather than to natural philosophy and, natural history, and the mixed mathematical disciplines. The briefest epitome of these changes would be the centralization of divine authority and the imposition of order. The metaphor of the laws of nature, which gained wide currency in the seventeenth

---

88 Dear (1990) zufolge wurden auch im Frankreich des 17. Jahrhunderts noch zahlreiche Wunder berichtet. Da Dear jedoch nicht zwischen (übernatürlichen) Wundern und außernatürlichen Ereignissen unterscheidet, gibt es keinen Widerspruch zu der Feststellung von Daston.

century, captures both aspects, as well as the tension between them. God imposed laws upon nature by fiat, and sustained these laws without the aid or interference of semiautonomous agents like nature or demons. Although God could legislate new laws or suspend old ones, divine foresight and consistency obviated the need for such direct interventions – at least after the establishment of the Christian religion. (Daston 1998b: 168)

Das neue Naturverständnis verwies alle Naturphänomene – von denen es jetzt viel mehr gab – in den Zuständigkeitsbereich der Naturforschung (Naturgeschichte oder Naturphilosophie, siehe 3.2.1).

Parallel zur Veränderung des Bildes von der Natur vollzog sich eine gesellschaftliche Umbewertung von Handlungsmotiven. Erst die Neubewertung von Emotionen wie Neugier und Staunen ließ die Erforschung von Naturphänomenen zu einer gesellschaftlich legitimierten Handlung werden. Neugier galt im Mittelalter noch als eine schlechte Charaktereigenschaft, die mit Wollust und Passivität gleichgesetzt und als ein erster Schritt in die Todsünde des Stolzes angesehen wurde. Scholastische Theologen haben versucht, die Neugier aufzuwerten, indem sie das Bedürfnis nach Wissen als natürlich und damit als gut beschrieben. Sie hatten damit aber wenig Erfolg. Erst im 15. und 16. Jahrhundert kam es zu einem allmählichen komplexen Wandlungsprozess, in dessen Ergebnis Neugier von einer der Wollust verwandten körperlichen Begierde, zu einer intellektuellen Begierde wurde, die ebenso unstillbar ist wie Habsucht und Gier. Dieser Wechsel der Neugier aus der Nachbarschaft von Wollust und Stolz in die Nachbarschaft von Habsucht und Gier markieren die Neubewertung von Neugier. Sie war nunmehr kein auf Befriedigung und damit Passivität zielendes Bedürfnis, sondern ein unendliches Streben, Unersättlichkeit und damit Aktivität (Eamon 1991: 33f.; Daston 1995: 392–396; 2001: 77–97).

Eine weitere für die Wissensproduktion wichtige Entwicklung war die Gleichsetzung von Wissenschaft und Jagd. Dieses Motiv war in der technologischen Literatur des 16. und 17. Jahrhunderts verbreitet (Rossi 1970: 42). Eamon hat die Entstehung dieses Motivs in den Kontext des Patronagesystems gestellt. Ihm zufolge war die extensive Verwendung der Jagdmetaphorik dem Bestreben der Wissenschaftler geschuldet, eine Verbindung zwischen ihrer Tätigkeit und dem Selbstbild der Höfe herzustellen (Eamon 1991). Die Suche nach Wissen mit der Jagd gleichzusetzen bedeutete in jedem Fall eine gesellschaftliche Aufwertung.

Neben der Neugier unterlagen auch andere für wissenschaftliche Praktiken wichtige Motivationen einem Bedeutungswandel. Dazu gehörte insbesondere das Staunen, dass in der mittelalterlichen Naturphilosophie noch als Zeichen der Unkenntnis der Ursachen abgewertet wurde, in der Frühmoderne dagegen als einzige Möglichkeit angesehen wurde, die Beschäftigung mit

Einzeldingen anzuregen (Daston 2000: 24f.). Daston begründet mit dieser Konstellation die Präferenz der frühmodernen Naturforscher für seltsame Objekte: »Nur außergewöhnliche Phänomene konnten Staunen hervorrufen, und das Staunen war der Köder, der die Aufmerksamkeit fesselte und die Neugierde gegenüber überraschenden Besonderheiten anfachte.« (ebd.: 24; siehe auch Daston 1995: 396–399)

Eine dritte wichtige Veränderung der gesellschaftlichen Kultur war die Entstehung und Verbreitung des Konzepts des »Faktes«. Shapiro hat die Entstehung dieses Konzepts im frühmodernen England nachgezeichnet. Sie vertritt die These, dass das Konzept des Fakts im Englischen Recht entstanden ist und später in die Geschichtsschreibung, die Reiseberichterstattung und die populäre Presse diffundierte.[89] Es wurde dadurch zu einem selbstverständlichen Bestandteil der gesellschaftlichen Kultur. Die Idee des Faktes als eines Berichts über ein Ereignis, einen Ort oder ein Objekt, der aufgrund besonderer Eigenschaften (Beobachtung durch den Berichterstatter selbst, Bestätigung durch Zeugen) vertrauenswürdig war, stand damit als kulturelle Ressource für die moderne Wissenschaft bereit (Shapiro 2000, 2002).

Neben diesen für die Entstehung der modernen Wissenschaft wichtigen kulturellen Grundlagen entstanden in der Frühmoderne weitere Ideen, die moderne wissenschaftliche Praktiken kulturell möglich machten. Dazu gehört die Idee des individuellen Genies, die Long zufolge im 15. Jahrhundert eine starke Entwicklung nahm und im 16. Jahrhundert an Bedeutung gewann. Ausgangspunkt war die Umbewertung der Malerei, die nicht mehr als bloßes (unkreatives) Kopieren, sondern als kreative, von der Vorstellungskraft des Malers abhängende Aktivität erkannt wurde. Die zur Handwerkselite zählenden (und zugleich als Ingenieure und Erfinder tätigen) Künstler begannen, ihre Werke als Produkt ihrer Kreativität anzusehen und zu schützen. Die Synthese der Konzepte der individuellen Kreativität und des intellektuellen Eigentums ließ im 16. Jahrhundert erstmals Prioritätsstreitigkeiten entstehen (Long 1991a: 881–884, siehe auch 3.3.4).

3.2.5 Produzenten von Wissen

Die kollektive Wissensproduktion ist an die Existenz von Akteuren gebunden, die – aus welche Gründen auch immer – Wissen produzieren wollen und

---

89 Hooykaas zufolge waren die Entdeckungsreisen der portugiesischen Seefahrer und damit die Reisebeschreibung ein zweiter unabhängiger Ausgangspunkt für die Entstehung des Konzepts »Fakt« – siehe 3.2.2.

die die Möglichkeit haben, das zu tun. Dieser Akteurtyp entstand in verschiedenen sozialen Kontexten. Die *Universitäten* waren der Hort der überlieferten klassischen Wissenschaft. Hier wurden die klassischen Werke gelesen, interpretiert und gelehrt. Im Zentrum dieser Aktivitäten standen die Werke des Aristoteles, der als absolute wissenschaftliche Autorität galt. Die universitäre Wissenschaft war hierarchisch und autoritär. Die Universitäten hatten lange Zeit eine Monopolstellung als einziger Ort, an dem Wissenschaft betrieben wurde. Schriften existierten als Manuskripte in wenigen Exemplaren, die in der geschlossenen Gemeinschaft[90] der Universitätsgelehrten weitergegeben wurden (Zilsel 1942: 548f.; Drake 1970: 47; Eamon 1984: 111f.; Shapiro 1991: 47–49).[91]

Bis zur Mitte des 16. Jahrhunderts wurden die Universitäten nicht durch die anderen geistigen Strömungen beeinflusst (Zilsel 1942: 549, 554). Danach waren es insbesondere die Humanisten, die mit ihrem Angriff auf die Scholastik und ihren Bemühungen um die Modernisierung des Curriculums eine Modernisierung der Universitäten in Gang setzten (Shapiro 1991: 53). So wurde in den italienischen Universitäten im 16. Jahrhundert Naturgeschichte (mit besonderer Betonung auf für die Medizin relevante Aspekte der Botanik) gelehrt (Findlen 1999: 369–373). In der Tat darf der Beitrag der Universitäten zur Wissenschaftlichen Revolution nicht mit dem Verweis auf die wissenschaftlich konservative Grundhaltung der Gemeinschaft der Universitätsgelehrten negiert werden. Die Universitäten spielten insofern eine wichtige Rolle, als viele Protagonisten der Wissenschaftlichen Revolution eine universitäre Ausbildung erhalten hatten und damit auf derselben Grundlage aufbauten (Schuster/Taylor 1997: 515). Die Universitäten boten eine systematische klassische Bildung und Zugang zu den Texten der klassischen Wissenschaft. Sie waren ein Ort, an dem Akteure unterschiedlicher sozialer Herkunft und mit unterschiedlichen Interessen miteinander in Kontakt kamen (Shapin 1991: 284) und schufen ein wissenschaftlich interessiertes Publikum für die anderen Wissensproduzenten.

Ein erstes wichtiges Gegengewicht zur scholastischen Universitätswissenschaft bildete der *Humanismus*, der mit einer Reihe von »Vorarbeiten« den Bo-

---

90 Wie andere Berufsgruppen auch bildeten die Universitätsgelehrten im Mittelalter autonome, vom Rest der Gesellschaft weitgehend isolierte Körperschaften (Eamon 1985: 322f.). Die Gemeinschaft der Universitätsgelehrten lässt sich unter Vorgriff auf Abschnitt 4.3.2 als Berufsgemeinschaft einordnen, deren kollektive Identität auf der Wahrnehmung des gleichen Berufes beruhte. Ganz wie die modernen Berufsgemeinschaften beruhte die Gemeinschaft der Universitätsgelehrten auf geteilten Werten und sich auf die Freizeit erstreckenden Kontakten.

91 Die in diesem Buch zitierten Aufsätze Zilsels sind von Wolfgang Krohn (1976) übersetzt und in Deutsch herausgegeben worden.

den für die Entstehung der modernen Wissenschaft bereitet hat (Zilsel 1942: 549; Schmitt 1975; Lux 1991: 189; Shapiro 1991). Die Humanisten waren die ersten Kritiker der scholastischen Universitätswissenschaft, die sie als unfruchtbar ablehnten und deren Orientierung an einer einzigen wissenschaftlichen Autorität (Aristoteles) für sie unannehmbar war. Mit ihrer Kritik unterminierten sie die Legitimität der Scholastik, des wichtigsten Kontrahenten der praxisorientierten Wissenschaft der Handwerkseliten und der späteren neuen Naturphilosophie. Als Humanisten auf die Lehrstühle der Universitäten gelangten, materialisierte sich diese kritische Haltung. Humanisten übernahmen Lehrstühle, veränderten Curricula und zogen Studenten an.

Mit ihren Schriften veränderten die Humanisten die intellektuelle Landschaft. Sie brachen das Monopol des Klerus im intellektuellen Leben und schufen ein offenes, an neuem Wissen interessiertes Auditorium. Darüber hinaus bereiteten die Humanisten auch institutionell die Möglichkeit der späteren neuen Wissenschaft vor: Sie kreierten mit ihren intellektuellen Gesellschaften die Organisationsform, derer sich die Wissenschaft später ausgiebig bedienen sollte, und initiierten das Patronagesystem, das später viele der neuen Wissenschaftler ernährte.

Die intellektuellen Positionen der Humanisten waren insofern konservativ, als sie die Rückkehr zu den klassischen Texten als Grundlage der Bildung ansahen, das heißt die nachträglichen Veränderungen und Kommentare eliminieren wollten. Diese Rückkehr zum Original enthielt aber auch ein konstruktives Element, weil die Humanisten klassische Texte editierten und damit manche von ihnen (zum Beispiel einige mathematische und botanische Schriften) erstmals öffentlich machten (Schmitt 1975: 49). Da sich die Originaltexte zur Botanik und Zoologie in manchen Fällen besser rekonstruieren ließen, wenn sie mit Beobachtungen der beschriebenen lebenden Objekte verglich, betrieben einige Humanisten sogar eine bescheidene Naturforschung (Shapin 1996: 75f.). Sie trugen so dazu bei, die Beobachtung als Praxis zu etablieren – allerdings eher im Dienste der Restauration von Wissen als für die Produktion neuen Wissens.

Auch andere intellektuelle Positionen der Humanisten unterstützten das Entstehen der modernen Wissenschaft. So betonten die Humanisten, dass Wissen nützlich sein müsse. Sie hoben die Rolle des Dialogs in der Wahrheitsfindung hervor und vertraten damit eine Position, die sich von der Fixierung der vormodernen Wissenschaften auf sicheres Wissen unterscheidet. Der Renaissancehumanismus trug zur Erosion der Unterscheidung zwischen absolut sicherem und wahrscheinlichem Wissen bei (Shapiro 1983: 6–14). Die Humanisten nahmen auch Einfluss auf das Verhältnis zwischen Religion und Wissenschaft. Sie waren es, die die Kompatibilität wahrheitssuchender Aktivitäten (das heißt des Humanismus und der Wissenschaften) mit der Religion konstruierten (Shapiro 1991: 57–63).

Allerdings gab es auch Besonderheiten in der intellektuellen Haltung der Humanisten, die mit moderner Wissenschaft inkompatibel waren. Die Humanisten strebten nach individuellem Ruhm, weil ihre Aufgabe darin bestand, den Ruhm ihres Mäzens zu vermehren. Sie standen deshalb in prinzipieller Konkurrenz zueinander und waren unfähig, miteinander zu kooperieren. Die Interaktionen der Humanisten beschränkten sich auf Diskussionen. Auch ihr Konzept von intellektuellem Fortschritt war beschränkt: die meisten Humanisten hielten sich zwar für der Scholastik weit überlegen, glaubten aber nicht, dass es möglich sei, die Klassiker zu übertreffen (Zilsel 1945: 330f.; siehe auch Shapiro 1991: 50, 52).

Die Rolle der *Handwerkseliten* in der Entstehung der modernen Wissenschaft war ursprünglich heftig umstritten. Auf die Bedeutung dieser Akteure ist zuerst aus einer marxistischen Perspektive hingewiesen worden (insbesondere durch Zilsel). Die marxistische und externalistische Perspektive hat wahrscheinlich dazu beigetragen, dass solche Überlegungen in der Wissenschaftsgeschichtsschreibung zunächst auf wenig Gegenliebe stießen (zur Geschichte dieser Auseinandersetzung siehe Cohen 1994: 336–351). Mittlerweile ist diese ablehnende Haltung revidiert worden, und es herrscht mehr oder weniger Konsens darüber, dass die Handwerkseliten eine für die Entstehung der modernen Wissenschaft wichtige Akteurgruppe waren. Zilsel zufolge förderte der Frühkapitalismus die Entwicklung einer von Zunftbeschränkungen freien innovativen Handwerkselite.

Unterhalb der Universitätsgelehrten und der humanistischen Literaten arbeiteten die Künstler, Seeleute, Schiffbauer, Zimmerleute, Metallgießer und Bergleute in aller Stille am Fortschritt der Technologie und der modernen Gesellschaft. Sie hatten den Kompass der Seeleute und die Gewehre erfunden; sie schufen Hochöfen, und im 16. Jh. führten sie Maschinen in den Bergbau ein. Den Zwängen der Zunfttradition entwachsen und durch die ökonomische Konkurrenz zu Erfindungen stimuliert, waren sie zweifellos die wirklichen Pioniere der empirischen Beobachtung, des Experiments und der kausalen Forschung. [...]

Unter ihnen gab es eine kleine Gruppe, die für ihre Arbeit mehr Kenntnisse als ihre Kollegen benötigte und deshalb eine bessere Ausbildung erhielt. (Zilsel 1976: 56f.)

Zu dieser Handwerkselite gehörten fünf Berufsgruppen: die Vermesser, Navigatoren und Hersteller von Landkarten, die Künstler (die bis ins 16. Jahrhundert hinein auch Technologen waren – zum Beispiel Architekten und Ingenieure), die Ärzte, die Instrumentenbauer (von Musikinstrumenten) sowie die Hersteller von nautischen und astronomischen Instrumenten (ebd.: 57–59). Zu dieser Liste muss man unbedingt die Drucker hinzufügen, die im Kontext ihrer Produktionstechnologie an wissenschaftlich-technologischen Problemen interessiert waren (insbesondere an Metallurgie, Chemie und Mechanik) und über das wichtige neue Kommunikationsmittel Buch besser verfügen konnten als jeder andere (Drake 1970: 47).

Wie alle Handwerker wurden auch die Handwerkseliten als niedere Stände angesehen, weil sie sich von Handarbeit ernährten. Sie verfügte über ein beträchtliches empirisches Wissen, das jedoch nur in Form von Sammlungen miteinander unverbundener Rezepte und Beobachtungen existierte (Zilsel 1942: 553). Ein prominentes Beispiel dafür ist Leonardo da Vinci, der mitunter Probleme der Mechanik falsch behandelte, die er selbst Jahre zuvor korrekt gelöst hatte (ebd.). Die Handwerkseliten begannen jedoch, sich eine eigene Literatur in den jeweiligen Landessprachen zu schaffen (ebd.: 554; Eamon 1984). Long hat diesen Prozess für die Literatur zu Bergbau und Metallurgie detailliert beschrieben: Der Aufschwung des Bergbaus Mitte des 15. bis Mitte des 16. Jahrhunderts hatte zur Entstehung frühkapitalistischer Wirtschaftsformen geführt. Der Besitz von Minen durch Handwerker (Bergleute) wurde durch die Investitionen von Laien in Minen abgelöst. Damit entstand eine neue Zielgruppe für das Know how über den Bergbau, und die mündliche Weitergabe erwies sich als nicht mehr ausreichend. Außerdem kamen die Investoren als Mäzene in Frage, was eine neue Karriere für die Besitzer des Know hows als Berater und Autoren eröffnete. Diese Situation ließ die Literatur zu Problemen des Bergbaus rasch anwachsen. Mit der sinkenden Ergiebigkeit der Minen wuchs das Interesse an der Metallurgie, was zu einer Veränderung der Themenschwerpunkte führte (Long 1991b).

Ähnliche Prozesse vollzogen sich aus unterschiedlichen Gründen auch in den anderen Handwerken. Das bis dahin informelle, mündlich weitergegebene Know how der Handwerker wurde gedruckt und damit objektiviert und formalisiert (Long 1997: 4). Damit wurde seine weite Verbreitung gefördert, das heißt das Wissen wurde öffentlich. Die Veröffentlichung technischen Wissens in gedruckten Büchern hob zugleich den Status der »mechanischen Künste« (ebd.: 39). Eine weitere Leistung des Buchdrucks bestand darin, dass er die Kompatibilität des so objektivierten Wissens der Handwerker mit der Wissenschaft herstellte.

The earliest of these works were literally »how-to« handbooks designed by printers to provide specialists and the general reading public with useful technical information. In the second half of the sixteenth century, however, some of the virtuosi of Europe seized the opportunity presented by the expanding market for such books by collecting and publishing their own recipes and »secrets«. By the end of the century, the so-called »professors of secrets« had transformed the technical recipe book into a collection of scientific experiments; some even recast books of secrets into general scientific and technical encyclopedias. (Eamon 1984: 114)

Es ist dabei weniger wichtig, ob die Verwandlung empirischer Erfahrungen in Ausgangspunkte empirischer Wissenschaft durch die Handwerkseliten selbst, durch ihre Kooperation mit Naturphilosophen oder durch die Rezeption ihrer Bücher durch Naturphilosophen erfolgte. Die verschiedenen Arten von Kontakten als alternative Erklärungen zu behandeln, überfordert meiner Ansicht nach die Datenbasis der Wissenschaftsgeschichte. Viel wahrscheinlicher ist doch, dass das Wissen der Handwerkseliten auf allen drei Wegen mit den Wissensproduzenten der traditionellen Wissenschaft in Kontakt kam. Diese Vermutung wird durch zahlreiche empirische Beispiele gestützt. Zilsel (1942: 554–556) hat besonders die Rolle der direkten Kooperation betont und ist von späteren Wissenschaftshistorikern für die unzureichende empirische Evidenz kritisiert worden (Eamon 1984: 113). Die von Zilsel angeführten Beispiele für Kooperationen zwischen Angehörigen der Handwerkseliten und Naturphilosophen und für wechselnde Zugehörigkeiten zu diesen Gruppen belegen aber, dass es sich dabei zumindest um einen der Kanäle handelt, durch die die Praxis des Experiments in Kontakt mit der akademischen Wissenschaft kam (Zilsel 1942; 1945; siehe auch Bennett 1986). Außerdem gibt es weitere empirische Belege. In Frankreich wurde die handwerkliche Chemie (der Metallurgen und Apotheker) direkt in die königliche Akademie der Wissenschaften aufgenommen. Die akademischen Chemiker hatten eine Lehre als Apotheker hinter sich, oder sie hatten als Ärzte die Herstellung von Arzneien gelernt (Klein 1996: 251–254). Long beschreibt mehrere Humanisten, die in ihren Schriften *Techne* und *Praxis* synthetisieren (siehe Long 1991b: 334–341 zu Georg Agricola; 1997: 21–30 über Alberti, Cusanus und Valturio). In den Arbeiten von Bacon und Galilei lassen sich Elemente des Humanismus identifizieren, und typischerweise dem Humanismus zuzurechnende Aktivitäten finden sich auch bei einigen »Wissenschaftlern« (Shapiro 1991: 55f.). Eisenstein weist darauf hin, dass die Werkstätten der Drucker »... served as gathering places for scholars, artists, and literati; as sanctuaries for foreign translators, émigrés, and refugees; as institutions of advanced learning, and as focal points for every kind of cultural and intellectual exchange.« (Eisenstein 1979: 23)

Am *Gresham College* in London formierte sich in der ersten Hälfte des 17. Jahrhunderts eine Gemeinschaft, der sowohl Gelehrte als auch »Mechaniker« angehörten (Johnson 1940; Hackmann 1989: 34; siehe auch Bennett 1986 zur größeren Gemeinschaft der »Mechaniker« in England). Rossis ausführliche Diskussion der Beziehungen zwischen Philosophie, Technologie und Kunst in der Frühmoderne enthält Beispiele für alle genannten Varianten der Interaktion zwischen den verschiedenen Akteurgruppen (Rossi 1970: 1–62).

Wenn man die Wissenschaftliche Revolution als einen *Umbruch naturphilosophischer Systeme* ansieht, dann werden sowohl die Humanisten als auch die

Handwerkseliten irrelevant, und die Aufmerksamkeit konzentriert sich auf die Akteure, die sich mit diesen Systemen beschäftigten. Die Position dieser Akteure innerhalb der skizzierten Konstellation von Wissensproduzenten scheint dann belanglos, weil sie mit ihren naturphilosophischen Systemen wenig zu tun hat (R. Hall 1959). Zugleich werden ganze Gruppen von Wissensproduzenten aus dem Bild der Wissenschaftlichen Revolution eliminiert. Sucht man dagegen nach einem *Umbruch in der Art und Weise der Wissensproduktion*, dann ist der soziale Hintergrund dieser Veränderungen, zu dem auch die Dynamik der verschiedenen Akteurgruppen und der Fluss von Ideen zwischen ihnen gehören, hochrelevant. Die kurze Revue wissenschaftshistorischer Befunde zu den verschiedenen Wissensproduzenten hat gezeigt, dass die »klassischen« Wissenschaften und ihre »Produzenten« im wesentlichen unverändert blieben, dass aber ihre Hegemonie als Akteure der Wissensproduktion gebrochen und ihre Legitimation untergraben wurden. Im Ergebnis der skizzierten Prozesse entstand eine größere Gruppe von Interessenten an naturgeschichtlichen, humanistischen und im weitesten Sinne »wissenschaftlichen« Problemen, die

– eine akademische Ausbildung besaßen oder Autodidakten waren,
– ihren Lebensunterhalt durch Lehre an Universitäten, durch Patronage, durch die Ausübung eines »handwerklichen« Berufs (Künstler, Arzt, Architekt usw.) oder als Autoren verdienten und
– miteinander korrespondierten und interessante Objekte austauschten.[92]

Die Akteure hatten sowohl intrinsische Motivationen (siehe die Bemerkungen zu Neugier und Staunen in 3.2.4) als auch extrinsische Motivationen wie zum Beispiel Reputationserwerb. Neben Reputation als Eigenwert spielte das Mäzenatentum eine Rolle, weil Reputation in Anstellungen an Höfen und allgemeiner in das Erschließen von Finanzierungsquellen »übersetzt« werden konnte. Damit sind die in 2.6.3 diskutierten Elemente der Lösung des Motivationsproblems in Ansätzen erkennbar.

Dass diese Akteure trotz der Existenz vieler Vorbedingungen für moderne Wissenschaft nicht auf eine moderne Weise wissenschaftlich produzieren konnten, lässt sich am besten an Findlens (1999) Charakterisierung einer »wissenschaftlichen Gemeinschaft« im Italien des 16. Jahrhunderts verdeutli-

---

92 »Thus one can never predict the social circumstances or personal history of a seventeenth-century scientist. Given the taste, the ability, and freedom from the immediate necessities of the struggle for subsistence, any man who could read and write might become such. Latin was no longer essential, nor mathematics, nor wide knowledge of books, nor a professorial chair.« (Hall 1959: 4). Partielle Beschreibungen dieser Schicht finden sich bei Westman (1980), Bennett (1986), Biagoli (1989), Eamon (1991; 1994: 134–167), Findlen (1991), Goldgar (1995) sowie Büttner u. a. (2002).

chen. Diese Gemeinschaft bildete sich um den Arzt Pier Andrea Mattioli (1501–1578), der einen klassischen Text (*De materia medica* von Dioscorides) übersetzte und kommentierte. Das Buch erschien zuerst in Italienisch (1544) und zehn Jahre später in Latein. Es erschien in zahlreichen Ausgaben und wurde ins Deutsche, Französische, Spanische und Tschechische übersetzt. Dieses Buch wurde zum gemeinsamen Referenzpunkt einer Gemeinschaft. Es nahm Beobachtungen anderer Naturforscher – mit entsprechender Würdigung – auf, wurde zum Standardwerk, auf das sich zahlreich Mediziner und Botaniker bezogen, und zum Gegenstand wissenschaftlicher Kritik. Das Buch fungierte damit als öffentlich zugängliches Archiv der Gemeinschaft der (medizinischen) Botaniker im Italien seiner Zeit.

Between 1554 und 1577 Mattioli's Discorides emerged as the undisputed natural history of its day. […] As the most published natural history next to Pliny's *Natural History* and the only ancient natural history that constantly changed to incorporate new information, Mattioli's Discorides became the book of record in which to revise scholarly knowledge of plants and a few select animals and mineral included in the final books. Scholars described objects that they sent to each other by referring to specific illustrations and descriptions in Mattioli's commentaries. (ebd.: 377)

Die Botanik bot besonders günstige Voraussetzungen für dieses frühe Entstehen eines Archivs, da botanisches Wissen reproduzierbar, klassifizierbar und homolog war (Kaufmann 1999: 402).

Dennoch können die Handlungen der italienischen Botaniker in der zweiten Hälfte des 16. Jahrhunderts nicht als gemeinschaftliche Wissensproduktion angesehen werden. Gemeinschaftliche Wissensproduktion hätte erfordert, dass das Wissen der Gemeinschaft die Wissensproduktion – hier die Suche nach neuen medizinisch relevanten Pflanzen – orientieren kann. Dass es dies nicht vermochte, war eine wesentliche, inhaltlich bedingte Beschränkung des Archivs (das heißt des Buches von Mattioli). Der Nutzen des Buches für die Wissensproduzenten beschränkte sich auf seinen Charakter als Referenzwerk. Die Konflikte zwischen Mattioli und seinen Kritikern sowie die Auseinandersetzungen um die Anerkennung der Beiträge, die andere zu seinem Buch leisteten, verweisen außerdem auf die besondere soziale Struktur der Gemeinschaft: Letztlich handelte es sich um ein Ego-Netzwerk Mattiolis, in dem er eine Veto-Position innehatte. Er allein entschied über die Aufnahme von Beiträgen, das heißt von Beschreibungen der ihm von anderen übersandten Pflanzen. Er allein entschied, wessen Beiträge im Buch öffentlich anerkannt wurden (es waren beileibe nicht alle), und wie mit Kritikern umgegangen wurde. Findlen zeigt, dass die durch Mattioli auf diese Weise konstruierte Gemeinschaft seine religiösen Positionen und seinen Nationalismus reflektiert.

Auch war das in dem Buch gespeicherte Wissen begrenzt und erwies sich wegen Mattiolis Veto-Position als nicht korrigierbar.

Die sich auf das Buch Mattiolis beziehende Gemeinschaft ist von moderner Wissensproduktion noch weit entfernt. Ein selbstbewusstes, motiviertes Kollektiv von Wissensproduzenten, Korrespondenznetzwerke und gedruckte Bücher sind offensichtlich nicht ausreichend für den Übergang zur modernen gemeinschaftlichen Wissensproduktion. Ich werde in den folgenden beiden Abschnitten die notwendigen und hinreichenden Bedingungen für diesen Übergang diskutieren.

3.3 Die Herausbildung der notwendigen Bedingungen für die kollektive Wissensproduktion

3.3.1 Eine neue Identität

Die vormoderne Wissensproduktion konservierte überliefertes Wissen und sammelte Einzeltatsachen, die als nicht erklärbar und damit als nicht dem Gegenstand der Wissenschaft zugehörig galten. Es bedurfte in der Tat einer Revolution, um diese Praktiken in eine auf unendliches Wachstum ausgerichtete gemeinschaftliche Wissensproduktion zu verwandeln. Ohne die Bedeutung der neuen wissenschaftlichen Systeme (des heliozentrischen Weltbildes, der Newtonschen Mechanik usw.) herabmindern zu wollen, möchte ich behaupten, dass die Entstehung moderner Praktiken der kollektiven Wissensproduktion das dauerhaftere und damit wichtigere Ergebnis der Wissenschaftlichen Revolution war. Die Wissenschaft hat in der Wissenschaftlichen Revolution das Lernen gelernt, und das ist allemal die wichtigste Fähigkeit.

Ganz in diesem Sinne beginne ich meine Diskussion notwendiger Bedingungen gemeinschaftlicher Produktion auch mit der Feststellung, dass die wichtigste Bedingung eine kollektive Identität des Produzenten ist. Die kollektive Identität der Gemeinschaft ist eine der Voraussetzungen, die bei der Analyse heutiger wissenschaftlicher Arbeitsprozesse nicht ins Auge fällt. Um gemeinschaftlich produzieren zu können, müssen die Produzenten *wahrnehmen*, dass sie einer Gemeinschaft angehören, die kollektiv Wissen produziert, und dass sie ihre Beiträge für diese Gemeinschaft erbringen. Sie müssen wissen, dass sie mit demselben Wissensbestand arbeiten wie die anderen Mitglieder der Gemeinschaft auch, und dass dieser Wissensbestand infolge ihrer und anderer Beiträge wächst. Die Wahrnehmung des gemeinschaftlichen Wissensbestandes, die schon in 2.6.1 als Bedingung für Mitgliedschaft in einer wissenschaftlichen Gemeinschaft identifiziert wurde, impliziert die Wahrnehmung eines Kollektivs, dessen Mitglieder auf dieselbe Art und Weise zu diesem Wissen beitragen wie man selbst.

Diese Wahrnehmung bildet die kollektive Identität der Gemeinschaft und ist zugleich Teil der individuellen Identität ihrer Mitglieder. Unter der Identität eines Akteurs verstehe ich hier mit Mayntz und Scharpf (1995: 56) »ein (simplifiziertes) Selbstbild, das Seins- und Verhaltensaspekte einschließt«.[93] Bezogen auf die gemeinschaftliche Wissensproduktion können die Wahrnehmung von Mitgliedschaft und des Wissensbestandes, über den kollektiv verfügt wird, als Seinsaspekte und die Wahrnehmung der eigenen und fremden Praktiken der Wissensproduktion als Verhaltensaspekte angesehen werden.

Heute eine nicht hinterfragte Selbstverständlichkeit, hat auch diese kollektive Identität des Produzenten nicht schon immer existiert, sondern ist in der Wissenschaftlichen Revolution entstanden. Obwohl die soziologische Kategorie »Identität« in der wissenschaftshistorischen Literatur nur am Rande auftaucht, gibt es seit längerem eine Beschäftigung mit dem durch die Kategorie bezeichneten empirischen Phänomen. Die Herausbildung einer Identität des kollektiven Produzenten »versteckt« sich in den wissenschaftshistorischen Analysen zur Genese der Idee vom wissenschaftlichen Fortschritt und der Genese der modernen wissenschaftlichen Methode. Die Idee des wissenschaftlichen Fortschritts enthält die drei wesentlichen Elemente der kollektiven Identität, die der vormodernen Wissensproduktion fremd waren: Wissen wird als *wachsend*, der einzelne Wissensproduzent als einen *begrenzten Beitrag* zu diesem Wachstum leistend und das kollektive Unternehmen als unmittelbar oder vermittelt *kooperativ* wahrgenommen. Die moderne wissenschaftliche Methode definiert wissenschaftliche Praktiken und beruht damit zugleich auf einer spezifischen Vorstellung vom Funktionieren und Zusammenwirken dieser Praktiken.

Die Idee, dass das Wissen über die Natur kontinuierlich erweitert werden könne, war der vormodernen Wissenschaft fremd. Folgerichtig war die wichtigste Aktivität des individuellen Wissensproduzenten die Auslegung des existierenden Wissens in Form des Kommentars (Dear 1985: 149). Auch waren weder die klassische griechische Wissenschaft noch die an sie anschließenden Humanisten kooperativ orientiert. Die klassische griechische Wissenschaft entwickelte sich in Form kleiner, miteinander konkurrierender

---

93 Das Wort »Identität« wird in der Soziologie häufig benutzt, aber selten definiert. Brubaker und Cooper (2000) identifizieren fünf verschiedene Verwendungsweisen des Begriffs. Eine davon, für die sie als alternativen Begriff »particularistic understandings of self and social location« vorschlagen (ebd.:17), korrespondiert mit dem hier zugrunde gelegten Vorschlag von Mayntz und Scharpf.

Schulen. Es gab nur einen kleinen gemeinsamen (das heißt allgemein akzeptierten) Wissensbestand, und die Konkurrenz zwischen den Schulen verhinderte Kooperationen, die ihn erweitert hätten (Zilsel 1945: 327–329; Eamon 1985: 321). Ähnlich diesen ihren großen Vorbildern waren die Humanisten des Mittelalters individualistisch und kompetitiv orientiert. Ihr Bestreben, Ruhm für sich und damit für ihre Mäzene zu erwerben, war ebenfalls nicht kompatibel mit der Idee gemeinschaftlicher Produktion. Hinzu kam, dass die Humanisten nicht daran glaubten, ihre Vorbilder, die Klassiker, je übertreffen zu können. Deshalb konnten sie auch keine Idee eines wissenschaftlichen Fortschritts entwickeln (Zilsel 1945: 330f.; Shapiro 1991: 50).

Die Idee wissenschaftlichen Fortschritts hat sich in den Handwerkseliten herausgebildet. Darauf hat zuerst Zilsel (1945) aufmerksam gemacht, der auch feststellte, dass die Handwerkseliten an kooperatives Arbeiten gewöhnt waren, weil es in ihren Werkstätten selbstverständlich auftrat. Die Idee einer gemeinschaftlichen Erweiterung von Wissen setzt aber weit mehr voraus. Die Handwerker mussten die Grenzen ihrer Werkstätten überschreiten und ihr Wissen öffentlich zugänglich machen, denn wissenschaftlicher Fortschritt durch kooperative Wissensproduktion setzt die Offenlegung des aktuellen Standes des Wissens voraus. In der Tat vollzog sich im 15. und 16. Jahrhundert unter den Handwerkseliten eine solche kulturelle Wandlung, die von einem Übergang zur Offenlegung von Wissen auch in anderen Bereichen begleitet war. Dieser Wandel wird in der Literatur gewöhnlich als Übergang von der Geheimhaltung zur Offenheit von Wissen beschrieben, eine Darstellung, die zu zwei Missverständnissen Anlass geben kann. Erstens legt sie nahe, dass vor diesem Wandel *alles* Wissen geheim gehalten wurde. Auch in der Renaissance gab es aber öffentlich zugängliches Wissen (siehe 3.1). Zweitens legt diese Darstellung nahe, dass vor diesem Übergang alles Wissen *geheim gehalten* wurde. Die Veränderungen im Zugang zu Wissen sind aber komplexer als eine bloße Überwindung von Geheimhaltung und lassen sich besser als Übergang von privatem und Gruppen-Wissen zu öffentlichen Wissen beschreiben. Die in der Literatur beschriebenen Praktiken der Kommunikation fallen nämlich nur teilweise unter den Begriff der Geheimhaltung im Sinne intentionaler Kommunikationsenthaltung. Folgende Praktiken der Nicht-Weitergabe von Wissen lassen sich unterscheiden:[94]

– Die Verwendung von esoterischen Sprachen und Symboliken, die es dem nicht Initiierten unmöglich machen, einen Text zu verstehen (Naturphilosophen, Alchemisten, Literatur zu »Geheimnissen der Natur«),

---

94 Siehe zu diesen unterschiedlichen Formen von Nicht-Öffentlichkeit Eamon (1984; 1985; 1991), Long (1991a; 1991b), Iliffe (1992: 37) und Büttner u. a. (2002).

- die orale Weitergabe von Wissen von Lehrern an Schüler in Ausbildungsprozessen (Alchemisten, Handwerker),
- die Weitergabe von Wissen in Briefen (Humanisten, Handwerkseliten und Gelehrte der Renaissance),
- die Geheimhaltung mit dem Ziel, Konkurrenz und Plagiate zu verhindern (Zünfte, Handwerker und Künstler der Renaissance) und
- das Hinauszögern der Publikation, um Erfindungen zu perfektionieren (Handwerkseliten, Gelehrte der Renaissance).

Die Nicht-Öffentlichkeit des Wissens wurde also nicht nur durch individuelle oder kollektive Geheimhaltung, sondern auch durch inhärente Begrenzungen der Kommunikationsform erzeugt. Solange Wissen nur mündlich weitergegeben wurde oder aufwändige Manuskripte in geringen Stückzahlen das einzige Kommunikationsmedium waren, war Wissen unabhängig von den Intentionen seines Besitzers häufig einfach nicht verfügbar.

Die Offenlegung von Wissen war ein ebenso komplexer Prozess, in dem sich mehrere Stränge unterscheiden lassen. Die Veröffentlichung des Wissens der Handwerker in Büchern war nicht nur dem Zusammenbruch des Zunftsystems und dem Verschwinden seiner Institution des kollektiven Geheimnisses geschuldet, sondern auch dem durch den Buchdruck gebotenen Möglichkeiten, das Wissen der Handwerker zu fixieren, zu objektivieren und zu verbreiten. Die den Handwerkseliten angehörenden Autoren schrieben ihre Bücher in direkter Auseinandersetzung mit der hermetischen Tradition, die wissenschaftliche und technische Sachverhalte durch obskure Sprache und Symbolik unverständlich macht. Sie wollten nützliches Wissen verbreiten, und maximaler Nutzen wurde durch maximale Öffentlichkeit erreicht. Zum Beispiel schuf der Aufschwung des Bergbaus um 1500 einen Bedarf an Wissen, der durch die mündliche Weitergabe nicht mehr befriedigt werden konnte (Long 1991b: 325).

Die Verbreitung von Wissen durch gedruckte Bücher wurde auch durch die finanziellen Interessen der Drucker und durch die Entstehung des Berufs des Autors befördert. Insbesondere in der Frühphase des Buchdrucks kompilierten Drucker und Autoren neue Bücher aus dem Material, dass sie in anderen Büchern fanden. Sie begründeten eine eigene literarische Tradition im 16. und 17. Jahrhundert, die »Geheimnisbücher«, in denen Rezepte der Handwerker gesammelt und öffentlich zugänglich gemacht wurden (»books of secrets«, Eamon 1984; 1985; 1994). »Geheimnis« bezog sich hier auf die »Geheimnisse der Natur«, das heißt auf Naturerscheinungen mit unbekannten Ursachen oder auf Erscheinungen mit *künstlichen* Ursachen, das heißt auf durch den Menschen erzeugte Effekte. Beide Arten von Geheimnissen wurden in Form von Beschreibungen und Rezepten bereits im Mittelalter gesammelt, aber nur einem auserwählten Publikum zugänglich gemacht. Erst mit der Tradition der »Geheimnisbücher« vollzog sich ein Wandel zur Veröffentlichung des Wissens im Sinne des Adressierens an ein unbekanntes Publikum – und damit an jedermann.

Der Buchdruck und die Idee der individuellen Kreation ließen die Angst vor Plagiaten und Konkurrenz entstehen, die ihrerseits die individuelle Geheimhaltung begünstigen. Diesem Trend wirkten die Fixierung der Autorenschaft durch den Buchdruck sowie die Entstehung des Copyrights und des Patents entgegen. Letzteres entstand im 15. Jahrhundert und verbreitet sich im 16. Jahrhundert rasch (Eamon 1985: 327–329; Long 1991a).

Die Veröffentlichung technischen Wissens ließ die Handwerkseliten dessen kumulativen Charakter und den Charakter ihrer eigenen Ideen als Beiträge zu diesem Wissen erkennen. Damit erhielten Publikationen den zusätzlichen Zweck, anderen die Erweiterung des Wissens zu ermöglichen (Zilsel 1945: 331–344). Die Publikation von Wissen wird als Voraussetzung für dessen Erweiterung angesehen. Das wird indirekt dadurch bestätigt, dass in der technischen Literatur die Leistungen der Vorgänger anerkannt wurden. Das im Jahre 1570 erschienene Buch *Theatrum Orbis Terrarum* des Holländers Abraham Ortelius enthielt die erste ausführliche wissenschaftliche Bibliographie mit etwa 80 Referenzen (Zilsel 1945: 344). Im 17. Jahrhundert galt die Nicht-Öffentlichkeit von Wissen als Hemmnis für den Fortschritt (Eamon 1985: 334). Die vielfältigen Kontakte der akademischen Welt mit der Handwerkselite (siehe 3.2.4) ließen deren Fortschrittsmodell in die traditionelle Wissenschaft diffundieren.

Eine zweite Perspektive auf die Entstehung der Fortschrittsidee lässt sich aus den Analysen des sich wandelnden Verhältnisses von Naturphilosophie und Naturgeschichte in der Wissenschaftlichen Revolution ableiten. In der Wissenschaftlichen Revolution veränderte sich die Beziehung zwischen den von der Naturgeschichte gesammelten Einzeltatsachen und der Naturphilosophie. Für die vormoderne Wissenschaft waren Einzeltatsachen (das heißt alles, was nicht notwendig und überall geschieht) irrelevant (siehe 3.2.1). Die Veränderungen im Naturverständnis, die zunehmende Bedeutung von Einzeltatsachen in den mathematischen Wissenschaften und die Flut von neuen Fakten, die mit den geographischen Entdeckungen nach Europa gelangten, untergruben dieses Verhältnis und ließen die Fakten der Naturgeschichte zu Phänomenen werden, die Naturphilosophien bestätigen oder in Frage stellen konnten und somit erklärt werden mussten (Daston 1998a). Die Fakten wurden von einem außerhalb der Wissenschaft liegenden und für diese uninteressanten Bereich zum Ausgangspunkt und Prüfstein der Wissenschaft.

Einzelne, zufällig scheinende, nicht erklärbare Fakten waren aber prinzipiell inkompatibel mit der sich mit absolut sicherem Wissen beschäftigenden
Naturphilosophie. Auch diese Unvereinbarkeit erodierte in der Wissenschaftlichen Revolution.

Before circa 1660, as Hacking and Shapiro have shown, the designations of »knowledge« and
»science« were rigidly distinguished from »opinion«. Of the former one could expect the absolute certainty of *demonstration*, exemplified by logic and geometry. The goal of physical science had been to attain to this kind of certainty that compelled assent. By contrast, the English experimentalists of the mid-seventeenth century increasingly took the view that all that
could be expected of physical knowledge was *probability*, thus breaking down the radical dis-
tinction between »knowledge« and »opinion«. Physical hypotheses were provisional and re-
visable; assent to them was not necessary, as it was to mathematical demonstration; and
physical science was, to varying degrees, removed from the realm of the demonstrative.
(Shapin 1984: 483)

Die neue Idee von Wissenschaft war also die eines nicht sicheren, revidierba-
ren, durch neue Fakten und durch Revisionen wachsenden Wissenskorpus.[95]
Die philosophische Umwälzung war untrennbar mit der Umwälzung der
Praktiken der Wissenserzeugung verbunden. Die neue Vorstellung von wissenschaftlichem Wissen war mithin das epistemologische Pendant zu der sozialen Vorstellung von der gemeinschaftlichen Erweiterung des Wissens. Die
Wissenschaft wurde mit der Unendlichkeit der Natur und der durch den
Menschen erzeugten Fakten konfrontiert und erhielt ein offenes, auf unendli-
ches Wachstum angelegtes Programm.

Die Idee des wissenschaftlichen Fortschrittes bzw. des nicht sicheren,
durch Fakten erweiterbaren Wissenskorpus indizieren also eine grundlegend
neue Identität sowohl des einzelnen Wissensproduzenten als auch seines Kollektivs. Der Wissenschaftler war von nun an nicht mehr ein isolierter Produzent, der so viel Wissen wie möglich zu produzieren sucht, sondern Mitglied
einer Gemeinschaft von Produzenten, der er seine Beiträge zur Verfügung
stellt. Mit dieser neuen Rolle verändert sich auch die »offizielle« Motivation
»des Wissenschaftlers«. Er strebt nicht mehr nach persönlichem Ruhm, sondern
danach, das Wissen zu vermehren. Die kollektive Identität der wissenschaftlichen Gemeinschaft macht eine ähnliche Veränderung durch: Die Mitglieder
der Gemeinschaft nehmen einander nicht mehr nur als *gleiche* Tätigkeiten
ausübend wahr, sondern als diese Tätigkeiten *gemeinsam* ausübend – auch
dann, wenn sie räumlich voneinander getrennt sind. Gemeinsam bewirken
diese Veränderungen, dass Wissenschaftler ihre Beiträge auf ein spezifisches

---

95 Ein interessantes Indiz für das Umsichgreifen der Fortschrittsidee ist die exzessive Charakterisierung von in Büchern angebotenem Wissen als »neu«, die Thorndike (1957) beschreibt.

Publikum – nämlich ihresgleichen – auszurichten beginnen, sich also aufeinander beziehen.

3.3.2 Neue Praktiken der Erzeugung von Beiträgen

Die kollektive Erweiterung eines Wissenskorpus durch Beiträge einzelner Produzenten ist nur möglich, wenn eine geteilte Vorstellung über die Natur solcher Beiträge existiert, die die individuellen Praktiken der Wissenserzeugung anleitet. In der Wissenschaftlichen Revolution entstand auch diese Vorstellung und die ihr entsprechenden Praktiken. Empirische Beiträge (Fakten) konnten durch Beobachtung und Experiment erbracht werden, theoretische Beiträge durch Interpretationen oder Kommentare. Zu all diesen Praktiken gab es Vorläufer in der vormodernen Wissensproduktion. Ich konzentriere mich im Folgenden auf die Praktiken der Erzeugung empirischer Beiträge (Beobachtung und Experiment), weil diese neue Funktionen in der Wissensproduktion erhielten und diese am stärksten veränderten.

Die Beobachtung war bis zum Ende des 18. Jahrhunderts die ergiebigste Quelle von Fakten. Eine Analyse von je 50 englischen und französischen Artikeln aus den drei ersten wissenschaftlichen Zeitschriften (*Philosophical Transactions*, *Journal des Sçavans* und *Mémoires de l'Académie Royale des Sciences*) vor 1700 ergab, dass der größte Anteil (mehr als 50 Prozent) auf Artikel entfiel, die isolierte Beobachtungen oder Beobachtungen in Verbindung mit theoretischen Diskussionen berichteten (Gross u. a. 2000: 375f.). Dieser Trend setzte sich fort. In den *Philosophical Transactions* von 1665 bis 1800 berichteten Bazerman zufolge die meisten Artikel Beobachtungen.[96]

The most articles and pages were devoted to observations and reports of natural events, ranging from remarkable fetuses and earthquakes, through astronomical sightings, anatomical dissections, and microscopical observations. Human accomplishments received attention with accounts of technological and medical advances, travelogues of journeys to China and Japan, and an interview with the prodigy Mozart. The reportable business of natural philosophers was hardly restricted to experimenting or even theorizing, which received even less space than experiments. (Bazerman 1988: 65)

Nur 5 bis 20 Prozent der Artikel berichteten Experimente. Erst im Jahre 1800 stieg dieser Anteil auf 39 Prozent (ebd.).

---

96 Bazerman hat alle Artikel in den Bänden 1, 5, 10, 15, 20, 25, 30, 35, 40, 50, 60, 70, 80 und 90 der *Philosophical Transactions* ausgewählt (insgesamt ca. 1000 Artikel mit ungefähr 7000 Seiten). Für seine Analyse der Entstehung des Experimentalaufsatzes als literarisches Genre, die ich später verwende, hat er überdies alle Artikel genauer untersucht, bei denen das Wort »Experiment« im Titel oder im Text auftauchte (Bazerman 1988: 63).

Die Praxis der Beobachtung war nicht neu. Sie hat traditionell in der Astronomie und in der Naturgeschichte existiert, und die prinzipielle Vorgehensweise änderte sich durch die Wissenschaftliche Revolution nicht. Die wichtigste mit der Wissenschaftlichen Revolution einhergehende Neuerung bestand darin, dass Beobachtungen zu einer wissenschaftlichen Tätigkeit wurden, das heißt Fakten hervorbrachten, die im Bewusstsein der Wissensproduzenten als wissenschaftlich erklärbar und damit als erklärungsbedürftig galten. Aus dieser Veränderung lässt sich das Interesse prominenter Wissenschaftler des 17. Jahrhunderts an »seltsamen Fakten« erklären, das Daston (1998a: 20f.) beschreibt.

Eine zweite wichtige Veränderung brachte die Einführung von Beobachtungsinstrumenten, die als Erweiterungen der menschlichen Sinne zwischen den Menschen und das Beobachtungsobjekt traten. Die ersten derartigen Beobachtungsinstrumente, die in der Wissensproduktion der Wissenschaftlichen Revolution eine zentrale Rolle spielten, waren das Teleskop und das Mikroskop. Sie machten völlig neue, bislang unvorstellbare Phänomene zum Gegenstand der Beobachtung. In der Mitte des 17. Jahrhunderts wurde die Beobachtung mit dem Teleskop zur Routinemethode in der Astronomie, und die Astronomen gewannen die Überzeugung, dass bessere Teleskope neue Phänomene am Himmel zeigen würden. In einem analogen Prozess wurde das Mikroskopieren in der zweiten Hälfte des 17. Jahrhunderts zu einer distinkten Beschäftigung mit einer eigenständigen Literatur (van Helden 1983: 50–53).

Mit Teleskop und Mikroskop begann die instrumentell erweiterte Beobachtung, das heißt die Beobachtung von Phänomenen, die den menschlichen Sinnen ohne Instrument nicht zugänglich sind. Instrumente zur Unterstützung von Beobachtungen (zum Beispiel zur Positionsbestimmung von mit bloßem Auge sichtbaren Sternen) gab es in der Astronomie und der Nautik schon vorher. Mit der instrumentell erweiterten Beobachtung wurde nun aber die Erzeugung neuer Fakten durch bessere Beobachtungsinstrumente möglich. Damit begann das Wechselspiel von Entwicklung der Forschungstechnik und Wissensproduktion, in dem erkennbare Wissenslücken das Bedürfnis nach besseren Instrumenten erzeugen und bessere oder neue Instrumente zu neuen Entdeckungen führen. Zugleich entstanden neue epistemologische und methodologische Probleme, da die Beobachtungen nicht mehr ohne die entsprechenden Instrumente validiert werden konnten.

Das Experiment wurde schon seit der Antike als wissenschaftliche Methode angesehen, hatte aber eine grundsätzlich andere epistemologische Funktion. Im Aristotelischen Wissenschaftsverständnis waren Experimente eigentlich unnötig, weil die Wissenschaft von allgemeinen, jedermann zugänglichen Erfahrungen ausging. Wenn in den klassischen mathematischen Wissenschaften Experimente durchgeführt wurden, dann handelte es sich um Demonstrationen dieser Erfahrungen oder um Illustrationen von logischen Schlussfolgerungen. Häufig wurden die Experimente gar nicht durchgeführt, sondern waren lediglich Gedankenexperimente (Kuhn 1977b: 42f.). Die eigentliche Wissensproduktion bestand in der logischen Deduktion von Aussagen aus diesen allgemeinen Erfahrungen, und als Erfahrung galt nur, was immer und überall geschah. Spezielle Erfahrungen, die der Einzelne unter besonderen Bedingungen sammelte, hatten in der Aristotelischen Wissenschaft keinen Platz. Beobachtungen und Experimente konnten wissenschaftliche Aussagen nicht bestätigen oder widerlegen. Während aber Beobachtungen eine ubiquitäre Begleiterscheinung menschlichen Handelns waren und »nur« von einer außerwissenschaftlichen Kategorie (Naturgeschichte) zu einer wissenschaftlichen wurden, mussten sich im Falle des Experiments auch die entsprechenden Praktiken erst entwickeln. Für diese neuen Praktiken musste ein neuer Platz in der Wissensproduktion gefunden werden, was ihre epistemologische Umbewertung erforderte.

Dieser tief greifende Wandel erfolgte in zwei völlig voneinander verschiedenen Kontexten. Die klassischen, seit der Antike existierenden Wissenschaften begannen sich auf Experimente zu beziehen, die spezielle, nur dem Einzelnen zugängliche Erfahrungen lieferten (siehe 3.2.1). Solche Experimente standen aber im Widerspruch zu dem Wissenschaftsmodell, in dem ihre Ergebnisse verwendet werden sollten. Dear (1987) hat die literarischen Strategien analysiert, mit denen die Wissensproduzenten ihre besonderen Erfahrungen in Aristotelische allgemeine Erfahrungen zu verwandeln suchten. Eine Strategie bestand darin, ohne weitere Diskussion zu behaupten, dass das Experiment eine allgemeine Erfahrung liefere. Eine andere Strategie war der Verweis auf häufige Wiederholung des Experiments mit demselben Resultat (seine Reproduzierbarkeit), eine dritte betonte den allgemeinen Charakter der Erfahrung durch die Nennung anwesender Zeugen. Dears Analyse zeigt deutlich die Spannungen zwischen den individuellen Praktiken der Experimentatoren, die Experimente bereits für die Erzeugung neuen und den Test existierenden Wissens verwenden, und dem fortbestehenden Aristotelischen Argumentationsmuster in den Veröffentlichungen, in denen den Ergebnissen der »neuen« Experimente der Status der »alten« verschafft werden soll. Diese Spannung findet sich nicht nur bei den jesuitischen Wissenschaftlern, die leicht als Verteidiger des alten Dogmas eingeordnet werden können, sondern auch bei Pascal, Galilei und Newton, das heißt bei den »revolutionären« Wissensproduzenten (Kuhn 1977b; Dear 1987; 1990; 1991; Schaffer 1989). In der Wissenschaftlichen Revolution beginnt also die Transformation des *Produktionsmechanismus* der klassischen Wissenschaften. Das Experiment als lokale

Praxis der Erzeugung neuen Wissens trat neben das Experiment als globale Demonstration vorhandenen Wissens, selbst wenn das in der öffentlichen Argumentation nicht eingestanden wurde. Das dominierende Wissenschaftsverständnis bremste offensichtlich den Wandel der klassischen mathematischen Wissenschaften zu offener, auf Experimenten basierender Entwicklung. Es bildeten sich moderne Praktiken des individuellen Experimentierens heraus, ohne dass die Rolle des Experiments in den Argumentationen der klassischen Wissenschaft grundsätzlich in Frage gestellt wurde. Vielleicht war dieser Kompromiss ja sogar der einzige Weg, auf dem die neuen Praktiken überhaupt Eingang in die klassischen Wissenschaften finden konnten. Rückblickend lässt sich feststellen, dass in der Wissenschaftlichen Revolution der Keim für einen schleichenden Wandel der klassischen Wissenschaften entstand.

Während sie in der klassischen Wissenschaft nur langsam und unterschwellig Fuß fassten, trugen experimentelle Praktiken der Wissenserzeugung in einem anderen Kontext zu einer dynamischen Entwicklung bei. Das Experiment als neue Praxis der Wissensproduktion entstand in den so genannten »Baconschen Wissenschaften« aus der Fusion von technologischen Rezepten der Handwerker und Rezepten zur Erzeugung besonderer Natureffekte. Beide Arten von Rezeptsammlungen bildeten zunächst je eigene literarische Traditionen. Diese Traditionen verschmolzen im 16. Jahrhundert, als die prinzipielle Gleichwertigkeit von durch den Menschen erzeugten »künstlichen« und durch die Natur erzeugten Phänomenen angenommen wurde. Rezeptsammlungen aus diesen beiden Quellen bildeten eine Keimform von Praktiken des Experimentierens, weil es sich um schriftlich fixierte und auf Reproduzierbarkeit orientierte Handlungsanleitungen handelte, und weil sie rudimentäre Aussagen über Regelmäßigkeiten in der Natur enthielten. Ihre Sammlung und Weitergabe begann als eine rein literarische Tradition der ungeprüften Übernahme und Kompilation aus frühren Manuskripten und Büchern. Erst als die Autoren der Rezeptbücher im 16. Jahrhundert begannen, die Rezepte vor ihrer Veröffentlichung zu testen, wurde die Reproduzierbarkeit zu einem wesentlichen Aspekt der veröffentlichten Rezeptsammlungen. Die berühmteste Rezeptsammlung dieser Art, publiziert unter dem Namen Alessio Piemontese im Jahre 1555, enthielt Rezepte, die von einer geheimen Gesellschaft gesammelt und dreimal ausprobiert wurden. Nur im Erfolgsfalle fanden sie Eingang in das Buch. Die Verbindung dieser technischen Rezepte mit systematischer Wissenschaft erfolgte erstmals durch della Porta, der in seinem Buch *Magia naturalis* (1589) nach Verallgemeinerungen seiner Beobachtungen suchte (Eamon 1984: 127–139). Die durch Doppelrollen, Kooperationen und Wahrnehmung der Literatur bestehenden Kontakte zwischen Handwerkseliten und akademischen Wissensproduzenten ließen die experimentelle Praktiken in die systematische Wissenschaft diffundieren (siehe 3.2.4).

Die aus dem Handwerk und dem Studium von »Geheimnissen der Natur« entstandenen experimentellen Praktiken unterschieden sich von den zuvor beschriebenen Experimenten in den klassischen mathematischen Wissenschaften vor allem dadurch, dass sie nicht durch wissenschaftliche Systeme motiviert waren, und dass ihre Ergebnisse nicht in solche Systeme eingebunden werden konnten. Sie waren »theoriefrei«, weil sie sich auf nicht erklärbare, durch die vormoderne Wissenschaft nicht behandelte Phänomene bezogen. Die Akkumulation von Wissen durch nicht theoretisch angeleitete Experimente führte zur Entstehung der neuen »Baconschen Wissenschaften« – den Wissenschaften von Magnetismus, Elektrizität und Wärme sowie der Chemie – die zuvor nur als eine Form von Handwerk existierten (Kuhn 1977b: 46f.). Die in diesem Kontext entstandene Praxis des Experimentierens war theoretisch und epistemologisch unbelastet und produzierte experimentelle Fakten ohne theoretischen Hintergrund und unabhängig von naturphilosophischen Systemen. Die explizite und geradezu obsessive Beschäftigung der englischen Gelehrten in der zweiten Hälfte des 17. Jahrhunderts mit nicht theoretisch eingebetteten Fakten schloss experimentell erzeugte Fakten ein, wie ausführliche Beschreibungen von Boyles Praxis gezeigt haben (Shapin/Schaffer 1985; Shapin 1994). Diese Darstellung eines atheoretischen Induktivismus von Boyle und seinen Zeitgenossen in England ist nicht unumstritten. Schuster und Taylor haben sie als ein Zerrbild der Wissenschaft dieser Zeit kritisiert, das den Eindruck erwecke, die produzierten Fakten seien zusammenhanglos aufgehäuft worden und hätten einem »Briefmarkenalbum isolierter Fakten« geglichen. Shapin (1994) sei Boyles Rhetorik aufgesessen und habe sie als seine tatsächliche Position fehlinterpretiert (Schuster/Taylor 1997: 517). Schuster und Taylor behaupten demgegenüber, dass die Erzeugung experimenteller Fakten und ihre Präsentation stets in die Auseinandersetzungen über naturphilosophische Systeme eingebunden gewesen seien.

Es gibt jedoch einige Hinweise darauf, dass es in der Tat nicht nur einen Aufschwung im Sammeln nicht erklärbarer Beobachtungsergebnisse, sondern auch eine Anhäufung von Experimentalergebnissen gab, die bestenfalls mit ad-hoc-Erklärungen versehen, aber nicht in naturphilosophische Systeme eingeordnet werden konnten. Chalmers hat gezeigt, dass Boyle nicht in der Lage war, seine neue »Mechanische Philosophie« (die Korpuskularhypothese) durch seine Experimente zu stützen.[97]

The experimental laws available to Boyle were not of a kind suitable to be fed into the mechanical philosophy to give it content. When this point is taken in conjunction with the one [...] concerning the lack of specification of corpuscular characteristics, there are grounds for claiming that the mechanical philosophy as formulated and articulated by Boyle was incapable of adequately explaining any phenomena ... (Chalmers 1993: 555f.)

Chalmers führt weiter aus, dass Boyle der Auffassung war, die Experimentalwissenschaften könnten sich unabhängig von den Zwängen der Mechanischen Philosophie produktiv entwickeln, indem sie mit »intermediate Theories, notions and rules« arbeiteten (zitiert nach ebd.: 558), also mit etwas, was im heutigen Sprachgebrauch als »Theorie mittlerer Reichweite« bezeichnet werden könnte. Chalmers beschließt seine Diskussion mit einer expliziten Verteidigung von Shapin und Schaffer:

It is pertinent to note that in the detailed and interesting account by Shapin and Schaffer of the dispute between Boyle and Hobbes over what the former had established with his experiments on air, Boyle is presented as the experimentalist, defending his claims by appealing to experimental »matters of fact«, whilst Hobbes is presented as the mechanical philosopher. The fact that Boyle himself was an ardent defender of the mechanical philosophy is barely mentioned and the details of Boyle's own version of the mechanical philosophy are not referred to. This mode of presentation is entirely appropriate. Boyle's mechanical philosophy was largely irrelevant to his experimental work on air, and his considerable success in that area owed nothing to it.
A similar kind of story can be told for Boyle's chemistry. (ebd.: 563)

Einen zusätzlichen interessanten Hinweis auf Boyles Position liefert seine Kritik der Französischen Lehrbücher der Chemie. Boyle kritisiert die Autoren dafür, dass deren Bemühen um die naturphilosophische Fundierung der Chemie (die deren Status heben und ihr den Rang einer Aristotelischen Wissenschaft verleihen sollte) den Blick auf die »exzellenten Experimente« verstellt (Kim 2001: 376). Das »Briefmarkenalbum-Konzept« der Produktion theoretisch nicht eingebundener Fakten wird darüber hinaus durch die Analyse von Gross u. a. plausibilisiert. Die Autoren fanden, dass in ihrem Sample von Zeitschriftenaufsätzen aus dem 17. Jahrhundert 26 der 50 englischen und 15 der 50 französischen Aufsätze »reine« Fakten ohne Erklärungen berichteten (Gross u. a. 2000: 375f., 380–384). Auch die Beschreibung der Chemie im Frankreich des 17. Jahrhunderts entspricht diesem Modell: In der handwerkli-

---

97 Auf den schwachen Zusammenhang zwischen der Korpuskularphilosophie und den Experimenten ihrer Anhänger hat bereits Kuhn hingewiesen (Kuhn 1977b: 43f.). Kuhn stellte auch fest, dass die Baconschen Wissenschaften nur sehr langsam Theorien ausbildeten (ebd.: 47).

chen Tradition der Beschäftigung mit chemischen Reaktionen stehend, kommt diese Chemie weitgehend ohne Naturphilosophie aus. Erste theoretische Versuche Anfang des 17. Jahrhunderts bestehen in einer Systematisierung der Reaktionen und des aus ihnen gewonnenen Wissens (Klein 1996).

Die neue Praxis der experimentellen Erzeugung von einzelnen Fakten entsteht also zweimal – innerhalb der klassischen und mit der Geburt der »Baconschen« Wissenschaften. Ihre Position innerhalb der klassischen Wissenschaften scheint aber zunächst domestiziert, weil die Experimentatoren in diesem Kontext versuchen, den neuen Charakter experimenteller Ergebnisse als Fakten (im Sinne individueller, einmaliger, lokaler Erfahrungen) herunterzuspielen, um diese Ergebnisse als allgemeine Erfahrungen für die Produktion neuen Wissens im Aristotelischen Modus zu nutzen. Die aus den Rezeptsammlungen des Handwerks und aus der Tradition der »Naturgeheimnisse« entstehende Praxis des Experimentierens nutzte dagegen »wilde« Experimente, weil sie sich traditionell nicht um wissenschaftliche Erklärungen der experimentell erzeugten Effekte kümmerte, sondern auf das Funktionieren der Rezepte fokussierte. Die englischen und französischen Gelehrten, die diese Tradition aufgegriffen haben, haben ihre Ansprüche an Erklärungen und Theorien pragmatisch herabgesetzt, um ungehindert experimentieren zu können: »They dropped the demand for ultimate explanations and settled for what Boyle called intermediate explanations.« (Chalmers 1993: 560). Die neue Praxis der Erzeugung wissenschaftlicher Beiträge in Form von experimentellen Befunden setzte sich zuerst dort durch, wo sie relativ unabhängig von den traditionellen naturphilosophischen Systemen und vom traditionellen Wissenschaftsverständnis entwickelt werden konnte, und zwar in den gerade entstehenden (und aufgrund der neuen Praktiken entstehenden) Baconschen Wissenschaften. Dieser Prozess war nur in dem in 3.2.3 beschriebenen kulturellen Kontext möglich, insbesondere vor dem Hintergrund einer etablierten Idee des Fakts und der Akzeptanz von unsicherem wissenschaftlichen Wissen.

Die neuen Praktiken bestanden in der Erzeugung von Fakten (Beobachtungsergebnissen oder experimentell erzeugten Fakten), die nicht in wissenschaftliche Systeme eingebunden werden mussten. Als solche isolierten Beiträge möglich wurden, konnten »kleine« Beiträge erbracht werden. Beiträge konnten überdies schneller erbracht werden. In den Baconschen Wissenschaften konnte man Fakten beitragen, ohne sie erklären oder ihre Allgemeingültigkeit beweisen zu müssen. Damit wurde die Beteiligung an der kollektiven Wissensproduktion geöffnet – nicht nur für Amateure, sondern auch für Spezialisten, die »kleine« Beiträge außerhalb ihres eigentlichen Fachgebietes anbieten konnten. Der Aufschwung in der Produktion von Fakten wird nicht nur an den Publikationen deutlich (siehe dazu den folgenden Abschnitt) sondern auch an der rasch wachsenden Nachfrage nach Instrumenten. Die zunehmende Bedeutung von Instrumenten für Beobachtung und Experiment und das rasch wachsende Interesse an diesen Praktiken setzten eine Wechselwirkung zwischen der Erzeugung von Fakten und der Entwicklung von Instrumenten in Gang, in der das Bedürfnis nach neuen und genaueren Beobachtungen und Messungen den Instrumentenbau vorantrieb, und immer neue Instrumente neue und bessere Beobachtungen ermöglichten (Golinski 1998: 134–136).[98]

3.3.3 Neue Praktiken der Kommunikation

Der Übergang zu einer auf kleinen, häufigen Beiträgen beruhenden gemeinschaftlichen Produktion konnte sich nur im Zusammenhang mit einer Revolution der wissenschaftlichen Kommunikation vollziehen. Nach den Beschreibungen der neuen Identität und der neuen Praktiken der Erzeugung von Beiträgen kann nicht überraschen, dass die Wissenschaftler ein außerordentlich starkes Bedürfnis nach Kommunikation entwickelten. »Seventeenth-century scientists were obsessed with the necessity for communication and the interchange of information to a degree hardly known in earlier centuries. […] This new need arose, I believe, because of the new interest in discovery as distinct from the older aim of understanding.« (Hall 1981: 178f.)

Trotz des mit den gedruckten Büchern entstehenden Archivs war der Brief noch immer das wichtigste Kommunikationsmedium der Wissenschaftler. Briefwechsel konstituierten Personennetzwerke, die die meisten Intellektuellen des 16. und 17. Jahrhunderts einschlossen. Viele Intellektuelle korrespondierten, ohne einander je getroffen zu haben. Die Briefe dieser Zeit waren bereits Hybride aus persönlicher und öffentlicher Mitteilung, die sich gleichermaßen an den eigentlichen Adressaten und an ein allgemeines Publikum richteten (Daston 1991: 371). Sie wurden selbst während der Kriege länder- und religionsübergreifend aufrechterhalten (ebd., Goldgar 1995: 174–218). [99] Die Korrespondenznetzwerke ermöglichten in einzelnen Fällen sogar eine kollektive Wissensproduktion, wie in der folgenden Episode in der Geschichte der Pneumatik Mitte des 17. Jahrhunderts:

---

98 Zur Entwicklung des Instrumentenbaus in London von der Mitte des 16. bis zum Anfang des 18. Jahrhunderts siehe Bryden (1992).

99 Bücher und auch die erste Zeitschrift, die *Philosophical Transactions*, waren keine Post und mussten Reisenden oder Händlern mitgegeben werden. Die Beförderung war wesentlich langsamer und unsicherer als die Briefpost, die ebenfalls noch mit großen Unsicherheiten behaftet war.

To be sure, the initial impulse for the first Water barometer came from the reading of Galileo's *Discorsi* by members of a group in Rome, who wished to test the statement that suction pumps would not lift water more than thirty feet because that was the length of a column of water which could hold together (or, alternatively, be supported by air); but the plans for the experiment, the dissemination of its success, the suggestion for the substitution of mercury for water which led to Torricelli's experiment, the transmission of his results, and of Pascal's subsequent Puy-de-Dôme experiment – all these depended upon a network of epistemolary communication quite wonderful in its achievement, for within a very few years, without the publication of a single printed book, this important development in physics was known from Rome (where it began) eastwards to Warsaw and northwards to Sweden, and had been extensively discussed in France and England. (Hall 1973-74: 176)

Mitunter fungierten zentrale Akteure in den Kommunikationsnetzwerken als »Anstifter« und Vermittler kollektiver Produktion. Eine solche Praxis wird in der ersten Hälfte des 17. Jahrhunderts Marin Mersenne (einem französischen Kirchenmann und Gelehrten) und in der zweiten Hälfte dem Sekretär der *Royal Society* Henry Oldenburg zugeschrieben. »Of all the intelligencers of the age, only Mersenne (and he was a practicing scientist) and Oldenburg actively advanced science by their correspondence, as distinct from serving as mere repositories of information. Like Mersenne, Oldenburg often took the initiative in choosing to whom to communicate certain scientific facts and discoveries.« (Hall 1965: 286)

Die beiden »Aktivisten« der Korrespondenznetzwerke überwanden mit ihrem Verhalten in gewissem Maße die Beschränkungen, die aus dem geschlossenen Charakter der Netzwerke und aus ihrer Komposition aus dyadischen Beziehungen entstanden. Oldenburg versuchte, seinen Briefpartnern Informationen oder Publikationen zu entlocken, indem er sie gezielt über relevante Arbeiten anderer informierte (Hall 1981: 188–191). Der informelle Konsens darüber, dass die Weitergabe solcher Informationen zulässig sei und sowohl zur Sicherung von Prioritäten als auch zur Stimulierung wissenschaftlicher Arbeit beitrüge, ist ein weiteres Zeichen dafür, dass die Wissenschaftler eine Kommunikation anstrebten, die so schnell und offen war wie nur möglich. Solange das Archiv nur aus sich sehr langsam verbreitenden, dem tatsächlichen Stand des Wissens hinterher hinkenden Büchern bestand, bedurfte es aktiver Vermittlungsinstanzen, die die Relevanz des bei ihnen eingehenden Wissens für andere einschätzten und es an sie weitergaben.

Die Umstellung der Wissensproduktion auf kleine häufige Beiträge schuf für das Kommunikationssystem der Wissensproduzenten zwei Probleme. Erstens mussten die individuellen Erfahrungen (beobachtete und experimentell erzeugte Fakten), die ein zentrales Element der gemeinschaftlichen Wissensproduktion wurden, angemessen kommuniziert werden. Das brachte zahlreiche Probleme mit sich, von der epistemologischen Frage der Autorität und

Verlässlichkeit der berichteten Erfahrungen bis hin zu Fragen nach dem literarischen Format und dem Stil solcher Beiträge. Zweitens mussten die individuellen Erfahrungen schneller und an mehr Menschen übermittelt werden, als es Korrespondenznetzwerke und Bücher vermochten. Im Schnittpunkt dieser beiden Aufgaben entstand der *wissenschaftliche Zeitschriftenaufsatz*, der einzelne empirische oder theoretische Beiträge enthielt.

Dear hat in seiner Analyse kommunikativer Praktiken der frühen *Royal Society* darauf hingewiesen, dass ein gemeinschaftliches Unternehmen der Wissensproduktion auch dann Übereinstimmung bezüglich bestimmter Kriterien und Standards voraussetzt, wenn die Forschung nicht unmittelbar kooperativ ist. Diese Situation existierte in der *Royal Society*:

As a first approximation, one can describe the »research ideal« of the society as an association of individuals with common interests who were engaged in work that was commonly perceived to be of value; cooperation in the work itself was not part of this ideal. What common values did the members share? First, there had to be tacit agreement on the nature of knowledge. This, in turn, implied a common standard of authority, and ancient authority, the Fellows habitually claimed, no longer served. (Dear 1985: 147f.)

Die englischen Gelehrten stimmten zwar darin überein, dass die Autorität der antiken Klassiker keine Grundlage der Wissensproduktion mehr sei. Es gab aber keinen allgemein akzeptierten Ersatz für diese Instanz. Wie im vorangegangenen Abschnitt ausgeführt, bestanden die neuen Beiträge, die Wissensproduzenten im 17. Jahrhundert (und damit auch die Mitglieder der *Royal Society*) leisteten, in einzelnen persönlichen Erfahrungen, wie die Welt sich einmal unter spezifischen Umständen verhalten hatte. Diese Erfahrungen konnten nur gemacht werden, weil der Beobachter anwesend war, er war also ein Teil der Erfahrung (ebd.: 151f.).

Der Übergang von einem Konzept von Erfahrung als dem, was immer und überall mit Sicherheit geschah, zu dem was ein Einzelner in einer spezifischen Situation erfahren hat, brachte ein fundamentales Problem mit sich: Wenn etwas berichtet werden sollte, was nicht immer und überall geschah – wie konnte dann der Leser oder Hörer von der Wahrheit des Mitgeteilten überzeugt werden, das heißt davon, dass es sich wirklich um einen »Fakt« handelte? Die Wissensproduzenten entwickelten dafür mehrere neue Strategien.[100]

Als sich die neuen Praktiken der Konstruktion einzelner empirischer Beiträge herausbildeten, war zunächst die *Zeugenschaft* von zentraler Bedeutung

---

100 Auf zwei Strategien hatte ich bereits in einem anderen Kontext hingewiesen: Zeugenschaft und Wiederholung von Experimenten wurden benutzt, um einzelnen Erfahrungen den Status der Allgemeingültigkeit zu verleihen. Die hier diskutierten Strategien haben einen anderen Zweck: Es geht zunächst darum, die Wahrheit des Einzelereignisses zu bestätigen.

für ihre Akzeptanz. Experimentell erzeugte Fakten und Beobachtungen gewannen ihre Autorität dadurch, dass sie von anderen bestätigt wurden. Experimente wurden vor Zeugen durchgeführt, die die Ergebnisse durch ihre Unterschrift bestätigten (Shapin 1984: 487–489; Bazerman 1988: 73–75). Die Zeugen wurden in Berichten über die Experimente genannt. Ähnlich listen Berichte über Beobachtungen auf, wer das Phänomen noch beobachtet hat oder aus anderen Gründen als Zeuge dienen kann (Fontes da Costa 2002: 276–283).

Die Praxis des Bezeugens von Experimenten und Beobachtungen war – wie die Idee des Fakts – aus dem Rechtssystem in das Wissenschaftssystem gelangt (Shapiro 2002). Die Auffassung von Shapin und Schaffer (1985), dass die Vertrauenswürdigkeit von Zeugen an den Status des englischen Gentleman gebunden war, hat in der wissenschaftshistorischen Diskussion keine Unterstützung gefunden. Shapiro (2002) und Fontes da Costa (2002) betonen statt dessen die Rolle von Kompetenz. Dear verweist unter Berufung auf Robert Boyle auf einen spezifischen Vorzug der Beobachtung durch Laien, dass nämlich »[e]veryman had one advantage his betters could so easily lack – he was unlikely to be prejudiced by hypothesis« (Dear 1985: 156).

Die *Royal Society* praktizierte eine spezifische Variante der Zeugenschaft, wenn sie Fakten auf Zusammenkünften der Gesellschaft reproduzierte. Auf diesen Zusammenkünften wurden Experimente vorgeführt und diskutiert. Wenn Beobachter ihre Objekte der *Royal Society* übersandten, wurden mitunter auch Beobachtungen repliziert (Fontes da Costa 2002: 281–283).

Neben dem Bezeugen von Fakten gab es eine Reihe *literarischer Strategien*, die den Leser von Berichten von der Faktizität des Mitgeteilten überzeugen sollten. Literarische Strategien wurden angewendet, um den Autor als vertrauenswürdig darzustellen und eine »virtuelle Zeugenschaft« zu erreichen, die beim Leser eine genaue und plastische Vorstellung von den Beobachtungen und Experimenten erzeugt. Sie sind von Dear (1985) und Shapin (1984) für Berichte von Experimenten sowie von Daston (1998a) und Fontes da Costa (2002) für Beobachtungen beschrieben worden und beinhalteten

- die Selbstbeschreibung des Autors als bescheiden und an der Wahrheit interessiert (durch Selbstkritik, Berichte über fehlgeschlagene Experimente und ähnliches),
- die ausführliche, möglichst mit Bildern versehene Beschreibung des beobachteten Objekts oder Experiments und
- das Unterstreichen der Faktizität durch Daten, Tabellen, Verweise auf ähnliche Beobachtungen anderer usw.

Durch diese Anstrengungen entstand eine neue Kommunikationsform: Der kurze Bericht über Beobachtungen oder Experimente, der eine einzelne Erfahrung zum gemeinsamen Wissen beitrug. Eine indirekte Bestätigung für die Vermutung, die genannten Praktiken und literarischen Strategien seien eine Reaktion auf das neue Problem der Glaubwürdigkeit gewesen, liefert die Analyse der chemischen Forschungsberichte der französischen *Académie Royale des Sciences* durch Holmes (1991). Die Mitglieder der französischen Akademie der Wissenschaften waren bezahlte Vollzeit-Forscher. Die Akademie löste das Problem der Faktizität von experimentellen Einzelerfahrungen anfänglich dadurch, dass sie kollektive Forschungsprojekte durchführte, also bereits bei der Durchführung der Experimente das individuelle durch ein kollektives Urteil ersetzte. Da sich die in den *Mémoires de l'Académie Royale des Sciences* veröffentlichten Forschungsberichte vor allem an andere Mitglieder der Akademie richteten, die ihrerseits die Experimente beobachtet hatten oder Laborbücher konsultieren konnten, entfiel auch die Aufgabe, Vertrauen in den Experimentator und in seine Experimente herzustellen. Hinzu kam, dass die Gruppe von Chemikern eine solche Vielzahl von Experimenten durchführte, dass nicht über alle detailliert berichtet werden konnte (nicht zuletzt wegen der Restriktionen für die Länge der Berichte). Unter diesen Bedingungen entstanden Berichte, die Experimente nur kurz erwähnten oder unvollständig beschrieben, fehlgeschlagene Experimente nicht erwähnten und generell in vielem bereits dem modernen Zeitschriftenaufsatz ähnelten. Dies war möglich, weil die Berichte an ein den Autoren bekanntes Publikum adressiert waren, bei dem das für die Akzeptanz des Berichteten notwendige Wissen und Vertrauen bereits existierten.

Mit der Herausbildung neuer Praktiken der Beobachtung und des Experiments und den Berichten über sie erhöhte sich der Druck auf das System wissenschaftlicher Kommunikation, was zum Entstehen eines neuen Kommunikationsmediums führte: Neben das Buch und den Brief trat mit den von Henry Oldenburg seit 1665 herausgegebenen *Philosophical Transactions* die wissenschaftliche Zeitschrift.[101] Sie vereinten den formalen und öffentlichen Charakter des Publikationsmediums Buch mit der Aktualität des Mediums Brief. Oldenburg schrieb in der Einleitung zur ersten Nummer der Zeitschrift: »… there is nothing more necessary for promoting the improvement of Philosophical Matters, than the communication to such, as apply their Studies and Endeavours that way, such things as are discovered or put in practice by others.« (zitiert nach Hall 1973-74: 190)

---

101 Die *Philospohical Transactions* waren nicht die erste wissenschaftliche Zeitschrift. Das Pariser *Journal des Sçavans* von Denis de Sallo startete einige Monate eher im selben Jahr. Die *Transactions* widmeten aber wissenschaftlichen Originalarbeiten mehr Raum (im Vergleich zum Beispiel zu Reviews von Büchern) und wurden bald zur führenden wissenschaftlichen Zeitschrift in Europa (Andrače 1965: 9; Hall 1973-74: 185; Hunter 1981: 51).

Die begeisterte Aufnahme der *Philosophical Transactions* bewies, dass sie eine schmerzliche Lücke im System der wissenschaftlichen Kommunikation schlossen. Allerdings mussten sich die zur Kommunikation via Zeitschrift gehörenden Rollen – Autor, Herausgeber und Leser – erst herausbilden.[102] Die *Autorenrolle* und damit der Zeitschriftenaufsatz als literarische Form entstanden allmählich aus der brieflichen Korrespondenz. Nachdem die Wissenschaftler anfänglich noch Briefe an Oldenburg geschrieben hatten, aus denen dieser Material für die Publikation auswählte, begannen die Absender die Publikation in den *Philosophical Transactions* zu antizipieren und gaben ihren Briefen eine entsprechende Form (Hall 1973-74: 186; Bazerman 1988: 132f.).

Die *Leserschaft* der *Transactions* bestand am Anfang kaum aus Wissenschaftlern. Bazerman skizziert die ursprüngliche Leserschaft – auf Hunter (1981) bezug nehmend – folgendermaßen:

During this early period society membership and journal readership were dominated by leisured gentry, neither professionally nor personally committed to orderly, extensive, systematic investigation. Rather, as members of a largely urban and educated class, they sought amusement and novelty. They were excited by the new philosophy but not necessarily critical or thoughtful in their appreciation. A few merchants and artisans from fields like mining and lens-grinding supplemented this primary readership, as did a few rural and colonial gentry ... (Bazerman 1988: 133)

Das Bemühen, dieses Publikum zu unterhalten, mag zur Aufnahme der zahlreichen Berichte über »seltsame Fakten« in die *Transactions* beigetragen haben (ebd.), auch wenn die eigentliche Faszination der »seltsamen Fakten« ihrer neuen Rolle in der Wissensproduktion geschuldet ist (Daston 1998a, siehe 3.3.1). In den Anfangsjahren der *Transactions* passten sich die Autoren von Beiträgen sprachlich an das Interesse ihrer Leserschaft an, indem sie das Wunderbare und Seltsame an ihren Ergebnissen betonten (ebd.: 135). Die Leserschaft begann sich jedoch bald zu differenzieren. Es bildete sich ein Kernpublikum aus Produzenten wissenschaftlichen Wissens heraus. Die Institution der Zeitschrift gab diesem Kernpublikum die Möglichkeit, Beiträge öffentlich (in eigenen Beiträgen) zu kritisieren. Die Kritisierten konnten darauf öffentlich entgegnen. Bazerman hat am Beispiel der Kontroverse um Newtons Aufsatz zur Optik gezeigt, dass diese Öffentlichkeit und Kritik neue rhetorische Techniken entstehen ließ (ebd.: 80–127; siehe auch Shapin 1984: 502–507). Die Differenzierung des Publikums zwang die Zeitschriften, sich auf ein bestimmtes Publikum zu konzentrieren, was zu einer Differenzierung

---

102 Im Falle der Publikationen der französischen Akademie der Wissenschaften war die Situation anders, weil diese Publikationen sich in erster Linie an ein internes Publikum (die anderen Mitglieder der Akademie) richteten.

zwischen wissenschaftlichen und populärwissenschaftlichen Zeitschriften führte (Bazerman 1988: 135).

3.3.4 Neue Praktiken der wechselseitigen Bezugnahme

Die neuen Praktiken, mit denen Einzelne nun zum Wachstum des Wissens beitragen konnten, ließen neue Beziehungen zwischen den individuellen Wissensproduzenten entstehen. Zwei für den entstehenden Modus der gemeinschaftlichen Wissensproduktion charakteristische Bezüge sind Prioritätsstreitigkeiten und Kontroversen über Fakten.

Prioritätsstreitigkeiten setzen voraus, dass individuelle Wissensproduzenten annehmen, wichtige Beiträge zum kollektiv betriebenen Fortschritt des Wissens zu leisten. Nur wenn dieser Zusammenhang wahrgenommen wird – wenn also der kollektive Produzent eine entsprechende Identität hat – ist es überhaupt nötig und sinnvoll, auf seiner Priorität zu bestehen. Das Konzept der individuellen Kreativität, die Bedeutung individueller wissenschaftlicher Beiträge für den wissenschaftlichen Fortschritt und der Mechanismus des Reputationserwerbs müssen also etabliert sein.

Wenn zwei oder mehrere Produzenten von Wissen der Auffassung sind, denselben Beitrag zuerst erbracht zu haben, kann ein öffentlicher Streit um die Priorität entstehen. Prioritätsstreitigkeiten setzen also die unabhängige Produktion ähnlicher Beiträge und damit die Grundstruktur kollektiver Wissensproduktion voraus. Dass sie im 16. Jahrhundert entstanden und im 17. Jahrhundert erstmals gehäuft auftraten (Merton 1970: 169; 1972b) kann als Bestätigung für die Entstehung des Mechanismus kollektiver Wissensproduktion in dieser Zeit angesehen werden. Neben der berühmten Kontroverse zwischen Newton und Leibniz über die Priorität in der Differentialrechnung gab es zum Beispiel Auseinandersetzungen zwischen Robert Hooke und Christian Huygens sowie zwischen Christian Huygens und dem schottischen Mathematiker James Gregory (Hall 1981: 187f.). Die *Royal Society* institutionalisierte eine Prozedur für die Registrierung der Zeit, zu der ihr Entdeckungen und Erfindungen mitgeteilt wurden, um Prioritätsansprüche zu stützen und entscheiden zu können (Iliffe 1992: 32–39). Die Notwendigkeit solcher Regelungen, ihre Inanspruchnahme und die Prioritätsstreitigkeiten selbst verdeutlichten, dass viele individuelle Wissensproduzenten in ihrer Formulierung von Aufgaben auf denselben Wissensbestand zugriffen, ähnliche Aufgaben für sich formulierten und zu ähnlichen Lösungen gelangten.

Anders als Prioritätsstreitigkeiten waren Kontroversen keineswegs neu. Die Wissenschaft seit der Antike, die Scholastik und der Humanismus waren von intellektuellen Auseinandersetzungen geprägt. Die Entstehung des wissenschaftlichen Fakts führte zu neuartigen Kontroversen. Es wurde nun darüber gestritten, ob Fakten wahr sind und was sie bedeuten. Ich hatte bereits auf die Auseinandersetzungen um den epistemologischen Status einzelner Erfahrungen hingewiesen, der seit dem 16. Jahrhundert die klassische Wissenschaft wieder und wieder beschäftigte. Die erste in all ihren Inhalten moderne Kontroverse war die über Isaac Newtons Theorie des Lichtes und der Farben.

Wir verdanken Isaac Newton den ersten Zeitschriftaufsatz, der signifikante neue experimentelle Ergebnisse und eine darauf aufbauende Theorie berichtet (Bazerman 1988: 82). Die Kontroverse um die in diesem Aufsatz veröffentlichten Ergebnisse ist nicht nur deshalb interessant, weil Newtons Aufsatz erstmals alle Elemente eines modernen wissenschaftlichen Zeitschriftaufsatzes enthielt, die damit zum Gegenstand der Kritik werden konnten und auch tatsächlich kritisiert wurden. Die Entwicklung der Geometrischen Optik und die mit Newton und Huygens assoziierte Entstehung der Physikalischen Optik im 17. Jahrhundert können auch als ein früher Fall gemeinschaftlicher Wissensproduktion angesehen werden. Ein seit der Antike ungelöstes Problem – die Gesetzmäßigkeiten der Lichtbrechung – war im 17. Jahrhundert Gegenstand der Aufmerksamkeit zahlreicher Wissenschaftler. Die Lösung des Problems, die in der ersten Hälfte des 17. Jahrhunderts durch Harriot (1601), Snell (1620), Herigone (1637) und Descartes (1637) gefunden wurde, konnte zwei Anomalien nicht erklären: Die Entstehung eines Spektrums farbigen Lichts bei der Brechung und die »seltsame Brechung« im »Isländischen Kristall«. Ihre Bemühungen, diese Phänomene zu erklären, ließen Newton und Huygens von einer rein geometrischen Behandlung optischer Probleme zu einer Physikalischen Optik gelangen, die die Natur des Lichts zum Gegenstand hatte (Dijksterhuis 2004).

Newton schloss nicht nur an die genannten Publikationen an, sondern hat in seinen Forschungen zur Optik die Publikationen von drei Zeitgenossen – Descartes, Hooke und Boyle – benutzt (Schaffer 1989: 74). Dies und die anschließende Kontroverse über die Replikation seiner Experimente sowie über die theoretische Bedeutung ihrer Ergebnisse sind ein weiterer Beleg für den gemeinschaftlichen Charakter der Wissensproduktion in der Optik des 17. Jahrhunderts. Die an Newtons Publikation anschließende Kontroverse verdeutlicht darüber hinaus den Widerspruch zwischen dem klassischen und dem Baconschen Wissenschaftsbegriff, die sich wandelnde Rolle des Experiments und die sich in den klassischen Wissenschaften vollziehenden diesbezüglichen Veränderungen.

Entweder durch Henry Oldenburgs geschickte Schmeichelei dazu veranlasst (Hall 1973-74: 181) oder aus eigenem Interesse (Bazerman 1988: 88f.)

sandte Newton einen Brief »A New Theory of Light and Colours« an Oldenburg, der diesen am 8. Februar 1672 in einer Sitzung der *Royal Society* verlas und in seinen *Philosophical Transactions* veröffentlichte. Newton wurde von vier Kollegen kritisiert. Die Kritiken bezogen sich auf mögliche andere Ursachen für die beobachteten Ergebnisse, die durch zusätzliche Experimente ausgeschlossen werden sollten (Robert Moray), auf die neue Theorie, die für unnötig gehalten wurde, da die experimentellen Ergebnisse mit den bekannten optischen Gesetzen erklärt werden können (Ignace Gaston Pardies), auf die bessere Eignung einer alternativen Theorie (Robert Hooke, Christian Huygens) und auf abweichende Ergebnisse bei der Replikation der Experimente (Francis Line, John Gascoines, Anthony Lucas). Newton antwortete allen Kritikern (manchen mehrmals), indem er seine theoretischen Aussagen stärker an die experimentellen Ergebnisse band und detaillierte Hinweise zur Replikation der Experimente gab (Bazerman 1988: 104–119; Schaffer 1989).

Diese von Bazerman und Schaffer ausführlich analysierte Kontroverse ist für unser Thema deshalb so wichtig, weil sie eine größere Zahl von Wissenschaftlern einschließt und auf einem durch diese Wissenschaftler geteilten Wissensbestand aus partiell konkurrierenden Theorien, empirischem und methodischem Wissen beruht. Darüber hinaus wurde in der Kontroverse durch die Beteiligten neues Wissen (neue Experimentaldaten und neue Interpretationen) produziert. Letzteres wurde auch durch den zuletzt frustrierten Newton zumindest für seine Kontroverse mit Pardies eingestanden: »In the observations of Rev. F. Pardies, one can hardly determine whether there is more of humanity and candour, in allowing my arguments their due weight, or penetration and genius in starting objections. And doubtless these are very proper qualifications in researches after truth. (Newton 1672 in den *Philosophical Transactions*, Band 6, Seite 4014, zitiert nach Bazerman 1988: 138)

Die Kontroverse war aber auch eine Auseinandersetzung über die Rolle des Experiments, wie Schaffer (1989) gezeigt hat. Anders als Boyle, der Serien von Experimenten ausführlich beschrieb, stellte Newton zunächst seine Theorie dar und führte danach ausgewählte Experimente an, von denen eines als »*experimentum crucis*« die Richtigkeit der Theorie beweisen sollte. Das ist die Praxis des »epistemologisch domestizierten« Experiments, die ich im vergangenen Abschnitt als charakteristisch für die klassischen mathematischen Wissenschaften (zu denen die Optik ja gehörte) beschrieben habe. Die Auseinandersetzungen über die Replikation des *experimentum crucis* und über seinen Status verdeutlichen den Konflikt zwischen den beiden Herangehensweisen. Newton hatte zahlreiche Experimente durchgeführt, präsentierte aber in seiner Publikation eine Theorie, die durch ein einziges entscheidendes Experiment bestätigt werden sollte. Einige seiner Kritiker stellen den experimentell erzeugten Fakt in Frage – das Experiment ließe sich nicht replizieren. Andere sind in der Lage, das Experiment zu replizieren, bestreiten aber, dass es die Richtigkeit von Newtons neuer Theorie beweist. Damit ist die Domestizierung des Experiments misslungen, und die Experimente beginnen, ein Eigenleben zu führen – ganz wie in den Baconschen Wissenschaften.

Kontroversen dieser Art sind nur möglich, wenn Produzenten neues Wissen beitragen, das andere in ihrer eigenen Wissensproduktion verwenden, das heißt in der kollektiven Wissensproduktion. Newtons Aufsatz und die an ihn anschließende Kontroverse sind ein klares Indiz dafür, dass ein neuer Mechanismus der Wissensproduktion im Entstehen begriffen war. Auch wenn es zu weit ginge, das ubiquitäre Funktionieren der Ordnung durch Wissen in der zweiten Hälfte des 17. Jahrhunderts anzunehmen, so ist es doch offensichtlich, dass diese Form der Ordnung gelegentlich und bezogen auf bestimmte Wissensbestände auftrat.

3.3.5 Neue Organisationsformen?

In der Wissenschaftsgeschichtsschreibung gibt es unterschiedliche Auffassungen darüber, ob die Wissenschaftliche Revolution institutionelle Innovationen im Sinne der Herausbildung neuer Organisationsformen wissenschaftlicher Arbeit beinhaltete. So wird zu recht darauf hingewiesen, dass mit den intellektuellen Gesellschaften eine ältere, auf den Humanismus zurückgehende Organisationsform die Vorlage für die wichtigen wissenschaftlichen Gesellschaften des 17. Jahrhunderts lieferte (McClellan III 1985: 42f.; Lux 1991). Reduziert man den Begriff der Organisationsform auf den formalen Aspekt der in der Gesellschaft akzeptierten Körperschaft, dann bieten die wissenschaftlichen Gesellschaften in der Tat wenig Neues.

Das Bild ändert sich aber, wenn man nach den Handlungen der Organisationsmitglieder und nach den Regeln für dieses Handeln fragt. Die intellektuellen Gesellschaften sollten ein Forum für die Kommunikation von Wissen schaffen und intellektuell stimulierende Diskussionen ermöglichen. Sie dienten der Unterhaltung und nicht der Erzeugung von Wissen. (Hall 1981: 178). Die italienischen Akademien *Accademia del Lincei* (1603–1630) und *Accademia del Cimento* (1657–1667) führten jedoch eine wichtige neue Praxis ein: Auf den Zusammenkünften dieser Akademien wurde gemeinsam experimentiert (Zilsel 1945: 348; Emerson 1990: 970). Die *Accademia del Lincei* veröffentlichte sogar ein von mehreren Mitgliedern gemeinsam geschriebenes Buch (Zilsel 1945: 348). Diese Praxis, die mit dem Ende der beiden Akademien zunächst wieder verschwand, wurde dann durch die *Royal Society* (relativ) dauerhaft institutionalisiert. Die sich seit Mitte des 17. Jahrhunderts am *Gresham College* versammelnde Gruppe, die den Vorläufer der *Royal Society of London* bildete, führte regelmäßig gemeinsam Experimente durch. Diese Praxis fand Eingang in das Programm der im Jahre 1662 gegründeten *Royal Society of London*. In den Protokollen der Gesellschaft finden sich Aufforderungen an Mitglieder, für die nächste Sitzung bestimmte Experimente vorzubereiten. Die *Royal Society* hatte dafür sogar Angestellte (Hall 1981: 179–181; ausführlich Hall 1991).[103]

Trotz der starken Tradition gemeinsamen Experimentierens hat die *Royal Society* selbst keine Forschung betrieben. Auf den Sitzungen der Gesellschaft wurden Experimente repliziert, die Mitglieder bereits durchgeführt hatten oder über die Berichte an die *Royal Society* gesandt wurden. Es wurde Wissen kommuniziert, diskutiert und bestätigt, aber nicht produziert. Die Erzeugung neuer Beiträge vollzog sich im England des 17. Jahrhunderts außerhalb der *Royal Society* in den privaten Labors der Wissenschaftler (Hunter 1981: 46; Shapin 1988). Die *Royal Society* war eher ein Klub von Individuen mit gemeinsamen Interessen als eine Organisation, in der kooperative Forschung betrieben wurde (Dear 1985: 147). Sie unterschied sich darin von der 1666 in Frankreich gegründeten *Académie Royale des Sciences*, die zumindest in den ersten Jahren ihres Bestehens kollektive Forschung organisierte (Holmes 1991). Da die *Académie Royale* ihre Mitglieder bezahlte, waren diese die ersten von einer Forschungsorganisation angestellten Forscher. Die *Académie Royale* begann mit der kooperativen Produktion von Wissen in Botanik und Anatomie, die zu gemeinsamen Buchpublikationen führte. Der Gedanke kollektiver Produktion war so stark, dass die Autoren anonym blieben (Hall 1981: 185).[104]

Obwohl sie keine kooperative Forschung durchführte, war die *Royal Society* ausdrücklich der Idee gemeinschaftlicher wissenschaftlicher Arbeit verpflichtet und bildete eine entsprechende Identität aus. Es waren insbesondere vier Praktiken, die sie zu einer Vermittlungsinstanz und oft zu einem Kristallisationspunkt kollektiver Produktion machten. Die erste Praxis war die bereits beschriebene gemeinsame Durchführung und Diskussion von Experimenten, die die neuen Praktiken der Erzeugung von Beiträgen aufwertete und ihre

103 Später hatten wissenschaftliche Gesellschaften oft das erklärte Ziel, Geld zusammenzulegen, um teure Instrumente kaufen zu können (Shapin 1984: 486).
104 Die kooperative Forschung an der *Académie Royale* brachte auch schon charakteristische Probleme mit sich: Tatsächlich wurden die Arbeiten an jedem Projekt nur von ein oder zwei Wissenschaftlern durchgeführt (McClellan III 1985: 62), das heißt die anderen waren jeweils »Trittbrettfahrer«. Außerdem erzeugte die Möglichkeit gemeinsamer wissenschaftlicher Arbeit in der Akademie Introvertiertheit und eine Abschottung von der internationalen wissenschaftlichen Gemeinschaft (ebd.: 51)

Ergebnisse verbreitete. Außerdem dienten diese Diskussionen dazu, die Faktizität der Beiträge zu bestätigen, die ja in dieser Zeit noch problematisch war.

Die *Royal Society* unterstützte die kollektive Wissensproduktion auch dadurch, dass sie gezielt Informationen zu bestimmten Themen akkumulierte und in einigen Fällen sogar abgestimmte Beobachtungen in mehreren Ländern organisierte. Das Sammeln von Informationen durch die *Royal Society* war insofern neu, als sie die Beitragenden aufforderte, spezifische Informationen zu liefern. Henry Oldenburg begründete das in einer Bemerkung damit, dass »most men not knowing, what to inquire after, and how?« (zitiert nach Hall 1981: 183). Diese Bemerkung verweist auf zwei Aspekte des Problems: Erstens wurden Beobachtungen von interessierten Laien ganz unterschiedlicher Vorbildung beigetragen, von denen nicht erwartet werden konnte, dass sie die Relevanz der beobachteten Ereignisse einschätzen konnten. Damit im Zusammenhang stand zweitens, dass es noch kein Wissen und keine Regeln gab, die die Passfähigkeit der Beiträge sichergestellt hätten.

Auf diese Weise wurden bereits in den Anfangsjahren der *Royal Society* Beobachtungen aus aller Welt gesammelt. Beiträge kamen von englischen Reisenden, Diplomaten, Händlern und Seeleuten, aber auch von Partnern im Ausland. In einigen Fällen waren abgestimmte Beobachtungen wünschenswert. So stieß ein Aufsatz von John Wallis auf großes Interesse, demzufolge die Gezeiten durch das Gravitationszentrum des Systems Erde-Mond verursacht würden.

Both when Wallis paper was read at a meeting of the Royal Society and after its subsequent publication in the Philosophical Transactions in 1666, this topic aroused widespread interest among virtuosi, and when the ensuing discussion made Wallis appeal for empirical observations of tidal variations in different places, such [members of the wider scientific community, J. G.] provided them. As usual the Royal Society acted as orchestrator, publishing inquiries in the *Transactions*, and observations collected or supplied by virtuosi about the tides at Bristol, Chepstow and Plymouth afforded the data which Newton used in his discussion of their mechanism in the principia. (Hunter 1981: 65)

Die *Royal Society* initiierte auch Forschungen, indem sie Wissenschaftler anregte, bestimmte Themen aufzugreifen, und die Verbindung zwischen ihnen durch Diskussion in den Sitzungen der Gesellschaft, durch Korrespondenz oder durch Publikationen in den *Transactions* aufrechterhielt. Ein Beispiel dafür sind Experimente zur Bluttransfusion, die in mehreren Orten Englands und im Ausland durchgeführt wurden (Hall 1981: 185f.).

Eine vierte Praxis bestand in der Weitergabe von erhaltenen Informationen. Das war im 17. Jahrhundert noch nicht selbstverständlich. Alle wissenschaftlichen Gesellschaften dieser Zeit *sammelten* Informationen, auch wenn sie nicht so offensiv und mit dem Bemühen um Standardisierung agierten wie die *Royal Society*. Der Gedanke, dass eine solche Gesellschaft Wissen *verbreiten* sollte, war dagegen neu. Wissen zu verbreiten war bis dahin eine wichtige Funktion der Korrespondenznetzwerke, nicht aber von Organisationen.[105] Diese Funktion war auch nicht unumstritten und hatte in Robert Hooke einen einflussreichen, wenn auch in diesem Fall erfolglosen Gegner.

Der erste Schritt in der aktiven Verbreitung von Informationen wurde bald nach Gründung der *Royal Society* unternommen, wie wir in den Protokollen der Gesellschaft nachlesen können:

On 4 September 1661 it is also noted that »Sir Kenelme Digby [...] read [...] a French letter from Monsieur Frenicle to himself, dated at Paris, the 31st of August 1661, N. S. concerning that gentleman's hypothesis of the motion of Saturn; and was desired to write to Mr. Frenicle, and to return him the thanks of the society.

Mr. Wren [Christopher Wren] was desired likewise to deliver a copy of his observations and hypothesis of Saturn to the amanuensis, to be transmitted by Sir Kenelme Digby to Monsieur Frenicle.« (Hall 1973-74: 178)

Diese Praxis der *Royal Society* bedeutete eine Institutionalisierung der »Anregung durch Informationen«, die zuvor von Marin Mersenne und Henry Oldenburg als persönliche Initiative praktiziert wurde. Das Neue des mit der *Royal Society* entstehenden Korrespondenznetzwerkes von Oldenburg bestand darin, dass er es in seiner Rolle als Sekretär der Gesellschaft systematisch ausweitete. Er nahm Wissenschaftler in sein Netzwerk auf, die die *Royal Society* oder ihn als deren Sekretär anschrieben, und knüpfte neue Kontakte (Eamon 1985: 343f.). Das Korrespondenznetzwerk machte die briefliche Kommunikation halb-öffentlich, da sie dem Schreiber des Briefes die Kontrolle darüber entzog, wer seinen Brief erhält. Damit wurde eine Übergangsform zwischen den aus Dyaden komponierten Korrespondenznetzwerken und den an eine anonyme Öffentlichkeit gerichteten Zeitschriften institutionalisiert.

Obwohl die *Royal Society* keine Forschungsorganisation war (wie etwa die *Académie Royale*) und nicht einmal das Monopol als Ort wissenschaftlicher Diskussion in England besaß (Hunter 1981: 46), spielte sie durch die beschriebenen vier Praktiken eine wichtige Rolle im Übergang zur gemeinschaftlichen Produktion von Wissen. Ihr Hauptbeitrag bestand darin, dass sie das durch Bacon formulierte neue Wissenschaftskonzept institutionalisierte, indem sie es zum Programm einer formalen Organisation erhob und ihm damit eine große Breitenwirkung und Verstetigung verschaffte. Dasselbe gilt für die *Académie Royale*, die darüber hinaus noch als die erste Organisation ange-

---

105 Die einzige Ausnahme scheint das von 1633 bis 1642 von Theophraste de Renaudot unterhaltene *Bureau d'Adresse* zu sein, das einmal wöchentlich öffentliche Versammlungen abhielt, auf denen wissenschaftliche Themen präsentiert und diskutiert wurden (McClellan III 1985: 47).

sehen werden kann, in der bezahlte, kooperative Forschung relativ dauerhaft institutionalisiert wurde.

Eine zweite wichtige Funktion der wissenschaftlichen Gesellschaften bestand in ihrer Unterstützung der neu entstehenden sozialen Ordnung gemeinschaftlicher Wissensproduktion. Wir haben in Kapitel 2 gesehen, dass wissenschaftliche Gemeinschaften nicht zu kollektivem Handeln in der Lage sind, und dass ihre spezifische, durch den Wissensbestand hergestellte Ordnung der Unterstützung durch Institutionen und informelle Kommunikation bedarf. Selbst voll entwickelte wissenschaftliche Gemeinschaften bedürfen der zusätzlichen Ordnung durch Institutionen und formale Organisationen. Für die im Entstehen begriffenen wissenschaftlichen Gemeinschaften des 17. und 18. Jahrhunderts galt das umso mehr. Die neuen wissenschaftlichen Gesellschaften waren formale Organisationen, die formelle und informelle Kommunikation organisierten. Sie institutionalisierten Regeln für das wissenschaftliche Arbeiten und für die Kommunikation. Sie fungierte als Vermittlungsinstrument der kollektiven Wissensproduktion, als noch kein allgemein zugängliches Archiv existierte und die Kommunikationsmöglichkeiten der Wissenschaftler beschränkt waren. Diese Rolle behielten sie, bis das System wissenschaftlicher Zeitschriften etabliert war. Die Organisation informeller Kommunikation und die Vertretung der Wissenschaft in der Gesellschaft wurden teilweise durch Fachgesellschaften übernommen, bleiben aber bis heute auch eine Aufgabe von Akademien.

3.4 Die Entstehung gemeinschaftlicher Produktion

3.4.1 Seit wann gibt es gemeinschaftliche Produktion?

Ausgangs des 17. Jahrhunderts waren wichtige Vorstellungen, Praktiken und Institutionen gemeinschaftlicher Wissensproduktion entstanden, und zwar:

– eine kollektive Identität der Gemeinschaft als Produzent neuen Wissens (ausgedrückt in der Idee des wissenschaftlichen Fortschritts) und die individuelle Wahrnehmung, Mitglied einer solchen Gemeinschaft zu sein,
– Praktiken, die es dem Einzelnen ermöglichten, Beiträge zu einem gemeinsamen Wissensbestand zu leisten,
– ein Archiv aus Büchern und den ersten Zeitschriften, in dem der gemeinsame Wissensbestand fixiert wurde,
– Institutionen, die die Erzeugung und Kommunikation von Beiträgen regulierten und

- Kommunikationskanäle und -praktiken, die die ordnende Wirkung des gemeinsamen Wissensbestandes unterstützten.

Seitdem diese Elemente existierten, wuchs der Wissensbestand durch Beiträge einzelner Mitglieder der Gemeinschaft(en), die unter Bezugnahme auf diesen Wissensbestand erbracht werden. Wer immer Zugang zur Literatur hatte, konnte aus ihr ein Problem ableiten und lösen sowie die Lösung als Beitrag zum Wissen anbieten. Vorher war das nicht möglich, weil es keinen öffentlichen Wissensbestand gab, weil es als unmöglich galt, Aristoteles zu verbessern, weil die Praktiken zur Erarbeitung von Beiträgen nicht existierten und weil niemand auf die Idee gekommen wäre, die Angebote als Beiträge zu einem wachsenden Wissensbestand anzusehen.

Die Bedeutung von Francis Bacon besteht darin, dass er die verschiedenen Prozesse gleichzeitig aufnahm und zu einem neuen Wissenschaftskonzept synthetisierte. Seine Leistung bestand darin, all die genannten Prozesse wahrzunehmen und ihren inneren Zusammenhang zu reflektieren. Die neuen Identitäten der wissenschaftlichen Gemeinschaft und des einzelnen Wissenschaftlers waren nunmehr öffentlich deklariert, ein Umstand, der seinerseits die Entwicklung dieser Identität vorangetrieben hat, wie zum Beispiel die zahlreichen Bezugnahmen der *Royal Society* auf Bacon belegen. Bacons Synthese reichte auch über den aktuellen Zustand Anfang des 17. Jahrhunderts hinaus – sie war in erheblichem Maße Programm. Ich erlaube mir, das zu Beginn des ersten Kapitels stehende Zitat noch einmal anzuführen, da wir jetzt seinen damals revolutionären Charakter würdigen können:

… what may be expected from […] cooperative labours and from the passage of time; especially on a road which may be travelled not only by individuals (as is the case in the way of reason), but where men's labours and efforts (particularly in the acquisition of experience) may be distributed in the most suitable way and then reunited. For men will begin to know their own strength when we no longer have countless men all doing the same thing, but each man making a different contribution. (Bacon 2000: 88)

Die alte Praxis starb aber keinen plötzlichen Tod. Die genannten neuen Elemente setzten sich nur allmählich durch. Das Experiment hatte in den klassischen Wissenschaften noch lange Zeit eine prekäre Position, da es zwar eine eigenständige Funktion in der Wissensproduktion des Einzelnen erlangte, in der öffentlichen gemeinschaftlichen Wissensproduktion aber nur zum Zwecke der Demonstration oder in einer Interpretation als allgemeine Erfahrungstatsache auftauchte. Dieses ambivalente Verhältnis zum Experiment lässt sich selbst bei den Wissensproduzenten nachweisen, die im 16. und 17. Jahrhundert die wissenschaftlichen Systeme revolutioniert haben, zum Beispiel bei Pascal (Dear 1990), Galilei (Dear 1991) und Newton (Schaffer 1989; Snobelen 2001:

82f.). Auch der kumulative Charakter und die Offenheit der Entwicklung der Wissenschaft, die zentral für die Idee des wissenschaftlichen Fortschrittes waren, wurden nicht durch alle Protagonisten gleichermaßen akzeptiert. Die Formel »nothing more will remain to be done in a given science« tauchte im 17. Jahrhundert häufig auf. Descartes und Newton waren der Ansicht, auf bestimmten Gebieten die Vollendung der Wissenschaft erreicht oder zumindest ihren Nachfolgern nur noch Detailarbeit überlassen zu haben (Cohen 1994: 162f.). Diese Beispiele belegen, dass neben den genannten revolutionären Elementen alte Traditionen fortbestanden – nicht zuletzt deshalb, weil die Protagonisten der Wissenschaftlichen Revolution in der vormodernen Wissenschaft ausgebildet und sozialisiert waren, wie Schuster und Taylor zu recht anmerken (Schuster/Taylor 1997: 515f.).

Trotz dieser retardierenden Aspekte ist die Entstehung eines neuen Mechanismus der Produktion wissenschaftlichen Wissens unübersehbar. Insbesondere beruhen die in der Wissenschaftlichen Revolution entstehenden Baconschen Wissenschaften von Beginn an auf den von individuellen Wissensproduzenten beigetragenen experimentell erzeugten oder beobachteten Fakten. Kann man also davon sprechen, dass mit der Wissenschaftlichen Revolution die moderne gemeinschaftliche wissenschaftliche Produktion einsetzte?

Auf diese Frage gibt es zwei Antworten. Einerseits fällt es angesichts der in den vorangegangenen Abschnitten beschriebenen Wandlungen nicht schwer, die Herausbildung der notwendigen Bedingungen gemeinschaftlicher Produktion – der Akteure, der für gemeinschaftliche Produktion notwendigen Situationswahrnehmungen und der neuen Praktiken – zu bestätigen. Andererseits kann nicht übersehen werden, dass die Ordnung der Wissensproduktion durch den gemeinsamen Wissensbestand der Gemeinschaft noch sehr unvollkommen war. Die Praxis des Sammelns von naturgeschichtlichen Fakten, deren Bedeutung völlig unklar war, bestand im 17. Jahrhundert fort. Daston beschreibt sie als »militanten Empirismus«:

Its tendency was to emphasize differences over similarities, splintering classes of phenomena into individuals, and individuals into component parts. The observation reports of these empiricists are notoriously prolix, but they had to be, for who could tell which detail would turn out to be significant? Fearful of excluding anything, they strained every nerve to record everything. (Daston 1995: 402)

Die Baconschen Wissenschaften hatten zwar den Vorteil des gemeinsamen Bezuges auf bestimmte empirische Phänomene, begannen ihre Entwicklung aber ebenfalls mit dem Aufhäufen miteinander unverbundener Fakten, das heißt mit individuellen Aktivitäten der Wissenserzeugung, für die die Beiträge der anderen jeweils nur eine geringe Rolle spielen. Der Übergang zu einer gemeinschaftlichen Produktion, in der die individuellen Handlungen durch den gemeinsamen Wissensbestand so aufeinander bezogen werden, dass sie einander bestätigen, widerlegen oder ergänzen, vollzog sich in den verschiedenen Gebieten zeitlich versetzt und dauerte bis zur Mitte des 19. Jahrhunderts. Diese Entwicklung kann an der Chemie illustriert werden, die zwar als Kunstlehre viel älter ist als die anderen Baconschen Wissenschaften, aber erst mit der Wissenschaftlichen Revolution zu einer Wissenschaft wurde. Zu Beginn des 18. Jahrhunderts galt die Chemie noch als die *Kunst*, Stoffe zu zerlegen und zu verbinden. Es gab einige wenige etablierte Standardmethoden wie Destillation und Verbrennung. Die Chemie wendete diese Methoden auf eine Vielzahl von Stoffen an und produzierte so in hohem Tempo experimentelle Fakten. Diese Fakten waren aber lediglich durch die angewendete Methode mit einigen anderen Fakten verbunden. Darüber hinaus standen sie in keinem erkennbaren Zusammenhang zueinander und niemand konnte die Relevanz der einzelnen Fakten für die weitere Wissensproduktion bestimmen. Die Chemiker reagierten auf diese Situation mit Versuchen, die Fakten in synoptischen Tabellen zu ordnen (Roberts 1993: 514–519; Klein 1996).[106]

Chemists intended synoptic tables to serve as repositories for experimentally derived data. Once compiled and easily available, these tables would free successive generations from the empirical task of reinventing the wheel, so to speak.
[…]
The utilitarian warrant for these tables was that chemists could use the data as if they had generated them themselves. Tabulated information was, after all, produced and employed in the context of the laboratory and its practitioners. (Roberts 1993: 518f.)

Unter dem Druck der rapide anwachsenden Datenmenge brachen in der zweiten Hälfte des 18. Jahrhunderts Konflikte über die »korrekte« Ordnung der Chemie aus. Dieser Konflikt wurde durch die »chemische Revolution« Ende des 18. Jahrhunderts gelöst, in der sich Lavoisiers Theorie der Verbrennung, sein Ordnungsschema für die Chemie und seine Beschreibungssprache für chemische Prozesse durchsetzten (Donovan 1988; Roberts 1993).

Der Übergang der klassischen Wissenschaften auf eine durch empirische Beiträge vorangetriebene Produktion brauchte eine ähnlich lange Zeit. In den klassischen Wissenschaften blieb das Experiment noch lange Zeit der Deduktion untergeordnet. Sie entwickelten sich auch im 18. Jahrhundert auf der Grundlage von Texten statt Experimenten (Sibum 2003: 93). Die Experimen-

---

106 Klein behauptet, dass die Veröffentlichung von Geoffroys Tabellen im Jahre 1718 einen radikalen intellektuellen Wandel bedeutete, der einer chemischen Revolution ähnelte (Klein 1996). Sie argumentiert aber ideengeschichtlich, ohne auf die Verwendung der Tabellen durch andere Chemiker oder auf die der Veröffentlichung folgende Entwicklung einzugehen. Ihr Hinweis, dass das neue Schema nicht die gesamte Chemie erfasste (ebd.: 279), relativiert außerdem dessen Bedeutung.

talphysik wird – ganz in der klassischen Tradition – durch ihre didaktische Funktion der anschaulichen Vermittlung philosophischer Lehren legitimiert. Erst im 19. Jahrhundert verschmelzen die Traditionen der deduzierenden klassischen Wissenschaft, der didaktisch angelegten Experimentalphysik und des Experimentalismus als kommerzielle Aktivität der öffentlichen Unterhaltung. Dabei entsteht die moderne Physik, die ursprünglich Baconsche Gebiete wie die Elektrizitätslehre inkorporiert, die – analog zu den Entwicklungen in der Chemie – »theoretisiert« wurden.[107]

Die Baconschen und die klassischen Wissenschaften durchliefen also konvergente Entwicklungen, in denen die Baconschen Wissenschaften durch die Ausbildung entsprechender Theorien und die klassischen Wissenschaften durch ihre experimentelle Fundierung und partielle Verschmelzung mit Baconschen Wissenschaften (endgültig) in theoretisch angeleitete Experimentalwissenschaften verwandelt wurden. Dieser Prozess wird in der Literatur mitunter als »zweite wissenschaftliche Revolution« bezeichnet (Kuhn 1977c: 219f.; 1977d: 146f.; Golinski 1998: 66f.). Er macht deutlich, dass die gemeinschaftliche Produktion von einer weiteren, bislang nicht behandelten Variablen abhängt, die als »Organisationskraft« des gemeinschaftlichen Wissensbestandes bezeichnet werden kann. Seitdem mit der Wissenschaftlichen Revolution die notwendigen Bedingungen gemeinschaftlicher Produktion etabliert waren, hat die Organisationskraft der Wissensbestände zugenommen. Diese ungleichzeitige und diskontinuierliche Entwicklung hat zunächst zum spontanen Auftreten von Situationen gemeinschaftlicher Produktion (»Situationen spezialisierter Kommunikation«, Stichweh 1984: 39) geführt, bevor die Wissensbestände eine Organisationskraft erlangten, die kontinuierlich alle Fälle individueller Wissensproduktion eines Gebietes zu ordnen vermochte.

Was macht nun die Organisationskraft eines Wissensbestandes aus? Es hängt vom Inhalt und von strukturellen Merkmalen des Wissensbestandes einer Gemeinschaft ab, wie und in welchem Ausmaß er die Mitglieder der Gemeinschaft aufeinander bezieht. Eine solche Variable ist in den wissenschaftssoziologischen Arbeiten über Eigenschaften von Wissensbeständen (kognitive Strukturen) nicht diskutiert worden. Es ist aber zu vermuten, dass die Organisationskraft eine wichtige Einflussgröße auf die soziale Ordnung einer wissenschaftlichen Gemeinschaft ist, und dass die in 2.7.2 diskutierten Unterschiede zwischen Fachgebieten unter anderem durch die Variation dieser Variablen erzeugt werden.

107 Die Geschichte der Elektrizitätslehre im Deutschland des 18. Jahrhunderts ist durch Wellen anschwellenden und wieder abflauenden Interesses charakterisiert, die jeweils mit dem experimentellen Erzeugen neuer Phänomene und der anschließenden Unfähigkeit, diese Phänomene zu erklären, korrespondieren (Stichweh 1984: 252–317).

Obwohl die Organisationskraft von Wissensbeständen bislang nicht systematisch untersucht worden ist, gibt es in wissenschaftshistorischen Analysen der Entstehung von naturwissenschaftlichen Disziplinen Hinweise auf ihre Gestalt und ihre Wirkungen. Solche Studien müssen ja die Frage beantworten, ab welchem Entwicklungsstadium man von einer wissenschaftlichen Disziplin sprechen kann. Damit wird implizit die Frage gestellt, was eine Disziplin zusammenhält.[108] Ich möchte hier auf einen Vorschlag von Guntau und Laitko zurückgreifen:

Damit können wir das *kognitive Minimum*, das den Einstellungen der Vertreter einer Disziplin *gemeinsam* sein muss, funktionell folgendermaßen bestimmen: es muss gewährleisten, dass empirisch registrierbare Phänomene als Erscheinungsformen des Gegenstandes der Disziplin identifiziert werden können; auf diese Weise wird eine gemeinsame Relevanzbewertung der Phänomene möglich, wenn nicht komparativ, so doch wenigstens auf der Ebene von Ja-Nein-Entscheidungen. In den Regulativen des empirischen Verhaltens der Forscher müssen gewisse Konsensusanforderungen erfüllt sein, während auf der Ebene der theoretischen Interpretationen der Beobachtungen und Experimente nicht nur Differenzen, sondern sogar Gegensätze und Kontroversen vorliegen können. (Guntau/Laitko 1987: 29f.)

Diese Überlegungen lassen sich auf unser Problem anwenden. Wir können die Organisationskraft eines Wissensbestandes als die *Spezifität der von ihm gelieferten Entscheidungskriterien für die lokale Wissensproduktion* definieren. Ein Wissensbestand muss die Entscheidung ermöglichen, ob lokal erzeugtes Wissen für ihn relevant ist, ob also die lokalen Arbeitsgegenstände zu seinem Gegenstandsbereich gehören. Außerdem muss der Wissensbestand Informationen über Methoden enthalten, mit denen in ihn integrierbare Beiträge erzeugt werden können. Je spezifischer die diesbezüglichen Entscheidungskriterien sind, desto stärker beziehen sie die lokalen Entscheidungen der Wissensproduzenten aufeinander. Die Beziehungen zwischen den Chemikern im 18. Jahrhundert waren schwach, da ihnen nur wenige allgemeine Methoden zur Verfügung standen, diese aber auf eine unendliche Vielfalt von im Prinzip als gleichwertig angesehenen Stoffen angewendet werden konnten. Das Bemühen, die Relevanz der Beiträge anderer für die eigene Arbeit zu ermitteln, führte zu Versuchen, Methoden und Arbeitsgegenstände zu differenzieren und zu systematisieren, was gleichbedeutend mit einer Spezifizierung von Entscheidungskriterien war.

Obwohl Theorien am besten geeignet sind, solche Entscheidungskriterien zu liefern, sind sie doch nicht notwendig für das Funktionieren gemeinschaft-

---

108 Der Bezug auf Disziplinen statt auf wissenschaftliche Spezialgebiete ist dabei nicht problematisch, weil die Disziplinen zum Zeitpunkt ihrer Entstehung als die relevanten Einheiten der Forschung angesehen werden können.

licher Produktion. Auch wissenschaftliche Leistungen, die als Beispiele für die weitere Forschung einer Gemeinschaft dienen (das heißt »Paradigmata« in dem ursprünglich von Kuhn intendierten Sinn) können Entscheidungskriterien liefern, ohne eine notwendige Voraussetzung für kollektive Produktion zu sein. Das »organisierende Minimum« an Wissen lässt sich funktionell als dasjenige Wissen einer Gemeinschaft bestimmen, dass den Zusammenhang zwischen individuellen Beiträge der Wissensproduzenten herstellt. In den Abschnitten 2.6.2 und 2.7.2 ist deutlich geworden, dass es dafür mehrere funktionale Äquivalente gibt (empirische Phänomene, Probleme, Methoden, Theorien). Wir können nun auf der Grundlage der historischen Rekonstruktionen in diesem Kapitel hinzufügen, dass Wissensbestände sich in ihrer »Organisationskraft« voneinander unterscheiden und dass die »Organisationskraft« eines Wissensbestandes historischen Veränderungen unterliegt. Die Baconschen Wissenschaften erscheinen dann als ursprünglich durch empirische Phänomene (Magnetismus, Elektrizität) oder durch ein Set von Methoden (Destillation in der Chemie) konstituierte Gebiete, in denen die Entwicklung des Wissensbestandes hin auf Systematisierung und Theorie dessen Organisationskraft erhöhte. Wenn gemeinschaftliche Produktion einen Wissensbestand mit einer gewissen Mindest-Organisationskraft voraussetzt, dann sollte sich das an der Entstehung neuer wissenschaftlicher Spezialgebiete in der modernen Wissenschaft zeigen lassen, weil sich hier die neuen Wissensbestände gegen etablierte alte »durchsetzen« müssen.

3.4.2 Die Entstehung wissenschaftlicher Spezialgebiete

Die Entstehung neuer wissenschaftlicher Spezialgebiete ist ein traditioneller Gegenstand der Wissenschaftsgeschichte, die ihn meist als »Entstehung wissenschaftlicher Disziplinen« bezeichnet. In den 60er und 70er Jahren hat sich auch die Wissenschaftssoziologie für das Thema interessiert und im Kontext der Kuhnschen Theorie der Wissenschaftsentwicklung versucht, ein allgemeines Modell der Entstehung wissenschaftlicher Spezialgebiete zu entwickeln.

All diese Studien haben nur wenig zur Analyse der Ko-Evolution von Wissen und sozialer Ordnung beigetragen. Auf einen Grund dafür habe ich bereits hingewiesen. Wir verfügen bis heute nicht über eine befriedigende Methodologie für die vergleichende Beschreibung soziologisch relevanter epistemischer Bedingungen der Wissensproduktion, das heißt von Natur, Wissen und Technik. Beschreibungen von Wissensprozessen sind deshalb entweder detailliert und idiosynkratisch oder hochabstrakt. Keine der beiden Varianten unterstützt vergleichende Untersuchungen. Ein zweites methodologisches Problem besteht darin, dass die Entstehung wissenschaftlicher Spezialgebiete nur retrospektiv erfolgen kann, was die Anwendung »hochauflösender« ethnographischer Methoden zum Studium der Wechselwirkungen epistemischer und sozialer Bedingungen ausschließt.

Die in der »präkonstruktivistischen Phase« der Wissenschaftssoziologie durchgeführten Studien zur Entstehung wissenschaftlicher Spezialgebiete beschrieben zwar jeweils die Entwicklung des Wissens des jeweiligen Gebietes, bezogen sie aber nicht in ihre Kausalmodelle ein. Als Illustration dieses Problems kann die Synopse von Edge und Mulkay dienen (Tabelle 2).

Die Abstraktionsniveaus, auf denen die kognitiven Merkmale formuliert werden, lässt keine vergleichende Analyse der Wechselwirkungen zwischen Wissen und sozialer Ordnung zu. Die Studien waren nicht Bestandteil eines gemeinsamen Forschungsprogramms, und das Fehlen einer gemeinsamen Theorie oder wenigstens eines analytischen Rasters macht eine vergleichende Auswertung wenig ergiebig. Zwei Studien haben ihre empirischen Rekonstruktionen zu theoretischen Modellen verallgemeinert. Mullins hat ein Phasenmodell entwickelt, demzufolge die Entstehung wissenschaftlicher Spezialgebiete die Stadien der »Paradigmagruppe«, des »Kommunikationsnetzes« und des »Clusters« durchläuft, um schließlich zu einem voll entwickelten Spezialgebiet zu werden (Mullins 1972). Mulkay und Edge merken zu Recht an, dass »Mullins überhaupt keine ausgesprochenen Bindeglieder zwischen der sozialen und der intellektuellen Entwicklung innerhalb irgendeines Stadiums aufzeigt« (Edge/Mulkay 1975: 208). Das ist offensichtlich Mullins' Überzeugung geschuldet, dass die sozialen Muster sich ohne sichtbare Wirkungen auf die Wissenschaft selbst wandeln könnten (Mullins 1972: 58). In Mullins' Modell existieren keine klaren Kriterien für die Abgrenzung der Stadien voneinander. Würden die Stadien jedoch präziser definiert, wären sie kaum noch in allen Entstehungsprozessen wissenschaftlicher Spezialgebiete auffindbar. Im Falle der Radioastronomie erscheinen die ersten drei Stadien der Entstehung »sehr verkürzt« (Edge/Mulkay 1975: 208).

Ein zweites Modell hat Mulkay auf der Grundlage der Studie zur Radioastronomie entwickelt (Mulkay 1974; 1975; Edge/Mulkay 1976). Ausgangspunkt seiner Darstellung ist eine Kritik des Kuhnschen Modells der Wissenschaftsentwicklung, das seiner Ansicht nach wissenschaftlichen Wandel nicht zureichend zu erklären vermag. Es könne zwar den Übergang zu neuen Paradigmata innerhalb existierender Spezialgebiete erklären, nicht aber das Entstehen neuer. Die Entstehung der Radioastronomie hätte nichts mit paradigmatischem Wandel zu tun, sondern sei ein Beispiel für Wissenschaftsentwicklung durch »Verzweigung« (Mulkay 1975). Auch wenn die Gegenüberstellung von

	Radioastronomie *Edge & Mulkay*	Bakteriologie *Ben-David*	Psychologie *Ben-David & Collins*	Phagengruppe *Mullins*	Physikalische Chemie *Dolby*	Röntgenstrahlenprotein-kristallographie *Law*
1. Marginale Innovationen	+	+	+	+	+	+
2. Mobilität	+	+	+	+	+	+
3. Ursprüngliche »Entdeckung« im Kontext angewandter Forschung	+	+	–	–	–	–
4. Kumulative Entwicklung im akademischen Bereich	+	+	+	+	+	+
5. Bildung sozialer Gruppierungen, die wichtig bei der Ausbeutung der ursprünglichen »Entdeckung« sind	+	?	+	+	+	?
6. Wachstum, verbunden mit Kontaktmöglichkeit zu graduierten Studenten	+	+	+	+	+	+
7. Informationsaustausch mit etablierten Disziplinen	+	?	–	–	–	–
8. Kognitive Überschneidung zwischen Neuerern und etablierten Praktikern	+	?	–	–	–	?
9. Konflikt mit etablierter oder »Mutter«-Disziplin	–	+	+	+	+	+
10. Schaffung einer neuen Zeitschrift	–	?	+	+	+	?
11. Klare Identität, eine einzige »Zuhörerschaft«	–	?	+	+	?	?
12. Soziale Identität geht wissenschaftlicher Perspektive voraus	–	?	+	–	–	–
13. Ein zentrales Problem	–	?	?	+	–	?
14. Blockierte Karrierestruktur	–	–	+	+	–	?

+   bedeutet, dass dieses Merkmal vorhanden zu sein scheint

–   bedeutet, dass dieses Merkmal nicht vorhanden zu sein scheint

?   bedeutet, dass es unsicher ist, ob der Forscher dieses Merkmal als vorhanden oder nicht vorhanden ansieht

Tabelle 2: Faktoren bei wissenschaftlicher Innovation und der Entwicklung von Spezialgebieten
(nach Edge/Mulkay 1975: 212)

Mertons, Kuhns und Mulkays Modell als drei konkurrierenden Modellen der Wissenschaftsentwicklung sowohl dem Zweck der Modelle als auch ihren Abstraktionsebenen Gewalt antut, kann Mulkays Modell der »Verzweigung« doch für sich in Anspruch nehmen, einen wichtigen Prozess der Entstehung neuer Spezialgebiete zu benennen. Es handelt sich außerdem um das einzige Modell, das dem wissenschaftlichen Wissen eine Funktion bei der Entstehung neuer Spezialgebiete zuweist.

Der theoretische Beitrag der Studien zur Entstehung wissenschaftlicher Spezialgebiete ist also eher bescheiden. Sie liefern jedoch empirisches Material, das nach Hinweisen auf den Mechanismus des Entstehungsprozesses durchsucht werden kann. Dieser Suche liegt die Annahme einer Ko-Evolution des Wissensbestandes und der sozialen Strukturen des produzierenden Kollektivs zugrunde. Aus dieser Annahme lassen sich zwei Fragen an das empirische Material ableiten. Erstens gilt es, die Bedingungen zu identifizieren, unter denen mehrere Wissenschaftler gleichzeitig beginnen, einen bestimmten Wissensbestand als eigenständig zu behandeln, indem sie auf eine spezifische Weise zu ihm beitragen. Zweitens ist die Frage zu beantworten, unter welchen Bedingungen sich neue wissenschaftliche Spezialgebiete und ihre Fachgemeinschaften stabilisieren, das heißt ein stabiles Arrangement von Wissen, Wissensproduzenten und Beiträgen ausbilden.

Die beschriebenen Entstehungsprozesse wissenschaftlicher Spezialgebiete[109] begannen jeweils mit einer zäsurhaften Wahrnehmung von Wissen als neu. Eine solche durch ein Ereignis ausgelöste Entstehung von Spezialgebieten ist aber nicht die einzige und wahrscheinlich nicht einmal die häufigste Variante. Wenn wir das exponentielle Wachstum des wissenschaftlichen Wissens und die begrenzte Kapazität der menschlichen Informationsverarbeitung in Betracht ziehen, liegt es vielmehr nahe, einen ubiquitären Prozess der allmählichen Entstehung neuer Spezialgebiete durch Differenzierung infolge Größenwachstums anzunehmen, auf den Stichweh (1984: 39–62) hingewiesen hat. Das Fehlen von Analysen dieses Prozesses hat vermutlich mit den Schwierigkeiten zu tun, sie empirisch zu identifizieren. Auf Ereignisse zurückgehende Prozesse können dagegen sachlich und zeitlich besser abgegrenzt werden.

In den durch die Wahrnehmung neuen Wissens ausgelösten Entstehungsprozessen können zwei wichtige Variationen beobachtet werden. Da »Neuheit« eine Sache der individuellen und kollektiven Wahrnehmungen ist, gibt

---

109 Neben den in der Synopse von Edge und Mulkay genannten Studien sind das insbesondere Arbeiten zur Entstehung der Ethnomethodologie (Mullins 1981), zur Entstehung und zum »Tod« der Invariantentheorie in der Mathematik (Fisher 1966/67), zur Forschung über der »N-Strahlen« (Nye 1980) und zur kalten Kernfusion (Lewenstein 1992; 1995; Simon 1999).

es eine dynamische Beziehung zwischen der Neuheit des Wissens und der Neuheit der Wahrnehmung, deren eines Extrem die »offensichtliche« Neuheit von Wissen ist (zum Beispiel im Falle der Entdeckung von Radiosternen), während am anderen Ende des Spektrums neue Perspektiven auf existierendes Wissen stehen. Wenn neues Wissen am Anfang der Entwicklung steht, kann es auf unterschiedlichen Wegen entstehen. Die unterscheidbaren Grundformen sind die Neukombination von (existierendem) Wissen und die Entdeckung neuer Weltausschnitte.

Neukombination von Wissen: Hierunter fallen vor allem Versuche, Methoden auf neue Objekte anzuwenden. Einer solchen Neukombination im weiteren Sinne verdanken wir die Entstehung der Psychologie. Ihr lag das Bemühen deutscher Wissenschaftler zugrunde, den Status der Philosophie zu heben. Dies sollte durch die Verwandlung der Philosophie in eine experimentelle Naturwissenschaft geschehen, das heißt durch die Anwendung der experimentellen Methode in der Erforschung des menschlichen Bewusstseins (Ben-David/Collins 1966). Die Phagengenetik geht auf das Interesse von Physikern an der Erforschung biologischer Prozesse der Informationsübertragung und auf die damit verbundene Anwendung physikalischer Methoden zurück (Mullins 1972). Auch die von Law analysierte Entstehung der Röntgenkristallstrukturanalyse von Proteinen gehört in diese Kategorie. Sie ist der Hinwendung einiger Kristallographen zu einem neuen empirischen Gegenstand (Proteinen) geschuldet, auf den sie ihre Methoden anzuwenden begannen (Law 1976). Das neue Spezialgebiet entstand aus einem in der Wissenschaft alltäglichen Prozess – der Erweiterung des Anwendungsgebietes einer Methode. Jede solche neue Anwendung ist zugleich eine Neukombination von Wissen, da sie das Wissen über die Methode mit dem Wissen über das Objekt kombiniert. Die Neukombination von Wissen kann auch in einer Integration von Theorien bestehen. Die Physikalische Chemie entstand durch die Synthese mehrerer am Rande der dominierenden organischen Chemie entwickelter Theorien (Dolby 1976).

Entdeckung neuer Weltausschnitte: Diese Variante ist in der Synopse von Edge und Mulkay nur durch deren eigene Arbeit zur Entstehung der Radioastronomie vertreten. Sie tritt auf, wenn Entdeckungen neue Möglichkeiten der Wissensproduktion eröffnen und dadurch Wissenschaftler zu Themenwechseln veranlassen. Im Falle der Radioastronomie waren es die Entdeckung der Radiostrahlung der Sonne, von Meteoren und anderen Himmelskörpern sowie die Entwicklung neuer Techniken zur Analyse dieser Strahlungen (Edge/Mulkay 1976: 9–31). Ein etwas anders gelagerter Fall ist die von Mullins untersuchte Entstehung der Ethnomethodologie, die die Entstehung sozialer Ordnung im Alltag zu ihrem Forschungsgegenstand machte. Das

Alltagshandeln musste natürlich nicht erst entdeckt werden. Die Ethno-methodologie wählte es aber als ihr Forschungsobjekt und definierte die Entstehung von Ordnung im Alltagshandeln als einen neuen Forschungsgegenstand (Mullins 1981). Die Invariantentheorie der Mathematik entstand aus der (publizierten) Idee, nach Ableitungen von Funktionen zu suchen, die bei allen linearen Transformationen der Variablen ihre Form behalten (Fisher 1966/67: 142). Das war ein neuer Ausschnitt der mathematischen Welt. Auch die Forschungen zu den so genannten »N-Strahlen« und die kalte Kernfusion gehen auf die Entdeckung neuer Weltausschnitte zurück. Im Frühjahr 1903 annoncierte der französische Physiker René Blondlot die Entdeckung einer neuen Strahlung, die er nach seinem Geburts- und Arbeitsort Nancy »N-Strahlen« nannte. Zwischen 1903 und 1906 wurden die Effekte dieser Strahlung durch mindestens 40 Wissenschaftler beobachtet und durch mehr als 100 Wissenschaftler in mehr als 300 wissenschaftlichen Aufsätzen analysiert. Die Beobachtungen Blondlots wurden von Beginn an in Zweifel gezogen. Es gab keine vom menschlichen Beobachter unabhängige Verifikation der Ergebnisse, und die Beobachtbarkeit der Strahlung hing Blondlot zufolge von den Fähigkeiten des Beobachters ab. Unter diesen Bedingungen war die Replikation der Ergebnisse schwierig. Als Blondlot mit einem ohne sein Wissen radikal veränderten Versuchsaufbau immer noch »N-Strahlen« zu sehen behauptete, erlosch das Interesse der wissenschaftlichen Gemeinschaft rasch (Nye 1980). Diese Entwicklung ist der der kalten Kernfusion erstaunlich ähnlich. Die Elektrochemiker B. Stanley Pons und Martin Fleischman erklärten am 23. September 1989, sie hätten eine Methode entwickelt, Kernfusion bei Raumtemperatur zu erzeugen und für die Energiegewinnung auszunutzen. Nach anfänglich großer Aufregung erwiesen sich die Experimente als nicht reproduzierbar, und die meisten Wissenschaftler wandten sich von dem Gebiet ab (Lewenstein 1992; 1995; Simon 1999). In beiden Fällen führte eine Aufsehen erregende Entdeckung zu zahlreichen Replikationsversuchen und einer rasch wachsenden Literatur. In beiden Fällen handelte es sich um Entdeckungen, die die Grundlagen der Gebiete betrafen und weitreichende Folgen für die Theorie und für die empirische Forschung implizierten. Dass Wissenschaftler die Beschäftigung mit solchen Entdeckungen als vordringlich betrachten, kann nicht überraschen. Wenn wir nur die Anfangsphase beider Entwicklungen heranziehen, dann sind sie von der Entstehung wissenschaftlicher Spezialgebiete nicht zu unterscheiden.

Alle Beispiele für die Neukombination von Wissen und für die Entdeckung neuer Weltausschnitte beruhen auf einer Kombination von neuem Wissen und neuen Wahrnehmungen. Die Rolle neuen Wissens variiert dabei sehr stark. In einigen Fällen (Radioastronomie, Röntgenkristallstrukturanalyse von Proteinen, Invariantentheorie, »N-Strahlen«, Kalte Kernfusion) waren die Wissensbestände selbst von Anfang an spezifisch genug, um aufeinander bezogene Beiträge zu ermöglichen. Die Wissensproduzenten verfügten über einen gut abgegrenzten Phänomenbereich und einen ebenso gut abgegrenzten Pool von Methoden. Damit war gesichert, dass sie füreinander relevante Ergebnisse erbrachten. In der Entstehung von Radioastronomie und Röntgenkristallstrukturanalyse gab es deshalb von Beginn an eine Divergenz der lokalen Praktiken von denen der »Mutterdisziplin« (Edge/Mulkay 1976: 21–28; Law 1976: 135–142). In anderen Entstehungsprozessen standen in erster Linie neue Perspektiven auf vorhandenes Wissen am Anfang der Entwicklung (Ethnomethodologie, Phagengenetik, Psychologie, Physikalischen Chemie). Die neuen Perspektiven widersprachen den traditionellen Perspektiven auf das Wissen, was Konflikte mit den »Mutterdisziplinen« erklärt. Der Perspektivenwechsel erforderte enge persönliche Abstimmungen, um die wechselseitige Bezugnahme zu gewährleisten. Charakteristisch dafür sind die Einrichtung einer Phagen-Sommerschule und die Standardisierung der Experimentalsysteme aller Gruppen auf Initiative von Delbrück (Mullins 1972: 58–69; Beese 1987: 209) und die lokale Begrenztheit der Schulen der Ethnomethodologie (Mullins 1981) und der physikalischen Chemie (Dolby 1976). Auch die Wichtigkeit des Zugangs zu wissenschaftlichem Nachwuchs wird nun verständlich: Die neue Perspektive auf den Wissensbestand ist nicht Bestandteil der standardisierten Ausbildung und kann nur in persönlichen Lehrer-Schüler-Beziehungen vermittelt werden.

Diese Befunde verweisen darauf, dass neues Wissen und neue Perspektiven auf existierendes Wissen in der Entstehung neuer gemeinschaftlicher Wissensproduktion funktionale Äquivalente sein können. Entweder gelangen hinreichend viele Wissensproduzenten zu einer neuen geteilten Interpretation eines existierenden Wissensbestandes und leisten dieser neuen Interpretation entsprechende Beiträge, oder es entsteht neues Wissen hoher Organisationskraft, das heißt Wissen, das für eine gemeinschaftliche Produktion hinreichend spezifische Entscheidungskriterien liefert. Auch in diesem zweiten Fall wirkt das Wissen natürlich vermittelt über die Wahrnehmung der Produzenten. Es ist aber so spezifisch, dass es übereinstimmende Wahrnehmungen wahrscheinlich macht. Neues Wissen hoher Organisationskraft lässt Wissenschaftler unabhängig voneinander ähnliche Perspektiven entwickeln und führt damit zum gleichen Ergebnis wie ein kommunikativer Prozess, in dem die Beteiligten gemeinsam eine neue Perspektive konstruieren.

Die »Auslöser« für die Entstehung neuer Spezialgebiete unterscheiden sich qualitativ nicht von den alltäglichen Innovationen in der lokalen Wissensproduktion. Wir haben in Kapitel 2 gesehen, dass die individuelle Wissensproduktion auf einer je einmaligen Kombination und Interpretation des existierenden Wissens beruht und dass die angebotenen Beiträge spezifische Interpretationen des existierenden Wissens vorschlagen. Entdeckung, Neukombination und Neuinterpretation scheinen die Basisprozesse wissenschaftlicher Innovationen auf allen Aggregationsebenen zu sein. So lassen sich auch Studien zum Erfolg von Förderprogrammen für fächerübergreifende Forschung interpretieren (Laudel 1999; Laudel/Valerius 2001). Die als Bedingung der Förderung geforderte Interdisziplinarität veranlasst eine Gruppe von Antragstellern, neue Kombinationen von Wissensbeständen oder neue Kombinationen von Perspektiven auf Wissensbestände vorzuschlagen. Diese Unternehmen sind über unterschiedlich lange Zeiträume erfolgreich, was keineswegs nur von der Förderdauer abhängt, sondern auch von der »Ergiebigkeit« der Kombination.

Die Wissensproduktion erzeugt also immer auch Keime für die Bildung neuer produzierender Kollektive. Diese Keime entstehen auf allen Aggregationsebenen durch Vorschläge Einzelner oder von Gruppen unterschiedlicher Größe. Produzierende Kollektive entstehen, wenn eine vorgeschlagene Perspektive die Produktion von Beiträgen anregen und diese Beiträge aufeinander beziehen kann. Auch dies kann wiederum durch mehr oder weniger Wissensproduzenten und für längere oder kürzere Zeit geschehen. Die als Fachgemeinschaften sichtbaren Konstellationen gemeinschaftlicher Produktion sind lediglich die stabilsten dieser Arrangements. Sie schwimmen gewissermaßen in einem Meer einander überlagernder gemeinschaftlicher Produktionen, die weder über einen charakteristischen Zeithorizont noch über eine charakteristische Teilnehmerzahl verfügen.[110]

Die Bedingungen, unter denen eine neue Gemeinschaft stabil existieren kann, sind noch weniger erforscht als die ihrer Entstehung. Die meisten detaillierten Fallstudien beschäftigen sich ja mit erfolgreichen Entstehungsprozessen wissenschaftlicher Spezialgebiete. Um notwendige und hinreichende Bedingungen einer erfolgreichen Entwicklung von Spezialgebieten zu definieren, müssten aber auch Fälle des Scheiterns solcher Entwicklungen und des Verschwindens von Spezialgebieten untersucht werden.

---

110 Mit dieser Beschreibung korrespondiert die Beobachtung, dass Wissen fraktal strukturiert ist. Der fraktale Charakter von Wissen ist anscheinend durch Price intuitiv erkannt worden. Sein »jigsaw-puzzle«-Modell des Wachstums von Wissen zeigt »Küstenlinien« und »Inseln«, das heißt die klassische Beispiele für fraktale Strukturen (Solla Price 1984: 5). Explizit erwähnt wurde der fraktale Charakter der Wissensproduktion durch Kröber (1991). Van Raan (1990; 1991; 2000) hat den fraktalen Charakter des publizierten Wissens mit bibliometrischen Indikatoren beschrieben. Das Phänomen ist jedoch weitgehend unerforscht.

Solche Untersuchungen sind sehr selten. Natürlich kann man die Entwicklung der »kalten Kernfusion« und der Erforschung von »N-Strahlen« als frühzeitig gescheiterte Entstehungsprozesse wissenschaftlicher Spezialgebiete interpretieren. Beide Entwicklungen gehören insofern zu einer besonderen Kategorie, als die anfängliche rasche Entwicklung der Gebiete Aufsehen erregenden neuen experimentellen Befunden geschuldet war, die sich aber nicht reproduzieren ließen. Der vermutlich viel häufigere Fall eines Scheiterns ohne dramatische Widerlegung der Ausgangsannahmen ist dagegen nur in zwei Fällen untersucht worden. Ein erster Fall ist die Invariantentheorie in der Mathematik (Fisher 1966/67). Fishers Erklärung für das Verschwinden der Invariantentheorie ist allerdings überraschend. Die Invariantentheorie sei verschwunden, weil für das Gebiet kein Personal mehr rekrutiert werden konnte. Hilberts Lösung der Hauptprobleme der Invariantentheorie könne nicht die Ursache für deren Verschwinden als Spezialgebiet sein, weil die Invariantentheorie nicht sofort nach Hilberts Publikationen, sondern nur allmählich und noch dazu in verschiedenen Ländern zu unterschiedlichen Zeiten verschwunden sei. Edge und Mulkay haben diese Interpretation überzeugend zurückgewiesen (Edge/Mulkay 1975: 207f.). Ich möchte hier lediglich ergänzen, dass das allmähliche Verschwinden eines Spezialgebietes nicht ungewöhnlich ist, wie wir inzwischen bei der kalten Kernfusion beobachten konnten: Obwohl das Thema nach Ansicht der relevanten wissenschaftlichen Gemeinschaften »erledigt« war, als sich die Aufsehen erregenden Experimente von Pons und Fleischman nicht reproduzieren ließen, gibt es bis heute Wissenschaftler, die an dem Thema arbeiten, Konferenzen und anderen Formen der Kommunikation. Auch die staatliche Finanzierung der Forschungen zur kalten Kernfusion hat das Verdikt der wissenschaftlichen Gemeinschaften längere Zeit überdauert (Lewenstein 1992; Simon 1999).

Wenn wir also entgegen den Intentionen des Autors annehmen, die Invariantentheorie wäre an einem Mangel an interessanten Problemen zugrunde gegangen, dann ergibt sich ein Hinweis auf eine notwendige Bedingung für die erfolgreiche Entwicklung eines Spezialgebietes: Der neue Wissensbestand muss die Ableitung von Aufgaben für die Produktion von Beiträgen ermöglichen. Diese Bedingung erklärt, warum nicht jede neue Entdeckung und nicht jede neue Interpretation existierenden Wissens zu neuen Spezialgebieten führen. Nur wenn der neue Wissensbestand die Wahrnehmung von zu schließenden Lücken gestattet, und wenn das Schließen dieser Lücken die Wissenschaftler immer neue Lücken wahrnehmen lässt, ist eine kontinuierliche Arbeit am Wissensbestand und damit eine Entwicklung des Spezialgebietes möglich. Das setzt zugleich voraus, dass es eine »kritische Masse« von Wissen und von aus dem Wissen ableitbaren Aufgaben gibt. In der Tat ist dies in allen genannten Fallstudien beobachtet worden: Die Phagengenetiker, die Ethnomethodologen, die Psychologen und die an Proteinen interessierten Röntgenkristallographen haben weit reichende Forschungsprogramme formuliert, die von Beginn an auf längere Zeiträume angelegt waren. Im Falle der Phagengenetiker handelte es sich um eine sehr grundsätzliche Frage (Wie erfolgt die Weitergabe von Informationen in lebenden Organismen?). Am Anfang der Psychologie stand das Bestreben, die Philosophie in eine experimentell fundierte Wissenschaft zu verwandeln. Die Ethnomethodologen und die Kristallographen hatten mit dem menschlichen Alltag bzw. den Proteinen ein unendliches Untersuchungsfeld definiert. Die Radioastronomie geriet bald in eine Entwicklung, in der immer bessere Techniken zu immer neuen Beobachtungen führten. Die Physikalische Chemie wuchs, weil die Beiträge die Formulierung neuer Aufgaben ermöglichten.

In allen Fällen war also die Existenz einer unerschöpflichen Problemquelle eine notwendige Bedingung für die erfolgreiche Entwicklung des Spezialgebietes. Die Bedingung ist vermutlich nicht hinreichend, weil die Existenz von Wissensproduzenten von einer ganzen Reihe weiterer Faktoren abhängt. Einige dieser Faktoren haben Edge und Mulkay in ihrer Synopse benannt: die Entstehung sozialer Gruppierungen, Wachstum und Kontakt zu wissenschaftlichem Nachwuchs sowie eigene Publikationsmedien. Aus heutiger Sicht würde man mindestens noch den Einfluss einer kontinuierlichen Finanzierung und die Rolle von »Moden« (im Sinne von nicht durch den Wissensbestand beeinflussten kollektiven Präferenzen) untersuchen müssen.

3.4.3 Notwendige und hinreichende Bedingungen für die Entstehung wissenschaftlicher Gemeinschaften

Die Sekundäranalyse historischen Materials hat deutlich gemacht, wie voraussetzungsvoll die alltägliche wissenschaftliche Produktion ist. Die heute selbstverständlichen Annahmen über Wissenschaft und wissenschaftlichen Praktiken haben sich in mehreren parallelen, anfangs unverbundenen Prozessen im 15. und 16. Jahrhundert herausgebildet. Ihre Fusion zu einer neuen wissenschaftlichen Produktionsweise erfolgte im 17. Jahrhundert. Die Rekonstruktion dieser Prozesse erlaubt es uns, nun auch in systematischer Weise die notwendigen und hinreichenden Bedingungen gemeinschaftlicher Produktion zu beschreiben.

(1) Gemeinschaftliche Wissensproduktion bedarf eines Wissensbestandes, der die Beiträge der Gemeinschaftsmitglieder aufeinander bezieht, das heißt über eine gewisse Organisationskraft verfügt. Dabei muss es sich nicht

notwendigerweise um eine Theorie handeln, aus der zu testende Hypothesen abgeleitet werden können. Notwendig und hinreichend ist ein Wissensbestand, der es gestattet, Beiträge zu definieren. Er muss Entscheidungskriterien für die Selektion relevanter Beiträge und für die Selektion geeigneter Vorgehensweisen liefern. Außerdem muss er unerschöpflich sein, das heißt die Ableitung immer neuer Beiträge gestatten.

(2) Im Zusammenhang damit müssen die Praktiken der lokalen Produktion von Beiträgen etabliert sein. Das produzierende Kollektiv muss Beiträge zum gemeinsamen Wissensbestand als legitim ansehen.

(3) Die Akteure müssen wissen, dass sie gemeinschaftlich produzieren, das heißt mit anderen gemeinsam einen Wissensbestand erweitern. Sie müssen diesen Wissensbestand wahrnehmen und wissen, dass er sich infolge ihrer und der gleichzeitigen Aktionen von (möglicherweise unbekannten) anderen erweitert.

(4) Der Wissensbestand und die Beiträge aller müssen für alle verfügbar sein, das heißt es müssen ein fixiertes öffentliches Archiv und Kanäle für eine öffentliche Kommunikation existieren.

Diese Bedingungen für das Funktionieren gemeinschaftlicher Produktion lassen sich soziologisch formulieren als Existenz eines gemeinsamen Arbeitsgegenstandes (mit den genannten Eigenschaften), einer kollektiven Identität und korrespondierender individueller Identitäten, etablierter und legitimierter Praktiken und darauf bezogener Regelsysteme sowie öffentlicher Kommunikation.

Die wesentlichen neuen Elemente, die durch die Sekundäranalyse des empirischen Materials in Kapitel 2 nicht identifiziert werden konnten, sind die kollektive Identität und die Identität des einzelnen als Mitglied einer Produktionsgemeinschaft sowie die Organisationskraft des Wissensbestandes. Wenn wir das letztgenannte Konzept mit den Überlegungen zu Differenzen zwischen Fachgebieten vergleichen, dann wird deutlich, dass zumindest einige der Unterschiede zwischen den Fachgebieten auf Variationen dieser Variablen zurückgeführt werden können. Dabei dürfen aber die in diesem Kapitel beschriebenen historischen Entwicklungen nicht mit den in 2.7.2 beschriebenen systematischen Unterschieden gleichgesetzt werden. Die Organisationskraft des Wissens ist nicht einfach vom Entwicklungsstand einer Gemeinschaft abhängig, sondern auch von dem Gegenstandsbereich, über den Wissen produziert wird. Es gibt deshalb keinen Grund anzunehmen, alle Wissensbestände würden sich irgendwann der hohen Organisationskraft zum Beispiel der Mathematik annähern. Jenseits der skizzierten Minimalbedingungen für gemeinschaftliche Produktion wird deshalb immer eine unendliche Vielfalt von Wissensbeständen und sozialen Ordnungen existieren.

4. Verallgemeinerungen

4.1 Produktionsgemeinschaften

4.1.1 Wissenschaftliche Produktionsgemeinschaften

In den beiden vorangegangenen Kapiteln habe ich gezeigt, dass wissenschaftliche Gemeinschaften kollektive Produzenten sind, deren soziale Ordnung durch den gemeinsamen Bezug aller Produzenten auf das existierende Wissen hergestellt wird. Die Mitglieder definieren den Arbeitsgegenstand ihrer kollektiven Produktion, indem sie einen Ausschnitt aus der Gesamtheit wissenschaftlichen Wissens übereinstimmend interpretieren. Deshalb gibt es eine Vielzahl einander überlagernder gemeinschaftlicher Wissensbestände und damit korrespondierender Kollektive unterschiedlicher Größe und Dauerhaftigkeit. Die über längere Zeit hinweg existierenden Fachgemeinschaften bilden lediglich das stabile, relativ gut identifizierbare »Gerüst« in der Vielfalt kollektiver Produzenten. Die Art und Weise, in der die Gemeinschaften Wissen produzieren, variiert zwischen den Gemeinschaften und unterliegt für jede einzelne Gemeinschaft historischen Veränderungen. Ein Grund dafür ist die variierende »Organisationskraft« der Wissensbestände, das heißt die Spezifität ihrer Entscheidungskriterien, die die Ableitung aufeinander bezogener Forschungsaufgaben ermöglichen.

Ein Wissenschaftler ist Mitglied einer Fachgemeinschaft, wenn er seine Arbeit an deren Wissensbestand ausrichtet, indem er eine Forschungsaufgabe daraus ableitet, die Mittel zur Bearbeitung daraus bezieht oder ein Resultat in diesen Wissensbestand zu integrieren vorschlägt. Die Mitgliedschaft beruht also auf der Wahrnehmung eines gemeinsamen Wissensbestandes und eines kollektiven Produzenten. Wissenschaftler setzen in ihrer Arbeit implizit voraus, dass sie einem solchen Kollektiv angehören, und agieren beständig unter Bezugnahme auf dieses Kollektiv, wenn sie kooperieren, die Gutachter und das Publikum für einen Artikel antizipieren, Konkurrenten beobachten, informell Wissen austauschen usw. Erst das Wissen um die Existenz eines produzierenden Kollektivs verleiht den lokalen Praktiken einen Sinn, indem es diese Praktiken als Beiträge zu einem größeren Ganzen kontextualisiert. Die Annahme, man sei Mitglied eines produzierenden Kollektivs, reicht aber für sich genommen nicht aus. Erst das Verhalten als Mitglied durch die Teilnahme an der kollektiven Produktion und die Orientierung der Entscheidungen am Wissen der Gemeinschaft konstituiert Mitgliedschaft.

Die soziale Ordnung der kollektiven Produktion beruht primär auf dezentralen Entscheidungen, die sich am Wissensbestand der Fachgemeinschaft orientierten. Wissenschaftler interpretieren den Wissensbestand ihrer Fachgemeinschaft, identifizieren Wissenslücken und Mittel zu ihrer Schließung und leiten daraus eine Forschungsaufgabe ab, die sie unter Verwendung des aus dem Wissensbestand abgeleiteten Wissens bearbeiten. Sie schlagen in Publikationen eine Interpretation des Wissensbestandes und neues Wissen zur Schließung von Wissenslücken vor. Das vorgeschlagene Wissen wird durch andere Wissenschaftler in der anschließenden Produktion weiteren neuen Wissens verwendet. Wenn eine solche Verwendung dazu führt, dass nachfolgendes Wissen auf dem Angebot aufbaut, dann wird das Angebot dadurch allmählich in den Wissensbestand der Gemeinschaft integriert.

Die Produktion von wissenschaftlichem Wissen wird also nicht koordiniert. Ihre Ordnung ist ein emergentes Phänomen, das aus den autonomen Entscheidungen der Wissenschaftler entsteht. Diese Entscheidungen beruhen auf individuellen Wahrnehmungen, die durch die je spezifischen Biographien der Wissenschaftler und durch die lokalen Arbeitsumgebungen beeinflusst werden. Sie sind deshalb idiosynkratisch und führen zu einer unvollkommenen Orientierung am gemeinsamen Wissensbestand: Parallele Aufgabenbearbeitung, konfligierende Interpretationen und lokale Idiosynkrasien sind notwendige und ubiquitäre Begleiterscheinungen der sozialen Ordnung wissenschaftlicher Gemeinschaften. Aus der Perspektive der kollektiven Produktion handelt es sich um ein durch Versuch und Irrtum charakterisiertes Vorgehen, in dem aber Versuche nicht willkürlich unternommen werden und Irrtümer immer noch das Wissen der Gemeinschaft und die Fähigkeiten der Irrenden erweitern. Außerdem ist jeder Versuch eine Neukombination von Wissen und damit die Chance zu einer Innovation.

Die Brauchbarkeit der angebotenen Erweiterungen des Wissensbestandes erweist sich in deren weitere Verwendung. Diese erfolgt in einer potentiell unendlichen Vielfalt lokaler Arbeitumgebungen und beinhaltet deshalb einen einzigartigen Test auf Robustheit: Je wichtiger das neue Wissen für die Gemeinschaft ist, desto häufiger wird es verwendet und in desto mehr unterschiedlichen lokalen Arbeitsumgebungen und neuen Forschungsprozessen muss es sich bewähren.

Die Abstimmung individueller Handlungen wird durch einige Strukturen und Prozesse unterstützt, die die »Passfähigkeit« lokal erarbeiteter Resultate verbessern sollen. Hierzu gehören in erster Linie Institutionen, das heißt die (größtenteils informellen) Regelsysteme der Gemeinschaft. In den Fachgemeinschaften existieren Systeme »technischer« Regeln für die Aufgabenbearbeitung, deren Befolgung eine gewisse Standardisierung von Vorgehensweisen in allen lokalen Arbeitsumgebungen sichern soll. Diese Regeln sind konkret auf die Arbeitsprozesse der Gemeinschaften bezogen, in denen sie existieren. Sie unterscheiden sich dadurch von dem von Merton für die gesamte Wissenschaft vorgeschlagenen »Ethos«, das zwar auch eine technische Komponente hat, aber für Merton primär aus moralischen Normen besteht (siehe 1.2). Das Ethos kann jedoch gegen die Intention seines Autors als das Set allgemeiner, für alle Wissenschaft gültiger technischer »Produktionsregeln« interpretiert werden. In dieser Perspektive beschreiben

- »Kommunismus« die öffentliche Zugänglichkeit des gemeinsamen »Rohstoffs« und »Produkts«,
- »Universalismus« und »Uneigennützigkeit« das Primat des Bezuges auf den Wissensbestand gegenüber persönlichen Beziehungen und Präferenzen,
- »Organisierter Skeptizismus« die Qualitätskontrolle durch Verwendung und
- die später hinzugekommene »Originalitätsnorm« die Tatsache, dass nur neues Wissen als Beitrag gelten kann.

Die Regelsysteme der Fachgemeinschaften unterstützen die Verlässlichkeit und Passfähigkeit individueller Produktion. Ihr Beitrag zur Ordnung der kollektiven Produktion ist jedoch begrenzt, weil sie nur Hinweise auf einen passfähigen *Vollzug* der Aufgabenbearbeitung liefern, aber kaum Informationen über deren *Inhalt* bieten. Der Peer review von Vorhaben und Angeboten fungiert dagegen als Mittel der inhaltlichen Angleichung. Anders als gemeinhin angenommen ist nicht Qualitätskontrolle, sondern inhaltliche Harmonisierung die wichtigste Funktion des Peer review. Die Harmonisierung wird dadurch erreicht, dass die Gutachter an der Herstellung des begutachteten Produkts teilnehmen. Dadurch wird die Perspektive des individuellen Produzenten mit den Perspektiven der begutachtenden Peers konfrontiert. In diesen Interaktionen wird eine für alle Seiten akzeptable Perspektive auf den Wissensbestand konstruiert und das Vorhaben bzw. Angebot an diese Perspektive angepasst. Dadurch wird dem mainstream der Gemeinschaft größeres Gewicht eingeräumt. Der trade off zwischen möglicher Innovativität und wahrscheinlicher Verwendbarkeit eines Beitrages ist ebenso offensichtlich wie unausweichlich.

Neben dem Peer review unterstützen vor allem Kooperationen, der Austausch von Materialien und die informelle Kommunikation die Angleichung der lokalen Arbeitsprozesse. Wegen ihres bilateralen Charakters vermögen diese Prozesse jedoch keine globale Ordnung zu erzeugen.

Die wichtigsten Merkmale der kollektiven Produktion in wissenschaftlichen Gemeinschaften lassen sich folgendermaßen zusammenfassen. Die Produktion beruht auf *autonomen Entscheidungen der Produzenten* darüber, welcher Beitrag gebraucht wird, dass sie diesen Beitrag erzeugen können, und wie sie dabei vorgehen. Diese *Entscheidungen orientieren sich am gemeinsamen Wissensbestand* der Gemeinschaft, der zugleich Arbeitsgegenstand, Arbeitsmittel und kollektives Produkt ist. Neue Beiträge zum Wissen der Gemeinschaft werden *öffentlich angeboten* und in den Wissensbestand eingefügt, indem sie *in der weiteren Wissensproduktion verwendet* werden. Diese Verwendung in nachfolgenden Produktionsprozessen ist zugleich die wichtigste Form der *Qualitätskontrolle* für Wissen. *Regeln und Standards* für Praktiken der lokalen Wissenserzeugung *erhöhen die Verlässlichkeit und Passfähigkeit* angebotener Beiträge. Der *Peer review* von Projekten und Angeboten *harmonisiert individuelle Perspektiven mit dem mainstream der Gemeinschaft* und verbessert so die Verwendbarkeit individueller Beiträge. Die *Mitgliedschaft* in diesem kollektiven Produktionssystem wird durch die *Orientierung der eigenen Produktion am Wissensbestand der Gemeinschaft* konstituiert.

Ich schlage vor, das durch diese Merkmale charakterisierte kollektive Produktionssystem der Wissenschaft als *gemeinschaftliche Produktion* und die es realisierenden wissenschaftlichen Fachgemeinschaften als *Produktionsgemeinschaften* zu bezeichnen. Ich diskutiere die zwei zentralen Argumente für diese Begriffswahl in den Abschnitten 4.2 und 4.3. Erstens ist der skizzierte Mechanismus qualitativ verschieden von den bekannten kollektiven Produktionssystemen. Er kann weder als Spezialfall eines auf Markttausch und Marktpreis beruhenden Produktionsmarktes, noch als Spezialfall einer auf formalen Regeln und hierarchischen Entscheidungen beruhenden Produktionsorganisation noch als Spezialfall eines auf rekursiven Interaktionen und Verhandlungen beruhenden Produktionsnetzwerkes angesehen werden (4.2). Zweitens wird die Mitgliedschaft in Fachgemeinschaften durch die Wahrnehmung einer Gemeinsamkeit mit anderen (durch den Bezug auf einen gemeinsamen Wissensbestand) konstituiert. Diese Eigenschaft ist ein gemeinsamer Bezugspunkt der in der Einleitung genannten disparaten empirischen Studien von »Gemeinschaften« (4.3).

4.1.2   Die Produktion von Open Source Software

Wissenschaftliche Gemeinschaften sind nicht die einzigen Produktionsgemeinschaften. Derselbe Mechanismus ordnet auch die Produktion von Open Source Software. Bei Open Source Software handelt es sich um Computer-Programme, die durch Freiwillige produziert werden. Die Produzenten sind über die ganze Welt verteilt, kommunizieren durch das Internet und bieten ihre Beiträge zum gemeinsamen Produkt im Internet an. Alle Informationen über das entstehende Programm und über den Produktionsprozess selbst sind öffentlich zugänglich. Das ist ein bemerkenswerter und viel diskutierter Unterschied zwischen Open Source Software und kommerziellen Software-Produkten. Die Software-Entwickler arbeiten mit komplexen Programmiersprachen, die für Menschen verständlich sind, aber den Computer nicht steuern können. Das in dieser Sprache vorliegende Programm (der Quellcode) muss in eine durch den Computer abarbeitbare Befehlsfolge (den Maschinencode) übersetzt werden. Kommerzielle Software-Hersteller verkaufen das im Maschinencode geschriebene ausführbare Programm und halten den Quellcode geheim. Diese Praxis, mit der ein Wettbewerbsvorteil gewahrt werden soll, ist bei an Software-Entwicklungen Interessierten auf scharfe Kritik gestoßen. Ohne Kenntnis des Quellcodes kann man ein Programm nämlich nicht verändern, das heißt weder Fehler beseitigen, noch das Programm an eigene Bedürfnisse anpassen, noch generell seine Funktionalität verbessern. Die Kommerzialisierung der Software-Entwicklung[111] hat eine Gegen-Bewegung ausgelöst – die Open-Source-Bewegung. Produzenten von Open Source Software veröffentlichen den Quellcode und machen damit das Programm frei zugänglich. Sie laden andere explizit zur Mitarbeit und zur Verbesserung des Programms ein. Da in der Software-Produktion ein Copyright notwendig ist, sind verschiedene »Copylefts« entworfen worden, die die freie Nutzung der Software explizit erlauben. Viele der »Copylefts« fordern, dass jedes aus dem Programm hervorgehende neue Produkt ebenfalls frei zugänglich gemacht werden muss (Lerner/Tirole 2002: 200–204; von Krogh/von Hippel 2003: 1150f.).

Die Beobachtung, dass die Produktion von Open Source Software auf eine besondere, von der kommerziellen Softwareproduktion verschiedene Weise erfolgt, hat zahlreiche Versuche ausgelöst, die Spezifik des Produktionsmodus zu beschreiben. Diese Versuche haben aber noch keine überzeu-

---

111 Die Software-Entwicklung hat ursprünglich als nichtkommerzielle, der heutigen Open-Source-Bewegung ähnliche Aktivität von Wissenschaftlern und Ingenieuren begonnen (von Krogh/von Hippel 2003: 1150). Diese Beobachtung ist verallgemeinert worden – Allen (1983) und Meyer (2003) führen mehrere Fälle aus der Geschichte der Technikentwicklung an, in deren Anfangsphase ähnlich offene, gemeinschaftliche Produktionsprozesse auftraten.

genden Resultate erbracht. Insbesondere fehlen vergleichende Studien, die die Unterschiede zwischen der Produktion von Open Source Software und den bekannten kollektiven Produktionssystemen (Markt, Organisation, Netzwerk) herausarbeiten. Die einzige Ausnahme ist ein Manuskript von Demil und Lecocq (2003), die die »Bazaar Governance« der Produktion von Open Source Software mit Märkten, Hierarchien und Netzwerken vergleichen. Sie benutzen dafür die Transaktionskostentheorie und definieren die spezifischen Softwarelizenzen der Open-Source-Bewegung als neue Vertragsform. Die Autoren sehen die Bedeutung des gemeinsamen Arbeitsgegenstandes für die Koordination. Ihre transaktionskostentheoretische Perspektive auf Koordination (als aus Kommunikation, Anreizstruktur und Kontrollintensität bestehend) lässt sie jedoch die Rolle des gemeinsamen Produkts auf die eines Kommunikationsmediums reduzieren.

In den Diskussionen über den Produktionsmodus von Open Source Software dominieren idiosynkratische ad-hoc-Modelle wie der »cooking pot market« (Ghosh 1998) oder der »bazaar« (Raymond 1999). Ökonomen und Innovationstheoretiker haben sich an dem Motivationsproblem der Produktion von Open Source Software »festgebissen«. Aus ökonomischer Perspektive erscheint es rätselhaft, dass Akteure freiwillig zu einem öffentlichen Gut beitragen. Empirische Untersuchungen haben eine ganz ähnliche Bandbreite von Motivationen aufgedeckt, wie sie in 2.6.3 für wissenschaftliche Gemeinschaften beschrieben wurden. Intrinsische Motivationen spielen eine große Rolle. Hinzu kommt das Motiv des Reputationsgewinns, entweder als Selbstzweck oder mit dem Ziel der Umwandlung von Reputation in Karrierechancen (zum Beispiel Lerner/Tirole 2002; Dalle/Jullien 2003; von Hippel/von Krogh 2003). Die für die Identifizierung des Mechanismus kollektiver Produktion zentralen Probleme – das Informationsproblem und das Integrationsproblem – haben demgegenüber weniger Aufmerksamkeit erfahren. Wenn diese Probleme überhaupt behandelt werden, verlieren sich die Autoren in idiosynkratischen Beschreibungen (zum Beispiel Lerner/Tirole 2002: 220–223; Bonaccorsi/Rossi 2003: 1246–1249). Ähnliches kann über die Analysen aus der Perspektive des Software-Managements gesagt werden. Diese Studien diskutieren zwar die Unterschiede zwischen der Organisation kommerzieller Software-Entwicklung und der Produktion von Open Source Software, tun dies aber in einer derart spezifischen Art und Weise, dass schon die Generalisierung der kommerziellen Softwareproduktion auf formale Organisation unterbleibt, von einem Vergleich mit Märkten und Netzwerken ganz zu schweigen (Gallivan 2001; Sharma u. a. 2002).

Einige Autoren haben soziologische Modelle herangezogen, um die Produktion von Open Source Software zu erklären. Edwards (2001) hat Open

Source Software produzierende Gemeinschaften als epistemische Gemeinschaften und Praxisgemeinschaften beschrieben. Andere Autoren haben die freiwilligen unentgeltlichen Beiträge zu Open Source Software als Geschenke interpretiert und das Konzept der »gift economy« herangezogen (Bergquist /Ljungberg 2001; Zeitlyn 2003). Auch die Actor-Network-Theory ist auf Open-Source-Software-Produktionsgemeinschaften angewendet worden (Tuomi 2001). Keine dieser Arbeiten vermag mehr zu liefern als eine Rekonstruktion der Produktion von Open Source Software in der Sprache des jeweils herangezogenen Konzepts. Der soziale Mechanismus der Produktion von Open Source Software wird entweder nicht thematisiert oder ohne weitere Analyse mit dem Kernbegriff des angewendeten Konzepts identifiziert. Deshalb gelingt es keinem der Autoren, die spezifische Ordnung zu identifizieren, die das aufeinander abgestimmte Handeln der Produzenten von Open Source Software ausmacht.

Um zu zeigen, dass Open Source Software durch Produktionsgemeinschaften hergestellt wird, folge ich dem in Kapitel 2 entwickelten analytischen Rahmen und beantworte dieselben Fragen wie für die Wissensproduktion. Das kann zwar nicht in derselben Detailliertheit geschehen wie für wissenschaftliche Gemeinschaften, da bislang keine ethnographischen Beobachtungen der lokalen Produktion von Software vorliegen.[112] Dieses Defizit ist aber nicht gravierend. Wir haben durch die Analyse wissenschaftlicher Gemeinschaften bereits gelernt, welche Informationen über die kollektive Produktion für die Analyse benötigt werden. Auch sind einige dieser Informationen für die Produktion von Open Source Software wesentlich besser dokumentiert, als das bei wissenschaftlichen Gemeinschaften der Fall ist.

Mitgliedschaft

Die Mitgliedschaft in Open-Source-Software-Produktionsgemeinschaften ist auf den ersten Blick leichter bestimmbar als die in wissenschaftlichen Gemeinschaften. Open-Source-Software-Projekte richten internetbasierte Systeme für den automatischen Versand von Nachrichten an die Teilnehmer ein (so genannte mailing lists). Die Kommunikation in diesen Listen wird archiviert und ist damit einer Analyse zugänglich. Außerdem ist es möglich, alle eingetragenen Leser der mailing lists zu ermitteln. Die produzierte Software ist einschließlich aller früheren Versionen im Internet frei verfügbar. Trotz

---

112 Empirische Analysen der Produktion von Open Source Software beruhen auf Beschreibungen des Prozesses durch Aktivisten, auf der Analyse der im Internet dokumentierten Kommunikation und Software, auf standardisierten Befragungen via Internet und – in einigen wenigen Fällen – auf Interviews.

dieses guten empirischen Zugangs stößt die Analyse der Mitgliedschaft in Open-Source-Software-Gemeinschaften auf eine prinzipielle Begrenzung: Es ist nicht möglich, die Rollen der Personen zu analysieren, die in der Kommunikation unsichtbar bleiben. Kommunikationen, die nicht über die mailing lists, sondern über direkten Austausch von Emails realisiert werden, werden nicht erfasst. In mailing lists eingeschriebene Personen, die nicht an der Kommunikation teilnehmen, sondern lediglich Nachrichten lesen (die so genannten »Lurker«), sind zwar identifizierbar, werden jedoch in den empirischen Analysen meist ignoriert. Überhaupt nicht auffindbar sind all die Personen, die nicht in die mailing lists eingeschrieben sind, aber regelmäßig die Internetseiten eines Projekts besuchen. Auch die empirischen Analysen von Open-Source-Software-Gemeinschaften haben also ein Abgrenzungsproblem.

Empirische Untersuchungen haben eine starke Variation der Größe dieser Gemeinschaften gefunden. Krishnamurthys Analyse von 100 Open-Source-Software-Projekten hat ergeben, dass an den meisten von ihnen nur wenige Individuen arbeiten (Krishnamurthy 2002: 2), eine Beobachtung, die durch Healys und Schussmans Analyse von mehr als 46.000 Projekten bestätigt wird (Healy/Schussman 2003). Daraus ergeben sich zwei Probleme. Erstens ist nicht klar, ob der Gemeinschaftsbegriff sinnvoll auf eine Gruppe aus zwei oder drei Individuen angewendet werden kann, die gemeinsam ein Open-Source-Software-Projekt betreiben. Zweitens muss festgehalten werden, dass die folgende Analyse auf empirischen Untersuchungen großer Projekte mit Hunderten oder Tausenden Beteiligten beruht. Ihre Ergebnisse können nicht ohne weiteres auf kleine Projekte übertragen werden. Ich werde auf dieses Problem zurückkommen, wenn ich die Anwendbarkeit des Konzepts der Produktionsgemeinschaften auf andere Phänomene diskutiere.

Die Mitgliedschaft in Open Source Software produzierenden Kollektiven kann durch verschiedene Handlungen konstituiert werden. Im Mittelpunkt der kollektiven Produktion steht die Veränderung des gemeinsamen Gegenstandes durch die Veränderung der Software. Die unmittelbare Produktion von Code ist eingebettet in einen Kommunikationsstrom, in dem Testergebnisse der Software berichtet, Fehler gemeldet, Dokumentationen erstellt und das Programm diskutiert werden. All diese Diskussionen sind Bestandteil des Produktionsprozesses, da in ihnen für die Produktion notwendige Informationen kommuniziert und Entscheidungen über das gemeinsame Produkt getroffen werden.

Jede dieser Handlungen konstituiert Mitgliedschaft in der Produktionsgemeinschaft. Bezogen auf die Entwicklung des Programms ist die einfachste Mitgliedschaft konstituierende Handlung die Verwendung der angebotenen Software. Da die Software in der Regel einen spezifischen Anwendungszweck hat, der von der Produktion verschieden ist, kann man analytisch zwischen »Routine-Nutzern« und »produzierenden Nutzern« unterscheiden. Empirisch ist eine solche Unterscheidung problematisch, weil jeder Nutzer zum Produzenten werden kann, wenn er bei der Nutzung der Software auf Probleme stößt und diese Probleme berichtet. Da jede Äußerung in der Diskussion den Produktionsprozess anderer beeinflussen kann, konstituiert auch jede Beteiligung an der Kommunikation Mitgliedschaft. Alle Handlungen setzen voraus, dass die Akteure die Existenz einer Gemeinschaft und ihres Produktionsprozesses wahrnehmen. Insofern beruht auch die Mitgliedschaft in einer Open Source Software Produktionsgemeinschaft auf Wahrnehmungen der Gemeinschaft und der eigenen Mitgliedschaft. Ob sich der Teilnehmer selbst als produzierend ansieht ist demgegenüber unerheblich.

Die großen Projekte, die Gegenstand der Fallstudien waren, sind durch sehr ungleich verteilte Aktivitäten der Mitglieder charakterisiert. Eine Analyse des APACHE-Projekts zählte 3060 Teilnehmer, die Probleme mit der Software berichteten. Neuer Programmcode wurde von 249 Teilnehmern vorgeschlagen, während 182 Teilnehmer Veränderungen an schon existierendem Programmcode vornahmen (Mockus u. a. 2002: 320). Diese ungleiche Verteilung wiederholt sich innerhalb der Typen von Beiträgen. Unter denen, die Programmcode für das gemeinsame Produkt anbieten, tragen wenige Individuen den Großteil des Programmcodes bei. Die meisten Informationen über Probleme mit der Software stammen von wenigen Nutzern. (Ghosh/Prakash 2000; Koch/Schneider 2002: 30f.; Lerner/Tirole 2002: 204–207; von Krogh u. a. 2003: 1225f.). Ein Projekt ist darüber hinaus in eine größere Gemeinschaft von Nutzern eingebettet, die den Produktionsprozess beobachten sowie die »fertige« Software aus dem Internet beziehen (»herunterladen«) und nutzen, aber nur dann sichtbar in Erscheinung treten, wenn sie an Diskussionen teilnehmen oder bei der Nutzung der Software auf Probleme stoßen und diese Probleme berichten.

Wegen der Überlagerung von Rollen und der latenten Produzenten-Rolle weisen Open-Source-Software-Gemeinschaften fließende und unscharfe Grenzen auf. Viele Produzenten nehmen an mehreren verschiedenen Produktionsprozessen gleichzeitig teil (Robles u. a. 2001: 31f.). Auch die Mehrfachmitgliedschaften sind sehr ungleich verteilt, das heißt, sehr wenige Entwickler gehören vielen Gemeinschaften und die meisten Entwickler nur einer oder zwei Gemeinschaften an. Immerhin waren mehr als zwei Drittel der von Robles u. a. Befragten in mehr als einer Gemeinschaft tätig. Die Verteilung der Aktivität auf die Projekte zeigt das schon bekannte Bild: Die meisten Aktivitäten der Software-Entwickler konzentrieren sich auf eine kleine Anzahl von Projekten. (Krishnamurthy 2002; Healy/Schussman 2003). Healy und Schussman haben diese Verteilung mit dem Gesetz von Zipf beschrieben (ebd.). Die auf Wahrnehmung basierende Mitgliedschaft hängt mit einem anderen Charakteristikum von Open-Source-Software-Projekten zusammen, das insbesondere in der ökonomischen Literatur für Aufregung gesorgt hat: Die Teilnahme an der Produktion von Open Source Software ist freiwillig und wird nicht vergütet. Dieser Punkt muss insbesondere deshalb betont werden, weil heute viele an der Produktion von Open Source Software Beteiligte Informatiker sind, zu deren Arbeitsaufgaben es gehört, an der Produktion von Open Source Software mitzuwirken (Hertel u. a. 2003: 1168). Auch diese Produzenten werden jedoch von ihren Organisationen nicht für ihre konkreten Beiträge zum gemeinsamen Produkt bezahlt, sondern für die Zeit, die sie auf die Produktion von Open Source Software verwenden. Ganz wie im Falle der Wissenschaft in Organisationen ist die Akteurkonstellation, die die Arbeitsleistung vergütet, verschieden von der, in der die Beiträge spezifiziert und verwendet werden. Das bedeutet, dass auch in Open-Source-Software-Gemeinschaften die Beiträge zum gemeinsamen Produkt von der Subsistenz des Produzenten entkoppelt sind (siehe 2.6.3).

Ein wesentlicher Unterschied zu wissenschaftlichen Gemeinschaften ist der geringe Professionalisierungsgrad der Produzenten. Robles u. a. berichten, dass ungefähr 20 Prozent der von ihnen befragten Entwickler von Open Source Software keine Informatiker waren, und dass unter den anderen 80 Prozent Studenten die zweitgrößte Gruppe ausmachten. (Robles u. a. 2001: 26).

In jedem Projekt existieren klar unterscheidbare Rollen (Abbildung 3). In den meisten Gemeinschaften gibt es eine formelle Mehr-Ebenen-Hierarchie, die den einzelnen Hierarchieebenen spezielle Rechte zuweist. Auf der obersten Hierarchieebene finden sich die so genannten »maintainer« – Kern-Entwickler, die das Recht haben, das Programm zu verändern oder ihm neuen Code hinzuzufügen sowie eine Version des Programms »freizugeben« (Edwards 2001: 6, 11; Mockus u. a. 2002: 310; Sharma u. a. 2002: 11; von Krogh/von Hippel 2003: 1152).[113] Alle anderen Mitglieder der Gemeinschaft können zwar neuen Programmcode vorschlagen (Ko-Enwickler), Fehler melden und Veränderungen am Programm vorschlagen (aktive Nutzer), sind aber nicht dazu berechtigt (und haben nicht die Möglichkeit), diese Veränderungen selbst vorzuneh-

---

113 Die Freigabe eines Programms bedeutet, dass das Programm für funktionsfähig erklärt wird und eine Versionsnummer erhält. Im Unterschied zu allen anderen Versionen (die ja ebenfalls jederzeit öffentlich zugänglich sind) gelten freigegebene, mit Versionsnummern versehene Programme als sicher, das heißt funktionierend, getestet und nach dem aktuellen Kenntnisstand fehlerfrei.

men.[114] Die Kern-Entwickler bilden eine mit formalen Rechten ausgestattete Elite. Mitglied der Elite wird man durch eine Entscheidung der Elite, die auf der Wahrnehmung von Programmier-Fähigkeiten beruht. Open-Source-Software-Gemeinschaften sind insofern meritokratisch (Sharma u. a. 2002: 11).[115]

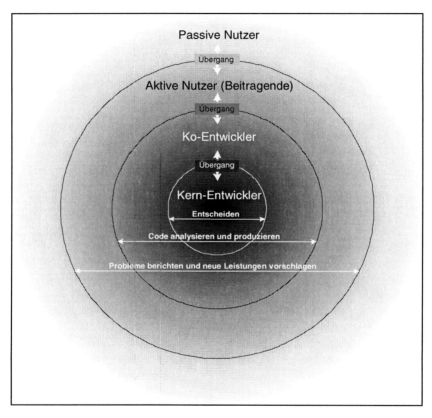

Abbildung 3: Rollen, Rechte und Beiträge in der Produktion von Open Source Software
(Kombination von Gacek/Arief 2004: 36 und Crowston u. a. 2006: 1)

114 Das führt immer wieder zu Konflikten in Open Source Software Produktionsgemeinschaften (siehe zum Beispiel O'Mahony/Ferraro 2003: 16–31).

115 Manche Open-Source-Software-Gemeinschaften haben kompliziertere Hierarchien. In den Projekten Mozilla und FreeBSD gibt es auf der höchsten Ebene jeweils eine Gruppe, die einem »board of directors« vergleichbar ist, auf der Ebene darunter eine für die Freigabe von Software-Versionen verantwortliche Gruppe, darunter die Ebene der »module owners«, die jeweils für die Entwicklung von Teilen der Software verantwortlich sind, und darunter die Ebene der »committers«, die das Recht haben, dem Programm-Code hinzuzufügen (Holck/Jørgensen 2005: 11–14).

Formulierung von Aufgaben

Die Mitglieder der Gemeinschaft beobachten das entstehende Programm und nehmen dabei wahr, dass zusätzlicher Programmcode notwendig ist, damit das Programm ihren Erwartungen entsprechend funktioniert, oder dass bei der Anwendung des Programms Probleme auftreten, die durch Veränderungen am Programmcode beseitigt werden müssen. Die Beobachtung wird dadurch realisiert, dass die Mitglieder der Gemeinschaft die jeweils aktuelle Version des Programms aus dem Internet herunterladen und auf ihrem Computer ausprobieren sowie die Kommunikation über das Programm (insbesondere über Probleme) verfolgen. Diese Informationen bilden die Grundlage, auf der die Mitglieder der Gemeinschaft für sich Aufgaben definieren. Darüber hinaus werden in den Diskussionen über das Programm Aufgaben formuliert. Diese Aufgaben können aber nur angeboten werden. Niemand ist in der Lage, einem Mitglied die Bearbeitung einer Aufgabe aufzuzwingen (Mockus u. a. 2002: 317f.; Sharma u. a. 2002: 10–14; Bonaccorsi/Rossi 2003: 1247). Die Formulierung bzw. Übernahme von Aufgaben beruht auf individuellen, lokalen Entscheidungen.

Angesichts dieser dezentralisierten Formulierung von Aufgaben stellt sich natürlich auch im Falle der Produktion von Open Source Software die Frage, wie die Passfähigkeit späterer Resultate gesichert wird. Die Antwort lautet wie bei wissenschaftlichen Gemeinschaften, dass ein aufeinander abgestimmtes Handeln der Produzenten durch deren Bezugnahme auf dasselbe Wissen ermöglicht wird. Die bisherige Beschreibung hat bereits deutlich gemacht, dass Open Source Software und das Wissen darüber genauer bestimmt sind als wissenschaftliches Wissen. Es gibt eine eindeutige Referenz in Form von Programmcode, und es gibt einen Bezug aller auf dieselbe Kommunikation. Zwar ist die Interpretation dieses Wissens immer noch eine Sache lokaler Erfahrungen und persönlicher Biographien. So gehen zum Beispiel die Ansichten darüber, welche Elemente ein Programm enthalten sollte, auseinander. In der Gemeinschaft besteht also keinesfalls Einigkeit darüber, welche Aufgaben zu lösen sind, und wie das spätere Produkt aussehen soll. Die Interpretationen beziehen sich aber auf denselben Arbeitsgegenstand. Anders als beim Wissensbestand einer wissenschaftlichen Gemeinschaft entstehen keine Variationen aus einer selektiven Wahrnehmung, die nur Teile des Gegenstandes erfasst oder ihn anders abgrenzt.

Da Open Source Software produzierende Gemeinschaften keine Ressourcen für lokale Produktionsprozesse zuweisen, gibt es keinen institutionalisierten Peer review von Produktionsabsichten. Abweichungen in der Aufgabenformulierung (Doppelarbeiten und »Sich-Verrennen«) können ex post bei der

Auswahl von Angeboten korrigiert werden, ohne dass dies mit einem Verlust an Ressourcen für die Gemeinschaft verbunden ist.

Die ordnende Funktion des gemeinschaftlichen Wissensbestandes kann aus allen Fallstudien abgeleitet werden. Zu diesem Wissensbestand gehören neben dem Programmcode selbst Berichte der Nutzer über Fehler und notwendige oder wünschenswerte Ergänzungen, Beschreibungen der geplanten Leistungsfähigkeit der Software, und Dokumentationen des Programms (Scacchi 2002; Gasser/Ripoche 2003; Holck/Jørgensen 2005). In der Literatur werden die ordnenden Funktionen des Programmcodes (Lanzara/Morner 2003: 18–24; de Souza u. a. 2005) und der impliziten und expliziten Anforderungen an die Software (Scacchi 2002) beschrieben. Eine zusätzliche indirekte Bestätigung liefert die Beobachtung, dass Open-Source-Software-Projekte mit einer anfänglichen kritischen Masse von Programmcode beginnen müssen, wie Raymond (1999: 37) sowie Lerner und Tirole beobachtet haben: »The initial leader must also assemble a critical mass of code to which the programming community can react. Enough work must be done to show that the project is doable and has merit.« (Lerner/Tirole 2002: 220)

Die Beobachtung, dass der Programmcode modular sein muss, um das unabhängige parallele Arbeiten vieler Entwickler zu ermöglichen (ebd.; Lanzara/Morner 2003: 20), bestätigt ebenfalls seine Rolle in der Produktion von Open Source Software.

Bearbeitung der Aufgaben

In der Produktion von Open Source Software lassen sich mehrere Aufgaben unterscheiden. Die zentrale Aufgabe ist das Schreiben von Programmcode. Zu jedem Programm muss eine Dokumentation erstellt werden. Der existierende Code muss auf seine Funktionalität und auf Fehler getestet werden. Fehler müssen gemeldet, beschrieben und durch das Verändern von Programmcode beseitigt werden. Schließlich muss ein Open-Source-Software-Projekt auch Zielvorstellungen über den Leistungsumfang und andere Eigenschaften des Programms haben, die es zu entwickeln und weiterzuentwickeln gilt.

Die Arbeit an diesen Aufgaben wird in erster Linie durch den gemeinschaftlichen Wissensbestand angeleitet. Der existierende Programmcode fungiert als Ausgangspunkt aller aktuellen Programmierarbeit. Er gibt in gewissen Grenzen vor, wie neue Programme an ihn anschließen können. Diese Einflüsse auf die Bearbeitung von Aufgaben sind idiosynkratisch, das heißt spezifisch für die jeweilige Aufgabe (Mockus u. a. 2002: 319). Darüber hinaus entfaltet der existierende Programmcode natürlich eine steuernde Wirkung, weil er es ist, der auf Fehler getestet und über den eine Dokumentation geschrieben wird. Auch die existierende Wissensbasis, das heißt die Dokumentationen, Berichte über Fehler und wünschenswerte Erweiterungen usw. informieren die weitere Arbeit.

Die Mittel der Aufgabenbearbeitung sind ein Mix aus standardisierten, kommerziellen Instrumenten und »Materialien« (die Computer-Hardware sowie Standard-Software) und Open Source Software. Insbesondere die Werkzeuge, die Interaktionen der Nutzer via Internet unterstützen, sind häufig ihrerseits Open Source Software. Dieser als »boot-strapping« bezeichnete Prozess unterstützt die Entstehung von lokalen Arbeitsumgebungen (Open Source Software kostet nichts) und den fließenden Übergang zwischen Methodenentwicklung und -anwendung:

While boot-strapping is often rationalized on the basis of ideology, in fact it has two significant effects. First, it lowers the barrier to entry for new participants to create their personal (client-side) developer sites at low costs and without reliance on particular products. Second, it enables developers to fluidly shift their attention from tool use to tool development and repair. (Halloran/Scherlis 2002: 2)

Neben dem Arbeitsgegenstand selbst spielen Regeln eine wichtige Rolle in der Aufgabenbearbeitung. Die Standards der Produktion von Open Source Software unterscheiden sich nicht von den generellen Standards der Softwareentwicklung. Es gibt allgemeine Regeln »guten Programmierens«. Für einzelne Open Source Software Projekte werden darüber hinaus durch die Elite Regelwerke für die Programmentwicklung (und für die Meldung von Fehlern im Programm) entwickelt und veröffentlicht (Bonaccorsi/Rossi 2003: 1248). Die Passfähigkeit der Beiträge wird außerdem durch Standardprotokolle, standardisierte Schnittstellen usw. gesichert (Jørgensen 2001: 327f.; Bonaccorsi/Rossi 2003: 1246f.; Iannacci 2003: 3; Lanzara/Morner 2003: 22–24).

Integration der Beiträge

Die individuellen Produzenten bieten ihre Beiträge zur Integration an, indem sie sie in den mailing lists oder auf Internetseiten öffentlich annoncieren. Die Integration angebotener Beiträge ist Gegenstand eines expliziten Entscheidungsprozesses. Angebotener Programmcode wird durch Peers – andere Softwareentwickler – evaluiert. Wird das Angebot für gut befunden, wird es durch einen der »maintainer« in das gemeinsame Produkt integriert. Die anschließende Verwendung der neuen Version durch zahlreiche Nutzer des Programms bedeutet, dass der angebotene Beitrag – ganz wie in der wissenschaftlichen Produktion auch – einer potentiell unendlich großen Zahl von Tests unter einer Vielzahl unterschiedlicher lokaler Bedingungen unterzogen wird.

Die dezentralisierte Formulierung von Aufgaben führt dazu, dass mehrere Produzenten dieselbe anstehende Aufgabe lösen (Bonaccorsi/Rossi 2003: 1247). Diese Redundanz gibt der Gemeinschaft die Möglichkeit, die beste Lösung auszuwählen. Sie bereichert natürlich darüber hinaus auch die lokale Arbeitsumgebung des Produzenten. Ähnlich wie beim Schreiben von Programmcode gibt es auch beim Testen und Berichten von Problemen Dopplungen und ungenügende bzw. nicht reproduzierbare Beiträge (Holck/Jørgensen 2005: 11).

Wenn die Elite zu der Ansicht gelangt, dass ein hinreichend vollständiger und fehlerfreier Programmcode entstanden ist, geben sie den Code frei, das heißt verleihen ihm eine Versionsnummer und behandeln ihn damit als »fertiges« Produkt. Mit der offiziellen Freigabe wird häufig ein größeres Publikum erreicht, weil freigegebene Programme auch von »Nur-Nutzern« verwendet werden. In den meisten Fällen wird die Arbeit an einem Programm nach der Freigabe fortgesetzt, weil neue Fehler entdeckt, Verbesserungen vorgeschlagen werden usw.

Vergleich mit wissenschaftlichen Gemeinschaften

Ich habe bereits verschiedentlich auf Gemeinsamkeiten mit und Unterschiede zu wissenschaftlichen Gemeinschaften hingewiesen. Die Analogie zu wissenschaftlichen Gemeinschaften ist in der Tat in der Literatur zur Open Source Software mehrmals erwähnt worden (Bezroukov 1999: 3f.; Seiferth 1999: 54; Dalle/Jullien 2003: 4). Sie gründet jedoch bei keinem der Autoren auf einer systematischen Analyse der Produktionssysteme.

Selbst in der hier vorgenommenen verkürzten Analyse der Produktion von Open Source Software sind ihre Ähnlichkeiten mit der kollektiven Wissensproduktion unübersehbar. Open Source Software produzierende und wissenschaftliche Gemeinschaften bestehen jeweils aus Mitgliedern, die einen gemeinsamen Arbeitsgegenstand wahrnehmen und verwenden. Deshalb weisen auch beide Gemeinschaften flüchtige und unscharfe Grenzen auf. Die Mitglieder wissenschaftlicher Gemeinschaften und großer Open-Source-Software-Gemeinschaften sind nicht alle bekannt. Beide Gemeinschaften sind offene Produktionssysteme (siehe 2.6.3). Beide Gemeinschaften sind indifferent gegenüber den Motivationen, die das einzelne Mitglied zur Mitarbeit veranlassen, und sind durch ein ähnliches Spektrum von Motivationen charakterisiert. Insbesondere ist in beiden Gemeinschaften die Produktion und Verwendung von Beiträgen vom Lebensunterhalt des Produzenten entkoppelt. In beiden Gemeinschaften finanzieren die Produzenten ihre Existenz nicht aus einer Vergütung für geleistete Beiträge, sondern außerhalb der Gemeinschaft. Wissenschaftler und einige Produzenten von Open Source Software finanzieren ihre Existenz aus der Vergütung der Zeit, die sie für die Produktion verwenden.[116] Das ist nicht einfach ein »Zeitlohn«, wie er in Produktionsunternehmen gezahlt wird. In Produktionsunternehmen spezifiziert die Organisation, die die Vergütung zahlt, den zu erbringenden Beitrag. Die Mitglieder wissenschaftlicher Gemeinschaften und einige Mitglieder der Open Source Software Produktionsgemeinschaften werden in der einen Akteurkonstellation (der Organisation, mit der sie einen Arbeitsvertrag haben) bezahlt, formulieren aber ihre Arbeitsaufgaben in einer anderen Akteurkonstellation (der Produktionsgemeinschaft), die spezifische Beiträge nicht oder nur sehr diffus durch Reputation »vergütet«.

In beiden Gemeinschaften beruht die Produktion von Beiträgen auf lokalen, dezentralen Entscheidungen, die sich am gemeinsamen Produkt orientieren. Die Eliten beider Gemeinschaften können zwar vordringlich zu bearbeitende Aufgaben vorschlagen (und tun das auch), haben aber keine Mittel, Produzenten zur Bearbeitung dieser Aufgaben zu zwingen. Die Bearbeitung der Aufgaben erfolgt lokal und unter weitgehender Kontrolle des individuellen Produzenten. Sie wird durch den gemeinsamen Gegenstand sowie durch Regeln und Standards der Aufgabenbearbeitung angeleitet. Die Integration von Beiträgen erfolgt auf der Grundlage von Peer review und nachfolgender Verwendung. Die Verwendung von Beiträgen ist zugleich der wichtigste Mechanismus der Qualitätskontrolle, da sie in den lokalen Arbeitsumgebungen erfolgt, die jeweils spezifische »Testbedingungen« konstituieren. In beiden Gemeinschaften werden zahlreiche »überflüssige« Beiträge produziert, die sich jedoch nur *ex post* als überflüssig erweisen, während sie *ex ante* als Chance auf eine Problemlösung, *global* als Qualitätskontrolle und *lokal* als Stärkung der Arbeitsumgebung wichtige Funktionen haben.

Wenn die Produzenten die Aufgaben formulieren und bearbeiten sowie neue Beiträge anbieten, können sie sich am gemeinsamen Arbeitsgegenstand orientieren, weil dieser öffentlich verfügbar und damit allen potentiellen Produzenten jederzeit zugänglich ist. Auch wenn das Insistieren auf Öffentlichkeit in der Open-Source-Bewegung ideologische Wurzeln haben mag (Holtgrewe/Werle 2001: 52f.; von Krogh/von Hippel 2003: 1150f.), repräsentiert es zugleich ein technologisches Erfordernis gemeinschaftlicher Produktion.

Eine interessante Gemeinsamkeit von Open Source Software produzierenden und wissenschaftlichen Gemeinschaften ist die schiefe Verteilung der Beiträge. In beiden Gemeinschaften ist die Aktivität der Mitglieder Lotka-

---

116 Andere Produzenten von Open Source Software finanzieren ihre Existenz aus gänzlich anderen Quellen und produzieren in ihrer Freizeit.

verteilt (Lotka 1926) bzw. Zipf-verteilt (siehe Bookstein 1990: 372f. für den Nachweis der Äquivalenz der beiden Verteilungen). Die Ursachen für diese Verteilung von Aktivitäten sind bis heute nicht bekannt. Wissenschaftliche und Open-Source-Software-Produktionsgemeinschaften beruhen also auf demselben Produktionsmechanismus. Daneben gibt es interessante Unterschiede in den Praktiken und sozialen Strukturen. In der Produktion von Open Source Software ist vieles explizit und formalisiert, was in der Produktion wissenschaftlichen Wissens implizit und informell bleibt. So sind zwar beide Gemeinschaften meritokratisch, aber nur Open-Source-Software-Produktionsgemeinschaften verfügen über Eliten mit formal zuge-wiesenen besonderen Rechten wie zum Beispiel dem Recht, das Produkt zu verändern. Eine wissenschaftliche Elite hat zwar erheblichen Einfluss auf das Meinungsbild und die Verhaltensweisen einer wissenschaftlichen Gemein-schaft, kann aber keine die Mitglieder bindenden Entscheidungen über den Wissensbestand der Gemeinschaft fällen. Auch gibt es in der Open Source Software offizielle, eindeutig fixierte Versionen des gemeinsamen Produkts, während in der Wissenschaft das Produkt nie eindeutig bestimmbar ist und sich kontinuierlich verändert.

Ähnlich verhält es sich mit den Unterschieden zwischen den Prozessen, die jeweils zur Integration von angebotenen Beiträgen in das gemeinsame Produkt führen. In wissenschaftlichen Gemeinschaften hat der Peer review die Aufgabe einer Vorselektion und einer Voranpassung des angebotenen Beitrages an den gemeinsamen Wissensbestand. Der Hauptweg, auf dem Beiträge in den Wissensbestand integriert werden, ist deren nachfolgende Verwendung durch andere Mitglieder der Gemeinschaft in der Produktion neuen Wissens. In der Produktion von Open Source Software dagegen ist die Begutachtung durch Peers ein viel wichtigerer Schritt, weil sie zu einer Ent-scheidung über die (explizite) Integration des angebotenen Beitrages in das gemeinsame Produkt führt. Die nachfolgende Qualitätskontrolle der Software durch Benutzung kann noch immer zum Ausschluss bzw. zum Ersetzen des Beitrages durch einen anderen führen. Aber auch solche Veränderungen im Ergebnis der »verteilten impliziten Qualitätskontrolle«, das heißt der Tests in einer Vielzahl unterschiedlicher lokaler Arbeitsumgebungen, sind am Ende wieder an explizite Entscheidungen gebunden.

Dass die Produktion von Open Source Software auf expliziten Entschei-dungsprozessen einer mit formaler Autorität ausgestatteten Elite und auf formalisierten Regeln beruht, hat mit einem wichtigen Unterschied im Cha-rakter des Produkts zu tun. Software ist Wissen, dass den Charakter von Technik trägt. Anders als wissenschaftliches Wissen muss sich produzierte Software in Routineanwendungen durch »Nur-Nutzer« bewähren, das heißt unter verschiedenen Bedingungen standardisierte Leistungen erbringen. Insofern fallen Erzeugung und Nutzung von Open Source Software auseinander. Während die *Produktion* der Software auch dann voranschreiten kann, wenn der aktuelle Arbeitsgegenstand lückenhaft und inkonsistent ist, setzt die *Anwendung* der Software voraus, dass diese den Erwartungen der Nutzer entsprechend funktioniert. Das gilt natürlich auch für Wissen, sowie es den Bereich der Wissensproduktion verlässt und außerhalb der Wissenschaft angewendet werden soll. Das routinemäßige Funktionieren des Produkts außerhalb seines Entstehungskontextes stellt jeweils andere Anforderungen als das Funktionieren im Produktionsprozess. Software wird von Anfang an mit dem Ziel produziert, ein außerhalb des Entstehungskontextes funktionierendes Produkt zu schaffen. Die Produktion von Open Source Software ist insofern einem wissenschaftsbasierten Innovationsprozess ähnlicher als der Wissensproduktion in der Grundlagenforschung.

Die Gemeinsamkeiten und Unterschiede zwischen beiden Produktionsgemeinschaften ermöglichen interessante Untersuchungen. Wegen des stärker expliziten Charakters und der besseren Beobachtbarkeit der Produktion in Open-Source-Software-Gemeinschaften können an ihnen charakteristische Prozesse der kollektiven Wissensproduktion studiert werden, wie zum Beispiel

– Verzweigungen der Wissensproduktion, das heißt die Teilung eines Produkts in mehrere, die jeweils eigene Gemeinschaften konstituieren (das »forking« der OSS, zum Beispiel Bezroukov 1999: 9–11; Edwards 2000: 6f.; Lerner/Tirole 2002: 203; Ettrich 2004),
– die Beendigung der Produktion (Edwards 2001: 5) und
– die Strukturen des gemeinsamen Arbeitsgegenstandes/Produkts, insbesondere seine Modularität und die Schnittstellen zwischen Modulen (Bonaccorsi/ Rossi 2003: 1247; Iannacci 2003: 13; Lanzara/Morner 2003: 22f.).

All diese Strukturen und Prozesse existieren auch in wissenschaftlichen Gemeinschaften, sind aber ungleich schwerer zu identifizieren und zu beobachten. Open-Source-Software-Produktionsgemeinschaften könnten ein gutes Modell für das Studium der Wechselwirkung kognitiver und sozialer Dynamiken in Produktionsgemeinschaften sein.

4.1.3   Gibt es noch weitere Produktionsgemeinschaften?

Da auch Open Source Software durch Produktionsgemeinschaften erzeugt wird, können wir davon ausgehen, dass »Produktionsgemeinschaft« einen Typ von kollektiven Produktionssystemen repräsentiert, der auch über die genannten Beispiele hinaus auftritt. Ich wende mich jetzt diesem Thema zu, indem ich einen Vorschlag von Benkler (2002) diskutiere, demzufolge die Produktion wissenschaftlichen Wissens, die Produktion von Open Source Software und zahlreiche Phänomene internetbasierter Kommunikation demselben Typ von kollektivem Produktionssystem zuzurechnen sind.

Benkler greift Coases (1988) Gegenüberstellung von Markt und Unternehmen (Organisation) auf. Anders als die Transaktionskostentheorie bezieht er die Unterscheidung jedoch auf die Effizienz der *Produktion* und vergleicht Unternehmen und Märkte mit der kollektiven Produktion von Informationen in der von ihm so genannten »commons-based peer production«. Unter »commons-based peer production« versteht Benkler die auf einem gemeinsamen Besitz von Information beruhende Erzeugung neuer Information. Er vermag zu zeigen, dass »commons-based peer production« nicht wie Markt und Unternehmen durch reduzierte Informationen koordiniert wird, sondern durch maximalen Zugang zu Informationen. Seine Beschreibung der »commons-based peer production« als auf maximalen Informationen, freiem Zugang zu Informationen und dezentralen Entscheidungen der Produzenten beruhend ist der Beschreibung von Produktionsgemeinschaften ähnlich.

Ein Problem dieses Ansatzes besteht in der extrem weiten Auslegung des Produktionsbegriffs. Für Benkler ist letztlich jede Kommunikation eine »commons-based peer production« (Benkler 2002: 382f.). Insbesondere schließt er neben Wissenschaft nahezu alle Kommunikationen im Internet ein – von der Produktion von Open Source Software über Rollenspiele bis hin zur Kommunikation in Email-Listen oder »Chatrooms«. Es ist nur logisch, dass angesichts dieser Vielfalt die Behandlung spezieller Mechanismen innerhalb der »commons-based peer production« sehr unpräzise ausfällt: Benkler kann weder angeben, woran sich die individuellen Produzenten bei der Erarbeitung ihrer Beiträge jeweils orientieren, noch kann er erklären, wie die individuellen Beiträge jeweils integriert werden. Ich nutze im Folgenden seine Liste von Beispielen der »commons-based peer production«, um zu zeigen, wo die Grenzen zu Produktionsgemeinschaften verlaufen.

1) Wikipedia (www.wikipedia.com)

Wikipedia ist ein internet-basiertes Projekt von etwa 2.000 Freiwilligen, die gemeinsam eine Enzyklopädie schreiben. Die individuellen Produzenten nehmen Lücken in der Enzyklopädie (das Fehlen von Beiträgen zu bestimmten Themen) wahr und schreiben solche Beiträge. Eine spezielle Software ermöglicht es, die Beiträge anderer zu editieren und Referenzen zwischen

Beiträgen anzugeben. Für die Erarbeitung von Beiträgen gelten Normen wie zum Beispiel Neutralität (ebd.: 386f.).

Im Falle von Wikipedia handelt es sich offensichtlich um gemeinschaftliche Produktion. Das gemeinsame Produkt ist zwar in seiner Grundstruktur – der einer Enzyklopädie – extern vorgegeben und durch die vorgängigen Erfahrungen der Produzenten mit anderen Enzyklopädien präformiert. Auch wird durch Wikipedia kein neues Wissen geschaffen, sondern Wissen aus externen Quellen synthetisiert. Es sind aber alle Grundelemente gemeinschaftlicher Produktion gegeben: die individuellen Produzenten leiten ihre Aufgaben aus dem gemeinsamen Gegenstand ab und bieten ihre Beiträge öffentlich an, die dann durch andere weiter bearbeitet werden.

2) »NASA Clickworkers« (http://clickworkers.arc.nasa.gov/top)

Die NASA hat auf einer Website für Internet-Benutzer die Möglichkeit geschaffen, an der Kartographierung des Mars mitzuwirken, indem sie Krater markieren, markierte Krater klassifizieren oder die Marslandschaft nach »Honigwaben-Gebieten« durchsuchen. Die Aufgaben sind diskret, und eine einzelne sinnvolle Aufgabe kann innerhalb weniger Minuten bewältigt werden. Dieses Experiment der NASA ähnelt anderen, bei denen Computer-Nutzer lediglich die Rechenleistung ihrer Maschinen zur Verfügung stellen (siehe 5.1). In all diesen Fällen entwerfen die Wissenschaftler ein System, mit dem diskrete Beiträge von Laien (oder von deren Computern) in die Bearbeitung einer wissenschaftlichen Aufgabe integriert werden. »NASA Clickworkers« ist insofern etwas Besonderes, als tatsächlich die Arbeit von wissenschaftlichen Laien eingeschlossen wird. Das ist möglich, weil sich herausgestellt hat, dass das aus dem Konsens einer großen Zahl von »clickworkers« entstehende Arbeitsergebnis die gleiche Qualität hat wie das eines einzelnen erfahrenen Wissenschaftlers (ebd.: 384f.).

Betrachten wir »NASA Clickworkers« als kollektives Produktionssystem, dann fallen vor allem zwei Unterschiede zu den bislang behandelten Produktionsgemeinschaften auf. Erstens existiert eine klare Trennung zwischen denen, die die Aufgaben definieren (den Wissenschaftlern, die die Website und das dahinter liegende Programm entworfen haben), und denen, die die Aufgaben ausführen (den Internet-Nutzern, die die Website aufrufen und angebotene Arbeiten ausführen). Zweitens legen die Nutzer ihre Aufgabe zwar jeweils selbst fest, sind aber darin sehr beschränkt. Es gibt nur wenige Typen von Aufgaben, unter denen ausgewählt werden kann. Die Interpretation des Arbeitsgegenstandes durch die Nutzer spielt keine Rolle. Abweichungen sind nicht zugelassen und nur als Fehler denkbar.

Wir haben es also mit einer klaren Hierarchie zu tun. Die Arbeit wird zwar durch Freiwillige getan, die selbst entscheiden, welche der angebotenen Aufgaben sie erfüllen und wie viel Zeit sie dafür verwenden. Die Entscheidungen der freiwilligen individuellen Produzenten haben aber keinen Einfluss auf den Inhalt der Beiträge oder auf das Aussehen des Resultats. Die Arbeit anderer Produzenten ist für den Inhalt der eigenen Arbeit unerheblich. Letztlich handelt es sich um klassische Lösungen des Informations- und Integrationsproblems, die zum Beispiel bei Heimarbeit angewendet werden. Diese Lösungen werden im Falle der NASA clickworkers lediglich mit einer anderen Lösung des Motivationsproblems kombiniert. Die auf Freiwilligkeit und intrinsischer Motivation beruhende Produktion ist möglich, weil die Produzenten ihren Lebensunterhalt anderweitig sichern.

3) Internet-Mehrpersonen-Rollenspiele

Internet-Rollenspiele beruhen darauf, dass kein voll ausgearbeitetes Spiel angeboten wird, sondern eine Ausgangssituation, aus der sich infolge der Entscheidungen und Interaktionen der Spieler eine Spiel-Geschichte entwickelt. Die Internetseite bietet den Nutzern Werkzeuge, mit denen sie den Inhalt des Spiels schaffen können. Die Spieler reagieren auf die aktuelle Situation in ihrer Spiel-Welt mit Entscheidungen über ihre nächsten Handlungen und verändern damit die Spielsituation für andere (ebd.: 389f.).

Dieses Beispiel ähnelt den NASA clickworkers im hierarchischen Aufbau der Internet-Seite und in den beschränkten Handlungsmöglichkeiten der Nutzer. Der (kommerzielle) Spiel-Veranstalter gibt die Ausgangssituation und die Mittel für deren Bearbeitung vor. Die Nutzer haben lediglich die Möglichkeit, diese Ausgangssituation in gewissen Grenzen zu verändern. Die »Produktion« wird extern initiiert, unterliegt exogenen Beschränkungen und wird nur in diesen Grenzen durch die Wahrnehmungen der Nutzer gesteuert. Weder kontrolliert die Gemeinschaft ihren Gegenstand, noch hat der individuelle Nutzer die Kontrolle über die Bedingungen, unter denen er seine Beiträge produziert. Obwohl es klare Abstufungen gibt (die Online-Rollenspieler haben mehr individuellen Entscheidungsspielraum als die NASA clickworkers), kann dennoch auch in diesem Fall nicht von einer Produktionsgemeinschaft gesprochen werden. Auch erscheint die Anwendung des Begriffs »Produktion« gewagt. Das Neue, das in den Interaktionen der Beteiligten entsteht, sind Spielsituationen. Wenn Situationen als Produkt und ihre Erzeugung als Produktion neuer Informationen gelten sollen, dann ist alles menschliche Handeln Produktion, was den Begriff seiner Unterscheidungskraft und damit seines Nutzens beraubt.

4) Kuro5hin (www.kuro5hin.org) und Slashdot (http://slashdot.org)

Bei Kuro5hin handelt es sich um eine Internetseite, auf die Mitglieder füreinander geschriebene Essays anbieten. Das gemeinsame Interesse besteht darin, Beiträge hoher Qualität zu produzieren. Themen sind zum Beispiel Technologie, Kultur, Medien, Politik, Nachrichten usw. Angebotene Beiträge werden nicht sofort publiziert, sondern zunächst den registrierten Nutzern zur Begutachtung angeboten. Der Beitrag muss eine Mindestzahl von Stimmen erhalten, um auf der Internetseite veröffentlicht zu werden. Im Anschluss an die Publikation kann der Artikel dann von allen Lesern diskutiert werden (ebd.: 387f.)

Ähnlich funktioniert der Nachrichtenaustausch auf der Internet-Seite Slashdot. Nutzer können eine Geschichte (eine Nachricht) einsenden, die von »Herausgebern« (die für diese Arbeit bezahlt werden) vorgeprüft wird und bei ausreichender Qualität auf der Internet-Seite veröffentlicht wird. Dann können andere Nutzer die Veröffentlichung kommentieren und bewerten. Die Nutzer können von diesem »Peer review« profitieren, indem sie nur als »sehr gut« bewertete Nachrichten lesen (ebd.: 393–396).

Bei diesen Beispielen ist nur noch schwer zu sehen, was eigentlich das gemeinsame Produkt sein soll. Die Beteiligten an Kuro5hin und Slashdot bilden zwar jeweils eine Gemeinschaft, ihre Kommunikation kann aber nicht als kollektive Produktion angesehen werden. Es werden lediglich isolierte Beiträge angehäuft. Die Mitglieder der Gemeinschaft haben ein Interesse und eine Tätigkeit gemeinsam (Essays schreiben), aber sie produzieren meist isoliert voneinander, und ihre Handlungen werden nicht durch einen gemeinsamen Gegenstand geordnet.

Diese vier Beispiele illustrieren, dass Benklers »commons-based peer production« viel zu weit gefasst ist, um als distinktes kollektives Produktionssystem angesehen zu werden. Benkler nimmt lediglich zwei Voraussetzungen für diesen Produktionsmechanismus an: Es muss ein gemeinsamer Besitz an Information existieren, der allen Beteiligten zugänglich ist, und die Beteiligten müssen selbst über ihre Teilnahme entscheiden können. Mit anderen Merkmalen wie zum Beispiel dem Peer review geht Benkler sehr großzügig um: Er erwähnt den Peer review zwar als einen wichtigen Mechanismus, diskutiert aber nicht, warum er nicht in allen seinen Beispielen auftritt. Da es keine weiteren notwendigen Merkmale der »commons-based peer production« gibt, schließt dieses Konzept in der Tat jede Kommunikation ein, die auf einem gemeinsamen Besitz an Informationen und auf autonomen Entscheidungen der Kommunikationspartner beruht.

Unter den von Benkler aufgezählten Beispielen erfüllt nur das Wikipedia-Projekt meine Definition gemeinschaftlicher Produktion. Diese von Freiwilligen geschaffene Internet-basierte Enzyklopädie macht deutlich, dass Produktionsgemeinschaften und gemeinschaftliche Produktion über die beiden ausführlicher analysierten Beispiele der Wissenschaft und der Open Source Software hinaus auftreten können, und dass das Internet mit seinen öffentlich zugänglichen Informationen eine wichtige Grundlage für die gemeinschaftliche Produktion von Wissen bildet. Eine der notwendigen Voraussetzungen für gemeinschaftliche Produktion besteht ja darin, dass alle potentiellen Produzenten jederzeit Zugang zum gemeinsamen Arbeitsgegenstand haben. Für räumlich verteilte Gemeinschaften mit einer unbestimmten und fluktuierenden Mitgliedschaft kann diese Voraussetzung nur erfüllt werden, wenn der Gegenstand öffentlich ist. Die Wissenschaft hat sich in einem langwierigen und aufwändigen Prozess ein eigenes Kommunikationssystem geschaffen, in dem der gemeinsame Arbeitsgegenstand öffentlich verfügbar ist. Das Internet bietet allen Wissen Produktionsgemeinschaften die Möglichkeit, ihren Gegenstand öffentlich verfügbar zu machen, und kann deshalb zu einem wichtigen Katalysator für die Entwicklung dieser Produktionsweise werden.

Wo die gemeinschaftliche Produktion nicht auf ein solches Kommunikationssystem zurückgreifen kann, ist sie auf die Kopräsenz der Produzenten angewiesen. Dass die spezifische Produktionsweise von Produktionsgemeinschaften auch unter diesen Bedingungen entstehen kann, möchte ich abschließend an einem Beispiel zeigen, dass in der Organisationssoziologie unter einem anderen Thema behandelt worden ist. Organisationssoziologen haben begonnen, sich für Improvisationen in Organisationen zu interessieren, und haben in diesem Zusammenhang die Improvisation beim Jazz studiert (Weick 1998).

Der wichtigste Unterschied zwischen Jazz und den bislang diskutierten Produktionsgemeinschaften besteht darin, dass Jazz in kleinen, wohldefinierten Gruppen »produziert« wird, während die Mitglieder von Produktionsgemeinschaften nur teilweise bekannt sind und sehr zahlreich sein können. Der Literatur zufolge ist jedoch bei der Improvisation im Jazz derselbe ordnende Mechanismus am Werk wie bei Produktionsgemeinschaften: Die Produktion wird durch den gemeinsamen Gegenstand geordnet, der zugleich das gemeinsame Produkt ist, nämlich die gespielte Musik. Beschreibungen der Improvisation im Jazz haben deutlich gemacht, dass die Improvisationen (die Beiträge der einzelnen Musiker) sich am gemeinsamen Gegenstand orientieren. Improvisation bedeutet, dass ein Musiker zur gemeinsamen Musik auf der Grundlage seiner Interpretation dieser Musik beiträgt. Dieses Prinzip wird durch einen Ausspruch des Bassisten Charles Mingus verdeutlicht, der auf dem »Jazz Symposium« der Vancouver Academy of Management mehrmals zitiert wurde: »You can't improvise on nothin'. You gotta have somethin'.« (zum Beispiel Barrett/Peplowski 1998: 558) Barret (ein Organisationssoziologe) und Peplowski (ein Saxophonspieler) haben den Prozess folgendermaßen beschrieben: »What is important to note here is that the song is a coordinating device. And it is a special coordinating device. Songs act as minimal structures that allow maximum flexibility. These chordal structures act as non-negotiable limitations that facilitate and constrain the players' activity.« (Barrett/Peplowski 1998: 559)

Die kollektive Produktion von Jazz beruht auf der »Minimalstruktur« und der ad-hoc-Kommunikation, die möglich wird, weil alle Produzenten die Beiträge aller anderen verfolgen können. Die gemeinschaftliche Produktion in der Gruppe beruht deshalb in erheblichem Maße auf wechselseitiger Abstimmung im Produktionsprozess: »You just listen and you develop a sense for when its time for the next person to play and you watch for subtle signals that somebody is ready« (Peplowski 1998: 561).[117]

Der ordnende Mechanismus von Produktionsgemeinschaften lässt sich also auch in den kleinen Gruppen auffinden, die Jazz »produzieren«. Analysen von Open-Source-Software-Gemeinschaften haben darüber hinaus gezeigt, dass die meisten Open Source Software produzierenden Kollektive sehr klein sind und wenige oder sogar nur zwei Mitglieder umfassen. Es scheint problematisch, solche »Kollektive« als Gemeinschaften zu bezeichnen, weil alle Mitglieder bekannt sind und das produzierende Kollektiv exakt abgegrenzt werden kann.

In der Tat scheint der ordnende Mechanismus von Produktionsgemeinschaften in zwei unterschiedlichen Kollektiven auftreten zu können. Informelle Gruppen und Gemeinschaften sind aber nicht so sehr voneinander verschieden, wie es auf den ersten Blick scheint. Die unbestimmte Mitgliedschaft in Produktionsgemeinschaften ist ja kein definierendes Merkmal, sondern eher eine Folge der Tatsache, dass die Mitgliedschaft auf einer kollektiven Identität und damit auf einer Wahrnehmung beruht. Informelle Gruppen lassen sich als Spezialfall von Gemeinschaften verstehen, in dem die Kenntnis der Mitglieder Bestandteil der kollektiven Identität ist (4.3.2). Sie bilden das untere Ende der Größenskala von Gemeinschaften und damit auch von Produktionsgemeinschaften.

---

117 Kamoche und Cunha stellen eine Verbindung zwischen dem Produktionsmodell »Jazz« (in meiner Terminologie: gemeinschaftliche Produktion in Gruppen) und der Wissensproduktion im Unternehmen her, indem sie das Modell auf die Produktentwicklung anwenden (Kamoche/Cunha 2001). In ihrer Generalisierung ist es eine allgemeine Wissensstruktur (»template of a product concept, process, prototype, vision, milestone, etc.«), die als »Minimalstruktur« fungiert, auf deren Grundlage improvisiert wird (ebd.: 49).

4.2   Kollektive Produktionssysteme

4.2.1   Der Nutzen von Taxonomien und Idealtypen

In der Diskussion von Benklers Beispielen habe ich den Begriff der Produktionsgemeinschaft dahingehend präzisiert (und von Benklers Auffassung abgesetzt), dass er nur auf Kollektive angewendet werden kann, die ein von der Produktionssituation separierbares und sie überdauerndes gemeinsames Produkt herstellen. Auch mit dieser Einschränkung gibt es mehr Produktionsgemeinschaften, als die Analyse des scheinbar einzigartigen Produktionssystems »Wissenschaft« zunächst vermuten ließ. Die in Abschnitt 4.1 diskutierten Beispiele belegen die Existenz einer Klasse von kollektiven Produktionssystemen, die als Produktionsgemeinschaften bezeichnet werden können. Um Produktionsgemeinschaften aber als eigenständiges kollektives Produktionssystem behandeln zu können, müssen wir sie in eine Theorie kollektiver Produktionssysteme einordnen. Produktionsgemeinschaften müssen in einem theoretischen Rahmen den bekannten kollektiven Produktionssystemen Markt, Organisation und Netzwerk gegenübergestellt werden.

Der folgende Versuch konkurriert mit zahllosen anderen Taxonomien von »Typen sozialer Ordnung«, »sozialen Koordinationsmechanismen« und »institutionellen Arrangements« (siehe 1.6). Es geht mir nun nicht darum, diesen Taxonomien eine »bessere« entgegenzustellen. Das ist schon deshalb nicht möglich, weil auch mit Taxonomien bestimmte Zwecke verfolgt werden und ihre Güte mithin davon abhängt, wie sie dem jeweiligen Zweck dienen. Auch die im Folgenden vorgeschlagene Taxonomie ist Mittel zum Zweck. Sie soll die Frage beantworten, ob es sich bei Produktionsgemeinschaften um ein distinktes kollektives Produktionssystem handelt, das in den gewählten analytischen Dimensionen qualitativ von den anderen verschieden ist.[118] Damit ist die Taxonomie zugleich ein Test des analytischen Rahmens, der die Analyse von Produktionsgemeinschaften angeleitet hat und nun auf die anderen kollektiven Produktionssysteme angewendet wird. Die Produktionssysteme werden primär anhand der Mechanismen verglichen, die in ihnen jeweils die soziale Ordnung erzeugen, also aufeinander abgestimmtes Handeln der Produzenten möglich machen. Schließlich sollte die vergleichende Analyse auch auf die in 1.6 zitierte Kritik von Scharpf reagieren und Typen von Ko-

---

118 Powell (1990), Ebers (1997) und Sturgeon (2002) verwenden ihre Taxonomien analog, um Netzwerke (im Falle von Sturgeon modulare Produktionsnetzwerke) als distinktes kollektives Produktionssystem einzuführen. Streeck und Schmitter verwenden ihre Taxonomie, um auf einer höheren Abstraktionsebene Assoziationen als vierten Typ sozialer Ordnung neben Gemeinschaft, Markt und Staat einzuführen (Streeck/Schmitter 1985).

ordinationsproblemen zu Typen von Koordinationsmechanismen in Beziehung setzen. Lassen sich den kollektiven Produktionssystemen Typen von Produktionsaufgaben zuordnen, die sie (besonders effizient) lösen? Erst wenn diese Frage beantwortet werden kann, bekommt eine Taxonomie kollektiver Produktionssysteme einen theoretischen Gehalt, weil sie die Mechanismen kollektiver Produktion an spezifische Handlungsbedingungen bindet (auf diese Beziehung zwischen Mechanismen und Theorie hat Mayntz 2004: 253 aufmerksam gemacht). Allerdings scheint es beim gegenwärtigen Stand der Forschung unwahrscheinlich, dass Typen von Produktionsaufgaben identifiziert und in einen Zusammenhang mit kollektiven Produktionssystemen gebracht werden können. Der einzige systematische Ansatzpunkt für eine solche Analyse ist der organisationssoziologische Kontingenzansatz, der aber innerhalb der Organisationssoziologie für einen Vergleich zwischen Organisationen (und nicht von Organisationen mit anderen kollektiven Produktionssystemen) entwickelt wurde. Ich werde diesen Ansatz nutzen und darüber hinaus einige Hinweise auf die Verschiedenheit der Produktionsaufgaben aus der Diskussion von Vor- und Nachteilen des kollektiven Produktionssystems »Gemeinschaft« ableiten.

Die vergleichende Beschreibung von kollektiven Produktionssystemen als Akteurkonstellationen kann hier nur angedeutet werden. Sie stützt sich zwar auf die Literatur zu Märkten, Organisationen und Netzwerken, operiert aber nicht mit der gleichen Tiefenschärfe wie die Analyse von Produktionsgemeinschaften. Statt aus empirischen Studien die allgemeinen Charakteristika kollektiver Produktionssysteme zu destillieren, greife ich auf empirische und theoretische Arbeiten zurück, die Definitionen und allgemeine Merkmale der Produktionssysteme diskutieren. Angesichts dieser Einschränkungen sind die folgenden Beschreibungen zwar insofern in der Literatur gegründet, als sie sich auf einige prominente Arbeiten stützen und dem mainstream nicht widersprechen. Sie sind aber keinesfalls eine Synthese oder auch nur der kleinste gemeinsame Nenner des jeweiligen Feldes. Als Rahmen für die vergleichende Beschreibung nutze ich die Fragen, die der Analyse der Produktionsgemeinschaften zugrunde lagen. Die Beantwortung dieser Fragen ermöglicht eine für die vergleichende Einordnung der kollektiven Produktionssysteme hinreichend genau Beschreibung ihrer sozialen Ordnung.

Die folgenden Beschreibungen sind Idealisierungen. Markt, Organisation, Netzwerk und Gemeinschaft sind Idealtypen, die in der beschriebenen Form empirisch nicht auftreten. Ich akzentuiere einige wenige Merkmale der kollektiven Produktionssysteme – Mitgliedschaft, Ordnung, die Rolle von Institutionen – und synthetisiere die aus den empirischen Beschreibungen der kollektiven Produktionssysteme abgeleiteten Merkmale entsprechend (siehe

Weber 1949: 90). Dabei benutze ich zwei analytische Unterscheidungen, die in der Literatur nicht immer gesehen werden.

Eine erste wichtige Unterscheidung ist die zwischen der fokalen Akteurkonstellationen und anderen Konstellationen, denen ein Akteur angehört. Die Analyse einer spezifischen Akteurkonstellation legt es nahe, alle anderen auszublenden. Es kann aber durchaus vorkommen, dass mehrere Mitglieder der fokalen Akteurkonstellation zugleich anderen Akteurkonstellationen angehören, in denen sie andere Interessen und Handlungsmöglichkeiten haben. In diesem Falle können die Beziehungen zwischen zwei Akteuren nicht aus der einen Akteurkonstellation erklärt werden, die gerade Gegenstand der Analyse ist. Die Beziehungen zwischen Unternehmen in Unternehmensnetzwerken werden zum Beispiel häufig als zugleich kooperativ und kompetitiv beschrieben (»competitive cooperation« bei Alter/Hage 1993: 50–59; siehe auch Windeler 2001: 211). Dieser Widerspruch löst sich auf, wenn man sich vergegenwärtigt, dass die einem Netzwerk angehörenden Unternehmen häufig auch einer zweiten Akteurkonstellation angehören, nämlich einem Markt, auf dem sie konkurrieren.[119] Was als in sich widersprüchliche Beziehung zwischen den Netzwerkpartnern erscheint, ist in diesem Fall der Widerspruch zwischen Beziehungen, die in zwei Akteurkonstellationen verschiedenen Typs eingegangen werden. Diese Unterscheidung ist in vielen empirischen Untersuchungen weniger wichtig, weil die Handlungen der Akteure durch die Gesamtheit ihrer Beziehungen bestimmt werden. Sie kann aber die theoretische Beschreibung der Akteurkonstellation »Netzwerk« mit erheblichen Unschärfen belasten, wie zum Beispiel in Windelers Beschreibung der Koordination in Netzwerken (Windeler 2001: 210f.).[120]

Ein verwandtes Problem gibt es mit der »Einbettung« des ökonomischen Handelns in Netzwerke sozialer Beziehungen (Granovetter 1973). Diese

---

119 Ein anderes Beispiel sind Wissenschaftler, die auf demselben Gebiet arbeiten und nebenbei jeweils eigene Firmen gegründet haben. In diesem Fall überlagern sich die Beziehungen der Produktionsgemeinschaft und die Marktkonkurrenz.

120 Unter den einander überlagernden Produktionssystemen kann eines relativ an Bedeutung verlieren. Das scheint gegenwärtig dem Markt zu passieren, der immer stärker von Netzwerken überlagert wird. Wir haben es hier mit einem historischen Trend zu tun, der – getrieben von der Verlagerung des Ausgangspunktes der Produktion in die Wissenschaft – die Orientierung an den durch den Preis gebotenen minimalen Informationen entwertet. Das führt zu einem Bedeutungsverlust des Marktes als kollektives Produktionssystem: Vertikale Desintegration und die zunehmende Zahl von Innovationsnetzwerken deuten darauf hin, dass tendenziell weniger Produktionsprozesse durch den Markt und mehr Produktionsprozesse durch Netzwerke geordnet werden (Powell 1990: 318; Hollingsworth 1991: 31–38; Sturgeon 2002: 458–464). Dieser Bedeutungsverlust darf aber nicht mit einer Veränderung des kollektiven Produktionssystems Markt verwechselt werden.

Netzwerke sind keine kollektiven Produktionssysteme, sondern Aggregate der sozialen Beziehungen ökonomischer Akteure. Die Tatsache, das alles ökonomische Handeln in solche sozialen Beziehungen eingebettet ist, ist eines der Hauptargumente der »Neuen Wirtschaftssoziologie« gegen die rein ökonomische Behandlung von Märkten und Unternehmen (Granovetter 1985; 1992: 26f.; Swedberg 1997: 170f.). Ingham hat beobachtet, dass die »Neue Wirtschaftssoziologie« sich trotz anders lautender programmatischer Aussagen darauf beschränkt, die Einbettung zu behandeln. »In effect the whole new paradigm proves to be indistinguishable from the ›social relations/embeddedness‹ approach and, as such, involves a very restrictive conception of social structure and fails to address a range of significant theoretical problems.« (Ingham 1996: 266) Als eines der theoretischen Probleme dieses Herangehens identifiziert er, dass die distinkten sozialen Ordnungen, die in die Systeme sozialer Beziehungen eingebettet sind, aus dem Blick geraten.

Trust, norms of fairness, personal loyalty (and their opposites) are present in varying degrees in all economic and bureaucratic relationships; but with this kind of reasoning, one can soon lose a grip on the phenomenological distinctiveness of, say, commodified exchanges in markets and also of bureaucratic impersonality in imperatively coordinated organizations. [...]
To repeat, a narrow focus on the »embeddedness« of economic action in interpersonal social relationships implies a form of sociological reductionism which sidesteps the theoretical problems addressed, for example, by Smith's »invisible hand«, Durkheim's »organic solidarity« and Lockwood's »system integration«. (ebd.: 267)

Eine ähnliche Kritik hat Krippner vorgetragen: Die Beschränkung wirtschaftssoziologischer Analysen auf die Einbettung des Marktes würde diesen in eine black box verwandeln und damit implizit die Zuständigkeit der Ökonomie für den zentralen theoretischen Begriff akzeptieren (Krippner 2001).

Diese Kritiken richten sich nicht gegen die Behandlung der Einbettung, sondern gegen die mit dem ausschließlichen Fokus auf Einbettung verbundene Vernachlässigung der Modelle kollektiver Produktionssysteme, die gewissermaßen kampflos der Ökonomie überlassen werden. Die Feststellung, das Handeln in Märkten und Unternehmen werde durch die sozialen Beziehungen beeinflusst, in die es eingebettet ist, sagt noch nichts über die soziale Ordnung dieser Akteurkonstellationen aus. Eine Wirtschaftssoziologie, die sich auf die Analyse der Einbettung beschränkt, versagt sich die Analyse des Eingebetteten, das heißt der diskreten Strukturalternativen kollektiver Produktion, und kann so die Ökonomie nicht wirklich herausfordern.

Eine zweite oft übersehene Unterscheidung ist die zwischen produzierenden Akteurkonstellationen (kollektiven Produktionssystemen) und Akteurkonstellationen in der Wirtschaft, die anderen Zwecken dienen. Die Vermischung der Abstraktionsebenen allgemeiner Typen sozialer Ordnung und spezifischer Subtypen (wie zum Beispiel kollektiver Produktionssysteme) hatte ich bereits in 1.6 kritisiert. Eine spezifische Variante dieser Vermischung entsteht, wenn nicht zwischen dem Auftreten eines Typs sozialer Ordnung in der Wirtschaft und dem spezifischen, kollektive Produktionsprozesse ordnenden Subtyp unterschieden wird. Märkte, Unternehmen und Netzwerke in der Wirtschaft dienen nicht nur der Ordnung kollektiver Produktionsprozesse. Es gibt Produktionsmärkte und Märkte, in denen die Austauschprozesse nicht der Herstellung finaler Güter aus Komponenten dienen (White 1988). Unternehmensnetzwerke haben nicht nur den Zweck, die Kooperation in einem gemeinsamen Produktionsprozess zu ordnen, sondern dienen auch der Stärkung von Machtpositionen auf Märkten, dem Ausüben ökonomischen Drucks usw. (Hollingsworth 1991; Powell/Smith-Doerr 1994: 376–379; Hirsch-Kreinsen 2002: 110f., 113). Ähnliches können wir bezogen auf Organisationen beobachten: Assoziationen wie zum Beispiel Unternehmerverbände sind formale Organisationen, die nicht einen kollektiven Produktionsprozess, sondern im weiteren Sinne »wirtschaftliche Aktivitäten« koordinieren (Hollingsworth/Boyer 1997: 13). Selbst die Gesamtstruktur eines einzelnen Unternehmens kann häufig nicht auf den Zweck kollektiver Produktion bezogen werden. Stattdessen beobachtet man ein Konglomerat von produzierenden Substrukturen, deren Versammlung unter einem Dach (und deren konkreter Einbau in eine Struktur) mit der Produktion von Profit (durch Portfolios, durch die Erlangung von Machtpositionen usw.), nicht aber mit der Produktion irgendeines anderen Gutes erklärt werden kann (für eine erste systematische Unterscheidung der Zwecke von Wirtschaftsverbänden siehe Weber 1947: 37f.).

Die Vernachlässigung des Zweckes von Akteurkonstellationen führt dazu, dass Definitionen den kleinsten gemeinsamen Nenner aller in der Wirtschaft auftretender Formen einer sozialen Ordnung suchen, was die Identifizierung der ordnenden Mechanismen erschwert. Das wird zum Beispiel an den verschwommenen Beschreibungen der Koordination in »ökonomischen« Netzwerken deutlich, in deren Typologien produzierende Netzwerke neben anderen »ökonomischen« Netzwerken stehen (Alter/Hage 1993; Powell/Smith-Doerr 1994; Hage/Alter 1997).

4.2.2 Vergleich kollektiver Produktionssysteme

Das kollektive Produktionssystem »Gemeinschaft« wird im Folgenden den drei anderen in der Literatur behandelten kollektiven Produktionssystemen Markt,

Organisation und Netzwerk gegenübergestellt. Dies geschieht, indem die in Kapitel 2 als Analyserahmen für wissenschaftliche Gemeinschaften entwickelten Fragen auf der Grundlage der theoretischen Literatur zu den Produktionssystemen beantwortet werden. Wir fragen also, wodurch die Mitgliedschaft in den jeweiligen produzierenden Akteurkonstellationen konstituiert wird und wie die kollektiven Produktionssysteme jeweils das Motivations-, das Informations- und das Integrationsproblem lösen.

Märkte

Beobachter haben eine Vernachlässigung des Begriffes »Markt« in der Ökonomie konstatiert (zum Beispiel Sayer/Walker 1992: 125; Swedberg 1994: 257). Deshalb gehen auch neuere Arbeiten immer wieder auf klassische Definitionen zurück. Ich lege hier die Definition von Weber zugrunde, die bis heute immer wieder verwendet wird (Swedberg 1994: 271; Wiesenthal 2000: 52; Vanberg 2001: 9221): »Von einem Markt soll gesprochen werden, wenn auch nur auf einer Seite eine Mehrheit von Tauschreflektanten um Tauschchancen konkurrieren.« (Weber 1947: 364)

Märkte sind dieser Definition zufolge Konstellationen von Akteuren, die um Tauschgelegenheiten konkurrieren. Bezogen auf Märkte als kollektive Produktionssysteme lässt sich der Zusammenhang dahingehend spezifizieren, dass Akteure (Anbieter) um die Nutzung ihres Produkts als Komponente in einem anschließenden Produktionsprozess und Akteure (Nachfrager) um die Verwendung eines bestimmten Produkts als Komponente in ihrem Produktionsprozess konkurrieren.

Aus der Definition geht bereits hervor, was die Interdependenz der Akteure und damit eine Akteurkonstellation erzeugt. Als Mitglied der Akteurkonstellation kann angesehen werden, wer mit anderen um spezifische Tauschgelegenheiten konkurriert. Die einfachste Handlung, durch die das geschehen kann, ist das *Tauschangebot*. Tauschangebote setzen die Verfügung über Tauschobjekte voraus und ziehen Tauschakte nach sich. Obwohl das Tauschangebot für die Mitgliedschaft in Märkten hinreichend ist, beruht die fortgesetzte Existenz von Märkten auf erfolgreichen Tauschakten.

Märkte lösen das Motivationsproblem, indem sie in Tauschakten die *Beiträge vergüten* und damit eine Rückkopplung zwischen geleisteten Beiträgen und der Existenz der Produzenten aufbauen. Die aus dem Markttausch bezogenen Vergütungen sind notwendig, um die Existenz der Marktakteure zu sichern. Für das Funktionieren des Marktes ist aber irrelevant, wer sich aus welchem Grunde an der Produktion beteiligt, solange nur genügend Akteure an der Produktion teilnehmen. Da das produzierende Kollektiv variabel und nicht *ex ante* bekannt ist, handelt es sich bei Märkten (wie bei Produktionsgemeinschaften) um offene Produktionssysteme. Die Teilnehmer an der kollektiven Produktion sind autonom. Sie definieren ihre Aufgaben selbst, wobei sie sich von ihrer Wahrnehmung ihrer lokalen Produktionsbedingungen und der Bedingungen, unter denen andere Beiträge produzieren, leiten lassen (Hayek 1945: 520–526). Die kollektive Produktion des Marktes beruht also auf *dezentralen Entscheidungen* der Mitglieder des Produktionssystems. Ordnung entsteht in Märkten, weil sich die Akteure in ihren Tauschangeboten und Tauschakten von *Marktpreisen* leiten lassen. Diese Eigenschaft des Preises als ordnende Information ist besonders von Hayek betont worden (Hayek 1945; 1976: 115–120). Preise sind ein Produkt der Marktkonkurrenz (Hayek 1976: 117), das heißt sie emergieren aus den Tauschangeboten und Tauschakten. Sie kodieren Informationen über die Gesamtheit der lokalen Möglichkeiten der Produktion und stellen sie allen anderen Marktakteuren als Orientierung zur Verfügung. Der Preis ist das »Ordnungsinstrument« des Marktes, das beobachtet wird und an das sich die Akteure anpassen. Alle für das Funktionieren von Märkten relevanten Handlungen – die Produktion von Tauschobjekten, das Tauschangebot und der Tauschakt – orientieren sich am Marktpreis.

Auch die Aufgabenbearbeitung erfolgt autonom durch voneinander isolierte Marktakteure. Die für die Aufgabenbearbeitung notwendigen Informationen werden einerseits aus dem Preis und andererseits aus Regeln für die Aufgabenbearbeitung bezogen. Produzierende Märkte nutzen *Standards,* die die Passfähigkeit von Beiträgen unter den Bedingungen dezentralisierter, autonomer Entscheidungen sichern.

Die Integration von Beiträgen in das gemeinsame Produkt erfolgt *ex post*, das heißt nachdem die Beiträge produziert worden sind. Sie vollzieht sich durch den Tausch, der zustande kommt, wenn ein Marktakteur sich für die Verwendung eines angebotenen Beitrages in der weiteren Produktion entscheidet. Die Existenz der Produzenten hängt (vermittelt über den Tausch) von der Verwendung ihrer Produkte ab.

Wie bereits von Hayek betont wurde, setzt das Funktionieren von Märkten minimale Institutionen voraus (Hayek 1973: 43–46). Märkte beruhen auf erfolgreichen Tauschprozessen, und der Erfolg von Tauschprozessen bedarf einer institutionellen Absicherung. Die für Märkte erforderlichen »minimalen Institutionen« sind Scharpf zufolge das das Eigentum schützende Recht und Vertragsrechte (Scharpf 1997: 98f.). Diese Institutionen sind exogen, das heißt sie werden außerhalb des Marktes (vom Staat) geschaffen und regeln das Handeln der Marktakteure. *Eigentumsrechte* garantieren, dass Marktakteure autonom produzieren können. Sie definieren außerdem die Tauschobjekte

(Tausch bedeutet ja eine reziproke Übertragung von Eigentumsrechten zwischen den Tauschpartnern). Diese Eigentumsrechte werden durch das Strafrecht geschützt. Das *Vertragsrecht* garantiert, dass die Vereinbarungen über den Transfer von Eigentumsrechten eingehalten werden, indem es mit exogenen Sanktionen droht. Die spezifische Ordnung des Marktes kann nur entstehen, wenn das Handeln der Akteure diesen Regeln folgt.

Organisationen

Die Organisationssoziologie setzt uns einem Überangebot an Definitionen aus. Scott listet in seinem kurzen Aufsatz in der *International Encyclopedia of the Social & Behavioral Sciences* fünf verschiedene Definitionen auf und fügt noch die von ihm identifizierten drei Perspektiven auf Organisationen (als rationale, natürliche und offene Systeme) hinzu (Scott 2001). In diesem Theoriepluralismus spielt die Frage, ob es gemeinsame Eigenschaften aller Organisationen gibt, die einer Definition zugrunde liegen sollten, nur noch eine untergeordnete Rolle.

Ich folge im Weiteren einem Vorschlag von Scott, der den kleinsten gemeinsamen Nenner der Organisationssoziologie folgendermaßen formuliert hat: »Most analysts have conceived of organizations as social structures created by individuals to support the collaborative pursuit of specified goals.« (Scott 1992: 10) Ein wichtiges Spezifikum der Akteurkonstellation Organisation ist, dass ihr Zusammenhang durch ein teilweise formalisiertes Regelsystem – den *institutionellen Rahmen* – hergestellt wird, der die Mitgliedschaft definiert und Organisationsmitgliedern spezifizierte Rollen zuweist.[121] Mitglied in Organisationen wird, wer sich der Mitgliedschaftsregel unterordnet (Scott 1992: 181–186) und eine durch den institutionellen Rahmen definierte Position einnimmt. Mitglieder von Produktionsorganisationen schliessen für gewöhnlich Arbeitsverträge mit der Organisation, in denen die Dauer der Mitgliedschaft, die Aufgaben des Mitglieds und die Vergütung geregelt werden.

Die hier interessierenden Produktionsorganisationen sind geschlossene Produktionssysteme, in denen feststeht, wer auf welche Weise an der Produktion teilnimmt. Sie lösen das Motivationsproblem primär über den Arbeitsvertrag, in dem sich Beschäftigte verpflichten, während der Vertragszeit die durch die Organisation gesetzten Regeln zu befolgen und Anordnungen

---

121 Der von Scott (ebd.: 16f.) verwendete Begriff »normative structure« scheint unzweckmäßig zu sein, da er mit »values, norms and role expectations« qualitativ voneinander verschiedene handlungsbeeinflussende Faktoren in einer »Struktur« zusammenfasst. Der Begriff »institutioneller Rahmen« beruht auf dem engen Verständnis von Institutionen als Systemen aus formalisierten und informellen Regeln (siehe 2.1).

Folge zu leisten. Der Arbeitsvertrag regelt auch die *Vergütung der Arbeitslei-*
stung, die für durch die Organisation zu spezifizierende Aufgaben eingesetzt
wird. Er beschränkt die Verfolgung von Eigeninteressen und hält die Organisationsmitglieder dazu an, ihre Anstrengungen zur Förderung von Organisati-
onsinteressen einzusetzen (Scharpf 1993b: 63; Simon 1996: 54–57).

Die Produktionsaufgaben werden in Organisationen durch hierarchische
Entscheidungen *zentral* und *ex ante* formuliert. Das kollektive Produktionssystem beruht auf planmäßiger *Arbeitsteilung* im Sinne einer Zerlegung des
antizipierten Produkts in Komponenten und Zuordnung von Aufgaben zur
Herstellung dieser Komponenten an Untereinheiten der Organisation. In Organisationen gibt es also *Koordination*, das heißt auf die Herstellung einer spezifischen Ordnung gerichtetes Handeln. Die Grundform dieses Handelns ist
die *hierarchische Entscheidung*. Die Entscheidungsergebnisse werden im institutionellen Rahmen der Organisation fixiert.

Der institutionelle Rahmen der Organisation ermöglicht die Koordination,
indem er Entscheidungsbefugnisse und -prozeduren definiert, und fixiert zugleich die Ergebnisse der Entscheidungen. Die Aufgaben der Mitglieder und
der Vollzug der Aufgabenbearbeitung werden im Organisationsalltag primär
durch diesen institutionellen Rahmen bestimmt, der jedem Mitglied der
Organisation eine Rolle zuweist. Komplexe arbeitsteilige Produktionsprozesse
in Organisationen funktionieren in erster Linie deshalb, weil den Organisationsmitgliedern nicht immer aufs Neue Anweisungen erteilt werden
müssen, was zu tun ist. Die Produktionsprozesse funktionieren, weil die notwendigen Informationen über das Handeln der Mitglieder des kollektiven
Produktionssystems im Regelsystem der Organisation kodiert sind.[122] Zu den
formalen »Koordinationsmechanismen« gehören Scott zufolge »rules and programs«, »schedules«, »departmentalization«, »hierarchy« (als Organisation von

---

122 Siehe Cyert und March (1992: 120–133) zu »standard operating procedures« und Thompson
(1967: 55–61) zu dem Bestreben von Organisationen, ihre Struktur so zu gestalten, dass der
Koordinationsaufwand minimiert wird. Organisationssoziologen haben seit längerer Zeit
darauf aufmerksam gemacht, dass die tatsächlich in einer Organisation ablaufenden Prozesse
wenig mit ihrer formalen Struktur zu tun haben müssen. Der organisationssoziologische
Neoinstitutionalismus hat darüber hinaus betont, dass die formale Organisationsstruktur selbst
durch zahlreiche Einflüsse geformt wird, die mit Technologie und Arbeitsteilung nichts zu tun
haben. Die Strukturen werden zum Beispiel denen erfolgreicher Konkurrenten nachgestaltet,
an die Strukturen mächtiger Organisationen in der Umwelt angepasst oder an externen
Erwartungen ausgerichtet (Meyer/Rowan 1977; DiMaggio/Powell 1991). Bei diesen
Beobachtungen handelt es sich um berechtigte Relativierungen der rationalistischen
Perspektive auf Organisationen. Es ist aber unwahrscheinlich (und noch von niemandem
behauptet worden), dass die Organisationsstruktur überhaupt nichts mit der Technologie und
Arbeitsteilung des Leistungsprozesses der Organisation zu tun hat.

Informationsflüssen) und »delegation« (Scott 1992: 231–233). Die Koordination durch hierarchische Entscheidung leistet nur einen spezifischen Beitrag zur Ordnungsbildung, indem sie mit dem Regelsystem die Voraussetzungen für eine geordnete Produktion schafft und Ausnahmen behandelt. Der Routineprozess der Produktion wird dagegen dadurch geordnet, dass alle Mitglieder die Regeln der Organisation beobachten und sich an sie anpassen. Die Integration der Beiträge ist in einem solchen arbeitsteiligen System unproblematisch. Sie ist eine spezifische Aufgabe einiger Organisationsmitglieder, die auf denselben *ex ante getroffenen Entscheidungen über die Beiträge* beruht, die die Aufgaben aller Mitglieder der Organisation spezifiziert haben.

Die soziale Ordnung der Organisation entsteht also durch die Kombination aus hierarchischer Koordination und Orientierung an den Organisationsregeln. Eine strenge Interpretation könnte den institutionellen Rahmen als Ergebnis hierarchischer Entscheidungen und damit das regelgeleitete Handeln als das Befolgen von (vermittelten) Anweisungen ansehen. Diese Betrachtungsweise scheint aber der Wirklichkeit des Handelns in Organisationen nicht angemessen. Ich führe deshalb zwei Typen von Handlungen ein und unterscheide die Koordination durch hierarchische Entscheidung von der Ordnung durch die Anpassung an Regeln. Diese Unterscheidung betont die Spezifik der Organisation als koordinierte Akteurkonstellation und räumt zugleich dem institutionellen Rahmen der Organisation den ihm gebührenden Platz bei der Ordnungsbildung ein.

Netzwerke

Wenn im Folgenden von Netzwerken die Rede ist, dann geht es um Netzwerke als »spezifische Form der Koordination sozialer und ökonomischer Prozesse« im Unterschied zu einer »formal ausgerichteten Analyse sozialer Beziehungsgeflechte individueller und korporativer Akteure« (Hirsch-Kreinsen 2002: 107).[123] Die zahlreichen Definitionen von Netzwerken fokussieren meist auf Beziehungen zwischen den Akteuren und beschreiben diese als »eher kooperativ als kompetitiv« (Hirsch-Kreinsen 2002: 109), »personengebundene, vertrauensvolle, [...] reziproke, exklusive Interaktionsbeziehung« (Weyer 1997: 64), oder sie beschreiben den »Beziehungszusammenhang« als »dauerhaft« (Windeler 2001: 240–244). Es scheint aber gerade die Charakterisierung der Beziehungen zu sein, die die Abgrenzung der Netzwerke von anderen Formen so schwierig macht. Die »netzwerktypischen« kooperativen,

---

123 Für eine ähnliche Unterscheidung zwischen »networks as an analytical tool« und »networks as a form of governance« siehe Powell und Smith-Doerr (1994: 368–370)

vertrauensvollen Beziehungen sind nicht immer empirisch nachweisbar und treten außerdem auch in anderen Akteurkonstellationen auf. Deshalb ist es wenig plausibel, einen Zusammenhang zwischen der Qualität der sozialen Beziehungen und der sozialen Ordnung einer Akteurkonstellation anzunehmen.[124] Ich greife deshalb einen Vorschlag von Mayntz auf und definiere Netzwerke als Konstellation einer beschränkten Zahl autonom handelnder Akteure (Mayntz 1993: 47), die in der Lage sind,»durch Interaktion, ungeachtet divergierender Interessen ihrer Mitglieder absichtsvoll kollektive Outputs zu produzieren« (Mayntz 1993: 46). Für die hier interessierenden Produktionsnetzwerke lässt sich das kollektive Output als gemeinsames Produkt spezifizieren (im Unterschied zu den von Mayntz vornehmlich behandelten Policy-Netzwerken). Ich folge Mayntz auch in dem Vorschlag, die »dominante Logik« der Netzwerke als Verhandlung anzusehen (Mayntz 1993: 46). Netzwerke sind »auf größere Dauer angelegte Verhandlungssysteme« (Mayntz/Scharpf 1995: 61).

Mitglied in einem produzierenden Netzwerk ist, wer mit anderen Mitgliedern seinen Beitrag zum gemeinsamen Produkt *aushandelt* und auf dieser Grundlage mit anderen Netzwerkmitgliedern interagiert. Wie Organisationen sind Netzwerke also Konstellationen kooperierender Akteure. Sie sind geschlossene Produktionssysteme, weil die Produzierenden *ex ante* feststehen. Netzwerkmitglieder werden durch die Erwartung eines Vorteils zur Teilnahme an der Produktion motiviert, das heißt durch die *Beteiligung am Kooperationsgewinn.*

Die Definition von Aufgaben im Netzwerk erfolgt entweder *zentralisiert*, das heißt in kollektiven Verhandlungen über Beiträge der Mitglieder, oder dezentral (bi- oder multilateral), wenn ein Mitglied des Netzwerkes mit einem anderen über die jeweiligen Beiträge verhandelt. In beiden Fällen handelt es sich um eine *Arbeitsteilung* im Sinne einer Zerlegung des antizipierten Produkts *ex ante*, die durch Koordination erreicht wird. Die Koordination in Netzwerken erfolgt aber nicht durch hierarchische Entscheidungen wie in Organisationen, sondern durch *Verhandlungen*. Über die Integration der Beiträge wird in den Verhandlungen über die Aufgaben der Produzenten, das heißt über die Arbeitsteilung im Netzwerk, mit entschieden.

Die Ordnung der kollektiven Produktion in einem solchen Netzwerk entsteht also nicht durch Vertrauen, obwohl Vertrauen immer wieder als »Koordinationsmechanismus« bezeichnet wird (zum Beispiel Bradach/Eccles 1989:

---

124 Windeler definiert zum Beispiel »Unternehmungsnetzwerke« als »dauerhaften Beziehungszusammenhang« (Windeler 2001: 240–244), bleibt aber bezüglich der Koordination in Netzwerken ausgesprochen vage, wenn er Netzwerken »Koordination ohne einheitliche Leitung in wirtschaftlichen Angelegenheiten« attestiert (ebd.: 242) und die Existenz eines für Netzwerke spezifischen Koordinationsmechanismus explizit verneint (ebd.: 210f.).

104–112; McEvily u. a. 2003). Vertrauen enthält einfach nicht genügend Informationen, um arbeitsteiliges Handeln der Produzenten zu koordinieren. Der ordnende Mechanismus muss Informationen darüber transportieren, was die Produzenten tun müssen, um gemeinsam mit anderen ein Produkt herstellen zu können. Diese Möglichkeit bietet die Koordination durch Verhandlungen. Verhandlung als ordnender Mechanismus ist nicht nur bei Politiknetzwerken, sondern auch bei produzierenden Netzwerken beobachtet worden (Grandori/Soda 1995: 194). Sie sind notwendig, weil die Autonomie der Akteure im Netzwerk es unmöglich macht, Entscheidungen ohne ihre Zustimmung zu treffen (Mayntz/Scharpf 1995: 61). Damit ist eine »Minimalbedingung« bezüglich der Autonomie der Akteure formuliert, die erfüllt sein muss, damit man von einem Netzwerk sprechen kann.

Die Verhandlungen über die Arbeitsteilung im Netzwerk führen zu Regeln der Aufgabenbearbeitung, die als informelle Regeln oder in Verträgen fixiert existieren können. Ganz wie bei Organisationen entlasten die in Netzwerken entstehenden Regelsysteme die Koordination von der Bearbeitung von Routineaufgaben, indem sie den Produzenten die Möglichkeit geben, Regeln zu beobachten und sich an sie anzupassen. Institutionen haben also auch in Netzwerken eine doppelte Funktion. Sie ermöglichen die Koordination durch Verhandlungen, indem sie die Akteure definieren und deren Handlungsspielraum einschränken (Mayntz 1993: 49), und sie fixieren die Verhandlungsergebnisse (Ebers 1997: 21f.). Wir sehen hier einige Ursachen dafür, warum Netzwerke häufig als Hybride oder Übergangsformen zwischen Markt und Organisation angesehen werden. Verhandlungen zwischen autonomen Akteuren sind ein Charakteristikum des Markttauschs, und formalisierte institutionelle Rahmen für kollektives Handeln sind ein Charakteristikum von Organisationen. Die Besonderheiten des Netzwerks als eigenständiges kollektives Produktionssystem bestehen darin, dass Verhandlungen in Netzwerken nicht *ex post* den Tausch von Beiträgen der Produzenten, sondern *ex ante* den Inhalt der Beiträge abstimmen, und dass die Arbeitsteilung und der institutionelle Rahmen durch Verhandlungen und nicht durch hierarchische Entscheidungen entstehen.

Gemeinschaften

Für Produktionsgemeinschaften hatte ich im vorangegangenen Abschnitt Benklers Idee einer »commons-based peer production« als zu allgemein und zu wenige Informationen über die Ordnung liefernd zurückgewiesen. Ich stimme aber mit Benkler darin überein, dass die Produktion in Gemeinschaften *dezentralisiert* ist, dass also die einzelnen Mitglieder darüber entscheiden, was sie zum gemeinsamen Produkt beitragen. Die Mitgliedschaft in einer Produktionsgemeinschaft wird durch die Beteiligung an der Produktion konstituiert. Da es sich hier um individuelle, nicht sichtbare Entscheidungen handelt, steht nicht vornherein fest, wer an der Produktion teilnimmt. Gemeinschaften sind offene Produktionssysteme. Sie sind indifferent gegenüber der Motivation des einzelnen Akteurs. Die Teilnahme an der Produktion kann durch eine Vielzahl intrinsischer und extrinsischer Motivationen ausgelöst werden. Die Ordnung gemeinschaftlicher Produktion entsteht dadurch, dass alle Produzenten ihr Handeln – die Definition von Aufgaben, die Aufgabenbearbeitung und das Anbieten von Beiträgen – am gemeinsamen Gegenstand der Produktion orientieren. Dieses am Gegenstand orientierte Handeln sichert die Passfähigkeit der Beiträge. Darüber hinaus gibt es wichtige Institutionen, die das Handeln der individuellen Akteure regeln. Dazu gehören Standards, methodische Vorschriften über die Vorgehensweisen in der Produktion und Regeln zur Art und Weise der Publikation von Beiträgen. Entscheidungen über die Verwendung von Beiträgen erfolgen ex post durch den Peer review und durch die nachfolgende Verwendung angebotener Beiträge in der weiteren Produktion, über die die Produzenten gleichfalls lokal autonom entscheiden.

Tabelle 3 fasst die Merkmale der kollektiven Produktionssysteme zusammen. Produktionsgemeinschaften weisen interessante Gemeinsamkeiten mit Produktionsmärkten auf. Beide sind offene Produktionssysteme, bei denen nicht ex ante feststeht, wer an der Produktion teilnimmt. Die Ordnung beider kollektiver Produktionssysteme beruht auf dezentralen Entscheidungen, die an einem gemeinsamen öffentlichen Informationsbestand orientiert werden. Der wichtige Unterschied zwischen den beiden Informationsbeständen ist, dass im Falle des Marktes Informationen über Angebot, Nachfrage und die Variation lokaler Produktionsbedingungen in hochabstrakter Form im Preis kodiert sind, während die Mitglieder der Gemeinschaft mit einem hochkomplexen Informationsbestand arbeiten. In beiden Fällen handelt es sich aber um »parametric adjustment«, das heißt um die Orientierung individueller Entscheidungen (und der Verhandlungen zwischen Tauschpartnern) an Handlungssituationen statt an anderen Akteuren (Lindblom 1965: 35–44).[125] Das Verhalten der Produzenten wird durch unterstützende Institutionen gere-

---

125 Im Falle des Marktes findet sich auch ein »manipulated adjustment« durch »bargaining« bzw. »negotiations« zwischen den Tauschpartnern (siehe zu diesen Koordinationsformen Lindblom 1965: 54–84). Obwohl diese Tauschverhandlungen eine notwendige Voraussetzung für das Entstehen von Marktpreisen sind, entsteht die makroskopische Ordnung des Marktes dennoch durch »parametric adjustment«, weil sich beide Verhandlungspartner am Marktpreis orientieren.

	Markt	Organisation	Netzwerk	Gemeinschaft
Mitgliedschaft konstituiert durch	Tauschangebot	formale Regel	Aushandlung eines Beitrages	Beteiligung an der Produktion
Motivation zur Teilnahme durch	Vergütung des Beitrags	Vergütung der Arbeitsleistung	Beteiligung am Kooperations- gewinn	variierend
Definition der Aufgaben	autonom durch Mitglieder	hierarchische Entscheidung über Arbeitsteilung	ausgehandelte Arbeitsteilung	autonom durch Mitglieder
Integration der Beiträge durch	Ex-post- Entscheidungen über den Tausch	Ex-ante- Entscheidungen über Beiträge	Ex-ante- Entscheidungen über Beiträge	Ex-post Peer rewiew und Verwendung
Koordination durch		hierarchische Entscheidung	Verhandlung	
Ordnung durch Anpassung an	Marktpreis	Regeln	Regeln	Arbeits- gegenstand

Tabelle 3: Vergleich der kollektiven Produktionssysteme

gelt, die aber nicht die Ordnung des kollektiven Produktionssystems als Ganzes zum Gegenstand haben. Über die Verwendung der Beiträge wird in beiden kollektiven Produktionssystemen entschieden, nachdem sie produziert und angeboten wurden.

Produktionsgemeinschaften und Produktionsmärkte gleichen einander auch darin, dass ihre mikroskopischen Ordnungen (der individuellen Handlungen und Interaktionen) durch Institutionen geregelt werden, ihre makroskopischen Ordnungen aber weder durch Institutionen noch durch Koordination entstehen, sondern ein emergenter Effekt der einseitigen Anpassung der individuellen Produzenten sind. An diesen Gemeinsamkeiten wird deutlich, dass Produktionsgemeinschaften ein zweiter Fall spontaner Ordnung neben dem Markt sind. Der Begriff »spontane Ordnung« ist von Hayek für einen Typ sozialer Ordnung eingeführt worden, der nicht das Ergebnis von Planung ist, sondern ein emergenter Effekt aus nicht auf die Herstellung von Ordnung gerichteten Handlungen. Hayek hat als Beispiel einer spontanen Ordnung stets den Markt angeführt (Hayek 1945; Hayek 1991). Sein Konzept der spontanen Ordnung ist von Kley (1992) kritisiert worden, der bezweifelt, dass es außer dem Markt noch andere spontane Ordnungen geben könne. Er führt fünf Charakteristika spontaner sozialer Ordnungen nach Hayek an: Spontane Ordnungen vermögen mehr Wissen zu nutzen als Organisationen, haben eine innere Tendenz zur Selbstkorrektur und Selbststabilisierung, bilden sich bereits, wenn sich die Beteiligten – im Rahmen der Regeln – vom rationalen Selbstinteresse leiten lassen, und setzen die Existenz und allgemeine Befolgung gewisser Regeln voraus, die ihrerseits möglichst wenig Zwang enthalten müssen. Kley schreibt, dass es schwer falle, »sich eine andere spontane Ordnung jenseits des Marktes vorzustellen, auf die alle fünf Behauptungen gleichzeitig zutreffen« (ebd.: 30), und fährt fort: »Die Folgerung ist unvermeidlich, dass in der sozialen Welt eine besondere Kategorie spontaner Ordnungen, die alle dieselben Fähigkeiten zur Informationsverarbeitung und Selbststabilisierung besitzen und dadurch für alle Mitglieder im höchstmöglichen Maß vorteilhaft sind, nicht existiert.« (ebd.) Nun, Produktionsgemeinschaften erfüllen alle fünf Bedingungen und besitzen sogar größere Fähigkeiten zur Informationsverarbeitung als der Markt. Es erscheint durchaus sinnvoll, den Begriff »spontane Ordnungen« für Fälle makroskopischer sozialer Ordnung zu reservieren, die aus nicht auf die Herstellung einer solchen Ordnung gerichteten Handlungen entstehen. Auch die anderen von Hayek angeführten Beispiele spontaner Ordnung – »Moral, Religion, Sprache und Schrift« (Hayek 1973: 37) – scheinen die fünf Bedingungen zu erfüllen. Da Beiträge zu diesen Ordnungen aus nicht intendierten Effekten individuellen Handelns entstehen, handelt es sich aber nicht um gemeinschaftliche Produktion.

Die Differenz zwischen den von mir präsentierten idealtypischen Beschreibungen und empirisch identifizierbaren kollektiven Produktionssystemen hat zwei Ursachen. Die eine ist die empirische Vermischung der hier beschriebenen reinen Formen infolge der Überlagerung von Akteurkonstellationen und der Kopplung der Grundtypen sozialer Ordnung mit einer Vielzahl unterschiedlicher Zwecke (siehe 4.1.1). Während man diesen Vermischungen mit sauberen analytischen Unterscheidungen begegnen kann, ist die zweite Ursache nicht behebbar: Auch die analytisch sauber herauspräparierten empirisch identifizierbaren kollektiven Produktionssysteme funktionieren anders als ihre Idealtypen. Organisationen nutzen zusätzlich interne Verhandlungsprozesse, um ihre Produktion zu koordinieren (Cyert/March 1992: 36–39). Marktakteure beziehen ihre Informationen nicht nur aus dem Preis, sondern auch aus wechselseitiger Beobachtung (White 1981: 518). Netzwerke können hierarchische Formen annehmen, die Mitgliedern nur geringe Verhandlungsspielräume belassen (Grandori/Soda 1995: 195; Hirsch-Kreinsen 2002: 107f.). Eine solche Beobachtung von Abweichungen setzt aber die Kenntnis der Idealtypen voraus und unterstreicht damit deren Nützlichkeit.

4.2.3 Kollektive Produktionssysteme und Produktionsaufgaben

Welche Produktionsaufgaben lassen sich nun mit den beschriebenen kollektiven Produktionssystemen lösen, und welche lassen sich besonders gut mit ihnen lösen? Auf diese Frage gibt es bislang keine systematische Antwort. Die diversen Taxonomien kollektiver Produktionssysteme beschränken sich auf deren Eigenschaften und vernachlässigen die Produktionsaufgaben, die sie lösen sollen. Es finden sich lediglich einzelne Hinweise auf die Eignung bzw. Überlegenheit bestimmter kollektiver Produktionssysteme, die kaum Rückschlüsse auf Typen von Produktionsaufgaben gestatten.

Hayek hat den Markt als überlegenes Instrument der Nutzung verteilter, nur lokal zugänglicher Informationen beschrieben, ihn aber dabei nur der zentralen Planung gegenübergestellt. Wiesenthal hat in seinem Vergleich von Koordinationsmodi der Marktkoordination konkurrenzlose Überlegenheit »in Sachen ›Innovationseffizienz«« bescheinigt (Wiesenthal 2000: 53; siehe auch Hayek 1945: 524). Organisationen attestiert Wiesenthal eine besondere Leistungsfähigkeit in »der Koordination einer *großen Zahl* von Handlungen (auch abwesender Handelnder) und der zweckhaften Integration *parallel prozessierender* Teileinheiten mit komplementären Funktionen« (Wiesenthal 2000: 56). In der Literatur wird außerdem darauf verwiesen, dass Organisationen ein effizientes Arrangement für die Ausführung von Routineprozessen seien (zum Beispiel Perrow 1979: 4f.; Adler 2001: 216). Von Simon stammt der Hinweis, dass Aufgaben zerlegbar sein müssen, um durch Organisationen bearbeitet werden zu können.[126] Daraus kann aber nicht ohne Weiteres geschlossen werden, dass Organisationen anderen kollektiven Produktionssystemen bei der Bearbeitung zerlegbarer Produktionsaufgaben überlegen sind. Zum Beispiel beschreibt Sturgeon (2002) einen Übergang von Organisationen zu modularen Produktionsnetzwerken für Aufgaben unverändert hoher Zerlegbarkeit. Ohne diese Zerlegbarkeit könnten die von ihm analysierten modularen Produktionsnetzwerke nicht funktionieren. Perrow (1992) beschreibt Netzwerke von Kleinunternehmen, die in ähnlicher Weise gut zerlegbare Produktionsaufgaben voraussetzen.

Netzwerken werden in der Literatur Vorteile attestiert, wenn Produktionsaufgaben Flexibilität erfordern (Hirsch-Kreinsen 2002: 107; Sturgeon 2002: 482, 488). Die Flexibilität von Netzwerken ist insbesondere als Begründung für die rasche Ausbreitung von Innovationsnetzwerken angeführt wor-

---

126 Zerlegbarkeit bedeutet, dass ein System in Komponenten gegliedert werden kann, die mehr interne Beziehungen als Beziehungen untereinander aufweisen (Simon 1962: 473–477; Thompson 1967: 55–61; siehe auch Scharpf 1993a: 135–137).

den (Hirsch-Kreinsen 2002: 111). Aber auch andere produzierende Netzwerke lösen Produktionsaufgaben, die Flexibilität erfordern. Netzwerken in der Bauindustrie, im Verlagswesen und in der Filmindustrie (Powell 1990: 305–308) sowie in der Elektronikindustrie (Sturgeon 2002) ist jeweils gemeinsam, dass die Produktionsaufgaben für das Netzwerk häufig wechseln und dass mit neuen Produktionsaufgaben von den Mitgliedern des Netzwerkes andere Beiträge erwartet werden.

Für Gemeinschaften werden in der Literatur weder Vorzüge des generellen Typs sozialer Ordnung noch spezifische Vorzüge bei der Bearbeitung von Produktionsaufgaben benannt. Letzteres ist unmittelbar einsichtig, weil Gemeinschaften bislang nicht als kollektives Produktionssystem angesehen werden. Wir können jedoch auf die Diskussion der »commons-based peer production« durch Benkler und auf die Analyse von Produktionsgemeinschaften zurückgreifen, um einige spezifische Vorteile dieses Produktionsmechanismus zu identifizieren. Einen ersten Vorteil hatte ich bereits im Zusammenhang mit zwei spezifischen »Koordinationsdefiziten« diskutiert, nämlich dem Auftreten von Parallelarbeiten und Konkurrenz einerseits und der Bearbeitung überflüssiger Aufgaben andererseits (siehe 2.2.3). Ich hatte dabei festgestellt, dass Wissenschaft unter Bedingungen vollständiger Unsicherheit – bezüglich der Aufgabe, ihrer Lösbarkeit, des Lösungsweges, der erforderlichen Fähigkeiten und der benötigten Ressourcen – operiert und dass die scheinbaren Koordinationsdefizite unter diesen Bedingungen ein wesentlicher *Vorzug* gemeinschaftlicher Produktion sind. Wenn ein Produktionsprozess auf solch unsicherem Wissen beruht, dann scheint Fortschritt am schnellsten erreichbar, wenn so viele unabhängige Versuche wie nur möglich unternommen werden. Selbst die Bearbeitung überflüssiger Aufgaben scheint aus dieser Perspektive lediglich die Anwendung einer unorthodoxen Perspektive auf die gemeinschaftliche Produktionsaufgabe zu reflektieren, von der ex ante nicht gesagt werden kann, ob sie sich nicht am Ende als zweckmäßig herausstellt. Zudem ist keine der lokalen Anstrengungen wirklich vergeudet, weil jede zumindest einen Test des existierenden Wissens und eine Qualifizierung der lokalen Arbeitsumgebung bedeutet. Dasselbe kann für die Produktion von Open Source Software konstatiert werden.

Unter den Bedingungen vollständiger Unsicherheit erweist sich auch die autonome Wahl von Aufgaben durch die Bearbeiter als Vorteil (Benkler 2002: 414f.). Nur die individuellen Produzenten selbst können Aufgaben formulieren, die sie auch tatsächlich lösen können (siehe 2.2.2). Wenn nicht klar ist, welche Fähigkeiten für das Lösen einer Aufgabe relevant sind, kann diese weder zentralisiert zugewiesen noch ausgehandelt werden. Die autonome Formulierung von Aufgaben garantiert deren bestmögliche Übereinstimmung mit den Fähigkeiten des Produzenten (wobei natürlich Fehlwahrnehmungen möglich sind).

Ein dritter Vorteil gemeinschaftlicher Produktion kann in ihrem Mechanismus der Qualitätskontrolle gesehen werden. Dabei geht es nicht um den Peer review, der ja als Mechanismus der Qualitätskontrolle eher konventionelle Züge trägt, sondern um die Qualitätskontrolle, die in der nachfolgenden Verwendung des Produkts durch andere Produzenten enthalten ist. Da diese Verwendung in lokalen Arbeitsumgebungen erfolgt, die voneinander verschieden sind, bedeutet jede nachfolgende Verwendung eines Beitrages einen Test unter spezifischen Bedingungen. Die potentiell unendliche Verwendung unter unendlich vielen verschiedenen Bedingungen ist eine außerordentlich wirkungsvolle Qualitätskontrolle. Die Eigenschaft wissenschaftlichen Wissens, solche Tests zu überstehen, ist im Kontext des symbolischen Interaktionismus als »Robustheit« beschrieben worden, das heißt als Stabilität in verschiedenen Umwelten (Star 2004). Damit korrespondieren die Ergebnisse einer vergleichenden Studie, denen zufolge Open Source Software weniger Fehler enthält, und dass entdeckte Fehler schneller korrigiert werden (Mockus u. a. 2002). Dieser Aspekt ist jedoch in der Literatur bislang wenig behandelt worden.

Die verschiedenen Hinweise auf Vorteile kollektiver Produktionssysteme legen es nahe, eine Idee des organisationssoziologischen Kontingenzansatzes aufzugreifen und Produktionsaufgaben in erster Näherung anhand des Wissens zu beschreiben, das für ihre Lösung zur Verfügung steht.[127] Diese Beschreibung korrespondiert mit der im Kontingenzansatz für die Beschreibung von Technologien genutzten Variablen »Aufgabenunsicherheit« (Perrow 1967) und mit einem Vorschlag von Galbraith, die Differenz zwischen benötigtem und vorhandenem Wissen über Produktionsaufgaben zur Beschreibung von Technologien heranzuziehen (Galbraith 1977: 35–39). Whitley (1984: 119–130) hat in seiner Beschreibung wissenschaftlicher Gemeinschaften eine weitere Differenzierung eingeführt, als er zwischen strategischer Aufgabenunsicherheit (Unsicherheit bezüglich der Ziele) und technischer Aufgabenunsicherheit (Unsicherheit bezüglich der Vorgehensweisen) unterschieden hat. Da sich das Konzept der Aufgabenunsicherheit auf die Informationen für die Bearbeitung von Aufgaben bezieht, korrespondiert es auch mit Hayeks (1945) und Benklers (2002) Betonung der Informationsverarbeitung in ihren Diskussionen des Marktes bzw. der »commons-based peer pro-

---

127 Eine Alternative dazu wäre die gleichfalls durch den Kontingenzansatz verwendete Art oder Stärke der wechselseitigen Abhängigkeit der Produzenten. Bezüglich dieser Variablen gibt es aber in der Literatur zu anderen kollektiven Produktionssystemen neben Organisationen keine Hinweise.

duction«. Allerdings ist eine weitere Differenzierung des Konzepts angebracht. Wenn wir davon ausgehen, dass kollektive Produktion die Bearbeitung von einzelnen Aufgaben durch verschiedene Akteure voraussetzt, dann kann das für die Produktion benötigte Wissen unterschieden werden in Wissen darüber,

– welcher Beitrag zu erbringen ist,
– wie der Beitrag erbracht werden kann und
– wer die Aufgaben lösen kann.

Die klassische Aufgabe formaler Organisationen, die Bewältigung von Routineaufgaben, beruht darauf, dass alle drei Aspekte des Produktionsprozesses bekannt sind. Für Produktionsgemeinschaften lässt sich anhand der Beschreibung in Kapitel 2 und mit Benkler festhalten, dass sie Vorteile besitzen, wenn alle drei Aspekte des Produktionsprozesses unbekannt sind. Zwischen diesen beiden Extremen lassen sich nun Markt und Netzwerk vorläufig folgendermaßen einordnen. Märkte setzen voraus, dass der zu erbringende Beitrag bekannt ist, da die Finalproduzenten darauf angewiesen sind, wohldefinierte Komponenten zu kaufen. Dagegen ist es aber relativ gleichgültig, wer diese Komponenten auf welche Weise produziert. Ob ein individueller Produzent das Richtige (eine benötigte Komponente) auf die richtige Weise (billig genug) produziert hat, wird ex post in den Tauschprozessen entschieden.

Netzwerke können produzieren, wenn bekannt ist, wer die Teilaufgaben lösen kann. Deshalb muss wenigstens grundsätzlich klar sein, worin die Teilaufgaben bestehen – anderenfalls könnte kein Partner als Produzent ausgewählt werden. Mit jeder neuen Produktionsaufgabe handeln Netzwerke die Aufgaben der Partner ex ante aus und überlassen es dann deren autonomen Entscheidungen, wie sie Aufgaben lösen. Unerwartete Entwicklungen werden durch Neuverhandlungen bearbeitet. Das ist anscheinend der Grund, aus dem in produzierenden Netzwerken Vertrauen so wichtig ist: Da das Netzwerk sich auf einen konkreten Produzenten als Mitglied festlegt, muss es darauf vertrauen können, dass dieser Produzent seine Aufgabe lösen kann und entsprechend den Erwartungen lösen wird, das heißt auch auf die Wahrnehmung von Exit-Optionen verzichtet.

Tabelle 4 fasst die Überlegungen zu Produktionsaufgaben zusammen. Auch diese Überlegungen beziehen sich auf die idealisierten Typen kollektiver Produktionssysteme. Empirisch werden alle möglichen Kombinationen von Produktionsaufgaben und kollektiven Produktionssystemen gefunden. So werden zum Beispiel in vielen Organisationen Produktionsaufgaben bearbeitet, die durch fehlende Informationen zu einem oder mehreren der genannten

	Organisation	Netzwerk	Markt	Gemeinschaft
Benötigte Beiträge	✗	(✗)	✗	○
Produktions-methode	✗	○	○	○
Produzent	✗	✗	○	○

Tabelle 4: Vergleich der kollektiven Produktionssysteme anhand des benötigten Wissens

Aspekte fehlen. Bradach und Eccles führen mehrere Beispiele dafür an, dass unterschiedliche kollektive Produktionssysteme dieselbe Produktionsaufgabe lösen: Fast-Food Unternehmen und Hotelketten bearbeiten dieselbe Aufgabe in Untereinheiten des Unternehmens und in Franchise-Netzwerken. Auch gibt es Unternehmen, die Komponenten kaufen und diese zugleich selbst herstellen (Bradach/Eccles 1989: 112–116).

Obwohl es also gute Gründe für die Annahme gibt, dass jedes der kollektiven Produktionssysteme bei anderen Produktionsaufgaben Effizienzvorteile hat, wird man empirisch wohl alle Kombinationen von Produktionsaufgaben und Produktionssystemen finden. Die Korrespondenz eines kollektiven Produktionssystems mit der Produktionsaufgabe ist ja nur einer der zahlreichen Faktoren, die seine Effizienz bestimmen. Die Überlegungen zur Korrespondenz von Produktionsaufgaben und Produktionssystemen haben aber eine wichtige heuristische Funktion in der empirischen Analyse kollektiver Produktion, weil sie zur Erklärung historischer Dynamiken und von Kausalmechanismen in kollektiven Produktionssystemen beitragen können (siehe 5.2 und 5.3).

4.3   Gemeinschaften

4.3.1   Anforderungen an eine »zweckmäßige« Definition von Gemeinschaft

Im Abschnitt 4.1 habe ich gezeigt, dass wissenschaftliche Gemeinschaften nicht das einzige empirische Phänomen sind, das sich unter den Begriff der Produktionsgemeinschaft subsumieren lässt. Eine vergleichende Betrachtung in Abschnitt 4.2 hat Produktionsgemeinschaften als ein von den bislang bekannten und beschriebenen kollektiven Produktionssystemen in wesentlichen Merkmalen verschiedenes Produktionssystem etabliert. Nachdem ich Produktionsgemeinschaften damit als eigenständige kollektive Produktionssysteme eingeordnet habe, möchte ich nun eine zweite Spannung auflösen und die Beziehungen zwischen dem Begriff »Produktionsgemeinschaft« und dem allgemeinen Begriff der Gemeinschaft klären. Um das Problem nochmals zu verdeutlichen, greife ich auf eine neuere Definition des Begriffes Gemeinschaft zurück: »I will define communities as aggregates of people who share common activities and/or beliefs and who are bound together principally by relations of affect, loyalty, common values, and/or personal concern (i. e., interest in the personalities and life events of one another).« (Brint 2001: 8)

Diese Definition repräsentiert den Stand der theoretischen Diskussion und einen Großteil der impliziten Verwendungen des Gemeinschaftsbegriffs in der soziologischen Literatur. Sie lässt die Gemeinsamkeiten der Mitglieder bis zur Beliebigkeit offen, fordert aber »gemeinschaftstypische« Beziehungen zwischen den Mitgliedern, die durch Zuneigung, Solidarität, geteilte Werte und persönliches Interesse aneinander charakterisiert sind. Das ist eine stark abgeschwächte Variante der Tönniesschen Definition, die aber deren Intention erhält (siehe 1.3). Außerdem entspricht diese Definition dem Alltagsbegriff von Gemeinschaft. Sie widerspricht jedoch den von Brint selbst zitierten empirischen Befunden, denen zufolge geteilte Werte, emotionale Bindungen und Loyalität nicht in allen Gemeinschaften beobachtet werden können. Brint versucht, diesen Widerspruch durch eine Kompromissformel auszuräumen: »In my definition, relations among members of a community need not be exclusive or even extremely frequent. Nor do I consider it necessary for these relations to be based in every instance on affect, loyalty, shared values, or personal concern. [...] My definition requires only that these relations be based primarily on affect, loyalty, shared values, or personal involvement with the lives of others. (ebd.: 9)«

Damit verwandelt Brint das zentrale Merkmal seiner Definition in eine unbestimmte Größe (»primarily«), was die Definition ihrer Unterscheidungskraft beraubt und nutzlos macht. Trotz dieser weiteren Abschwächung passen die in den vorangegangenen Abschnitten beschriebenen Produktionsgemeinschaften noch immer nicht unter die Definition. Produktionsgemeinschaften sind durch den primären Bezug auf einen gemeinsamen Arbeitsgegenstand statt auf andere Personen charakterisiert. Sie sind teilweise anonym, weil nicht alle Produzenten bekannt und die Informationen über viele Produzenten lückenhaft sind, und sie bilden Normen aus, die unpersönliche Arbeitsinhalte und Leistung über Persönlichkeitsmerkmale und persönliche Beziehungen stellen.

Dieser Widerspruch kann auf zweierlei Weise aufgelöst werden. Wir können den Versuch aufgeben, Produktionsgemeinschaften als Gemeinschaften einzuordnen. Das hieße, einen neuen Typ sozialer Ordnung einzuführen und Produktions»gemeinschaften« *neben* Gemeinschaften einzuordnen. Die Alternative dazu besteht darin, das Gemeinschaftskonzept zu revidieren und darauf zu hoffen, dass eine solche Revision theoretischen Raum für Produktionsgemeinschaften schafft. Letzteres wäre nur durch eine wesentlich allgemeinere Fassung des Gemeinschaftsbegriffs möglich, die einen radikalen Abschied von dem sich auf Tönnies berufenden »impliziten mainstream« bedeutet. Ein solcher Versuch scheint aber insofern lohnenswert, als möglicherweise die zahlreichen Inkompatibilitäten anderer Studien mit bearbeitet werden können.[128] Ich habe in Abschnitt 1.3 drei wesentliche Schwächen in der Verwendung des Gemeinschaftsbegriffs identifiziert. Erstens bleibt das den empirischen Studien zugrunde liegende Begriffsverständnis meist implizit. Dadurch wird es möglich, soziale Kollektive als Gemeinschaften zu bezeichnen, die existierenden Definitionen in wesentlichen Punkten nicht genügen. Zweitens werden in der Literatur zwei Subtypen von Gemeinschaften (»ortsgebundene Gemeinschaften« und »Interessengemeinschaften«) unterschieden, ohne dass deren Gemeinsamkeiten und Unterschiede oder ein möglicher Oberbegriff diskutiert werden. Drittens wird die Frage vernachlässigt, welche Eigenschaften einer Gemeinschaft für deren Mitglieder handlungsrelevant sind, das heißt die Abstimmung des Handelns und damit soziale Ordnung ermöglichen. Gerade diese Frage ist aber für die Theorie der Gemeinschaft und für die Behandlung von Gemeinschaften als Typ sozialer Ordnung von entscheidender Bedeutung.

Alle drei Kritiken beziehen sich auf die Definition des Gemeinschaftsbegriffs. Nun sind Definitionen Vereinbarungen, die nicht wahr oder falsch,

---

128 Die skizzierten Inkompatibilitäten können auch dadurch beseitigt werden, dass man an der klassischen Definition festhält, alle nicht unter die Definition passenden empirischen Fälle ausschließt und den »Verlust von Gemeinschaft« konstatiert. Das ist die Position von Calhoun (1991; 1998) und Stegbauer (2001).

sondern nur mehr oder weniger zweckmäßig sein können. Wenn wir aber das »Zweckmäßigkeitsgebot« ernst nehmen, dann schränkt es die Freiheit des Definierenden erheblich ein, denn die Zweckmäßigkeit einer Definition kann ja nicht auf den isolierten Zweck einer einzelnen empirischen Studie oder theoretischen Analyse begrenzt werden. Eine Definition beansprucht empirisches und theoretisches Territorium in einer Landschaft, die für gewöhnlich bereits »besetzt« ist. Die Zweckmäßigkeit einer Definition bezieht sich deshalb immer auch auf deren Einordnung in diese Kontexte, das heißt auf Relationen zu anderen Definitionen und zu von anderen Definitionen »beanspruchten« empirischen Phänomenen. Bezogen auf die Definition von Gemeinschaft als Typ sozialer Ordnung bedeutet das, dass die Definition

– einen Mechanismus der Ordnungsbildung identifizieren muss, der von den Mechanismen anderer Typen sozialer Ordnung qualitativ verschieden ist und zugleich
– alle Akteurkonstellationen einschließen muss, deren soziale Ordnung primär durch diesen Mechanismus erzeugt wird.

Die gegenwärtig verwendeten impliziten und expliziten Definitionen (wie zum Beispiel die von Brint) erscheinen aus dieser Perspektive als unzweckmäßig. Sie lassen entweder eine große Klasse »gemeinschaftsähnlicher« Phänomene aus, ohne dies zu begründen oder die Phänomene anderswo einzuordnen, oder sie schließen sie um den Preis interner Inkonsistenzen ein. Diese Probleme deuten darauf hin, dass die Unzweckmäßigkeit der gegenwärtig verwendeten Definitionen in ihrer unzureichenden Allgemeinheit begründet liegt.

4.3.2 Ein Vorschlag für eine verallgemeinerte Definition

Die genannten Anforderungen an eine Definition von »Gemeinschaft« lassen es zweckmäßig erscheinen, die verschiedenen empirischen Gemeinschaftsstudien auf Gemeinsamkeiten in den Beschreibungen sozialer Ordnung hin zu analysieren. Zu diesem Zweck ziehe ich Definitionen und Definitionen nahe kommende Charakterisierungen aus den empirischen Studien heran. Brints oben zitierte Definition ist eine modifizierte »klassische« Definition, die Gemeinschaften im Tönniesschen Sinne einschließt. Zu dieser traditionellen Definition kommen hinzu:

– *Fan-Gemeinschaften*: Beschreibungen von Fan-Gemeinschaften verwenden den Begriff unreflektiert. Sie versuchen nicht, die untersuchten Kollektive in eine Definition von Gemeinschaft einzuordnen. In der Literatur scheint aber Übereinstimmung darin zu bestehen, dass es sich um Interessengemeinschaften handelt, das heißt um Gemeinschaften, denen man sich bewusst auf der Grundlage des wahrgenommenen gemeinsamen Interesses anschließt (Bacon-Smith 1992: 7–43; Jindra 1994: 34–40; Watson 1997; Obst u. a. 2002: 106). Das Interesse besteht in der (unmittelbaren oder medial vermittelten) Kommunikation über einen bevorzugten Gegenstand (zum Beispiel Fernsehserien, Bacon-Smith 1992), in der Unterstützung von Sport-Mannschaften (Crawford 2003) oder von Musikgruppen (Watson 1997). Auch die von Muniz und O'Guinn (2001) beobachteten Marken-Gemeinschaften (Gemeinschaften von Fans einer bestimmten Marke wie Ford Bronco, Macintosh oder Saab) fallen in diese Kategorie. Die sachliche, zeitliche und soziale Intensität der Einbindung variiert und unterliegt der Entscheidung des Mitglieds. Von dieser Intensität hängt ab, in welchem Ausmaß ein Mitglied emotionale Beziehungen in der Gemeinschaft eingeht.

– *Virtuelle Gemeinschaften:* »Virtual communities are social aggregations that emerge from the Net when enough people carry on those public discussions long enough, with sufficient human feeling, to form webs of personal relationships in cyberspace.« (Rheingold 1993: 5) Diese Definition ist reichlich unscharf. Häufig scheinen virtuelle Gemeinschaften auf der Grundlage eines gemeinsamen Interesses zu entstehen (Baym 1995; McLaughlin u. a. 1997; Platt 2004). Die Tatsache, dass es virtuelle Pendants zu und virtuelle »Verlängerungen« von realweltlichen Gemeinschaften gibt (Jindra 1994: 37; Baym 1995; Watson 1997; Auty 2002; Foltz/Foltz 2003), deutet darauf hin, dass der Begriff »virtuelle Gemeinschaft« eine Sammelbezeichnung für eine Vielzahl unterschiedlicher Arten von Gemeinschaften ist, denen lediglich gemeinsam ist, dass zumindest ein Teil der Kommunikation durch Computer vermittelt wird (Gläser 2005). Das würde erklären, warum bis heute keine befriedigende Definition virtueller Gemeinschaften existiert (McLaughlin u. a. 1995: 93; Ward 1999: 4.1).

– *Praxisgemeinschaften:* Auch der von Lave und Wenger eingeführte Begriff der Praxisgemeinschaften (»communities of practice«) ist nie sonderlich präzise definiert worden. Praxisgemeinschaften sind Gemeinschaften, deren Mitglieder die gleiche Tätigkeit ausüben und sich aufgrund dieser Wahrnehmung in einer Gemeinschaft mit anderen befinden, in der sich zum Beispiel Lernen und Erfahrungsaustausch vollziehen (Lave/Wenger 1991: 98; Wenger 1998: 75–77; Wenger/Snyder 2000: 139, 142; Wenger 2001: 2339). Praxisgemeinschaften sind Wenger zufolge ein ubiquitäres Phänomen – es gibt sie in der Familie, in der Schule, in der Arbeit, in der Freizeit usw. (Wenger 1998: 6f.; Wenger 2001: 2339). Dass Individuen die gleiche

Tätigkeit ausüben, macht sie aber noch nicht zu einer Praxisgemeinschaft. Sie müssen bezogen auf diese Tätigkeit miteinander interagieren (ebd.).

– *Posttraditionale Gemeinschaften*:[129] Diese Gemeinschaften sind

»[Ein Modus sozialer Aggregation], der sich insbesondere dadurch auszeichnet, dass die soziale Einbindung des Individuums auf seiner kontingenten Entscheidung für eine temporäre Mitgliedschaft in einer – vorzugsweise von einer Organisations-Elite im Zusammenhang mit Profitinteressen stabilisierten und perpetuierten – (Freizeit- und Konsum-)Szene beruht.« (Hitzler/Pfadenhauer 1998: 88f.; siehe auch Hitzler 1998)

Posttraditionale Gemeinschaften sind »thematisch fokussiert« (ebd.: 89), woraus sich ablesen lässt, dass ihre Mitglieder das Interesse an einem Thema teilen. Die Mitglieder gehen freiwillig emotionale Bindungen ein (ebd.: 91). Die ausführliche Beschreibung verschiedener Szenen durch Hitzler u. a. (2005) bietet reichhaltiges empirisches Material. Eine ähnliche Interpretation lässt sich aus Inhetveens (1997) Beschreibung der Hardcore-Szene ableiten.

– *Politikgemeinschaften* beziehungsweise *epistemische Gemeinschaften*: In der Politikwissenschaft wird seit längerer Zeit die Rolle von »policy communities« in der politischen Entscheidungsfindung diskutiert (Atkinson 1992). Politikgemeinschaften sind charakterisiert durch »a commonly understood belief system, code of conduct, and established pattern of behaviour« (Pross 1986: 98). Eine neuere Begriffsbildung für dieses Phänomen ist »epistemic community«.

«[Epistemic communities] have (1) a shared set of normative and principled beliefs, which provide a value-based rationale for the social action of community members; (2) shared causal beliefs, which are derived from their analysis of practices leading or contributing to a central set of problems in their domain and which then serve as the basis for elucidating the multiple linkages between – possible policy actions and desired outcomes; (3) shared notions of validity – knowledge in the domain of their expertise; and (4) a common policy enterprise – that is, a set of common practices associated with a set of problems to which their professional competence is directed, presumably out of the conviction that human welfare will be enhanced as a consequence.« (Haas 1992: 3)

– *Berufsgemeinschaften*: Als Berufsgemeinschaften wurden ursprünglich *Gemeinden* bezeichnet, die durch eine homogene Beschäftigungssituation charakterisiert sind, wie zum Beispiel Dörfer, deren Einwohner fast ausschließlich im Bergbau arbeiten (Bulmer 1975). Später verschwand der Bezug auf

---

129 Der Begriff »posttraditionale Gemeinschaften« ist auch von Honneth in einem Diskussionsbeitrag zur Debatte zwischen Kommunitaristen und Liberalen verwendet worden (Honneth 1993b). Diese Diskussion ist aber für die Behandlung von Gemeinschaften als spezifische soziale Kollektive nicht relevant.

Gemeinden, und die räumliche Nähe der Mitglieder wurde von einem konstitutiven Merkmal zu einer Variablen:

By occupational community, we mean a group of people who consider themselves to be engaged in the same sort of work; who identify (more or less positively) with their work; who share asset of values, norms, and perspectives that apply to, but extend beyond, work related matters; and whose social relationships meld the realms of work and leisure. (van Maanen/Barley 1984: 294f.)

– *Produktionsgemeinschaften*: Produktionsgemeinschaften sind Konstellationen von Akteuren, die gemeinsam produzieren, indem sie einen gemeinsamen Arbeitsgegenstand durch individuelle, autonom erbrachte Beiträge kontinuierlich weiterentwickeln (siehe 4.1).

Die in dieser Liste von Gemeinschafts-Konzepten aufgeführten Kollektive haben auf den ersten Blick nicht viel gemeinsam. Das Wenige, was sie gemeinsam haben, sind aber außerordentlich robuste Merkmale, die sich überall wieder finden lassen. In allen Fällen bestehen die Kollektive aus Individuen, die etwas gemeinsam haben, und die wissen, dass sie etwas gemeinsam haben. Die Mitglieder der Kollektive nehmen einander als ein gleiches Merkmal aufweisend wahr. Die Gemeinschaften haben jeweils eine kollektive Identität, die sich auf ein den Mitgliedern gemeinsames Merkmal bezieht. Die auf diesem Merkmal beruhende Mitgliedschaft in der Gemeinschaft ist zugleich Bestandteil der individuellen Identitäten der Mitglieder. Ein zweites Merkmal aller aufgezählten Kollektive ist, dass einige Handlungen der Mitglieder durch die kollektive Identität beeinflusst werden. Erst dieses zweite Merkmal macht Gemeinschaften zu einem Typ sozialer Ordnung (Calhoun 1980: 108–110; Weber 1947: 22). Eine wahrgenommene Gemeinsamkeit mit anderen, die nicht verhaltensrelevant ist, wirkt auch nicht ordnend. Die Wahrnehmung, dass ich jeden Morgen mit denselben Menschen im Bus sitze, begründet noch keine Gemeinschaft. Wahrgenommene Gemeinsamkeiten beeinflussen Handlungen, wenn die Akteure sich als Mitglieder einer Gemeinschaft wahrnehmen. Es muss eine kollektiv geteilte Vorstellung von Gemeinschaft existieren (Gusfield 1975: 30–39; Cohen 1985: 19–21; Silk 1999: 9f.). Das gilt insbesondere dann, wenn es prinzipiell unmöglich ist, alle oder auch nur die meisten Mitglieder der Gemeinschaft kennen zu lernen. Die Vorstellung von der Gemeinschaft (die »imagined community«, Anderson 1991) ersetzt die Kontakte zu den Gemeinschaftsmitgliedern. Wenn die Nutzer einer Buslinie gemeinsam gegen deren Streichung protestieren, nehmen sie ihre Gemeinsamkeit sowie die Handlungsrelevanz dieser Gemeinsamkeit war und sehen sich als Mitglieder einer Gemeinschaft von der Streichung Betroffener.

Verwenden wir nun diese Überlegungen als Grundlage einer Definition: *Gemeinschaften sind Akteurkonstellationen, deren Zusammenhang durch eine auf ein gemeinsames Merkmal bezogene kollektive Identität und deren soziale Ordnung durch identitätsgeleitetes Handeln hergestellt wird.* Diese Definition schließt die oben aufgelisteten Phänomene ein. Viele von ihnen erscheinen als Subtypen, deren soziale Ordnung durch ein spezielles soziales Phänomen hergestellt wird. In Tabelle 5 habe ich verschiedenen Gemeinschaften die Merkmale zugeordnet, die die Grundlage der kollektiven Identität bilden. Entscheidend für die Konstitution der Gemeinschaft sind die Merkmale, die tatsächlich ordnend wirken, das heißt auf die sich die das Handeln leitende kollektive Identität bezieht. Für Fangemeinschaften, Praxisgemeinschaften, epistemische Gemeinschaften und Produktionsgemeinschaften ergeben sich die Merkmale jeweils aus den oben stehenden kurzen Beschreibungen. Diese Beschreibungen rechtfertigen es außerdem, die posttraditionalen Gemeinschaften als Praxisgemeinschaften einzuordnen. Die beschriebenen Gemeinschaften wurden jeweils durch die gleichen Handlungen (Musikkonsum/Tanzen) konstituiert. Die Tabelle verdeutlicht auch noch einmal den Unterschied zwischen Produktionsgemeinschaften und Praxisgemeinschaften. Auch Produktionsgemeinschaften sind dadurch charakterisiert, dass alle Mitglieder die gleichen Handlungen ausüben. Der entscheidende Unterschied zu Praxisgemeinschaften besteht aber darin, dass die Handlungen gemeinsam, an einem gemeinsamen Gegenstand

Gemeinschaften	Gemeinsames Merkmal				
	Interessen	Handlungen	Annahmen	Arbeitsgegenstand	Soziale Beziehungen
Fan-	✕				
Praxis-		✕			
Epistemische			✕		
Religions-			✕		
Produktions-				✕	
Familie					✕
Örtliche					✕
Soziale Bewegungen	✕				
Virtuelle	✕	✕	✕	✕	✕

Tabelle 5: Identitätsstiftende Merkmale in Gemeinschaften

ausgeführt werden. Deshalb ist das Ordnung stiftende gemeinsame Merkmal der gemeinsame Arbeitsgegenstand.

Die Auflistung aller Merkmale bei virtuellen Gemeinschaften als ordnungsbildend soll noch einmal darauf hinweisen, dass die Charakterisierung als »virtuell« nicht hinreicht, um eine Gemeinschaft zu bestimmen, weil lediglich das Interaktionsmedium, nicht aber die Inhalte der Interaktionen benannt werden. Der Begriff virtuelle Gemeinschaft reflektiert, dass die anderen Gemeinschaften jeweils »virtuelle Versionen« haben, die sich von ihrem realweltlichen Pendant lediglich durch die internetbasierte Kommunikation unterscheiden.

Ohne sie weiter behandelt zu haben, nehme ich auch drei »klassische« Gemeinschaften auf, und zwar die Religionsgemeinschaft (gemeinsamer Glaube), die Familie (gemeinsame Abstammung)[130] und örtliche Gemeinschaften (gemeinsamer Wohnort/Nachbarschaft). Weitere aussichtsreiche »Kandidaten« für die Anwendung eines erweiterten Gemeinschaftsbegriff sind Professionen, die bereits einmal durch Goode (1957: 194) als Gemeinschaften definiert wurden, Subkulturen, deren Beschreibung durch Fine und Kleinman (1979) mit der hier vorgeschlagenen Definition der Gemeinschaft übereinstimmt, und Szenen, die durch Hitzler u. a. bereits im Zusammenhang mit der »posttraditionalen Vergemeinschaftung« und als »Gesinnungsgemeinschaften« diskutiert werden (Hitzler u. a. 2005: 17f., 20). Um diese Erscheinungen zweifelsfrei einzuordnen, müssen die vorliegenden empirischen Befunde aus der Perspektive der sozialen Ordnung analysiert werden. Es deutet sich jedoch bereits an, dass ein verallgemeinerter Gemeinschaftsbegriff ein erhebliches theoretisches Integrationspotenzial besitzt.

Außerdem habe ich soziale Bewegungen in die Tabelle aufgenommen. Wenn überhaupt auf grundlegende Typen sozialer Ordnung Bezug genommen wird, werden soziale Bewegungen eher als Netzwerke denn als Gemeinschaften eingeordnet. Neidhardt stellt zum Beispiel fest, »dass an der Basis sozialer Bewegungen nicht isolierte Einzelne stehen […] sondern soziale Einheiten, nämlich soziale Netzwerke mit unterschiedlichsten Verdichtungsgraden« (Neidhardt 1985: 197). Ähnliche Bestimmungen finden sich bei Diani (1992: 197f.) sowie della Porta und Diani (1999: 14). Die Mitgliedschaft in sozialen Bewegungen wird allerdings durchweg als überaus unbestimmt und fluide charakterisiert. So haben Turner und Killian sozialen Bewegungen eine

---

130 Pahl und Spencer schlagen vor, die Unterscheidung von Familien- und Freundschaftsbeziehungen aufzugeben und stattdessen allgemein von »personal communities« zu sprechen. Die Inhalte der Gemeinschaftsbeziehungen zu Freunden bzw. Verwandten seien häufig empirisch nicht unterscheidbar, und Beziehungen zu Familienangehörigen nicht notwendigerweise enger als Beziehungen zu Freunden (Pahl/Spencer 2004b).

»indefinite and shifting membership« attestiert (Turner/Killian 1972: 246; siehe auch Neidhardt/Rucht 1991: 451; Klandermans 1994; Stoecker 1995: 112f.; della Porta/Diani 1999: 16–19). Diese Probleme lassen Neidhardt vorschlagen, »von Anhängern statt von Mitgliedern zu sprechen und ein sehr variables Kontinuum von Anhängerschaftsgraden anzunehmen« (Neidhardt 1985: 195).

Die Spannung zwischen den Aussagen zur Mitgliedschaft und dem auf relativ dauerhafte rekursive Beziehungen abstellenden Netzwerkbegriff sind unübersehbar. Eine auf dem Netzwerkbegriff beruhende Definition sozialer Bewegungen müsste die Interaktionen im Netzwerk theoretisch charakterisieren und dadurch eine soziometrische Identifizierung der Netzwerke gestatten. Dass dies anscheinend unmöglich ist, spricht gegen die Anwendung des Begriffs »Netzwerk«. Soziale Bewegungen als Netzwerke zu bezeichnen, scheint eher eine Verlegenheitslösung zu sein, die ausnutzt, dass »Netzwerk« der unschärfste und damit unverbindlichste Typ sozialer Ordnung ist.

Die Beobachtungen zur Mitgliedschaft sind aber sehr wohl mit der Idee von auf kollektiven Identitäten basierenden Gemeinschaften kompatibel. Der Begriff »Gemeinschaft« taucht zwar in der Literatur gelegentlich auf (insbesondere in Studien zu den so genannten »neuen sozialen Bewegungen«), wird aber nicht als Oberbegriff für soziale Bewegungen verwendet. Wenn in der Soziologie sozialer Bewegungen auf »Gemeinschaft« Bezug genommen wird, dann meist im Sinne von »Gemeinde« (zum Beispiel in den meisten Beiträgen in Kling/Posner 1990; siehe auch Lo 1992: 238–244). Eine direkte Anwendung von »Gemeinschaft« auf soziale Bewegungen findet sich selten und wirkt stets etwas umständlich. So tauchen in der Literatur zum Beispiel »social movement communities« auf, die dann als Personen*netzwerke* definiert werden (zum Beispiel Stoecker 1995: 112). Stoecker behandelt die von ihm so definierten Gemeinschaften als einen sozialen Hintergrund sozialer Bewegungen, kann aber keine Grenze zwischen beiden definieren: »Consequently, movement membership can be unpredictable, as community members move in and out of participation.« (ebd.: 113) Wenn eine soziale Bewegungen als mit einer Gemeinschaft koextensiv angesehen wird, dann eher in dem Sinne, dass innerhalb der sozialen Bewegungen Gemeinschaftsbeziehungen existieren, zum Beispiel als »form of togetherness that a movement group practices« (Lichterman 1995: 515). Eine Ausnahme bilden hier Taylor und Whittier (1992), die zwar auch die »social movement community« als Netzwerk von Individuen und Gruppen definieren, aber davon ausgehen, dass es sich bei der sozialen Bewegung um eine (über eine kollektive Identität verfügende) Gemeinschaft handelt (ebd.: 107).

Ein weiteres Argument für die Unterordnung von sozialen Bewegungen unter einen verallgemeinerten Gemeinschaftsbegriff ist, dass in der Literatur die Rolle einer kollektiven Identität für die Entstehung, Dauerhaftigkeit und Wirksamkeit sozialer Bewegungen betont wird (Neidhardt 1985: 199–201; Melucci 1988: 338–345; Polletta/Jasper 2001; Hunt/Benford 2004). Diani bindet sogar die Mitgliedschaft in einer sozialen Bewegung an die kollektive Identität: »In this sense, collective identity plays an essential role in defining the boundaries of a social movement. Only those actors, sharing the same beliefs and sense of belongingness, can be considered to be part of a social movement.« (Diani 1992: 9)

Der Widerspruch zwischen dem Netzwerkbegriff und den Befunden zur Mitgliedschaft in sozialen Bewegungen wird hier offensichtlich: Die Zugehörigkeit zu einem Netzwerk wird durch Interaktionen begründet, während die kollektive Identität eine Wahrnehmung ist, die man teilen kann, ohne mit Mitgliedern der Gemeinschaft zu interagieren (zu diesem Phänomen in sozialen Bewegungen siehe Soule 2004: 295f.). »Gemeinschaft« im oben definierten Sinn scheint deshalb ein zweckmäßigerer Oberbegriff zu sein. Als identitätsstiftendes und ordnendes Merkmal sozialer Bewegungen kann ein gemeinsames Interesse der sozialen Bewegung angesehen werden, und zwar das Ziel, einen spezifischen sozialen Wandel herbeizuführen oder zu verhindern.[131]

Die Definition und die Übersicht in Tabelle 5 geben erste Hinweise darauf, warum die unter den von mir vorgeschlagenen Gemeinschaftsbegriff fallenden Kollektive so vielgestaltig sind. Erstens können sehr unterschiedliche Phänomene zum Gegenstand kollektiver Identitäten und damit zum Bezugspunkt von Gemeinschaften werden. Durch geteilte Interessen begründete Gemeinschaften sehen anders aus als durch geteilte Annahmen oder durch geteilte soziale Beziehungen begründete. Aber auch Gemeinschaften, deren kollektive Identitäten sich auf denselben Typ von Merkmal beziehen, variieren erheblich in Abhängigkeit davon, welche Interessen, soziale Beziehungen, Annahmen usw. Gegenstand der kollektiven Identität sind. Das Interesse an sozialem Wandel wird andere Gemeinschaften hervorbringen als das Interesse, einen Fußballklub zu unterstützen, und geteilte Annahmen über politische Kausalzusammenhänge (im Falle epistemischer Gemeinschaften in der Politik) schaffen andere Gemeinschaften als ein gemeinsamer Glaube.

---

131 Haenfler weist auf ein Problem der Forschung zu sozialen Bewegungen hin, das aus dem Gemeinschafts-Charakter sozialer Bewegungen entsteht. »… movement theory has had trouble accounting for diffuse, identity-based movements that lack traditional organization and target institutions other than the state.« (Haenfler 2004: 785). Die von ihm untersuchte »straight edge movement« scheint sich selbst als »Bewegung« zu verstehen, verfolgt aber andere Ziele als gesellschaftlichen Wandel und ist deshalb eine Gemeinschaft, aber keine soziale Bewegung. Insbesondere im Kontext der Forschung zu »neuen sozialen Bewegungen« scheint es Abgrenzungsprobleme zu geben, bei deren Bearbeitung der Gemeinschaftsbegriff ebenfalls hilfreich sein kann.

Eine dritte wichtige Quelle von Varianz sind die sekundären ordnenden Phänomene in Gemeinschaften. Ordnung im Sinne von abgestimmtem Handeln entsteht in Gemeinschaften primär, weil die Individuen sich durch die kollektive Identität der Gemeinschaft leiten lassen. Das gemeinschaftsrelevante Handeln ist identitätsgeleitetes Handeln. Die kollektive Identität erbringt aber meist nur eine »schwache Ordnungsleistung«, das heißt, sie gibt nur wenige spezifische Handlungen vor und ist zu schwach, um kollektives Handeln auszulösen oder zu ordnen. Lediglich akute Bedrohungen der kollektiven Identität (wie der Abstieg einer Fußballmannschaft oder die drohende Spaltung einer politischen Bewegung) vermögen überhaupt eine spontane kollektive Willensbildung und intentionale Richtungsänderung auszulösen. Außerdem kann eine Gemeinschaft spontan und ohne weitere Hilfsmittel kollektive Handlungsfähigkeit erreichen, wenn sie implizit auf kollektive Willensbildung verzichtet und sich freiwillige einem charismatischen Führer unterordnet, wie das für Religionsgemeinschaften und soziale Bewegungen beobachtet worden ist.

Jenseits dieser Ausnahmen bedürfen kollektive Willensbildung und kollektives Handeln zusätzlicher ordnender Faktoren. Die meisten Gemeinschaften bilden solche sekundären Ordnungsinstrumente aus. *Normen* entstehen entweder in den regelmäßigen Interaktionen zwischen Mitgliedern der Gemeinschaft oder werden von Mitgliedern aus anderen Gemeinschaften, in denen sie Mitglied sind, importiert. In vielen Gemeinschaften bilden sich *formale Organisationen*, die den Mangel an kollektiver Handlungs- und Entscheidungsfähigkeit in Gemeinschaften kompensieren. Solche formalen Organisationen, die für die Aufrechterhaltung der Gemeinschaft wichtige Funktionen übernehmen, sind in Fan-Gemeinschaften, posttraditionalen Gemeinschaften, sozialen Bewegungen, örtlichen Gemeinschaften und natürlich in wissenschaftlichen Gemeinschaften beobachtet worden. In sozialen Bewegungen spielen außerdem heterogene *Netzwerke*, das heißt die Vernetzung von Netzwerken, Organisationen, Gruppen und Individuen miteinander, eine wichtige Rolle in der Entstehung von Ordnung (Neidhardt 1985: 197f.).

Die Definition von Gemeinschaften als durch eine kollektive Identität zusammengehaltene Akteurkonstellationen erklärt schließlich auch das Phänomen der unbestimmten Mitgliedschaft. Mitgliedschaft und gemeinschaftsrelevantes Handeln beruhen auf individueller Wahrnehmung. Da die Mitglieder ihre Sichtbarkeit für die Gemeinschaft (und für den soziologischen Beobachter) selbst kontrollieren, können beliebig schwache Formen von Mitgliedschaft auftreten. Die Ausnahme bilden Gemeinschaften, die so klein sind, dass jedes Mitglied alle anderen kennt und eine kollektive Übereinkunft darüber erzielt werden kann, wer das gemeinsame Merkmal aufweist und wer nicht. Wie bereits bei der Diskussion von »kleinen Produktionsgemeinschaften« in 4.1.3 ausgeführt, scheint es in diesem Falle zweckmäßiger zu sein, das Kollektiv als Gruppe und nicht als Gemeinschaft anzusehen. Der Arbeitsstand der Gruppensoziologie ermöglicht eine solche Betrachtungsweise (zum Beispiel Lindenberg 1997, siehe insbesondere 286–288).

4.3.3 Gemeinschaften, emotionale Bindungen und Solidarität

Ich möchte nun noch einmal auf die »klassischen« an Tönnies anschließenden Definitionen zurückkommen und die Unzweckmäßigkeit dieser Definitionen zeigen. Das erfordert zunächst eine Antwort auf die Frage, warum die emotionalen Bindungen und die Solidarität der Mitglieder nicht in der von mir vorgeschlagenen Definition auftauchen, nur für ausgewählte Gemeinschaften als identitätsstiftender Faktor in den »sozialen Beziehungen« versteckt werden und keine Erwähnung als ordnender Faktor finden – und das trotz ihrer prominenten Rolle in vielen empirischen Beschreibungen von »Gemeinschaften«. Die Antwort beginnt mit der Feststellung, dass emotionale Bindungen und Solidarität nicht in allen Fällen beobachtet werden. Einige Studien berichten sogar das Fehlen solcher Beziehungen. Gemeinde-Studien haben Konflikte, Disharmonie und Spannungen in lokalen Gemeinschaften beobachtet (Silk 1999: 12f.; Brint 2001: 5f.). Watson konstatiert explizit die Abwesenheit solidarischer Beziehungen in der von ihm beobachteten virtuellen Interessengemeinschaft: »However, common interests are the only thing generating this process, and other incentives of individual commitment and stake in the group, the markers of ›real‹ community, are still absent.« (Watson 1997: 106) Wenger stellt fest, dass emotionale Bindungen kein notwendiges Merkmal von Praxisgemeinschaften sind:

Because the term »community« is usually a very positive one, I cannot emphasize enough that these interrelations arise out of engagement in practice and not out of an idealized view of what community should be like. In particular, connotations of peaceful coexistence, mutual support, or interpersonal allegiance are not assumed, though of course they may exist in specific cases. Peace, happiness, and harmony are therefore not necessary properties of a community of practice. (Wenger 1998: 76f.).

Hitzler und Pfadenhauer stellen für posttraditionale Gemeinschaften fest, dass es zu einer »per Definition freiwilligen emotionalen Bindung der sich selbst als Mitglieder erwählenden Akteure an die Gemeinschaft« kommt (Hitzler/ Pfadenhauer 1998: 91). Es entsteht der Eindruck, dass emotionale Beziehungen in Gemeinschaften entstehen *können*, aber nicht entstehen müssen. Gemeinschaften (in dem von mir definierten Sinn) können aus Gründen entstehen, die nichts mit einem Bedürfnis der Mitglieder nach emotionalen

Bindungen oder Solidarität zu tun haben. Das Interesse an einer gemeinsamen Betätigung oder an Kommunikation über einen bestimmten Gegenstand kann ausreichen, um eine Gemeinschaft entstehen zu lassen. Emotionale Bindungen zwischen den Mitgliedern können dann im weiteren Verlauf der Interaktionen entstehen. Das haben McLaughlin, Osborne und Ellison in ihrem Experiment gezeigt, in dem eine virtuelle Gemeinschaft geschaffen wurde: Die Beobachter konnten in der Anfangsphase keine »gemeinschaftstypischen« Beziehungen entdecken, diese entstanden aber in einer späteren Phase (McLaughlin u. a. 1997: 157–159). Diese Beobachtung korrespondiert mit einer theoretischen Überlegung von Weber: »Jede noch so zweckrationale und nüchtern geschaffene und abgezweckte soziale Beziehung (Kundschaft zum Beispiel) *kann* Gefühlswerte stiften, welche über den gewillkürten Zweck hinausgreifen.« (Weber 1947: 22) Weber merkt an, dass auf längere Dauer eingestellte soziale Beziehungen dazu neigen, emotionale Beziehungen entstehen zu lassen (ebd.). In dieser Perspektive ist also die Ausbildung emotionaler Bindungen (wie auch das Entstehen gemeinsamer Werte und Normen) eine mögliche *Begleiterscheinung* der Interaktionen in Gemeinschaften. Wir können sogar noch einen Schritt weitergehen und festhalten, dass sie eine *wahrscheinliche* Begleiterscheinung sind, weil Gemeinschaften in dem von mir definierten Sinne sich ja auf eine wahrgenommene Gemeinsamkeit gründen.

An traditionellen Merkmalen wie emotionalen Bindungen festhaltende Definitionen erscheinen also insofern als unzweckmäßig, als sie ein sekundäres Merkmal (ein Nebenprodukt der sozialen Dynamik) zahlreicher empirisch identifizierbarer Kollektive zur Grundlage der Definition machen. Sie verstellen damit den Blick auf primäre Gemeinsamkeiten dieser Kollektive und schließen einige Kollektive, die primäre Gemeinsamkeiten, nicht aber das sekundäre Merkmal aufweisen, aus dem Begriff aus.

Die Definitionen werden damit natürlich nicht falsch. Sie sind »theorietechnisch« möglich und mögen sogar für bestimmte wissenschaftliche Zwecke gut geeignet sein. Sie bilden aber keine Grundlage für eine Einordnung der Gemeinschaft als Typ sozialer Ordnung und vermögen deshalb weder die umrissenen empirischen Befunde zu integrieren noch als Bindeglied zwischen einer Soziologie der Gemeinschaft und der allgemeinen soziologischen Theorie zu fungieren (vergleiche 1.5 und 1.6). Diese fundamentalen Unzweckmäßigkeiten sind die eigentliche Ursache der zahlreichen Inkompatibilitäten, die aus fehlenden, ungeeigneten oder impliziten Definitionen in den Einzelstudien entstehen. Ich halte sie für grundsätzliche Konstruktionsfehler des traditionellen Gemeinschaftsbegriffs, die erst in den letzten Jahrzehnten überhaupt sichtbar geworden sind. Mit meinem Vorschlag einer verallgemeinerten Definition möchte ich diesen Konstruktionsfehler überwinden.

5   Anwendungen

5.1   Vergemeinschaftung durch »e-science«

In diesem Kapitel wende ich die Theorie wissenschaftlicher Produktionsge-meinschaften auf die Interpretation aktueller Prozesse im Wissenschaftssy-stem an. Damit möchte ich demonstrieren, dass wissenschaftspolitisch wich-tige Entwicklungen in einem anderen Licht erscheinen und besser verstanden werden können, wenn man sie theoretisch als Veränderungen der gemein-schaftlichen Produktion behandelt. Ich beginne mit einer Analyse von Verän-derungen in der Wissensproduktion, die durch die Nutzung des Internet hervorgerufen werden.[132]

Soziologische Analysen, die sich im weitesten Sinne auf Phänomene des Internet beziehen, stehen vor einem Problem: Niemand wird bezweifeln, dass die neuen Informations- und Kommunikationstechnologien in hohem Tempo neue soziale Phänomene produzieren. Sind diese neuen *sozialen* Phänomene aber auch *soziologisch* neu? Handelt es sich in der Tat um soziale Beziehungen, Kollektive, Handlungen und Interaktionen, die neuer theoretischer Katego-rien und Erklärungen bedürfen, oder treten der soziologischen Theorie be-reits bekannte Phänomene in neuen empirischen Erscheinungsformen auf?

Diese Frage ist nicht leicht zu beantworten. Das Internet lässt neuartige Handlungen und Interaktionen entstehen und lässt so neue Forschungsob-jekte entstehen, deren Beschreibung eine legitime sozialwissenschaftliche Aufgabe ist. Der häufig zu beobachtende Verzicht auf eine theoretische Per-spektive und die Suche nach adäquaten Begriffen für die neuen Phänomene leisten einer unkritischen Überbetonung des Neuen Vorschub. Dieses Prob-lem ist uns bereits bei den virtuellen Gemeinschaften begegnet, die an der so-ziologischen Diskussion zum Gemeinschaftsbegriff vorbei und ohne explizite Rechtfertigung von anderen Gemeinschaften abgegrenzt werden, weil sie ein spezifisches Kommunikationsmedium nutzen (siehe 4.3.2).

132 Dieser Abschnitt ist die erweiterte Fassung eines früheren Aufsatzes (Gläser 2003b).

Die Nutzung des Internet in der Wissenschaft bildet hier keine Ausnahme. Hilgartner (1995) hat »neue Kommunikationsregimes« in der Molekularbiologie entdeckt, die mit den Online-Datenbanken entstanden sind (ähnlich Kling/ McKim 2000). Wellman u. a. (1996) wenden einen Netzwerkansatz an und bezeichnen »virtuelle Gemeinschaften« als »computerunterstützte soziale Netzwerke« sowie wissenschaftliche Gemeinschaften als »verteilte Arbeitsgruppen«. Begriffsbildungen wie »cyberspace college« (Gresham 1994) und »virtual college« (Walsh/Roselle 1999) waren vorauszusehen. Eine mittlerweile recht weit verbreitete Neuschöpfung ist »collaboratories«, ein Begriff, der durch Wulf in einem *White Paper* für die US-amerikanische *National Science Foundation* eingeführt wurde. Wulf zufolge ist ein collaboratory »... a center without walls, in which researchers can perform their research without regard to physical location – interacting with colleagues, accessing instrumentation, sharing data and computational resources, and accessing information in digital libraries.« (Wulf 1989: 19; zitiert nach Finholt 2003: 5)

Der Titel von Wulfs *White Paper* – »The national collaboratory – a white paper« – macht deutlich, dass der Autor collaboratories ursprünglich als eine Chance für die US-amerikanische Wissenschaft sah. Heute wird der Begriff verwendet, um alle Formen der durch das Internet ermöglichten globalen Kooperation von an unterschiedlichen Orten arbeitenden Wissenschaftlern zu bezeichnen (Glasner 1996; Finholt/Olson 1997; Finholt 2002; 2003).

Die zahlreichen Entdeckungen neuer Phänomene zeichnen sich nicht nur durch einen ans Euphorische grenzenden Technik-Optimismus aus, sondern auch durch eine erstaunliche theoretische Unbekümmertheit, die am einfachsten mit der in den Sozialwissenschaften verbreiteten Konkurrenz um begriffliche Neuschöpfungen erklärt werden kann. Der mehr oder weniger offene Technikdeterminismus erweckt außerdem den Eindruck, dass die Lektionen der Technikforschung vergessen wurden oder aus nicht näher beschriebenen Gründen nicht auf das Internet angewendet werden. Um die tatsächlich neuen Entwicklungen herauszuarbeiten, möchte ich zunächst klarstellen, welche sozialen Phänomene nicht neu sind, sondern lediglich auf neuen technischen Mitteln aufsetzen.

In der informellen Kommunikation zwischen Wissenschaftlern ist wenig Neues zu sehen. In einer Studie zur Nutzung der Email-Kommunikation durch theoretische Physiker hat Merz (1997) die extensive Nutzung dieses Mediums konstatiert. Eine wachsende Zahl von Kooperationen werde via Email realisiert. Der theoretische Charakter des Gebietes bringt es mit sich, dass Kooperation in erheblichem Maße aus informeller Kommunikation (»talking physics«) besteht und dass im Falle arbeitsteiliger Kooperationen alle Beiträge via Email ausgetauscht werden können. Die theoretischen Physiker betonten jedoch ungeachtet dessen die Bedeutung der face-to-face-Kommunikation. Die meisten der via Email abgewickelten Kooperationsprojekte werden in face-to-face-Kommunikationen initiiert (ebd.: 323). Da sich auch die geographische Mobilität der theoretischen Physiker erhöht habe, könne die Zunahme von Kooperationen nicht ohne weiteres auf die Entstehung der Email-Kommunikation zurückgeführt werden (ebd.: 316). Email-Kommunikation sei kein Ersatz für Reisen und face-to-face-Kommunikation:

E-mail connections cut across geographic distances and allow close contact between selected email-partners (of course, the theorists themselves make these selections) at an expense: they do not allow for the contingencies, the spontaneity and informality which play such an important role in initiating and maintaining the embodied contacts of fact to face. As the casual chats witnessed in a café heavily rely on the customers' visibility amongst each other, the only »version of the café« for theorists at CERN is the actual cafeteria. Disembedded locales do – at least today – not substitute for such »cafés« in theoretical particle physics. (ebd.: 326f.).

Eine Analyse zweier online-Netzwerke von Wissenschaftlern hat ergeben, dass für die beteiligten Wissenschaftler face-to-face-Kommunikation der wichtigste Interaktionsmodus geblieben ist (Koku u. a. 2001). In dieselbe Richtung weisen die Ergebnisse von Walsh und Roselle (1999). Die Autoren stellen fest, dass elektronische Kommunikation die Kooperation beschleunigt und Kooperationen zwischen geographisch weiter voneinander entfernten Partnern fördert. Die Arbeitsorganisation habe sich jedoch nicht geändert, und face-to-face-Kommunikation bleibe wichtig. Angesichts dieser Beobachtungen wundert man sich über den Titel des Aufsatzes – »Computer Networks and the Virtual College«. Weder definieren die Autoren den Begriff »virtual college« noch bringen sie empirische Belege für die Existenz neuer sozialer Strukturen.

Eine quantitative Studie zum Zusammenhang von computervermittelter Kommunikation und Kooperation vermag nicht zu überzeugen. Walsh u. a. (2000) haben zwar einen Zusammenhang zwischen der stärkeren Nutzung computervermittelter Kommunikation einerseits und Zahl, Intensität und Produktivität von Kooperationen andererseits gefunden. Dieser Kausalzusammenhang lässt sich aber in beiden Richtungen interpretieren. Die neuen Kommunikationsmöglichkeiten können die Zunahme und Intensivierung der Kooperationen verursachen, oder sie können stärker durch Wissenschaftler genutzt werden, die viel und intensiv kooperieren.

Auch der partielle Übergang der in die Laborarbeit eingebetteten informellen Kommunikation auf elektronische Medien hat keine theoretisch neuen sozialen Strukturen oder Praktiken hervorgebracht. Mittlerweile gibt es internetbasierte Kommunikationsforen, in denen die Wissenschaftler informell über praktische Probleme der Laborarbeit kommunizieren und Know how austauschen. Die Beobachtung eines solchen Forums durch Hine (2002) zeigte, dass die Wissenschaftler in diesen Kommunikationen offen agieren (das heißt anscheinend ihre wahre Identität preisgeben) und dass sie einen esoterischen, kontextabhängigen »shop talk« praktizieren – das heißt denselben »shop talk«, der in ethnographischen Studien beobachtet wurde (siehe 2.3). Dieser Austausch von Know how kann als spezifischer Kooperationstyp angesehen werden (Laudel 1999: 164f.). Der wichtige Unterschied zwischen dem traditionellen und dem internetbasierten »shop talk« besteht darin, dass die Fragen nicht mehr an einen oder an wenige Kollegen gestellt werden, sondern an einen viel größeren Kreis. Der Austausch von Know how wird beschleunigt und vereinfacht, aber die Ursachen, Inhalte und Ergebnisse der Kommunikation unterscheiden sich nicht von den auf Telefon, Brief oder Konferenzgespräch beruhenden Praktiken informellen Austauschs von Know how.[133]

Auch die Bedingungen und Praktiken der Publikation von Forschungsergebnissen im Internet unterscheiden sich nicht grundsätzlich von den »realweltlichen«. Eine detaillierte Analyse des »Kontinuums elektronischen Publizierens« zeigt, dass »elektronisches Publizieren« nicht notwendig den Zugang zu Publikationen erweitert (Kling/McKim 1999). Kling und McKim definieren wissenschaftliche Kommunikation als eine Praxis, die in den drei Dimensionen Öffentlichkeit, Zugang und Vertrauenswürdigkeit verankert ist (ebd.: 905). Auf Internetseiten publizierte Dokumente erlangen nicht notwendig eine große Öffentlichkeit, weil die potentielle Leserschaft wissen muss, dass die Dokumente verfügbar und relevant sind. Der Zugriff auf solche Dokumente ist nicht immer einfach. Ihre Vertrauenswürdigkeit beruht auf klassischen »off-line«-Charakteristika wie der Reputation des Autors oder dem Erfolg im Peer review. Das kommt nicht überraschend, da ja in der wissenschaftlichen Kommunikation nicht wissenschaftliche Information, sondern die Aufmerksamkeit der Rezipienten die knappe Ressource ist. Praktiken wie der Peer review oder die Selektion von Publikationen aufgrund von Vorwissen über die Autoren entspringen dieser Knappheit und werden sich mit dem Übergang zu elektronischen Publikationsformen kaum ändern. Kling und McKim zitieren einen Astrophysiker mit der Aussage »astrophysicists don't surf the web for astrophysics« (Kling/McKim 2000: 895). Noch unwahr-

---

133 Die Bedeutung räumlicher Nähe in der Forschungskooperation (Laudel 1999: 196–199), Erfahrungen mit gescheiterten »collaboratories« und generelle Überlegungen zu Funktionen räumlicher Nähe in Kooperationen (Olson und Olson 2003) lassen den Schluss zu, dass die internetbasierte Kommunikation nicht alle für Kooperationen erforderlichen Formen direkter persönlicher Kontakte ersetzen kann. Viel wahrscheinlicher ist, dass internetbasierte Kooperation und Kommunikation in existierende kooperative Praktiken eingebettet werden.

scheinlicher ist es, dass die tiefer liegenden Praktiken der lokalen Wissensproduktion durch die Veränderung von Publikationsmedien beeinflusst werden.
Die einzige potentiell wirkungsmächtige Veränderung im Bereich der wissenschaftlichen Kommunikation ist der Übergang zu Praktiken des »open access«
(siehe unten).

Den teilweise viel weiter reichenden Behauptungen zum Trotz führen die
bisher benannten Veränderungen zwar zu Erleichterungen und Beschleuni-
gungen in der wissenschaftlichen Arbeit und in Kooperationen, nicht aber zu
neuen Praktiken der Wissensproduktion oder zu Veränderungen in der sozialen Ordnung wissenschaftlicher Gemeinschaften. Einige neue Entwicklungen haben jedoch zumindest das Potenzial, die Praktiken der Wissensproduktion zu verändern.

Online-Datenbanken, die Rohdaten speichern

Das Speichern von Gensequenzen in Online-Datenbanken begann, als traditionelle Praktiken des Publizierens den Forschungsergebnissen der Molekularbiologie nicht mehr angemessen waren. Eine der allgemeinen Publikationsnormen
des Wissenschaftssystems fordert, die Daten, aus denen Geltungsansprüche
für neues Wissen abgeleitet wurden, gemeinsam mit dem neuen Wissen zu
publizieren. Nur dann können die Leser den Schluss von den Daten auf das
neue Wissen nachvollziehen. Die zunehmende Leistungsfähigkeit von Techniken der Gensequenzierung führte dazu, dass Zeitschriftenaufsätze von immer größeren Datenmengen begleitet wurden, was schließlich eine Abneigung
gegen solche Artikel bei den Zeitschriften induzierte. Verhandlungen zwischen den Herausgebern von Zeitschriften und den Verwaltern von Datenbanken führten dazu, dass eine neue Praxis etabliert wurde: Die Gensequenzen wurden nicht mehr in der Zeitschrift publiziert, sondern einer Datenbank
übergeben. Die ursprüngliche Publikationsnorm blieb im Grundsatz erhalten
und wurde lediglich dahingehend abgewandelt, dass Publikationen nur noch
akzeptiert werden, wenn die ihnen zugrunde liegenden Daten der Gensequenzierung in einer öffentlich zugänglichen Datenbank hinterlegt wurden
(Hilgartner 1995: 250–254). Diese Praxis der Speicherung von Daten in
öffentlich zugänglichen Datenbanken ist nicht mehr auf Gensequenzen beschränkt. Mittlerweile gibt es Datenbanken, in denen Daten über in der Molekularbiologie verwendete Modellorganismen gespeichert werden (Kling/
McKim 2000: 1308). Außerhalb der Molekularbiologie gibt es zum Beispiel
Pläne, eine Datenbank mit Beobachtungsdaten über Bewegungen und das
Tauchverhalten von Delphinen anzulegen (Knight 2002). Auch in den

Sozialwissenschaften existieren Online-Datenbanken (einen Überblick bietet http://www.academicinfo.net/socdata.html).

Diese Datenbanken werden mitunter als neue Kommunikationsregimes bezeichnet. Kling und McKim behandeln sie als einen eigenständigen Typ von »elektronischen Kommunikationsforen«, den sie als »digital discipline corpora« bezeichnen (Kling/McKim 2000: 1309).[134] Eine ähnliche Position bezieht Hilgartner, wenn er feststellt, »the construction of biomolecular databases has become an occasion for introducing a variety of new communication regimes« (Hilgartner 1995: 257), und diese neuen Regimes mit Zeitschriften vergleicht (ebd.: 244–250). Diese Darstellungen lassen die öffentlich zugänglichen Datenbanken als eine neue Praxis der Kommunikation von Wissen via Publikation erscheinen. Damit wird aber implizit vorausgesetzt, die alten und neuen »Kommunikationsregimes« hätten dieselben oder doch zumindest ähnliche Funktionen in der Wissensproduktion. So stellt Hilgartner zwar fest, dass »most of the data produced by scientists engaged in genome mapping and sequencing will never be published in conventional journals but will find their ultimate home in databases« (ebd.: 241). Er diskutiert aber als einzige Ursache für diesen Trend die Datenmenge und ignoriert die Frage, inwieweit die Form der Publikation solcher Daten mit deren spezifischer Funktion in der Wissensproduktion zusammenhängt. Kling und McKim (2000) führen elektronische Datenbanken als elektronische Kommunikationsformen auf, ohne die Rolle der verschiedenen Kommunikationsforen in der Wissensproduktion zu identifizieren.

Diese Perspektive vernachlässigt einen wichtigen Unterschied zwischen den Online-Datenbanken und Publikationen: Online-Datenbanken enthalten Daten, während Publikationen Geltungsansprüche auf neues Wissen kommunizieren. Der mit den Online-Datenbanken verbundene neue Trend ist deshalb nicht schlechthin das Entstehen neuer »Kommunikationsregimes«, sondern die *Vergemeinschaftung der lokalen Daten*. Als lokale Daten bezeichne ich im Weiteren die Gesamtheit der in Beobachtungen und Experimenten eines Wissenschaftlers anfallenden Daten, aus denen die Geltungsansprüche für neues Wissen abgeleitet und Daten für die Publikation ausgewählt werden. Diese Daten verblieben bisher im Labor. Das Ausmaß ihrer Veröffentlichung und damit ihrer Vergemeinschaftung hing von Entscheidungen der die Daten produzierenden Wissenschaftler ab, wie an einer Studie von Collins deutlich

---

134 In einem späteren Aufsatz motivieren Kling u. a. die Verwendung des Begriffs »Kommunikationsforum« ausdrücklich mit der Absicht, von den jeweils spezifischen Funktionen der verschiedenen Kommunikationsforen in der Wissensproduktion zu abstrahieren (Kling, McKim und King 2003: 47). Sie setzen damit voraus, dass die unterschiedlichen Funktionen von Kommunikationsforen theoretisch irrelevant sind, diskutieren aber diese Voraussetzung nicht.

wird, die Auseinandersetzungen zwischen einer italienischen und einer amerikanischen Forschungsgruppe über die Veröffentlichung gemeinsam erzeugter Daten beschreibt (Collins 1998).

Wenn lokale Daten nun in Online-Datenbanken für jedermann abrufbar gespeichert und damit veröffentlicht werden, kann das weitreichende Konsequenzen haben. Sie werden dann nämlich nicht mehr nur selektiv und gekoppelt an Geltungsansprüche für Wissen kommuniziert, sondern in ihrer Gesamtheit und unabhängig von den Beiträgen, die der individuelle Produzent der Daten aus ihnen abgeleitet hat. Mit den Online-Datenbanken entsteht eine gemeinschaftliche, von den lokalen Arbeitsumgebungen unabhängige Datenbasis für die Konstruktion neuen Wissens, die allen Wissenschaftlern zugänglich ist. Damit verschiebt sich die Grenze zwischen individueller/lokaler und gemeinschaftlicher Produktion. Der Bereich der individuellen Produktion von Beiträgen wird kleiner, weil die Gemeinschaft nun bereits auf »Zwischenprodukte« der lokalen Produktion zugreifen kann.

Online-Datenbanken haben deshalb das Potenzial, die gemeinschaftliche Wissensproduktion zu verändern. Sie bieten eine neue trans-lokale Basis für die Konstruktion von Beiträgen zum gemeinschaftlichen Wissen. Wenn jeder potentielle Wissensproduzent alle lokal produzierten Daten in Online-Datenbanken fände, dann wäre das eine signifikante Veränderung. Bislang können Wissenschaftler bei der Konstruktion von Beiträgen lediglich auf selbst produzierte und auf publizierte Daten zugreifen. Online-Datenbanken für lokale Daten erweitern radikal die Datenbasis aller Wissensproduzenten, indem sie dekontextualisierte, das heißt von Interpretationen und Geltungsansprüchen auf Wissen entkoppelte Daten anderer Produzenten zugänglich machen. Wissenschaftler werden zwar immer noch strategisch entscheiden, welche ihrer lokalen Daten sie einer online-Datenbank übergeben und welche ausschließlich lokal verfügbar sein sollen. Die in den Datenbanken enthaltenen Daten bilden jedoch eine von einzelnen Publikationen unabhängige gemeinschaftliche Datenbasis. Sie bieten damit neue Möglichkeiten, Geltungsansprüche für Wissen zu verifizieren. Da die Gemeinschaft Zugang zu einem großen Datenbestand aus unterschiedlichen Quellen erhält, kann sie Inkonsistenzen von Daten mit dem schon existierenden Wissen besser erkennen. Wo immer Kontroversen auf einander widersprechenden Daten beruhen, bedeutet der Zugriff auf Online-Datenbanken, dass alle auf der gleichen Grundlage argumentieren können. Vergemeinschaftung lokaler Daten bedeutet, dass zwar die Erzeugung der Daten in den lokalen Arbeitsumgebungen für die Gemeinschaft nach wie vor intransparent bleibt, dass aber die Verwendung der Daten und die Art und Weise, in der Schlüsse aus diesen Daten gezogen werden, tendenziell transparenter werden. Zugleich verlieren die Wissenschaftler, die

die Daten erzeugt haben, ihren Vorsprung in der Auswertung der Daten. Bislang konnten sie die Publikation lokaler Daten hinauszögern, um sich einen Vorsprung bei deren Auswertung zu sichern. Da dieser Konkurrenzvorteil verloren ginge, stoßen Versuche, bislang nicht publizierte oder nicht vollständig ausgewertete Daten in öffentlichen Datenbanken zu speichern, auf Widerstand (Knight 2002).

Die neuen Datenbanken können in einigen wissenschaftlichen Gemeinschaften auch eine völlig neue Praxis der Wissensproduktion initiieren. Es können Situationen eintreten, in denen sich Beiträge zum gemeinschaftlichen Wissen ausschließlich auf der Basis der in Online-Datenbanken gespeicherten Ergebnisse anderer konstruieren lassen. Die Suche nach Strukturen in den Datenmassiven kann unter diesen Bedingungen eine eigenständige Forschungspraxis werden.

Eine den Online-Datenbanken ähnliche Praxis ist der gemeinsame Zugriff auf Daten in bilateralen oder multilateralen Kooperationen. Die meisten »collaboratories« scheinen vornehmlich oder ausschließlich auf dem gemeinsamen Zugriff der Partner auf Daten zu basieren. Es ist allerdings nicht klar, inwieweit sich diese Praxis von früheren Kooperationen unterscheidet. Der gemeinsame Zugriff auf Daten durch die Mitglieder eines »collaboratory« ist kein öffentlicher Vorgang und damit keine Vergemeinschaftung. Er könnte aber einen neuen Wachstumstrend der lokalen Arbeitsumgebungen indizieren, der bereits in 2.7.3 behandelt wurde. Dort habe ich die Annahme formuliert, dass die Zunahme von Kooperation in der Wissensproduktion mit einem Trend zur Auflösung der individuellen Ebene der Wissensproduktion verbunden ist, in deren Ergebnis das Individuum nur noch als spezialisiertes Mitglied eines kollektiven epistemischen Subjekts in Erscheinung tritt. Wenn diese Vermutung zutrifft, dann können »collaboratories« diesen Trend auf größere Kollektive ausweiten.

Online-Datenbanken können also signifikante Veränderungen in den individuellen und gemeinschaftlichen Praktiken der Wissensproduktion auslösen. Diese Veränderungen empirisch zu untersuchen, erfordert Beobachtungen auf zwei Ebenen. Um Veränderungen in den lokalen Praktiken der Wissensproduktion zu identifizieren, scheinen »gerichtete« Laborstudien erforderlich, in denen nach neuen Praktiken der Nutzung und des Bezuges auf Daten, nach der Entstehung neuer Arbeitsteilungen (speziell zwischen Datenproduktion und -analyse) sowie neuer Rollen in der Wissensproduktion gesucht wird. Die Analyse makroskopischer Veränderungen erfordert darüber hinaus, solche Studien vergleichend anzulegen und die Kommunikationsprozesse der Gemeinschaft einzubeziehen.

Fern-Zugriff auf Forschungstechnik

Das Internet macht es auch möglich, auf Forschungstechnik in anderen, beliebig weit entfernten Labors zuzugreifen. Wissenschaftler können auf diese Weise mit Forschungstechnik arbeiten, die ihnen in ihrem eigenen Labor nicht zur Verfügung steht (Finholt/Olson 1997; Agarwal u. a. 1998; Science 1998; Hadida-Hassan u. a. 1999). Eine schwächere Form des »Zugriffs« auf entfernte Forschungstechnik ist die Beobachtung laufender Experimente der Hochenergiephysik durch die Wissenschaftler, die an der Vorbereitung des Experiments beteiligt waren und an der Auswertung seiner Ergebnisse beteiligt sein werden. Experimente der Hochenergiephysik werden durch viele Forschungsgruppen gemeinsam vorbereitet und ausgewertet. Nicht alle beteiligten Wissenschaftler können persönlich anwesend sein, wenn das Experiment durchgeführt wird. Das Internet bietet den Wissenschaftlern die Möglichkeit, den Verlauf des Experiments von ihren Labors aus zu beobachten und mit den das Experiment durchführenden Wissenschaftlern zu kommunizieren (Kling u. a. 2000).

Diese Beobachtungen legen den Schluss nahe, das Internet könne alle Zugangsbarrieren zu Forschungstechnik niederreißen. Der Zugriff über das Internet ist attraktiv, wenn es sich um fortgeschrittene Forschungstechnik handelt, die nur an wenigen Stellen in der Welt verfügbar ist. Die Bemühungen um den Fern-Zugriff auf Forschungstechnik weisen deshalb zunächst auf einen anderen Trend hin: immer mehr wissenschaftliche Gemeinschaften benötigen Forschungstechnik, die mit den traditionellen Großgeräten wie Beschleunigern oder Forschungsreaktoren gemeinsam hat, dass sie für die meisten lokalen Arbeitsumgebungen zu teuer ist. Damit entsteht die Notwendigkeit, diese Technik kollektiv zu nutzen. Neben der klassischen, auf das eigene Labor beschränkten Produktion von Beiträgen entsteht in den betroffenen Gemeinschaften ein zweiter Produktionsmodus, in dem Experimente im eigenen Labor vorbereitet und dann an anderen Orten mit »fremder« Technik durchgeführt werden. Diese Praxis ist in der Wissenschaft nicht neu, sondern zum Beispiel in der Nutzung von Neutronenquellen durch Gemeinschaften der Physik, Chemie und Biologie seit Jahrzehnten etabliert (Gläser u. a. 1994: 296f.). Sie dehnt sich lediglich auf immer mehr Wissenschaftsgebiete aus. Die Infrastruktur des Internet führt nun dazu, dass sich dieser »säkulare« Trend mit einem »virtuellen« Trend verbindet, in dem der Fern-Zugriff auf solche Technik etabliert wird. Da in manchen Gemeinschaften beide Entwicklungen gleichzeitig einsetzen, ist es nicht verwunderlich, dass diese Etablierung einer neuen Arbeitsweise in einer neuen Form eine »collaboratory«-Euphorie auslöst.

Der Optimismus scheint allerdings überzogen, wenn man sich vergegenwärtigt, dass exzeptionelle Forschungstechnik meist nicht ungenutzt herumsteht, sondern eine knappe Ressource ist. Die kollektive Gerätenutzung – gleich ob auf der Basis von Reisen oder durch Fern-Zugriff – erfordert, dass das Gerät verfügbar ist. Verfügbar ist es nur, wenn es nicht durch seine Besitzer oder durch andere externe Gruppen genutzt wird *und* wenn die »Besitzer« Zeit für die Betreuung des Gerätes aufbringen können.[135] Die Laufzeit der Geräte ist meist eine knappe Ressource. Deshalb wird zum Beispiel der Zugang zu Großgeräten der Hochenergiephysik durch einen Peer review geregelt, in dem Forschungsgruppen Projektanträge einreichen, mit denen sie sich um Strahlzeiten bewerben. Sie müssen nachweisen, dass ihr Experiment wichtig genug ist, um die knappe Strahlzeit zu erhalten. Die limitierenden Faktoren für die Nutzung knapper Forschungstechnik verschwinden nicht, bloß weil der Fern-Zugriff technisch möglich wird. Der Fern-Zugriff auf Forschungstechnik wird deshalb durch dieselben Kriterien geregelt werden, das heißt durch die Qualität des Vorschlages, den Status des Bewerbers usw.

Gegenwärtig ist also noch nicht entscheidbar, ob der Fern-Zugriff auf Forschungstechnik zu neuen Praktiken und sozialen Strukturen führen wird, oder ob lediglich Reisen zu Kooperationspartnern teilweise durch Fern-Zugriff ersetzt werden. Letzteres wird in der Beschreibung des Fern-Zugriffs auf ein spezielles Mikroskop als Vorteil hervorgehoben:

At the National Center for Microscopy and Imaging Research (NCMIR), the primary instrument is an intermediate-high-voltage electron microscope (IVEM), one of the few in the United States available to the biological research community.

[…]

Access to and utilization of such specialized imaging instruments are impeded by the requirement that researchers must travel to the instrument site to perform their research.

[…]

By providing remote access to instruments and computation, researchers will have much more control over specimen preparation, data collection, and image processing while not under the time pressure of a limited visit. Moreover, long-term studies that now require multiple visits to a centralized resource will become more practical as they can be conducted at the researchers' convenience from their own laboratories. (Hadida-Hassan u. a. 1999: 235).

Zumindest in dem hier beschriebenen Fall ist klar erkennbar, dass die technische Innovation keine soziale Innovation ausgelöst hat, sondern in erster Linie Reisekosten und -zeit spart. Ein im Vergleich zu etablierten Praktiken der kooperativen Forschung neue Qualität entstünde, wenn eine ganze Gemeinschaft via Internet Zugriff auf die fortgeschrittene Forschungstechnik ihres

135 Eine gewisse Ausnahme bildet hier der Fern-Zugriff auf Computer, der auch ohne Eingriffe der »Besitzer« erfolgen kann.

Gebietes erhielte. In diesem Falle würden wir eine *Vergemeinschaftung der Erzeugung von Daten* erleben, also einen der zuvor diskutierten Vergemeinschaftung von Daten noch vorgelagerten Prozess. Ob sich solche Vergemeinschaftungsprozesse vollziehen, bleibt abzuwarten.

Selbst wenn der Fern-Zugriff auf Forschungstechnik keine Veränderung des Produktionsmodus wissenschaftlicher Gemeinschaften mit sich bringt, kann er eine signifikante Verbesserung der Forschungsbedingungen für Wissenschaftler in Entwicklungsländern mit sich bringen. Viele dieser Wissenschaftler haben keinen Zugang zu Forschungstechnik, die in entwickelten Ländern zur Standardausrüstung gehört. Online-Zugriff auf diese Forschungstechnik könnte Wissenschaftlern in Entwicklungsländern die Möglichkeit geben, Beiträge auf dem fortgeschrittenen Stand der jeweiligen Gemeinschaft zu produzieren. Es bleibt aber festzuhalten, dass das Eintreten neuer Wissensproduzenten in eine Gemeinschaft – so begrüßenswert es in diesem Falle wäre – keine Veränderung des Produktionsmodus bedeutet.

Zugriff auf Ressourcen außerhalb der Wissenschaft

Zu den interessanten Effekten des Internet gehört es, dass es keine technischen Kommunikationsbarrieren zwischen wissenschaftliche Gemeinschaften und nichtwissenschaftlichen Auditorien enthält. Diese Eigenschaft wird von einigen wissenschaftlichen Gemeinschaften ausgenutzt, um auf für die Wissensproduktion nutzbare Ressourcen zuzugreifen, die im Besitz von »Laien« sind. Auf ein solches Beispiel hatte ich bereits in Kapitel 4 hingewiesen: Die NASA clickworkers nutzen die Arbeitszeit von Laien, um den Mars zu kartographieren (siehe 4.2.3). Ein anderes Beispiele ist die Analyse der Proteinfaltung durch Wissenschaftler der Stanford Universität. Auf der Internetseite wird das Projekt »Folding@home« folgendermaßen erklärt

Folding@Home is a distributed computing project which studies protein folding, misfolding, aggregation, and related diseases. We use novel computational methods and large scale distributed computing, to simulate timescales thousands to millions of times longer than previously achieved. This has allowed us to simulate folding for the first time, and to now direct our approach to examine folding related diseases. (http://folding.stanford.edu)

Wer den Forschern der Stanford-University helfen möchte, kann ein Programm auf seinem Computer installieren, das einen Teil der Rechenkapazität des Computers für die Analyse von Proteinfaltungen nutzt. Das Programm ist in der Lage, innerhalb kurzer Zeit kleine nützliche Beiträge zu produzieren, die via Internet nach Stanford übermittelt werden und in das Gesamtprojekt integriert werden. Da die meisten Computer nur einen Bruchteil ihrer Rechenkapazität benötigen, um die von ihren lokalen Benutzern gestellten Aufgaben zu bearbeiten, handelt es sich um einen Zugriff auf Ressourcen, die sonst ungenutzt blieben.

Bei den NASA clickworkers binden die Wissenschaftler die Arbeit von Internetnutzer. Die Internetnutzer übernehmen Routineaufgaben, die so definiert und deren Ergebnisse so behandelt werden, dass sie ohne wissenschaftliche Ausbildung und ohne Zugriff auf den gemeinschaftlichen Wissensbestand ausgeführt werden können. Folding@home greift in erster Linie auf die Rechenkapazität der Internetnutzer zu. Es handelt sich um einen Fernzugriff auf die enorme weltweit installierte Rechenkapazität, die durch das Internet zugänglich ist. In beiden Fällen haben die Wissenschaftler ihre Ressourcen durch die Integration der Ressourcen von Laien in bislang unvorstellbarem Maße ausgeweitet. Sie mussten dazu einen Prozess der Wissensproduktion entwerfen, der die Grenzen ihrer wissenschaftlichen Gemeinschaft überschreitet. Wissenschaftliche Gemeinschaften, die Laien in ihre Wissensproduktion einbeziehen, sind nicht neu (Star/Griesemer 1989). Neu sind aber das Ausmaß der Beteiligung – an der Kartographierung des Mars arbeiten jetzt mehr Laien als Wissenschaftler – und im Falle der Proteinfaltung die Art der geleisteten Beiträge. Die Entwicklung der Personalcomputer und des Internet hat es möglich gemacht, dass für Arbeiten an der Forschungsfront unter anderem »Haushaltstechnik« genutzt werden kann.

Trotz der scheinbar nahtlosen Einbindung von Laien in die wissenschaftliche Arbeit werden diese nicht zu Mitgliedern der wissenschaftlichen Gemeinschaft. Ich hatte bereits bei der Diskussion des Projekts der NASA clickworkers festgestellt, dass es sich nicht um eine Produktionsgemeinschaft handelt, sondern um ein freiwilliges Unternehmen, dessen Produktionstechnologie nichtsdestotrotz die Züge einer hierarchisch organisierten Heimarbeit trägt. Auch bei der Proteinfaltung werden die »Aufgaben« der »Mitarbeiter« nicht von diesen selbst, sondern – vermittelt über Computerprogramme – von den Wissenschaftlern in der »Zentrale« festgelegt. Die Produktion nützlicher Beiträge durch die beteiligten Laien erfordert weder Verhandlungen noch »boundary objects« (Star/Griesemer 1989). Die mitarbeitenden Internetnutzer beziehen sich nicht auf den Wissensbestand der Gemeinschaft und können nicht autonom über ihre Beiträge entscheiden. Sie sind deshalb auch keine Mitglieder der Produktionsgemeinschaften. Selbst wenn sie sich als solche fühlen, wäre diese Wahrnehmung nicht durch den Bezug auf einen gemeinschaftlichen Wissensbestand erzeugt. Wir können aber den Zugriff auf die Ressourcen als eine *Vergemeinschaftung exogener Beiträge* ansehen.

Die »Open-Access«-Bewegung

Obwohl die Praktiken des Publizierens durch das Internet vermutlich nicht grundsätzlich verändert werden, zeichnet sich gegenwärtig eine interessante Entwicklung ab, deren Konsequenzen für das Wissenschaftssystem schwer absehbar sind. Die »Open-Access«-Bewegung stellt eine der Symbiosen von Produktionsgemeinschaften und Märkten in Frage, indem sie die gegenwärtigen Geschäftsgrundlagen kommerziellen Publizierens angreift.[136]

Mindestens seit dem Aufkommen des Buchdrucks benutzt die Wissenschaft Marktakteure und -prozesse für ihre öffentliche Kommunikation. Das bedeutet, dass ihr die Kontrolle über die Kosten für diese Kommunikation entzogen ist. In den letzten Jahren haben die stark steigenden Kosten für wissenschaftliche Publikationen (insbesondere Zeitschriften) Zugangsbeschränkungen entstehen lassen. Diese Beschränkungen und die durch das Internet gebotenen Möglichkeiten ließen eine Bewegung entstehen, die den freien Zugang zu Publikationen – »open access« – fordert.

Open access is real open access if:
1. The article is universally and freely accessible, at no cost to the reader, via the internet or otherwise, without embargo.
2. The author or copyright owner irrevocably grants to any third party, in advance and in perpetuity, the right to use, copy or disseminate the article in its entirety or in part, or to make derivative works, in any format or medium, for any purpose, provided that correct citation details are given ...
3. The article is deposited, immediately, in full and in suitable electronic form, in at least one widely and internationally recognized open access repository committed to open access and long-term preservation for posteriority ... (Velterop 2003: 168)

Mittlerweile sind zahlreiche »open-access«-Zeitschriften entstanden. Ein entsprechendes kommerzielles Modell, in dem die Autoren die Kosten für den Publikationsprozess tragen, ist vorgeschlagen worden. Die Herstellungskosten für »open-access«-Zeitschriften sind geringer, da keine Papierexemplare hergestellt werden. Das teuerste Element des Publikationsprozesses, der Peer review (Williamson 2003: 16), würde allerdings erhalten bleiben.

---

136 Wissenschaftliche Gemeinschaften haben seit jeher in Symbiosen mit anderen kollektiven Produktionssystemen existiert. Die wichtigsten Symbiosen aus Produktionsgemeinschaften und Märkten sind die Herstellung von Forschungstechnik und -materialien und die Publikation von wissenschaftlichen Ergebnissen. In beiden Fällen haben die jeweiligen Märkte eine Dienstleistungsfunktion für die Wissensproduktion, die umgekehrt die Existenz der Marktakteure ermöglicht. Die Industrieforschung repräsentiert eine Symbiose von Produktionsgemeinschaften mit produzierenden Organisationen. Auf die neue Symbiose von Produktionsgemeinschaften und dem Markt für intellektuelle Eigentumsrechte werde ich im nächsten Abschnitt ausführlich eingehen.

Mittlerweile haben sich auch die großen deutschen Wissenschaftsorganisationen in der »Berliner Erklärung« vom 22. Oktober 2003 der »open-access«-Bewegung angeschlossen (http://www.zim.mpg.de/openaccess-berlin/BerlinDeclaration_dt.pdf). Wenn sich das »open-access«-Modell durchsetzt, dann bleibt zwar die Grundstruktur der Publikationspraktiken in der gemeinschaftlichen Wissensproduktion erhalten, da auch das open-access-Modell auf begutachteten Zeitschriftenaufsätzen beruht. Die bisherige Symbiose aus wissenschaftlichen Gemeinschaften und Zeitschriftenmarkt wird sich aber grundsätzlich wandeln. Obwohl verschiedene Geschäftsmodelle für »open access«-Zeitschriften in der Diskussion sind, soll ja deren Zweck gerade darin bestehen, finanzielle Barrieren zu beseitigen. Es scheint zwar möglich, Zeitschriften kostenneutral zu publizieren, indem man sie durch die Autoren finanzieren lässt. Dass dieses Modell jedoch ebenso gut in eine Quelle von Profit verwandelt werden kann wie das jetzige, ist eher unwahrscheinlich. Nur unter der letztgenannten Bedingung ist jedoch eine stabile Symbiose von Markt und Produktionsgemeinschaft möglich.

Wenn wir die beschriebenen Wirkungen des Internet Revue passieren lassen, dann wird deutlich, dass die dem Internet inhärente Öffentlichkeit Vergemeinschaftungsprozesse in der Wissensproduktion auslösen kann. Eine notwendige Bedingung gemeinschaftlicher Produktion ist die öffentliche Zugänglichkeit von Gegenstand und Mitteln der Produktion. Dieser öffentliche Zugang wird in bestimmten Bereichen durch technische und soziale Barrieren eingeschränkt, die durch traditionelle Kommunikationsmedien und nicht durch den Produktionsmodus erzeugt werden. Wo dies der Fall ist, bietet das Internet mit seinem »Öffentlichkeitspotenzial« eine Möglichkeit, Vergemeinschaftungsprozesse voranzutreiben. Dies wird am Beispiel der »open-access«-Bewegung deutlich, die eine Reaktion der wissenschaftlichen Gemeinschaften auf die den Marktprozessen geschuldete abnehmende Öffentlichkeit des gemeinsamen Wissensbestandes ist. Die »open-access«-Bewegung nutzt das »Öffentlichkeitspotenzial« des Internet, um diese Öffentlichkeit (wieder) herzustellen, was eine teilweise Entkopplung der wissenschaftlichen Kommunikation von Marktprozessen impliziert.

5.2 Hybridisierung von Produktionsgemeinschaften und Märkten durch intellektuelle Eigentumsrechte

Eine zweite aktuelle Entwicklung im Wissenschaftssystem, die gegenwärtig intensiv diskutiert wird, ist die rapide Vermehrung von intellektuellen Eigentumsrechten an wissenschaftlichem Wissen.[137] Die Wissenschaftssoziologie hat zu dieser Diskussion bislang wenig beigetragen. Es gibt einzelne auf Interviews oder Beobachtungen basierende Studien, die sich vor allem mit den Reaktionen der Wissenschaftler auf die neuen Bedingungen beschäftigen, insbesondere mit Praktiken der Geheimhaltung oder mit der Konstruktion von Patenten (Cambrosio u. a. 1990; Mackenzie u. a. 1990; Kleinman 1998; 2001) Das Fehlen einer Makrotheorie, die Wissenschaft, Markt, und Innovationsprozesse auf demselben Abstraktionsniveau zu analysieren vermag, hat aber bislang eine theoretische Behandlung des Problems verhindert.

Ich möchte in diesem Abschnitt zeigen, dass die Behandlung der Ausbreitung von intellektuellen Eigentumsrechten als Konflikt der sozialen Ordnungen »Produktionsgemeinschaft« und »Markt« die Möglichkeit bietet, die aktuellen Prozesse zu erklären und in gewissen Grenzen Trends vorauszusagen. Mein zentrales Argument ist, dass die Inkompatibilität der beiden sozialen Ordnungen ein dynamisches Gleichgewicht entstehen lässt. Um dieses Gleichgewicht aufrechtzuerhalten, werden Marktakteure die Praktiken von Produktionsgemeinschaften und Wissensproduzenten die Organisationsform von Marktakteuren annehmen.

Der Versuch einer theoretischen Erklärung setzt zunächst eine Bestimmung dessen voraus, was als neue Entwicklung angesehen werden kann. Das wird dadurch erschwert, dass die neuen Prozesse sich auf den ersten Blick nicht von zwei traditionelle Symbiosen zwischen Wissenschaft und Wirtschaft unterscheiden. *Forschung in Unternehmen* ist eine Symbiose der Produktionssysteme Gemeinschaft und Organisation, die es der Produktionsorganisation gestattet, das Wissen der Gemeinschaft zu absorbieren und für ihre Produktionsprozesse zu nutzen. *Auftragsforschung* und *intellektuelle Eigentumsrechte* beruhen auf Symbiosen von Produktionsgemeinschaften mit Märkten, in der Produkte und Leistungen der Gemeinschaft Warenform annehmen und damit in den Markt eingespeist werden können. Die Beziehungen der Produktionsgemeinschaften zu formalen Organisationen und Märkten sind jeweils symbiotisch, weil die Wirtschaft das für Innovationen notwendige Wissen und die

---

137 Dieser Abschnitt beruht auf einer Expertise für das Bundesministerium für Bildung und Wissenschaft, deren Erarbeitung durch das Programms »science policy studies« gefördert wurde und deren wichtigste Ergebnisse publiziert wurden (Gläser 2003a).

Wissenschaft zusätzliche Ressourcen erhalten. Diese Symbiosen sind spätestens seit der zweiten Hälfte des 20. Jahrhunderts zu beobachten (zur Auftragsforschung siehe zum Beispiel Amann u. a. 1985; Geiger 1988; zu Grundlagenforschung in Unternehmen Nelson 1959: 298; Rosenberg 1990: 165f.; zu Patenten auf Forschungsergebnisse Etzkowitz 1994).

Innerhalb dieser klassischen Symbiosen lassen sich zwei neue Trends identifizieren, die gegenwärtig – einander wechselseitig fördernd – die Grundlagenforschung einiger Wissenschaftsgebiete tiefgreifend verändern.[138] Erstens erleben wir, dass Unternehmen *Grundlagenforschung als eine unmittelbar kommerzielle Aktivität* betreiben. Bis Mitte der 80er Jahre hatte Grundlagenforschung die kommerziellen Aktivitäten des Unternehmens lediglich vorbereitet und unterstützt: sie generierte Innovationen und unterstützte sie, machte das Unternehmen aufnahmefähig für Forschungsergebnisse und erhöhte seine Reputation in wissenschaftlichen Gemeinschaften (Rosenberg 1990: 170f.; Hicks 1995: 409–412). Neben diese klassischen Funktionen tritt gegenwärtig eine neue, unmittelbar kommerzielle: Grundlagenforschung soll verkaufbares Wissen produzieren. In den letzten zwei Jahrzehnten sind – insbesondere, aber nicht nur im Bereich der Biotechnologie – Unternehmen entstanden, deren einziger Leistungsprozess die Forschung ist und die Wissen für den Verkauf produzieren. Das wohl bekannteste Beispiel für diesen Unternehmenstyp ist Celera Genomics, ein 1998 gegründetes US-Biotech-Unternehmen, das mit dem öffentlich geförderten Human Genome Project um die Sequenzierung des menschlichen Genoms konkurrierte (Buss/Wittke 2001: 140–143). Die Ursachen für das Entstehen solcher Unternehmen und die Dynamik ihrer Märkte sind bislang kaum erforscht worden. Vermutet werden:

– das »outsourcing« der aufwendigen und hochriskanten Suche nach neuen Wirkstoffen durch große Pharmaunternehmen (Pavitt 2001: 772; Smith 2002),
– ein Übergang von trial-and-error-Praktiken zu theoriegeleitetem Design von Innovationen (Arora/Gambardella 1994),
– stark gesunkene Kosten des Experimentierens (Pavitt 2001: 772),
– die Entstehung neuer Wissenschaftsgebiete, die neue Möglichkeiten für Anwendungen bieten (Mahdi/Pavitt 1997; Koumpis/Pavitt 1999) und

---

138 Trotz der verbreiteten Kritik an dem Begriffspaar Grundlagen- und Anwendungsforschung repräsentiert es noch immer eine nützliche Unterscheidung. Grundlagenforschung wird hier als Forschung verstanden, deren Probleme, Vorgehensweisen und Problemlösungen auf den Fortschritt eines Wissenschaftsgebietes bezogen sind. Grundlagenforschung kann sich in Anwendungskontexten vollziehen, das heißt zur Lösung wissenschaftsexterner Probleme beitragen (Gläser 2000).

– die Dynamik von Kapitalmärkten, insbesondere die Suche von Anlage-
möglichkeiten für Risikokapital (Rosenberg 1990: 168; Merges 1996: 156f.;
Eisenberg 1997: 13f.; Coriat/Orsi 2002: 1500).

Für diese neuen Firmen ist Grundlagenforschung nicht mehr die Grundlage
für später auf dem Markt realisierte Innovationen, sondern ein verkaufbares
Produkt. Damit verändern sich die Akteurkonstellationen in wissenschaftlichen Gemeinschaften, in denen nun nicht mehr nur Individuen agieren, sondern mit Firmen zunehmend auch korporative Akteure. Diese Firmen arbeiten an zentralen Themen einiger Fachgemeinschaften, sind häufig besser mit
Ressourcen ausgestattet als die öffentlich finanzierte Forschung und offerie-
ren Wissen, das für den weiteren Fortgang der Forschung notwendig ist. Ihre
kommerziellen Interessen beginnen, die betroffenen Gemeinschaften zu prägen. So gewährte ein Unternehmen Zugang zu seinen Gen-Datenbanken,
wenn ihm die Manuskripte von aus dem Gebrauch entstehenden Publikationen vor der Veröffentlichung vorgelegt werden (Science 1994). Ein anderes
Unternehmen stellte Geld bereit, damit Forschungsergebnisse in öffentlich
zugänglicher Form produziert werden, weil es sonst kumulierte Lizenzgebüh-
ren in prohibitiver Höhe zahlen müsste (Marshall 1997). Ein drittes Unternehmen publizierte in »Science«, weigerte sich aber, die Daten in der von der
Zeitschrift geforderten Form zugänglich zu machen (Brickley 2002). Diesen
unterschiedlichen Strategien ist gemeinsam, dass sie für den Fortgang der
Grundlagenforschung notwendiges Wissen betreffen, dass also die Politik der
Firmen die Wissensproduktion der Gemeinschaft beeinflusst.

Ein zweiter neuer Trend ist die sich ausweitende *Patentierung von Ergebnissen der Grundlagenforschung.* Ergebnisse der Grundlagenforschung zu patentieren
ist heute so attraktiv und einfach wie nie zuvor. Die Anreize für die Patentierung wurden in den USA insbesondere durch den Bayh-Dole Act aus dem
Jahre 1980 und nachfolgende Gesetzgebungen erhöht (Eisenberg 1994: 635–
639; Etzkowitz/Stevens 1998: 224f.; Rai 1999: 95–100; Coriat/Orsi 2002:
1493–1499). Universitäten dürfen nun Ergebnisse der öffentlich geförderten
Forschung patentieren und sind verpflichtet, die Einkünfte aus Lizenzen mit
den Erfindern zu teilen. Außerdem wurden Restriktionen für die Lizenzie-
rung aufgehoben. Wegen des neuen Anreizsystems werden Forschungsergebnisse heute patentiert, wann immer auch nur einer der an einem Forschungsprozess beteiligten Akteure (Wissenschaftler, Universitäten, Staatliche
Geldgeber, Industrie) das wünscht. Deutschland und andere Europäische
Länder sowie Japan sind auf demselben Weg (Agres 2002; Cyranoski 2002).

Die Etablierung eines neuen Anreizsystems wurde in den USA von einer
Veränderung des Patentrechts und der Patentierungspraxis begleitet, in deren

Folge die Patentierung von Ergebnissen der Grundlagenforschung kaum noch Beschränkungen unterworfen ist (Rai 1999: 94–109; Coriat/Orsi 2002: 1095–1099). In den USA sind alle Anforderungen an patentierbare Sachen reduziert worden:

– Anders als in den siebziger Jahren sind heute lebende Organismen (Kevles 1998; Coriat/Orsi 2002: 1497f.) und mathematische Algorithmen (Samuelson 1990: 1092–1094; Rai 1999: 103; Coriat/Orsi 2002: 1495–1497) patentierbar.

– Es reicht heute aus, den Nutzen einer patentierbaren Sache zu vermuten, da die Rechtssprechung akzeptiert, dass ein solcher Nutzen überhaupt nur nach weiterer Forschung gefunden werden kann. Deshalb sind heute Genfragmente »unbekannter Funktion« patentierbar (Rai 1999: 106f.). Jensen und Thursby konstatieren in ihrer Untersuchung den »embryonalen Charakter« von mehr als 80 Prozent der durch die befragten Universitäten patentierten Erfindungen (Jensen/Thursby 2001: 243).

– Auch die Forderung, dass eine Erfindung »nicht offensichtlich« sein darf, wurde abgeschwächt. Damit im Patentrecht etwas als »Stand der Forschung« (und damit als nicht patentierbar) gilt, muss es tatsächlich *probiert* und geschlossen in einer Publikation dargestellt worden sein, während in der Grundlagenforschung auch etwas, was offensichtlich aus verstreuten Publikationen *folgt*, als Stand der Forschung gilt (Cambrosio u. a. 1990: 284; Mackenzie u. a. 1990: 77). Die oben erwähnten Genfragmente können weiterhin patentiert werden, obwohl sie in der Natur vorkommen und die Methode ihrer reinen Darstellung seit 1991 publiziert ist (Rai 1999: 107f.).[139]

Diese Veränderungen haben zu einer explosionsartigen Vermehrung von intellektuellen Eigentumsrechten in der biowissenschaftlichen und medizinischen Grundlagenforschung geführt. Einige Gebiete sind regelrecht mit intellektuellen Eigentumsrechten »durchsetzt«, und die Berücksichtigung solcher Rechte gehört zum Forschungsalltag der akademischen wie der Industrieforschung. Die politische Begründung für die Ausweitung der Patentierung lautet, dass sie eine unerlässliche Bedingung für den Technologietransfer sei (zum Beispiel Nelsen 1998). Empirische Studien haben aber festgestellt, dass nur wenige Technologietransfers auf Patenten aufbauen, und dass der Zuwachs an

---

139 Wissenschaftler empfinden die Kriterien »Neuheit« und »Nicht-Offensichtlichkeit« im Patentrecht als weniger streng als die diesbezüglichen Standards ihrer wissenschaftlichen Gemeinschaft (Packer und Webster 1996: 436). Einem Wissenschaftler war es sogar peinlich, Erfinder geworden zu sein: »I am in bit of an awkward position because I had to be an inventor on this because I suggested they do it, but it is so obvious from the literature and it is so derivative that I am absolutely surprised it issued.« (ebd.)

Patenten vor allem ein Zuwachs ungenutzter Patente ist (Henderson u. a. 1998: 108f.; Agrawal/Henderson 2002: 47–53; Mowery u. a. 2004). Kritiker der Entwicklung beklagen vor allem die um sich greifende Geheimhaltung von Forschungsergebnissen vor der Patentierung und deren negative Auswirkungen auf das Tempo des wissenschaftlichen Fortschritts sowie auf Innovationen (Booth 1989; Marshall 1997; Brickley 2002; Owen-Smith/ Powell 2002). Hinzu kommt, dass selbst patentierte und damit veröffentlichte Ergebnisse nicht »frei« sind, da die Patente die Verwendung des patentierten Wissesn kontrollieren. Dieser unten ausführlicher diskutierte Aspekt illustriert die Rolle, die neues Wissen in der gemeinschaftlichen Produktion spielt – etwas zu *wissen* ist häufig nutzlos, wenn man es nicht *verwenden* darf.

Beide beschriebene Trends sind heute vor allem in der biomedizinischen Grundlagenforschung zu beobachten. Es sind aber keine prinzipiellen Hindernisse für eine Ausdehnung auf andere Wissenschaftsgebiete zu sehen. Wenn die genannten Annahmen über die Ursachen der Entwicklungen zutreffen, dann bedarf es lediglich hinreichender Hoffnungen auf das kommerzielle Potenzial eines Wissenschaftsgebietes, um die Bewegung von Kapital in Richtung Grundlagenforschung auszulösen. Diese Kapitalbewegung sollte dann die Entstehung von Firmen, die Wissen verkaufen, und die Patentierung von immer mehr Forschungsergebnissen nach sich ziehen.

Wenn wir die beiden neuen Trends unter dem Gesichtspunkt alternativer Produktionssysteme betrachten, wird erkennbar, dass sie ein Vordringen von Marktbeziehungen in die Grundlagenforschung beinhalten. Immer mehr Beiträge in der gemeinschaftlichen Wissensproduktion erhalten Warenform, indem sie als verkaufbares Wissen geheim gehalten oder mit intellektuellen Eigentumsrechten versehen werden. Das geschieht nicht mit dem gesicherten, durch Verwendung geprüften und in den gemeinsamen Wissensbestand eingefügten Wissen, sondern mit neuen Beiträgen, deren Rolle im gemeinsamen Wissensbestand noch nicht feststeht. Diese Beiträge sind noch relativ unbestimmt, da der Kontext, in den sie gestellt werden, noch nicht feststeht, sondern ständig durch neu hinzukommende Beiträge verändert wird. Damit Marktbeziehungen für den Handel mit diesen Beiträgen etabliert werden können, müssen sie zu Tauschobjekten gemacht werden, indem exklusive und übertragbare Eigentumsrechte an den Beiträgen etabliert werden und ein Preis für den Beitrag vereinbart wird.

Diese Darstellung der Eigenschaften von Beiträgen zum gemeinschaftlichen Wissen und von Tauschobjekten lässt bereits vermuten, dass sie nicht ohne Reibung koexistieren können. Das wird noch deutlicher, wenn wir uns vergegenwärtigen, dass die Öffentlichkeit aller Beiträge eine Grundbedingung gemeinschaftlicher Produktion ist. Im Kontext gemeinschaftlicher Produktion haben Forschungsergebnisse ein *wissenschaftliches Potenzial*, weil sie zur Produktion neuen Wissens beitragen können. Dieses Potenzial kann aber nur realisiert werden, wenn die Forschungsergebnisse publiziert und damit in ein *öffentliches Gut* verwandelt werden. Öffentliche Güter sind dadurch charakterisiert, dass ihre Konsumtion durch einen Akteur die Konsumtion durch andere Akteure nicht beeinträchtigt und niemand von ihrer Konsumtion ausgeschlossen werden kann (Dasgupta/David 1994: 493; Ostrom 2002: 29–31).

Im Kontext des Produktionssystems Markt haben Forschungsergebnisse ein *ökonomisches Potenzial*, das heißt, sie können direkt durch Verkauf oder indirekt via Innovationen Profit erbringen. Dieses Potenzial ist erschöpfbar, das heißt, seine Nutzung durch einen Akteur beschränkt die Nutzungsmöglichkeiten für andere Akteure. Wer dieses ökonomische Potenzial realisieren will, muss Forschungsergebnisse in ein *privates Gut* verwandeln und andere Akteure von der Nutzung ausschließen. Die Wissensproduzenten bewegen sich in beiden Produktionssystemen zugleich, und ihre Praktiken des Umgangs mit Forschungsergebnissen haben in beiden Produktionssystemen Konsequenzen. Die von den Wissensproduzenten angebotenen Beiträge können aber nicht zugleich öffentliche und private Güter sein. Solange die beiden Produktionssysteme voneinander unabhängig waren und lediglich in den beschriebenen Symbiosen interagierten, konnte Wissen in der Wissenschaft als öffentliches Gut und seine Anwendung in der Wirtschaft als privates Gut behandelt werden. Heute beobachten wir eine *Hybridisierung von Produktionsgemeinschaften und Markt*, das heißt die gleichzeitige Anwendung beider Produktionsmodi auf dasselbe Wissen. Diese Produktionsmodi sind inkompatibel und haben unvereinbare Funktionsbedingungen. Daran entzünden sich die Konflikte.

Marktmechanismen als Hindernis für die gemeinschaftliche Produktion

Die Ausdehnung von Marktmechanismen auf die gemeinschaftliche Produktion beinhaltet den Ausschluss anderer Wissensproduzenten von der Nutzung des Wissens und den anschließenden Verkauf von Nutzungsrechten. Der ungehinderte Zugang zum Wissensbestand der Gemeinschaft, der eine Voraussetzung gemeinschaftlicher Produktion ist, wird dadurch unmöglich. In der Tat beziehen sich die meisten Klagen von Wissenschaftlern auf solche Zugangsbeschränkungen. Wissenschaftler sehen sich durch Patentverletzungsklagen bedroht (Wuethrich 1993; Merz u. a. 2002; Warner 2002) oder werden mit unannehmbaren Forderungen konfrontiert, wenn sie auf privat erzeugtes Wissen zugreifen wollen (Science 1994).

Bei der Beurteilung dieser Klagen der Wissenschaftler ist jedoch Vorsicht geboten, weil Forschungsergebnisse auch aus anderen Gründen geheim gehalten

werden. Campbell und andere haben gezeigt, dass Genetiker ihre Forschungsergebnisse vor allem deshalb nicht weitergeben, weil die Weitergabe sie ihres
wissenschaftlichen Vorsprungs berauben würde und (wenn es sich um Biomaterialien handelt) mit erheblichem Arbeitsaufwand verbunden ist (Campbell
u. a. 2002). Der ungehinderte Austausch von Daten und Forschungsmaterialien wird immer wieder zum Problem, und das nicht nur wegen kommerzieller Interessen (Baringa 1989; Cohen 1995; Blumenthal u. a. 1997; Hilgartner
1998: 206–210). Mit anderen Worten: Forschungsergebnisse sind schon
immer geheim gehalten worden, und das hat schon immer die Wissensproduktion verlangsamt, sie aber nie essenziell gefährdet.

Es muss also genauer beschrieben werden, welche neuen Entwicklungen
die kollektive Wissensproduktion gefährden können. Dafür bieten sich eine
Beobachtung und eine theoretische Überlegung an. Die Beobachtung ist, dass
immer häufiger nicht Forschungsergebnisse schlechthin, sondern bedeutende,
für die weitere Forschung unverzichtbare Wissensbestände (zum Beispiel
Datenbanken mit Gensequenzen) privatisiert werden. Firmen investieren zunehmend in die Produktion von Grundlagenwissen und entscheiden nach
kommerziellen Gesichtspunkten über seine Freigabe. Das macht die Qualitätskontrolle durch Benutzung – den zentralen Kontrollmechanismus gemeinschaftlicher Produktion – unmöglich. So führt zum Beispiel die Privatisierung
von Datenbanken dazu, dass die Speicherung und Pflege von Daten durch
einen korporativen Akteur realisiert wird. Damit wird die Pflege der Daten
von der Verwendung dieser Daten zur Erzeugung weiterer Daten separiert
(David 2000: 24), was die Qualitätskontrolle gemeinschaftlicher Produktion
außer Kraft setzt.

Die Kritiken der Wissenschaftler an den Zugangsbeschränkungen beziehen sich meist nicht auf diesen Mechanismus, sondern auf das »Elementarereignis«: Sie können ihre eigene Arbeit nicht fortsetzen, weil sie auf das private
Wissen zugreifen müssten (Brickley 2002). Dieses Problem entsteht nicht nur
aus der Privatisierung großer Segmente des Wissensbestandes wie zum Beispiel Gen-Datenbanken, sondern auch aus der Konzentration einer Vielzahl
kleiner unzugänglicher Beiträge in einem Gebiet. Die monate- und oder sogar
jahrelange Dauer von Vertragsverhandlungen über die Nutzung privatisierter
Forschungsmaterialien führt dazu, dass Wissenschaftler des Wartens müde
werden und sich anderen Themen zuwenden, statt auf den Beginn ihrer Forschung zu warten (Eisenberg 2001: 225, 233). Das könnte bedeuten, dass
Wissenschaftler beginnen, stark mit intellektuellen Eigentumsrechten durchsetzte Felder zu meiden.

Die empirischen Beobachtungen weisen darauf hin, dass privatisiertes
Wissen die gemeinschaftliche Produktion aufhalten oder in eine andere Rich-

tung lenken kann. Erinnern wir uns: Die gemeinschaftliche Wissensproduktion setzt voraus, dass der gesamte aktuelle Wissensbestand frei verfügbar ist. Mit dem Eintreten leistungsstarker kommerzieller Wissensproduzenten und der Produktion von Wissen als privates Gut wird diese Voraussetzung nicht mehr in Einzelfällen, sondern *systematisch und in großem Stil* untergraben. Nur so lässt sich auch erklären, dass Wissenschaftler wiederholt vorgeschlagen haben, privat produziertes Wissen noch einmal »öffentlich« zu produzieren – im Humangenom-Projekt, bezogen auf »expressed sequence tags« (Science 1994) oder bezogen auf »single nucleotide polymorphisms« (Marshall 1997).

Die theoretische Überlegung stammt von David (1998), der die Frage stellt, ob es ein kritisches Niveau der Geheimhaltung in einer wissenschaftlichen Gemeinschaft gibt, dessen Überschreitung die Produktion zusammenbrechen lässt. David modelliert die wissenschaftliche Gemeinschaft als Netzwerk und findet einen kritischen Schwellwert: Wenn die Zahl derer, die sich der offenen wissenschaftlichen Kommunikation entziehen, diesen Schwellwert übersteigt, dann kann die Gemeinschaft keinen Konsens mehr erreichen. Davids Ergebnis ist nicht überzeugend, weil er wissenschaftliche Gemeinschaften als Netzwerke mit einer konstanten Zahl gleichartiger Mitglieder modelliert. Das bedeutet aber nicht, dass man mit seiner Antwort auch die Frage zurückweisen sollte. Kann die Privatisierung des Arbeitsgegenstandes wissenschaftlicher Gemeinschaften ein Maß erreichen, dass die gemeinschaftliche Produktion in Frage stellt? Da diese Frage nicht sicher verneint werden kann, signalisiert sie einen dringenden Forschungsbedarf.

Gemeinschaftliche Produktion als Hindernis für Marktmechanismen

Die Unbestimmtheit der Beiträge (des neuen Wissens) und die »anarchischen« Praktiken der Verwendung dieses Wissens durch die Mitglieder der Gemeinschaft lassen die Versuche, mit Wissen zu handeln, immer wieder scheitern. Die inhaltliche Unbestimmtheit und Veränderbarkeit des angebotenen Wissens behindert seine Verwandlung in ein Tauschobjekt: Es ist keineswegs selbstverständlich, eindeutig und endgültig, was da gerade patentiert wurde. Ein instruktives Beispiel dafür ist die von Mackenzie, Keating und Cambrosio gestellte Frage, wie die Verletzung eines Patents auf monoklonale Antikörper überhaupt festgestellt werden könnte. Den Autoren zufolge gibt es dafür zwei Möglichkeiten: Die neuen Antikörper verletzen das Patent, wenn sie dieselbe Struktur besitzen wie die patentierten oder zu ihnen funktional äquivalent sind. Beide Möglichkeiten, die Verletzung eines Patents über monoklonale Antikörper festzustellen, sind aber streng genommen nicht gegeben. Es ist extrem unwahrscheinlich, dass die Produktion monoklonaler Antikörper durch einen »Patentverletzer« strukturell identische Antikörper erzeugen würde. Damit bleibt nur die funktionale Äquivalenz. Es ist aber überhaupt nicht klar, unter welchen Bedingungen die funktionale Äquivalenz zweier Antikörper behauptet werden könnte (Mackenzie u. a. 1990: 76).

Die Einbettung von Forschungsergebnissen in einen Wissensbestand hat auch zur Folge, dass das ökonomische Potenzial der patentierten »Erfindungen« nur in Kombination mit anderen Forschungsergebnissen realisiert werden kann. Beispiele dafür sind Genfragmente, deren Patentierung in den USA begonnen hat, oder Eiweißmoleküle (die in der Zelle als Rezeptoren für bestimmte Stoffe fungieren). Als das US-amerikanische National Institute of Health im Jahre 1992 tausende Genfragmente patentieren lassen wollte, gab es nicht nur einen Aufschrei der Forscher, sondern auch Kritik von Seiten der Industrie (Healy 1992: 666; Kiley 1992; Eisenberg 1994: 633–635). Solche Patente sind für sich allein genommen kommerziell nutzlos, denn sie bieten keinen ausreichenden Schutz für irgendein kommerzielles Produkt (Eisenberg 1994: 646). Potentielle Innovatoren müssen die Rechte an zahlreichen solcher kleinen Patente kaufen. Das kostet nicht nur Zeit, sondern ist auch teuer (Heller/Eisenberg 1998: 700f.). Ein großer Pharmakonzern hat deshalb Anfang der 90er Jahre erhebliche Summen in die Schaffung öffentlicher Gen-Datenbanken investiert, um die Patentierbarkeit der Gensequenzen zu unterlaufen (Marshall 1997: 1753). Gerade wenn für Innovationen viele »kleine« Forschungsergebnisse kombiniert werden müssen, scheint ein Pool öffentlich verfügbaren Wissens kostengünstiger zu sein als eine Vielzahl von Patents geringer Reichweite.

Die Verhandlungen über die Weitergabe von Forschungsmaterialien (zum Beispiel gentechnisch veränderter Versuchstiere) stoßen auf ein ähnliches Problem. Besitzer solcher Materialien verlangen als Gegenleistung für die Weitergabe häufig das Versprechen, eine exklusive Lizenz für Ergebnisse zu erhalten, die mit dem Forschungsmittel produziert werden. Das führt immer dann in ein Dilemma, wenn mehrere Materialien aus unterschiedlichen Quellen benötigt werden: »A user cannot promise an exclusive license to future discoveries more than once in the course of a research project before creating conflicting obligations. Even past promises of nonexclusive licenses would conflict with future promises of exclusive licenses to the same discoveries.« (Eisenberg 2001: 230f.)

Die unbestimmte Zukunft von Forschungsergebnissen ist eine weitere signifikante Hürde für die Anwendung von intellektuellen Eigentumsrechten: Die Verhandlungen über die Weitergabe von Forschungsmitteln scheitern immer wieder daran, dass die Besitzer versuchen, sich einen Anteil an möglichen späteren Erträgen zu sichern, ohne dass zum Zeitpunkt der Verhandlungen festgestellt werden kann, ob es solche Erträge überhaupt geben wird (Eisenberg 2001: 243–248).

Schließlich nimmt die Einbettung patentierten Wissens in einen Wissensbestand dem Eigentümer auch noch einen Vorteil, den die Patentinhaber »traditioneller« Erfindungen ausnutzen konnten. Im Unterschied zu traditionellen technologischen Produkt- und Prozessinnovationen enthalten Hightech-Produkte nahezu alle Informationen über ihre Herstellung. Diese »Mitteilungsbereitschaft« der Produkte bestimmt, wie schwierig das »reverse engineering« ist, das heißt die Analyse einer patentierten Sache mit dem Ziel, eine nicht durch Patente geschützten Herstellungsmethode zu finden. Software, Computer-Chips oder Produkte des genetic engineering sind in dieser Hinsicht »schwatzhaft«: Reichman beschreibt die Innovationen dieser Gebiete als »incremental innovation bearing know-how on its face« (Reichman 1989: 656) und kommentiert: »In short, today's most productive and refined technical innovations are among the easiest of all forms of industrial know-how to duplicate. Because each product of the new technologies tends to bear its knowhow on its face like an artistic work, each is exposed to instant predation when successful and is likely to enjoy zero lead time after being launched on the market.« (ebd.: 660)

Der Vergleich mit Kunstwerken hinkt insofern, als die Information streng genommen nicht in den High-tech-Produkten selbst steckt: Diese Produkte schwimmen gewissermaßen in einem öffentlich zugänglichen pool an Produktionswissen. Es ist die Wissens-Basierung der neuen Produkte, das heißt ihre Einbettung in den öffentlich zugänglichen Stand der Forschung (und das oft nur geringfügige Überschreiten dieses Standes), die sie so leicht kopierbar macht. Da neues Wissen unter Verwendung des existierenden öffentlich zugänglichen Wissens konstruiert wird, bieten die Produkte im Verein mit dem öffentlichen Wissen genügend Informationen für eine Kopie. Damit geht ein wichtiger zusätzlicher Schutz verloren, der intellektuelle Eigentumsrechte traditionell begleitet hat.

Mit der Fluidität und Multivalenz der Beiträge in der gemeinschaftlichen Wissensproduktion korrespondieren die anarchischen Praktiken der Verwendung von Wissen. Die Wissenschaftler entscheiden ja lokal und autonom auf der Grundlage ihrer Interpretationen des existierenden Wissens, wie sie die Beiträge anderer in ihren eigenen Forschungsprozessen verwenden. Kommerzialisierung beruht aber auf dem Versuch, die Verwendung von Beiträgen einzuschränken und zu kontrollieren. Der offensichtliche Widerspruch zwischen den beiden Praktiken äußert sich in erfolglosen Versuchen, Wissenschaftlern die Verwendungsweise von Wissen vorzuschreiben. Firmen, die ihnen gehörende Forschungsmittel an Universitäten weitergeben wollen, versuchen immer wieder, vertraglich festzuschreiben, wer die Forschungsmittel wofür benutzen darf. Ihre Verhandlungspartner auf der Universitätsseite wissen, das das nicht funktioniert:»... scientists have a tendency to get material for one purpose and use it for something else. Nobody knows about it.« (zitiert in Eisenberg 2001: 237). An der Vielfalt der Verwendungsmöglichkeiten des Wissens scheitert auch ein Kompromiss zwischen Markt und gemeinschaftlicher Produktion, der durch die Gewährung der »experimentellen Benutzung« von patentierten Forschungsergebnissen erreicht werden soll (siehe unten).

Es gelingt also dem Patentinhaber im Kontext der kollektiven Produktion nicht, sein Recht auf Steuerung der Nutzung seiner Erfindung durchzusetzen. Deshalb bietet sich als Alternative an, die Erfindung als Produktionsgeheimnis zu behandeln. Auch diese Form der Zugangsbeschränkung reibt sich jedoch an den Praktiken der kollektiven Wissensproduktion. Firmen, die Forschungsergebnisse geheim halten wollen, müssen mit zwei Risiken leben. Erstens ist die Gefahr groß, dass die durch die Firma beschäftigten Wissenschaftler das Geheimnis in Publikationen oder in der informellen Kommunikation preisgeben. So erscheint die Aussage von Hicks (1995: 408f.), Unternehmen könnten die Trennung zwischen privatem und öffentlichem Wissen erfolgreich gestalten, übermäßig optimistisch. Burk bestreitet, dass Unternehmen eine vollständige Kontrolle über die Unterscheidung zwischen öffentlichem und privatem Wissen haben. Zudem setze die Kontrolle der Publikationen die Firma einem Dilemma aus, weil die Wahrung von Produktionsgeheimnissen den Kommunikationsbedürfnissen der Wissenschaftler widerspräche (Burk 1994: 149). Die informelle Kommunikation der Wissenschaftler kann praktisch nicht kontrolliert werden (Hippel 1987; Kreiner/Schultz 1993). Rappert und Webster berichten zum Beispiel eine Ausdehnung des im akademischen Bereich üblichen Vertrauens auf kommerzielle Aktivitäten (Rappert/Webster 1997: 125).

Das zweite Risiko für die Firmen liegt im allgemeinen Fortschritt der Grundlagenforschung. In der Biotechnologie wird es immer schwerer, Produktionsgeheimnisse zu wahren, weil zahlreiche Akteure ständig auf dem Gebiet des Geheimnisses forschen. Firmen, die Ergebnisse der Grundlagenforschung geheim halten wollen, befinden sich deshalb in der ständigen Gefahr, dass jemand anders das »Geheimnis« in einem unabhängigen Forschungsprozess findet und veröffentlicht (Burk 1994). Anders als Patente sind Produktionsgeheimnisse gegen diese unabhängige Entdeckung nicht geschützt.

Die Ausnahme der »experimentellen Benutzung«

Ergebnisse der Grundlagenforschung können in einem Forschungsprojekt gleichzeitig als Rohstoff, Objekt der Prüfung, Bearbeitungsinstrument und Produkt fungieren. Nicht alle diese Verwendungen von Wissen im Forschungsprozess werden durch intellektuelle Eigentumsrechte gleichermaßen geschützt. In der US-amerikanischen Rechtssprechung zu Patentstreitigkeiten gibt es eine Kompromissformel, die versucht, die Verwendung in einer patentierten Sache im Kontext der Forschung freizugeben: die Erlaubnis der »experimentellen Benutzung«. Diese Erlaubnis wurde in den USA im Jahre 1813 durch Richter Story eingeführt, der in einer Urteilsbegründung anmerkte »… it could never have been the intention of the legislature to punish a man, who constructed such a machine merely for philosophical experiments, or for the purpose of ascertaining the sufficiency of the machine to produce its described effects.« (zitiert in Karp 1991: 2171)

Die Ausnahme erlaubt die Benutzung von durch Patent oder Copyright geschützten Sachen für Zwecke der Forschung (Eisenberg 1989: 1018f.; Karp 1991). Sie beruht auf der Annahme, dass man zwischen einer Verwendung ausschließlich für Forschungszwecke, einer Verwendung für Forschung mit kommerziellen Interessen und einer Verwendung zur Prüfung der patentierten Erfindung unterscheiden könne. Diese Unterscheidungen verschwinden, wenn es sich bei der patentierten Sache um Wissen der Grundlagenforschung handelt. Wenn Wissen der Grundlagenforschung wegen seines ökonomischen Potenzials patentiert wurde, dann wird dieses Wissen in der weiteren Forschung auf die oben beschriebene anarchische Weise verwendet, was die Abgrenzung der erlaubten von der unerlaubten Benutzung unmöglich macht. Wenn zum Beispiel Wissenschaftler eine Maus gentechnisch verändern, um mit ihr Substanzen auf ihre Wirksamkeit gegen Krebs zu testen, und eine solche Maus bereits patentiert ist, dann ergeben sich mehrere Möglichkeiten:

a) Es handelt sich um eine Patentverletzung, weil die veränderte Maus ein routinemäßig eingesetztes Forschungsmittel ist, das über den Markt bezogen werden kann.

b) Es handelt sich um eine Patentverletzung, weil die Maus in einer Forschung benutzt wird, die zu besseren, ebenfalls patentierbaren gentechnisch veränderten Mäusen führen soll.

c) Es handelt sich um einen Test, ob die Maus die im Patent behaupteten Eigenschaften besitzt, der unter die Klausel der »experimentellen Benutzung« fällt.

d) Es handelt sich einfach um eine Benutzung der Maus in der reinen Grundlagenforschung ohne kommerzielle Absichten, die ebenfalls unter die Klausel der »experimentellen Benutzung« fällt.

Das Faszinierende an Grundlagenforschung mit entfernter Anwendungsrelevanz ist, dass alle vier Möglichkeiten gleichzeitig wahr sein können. Umgekehrt kann dem Forschungsprozess meist nicht entnommen werden, ob nur einige der Möglichkeiten zutreffen, und welche das sind (siehe zum Beispiel Eisenberg 1989). Die Klausel der »experimentellen Benutzung« kann deshalb weder die Grundlagenforschung wirksam vor Klagen wegen Patentverletzung noch Patentinhaber vor Verletzungen ihrer Patente schützen.

Die beschriebenen Konflikte zwischen Markt und gemeinschaftlicher Produktion sind Ausdruck eines Spannungsverhältnisses, das durch das Vordringen von Marktbeziehungen in die gemeinschaftliche Wissensproduktion und durch die daraus entstehenden wechselseitigen Schädigungen der gemeinschaftlichen Wissensproduktion und der Marktbeziehungen charakterisiert ist. Wir beobachten eine neue Form des Marktversagens: Der Markt versagt nicht nur als Allokationsmechanismus für Ressourcen der Grundlagenforschung (Dasgupta/David 1994: 490f.), sondern auch als ordnender Mechanismus in der Wissensproduktion. Dadurch entsteht eine neue Konfliktlinie – kommerzielle Interessen und die Förderung des Technologietransfers oktroyieren der Grundlagenforschung Marktmechanismen, obwohl die notwendigen Bedingungen für deren Funktionieren dort nicht existieren.

Dieses Spannungsverhältnis manifestiert sich in Konflikten zwischen Akteuren mit unterschiedlichen Interessen, die versuchen, jeweils für Produktionsgemeinschaften oder für Märkte günstige Bedingungen zu schaffen. Kleinman und Vallas haben beobachtet, dass die Praktiken der Wissensproduktion in US-amerikanischen Universitäten denen der Industrie ähnlicher werden, während die Forschung in der Industrie »akademischer« wird, und diese »institutional convergence« unter anderem auf die Kommerzialisierung der Grundlagenforschung zurückgeführt (Kleinman/Vallas 2001). Es verändern sich aber nicht nur die traditionellen Akteure, sondern auch die Akteurkonstellationen. Neben der bereits erwähnten Teilnahme von Unternehmen, das heisst von korporativen Akteuren, an der gemeinschaftlichen Wissensproduktion lässt sich eine generelle »Korporatisierung« der Wissenschaft beobachten. Die Privatisierungstrends machen es immer häufiger notwendig, bindende Entscheidungen über die Aufrechterhaltung von Funktionsbedingungen des Wissenschaftssystems zu treffen. Beispiele dafür sind

– die Einigung US-amerikanischer Universitäten über eine Standardproze-
dur für den Austausch biologischen Materials, die kostenlos oder zum
Selbstkostenpreis erfolgen soll (UBMTA 1995),
– die Forderung der US-amerikanischen Universitäten nach strengeren Regeln zur Offenlegung finanzieller Interessen (Nature 2001), die Einführung solcher Regelungen durch Zeitschriften (Campbell 2001) und
– die Entscheidung führender Zeitschriften, Aufsätze nur noch zu
veröffentlichen, wenn die ihnen zugrunde liegenden Daten (zum Beispiel
Gensequenzen) in öffentlichen Datenbanken zugänglich gemacht werden
(Barinaga 1989; Brickley 2002).

Solche Entscheidungen werden durch korporative Akteure (Universitäten,
Förderorganisationen, Zeitschriften usw.) getroffen, deren Rolle in der Wissenschaft dadurch gestärkt wird. Wenn ein Wissenschaftler heute einen Aufsatz veröffentlichen will, dann kann es passieren, dass er mit fünf korporativen
Akteuren verhandeln muss: zunächst mit seiner Universität, einem Vertrags-
partner in der Industrie und einer Förderorganisation über die Patentierung,
dann mit einer Zeitschrift über die Offenlegung finanzieller Interessen und
die Veröffentlichung der Rohdaten und schließlich mit Interessenten an den
biologischen Materialien, die er in dem Artikel beschrieben hat.

Die Skizze der sozialen Ordnung in wissenschaftlichen Gemeinschaften
und die Beschreibung der Konflikte um die Privatisierung haben deutlich
gemacht, warum diese Korporatisierung nötig ist: Die Aufrechterhaltung der
Bedingungen gemeinschaftlicher Produktion bedarf heute einer kollektiven
Anstrengung. Produktionsgemeinschaften sind aber kaum kollektiv handlungsfähig, weil die Aufrechterhaltung der Produktion keiner zentralen Koordination bedarf und deshalb keine Koordinationsinstanzen ausgebildet werden, die die Mitglieder der Gemeinschaft bindende Entscheidungen treffen
können. Informelle Sanktionen abweichenden Verhaltens, eine traditionelle
Ressource wissenschaftlicher Gemeinschaften, sind bei korporativen Akteuren
weniger effektiv. Hinzu kommt, dass die Etablierung neuer formaler Regelungen (wie zum Beispiel der oben genannten) einen expliziten Entscheidungsprozess notwendig macht. Eine Gemeinschaft kann solche Entscheidungsprozesse nicht ohne korporative Akteure gestalten.

Die Korporatisierung der Wissenschaft wird begünstigt durch die Struk-
turreformen im Bereich der akademischen Wissensproduktion, die die Stel-
lung der formalen Organisation gegenüber dem einzelnen Wissenschaftler
stärken und sie in die Lage versetzen, die Wissenschaftler bindende Entscheidungen zu treffen. Das führt zu neuen Konflikten in den Organisationen,

zum Beispiel zwischen Wissenschaftlern und Managern in Universitäten (Eisenberg 2001: 239–243).

Die Wissenschaft muss heute ihre Produktionsbedingung »Offenheit« aktiv sichern und dafür formale Organisationen nutzen, die die Wissenschaftler bindende Entscheidungen treffen und mit der Wissenschaftspolitik und der Wirtschaft über geeignete Institutionen verhandeln. Der Konflikt zwischen Markt und gemeinschaftlicher Produktion kann allerdings dadurch nicht bewältigt, sondern nur immer wieder neu ausbalanciert werden.

5.3 Evaluationen als neue Rückkopplungsschleifen in der Wissenschaft

Die mittlerweile in der Wissenschaft allgegenwärtigen Evaluationen bilden eine hochsensible Berührungszone von Wissenschaft und Politik. Häufig ist umstritten, ob überhaupt evaluiert werden sollte, ob Evaluationsergebnisse die Leistungen der evaluierten Einrichtungen, Wissenschaftsgebiete oder Personen »korrekt« widerspiegeln, und ob die aus den Evaluationen folgenden Entscheidungen angemessen sind. Ich möchte im Folgenden Ursachen, Mechanismen und Wirkungen der sich ausbreitenden Evaluationen diskutieren. Dabei geht es mir wieder um die Frage, ob – und wenn, auf welche Weise – dieser neue Trend die gemeinschaftliche Wissensproduktion zu verändern vermag.

Analysiert man die Ursachen für die zunehmende Anwendung von Evaluationen, dann wird ein Unterschied zwischen den *Begründungen* und den *Gründen* für die Nutzung von Evaluationen sichtbar. Die Anwendung von Evaluationen wird für gewöhnlich mit der Notwendigkeit begründet, knappe Ressourcen »gerecht« oder mit dem größtmöglichen Nutzen zu verteilen. Es sei unmöglich, den gesamten durch die Wissenschaft geäußerten Ressourcenbedarf zu decken. In dieser Situation scheint es am vernünftigsten, die leistungsfähigsten Einheiten bevorzugt mit Ressourcen auszustatten, weil diese die besten Forschungsergebnisse und mithin die beste Effizienz des Ressourceneinsatzes erwarten lassen. Als ein zweites Argument wird die Notwendigkeit angeführt, die Wissenschaftspolitik transparent und kontrollierbar zu gestalten. Die staatliche Forschungsförderung vergibt Steuergelder, und der sorgfältige Einsatz dieser Gelder mit dem größtmöglichen Nutzen für die Gesellschaft ist gesetzlich vorgeschrieben. Um dies nachzuweisen, muss staatlich finanzierte Forschung in einer Art Erfolgskontrolle bewertet werden.

Diese Argumente sind von den bewerteten Forschungseinrichtungen aufgegriffen worden. Leistungsfähige Forschungseinrichtungen initiieren mitunter Evaluationen ihrer selbst, um ihre Qualität und damit ihre Finanzierungswürdigkeit nachzuweisen. Evaluationen haben ein Eigenleben gewonnen, und Ranglisten von Universitäten, Fachbereichen und Personen werden fast im gleichen Tempo produziert wie die Forschungsergebnisse, auf denen sie angeblich beruhen.

Weder diese Form der Leistungsbewertung noch ihre Rechtfertigung sind im Wissenschaftssystem erfunden worden. Sie wurden importiert. Der offensichtliche Weg führt von der sich rasch ausbreitenden Leistungsbewertung in der Wirtschaft zu neuen Formen der Leistungsbewertung als Teil der Reform der öffentlichen Verwaltung (»new public management«, James 2001; Green 2003; Steck 2003) und von dort zur Wissenschaftspolitik (Rappert 1995; Cozzens 2000). Dieser Diffusionsprozess wird durch radikale Abstraktionen gestützt. Die oben formulierten generellen Argumente abstrahieren von allen Besonderheiten der Bereiche, in denen Ressourcen verteilt oder Politiken gerechtfertigt werden müssen. Es wird unterstellt, dass die öffentliche Verwaltung tun muss (und kann), was die Wirtschaft tut, und dass die Wissenschaftspolitik tun muss (und kann), was anderen Politikbereiche und Bereiche der öffentlichen Verwaltung tun. Ob die Praktiken beim jeweiligen »Exporteur« funktionieren und ob sie unter den beim jeweiligen »Importeur« gegebenen Bedingungen funktionieren können, wird nicht diskutiert.

Dass ein ähnlicher Prozess nicht nur in, sondern auch zwischen Staaten abläuft, haben Meyer u. a. (1997) gezeigt. Ihre zentrale These lautet: »Many features of the contemporary nation-state derive from worldwide models constructed and propagated through global cultural and associational processes.« (ebd.: 144f.) Wechselseitige Abhängigkeiten, Konkurrenz und die Unterstützung von Transfers durch Weltorganisationen (und zum Beispiel durch vergleichende wissenschaftliche Analysen) führen zur Diffusion von Governance-Modellen und zu deren Implementation unabhängig von lokalen Bedingungen. Neuseeland und Italien haben erste Evaluationen nach dem britischen Vorbild der »Research Assessment Exercise« durchgeführt (Lorenzi 2004; TEC 2004; Silvani u. a. 2005). In Australien wird die Einführung eines ähnlichen Modells für 2008 erwartet.

Die Evaluation von Leistungen und Leistungsfähigkeit in der Forschung steht vor ähnlichen Problemen wie die Versuche, den Preis für intellektuelle Eigentumsrechte und Forschungsergebnissen zu bestimmen. Die Qualität von Beiträgen in der Wissensproduktion entscheidet sich im Prozess ihrer Rezeption durch die wissenschaftliche Gemeinschaft. Sie kann deshalb nur im Kontext dieser Rezeption beurteilt werden und unterliegt entsprechenden historischen Veränderungen. Wissenschaftliche Gemeinschaften beurteilen Beiträge implizit, indem sie sie (gegebenenfalls modifiziert) verwenden oder ignorieren. Wissenschaftler beurteilen ständig die Qualität von Beiträgen und die Leistungsfähigkeit von deren Autoren. Sie bilden sich eine Meinung über die Kollegen, deren Arbeit für ihre eigene relevant ist. Weder diese Meinungen der Wissenschaftler noch die impliziten Urteile der Gemeinschaft lassen sich problemlos in eine explizite Qualitätsbewertung übersetzen. Die gegenwärtige Lösung dieses Dilemmas besteht darin, zwei Elemente der gemeinschaftlichen Wissensproduktion – Peer review und Kommunikation – in Leistungsbewertungen zu übersetzen.[140] Beide Praktiken sind umstritten und Gegenstand einer kaum noch überschaubaren Literatur; ich will hier lediglich auf die zentralen Annahmen und Probleme eingehen.

Peer review

Der Peer review ist eine Praxis wissenschaftlicher Gemeinschaften, die vor allem bei der Verteilung von Ressourcen und bei der Publikation von Zeitschriftenaufsätzen zur Anwendung kommt (siehe 2.2.4 und 2.4). Ich habe bereits in Kapitel 2 kritisiert, dass der Peer review fälschlicherweise als Selektionsprozess angesehen wird, in dem »objektiv« die besten Projekte bzw. Manuskripte ausgewählt werden. Auswahl ist zweifellos eine wichtige Funktion des Peer review. Die wichtigste Funktion ist jedoch die kollektive Konstruktion der ausgewählten Beiträge. Die Antizipation des Peer review und die Interaktionen zwischen Autoren und Gutachtern beinhalten ein Abgleichen des Vorschlages mit den Perspektiven der Gemeinschaft, die im Peer review durch die individuellen Perspektiven der Gutachter repräsentiert werden. Was die Auswahlkriterien angeht, so sind die begutachtenden Wissenschaftler natürlich nicht in der Lage, einen objektiven wissenschaftlichen Standpunkt »der Gemeinschaft« zu vertreten. Gutachter wenden ihre je individuellen Perspektiven auf den gemeinsamen Wissensbestand, die in ihm enthaltenen Lücken und auf Qualitätsstandards der Gemeinschaft an. Diese Perspektiven sind nicht völlig idiosynkratisch, da sie in der Arbeit beständig mit anderen Perspektiven konfrontiert und abgestimmt werden. Sie werden aber durch die je individuelle Forschungsbiographie des Wissenschaftlers und durch seine lokale Arbeitsumgebung geprägt und sind deshalb notwendigerweise verschieden voneinander. Sie sind auch verschieden von einer »kollektiven« Perspektive der Gemeinschaft.

---

140 Für die Analyse eines weiteren wichtigen Indikators – der Drittmitteleinwerbung – siehe Laudel (2005).

In Evaluationsprozesse geht der Peer review in zwei Varianten ein. Die in der Wissensproduktion etablierten Begutachtungen von Projekten und Publikationen werden indirekt für Evaluationen genutzt, indem der Umfang eingeworbener Drittmittel oder die Zahl von begutachteten Zeitschriftenaufsätzen als Leistungsausweis verwendet werden. In beiden Fällen wird das Ausmaß von begutachteten und damit von der wissenschaftlichen Gemeinschaft akzeptierten Aktivitäten als Indikator für Leistung und Leistungsfähigkeit genutzt. Die wichtigste Anwendung des Peer review in der Evaluation ist aber seine direkte Nutzung als spezifisches Evaluationsinstrument durch die Berufung oder Wahl von Gutachtergruppen, die eine oder mehrere Forschungseinrichtungen bewerten. Diese Form ist die in Deutschland am weitesten verbreitete Variante der Evaluation von Forschungseinrichtungen. Die wichtigste Evaluationsinstanz ist der Wissenschaftsrat, der Einrichtungen oder Disziplinen ad hoc begutachtet und Empfehlungen zu deren Zukunft ausspricht. Eine andere, sich international rasch ausbreitende Form sind regelmäßige Evaluationen als Grundlage für Entscheidungen über die Finanzierung von Universitäten. Deren bekannteste ist die »Research Assessment Exercise«, die im Abstand von drei bis fünf Jahren in Großbritannien durchgeführt wird.[141] Der Kern dieser Evaluation ist die inhaltliche Bewertung von vier Publikationen jedes von den Universitäten nominierten Wissenschaftlers durch disziplinär strukturierte Gutachterausschüsse. Die Finanzzuweisung an eine Universität hängt von der Einstufung ab, die ihre Fachbereiche in dieser Evaluation erhalten haben.

Probleme des Peer review als Evaluationsverfahren ergeben sich beinahe zwangsläufig aus dessen Grundlagen und Vorgehensweise. Die beobachtete geringe Reliabilität des Peer review ist verständlich, wenn man sich vergegenwärtigt, dass bei der Begutachtung verschiedene individuelle Perspektiven aufeinanderprallen (siehe 2.2.4 und 2.4.2).[142] Es gibt keinen absoluten Maßstab für wissenschaftliche Qualität, der zur Grundlage eines »Gutachtertrainings« gemacht werden könnte. Auch die Beobachtung, dass der Peer review gute mainstream-Wissenschaft fördert, außergewöhnliche (riskante, die Mehrheitsmeinung in Frage stellende) Wissenschaft dagegen nicht, kann nicht

---

141 Das Intervall ist jetzt deutlich vergrößert worden. Die nächste »Research Assessment Exercise« wird im Jahre 2008 stattfinden, sieben Jahre nach der vorangegangenen. Sie kann auch gänzlich ausfallen, wenn die britische Regierung ihre Pläne verwirklicht und bis dahin ein auf quantitativen Indikatoren beruhendes Verfahren einführt.

142 Die geringe Übereinstimmung von Gutachtern im Peer review ist überzeugend durch Cole, Cole und Simon (1981) demonstriert worden. Für den Nachweis geringer Übereinstimmung im Peer review von Zeitschriftenaufsätzen siehe zum Beispiel Cicchetti (1991) und Campanario (1998a, b).

überraschen.[143] Die Ko-Konstruktion von Projekten und Publikationen führt zu einem Beitrag, der in verschiedenen individuellen Perspektiven als akzeptabel erscheint, was um so wahrscheinlicher ist, je stärker er sich dem mainstream annähert. Diese Eigenschaften des Peer review sind nicht suspendierbar. Wer den Peer review als Evaluationsinstrument anwendet, muss damit leben, dass er Extreme und Risiken nicht toleriert, sondern Beiträge »normalisiert« und dass unterschiedliche Gutachter unterschiedliche Bewertungen produzieren würden.

Auch die Akteurkonstellationen und Praktiken des Peer review sind nicht unproblematisch. Die Kompetenz der Gutachter und die Qualität des Begutachtungsprozesses sind selbst in den »kleinen« in die Wissensproduktion integrierten Peer reviews neuralgische Punkte. Als »Peer« wird angesehen, wer auf demselben Gebiet arbeitet wie der begutachtete Wissenschaftler und ihm fachlich mindestens ebenbürtig ist. Klagen über den Peer review bezweifeln häufig diese Eignung (Foltz 2000: 435–437). Werden wissenschaftliche Einrichtungen begutachtet, verschärfen sich beide Probleme: Die Gutachter müssen in der Lage sein, ein größeres Wissenschaftsgebiet zu überblicken, und sie müssen ganze Forschungsprogramme einschätzen können. Das macht die Begutachtung wissenschaftlicher Einrichtungen zu einer Aufgabe für die Elite, deren »Begutachtungskapazität« mit der wachsenden Nachfrage zum knappen Gut wird.

Schließlich sind auch die Praktiken der Gutachter selbst eine mögliche Quelle von Problemen mit dem Peer review. Ihre Vielfalt ist gewaltig und weitgehend unerforscht.[144] Es scheint aber einen Trend zur »Rationalisierung« des Peer review zu geben, der diesen zu einem quasi-bibliometrischen Evaluationsverfahren macht. Gutachter scheinen sich zunehmend auf »Kriterien zweiter Ordnung« zu verlassen, statt den Inhalt von Forschungen zu beurteilen (Gläser/Laudel 2005: 194f.). Damit verlieren synthetische und prospektive Dimensionen des Peer review an Gewicht.

Nutzung von quantitativen Merkmalen wissenschaftlicher Kommunikation

Da der formale Kommunikationsprozess der Wissenschaft öffentlich ist, können seine Artefakte (Publikationen) und deren Merkmale für eine unobtrusive Messung der wissenschaftlichen Leistungen genutzt werden, wenn sie nur in

143 Diese Eigenschaft des Peer review bestätigen Neidhardt (1988: 136; siehe auch Nature 2002) Chubin und Hackett (1990: 69) Travis und Collins (1991: 336), Horrobin (1996) und Berezin (1998). Siehe auch die Diskussion in 2.4.2 und 2.4.2.

144 Mir sind nur zwei empirische Studien bekannt, in denen das Entstehen von Qualitätsbewertungen in Gutachtergremien beobachtet wurde (Travis und Collins 1991; Langfeldt 2001).

irgendeinem Zusammenhang zur wissenschaftlichen Leistung stehen. Immer häufiger werden quantitative Maße der Publikationsaktivitäten – die Anzahl von Publikationen oder von Zitierungen – als Indikatoren der Leistungsmessung verwendet.

Gerade der Zusammenhang dieser Merkmale zur wissenschaftlichen Leistung ist jedoch umstritten, und die Validität der Indikatoren wird immer wieder in Zweifel gezogen. Da es keinen Standard wissenschaftlicher Qualität gibt, mit dem Ergebnisse des Peer review oder quantitative Indikatoren verglichen werden könnten, ist die Debatte über die Validität der Indikatoren prinzipiell nicht entscheidbar. Der aktuelle Stand der Diskussion lässt sich folgendermaßen zusammenfassen:

Publikationen messen eher den Umfang als die Qualität der Forschung. Obwohl die Anzahl von Publikationen mit Maßen für die Qualität (Preisen und Ehrungen, Peer review, Zitierungen usw.) korreliert, ist die Korrelation zu schwach und existieren zu viele Ausnahmen, als dass die Anzahl von Publikationen als ein Indikator für die Qualität der Forschung verwendet werden könnte. Insbesondere die von Cole und Cole (1967: 381f.) identifizierten »Massenproduzenten« (die viel publizieren, aber wenig zitiert werden) und »Perfektionisten« (die wenig publizieren, aber viel zitiert werden) stören die Korrelation von Volumen und Qualität. Dass die Anzahl von Publikationen dennoch häufig als Indikator verwendet wird, hat damit zu tun, dass sie das am wenigsten »ungerechte« Maß zu sein scheint, wenn Ergebnisse aus unterschiedlichen Wissenschaftsgebieten verglichen oder aggregiert werden sollen. Publikationen sind ein ubiquitäres Produkt von Forschung, und die spezifischen »Produktionsraten« der Fachgebiete weichen anscheinend weniger voneinander ab als die jeweiligen Zitationsraten. Um Publikationen als Qualitätsmaß verwenden zu können, werden deshalb häufig Qualifizierungen eingeführt und »begutachtete« Publikationen (Zeitschriftenaufsätze, die einem Peer review unterzogen wurden), Aufsätze in »guten« (viel zitierten) Zeitschriften usw. gezählt. Der Schluss vom Publikationsort eines Aufsatzes auf seine Aufnahme durch die wissenschaftliche Gemeinschaft ist aber sehr unsicher, und es ist zweifelhaft, ob die Validität des Indikators damit wirklich verbessert werden kann.

Zitierungen wurden erstmals von Cole und Cole zur Messung der Qualität von Zeitschriftenaufsätzen und deren Autoren eingesetzt (Cole/Cole 1967). Seitdem ist die Debatte darüber, in welchem Verhältnis die Anzahl der Zitierungen einer Publikation zu deren Qualität steht, nicht mehr abgerissen (siehe 2.5.2). Das Axiom der Zitierungsanalyse lässt sich wie folgt formulieren: Zitierungen geben »a good to even very good quantitative impression of at least one important aspect of quality, namely international impact« (van Raan 1996: 404). Voraussetzung dafür ist das Vorliegen einer hinreichenden Zahl von Publikationen.

Die Schwächen von Zitierungsanalysen liegen nicht so sehr in technischen Problemen, sondern im Fehlen eines Mikro-Modells, das den Zusammenhang zwischen Zitierungen und Einfluss präziser beschreibt als »mehr Zitierungen bedeuten mehr Einfluss«,[145] im Fehlen einer Vorstellung davon, welche Aspekte von Qualität *nicht* gemessen werden können, in Problemen der Zuschreibung von Qualität bei kollektiver Publikation und im retrospektiven Charakter von Zitierungsanalysen. Letzterer verdient genauere Beachtung: Um ein hinreichend genaues Bild vom Einfluss einer Publikation zu erhalten, gilt in der Bibliometrie ein »Fenster« von fünf Jahren als angemessen, das heißt die Erfassung aller Zitierungen, die eine Publikation im Erscheinungsjahr und in den vier folgenden Jahren erhalten hat. Deshalb können nur Publikationen, die zum Zeitpunkt der Evaluation mindestens fünf Jahre alt sind, in die Evaluation einbezogen werden. Bezieht man spätere Jahre ein, vergrößert sich der mögliche Fehler. Das lässt sich als Unschärfebeziehung der Bibliometrie formulieren: *Je aktueller eine Zitierungsanalyse, desto geringer ihre Validität.* Diese Unschärfebeziehung reflektiert die implizite, retrospektive, zeitabhängige Bewertungspraxis der wissenschaftlichen Gemeinschaften.

Beide Praktiken der Evaluation weisen also Schwächen auf, die ihre Eignung für die Bewertung der Qualität von Forschung einschränken. Diese eingeschränkte Eignung ist der Tatsache geschuldet, dass die Praktiken des Peer review, des Publizierens und des Zitierens in der gemeinschaftlichen Wissensproduktion nicht oder nicht primär evaluative Funktionen haben. Ihre Verwendung für eine exogene Qualitätsbewertung bedeutet, dass diese Praktiken dekontextualisiert und für den Zweck von Evaluationen rekontextualisiert werden. Was im Kontext von Evaluationen als Schwächen der Evaluationsmethoden erscheint, ist in Wirklichkeit Ausdruck der Schwierigkeit, die beschriebenen Praktiken in anderen als ihren Ursprungskontexten für Zwecke auszunutzen, für die sie nur partiell geeignet sind.

Idiosynkrasien und normalisierende Praktiken des Peer review sowie die Validitätsprobleme und die Unschärfebeziehung der Bibliometrie können durch keine Verfeinerung dieser Praktiken ausgeräumt werden. Deshalb gilt heute eine Kombination beider Praktiken als die beste Variante. Bibliometri-

---

145 So ist zum Beispiel die Annahme eines linearen Zusammenhangs zwischen der Anzahl von Zitierungen und der Qualität durch nichts begründet. Auch kann die Existenz einer kritischen Schwelle angenommen werden, von der an Zitierungen überhaupt erst einen Einfluss auf die Wissensproduktion der Gemeinschaft repräsentieren. Schließlich haben Zitierungs-Kontext-Analysen die Existenz unterschiedlicher Typen von Zitierungen bestätigt, ohne dass deren Häufigkeitsverteilung in das Modell eingeht.

ker haben schon immer darauf verwiesen, dass quantitative Leistungsmessungen nicht anhand eines einzigen Indikators erfolgen dürfen und überdies interpretationsbedürftig sind. Sie können mithin den Peer review informieren, ihn aber nicht ersetzen. Andererseits können quantitative Beschreibungen den Idiosynkrasien des Peer review entgegenwirken, weil sie – wenn im Widerspruch zum Urteil der Gutachter stehend – die Explikation von Qualitätskriterien und die Begründung von Urteilen anregen (van Raan 1996: 401; van Raan/van Leeuwen 2002; Weingart 2005: 121–124).

Obwohl die Validität von Peer review und bibliometrischen Analysen unvollkommen und nur in Grenzen verbesserbar ist, werden die Ergebnisse von Evaluationen mehrheitlich akzeptiert und dienen als Grundlage wissenschaftspolitischer Entscheidungen. Die verbreitetste »Übersetzungs«methode besteht darin, Rangordnungen der evaluierten Einheiten zu produzieren und auf der Grundlage dieser Rangordnungen selektiv zu finanzieren. Diese forschungspolitische Praxis reduziert erstens signifikant die Komplexität der Evaluation, indem sie mehrdimensionale Bewertungen in eindimensionale Rangordnungen und ungleiche Abstände in gleiche übersetzt. Zweitens ermöglicht sie es, die Selektivität von Finanzierungen als zusätzliche Dimension wissenschaftspolitischer Einflussnahme zu entwickeln. Insbesondere gebiert sie die Annahme, Wissenschaftspolitik könne das Wissenschaftssystem dadurch verbessern, dass sie die Selektivität der Finanzierung erhöht, das heißt eine immer kleinere Gruppe »bester« Organisationen auswählt, das heißt nur noch »exzellente« Einrichtungen finanziert. Diese Annahme ignoriert die Dynamiken des Wissenschaftssystems, die bislang nur unzureichend verstanden sind. Weder ist klar, welche Rolle die Existenz einer kritischen Masse von auf einem Gebiet arbeitenden Forschern für nationale Wissenschaftssysteme spielt (zum Beispiel für die Herausbildung nationaler wissenschaftlicher Gemeinschaften, siehe 2.7.5), noch gibt es gesichertes Wissen über die Bedeutung von Heterogenität für die Wissenschaftsentwicklung. Die Gefahren, die aus der wachsenden Selektivität der Forschungsfinanzierung in Großbritannien für die Vielfalt in der Wissenschaft entstehen, waren eines der Motive für eine Kritik von insgesamt elf wissenschaftlichen Gesellschaften und dem Verband britischer Universitäten:

Progress in research in the natural sciences, social sciences and humanities depends on diversity. Focusing research in only a small number of institutions or departments would be profoundly damaging for the sector, the economy and society as a whole. We strongly advise against further concentrations of research funding in UK universities as proposed in the Department for Education and Skills White Paper, The Future of Higher Education. (Joint statement 2003)

Diese Stellungnahme verweist zugleich auf ein Problem: Die Begeisterung für Evaluationen wächst, ohne dass das geringste Wissen über die Auswirkungen von Evaluationen auf die Inhalte der Wissensproduktion existiert. Das größte Wirkungspotenzial haben Evaluationen zweifellos, wenn sie Finanzierungsentscheidungen informieren, das heißt in der evaluationsbasierten Forschungsfinanzierung. Das Spektrum dieser Finanzierungsentscheidungen ist groß und reicht von der Finanzierung einzelner Forschungsprojekte aufgrund eines Peer review über Entscheidungen zur Besetzung von Stellen und die finanzielle Ausstattung von Forschungseinrichtungen bis hin zu Entscheidungen über die weitere Existenz von Forschungseinrichtungen. Die Wirkungen können unterschieden werden in direkte Wirkungen, die sich als Abbruch, Modifizierung oder Fortsetzung von Forschungen beschreiben lassen, und indirekte Wirkungen, die dadurch entstehen, dass Wissenschaftler die Abhängigkeit ihres nächsten Projekts, ihres Forschungsprogramms, ihres Gehalts oder ihrer gesamten Karriere von Evaluationen ihrer Arbeit wahrnehmen. Dabei erscheinen die direkten Konsequenzen der evaluationsbasierten Forschungsfinanzierung für die wissenschaftlichen Produktionsgemeinschaften als weniger gravierend, weil sie zeitlich und räumlich begrenzt sind. Lokale »Ausfälle« von Wissensproduzenten oder Vorhaben können auf der Ebene der Gemeinschaft dadurch kompensiert werden, dass das Wissen anderswo produziert wird. Die indirekten Konsequenzen, die durch Reaktionen auf veränderte institutionelle Bedingungen und die Antizipation ubiquitärer Evaluationen entstehen, können dagegen dauerhafte Veränderungen der Praktiken einer großen Gruppe von Wissenschaftlern auslösen und damit Veränderungen auf der Ebene der gemeinschaftlichen Produktion herbeiführen. Sie verdienen deshalb unsere besondere Aufmerksamkeit.

Weder die indirekten noch die direkten Konsequenzen der evaluationsbasierten Forschungsfinanzierung sind bislang auf eine Weise erforscht worden, die sicheres Wissen über solche Konsequenzen beitragen könnte. Das gilt ungeachtet der Tatsache, dass es zahlreiche empirische Studien und Erfahrungsberichte gibt, die negative oder positive Wirkungen behaupten bzw. solche Behauptungen zurückweisen. Am längsten und heftigsten ist die »Research Assessment Exercise« diskutiert worden, die vermutlich das älteste systematisch und regelmäßig im nationalen Maßstab angewendete evaluationsbasierte Finanzierumgsmodell ist. Die Diskussion über die »Research Assessment Exercise« illustriert zugleich das Grundproblem aller einschlägigen Studien. Um Konsequenzen der evaluationsbasierten Forschungsfinanzierung für die Wissensproduktion diskutieren zu können, muss man die Frage beantworten, ob unter den Bedingungen einer evaluationsbasierten Forschungsfinanzierung anderes Wissen produziert wird. Diese Frage verweist auf eine zentrale methodologische Schwierigkeit der Wissenschaftssoziologie: Die Handlungen in der Wissensproduktion sind in ihren Bedingungen, Inhalten und Ergebnissen einmalig, und die Bedeutung dieser Bedingungen, Inhalte und Ergebnisse wird im Zuge der weiteren Wissensproduktion beständig retrospektiv verändert. Das Fehlen einer verallgemeinerten Beschreibung der Bedingungen, Inhalte und Handlungen der Wissensproduktion und einer darauf gründenden Theorie der lokalen Mechanismen der Wissensproduktion macht es unmöglich zu extrapolieren, welches Wissen unter anderen Bedingungen produziert worden wäre. Die Ethnographien von Forschungsprozessen haben nicht nur die Makroebene der sozialen Ordnung wissenschaftlicher Gemeinschaften ausgeblendet, sie haben auch keine Theorie ihres selbst gewählten Gegenstandes – des individuellen Produktionsprozesses wissenschaftlichen Wissens – hervorgebracht.

Es ist deshalb im Moment nicht möglich festzustellen, welches Wissen ohne oder unter einem anderen System der evaluationsbasierten Forschungsfinanzierung produziert worden wäre. Die bisherigen Studien zur evaluationsbasierten Forschungsfinanzierung sind überhaupt nicht auf das Problem gestoßen, weil sie nicht versucht haben, die Frage nach den Wirkungen zu »operationalisieren«, das heißt in einzelne, durch Respondenten beantwortbare Fragen zu übersetzen. Statt dessen haben diese Studien die Frage unverändert an die »Untersuchungsobjekte« weitergereicht.[146] Diese Praxis führt dazu, dass man statt *empirischer Informationen* über den zu untersuchenden Prozess die *subjektiven Theorien der Respondenten* über den Prozess erhebt. Deshalb sind die Studien zu den Auswirkungen der »Research Assessment Exercise« auf die Forschungsinhalte nicht mehr als qualifizierte Meinungsumfragen unter Wissenschaftlern und Administratoren und präsentieren statistische Aggregate des Meinungsbildes. Diese Ergebnisse sind nicht völlig wertlos, weil ja Wissenschaftler wie alle Menschen aufgrund ihrer Wahrnehmungen und nicht aufgrund irgendeiner »wirklichen« Situation handeln.[147] Um aber die Wirkungen der evaluationsbasierten Forschungsfinanzierung auf die Wissensproduktion verstehen zu können, müssen wir wissen, wie die Wahrnehmungen der Wissenschaftler entstehen, und welche unbewussten Anpassungsprozesse sich vollziehen. Beides ist mit der bislang praktizierten Strategie nicht möglich.

---

146 Das gilt insbesondere für die quantitativen, auf Fragebögen beruhenden Studien. Die wenigen qualitativen Studien hätten bessere Möglichkeiten einer »Operationalisierung« geboten. Da sie keine ausreichenden Angaben über die verwendeten Methoden enthalten, muss offen bleiben, ob ein anderes Herangehen versucht wurde. Die Ergebnisse sind ähnlich fragwürdig wie die der quantitativen Studien (Gläser u. a. 2002: 4–15).

147 »If men define situations as real, they are real in their consequences.« (Thomas/Thomas 1928: 572)

Mit der nötigen Vorsicht behandelt, können die erhobenen Meinungen von Wissenschaftlern, Wissenschaftsmanagern, Herausgebern von Zeitschriften und Verlegern als erkenntnisleitende Hypothesen genutzt werden.[148] Wir stellen überdies fest, dass diese Meinungen mit den diskutierten Problemen der evaluativen Praktiken relativ gut übereinstimmen:

- Ungewöhnliche Forschung wird vermieden. Ungewöhnlich heißt nicht im mainstream liegend, riskant, interdisziplinär oder langfristig.
- Die Zyklen der evaluationsbasierten Forschungsfinanzierung gewinnen zunehmend Einfluss auf Publikationspraktiken. Es wird mehr und schneller publiziert, und das Erscheinungsdatum von Publikationen gewinnt Priorität gegenüber deren Qualität.
- Die Etablierung eines einzigen Qualitätsstandards – »international führend« – macht die Arbeit an national spezifischen Gegenständen unattraktiv.

Diese Effekte scheinen durch den Peer review und bibliometrische Evaluation gleichermaßen ausgelöst zu werden. In beiden schneidet gut ab, wer viele durch Viele akzeptierte Publikationen vorweisen kann, das heißt nichts Ungewöhnliches tut, das aber gut. Damit stellt sich aber die Frage, ob die evaluationsbasierte Forschungsfinanzierung überhaupt Wirkungen hervorzubringen vermag, die sich von denen des in der Wissenschaft seit längerem etablierten Peer review unterscheiden. Ich möchte abschließend ein theoretisches Argument dafür entwickeln, dass die evaluationsbasierte Forschungsfinanzierung in der Tat ein neues Element in die gemeinschaftliche Wissensproduktion einführen kann, und unter welchen Bedingungen dies geschehen würde.

In meiner Charakterisierung der Funktionsbedingungen wissenschaftlicher Gemeinschaften (Kapitel 2) und von Produktionsgemeinschaften (Kapitel 4) habe ich auf die Bedeutung der Entkopplung von Beitrag und Subsistenz des

---

148 Um festzustellen, ob diese Effekte tatsächlich auftreten und durch welche Kausalmechanismen sie verursacht werden, ist ein neuer methodologischer Zugang nötig. Es ist notwendig, die Prozesse zu identifizieren und zu beschreiben, die die Wahrnehmungen institutioneller Handlungsbedingungen (wie zum Beispiel der evaluationsbasierten Forschungsfinanzierung) in eine (veränderte) Wissensproduktion übersetzen, das unter den Bedingungen verschiedener Systeme von evaluationsbasierter Forschungsfinanzierung produzierte Wissen vergleichbar zu beschreiben und nicht nur die durch die Wissenschaftler reflektierten Anpassungsprozesse, sondern auch unbewusste Anpassungsprozesse zu untersuchen. Methodisch erfordert das eine Kombination aus qualitativen Interviews, ethnographischen Beobachtungen und bibliometrischen Analysen. Letztere dienen dabei nicht der Leistungsmessung, sondern einer strukturellen Charakterisierung der erbrachten Beiträge der Einbindung von Wissensproduzenten in ihre Gemeinschaft – eine Aufgabe, für die bibliometrische Methoden besser geeignet scheinen als für Evaluationen. Eine Untersuchung, die diese Strategie verfolgt, wird von 2004 bis 2007 gemeinsam durch Uwe Schimank und Stefan Lange von der Fernuniversität Hagen sowie Jochen Gläser und Grit Laudel von der Australian National University durchgeführt.

Produzenten hingewiesen. Weder die autonome Entscheidung des individuellen Produzenten, welchen Beitrag er auf welche Weise erbringt, noch die implizite Entscheidung der Gemeinschaft über die Verwendung des Beitrages stehen in einem Zusammenhang zur materiellen Existenz des Produzenten. Die »Erfolge« in der Wissensproduktion werden lediglich zu bestimmten Zeitpunkten und nur in der diffusen, akkumulierten Form der »Reputation« relevant, wenn es um die Besetzung von Stellen, das heißt um die Fortsetzung der Karriere geht. Das einzelne Forschungsprojekt und die einzelne Entscheidung in der Projektbearbeitung haben dagegen keine unmittelbaren Folgen für die Existenz des Produzenten. Die Wissensproduktion ist nicht nur in technischer, juristischer und moralischer Hinsicht von den Folgen ihres Handelns entlastet (»konsequenzenentlastetes Probehandeln/-denken«, Krohn/ Weyer 1989: 352–354), sondern auch in ökonomischer Hinsicht.

Die evaluationsbasierte Forschungsfinanzierung hat das Potenzial, genau diese Entkopplung und Entlastung aufzuheben und jede neue Forschung unmittelbar vom Erfolg der vorangegangenen abhängig zu machen. Dazu bedarf es lediglich zweier Bedingungen: Die Evaluationen müssen in relativ kurzen Abständen erfolgen (das heißt synchron mit Projektzyklen, etwa alle drei Jahre), und sie müssen folgenreich sein, das heißt erhebliche Variationen in der Finanzierung von Einrichtungen, in der Dauer von Beschäftigungsverhältnissen oder in der Bezahlung der Wissenschaftler auslösen können. Weniger wichtig scheint dagegen, ob es sich um Peer review oder um quantitative Evaluationen etwa in Form von Finanzierungsformeln handelt.

Wenn eine solche ökonomische Rückkopplung eingeführt wird, nimmt man den Wissensproduzenten die Freiheit, einzelne Versuche der Wissensproduktion scheitern zu lassen. Die Fortsetzung einer Karriere oder der Forschungen gelingt nur noch, wenn jedes einzelne Projekt Erfolg hat, wenn jeder Beitrag durch die Gemeinschaft akzeptiert wird und wenn dies in gute Evaluationsergebnisse übersetzbar ist. Damit wird die antizipierte Reaktion der Gemeinschaft zum dominierenden Entscheidungskriterium in der Wissensproduktion. Dieses Kriterium ist natürlich nicht neu. Es hat wahrscheinlich die Entscheidungen aller Wissensproduzenten mitunter und die Entscheidungen einiger Wissensproduzenten immer beeinflusst. Wird aber die Fortsetzung der Forschung in der beschriebenen Weise an den Erfolg des jeweils letzten Projekts geknüpft, dann müssen alle Wissenschaftler ständig die Aufnahme von Beiträgen durch die Gemeinschaft mitdenken, wenn sie Projekte entwerfen, beantragen und durchführen. Wissenschaftler und wissenschaftliche Einrichtungen befinden sich dann in der Situation von Marktakteuren, die ihre Produkte »absetzen« müssen, um zu überleben. In der Tat lassen sich schon Aktivitäten beobachten, die dem Verhalten von Marktakteuren ähneln, wie der »Rückzug aufs Kerngeschäft« oder die Schaffung von »kritischen Massen« (Henkel 2000: 126). Die »Orientierung am größten Marktsegment« hat in der Ökonomie eine Abwendung von anwendungsorientierten und damit national orientierten Arbeiten und eine Hinwendung zu international »nachgefragten« abstrakten mathematischen Modellierungen ausgelöst (Harley/Lee 1997; Albert 2003). Biowissenschaftler scheuen die Erprobung neuer Tiermodelle (das heißt die Verwendung bisher nicht getesteter Versuchstiere), weil die Risiken sehr hoch sind. Projektanträge und Projekte mit neuen Tiermodellen haben nur geringe Erfolgsaussichten (Heyman 2004).

Es gibt Hinweise darauf, dass sich solche Bedingungen einstellen. In Deutschland folgen die Evaluationen von Forschungseinrichtungen noch nicht dem Muster kurzer Intervalle und tiefer Eingriffe, und formelbasierte Finanzzuweisungen an Universitäten werden gerade erst eingeführt. Universitäre Forschung ist aber mittlerweile weitgehend von Drittmitteln und damit vom Peer review abhängig, und die für Professoren bereits eingeführte und vom Wissenschaftsrat (2004: 18–22) für wissenschaftliche Mitarbeiter vorgeschlagene leistungsbezogene Vergütung enthält ein erhebliches »Evaluationspotenzial«. Die Deutsche Forschungsgemeinschaft veröffentlicht seit 1997 ein »Förder-Ranking« (DFG 2003). Dieses und andere Rankings sind von fragwürdiger Validität, gewinnen aber immer mehr an politischem Gewicht (Liebeskind/ Ludwig-Mayerhofer 2005; van Raan 2005).

Veränderungen in nationalen Systemen der Forschungsfinanzierung waren für die internationalen wissenschaftlichen Gemeinschaften nie ein Problem, weil die nationalen Systeme sich unterscheiden und selbst zur Vielfalt lokaler Produktionsbedingungen beitragen (Whitley 2003). Wenn wir aber den Überlegungen von Meyer u. a. (1997) folgen, dann ist auch diese Vielfalt im Schwinden begriffen. Setzt sich der Trend zur Vereinheitlichung fort, dann kann es geschehen, dass sich die meisten Wissenschaftler einer Gemeinschaft gleichen institutionellen Bedingungen der evaluationsbasierten Forschungsfinanzierung ausgesetzt sehen und auf die gleiche Weise darauf reagieren. Unter diesen Bedingungen kann die evaluationsbasierte Forschungsfinanzierung der Wissensproduktion die Uniformität eines Marktes aufzwingen. Dann schwindet die Vielfalt in der Wissensproduktion nicht mehr nur auf nationaler, sondern auch auf internationaler Ebene – ohne dass wir wissen, was dies für das Tempo und die Richtungen der Wissensproduktion bedeutet.

6. Zusammenfassung der Antwort und neue Fragen

Ausgangspunkt dieser Arbeit war die Beobachtung, dass die Wissenschaftsforschung zwar den kollektiven Charakter der Produktion wissenschaftlichen Wissens postuliert, aber nicht erklären kann, wie diese kollektive Wissensproduktion funktioniert. Kollektive Produktion erfordert eine soziale Ordnung, die das Motivationsproblem, das Informationsproblem und das Integrationsproblem auf eine der Produktionsaufgabe adäquate Weise zu lösen vermag. Wie diese Probleme in der Wissenschaft gelöst werden, war bislang nicht bekannt. Die Anwendung von Modellen sozialer Ordnung aus der allgemeinen soziologischen Theorie (Markt, Organisation, Netzwerk, Gemeinschaft) scheiterte an den Eigenheiten der Wissenschaft. Die neueren wissenschaftssoziologischen Theorien interessieren sich für das Problem nur am Rande. Wissenschaftliche Gemeinschaften produzieren kollektiv, ohne dass sie unter einen bekannten Typ kollektiver Produktionssysteme subsumiert werden können, und sie sind bislang nicht als eigenständiger Typ beschrieben worden.

Wissenschaftliche Gemeinschaften passen auch nicht in eine allgemeine Theorie sozialer Ordnung. Sie stehen insbesondere im Widerspruch zum gegenwärtig verwendeten Gemeinschaftsbegriff, der – eher vage an Tönnies anschließend – emotionale Bindungen und direkte persönliche Interaktionen als konstitutiv für Gemeinschaften ansieht. Gerade hier bietet sich die Gelegenheit für eine theoretische Revision: Wenn es eine »Soziologie der Gemeinschaft« als Gebiet überhaupt gibt, dann ist sie durch eine hilflos wirkende theoretische Debatte über den Gemeinschaftsbegriff und eine davon weitgehend unabhängige disparate Verwendung des Begriffs in empirischen Studien charakterisiert. Beide Linien demonstrieren, dass sich die Zweckmäßigkeit bisheriger Herangehensweisen erschöpft. Hinzu kommt, dass Gemeinschaften zwar als allgemeines Modell sozialer Ordnung behandelt werden, dass aber kein auf Produktion bezogener Subtyp existiert.

Damit sind die Wissenslücken beschrieben, die diese Arbeit zu schließen beabsichtigt: Es geht darum zu erklären, wie wissenschaftliche Gemeinschaften Wissen produzieren, und den so identifizierten Typ kollektiver Produktion auf der Ebene kollektiver Produktionssysteme und auf der Ebene einer allgemeinen Theorie sozialer Ordnung einzuordnen. Das Konzept der Gemeinschaft erschien als geeigneter Ansatzpunkt für beide Aufgaben, weil es auf der Ebene allgemeiner Typen sozialer Ordnung nicht überzeugend beschrieben wurde und bislang keinen Subtyp auf der Ebene kollektiver Produktionssysteme hat. Dieser Ansatz korrespondiert mit drei wissenschaftssoziologischen Argumenten. Böhme hat vorgeschlagen, wissenschaftliche Gemeinschaften als besondere, nicht unter den klassischen Begriff passende Gemeinschaften zu behandeln. Böhme, Weingart und Whitley haben wissenschaftlichem Wissen eine soziale Funktion in der Ordnungsbildung wissenschaftlicher Gemeinschaften zugeschrieben und es damit als funktionales Äquivalent zu Normen statt als normativ wirkend eingeführt. Star hat die Robustheit wissenschaftlichen Wissens auf die partielle Überlagerung lokal spezifischer, autonomer Produktionsprozesse zurückgeführt.

Da ein bislang unbekanntes kollektives Produktionssystem beschrieben werden sollte, das einem nicht hinreichend verstandenen Typ sozialer Ordnung zugehört, schien ein sparsamer analytischer Rahmen angemessen. Ideen des von Mayntz und Scharpf entwickelten »Akteurzentrierten Institutionalismus« aufgreifend, wurden kollektive Produktionssysteme als Akteurkonstellationen definiert, die (Schimank folgend) als eine Menge von Akteuren verstanden werden, deren Interessen und Einflusspotenziale einander überschneiden. Kollektive Produktionssysteme sind spezifische Akteurkonstellationen, die gemeinsam Güter herstellen. Diese Akteurkonstellationen müssen ihre Mitglieder zur Beteiligung an der Produktion motivieren und die Produktion so ordnen, dass die Mitglieder zueinander passende Beiträge erbringen, die zu einem gemeinsamen Produkt zusammengeführt werden. Aus diesen Ausgangsannahmen ergaben sich die Fragen, die eine Sekundäranalyse empirischer Studien der Wissensproduktion anleiteten. Das empirische Material wurde daraufhin analysiert,

– was Wissenschaftler zu Mitgliedern einer produzierenden Akteurkonstellation macht,
– aus welchen Gründen Wissenschaftler an der Wissensproduktion teilnehmen,
– wie bei der Formulierung von Aufgaben und im Bearbeitungsverlauf sichergestellt wird, dass zueinander passende individuelle Beiträge entstehen,
– wie die Beiträge zusammengeführt werden und
– welche Rolle Institutionen für die Aufrechterhaltung der Ordnung spielen.

Obwohl die ethnographischen Studien der Produktion wissenschaftlichen Wissens darauf angelegt sind, den lokalen, idiosynkratischen und kontingenten Charakter der Wissensproduktion nachzuweisen, liefern sie eine Fülle empirischer Informationen über den kollektiven Charakter der Wissensproduktion, wenn sie nur gegen die Intentionen ihrer Autoren gelesen werden. Es stellt sich heraus, dass die soziale Ordnung der Wissensproduktion darauf beruht, dass Wissenschaftler autonom entscheiden, sich aber in diesen Entscheidungen am gemeinsamen Arbeitsgegenstand einer wissenschaftlichen Gemeinschaft – dem Wissensbestand dieser Gemeinschaft – orientieren. Die individuellen Wissensproduzenten formulieren ihre Aufgaben auf der Grundlage einer Interpretation des Wissensbestandes und verwenden das Wissen der Gemeinschaft, um die Aufgabe zu lösen. Die Interpretationen werden dabei durch die je individuelle Forschungsbiographie und das je individuelle Wissen des Produzenten sowie durch seine lokale Arbeitsumgebung geprägt.

Es sind also weder Institutionen noch auf die Herstellung von Ordnung gerichtetes Handeln (Koordination), die die wechselseitige Abstimmung der Produzenten ermöglichen, sondern der in der Produktion evolvierende gemeinsame Arbeitsgegenstand. Er setzt die Mitglieder zueinander in Beziehung und vermittelt die Abstimmung der Arbeit jedes individuellen Produzenten mit dem, was alle anderen getan haben und gerade tun. Um diese Funktion erfüllen zu können, muss der Wissensbestand öffentlich zugänglich sein.

Beiträge zum gemeinsamen Wissensbestand werden in Publikationen angeboten. Diese Publikationen sind bereits Ergebnisse eines kollektiven Produktionsprozesses, in dem Kollegen in ihrer Rolle als »trusted assessors«, Gutachter und Herausgeber von Zeitschriften teilnehmen. In Publikationen angebotene Beiträge werden in den Wissensbestand aufgenommen, indem sie von anderen Wissensproduzenten in deren Erzeugung weiterer Beiträge genutzt werden. Der Einbau von Wissen in den gemeinsamen Wissensbestand ist also ein emergenter Effekt, der aus einer Vielzahl von autonomen Entscheidungen über die – gegebenenfalls modifizierte – Verwendung neuen Wissens resultiert. Die Weiterverwendung von Wissen ist zugleich der wichtigste Mechanismus der Qualitätskontrolle in wissenschaftlichen Gemeinschaften. Wer immer das Wissen einer Gemeinschaft in seiner eigenen Wissensproduktion benutzt, unterzieht es einem Test auf »Eignung in der lokalen Arbeitsumgebung«, das heißt unter spezifischen, einmaligen Testbedingungen. Diese Tests sind zugleich der minimal mögliche Beitrag in der gemeinschaftlichen Produktion. Sie sorgen für die Robustheit wissenschaftlichen Wissens. Wissenschaftliches Wissen, das in den Wissensbestand einer Gemeinschaft eingebaut wird, wird durch die Gemeinschaft in der weiteren Wissensproduktion verwendet und damit unter potentiell unendlich vielen verschiedenen Bedingungen getestet.

Der Wissensbestand einer Gemeinschaft ist ein komplexes, fluides Gebilde, das man sich am besten als aus einem Kern und mehreren umgebenden Schichten vorstellen kann. Den Kern jedes Wissensbestandes bildet ein öffentlich zugängliches Archiv von Publikationen, kommerziell erhältlichen Geräten und Materialien sowie öffentlich hinterlegten Materialien. Der Kern wird ergänzt durch Manuskripte und lokal verfügbare Materialien, die auf Anfrage weitergegeben werden. Dieses fixierte Wissen ist eingebettet in einen Pool informellen Wissens, der für die Aufgabenbearbeitung wichtige Zusatzinformationen und »Gebrauchsanweisungen« für das publizierte Wissen enthält. Am Rande dieses Wissensbestandes gibt es in den lokalen Arbeitsumgebungen implizites Wissen, das nur durch den Aufenthalt in der jeweiligen Arbeitsumgebung abgerufen werden kann.

Die Abstimmung zwischen den individuellen Produzenten durch Beobachtung des gemeinsamen Wissensbestandes ist unvollkommen. Obwohl sie durch informelle Kommunikation, Institutionen (insbesondere Regeln für die lokale Aufgabenbearbeitung) und den Peer review von Projekten unterstützt wird, ist sie anfällig für lokale »Fehlentscheidungen«, die zu redundanten oder irrelevanten Arbeiten führen. Die auf autonomen, dezentralisierten Entscheidungen der individuellen Produzenten beruhende Vorgehensweise scheint aber effektiv und sogar effizient, wenn nicht nur Problemlösungen, sondern selbst Problemformulierungen erst auf ihre Tauglichkeit getestet werden müssen, und wenn nicht bekannt ist, welcher Produzent ein Problem lösen kann. Außerdem ist keine lokale Wissensproduktion vollkommen unnütz: Selbst wenn ihre Ergebnisse durch die wissenschaftliche Gemeinschaft nicht verwendet werden, benutzt jede lokale Wissensproduktion das Wissen der Gemeinschaft und unterzieht es damit einem Test. Ausserdem qualifiziert jede Wissensproduktion den Produzenten und seine lokale Arbeitsumgebung.

Die Mitgliedschaft in wissenschaftlichen Gemeinschaften beruht auf Wahrnehmungen. Mitglied einer wissenschaftlichen Gemeinschaft ist, wer sich als Mitglied verhält, indem er an der kollektiven Produktion teilnimmt. Die minimale Form der Teilnahme beruht auf der Verwendung des Wissens einer Gemeinschaft in der lokalen Wissensproduktion, das heißt auf einem Prozess, der unterhalb der Schwelle sozialer Sichtbarkeit für die Gemeinschaft liegt. Deshalb sind nie alle an der Produktion Beteiligten bekannt, und der einzige Mechanismus, neues Wissen an alle Produzenten zu übermitteln, ist die Übermittlung des Wissens an jedermann durch Veröffentlichung.

Das Produktionssystem der Wissenschaft ist insofern indifferent gegenüber Motivationen der Wissenschaftler, als es so lange funktioniert, wie – aus welchen Gründen auch immer – Beiträge angeboten werden, die die bisher erbrachten relevanten Beiträge berücksichtigen. Das Wissenschaftssystem selbst schafft mit dem Reputationsgewinn eine wichtige Motivation, deren relative Bedeutung aber schwer abschätzbar ist. Es kann angenommen werden, dass beliebig viele weitere Motivationen existieren, darunter intrinsische Motivationen wie Neugier oder das Bedürfnis, bestimmte praktische Probleme zu lösen, und extrinsische Motivationen wie der Wunsch einen Arbeitsvertrag zu erfüllen oder rein finanzielle Motive wie eine bessere Bezahlung. Da die kollektive Wissensproduktion nicht davon abhängt, dass bestimmte Produzenten bestimmte Beiträge erbringen, funktioniert sie, solange nur hinreichend viele Wissensproduzenten durch irgendein Motiv dazu bewegt werden, sich an der Produktion zu beteiligen.

Ein besonderer Aspekt der Motivationsproblematik in der Wissenschaft ist die Entkopplung von Beitrag und Subsistenz des Beitragenden. Wissenschaftliche Gemeinschaften »vergüten« die erbrachten Beiträge nicht. Eine solche Vergütung ist schon deshalb nicht möglich, weil sich der Nutzen eines Beitrages für die gemeinschaftliche Wissensproduktion in Abhängigkeit von allen anderen erbrachten Beiträgen beständig verändert. Insbesondere ist Reputation keine Vergütung, sondern eine Begleiterscheinung der Identifizierung von Individuen mit ihren Beiträgen. Die Produktion wissenschaftlichen Wissens ist durch eine Entlastung des Handelns von seinen finanziellen Folgen charakterisiert. Ob ein einzelnes Forschungsprojekt erfolgreich ist und wie seine Ergebnisse aufgenommen werden, kann die Existenz eines Wissensproduzenten bestenfalls indirekt – vermittelt über gewonnene/entgangene Reputation und die daraus entstehenden Folgen für die Fortsetzung der Karriere – beeinflussen. Diese Entkopplung scheint ein notwendiges Element wissenschaftlicher Produktion zu sein, da sie das Eingehen von Risiken und nonkonformistische Perspektiven begünstigt.

Viele der in diesem Buch identifizierten Teilmechanismen der gemeinschaftlichen Wissensproduktion sind auf die eine oder andere Weise bereits in der Literatur beschrieben worden. Bislang fehlte aber der Nachweis, dass das Zusammenwirken dieser Prozesse ein kollektives Produktionssystem konstituiert, das unter den gegebenen Bedingungen – insbesondere voneinander isolierter, unvollkommen übereinander informierter Produzenten und vollständiger Unsicherheit – zuverlässiges wissenschaftliches Wissen zu produzieren vermag. Ich beanspruche gezeigt zu haben, wie die kollektive Produktion wissenschaftlicher Gemeinschaften funktioniert, und damit die Selbstbeschreibungen des Wissenschaftssystems, theoretischen Ideen und empirischen Beschreibungen von Einzelprozessen zu einer Beschreibung des Mechanismus synthetisiert zu haben, der einen Zusammenhang zwischen den Bedingungen und dem spezifischen Ergebnis der Produktion wissenschaftlichen Wissens herstellt.

Die Genese dieses Mechanismus konnte in der Epoche lokalisiert werden, die die Wissenschaftsgeschichtsschreibung als »Wissenschaftliche Revolution« und als Phase der »Entstehung der modernen Wissenschaft« charakterisiert. Es war aber erforderlich, die die Wissenschaftsgeschichtsschreibung dominierende ideengeschichtliche Perspektive und den Trend zu idiosynkratischen Beschreibungen einzelner Ereignisse, Personen oder Prozesse zu kompensieren, nach synthetischen Beschreibungen zu suchen und eine auf die Entstehung eines Produktionssystems vorgenommene Synthese vorzunehmen.

Bis zur Wissenschaftlichen Revolution galt Wissenschaft als absolut sicheres Wissen, das durch logische Deduktion aus allgemein zugänglichen Erfahrungstatsachen abgeleitet werden konnte. Die Wissens»produzenten« waren Universitätsgelehrte, die das aus der Antike überlieferte Wissen interpretierten, bewahrten und lehrten, es aber nicht erweiterten. Diese Situation veränderte sich im 16. und 17. Jahrhundert, als eine Reihe technischer, kultureller und sozialer Entwicklungen so weit reiften, dass sie eine neue Art der Wissensproduktion möglich machten und anregten. Wichtige technische Entwicklungen waren die Erfindung des Buchdrucks sowie die Ausweitung der Seefahrt und die damit verbundenen Entdeckungen. Mit dem Buchdruck entstand die Möglichkeit eines öffentlich zugänglichen Archivs (Eisenstein). Die Entdeckungen im Gefolge der Seefahrt zeigten die Begrenztheit des überlieferten Wissens und bereiteten die Idee des Wachstums von Wissen durch einzelne Beiträge (hier: Beobachtungen) vor (Hooykaas). Die kulturellen Wandlungen sind insbesondere von Daston und Shapiro beschrieben worden. Zu ihnen gehören

– die Verwandlung von Neugier (das ursprünglich wichtigste Motiv der Produktion wissenschaftlichen Wissens) von einer verachteten in eine gesellschaftlich legitimierte Emotion,
– die Verwandlung des Staunens von einer Unkenntnis demonstrierende in eine die Aufmerksamkeit der Wissenschaftler anregende und lenkende Einstellung,
– die Verwandlung von nicht verstandenen Einzelerscheinungen in der Natur in einen Gegenstand der Wissenschaft und die damit verbundene Verdrängung übernatürlicher, der Wissenschaft nicht zugänglicher Erklärungen aus der Interpretation von Naturereignissen,
– die Entstehung eines Kompromisses zwischen Religion und Wissenschaft, der zur Legitimation der Produktion wissenschaftlichen Wissens beitrug, und

– die Herausbildung der Idee des Fakts, die im Rechtssystem entstand, von dort in andere gesellschaftliche Bereiche diffundierte und für die Nutzung in der Produktion wissenschaftlichen Wissens »bereit stand«.

Die sozialen Wandlungen führten zunächst zur Herausbildung einer neuen Akteurkonstellation, in der die scholastischen, auf Bewahrung statt auf Erweiterung des Wissens orientierten Gelehrten sich Angriffen der Humanisten ausgesetzt sahen, und in der Handwerkseliten begannen, vor allem technisches Wissen zu produzieren und zu publizieren. Im Ergebnis dieser Entwicklungen entstand im 16. und 17. Jahrhundert eine Gruppe von Wissensproduzenten, die unterschiedlichen sozialen Schichten entstammten, unterschiedliche Bildungswege durchliefen und auf unterschiedliche Weise ihren Lebensunterhalt bestritten, aber durch ein gemeinsames Interesse an der Erweiterung des Wissens verbunden waren und in Korrespondenznetzwerken neues Wissen austauschten. Diese Gruppe kann als Praxisgemeinschaft charakterisiert werden, weil ihre Mitglieder zwar die gleiche Tätigkeit ausübten, aber nicht gemeinschaftlich produzierten.

Gemeinschaftliche wissenschaftliche Produktion entstand, als diese Gruppe eine Identität als kollektiver Produzent ausbildete und sich die Praktiken der Erzeugung von Beiträgen zum gemeinsamen Wissen sowie der Publikation solcher Beiträge herausbildeten. Die kollektive Identität des Produzenten entwickelte sich mit der Idee des wissenschaftlichen Fortschritts, die Zilsel zufolge aus der Selbstbeobachtung der Handwerkseliten hervorging und in die Produktion wissenschaftlichen Wissens diffundierte. Die Erzeugung neuen Wissens durch Beobachtung und Experiment war der klassischen Wissenschaft fremd. Sie etablierte sich dennoch auch in den klassischen mathematischen Wissenschaften, wurde aber durch spezielle Argumentationsmuster domestiziert und dem traditionellen Wissenschaftsmodell untergeordnet. Außerhalb der klassischen Wissenschaften entstanden Experimente aus technischen Rezepten und der Beschäftigung mit »Naturgeheimnissen«. Sie bildeten die Grundlage für die Entstehung der »Baconschen« Wissenschaften im 17. Jahrhundert, die sich auf spezielle empirische Phänomene wie Elektrizität oder Magnetismus bezogen und lange Zeit rein empirisch orientiert waren (Kuhn und Eamon).

Francis Bacon verdanken wir eine erste zusammenhängende Beschreibung der neuen Art und Weise der Wissensproduktion. Seine Schriften bildeten das Manifest der ersten wissenschaftlichen Gemeinschaften, in denen sie erstmals ihre Identität als kollektive Produzenten beschrieben fanden. Am Ende des 17. Jahrhunderts existierte gemeinschaftliche Produktion insofern, als einzelne Produzenten das Wissen durch am existierenden Wissen orientierte Beiträge erweiterten, sich also ihrer Rolle als Mitglied eines produzierenden Kollektivs bewusst waren. Die Herausbildung einer Wissensproduktion, die unserer heutigen vergleichbar ist, hat noch längere Zeit in Anspruch genommen. Das ist einer nur langsamen Verstärkung der »Organisationskraft« der Wissensbestände geschuldet. Gemeinschaftliche Produktion setzt voraus, dass die erbrachten Beiträge sich aufeinander beziehen. Die beiden »Keime« moderner Wissenschaft näherten sich diesem Zustand aus entgegengesetzten Richtungen an: die klassische Wissenschaft durch eine allmähliche Emanzipation des Experiments, das seinen Status als Quelle neuen Wissens erlangte, und die Baconschen Wissenschaften durch eine schrittweise theoretische Fundierung. Diese Prozesse kamen in der zweiten Hälfte des 18. und der ersten Hälfte des 19. Jahrhunderts zum Abschluss, das heißt in einer Phase, die in der Wissenschaftsgeschichtsschreibung mitunter als die »zweite wissenschaftliche Revolution« bezeichnet wird.

Die Bedeutung der »Organisationskraft« eines Wissensbestandes wird durch die Studien zur Entstehung wissenschaftlicher Spezialgebiete bestätigt. Das durch diese Studien angebotene empirische Material enthält nur wenige Informationen über die Wechselwirkungen von Wissensentwicklung und Entwicklung der Akteurkonstellation. Es macht aber deutlich, dass in allen Entstehungsprozessen als neu wahrgenommenes Wissen am Anfang der Entwicklung stand. Dabei variieren die Anteile von tatsächlich neuem Wissen (im Sinne von unlängst erbrachten Beiträgen) und als neu wahrgenommenem existierenden Wissen (im Sinne einer neuen Perspektive auf existierendes Wissen). Beide sind in gewissem Maße funktional äquivalent. Das neue Wissen entstammt entweder der Entdeckung neuer Weltausschnitte (wie im Falle der von Edge und Mulkay untersuchten Radioastronomie) oder einer Neukombination von Wissen (zum Beispiel durch die Anwendung von Methoden auf neue Objekte). Ein dritter Prozess könnte die Differenzierung als Reaktion auf Größenwachstum sein. Dieser Prozess ist jedoch noch nicht empirisch untersucht worden.

Wenn wir diese Ergebnisse historischer Studien mit denen der Analyse der Funktionsweise gemeinschaftlicher Produktion synthetisieren, dann erscheint das moderne (Welt-)Wissenschaftssystem als eine unendliche Zahl von einander überlagernden wissenschaftlichen Gemeinschaften, die jeweils Ausschnitte des wissenschaftlichen Wissens als kohärentes System aufeinander bezogener Aussagen interpretieren und sich in ihrer weiteren Produktion an einem solchen System orientieren. Jede einzelne lokale Produktion eines Beitrages beruht auf einer Neukombination von Wissen und ist damit ein potentieller Keim für die Entstehung eines neuen Spezialgebietes. Manche Keime werden über mehrere Jahre durch eine größere Gruppe von Wissenschaftlern aufrechterhalten, die ihre Arbeiten aufeinander beziehen. Andere werden zu wissenschaftlichen Spezialgebieten, weil die Beiträge zu dem gemeinsamen Wissensbestand die Wissensproduzenten beständig neue Forschungsprobleme wahrnehmen lassen. Diese wissenschaftlichen Spezialgebiete bilden die auch von außen wahrnehmbare stabile Struktur der Wissensproduktion.

Die gemeinschaftliche Produktion von wissenschaftlichem Wissen repräsentiert einen distinkten Modus kollektiver Produktion, der durch keinen der bisher in der Literatur beschriebenen Typen erfasst wird. Dieser Produktionsmodus kann in zwei allgemeine soziologische Theoriekontexte eingeordnet werden. Erstens lassen sich »Produktionsgemeinschaften« als kollektives Produktionssystem und »gemeinschaftliche Produktion« als Mechanismus kollektiver Produktion den bekannten kollektiven Produktionssystemen und Produktionsmodi vergleichend gegenüberstellen. Dies erfolgt auf der Grundlage einer verbreiterten empirischen Basis, die neben Wissenschaft auch andere gemeinschaftlich produzierende Kollektive (insbesondere Open-Source-Software-Produktionsgemeinschaften) einschließt. Gemeinsamkeiten zwischen wissenschaftlichen und Open-Source-Software-Produktionsgemeinschaften reichen von der Indifferenz gegenüber der Motivation der Beteiligten und der Entkopplung von Beitrag und Subsistenz des Beitragenden über die Ordnung der Produktion durch den gemeinschaftlichen Arbeitsgegenstand und die Öffentlichkeit der Beiträge bis hin zur meritokratischen Struktur und der unterstützenden Funktion von Institutionen. Unterschiede betreffen vor allem den Grad der Formalisierung der sozialen Strukturen. Diese Unterschiede lassen sich aus dem Charakter der jeweiligen Arbeitsgegenstände – wissenschaftliches Wissen versus technische Produkte, die funktionieren müssen – erklären.

Die Betonung der gemeinschaftlichen Produktion als konstitutiv für den neuen Typ ermöglichte es, Produktionsgemeinschaften von der von Benkler beschriebenen »commons-based peer production« abzugrenzen, die jede kommunikative Erzeugung von Informationen einschließt und damit den Begriff der Produktion überdehnt. In Abgrenzung von Benkler habe ich gemeinschaftliche Produktion als durch einen gemeinsamen Gegenstand geordnete, auf autonomen dezentralen Entscheidungen der Produzenten beruhende Arbeit an einem gemeinsamen Arbeitsgegenstand/Produkt definiert.

Um Produktionsgemeinschaften in eine Theorie kollektiver Produktionssysteme einzuordnen, wurden alle kollektiven Produktionssysteme in dem analytischen Rahmen beschrieben, der für die Identifizierung des Produktionsmodus wissenschaftlicher Gemeinschaften verwendet wurde. Es zeigte sich, dass Produktionsgemeinschaften das Motivationsproblem, das Informationsproblem und das Integrationsproblem kollektiver Produktion anders lösen als die bekannten Typen Markt, Organisation und Netzwerk. Produktionsgemeinschaften repräsentieren deshalb einen distinkten Typ sozialer Ordnung. Sie sind insbesondere – in Hayeks Unterscheidung – ein zweiter Typ spontaner Ordnung kollektiver Produktion neben dem Markt. Sie haben mit dem Markt gemeinsam, dass die individuellen Produzenten autonom über ihre Beiträge entscheiden, dass die kollektive Produktion jeweils durch Information geordnet wird und dass über die Verwendung der von den individuellen Produzenten angebotenen Beiträge ex post entschieden wird. Die entscheidenden Unterschiede zum Markt sind die Entkopplung von Beitrag und Subsistenz, die die Indifferenz des Produktionssystems gegenüber Motivationen ermöglicht, und die Ordnung der Produktion durch ein extrem komplexes, konkretes Informationsgebilde (wissenschaftliches Wissen) statt durch extrem abstrakte, einfache Informationen (Marktpreise).

Der zweite theoretische Kontext, in den Produktionsgemeinschaften eingeordnet werden müssen, ist die Theorie der Gemeinschaft als Typ sozialer Ordnung. Hier konnten die eingangs beschriebenen Schwächen der gegenwärtigen Soziologie der Gemeinschaft für eine radikale Neuformulierung des Gemeinschaftsbegriffs ausgenutzt werden, der eine Einordnung von Produktionsgemeinschaften ermöglicht. Eine Suche nach der sozialen Ordnung der untersuchten »Gemeinschaften« deckte als implizite Gemeinsamkeit vieler disparater Begriffsverwendungen den Bezug auf eine kollektive Identität auf. Die Mitglieder der als Gemeinschaften bezeichneten Kollektive nehmen sich als etwas mit anderen gemeinsam habend wahr und orientieren einige Handlungen an dieser Wahrnehmung. Eine Definition von Gemeinschaft als Akteurkonstellation, deren Zusammenhang durch eine kollektive Identität hergestellt wird und deren soziale Ordnung auf identitätsgeleitetem Handeln beruht, setzt zahlreiche empirische »Gemeinschafts«studien zueinander in Beziehung, indem sie diese anhand ihrer jeweiligen identitätsbildenden Merkmale als Subtypen einführt. Der klassische Tönniessche Gemeinschaftsbegriff und der Begriff der Produktionsgemeinschaft stehen nicht mehr im Widerspruch zueinander, sondern repräsentieren verschiedene Subtypen identitätsgeleiteten Handelns. Die in zahlreichen Gemeinschaftsstudien betonten emotionalen Bindungen zwischen Mitgliedern der Gemeinschaft erscheinen aus dieser Perspektive als eine wahrscheinliche Begleiterscheinung der sozialen Beziehungen in Gemeinschaften, auf die schon Weber aufmerksam gemacht hat.

Die Diskussion von Produktionsgemeinschaften schließt mit Anwendungen des Konzepts auf aktuelle Prozesse im Wissenschaftssystem und an Schnittstellen zwischen Wissenschaft und Gesellschaft. Die Euphorie über die Veränderung der Wissenschaft durch das Internet erscheint überzogen, weil sich in vielen Fällen lediglich das Kommunikationsmedium, nicht aber die Handlungsinhalte ändern. Das Internet kann aber mit seinem »Öffentlichkeitspotenzial« das Verhältnis von individuellen lokalen und gemeinschaftlichen globalen Handlungen in der Wissensproduktion zugunsten letzterer verschieben. Online-Datenbanken können eine Vergemeinschaftung der Datenanalyse, der Fernzugriff auf Forschungstechnik eine Vergemeinschaftung der Datenerzeugung und der Fernzugriff auf die Arbeitszeit und Rechnerkapazität von Nicht-Wissenschaftlern eine Vergemeinschaftung externer Ressourcen auslösen. Der »offene Zugriff« auf Publikationen im Internet hat darüber hinaus das Potential, die gegenwärtige Symbiose zwischen dem Kommunikationssystem der Wissenschaft und dem Markt für wissenschaftliche Publikationen grundlegend umzugestalten. Ein Modell, bei dem Autoren die Kosten für die Publikation ihres Aufsatzes tragen, der dann allen Lesern kostenfrei über das Internet zugänglich gemacht wird, verändert die Nutzung von Marktprozessen durch die Wissenschaft.

Die rasch zunehmende Etablierung von intellektuellen Eigentumsrechten an Forschungsergebnissen der Grundlagenforschung verändert die traditionelle Symbiose von gemeinschaftlicher Produktion und Markt, in der Wissen gemeinschaftlich produziert und durch den Markt für die Erzeugung neuer privater Güter ausgenutzt wurde. Als Folge von forschungspolitischen Maßnahmen, die auf die Förderung von Technologietransfer und Innovationen ausgerichtet sind, können nunmehr Beiträge zur gemeinschaftlichen Wissensproduktion in großem Stil in private, tauschbare Güter verwandelt werden. Daraus entstehen neue Konflikte. Die gemeinschaftliche Produktion wird durch die mit intellektuellen Eigentumsrechten verbundenen Zugangsbeschränkungen gestört. Umgekehrt erweist sich die gemeinschaftliche Produktion als Störung der Marktprozesse, weil ihre Beiträge kontextabhängig sind und sich einer Fixierung und Preisbildung partiell entziehen. In der Biotechnologie, wo die Hybridisierung am weitesten fortgeschritten ist, lässt sich die Entstehung eines neuen dynamischen Gleichgewichts beobachten, in dem der Charakter von Beiträgen als öffentliches bzw. privates Gut beständig neu ausgehandelt wird. Da wissenschaftliche Gemeinschaften nicht kollektiv handlungsfähig sind, wird dieser Prozess von einer »Korporatisierung« der Wissenschaft begleitet, in der formale Organisationen die Erfordernisse gemeinschaftlicher Produktion gegen Wissenschaftler und Unternehmen durchsetzen.

Eine dritte relativ neue Entwicklung ist die zunehmende Verwendung von Evaluationen durch die Forschungspolitik. Die dafür gegebenen Begründungen verweisen auf die Notwendigkeit, knappe Ressourcen möglichst effektiv einzusetzen und den Erfolg der Forschungsfinanzierung zu demonstrieren.

Es gibt aber gute Argumente dafür, dass der eigentliche Grund für die Ausbreitung von Evaluationen die Diffusion von entsprechenden Modellen aus der Wirtschaft und aus Nachbarländern ist und dass die Begründungen erst mit den Evaluationspraktiken übernommen werden.

Das Grundproblem der Evaluationen besteht darin, dass eine externe Qualitätsbewertung von Wissenschaft nicht möglich ist. Evaluationen müssen deshalb Praktiken der gemeinschaftlichen Produktion dekontextualisieren und in den Kontext von Evaluationen transferieren. Das gelingt nur in begrenztem Maße. Die wichtigsten für Evaluationen eingesetzten Instrumente – Peer review und die Messung von Kommunikationsaktivitäten – sind in ihrer Validität begrenzt.

Die Verwendung von Evaluationen als Entscheidungshilfe in der Forschungsfinanzierung führt eine neue Rückkopplungsschleife in die gemeinschaftliche Produktion ein. Wenn die Zyklen der evaluationsbasierten Forschungsfinanzierung hinreichend kurz sind und die Forschung existentiell von dieser Finanzierung abhängt, dann wird die Fortsetzung von Forschung eng an den bisherigen Erfolg gekoppelt. Damit wird die finanzielle Entlastung der Wissenschaft von den Folgen ihres Handelns, die die Vielfalt und Nonkonformität des Wissenschaftssystems begründet, aufgehoben.

Diese Zusammenfassung verdeutlicht, wo meine Analyse an existierendes Wissen anschließt und welche neuen Beiträge ich anbiete. Ich habe empirische Arbeiten der Wissenschaftsforschung und Analysen anderer Produktionsprozesse benutzt, um die Existenz eines vierten kollektiven Produktionssystems – der Produktionsgemeinschaft – zu belegen. Der für die Identifizierung und Beschreibung dieses Produktionssystems benutzte analytische Rahmen hat eine konsistente vergleichende Beschreibung kollektiver Produktionssysteme ermöglicht, in die Produktionsgemeinschaften eingeordnet werden können. Die verallgemeinerte Form desselben analytischen Rahmens hat es ermöglicht, aus empirischen Studien zu Gemeinschaften einen Vorschlages zur Neuformulierung des Gemeinschaftsbegriffes abzuleiten, der zahlreiche Inkonsistenzen beseitigt und insbesondere die Einordnung von Produktionsgemeinschaften als Subtyp gestattet. Die Anwendungen des Konzepts der Produktionsgemeinschaft haben gezeigt, dass das zunächst internalistisch formulierte Modell die Analyse aktueller Trends in der Wissenschaft und in den Beziehungen von Wissenschaft und Gesellschaft unterstützt. Insbesondere hoffe ich deutlich gemacht zu haben, dass man eine klare Vorstellung davon braucht, wie wissenschaftliche Gemeinschaften produzieren, um den Einfluss gesellschaftlicher Prozesse auf diese Wissensproduktion verstehen zu können.

Der aus Ideen des akteurzentrierten Institutionalismus konstruierte analytische Rahmen hat sich in allen Fällen – bei der Analyse der Produktion von wissenschaftlichem Wissen und von Open Source Software, bei der vergleichenden Analyse kollektiver Produktionssysteme und bei der Reformulierung des Gemeinschaftsbegriffs – bewährt. Das kommt insofern nicht überraschend, als er ja bereits von Mayntz und Scharpf für ähnliche Zwecke eingesetzt wurde. Ich möchte aber noch einmal auf die Aspekte verweisen, in denen diese Arbeit über den bisherigen Stand der Diskussion hinausgeht. Der akteurzentrierte Institutionalismus ist als ein analytischer Rahmen für politikwissenschaftliche Analysen entwickelt worden. Dieses Erkenntnisinteresse begründet den Fokus auf bestimmte Prozesse, die geordnet werden (Verhandlungsprozesse) und auf bestimmte Typen sozialer Ordnung (Ordnung, die durch Institutionen hergestellt wird). Aus dieser Perspektive werden Märkte und würden Produktionsgemeinschaften in die Kategorie einseitiger Abstimmung verwiesen. Wenden wir dagegen die grundsätzliche Idee des akteurzentrierten Institutionalismus (Wie entsteht Ordnung in Akteurkonstellationen?) auf kollektive Produktionssysteme an, dann behandeln wir andere Prozesse mit möglicherweise anderen Motivations-, Informations- und Integrationsproblemen. Deshalb müssen wir funktionale Äquivalente einbeziehen, die statt Institutionen als ordnende Mechanismen wirken. Der akteurzentrierte Institutionalismus bietet diese Möglichkeit, da er mit einem neoinstitutionalistischen Konzept von Institutionen arbeitet und nichtinstitutionelle soziale sowie nichtsoziale Handlungsbedingungen systematisch einbezieht.

Nutzt man diese Möglichkeiten aus, dann scheint das Konzept der Akteurkonstellationen ein überaus wertvolles Instrument zu sein, um Kollektive gleich welcher Art zu analysieren und zu vergleichen. Die Behandlung verschiedener Kollektive als unterschiedlich geordnete Akteurkonstellationen hat die Identifizierung von Produktionsgemeinschaften in der Wissenschaft ebenso unterstützt wie ihre Einordnung in eine Theorie kollektiver Produktionssysteme und in eine Soziologie der Gemeinschaft. Rückblickend lässt sich sagen, dass die in der Theorie sozialer Ordnung, der Theorie kollektiver Produktionssysteme und der Soziologie der Gemeinschaft beobachteten Strukturprobleme der Tatsache geschuldet sind, dass keines dieser Gebiete einen theoretischen Oberbegriff der jeweils behandelten Phänomene entwickelt hat. Eine vergleichende Beschreibung kann nicht auf die Unterschiede zwischen den Phänomenen reduziert werden. Es muss zuallererst klargemacht werden, was den untersuchten Phänomenen *gemeinsam* ist, was es also rechtfertigt, sie überhaupt in jeweils denselben Dimensionen miteinander zu vergleichen. Das Konzept der Akteurkonstellation als einer der abstraktesten Begriffe einer handlungstheoretisch fundierten Soziologie und die von Mayntz und Scharpf vorgeschlagene Unterscheidung abstrahierter Grundformen sozialer Handlungskoordination bieten eine leistungsfähige theoretische Grundlage für die Behandlung sozialer Ordnung auf unterschiedlichen Abstraktionsebenen.

Die Analyse von Produktionsgemeinschaften hat eine Reihe von Fragen offen lassen müssen beziehungsweise entstehen lassen. Viele dieser Fragen folgen beinahe zwangsläufig aus den systematischen Lücken, die das empirische Material aufwies. Wenn der Wissensbestand einer Gemeinschaft das wichtigste ordnende Phänomen ist, dann würde man erwarten, dass Unterschiede zwischen den sozialen Ordnungen wissenschaftlicher Gemeinschaften mit Unterschieden zwischen deren Wissensbeständen korrespondieren. Dass es solche Korrespondenzen gibt, ist mehr oder weniger offensichtlich, wenn man sich große Klassen von Wissensbeständen und wissenschaftlichen Gemeinschaften – Naturwissenschaften, Ingenieurwissenschaften, Sozialwissenschaften, Geisteswissenschaften – anschaut. Auch der Vergleich zwischen der Produktion von wissenschaftlichem Wissen und Open Source Software zeigte deutlich, dass unterschiedliche Arbeitsgegenstände unterschiedliche Ordnungen hervorbringen. Wie aber im Einzelnen Strukturen von Wissensbeständen mit sozialen Ordnungen zusammenhängen, ist bislang nicht ausreichend untersucht worden. Knorr-Cetinas Konzept der »epistemischen Kulturen« verweist auf ein wichtiges Bindeglied zwischen Wissen und sozialer Ordnung, bedarf aber einer präziseren Beschreibung und vor allem einer Operationalisierung, die es empirisch handhabbar macht.

Ein ähnliches Defizit zeigte sich in den Fallstudien zur Entstehung wissenschaftlicher Spezialgebiete. Ein Grundproblem dieser Studien ist ihre Unfähigkeit, die Entwicklung des Wissens im jeweiligen Entstehungsprozess und seine Wechselwirkungen mit der Ausbildung sozialer Strukturen auf einer Abstraktionsebene zu beschreiben, die Vergleiche und damit eine Theoriebildung ermöglichen würde. Solange dies nicht möglich ist, sind solche Studien entweder idiosynkratisch, oder sie verbleiben auf einer Abstraktionsebene, die die interessanten Variationen verdeckt.

Eine erste offene Frage ist also die nach Variationen in der sozialen Ordnung gemeinschaftlicher Produktion, die durch Variationen in den Arbeitsgegenständen bedingt werden. Um speziell die Entstehung und Dynamik wissenschaftlicher Spezialgebiete zu erklären, muss die Frage beantwortet werden, welche Eigenschaften von Wissensbeständen die Kontinuität gemeinschaftlicher Produktion begründen. Damit sind wir bei der Frage angelangt, die die Wissenschaftssoziologie zu beschäftigen begann, ehe die »konstruktivistische Wende« ihr eine völlig neue Richtung gab. Das große ungelöste Problem einer Wissenschaftssoziologie, die Wissen als unabhängige Variable einbeziehen will, ist die vergleichbare Beschreibung soziologisch relevanter Eigenschaften von wissenschaftlichem Wissen. Diese Beschreibung muss es gestatten, Eigenschaften von Wissen in soziologische Erklärungen einzuordnen. Die durch Wissen generierten Einflussfaktoren dürfen in soziologischen Erklärungen nicht als ad hoc eingeführte Fremdkörper, sondern müssen als mit soziologischen Variablen synthetisierbare Konzepte eingehen. Solange diese Aufgabe nicht gelöst ist, wird es meiner Ansicht nach keine signifikanten Fortschritte in der Entwicklung von Theorien mittlerer Reichweite (Merton) in der Wissenschaftssoziologie geben. Die Analyse des zweiten wichtigen Typs von Produktionsgemeinschaften, der Open-Source-Software-Produktionsgemeinschaften, kann wegen der besseren Sichtbarkeit dieser Produktionsprozesse einen wichtigen Beitrag zum besseren Verständnis der »sozialen Bedeutung kognitiver Strukturen« (Böhme) leisten.

Das Modell gemeinschaftlicher Produktion ermöglicht auch eine neue Perspektive auf die Beziehung zwischen Individuum und Kollektiv in der Wissensproduktion. Wenn wir die Rolle des Peer review in der Konstruktion von Beiträgen, den Bedeutungsverlust des isolierten Einzelnen durch die zunehmend kooperative Erzeugung von Beiträgen und die durch das Internet ermöglichten Vergemeinschaftungsprozesse betrachten, dann wird deutlich, dass sich die autonome Erzeugung von Beiträgen und die gemeinschaftliche »Kontrolle« der Produktion in einem dynamischen Gleichgewicht befinden, das sich gegenwärtig zuungunsten des Einzelnen verschiebt. Die Rolle des einzelnen Mitglieds in der gemeinschaftlichen Produktion scheint einem Wandel zu unterliegen. Ob dieser Wandel dazu führen wird, dass einzelne Produzenten keine Beiträge zum gemeinsamen Wissen mehr erbringen können und die Gruppe als zusätzliche Ebene zwischen Individuum und Gemeinschaft tritt, wird in zukünftigen Untersuchungen beantwortet werden müssen. Hier erscheint eine Idee von Knorr-Cetina hilfreich. Sie hat beobachtet, dass in der experimentellen Hochenergiephysik Beiträge nur noch durch große Kollektive erbracht werden können, und dies als »das Verschwinden des Individuums als epistemisches Subjekt« beschrieben. Auch diese Idee muss aber erst in einen theoretischen Begriff verwandelt und für empirische Untersuchungen fruchtbar gemacht werden.

Die bislang diskutierten Fragen beziehen sich auf die für die gemeinschaftliche Produktion spezifischen endogenen Bedingungen sozialer Ordnung. Aber auch der Einfluss exogener Bedingungen und hier insbesondere wissenschaftsexterner auf die Wissensproduktion bezogener Institutionen ist weitgehend unbekannt. Wie alle anderen kollektiven Produktionssysteme auch werden Produktionsgemeinschaften durch zahlreiche exogene Institutionen überlagert, die das Handeln der Mitglieder beeinflussen. Ich habe an zwei Beispielen – der Privatisierung von Forschungsergebnissen der Grundlagenforschung und der evaluationsbasierten Forschungsfinanzierung – gezeigt, dass solche exogenen Institutionen die soziale Ordnung von Produktionsgemeinschaften erheblich verändern können. Es ist allerdings bislang unmöglich zu sagen, wie sich diese Veränderungen auf die Inhalte der Forschung auswirken. Während die Beantwortung der ersten Gruppe von Fragen daran scheitert, dass wir wissenschaftliches Wissen nicht als unabhängige Variable konzeptionell einbinden können, scheitert die Beantwortung der Frage nach den Wirkungen von Institutionen daran, dass wir es nicht als abhängige Variable konzeptualisieren können.

Die konstruktivistische Soziologie wissenschaftlichen Wissens hat bis heute keine Beiträge erbracht, die die Einbeziehung wissenschaftlichen Wissens in theoriegeleitete Studien ermöglichen würden. Wir haben exzellente idiosynkratische Studien einzelner Konstruktionsprozesse von Wissen, die von philosophischen Auseinandersetzungen über »Wahrheit« begleitet werden. Was wir nicht einmal in Ansätzen haben, ist eine soziologische *Theorie* der lokalen Wissensproduktion, die eine vergleichbare Beschreibung von solchen individuellen Konstruktionsprozessen unterstützen würde. Während man der konstruktivistischen Wissenschaftssoziologie das Fehlen einer Theorie kollektiver Produktion nicht vorwerfen kann, da sie ja eine solche Theorie nie hervorbringen wollte, erweist sich die Unfruchtbarkeit der zahlreichen Mikrostudien für eine Theorie der Mikroprozesse als Hindernis für die Bearbeitung zentraler Fragen der Wissenschaftssoziologie. Ein Fortschritt wird hier nur möglich sein, wenn man die methodische Innovation der konstruktivistischen Wissenschaftssoziologie – die Ethnographie – als systematische Beobachtung in ein Programm theoretisch fundierter vergleichender empirischer Studien der Wissensproduktion einbindet.

Während Fragen nach den Mechanismen gemeinschaftlicher Produktion und nach dem Einfluss von Institutionen auf diese Mechanismen sich wegen der notwendigen konzeptionellen Einbindung von Wissen als außerordentlich schwierig erweisen, scheint eine dritte Gruppe von Fragen wegen eines Mangels an Interesse nicht bearbeitet zu werden. Zu diesen Fragen gehört die nach der Dynamik der Beziehungen zwischen nationalen und internationalen wissenschaftlichen Gemeinschaften. Nationale Wissenschaftssysteme konstituieren spezifische Bedingungen für die im jeweiligen Land existierenden »Sub-Gemeinschaften«. Wissenschaftler gehören internationalen Gemeinschaften an und sind zumindest in einigen Fällen zugleich Mitglieder nationaler Gemeinschaften, die durch eine besondere nationale Interaktionsdichte, nationale Organisationen und andere national spezifische Faktoren geprägt werden. Nationale Sub-Gemeinschaften beeinflussen die Ressourcenvergabe, die institutionellen Bedingungen für das Forschungshandeln und die wissenschaftlichen

Karrieren. Die Strukturiertheit internationaler wissenschaftlicher Gemeinschaften ist also von erheblicher forschungspolitischer Relevanz. Wir wissen aber fast nichts über die Beziehungen zwischen nationalen Sub-Gemeinschaften und internationalen wissenschaftlichen Gemeinschaften oder über den Einfluss von Institutionen auf die Dynamiken nationaler Sub-Gemeinschaften.

Die Zusammenfassung der Antworten und die aus ihnen abgeleiteten Fragen machen deutlich, dass die Behandlung wissenschaftlicher Gemeinschaften als spezifisches kollektives Produktionssystem einige Blockaden der Wissenschaftssoziologie zu überwinden vermag und was getan werden müsste, um andere Blockaden zu überwinden. Werden wissenschaftliche Gemeinschaften als Produktionsgemeinschaften behandelt, dann müssen Makrophänomene nicht mehr unter einer anderen theoretischen, methodologischen und ideologischen Perspektive analysiert werden als Mikrophänomene, und wissenschaftliches Wissen kann ebenso in die Untersuchungen einbezogen werden wie Institutionen. Die Anwendung des Konzepts der kollektiven Produktion bietet zugleich neue Verbindungen zwischen der Wissenschaftssoziologie und der allgemeinen Soziologie, ohne dass dafür die Spezifik der Wissenschaft oder anderer Bereiche der Gesellschaft über Bord geworfen werden müssen.

Die Einordnung wissenschaftlicher Gemeinschaften als Produktionsgemeinschaften eröffnet auch interessante Untersuchungsfelder außerhalb der Wissenschaftssoziologie. Eine erste empirische Frage ist die nach der Verbreitung gemeinschaftlicher Produktion. Mit wissenschaftlichen Gemeinschaften und den Open-Source-Software-Produktionsgemeinschaften wurden zwei wichtige und theoretisch bedeutsame Fälle identifiziert. Angesichts der Möglichkeiten, die das Internet für die Entstehung solcher Gemeinschaften bietet, scheint die Frage berechtigt, wo dieser Produktionsmodus noch beobachtet werden kann. Insbesondere die Erweiterung der Untersuchung in Richtung auf große technische Systeme scheint reizvoll: Ist es möglich und produktiv, nicht nur Wissen, sondern zum Beispiel technische Systeme wie das Internet selbst als den gemeinsamen, öffentlich zugänglichen Arbeitsgegenstand einer Produktionsgemeinschaft anzusehen? Gibt es Technik (im Sinne von Artefakten) die in der beschriebenen Weise gemeinschaftlich produziert werden kann?

Die Fragen nach der empirischen Verbreitung des Phänomens gemeinschaftlicher Produktion sind eng mit den theoretischen Fragen nach Existenzbedingungen und nach der spezifischen Überlegenheit gemeinschaftlicher Produktion verbunden. Der Vergleich kollektiver Produktionssysteme hat gezeigt, dass nicht nur unser Wissen über das »neue« Produktionssystem Gemeinschaft, sondern auch unser Wissen über die Produktionsweise von

Markt, Netzwerk und Organisation begrenzt ist. Die empirischen Studien zu diesen Produktionssystemen sind nicht so ertragreich wie erwartet. Wie Märkte, Organisationen und Netzwerke spezifische Informations- und Integrationsprobleme lösen und wie die sozialen Ordnungen innerhalb der Typen von Produktionssystemen variieren, ist zwar häufig Gegenstand empirischer Einzelfallstudien, wurde aber bislang nicht systematisch aus einer theoretischen Perspektive behandelt. Deshalb gibt es auch noch keine befriedigenden Antworten auf die von Scharpf formulierte, theoretisch und praktisch gleichermaßen interessante Frage, welche Produktionsaufgaben durch welches Produktionssystem (am effizientesten) gelöst werden kann.

Auch die Einordnung von wissenschaftlichen Gemeinschaften in eine Soziologie der Gemeinschaft wirft interessante Fragen auf. Das kommt nicht zuletzt daher, dass bislang selbst die Existenz einer Soziologie der Gemeinschaft bezweifelt werden kann. Eine Theorie ist nicht in Sicht, und die zahlreichen empirischen Studien beziehen sich kaum aufeinander. »Gemeinschaft« ist im Moment kein theoretisches Konzept, das empirische Studien anzuleiten und deren Ergebnisse zu synthetisieren vermag.

Wenn wir jedoch darauf bestehen, dass »Gemeinschaft« eben nicht willkürlich und aus unserem Alltagsverständnis heraus definiert werden kann, sondern als Konzept innerhalb einer Theorie sozialer Ordnung, dann ergeben sich daraus Konsequenzen. Die von mir vorgeschlagene an der Existenz einer kollektiven Identität ansetzende Begriffsbildung ist nicht die einzig mögliche. Jede Definition, die »Gemeinschaft« als Bestandteil einer übergeordneten theoretischen Systematik behandelt, ist zweckmäßiger ist als die gegenwärtig ad hoc vorgenommenen Begriffsbestimmungen.

Die Behandlung von Gemeinschaften als spezifische Akteurkonstellationen, deren Zusammenhang durch eine kollektive Identität und deren Ordnung durch identitätsgeleitetes Handeln hergestellt wird, stellt Beziehungen zwischen Phänomenen her, die bislang unverbunden nebeneinander standen. Diese Phänomene können nun vergleichend untersucht werden. Dabei kann zum Beispiel die Rolle von Organisationen in Gemeinschaften oder die Entstehung, Stabilisierung und Auflösung von Gemeinschaften in ganz unterschiedlichen gesellschaftlichen Bereichen – soziale Bewegungen, die Techno-Szene, wissenschaftliche Gemeinschaften, Religionsgemeinschaften usw. – verfolgt werden.

In der Wissenschaftssoziologie ist heute jeder theoretische Versuch in einer Minderheitenposition, weil der mainstream zwischen Idiosynkrasie und Philosophie oszilliert. Was der Wissenschaftssoziologie fehlt, sind Theorien mittlerer Reichweite, die Verbindungen zur allgemeinen Soziologie herstellen können. Ich habe versucht, die philosophischen und ideologischen Verpflichtungen, die überall in der Wissenschaftssoziologie lauern, zu ignorieren und eine Theorie mittlerer Reichweite zu formulieren, die den Mechanismus beschreibt, der eine der wichtigsten Ressourcen der menschlichen Gesellschaft hervorbringt. Diese Theorie hat ein Eigenleben entwickelt und zahlreiche Querverbindungen zur Wissenschaftsgeschichte und zu anderen Gebieten der Soziologie ausgebildet. Sie scheint – ganz im Sinne des hier beschriebenen Produktionsmechanismus – interessante Probleme zu generieren. Damit hat sich das Unternehmen gelohnt.

Literatur

Allen, Robert C. (1983), »Collective Invention«, *Journal of Economic Behavior and Organization*, Jg. 4, S. 1–24.

Adler, Paul S. (2001), »Market, Hierarchy, and Trust: The Knowledge Economy and the Future of Capitalism«, *Organization Science*, Jg. 12, S. 215–234.

Agarwal, D. A./Sachs, S. R./Johnston, W. E. (1998), »The reality of collaboratories«, *Computer Physics Communications*, Jg. 110, S. 134–141.

Agrawal, Ajay/Henderson, Rebecca (2002), »Putting Patents in Context: Exploring Knowledge Transfer from MIT«, *Management Science*, Jg. 48, S. 44–60.

Agres, Ted (2002), »Euros for Discoveries? European scientists follow their US counterparts to the market«, *The Scientist*, Jg. 16, S. 42.

Alter, Catherine/Hage, Jerald (1993), *Organizations working together*, Newbury Park.

Amabile, Teresa M. (1996), *Creativity in Context*, Boulder.

Amann, Klaus/Hirschauer, Stefan/Kranz, Harald/Lachmund, Jens/Philipps, Wilfried/Weingart, Peter (1985), *Kommerzialisierung der Grundlagenforschung: Das Beispiel Biotechnologie*, Bielefeld.

Amsterdamska, Olga/Leydesdorff, Loet (1989), »Citations: Indicators of Significance?« *Scientometrics*, Jg. 15, S. 449–471.

Anderson, Benedict R. O'G. (1991), *Imagined communities : reflections on the origin and spread of nationalism*, London.

Andrade, E. N. da C. (1965), »The Birth and Early Days of the Philosophical Transactions«, *Notes and Records of the Royal Society of London*, Jg. 20, S. 9–27.

Arora, Ashish/Gambardella, Alfonso (1994), »The Changing Technology of Technological-Change – General and Abstract Knowledge and the Division of Innovative Labor«, *Research Policy*, Jg. 23, S. 523–532.

Atkinson, Michael M. (1992), »Policy Networks, Policy Communities and the Problems of Governance«, *Governance: An International Journal of Governance and Administration*, Jg. 5, S. 154–180.

Auty, Caroline (2002), »Football fan power and the Internet: net gains?« *Aslib Proceedings*, Jg. 54, S. 273–279.

Baber, Zaheer (2000), »An Ambiguous Legacy: The Social Construction of the Kuhnian Revolution and Its Consequences for the Sociology of Science«, *Bulletin of Science, Technology & Society*, Jg. 20, S. 139-155.

Bacon, Francis (2000 [1620]), *The New Organon*, Cambridge.

Bacon-Smith, Camille (1992), *Enterprising Women: Television Fandom and the Creation of Popular Myth*, Philadelphia.

Baldi, Stephane (1998), »Normative Versus Social Constructivist Processes in the Allocation of Citations: A Network-Analytic Model«, *American Sociological Review*, Jg. 63, S. 829–846.

Baldi, Stephane/Hargens, Lowell L. (1997), »Re-Examining Price's Conjectures on the Structure of Reference Networks: Results from the Special Relativity, Spatial Diffusion Modeling and Role Analysis Literatures«, *Social Studies of Science*, Jg. 27, S. 669–687.

Barber, Bernard (1972), »Der Widerstand von Wissenschaftlern gegen wissenschaftliche Entdeckungen«, in: Peter Weingart (Hg.), *Wissenschaftssoziologie I: Wissenschaftliche Entwicklung als sozialer Prozeß*, Frankfurt a.M., S. 205-221.

Barinaga, Marcia (1989), »The Missing Crystallography Data«, *Science*, Jg. 245, S. 1179–1181.

Barnes, Barry (1977), *Interests and the Growth of Knowledge*, London.

Barrett, Frank J./Peplowski, Ken (1998), »Minimal Structures Within a Song: An Analysis of ›All of Me‹«, *Organization Science*, Jg. 9, S. 558–560.

Baym, Nancy K. (1995), »The Emergence of Community in Computer-Mediated Communication«, in: Steven G. Jones (Hg.), *Cybersociety: Computer-Mediated Communication and Community*, Thousand Oaks, S. 138–163.

Bazerman, Charles (1988), *Shaping Written Knowledge: The Genre and Activity of the Experimental Article in Science*, Madison.

Beese, Wolfgang (1987), »Die Herausbildung der Molekulargenetik«, in: Martin Guntau/ Hubert Laitko (Hg.), *Der Ursprung der modernen Wissenschaften*, Berlin, S. 200–212.

Behr, Michael (1995), »Regressive Gemeinschaft oder zivile Vergemeinschaftung? Ein Konzept zum Verständnis posttraditionaler Formen betrieblicher Sozialintegration«, *Zeitschrift für Soziologie*, Jg. 24, S. 325-344.

Bell, Colin/Newby, Howard (1971), *Community Studies: An introduction to the sociology of the local community*, London.

Ben-David, Joseph (1971), *The Scientist's Role in Society: A Comparative Study*, Englewood Cliffs, NJ.

— (1975), »Probleme einer soziologischen Theorie der Wissenschaftsforschung«, in: Peter Weingart (Hg.), *Wissenschaftsforschung*, Frankfurt a. M., S. 133-161.

— (1991a [1964]), »Scientific Growth: A Sociological View«, in: Gad Freudenthal (Hg.), *Scientific Growth: Essays on the Social Organization and Ethos of Science by Joseph Ben-David*, Berkeley, S. 299–320.

— (1991b [1970]), »Theoretical Perspectives in the Sociology of Science 1920-1970«, in: Gad Freudenthal (Hg.), *Scientific Growth: Essays on the Social Organization and Ethos of Science by Joseph Ben-David*, Berkeley, S. 413-434.

Ben-David, Joseph/Collins, Randall (1966), »Social Factors in the Origins of a New Science: The Case of Psychology«, *American Sociological Review*, Jg. 31, S. 451–465.

Bender, Thomas (1978), *Community and Social Change in America*, Baltimore.

Benkler, Yochai (2002), »Coase's Penguin, or, Linux and *The Nature of the Firm*«, *Yale Law Journal*, Jg. 112, S. 369–446.

Bennett, J. A. (1986), »The Mechanics' Philosophy and the Mechanical Philosophy«, *History of Science*, Jg. 24, S. 1–28.

Berezin, Alexander (1998), »The Perils of Centralized Research Funding System«, *Knowledge, Technology & Policy*, Jg. 11, S. 5–26.

Bergquist, Magnus/Ljungberg, Jan (2001), »The power of gifts: organizing social relationships in open source communities«, *Information Systems Journal*, Jg. 11, S. 305–320.

Berkenkotter, Carol/Huckin, Thomas N. (1995), *Genre Knowledge in Disciplinary Communication: Cognition/Culture/Power*, Hillsdale.

Bernal, J. D. (1939), *The Social Function of Science*, London.

— (1954), *Science in History*, London.

Beyer, Janice M. (1978), »Editorial Policies and Practices among Leading Journals in Four Scientific Fields«, *Sociological Quarterly*, Jg. 19, S. 68–88.

Beyer, Janice M./Stevens, John M. (1975), »Unterschiede zwischen einzelnen Wissenschaften im Hinblick auf Forschungsaktivität und Produktivität«, *Kölner Zeitschrift für Soziologie und Sozialpsychologie*, Jg. 18, S. 349–374.

Bezroukov, Nikolai (1999), »Open Source Software Development as a Special Type of Academic Research (Critique of Vulgar Raymondism)«, *First Monday*, Jg. 4, S. http://www.firstmonday.dk/issues/issue4_10/bezroukov/index.html.

Biagioli, Mario (1989), »The Social Status of Italian Mathematicians, 1450–1600«, *History of Science*, Jg. 27, S. 41–95.

Bitz, A./McAlpine, A./Whitley, R.D. (1975), *The Production, Flow and Use of Information in Research Laboratories in Different Sciences*, Manchester.

Black, Alan/Hughes, Philip (2001), »What is meant by 'community strength'?«, Vortrag auf der TASA 2001 Conference, Sydney, Australia, Dec 13-15.

Bloor, David (1991 [1976]), *Knowledge and Social Imagery*, Chicago.

Blumenthal, David/Campbell, Eric G./Anderson, Melissa S./Causino, Nancyanne/Louis, Karen Seashore (1997), »Withholding research results in academic life science – Evidence from a national survey of faculty«, *Jama-Journal of the American Medical Association*, Jg. 277, S. 1224–1228.

Böhme, Gernot (1974a), »Die soziale Bedeutung kognitiver Strukturen: Ein handlungstheoretisches Konzept der Scientific Community«, *Soziale Welt*, Jg. 25, S. 188-208.

— (1974b), »Die Bedeutung von Experimentalregeln fur die Wissenschaft«, *Zeitschrift für Soziologie*, Jg. 3, S. 5–17.

— (1975), »Die Ausdifferenzierung wissenschaftlicher Diskurse«, *Kölner Zeitschrift für Soziologie und Sozialpsychologie*, Jg. 18, S. 231-253.

Böhme, Gernot/van den Daele, Wolfgang/Krohn, Wolfgang (1973), »Die Finalisierung der Wissenschaft«, *Zeitschrift für Soziologie*, Jg. 2, S. 128-144.

Bonaccorsi, Andrea/Rossi, Christina (2003), »Why Open Source software can succeed«, *Research Policy*, Jg. 32, S. 1243–1258.

Bonzi, Susan/Snyder H. W. (1991), »Motivations for Citation – a Comparison of Self Citation and Citation to Others«, *Scientometrics*, Jg. 21, S. 245–254.

Bookstein, A. (1990), »Informetric Distributions, Part I: Unified Overview«, *Journal of the American Society for Information Science*, Jg. 41, S. 368–375.

Booth, William (1989), »AIDS Researchers Upset by Refusal to Share Probes on Mysterious Microbe«, *Science*, Jg. 244, S. 416.

Bourbaki, Nicolas (1948), »Die Architektur der Mathematik«, in: Michael Otte (Hg.), *Mathematiker über die Mathematik*, Berlin, S. 140–160.

Bourdieu, Pierre (1975), »The specifity of the scientific field and the social conditions of the progress of reason«, *Social Science Information*, Jg. 14, S. 19-47.

— (1998), *Vom Gebrauch der Wissenschaften. Für eine klinische Soziologie des wissenschaftlichen Feldes*, Konstanz.

Bradach, Jeffrey L./Eccles, Robert G. (1989), »Price, Authority and Trust: From Ideal Types to Plural Forms«, *Annual Review of Sociology*, Jg. 15, S. 97–118.

Braun, Dietmar (1993), »Politische Steuerungsfähigkeit in intermediären Systemen am Beispiel der Forschungsförderung«, *Politische Vierteljahresschrift*, Jg. 34, S. 249–271.

Brickley, Peg (2002), »A Scrap over Sequences, Take Two«, *The Scientist*, Jg. 16, S. 13. May 2002.

Brie, Michael (2000), »Formal Institutions and Informal Institutional Arrangements«, *BISS public*, Jg. 30, S. 101-119.

Brint, Steven (2001), »Gemeinschaft revisited: A critique and reconstruction of the community concept«, *Sociological Theory*, Jg. 19, S. 1–23.

Brubaker, Rogers/Cooper, Frederick (2000), »Beyond ›identity‹«, *Theory and Society*, Jg. 29, S. 1–47.

Brumfiel, Geoff (2002), »Misconduct finding at Bell Labs shakes physics community«, *Nature*, Jg. 419, S. 419–421.

Bryden, D. J. (1992), »Evidence from Advertising for Mathematical Instrument Making in London, 1556–1714«, *Annals of Science*, Jg. 49, S. 301–336.

Bryk, Anthony/Camburn, Eric/Seashore Louis, Karen (1999), »Professional community in Chicago elementary schools: Facilitating factors and organizational consequences«, *Educational Administration Quarterly*, Jg. 35, S. 751-781.

Bulmer, M. I. A. (1975), »Sociological Models of the Mining Community«, *Sociological Review*, Jg. 23, S. 61–92.

Burk, Dan L. (1994), »Misappropriation of trade secrets in biotechnology licensing«, *Albany Law Journal of Science and Technology*, Jg. 4, S. 121–154.

Buss, Klaus-Peter/Wittke, Volker (2001), »Wissen als Ware – Überlegungen zum Wandel der Modi gesellschaftlicher Wissensproduktion am Beispiel der Biotechnologie«, in: Gerd Bender (Hg.), *Neue Formen der Wissenserzeugung*, Frankfurt am Main, S. 123–146.

Butterfield, Herbert (1949), *The Origins of Modern Science, 1300–1800*, London.

Büttner, Jochen/Damerow, Peter/Renn, Jürgen/Schemmel, Mathias/Valleriani, Matteo, (2002). *Galileo and the Shared Knowledge of His Time*. Preprint 228, Max-Planck-Institut für Wissenschaftsgeschichte, Berlin.

Calhoun, Craig J. (1980), »Community: toward a variable conceptualization for comparative research«, *Social History*, Jg. 5, S. 105–129.

— (1991), »Indirect Relationships and Imagined Communities: Large-Scale Social Integration and the Transformation of Everyday Life«, in: Pierre Bourdieu/James S. Coleman (Hg.), *Social Theory for a Changing Society*, Boulder, S. 95–121.

— (1998), »Community without Propinquity Revisited: Communications Technology and the Transformation of the Urban Public Sphere«, *Sociological Inquiry*, Jg. 68, S. 373–397.

Callon, Michel (1986a), »The Sociology of an Actor-Network: The Case of the Electric Vehicle«, in: Michel Callon/John Law/Arie Rip (Hg.), *Mapping the Dynamic of Science and Technology – Sociology of Science in the Real World*, London, S. 19-34.

— (1986b), »Some Elements of a Sociology of Translation: Domestication of the Scallops and the Fishermen of St Brieuc Bay«, in: John Law (Hg.), *Power, Action and Belief*, London, S. 196-233.

— (1994), »Is Science a Public Good? Fifth Mullins Lecture, Virginia Polytechnic Institute, 23 March 1993«, *Science, Technology & Human Values*, Jg. 19, S. 395–424.

— (1995), »Four Models for the Dynamics of Science«, in: Sheila Jasanoff, Gerald E. Markle, James C. Petersen, Trevor Pinch, (Hg.), *Handbook of Science and Technology Studies*, London, S. 29–63.

Callon, Michel/Courtial, Jean-Pierre/Turner, William A./Bauin, Serge (1983), »From Translations to Problematic Networks: An Introduction to Co-Word Analysis«, *Social Science Information*, Jg. 22, S. 191-235.

Callon, Michel/Law, John (1982), »On Interests and their Transformation: Enrollment and Counter-Enrollment«, *Social Studies of Science*, Jg. 12, S. 615-25.

Callon, Michel/Law, John/Rip, Arie (1986), »Qualitative Scientometrics«, in: Michel Callon, John Law, Arie Rip (Hg.), *Mapping the Dynamic of Science and Technology – Sociology of Science in the Real World*, London, S. 103–123.

Cambrosio, Alberto/Keating, Peter (1988), »»Going Monoclonal«: Art, Science, and Magic in the Day-to-Day use of Hybridoma Technology«, *Social Problems*, Jg. 35, S. 244-260.

— (1995), *Exquisite Specifity: The Monoclonal Antibody Revolution*, New York.

— (1998), »Monoclonal Antibodies : From Local to Extended Networks«, in: Arnold Thakray (Hg.), *Private Science - Biotechnology and the Rise of the Molecular Science*, Philadelphia, S. 165-181.

Cambrosio, Alberto/Keating, Peter/Mackenzie, Michael (1990), »Scientific Practice in the Courtroom: The Construction of Sociotechnical Identities in a Biotechnology Patent Dispute«, *Social Problems*, Jg. 37, S. 275–293.

Campanario, Juan Miguel (1998a), »Peer Review for Journals as It Stands Today – Part 1«, *Science Communication*, Jg. 19, S. 181–211.

— (1998b), »Peer Review as It Stands Today – Part 2«, *Science Communication*, Jg. 19, S. 277–306.

Campbell, Eric G./Clarridge, Brian R./Gokhale, Manjusha/Birenbaum, Lauren (2002), »Data withholding in academic genetics: Evidence from a national survey«, *The Journal of the American Medical Association*, Jg. 287, S. 473–480.

Campbell, Philip (2001), »Declaration of financial interests: Introducing a new policy for authors of research papers in Nature and Nature Journals«, *Nature*, Jg. 412, S. 751.

Cerulo, Karen A. (1997), »Reframing Sociological Concepts for a Brave New (Virtual?) World«, *Sociological Inquiry*, Jg. 67, S. 48-58.

Chalmers, Alan (1993), »The Lack of Excellency of Boyle's Mechanical Philosophy«, *Studies in History and Philosophy of Science*, Jg. 24, S. 541–564.

Chekki, Dan A. (1990), »Introduction: Main Currents and new Directions in Community Sociology«, *Research in Community Sociology*, Jg. 1, S. 1-20.

Chu, H. (1992a), »Communication between Chinese and Non-Chinese Scientists in the Discovery of High-Tc Superconductor: I. The Formal Perspective«, *Scientometrics*, Jg. 25, S. 229–252.

— (1992b), »Communication between Chinese and Non-Chinese Scientists in the Discovery of High-Tc Superconductor: II. The Informal Perspective«, *Scientometrics*, Jg. 25, S. 253–277.

Chubin, Daryl E. (1975), »Trusted Assessorship in Science: A Relation in Need of Data«, *Social Studies of Science*, Jg. 5, S. 362–368.

— (1976), »The Conceptualization of Scientific Specialties«, *Sociological Quarterly*, Jg. 17, S. 448–476.

Chubin, Daryl E./Connolly, Terence (1982), »Research Trails and Science Policies«, in: Norbert Elias, Herminio Martins, Richard Whitley (Hg.), *Scientific Establishments and Hierarchies*, Dordrecht, S. 293–311.

Chubin, Daryl E./Hackett, Edward J. (1990), *Peerless Science: Peer Review and U.S. Science Policy*, Albany, N.Y.

Chubin, Daryl E./Moitra, Soumyo D. (1975), »Content Analysis of References: Adjunct or Alternative to Citation Counting?« *Social Studies of Science*, Jg. 5, S. 423–441.

Cicchetti, Domenic V. (1991), »The Reliability of Peer Review for Manuscript and Grant Submissions: A Cross-Disciplinary Investigation«, *Behavioral and Brain Sciences*, Jg. 14, S. 119–135.

Clarke, Adele E. (1991), »Social Worlds/Arenas Theory as Organizational Theory«, in: David R. Maines (Hg.), *Social Organization and Social Process: Essays in Honor of Anselm Strauss*, New York, S. 119-158.

Coase, Ronald H. (1988 [1937]), »The Nature of the Firm«, in: Ronald H. Coase (Hg.), *The Firm, the Market, and the Law*, Chicago, S. 33–55.

Cohen, A. P. (1985), *The Symbolic Construction of Community*, Chichester.

Cohen, H. Floris (1994), *The Scientific Revolution: A Historiographical Inquiry*, Chicago.

Cohen, Jon (1995), »Share and share alike isn't always the rule in science; many researchers fail to share materials«, *Science*, Jg. 268, S. 1715–1718.

Cole, Stephen (1983), »The Hierarchy of the Sciences?« *American Journal of Sociology*, Jg. 89, S. 111–139.

Cole, Stephen/Cole, Jonathan R. (1967), »Scientific Output and Recognition, a Study in the Operation of the Reward System in Science«, American Sociological Review, Jg. 32, S. 377–390.

Cole, Jonathan R./Cole, Stephen (1972), »The Ortega Hypothesis«, *Science*, Jg. 178, S. 368–375.

Cole, Stephen/Cole, Jonathan R./Dietrich, Lorraine (1978), »Measuring the Cognitive State of Scientific Disciplines«, in: Yehuda Elkana/Joshua Lederberg/Robert K. Merton, Arnold Thackray/Harriet Zuckerman (Hg.), *Toward a Metric of Science: The Advent of Science Indicators*, New York, S. 209–251.

Cole, Stephen/Cole, Jonathan R./Simon, Gary A. (1981), »Chance and Consensus in Peer Review«, *Science*, Jg. 214, S. 881–886.

Collins, Harry M. (1974), »The TEA set: tacit knowledge and scientific networks«, *Science Studies*, Jg. 4, S. 165–186.

— (1975), »The Seven Sexes: A Study in the Sociology of a Phenomenon, or the Replication of Experiments in Physics«, *Sociology*, Jg. 9, S. 205–224.

— (1981), »The Place of the ›Core-Set‹ in Modern Science: Social Contingency with Methodological Propriety in Science«, *History of Science*, Jg. 19, S. 6–19.

— (1982a), »The replication of experiments in physics«, in: Barry Barnes/David Edge (Hg.), *Science in Context. Readings in the Sociology of Science*, Milton Keynes, S. 94-116.

— (1982b), »Knowledge, Norms and Rules in the Sociology of Science«, *Social Studies of Science*, Jg. 12, S. 299-309.

— (1983), »An Empirical Relativist Programme in the Sociology of Scientific Knowledge«, in: Karin Knorr-Cetina/ Michael Mulkay (Hg.), *Science observed: Perspectives on the social study of science*, London, S. 85-113.

— (1985), *Changing Order: Replication and Induction in Scientific Practice*, London.

— (1998), »The Meaning of Data: Open and Closed Evidential Cultures in the Search for Gravitational Waves«, *American Journal of Sociology*, Jg. 104, S. 293–338.

— (1999), »Tantalus and the Aliens: Publications, Audiences and the Search for Gravitational Waves«, *Social Studies of Science*, Jg. 29, S. 163–197.

— (2001), »Tacit knowledge, trust and the Q of sapphire«, *Social Studies of Science*, Jg. 31, S. 71–85.

Collins, Harry M./Harrison, R. G. (1975), »Bulding a TEA Laser: The Caprices of Communication«, *Social Studies of Science*, Jg. 5, S. 441–450.

Collins, Randall (1975), *Conflict Sociology: Toward an Explanatory Science*, New York.

Cooley, Charles Horton (1911), *Social Organization: A Study of the Larger Mind*, New York.

Coriat, Benjamin/Orsi, Fabienne (2002), »Establishing a new intellectual property rights regime in the United States: Origins, content and problems«, *Research Policy*, Jg. 31, S. 1491–1507.

Cozzens, Susan E. (1985a), »Comparing the Sciences: Citation Context Analysis of Papers from Neuropharmacology and the Sociology of Science«, *Social Studies of Science*, Jg. 15, S. 127–153.

— (1985b), »Using the Archive: Derek Price's Theory of Differences among the Sciences«, *Scientometrics*, Jg. 7, S. 431–441.

— (1989a), *Social Control and Multiple Discovery in Science: The Opiate Receptor Case*, Albany.

— (1989b), »What Do Citations Count? The Rhetoric-First Model«, *Scientometrics*, Jg. 15, S. 437–447.

— (2000), »Assessing federally-supported academic research in the United States«, *Research Evaluation*, Jg. 8, S. 5–10.

Crane, Diana (1972), *Invisible Colleges: Diffusion of Knowledge in Scientific communities*, Chicago.

Crane, Diana/Small, Henry (1992), »American Sociology since the Seventies: The Emerging Identity Crisis in the Discipline«, in: Terence C. Halliday/Morris Janowitz (Hg.), *Sociology and Its Publics: The Form and Fates of Disciplinary Organization*, Chicago, S. 197–234.

Crawford, Garry (2003), »The Career of the Sport Supporter: The Case of the Manchester Storm«, *Sociology – Journal of the British Sociological Association*, Jg. 37, S. 219–237.

Crawford, Susan (1971), »Informal Communication Among Scientists in Sleep Research«, *Journal of the American Society for Information Science*, Jg., S. 301-310.

Crowston, Kevin/Wei, Kangning/Li, Qing/Howison, James (2006), »Core and periphery in Free/Libre and Open Source software team communications«, in: *Proceedings of the 39th Annual Hawai'i International Conference on System Sciences*, Waikoloa, Hawaii, http://doi.ieeecomputersociety.org/10.1109/HICSS.2006.101

Cyert, Richard M./March, James G. (1992 [1963]), *A Behavioral Theory of the Firm*, Cambridge.

Cyranoski, David (2002), »Japanese forum urges rethink over patents«, *Nature*, Jg. 415, S. 354.

van den Daele, Wolfgang/Krohn, Wolfgang/Weingart, Peter (1979), »Die politische Steuerung der wissenschaftlichen Entwicklung«, in: Wolfgang Van den Daele/ Wolfgang Krohn/Peter Weingart (Hg.), *Geplante Forschung. Vergleichende Studien über den Einfluß politischer Programme auf die Wissenschaftsentwicklung*, Frankfurt am Main, S. 11–63.

Dahl, Robert A./Lindblom, Charles E. (1953), *Politics, Economics, and Welfare*, New York.

Dalle, Jean-Michel/Jullien, Nicolas (2003), »›Libre‹ Software: turning fads into institutions?« *Research Policy*, Jg. 32, S. 1–11.

Dasgupta, Partha/David, Paul A. (1987), »Information Disclosure and the Economics of Science and Technology«, in: George R. Feiwel (Hg.), *Arrow and the Ascent of Modern Economic Theory*, New York, S. 519-542.

— (1994), »Toward a new economics of science«, *Research Policy*, Jg. 23, S. 487–521.

Daston, Lorraine (1991), »The Ideal and Reality of the Republic of Letters in the Enlightment«, *Science in Context*, Jg. 4, S. 367–386.

— (1995), »Curiosity in Early Modern Science«, *Word and Image*, Jg. 11, S. 391–404.

— (1998a), »The Language of Strange Facts in Early Modern Science«, in: Timothy Lenoir (Hg.), *Inscribing Science. Scientific Texts and the Materiality of Communication*, Stanford, CA, S. 20–38.

— (1998b), »The Nature of Nature in Early Modern Europe«, *Configurations*, Jg. 5, S. 149–172.

— (2000), *Eine kurze Geschichte der wissenschaftlichen Aufmerksamkeit*, München.

— (2001), *Wunder, Beweise und Tatsachen: Zur Geschichte der Rationalität*, Frankfurt am Main.

David, Paul A. (1998), »Clio and the Economic Organization of Science: Common Agency Contracting and the Emergence of ›Open Science‹ Institutions«, *AEA Papers and Proceedings*, Jg.88, S. 15–21.

— (1998), »Communication norms and the collective cognitive performance of ›invisible colleges‹«, in: G. Barba Navaretti/P. Dasgupta/K.-G. Mäler/D. Siniscalco (Hg.), *Creation and Transfer of Knowledge. Institutions and Incentives.*, Berlin, S. 115–163.

— (2000), *Patronage, Reputation, and Common Agency Contracting in the Scientific Revolution: From Keeping »Nature's Screts« to the Institutionalization of »Open Science«.* Oxford (Unveröffentlichtes Manuskript).

— (2000), *A Tragedy of the Public Knowledge 'Commons'? Global Science, Intellectual Property and the Digital Technology Boomerang.* Manuskript.

David, Paul A./Foray, Dominique/Steinmueller, Edward (1999), »The research network and the new economics of science: from metaphors to organizational behaviors«, in: Alfonso Gambardella/ Franco Malerba (Hg.), *The Organization of Economic Innovation in Europe*, Cambridge, S. 303-342.

Davis, Natalie Zemon (1975), *Society and Culture in Early Modern France*, Stanford.

Dear, Peter (1985), »*Totius in verba*: Rhetoric and Authority in the Early Royal Society«, *ISIS*, Jg. 76, S. 145–161.

— Dear, Peter (1987), »Jesuit Mathematical Science and the Reconstitution of Experience in the Early Seventeenth Century«, *Studies in History and Philosophy of Science*, Jg. 18, S. 133–157.

— (1990), »Miracles, Experiments, and the Ordinary Course of Nature«, *ISIS*, Jg. 81, S. 663–683.

— (1991), »Narratives, Anecdotes, and Experiments: Turning Experience into Science in the Seventeenth Century«, in: Peter Dear (Hg.), *The Literary Structure of Scientific Argument: Historical Studies*, Philadelphia, S. 135–163.

Demil, Benoit/Lecocq, Xavier (2003), Neither Market nor Hierarchy or Network: The Emerging Bazaar Governance. http://opensource.mit.edu/papers/demillecocq.pdf

Deutsche Forschungsgemeinschaft (DFG) (2003), *Förder-Ranking 2003. Institutionen – Regionen – Netzwerke.* Bonn: Deutsche Forschungsgemeinschaft, http://www.dfg.de/ranking/ index.html.

Diani, Mario (1992), »The concept of social movement«, *The Sociological Review*, Jg. 40, S. 1–25.

Dijksterhuis, Fokko Jan (2004), »Once Snell Beaks Down: From Geometrical to Physical Optics in the Seventeenth Century«, *Annals of Science*, Jg. 61, S. 165–185.

DiMaggio, Paul J./Powell, Walter W. (1991), »The Iron Cage Revisited: Institutional Isomorphism and Collective Rationality in Organizational Fields«, in: Walter W. Powell/Paul J. DiMaggio (Hg.), *The New Institutionalism in Organizational Analysis*, Chicago, S. 147–160.

Dolby, R. G. A. (1976), »The Case of Physical Chemistry«, in: Gerard Lemaine/Roy Macleod/Michael J. Mulkay/Peter Weingart (Hg.), *Perspectives on the Emergence of Scientific Disciplines*, The Hague, S. 63–73.

Donovan, Arthur (1988), »Lavoisier and the Origins of Modern Chemistry«, *OSIRIS*, Jg. 4, S. 214–231.

Drake, Stillman (1970), »Early Science and the Printed Book: The Spread of Science beyond the University«, *Renaissance and Reformation*, Jg. 6, S. 43–52.

Dubin, Robert (1960), »Parson's Actor: Continuities in Social Theory«, *American Sociological Review*, Jg. 25, S. 457-466.

Durkheim, Emile (1977 [1893]), *Über die Teilung der sozialen Arbeit*, Frankfurt a. M.

Eamon, William (1984), »Arcana disclosed: The Advent of Printing, the Books of Secrets Tradition and the Development of Experimental Science in the Sixteenth Century«, *History of Science*, Jg. 22, S. 111–150.

— (1985), »From the Secrets of Nature to Public Knowledge: The Origins of the Concept of Openness in Science«, *Minerva*, Jg. 23, S. 321–347.

— (1991), »Court, Academy, and Printing House: Patronage and Scientific Career in Late Renaissance Italy«, in: Bruce T. Moran (Hg.), *Patronage and Institutions: Science, Technology and Medicine at the European Court*, Rochester, S. 25–50.

— (1994), *Science and the Secrets of Nature*, Princeton.

Ebers, Mark (1997), »Explaining Inter-Organizational Network Formation«, in: Mark Ebers (Hg.), *The Formation of Inter-Organizational Networks*, Oxford, S. 3–40.

Edge, David (1979), »Quantitative Measures of Communication in Science: a Critical Review«, *History of Science*, Jg. 17, S. 102-134.

— (1990), »Competition in Modern Science«, in: Tore Frängsmyr (Hg.), *Solomon's House Revisited: The Organization and Instituionalization of Science, Nobel Symposium 75*, Canton, S. 208–232.

Edge, David/Mulkay, Michael J. (1975), »Fallstudien zu wissenschaftlichen Spezialgebieten«, *Kölner Zeitschrift für Soziologie und Sozialpsychologie (Sonderheft 18)*, Jg., S. 231–253.

— (1976), *Astronomy Transformed: The Emergence of Radio Astronomy in Britain*, New York.

Edwards, Kasper (2000), »When Beggars Become Choosers«, *First Monday*, Jg. 5, S. http://firstmonday.org/issues/issue5_10/edwards/index.html.

— (2001), *Epistemic Communities, Situated Learning and Open Source Software Development*. Manuskript, http://opensource.mit.edu/papers/kasperedwards-ec.pdf.

Effrat, Marcia Pelly (1974), »Approaches to Community: Conflicts and Complementarities«, in: Marcia Pelly Effrat (Hg.), *The Community: Approaches and Applications*, London, S. 1-32.

Egghe, L./Rousseau, R./Yitzhaki, M. (1999), »The ›own-language preference‹: Measures of relative language self-citation«, *Scientometrics*, Jg. 45, S. 217–232.

Eisenberg, Rebecca (1989), »Patents and the Progress of Science: Exclusive Rights and Experimental Use«, *University of Chicago Law Review*, Jg. 56, S. 1017–1086.

— (1994), »A Technological Policy Perspective on the NIH Gene Patenting Controversy«, *University of Pittsburgh Law Review*, Jg. 55, S. 633–652.

— (1997), »Patenting Research Tools and the Law«, in: National Research Council (Hg.), *Intellectual Property Rights and the Dissemination of Research Tools in Molecular Biology*: Summary of a Workshop Held at the National Academy of Sciences, February 15–16, 1996, Washington, S. 6–16.

— (2001), »Bargaining Over the Transfer of Proprietary Research Tools: Is this Market Failing or Emerging?« in: Rochelle Cooper Dreyfuss/Diane Leenheer Zimmermann/ Harry First (Hg.), *Expanding the Boundaries of Intellectual Property*, Oxford, S. 223–249.

Eisenstein, Elizabeth L. (1979), *The Printing Press as an Agent of Change*, Cambridge.

van Els, W. P./Jansz, M. C. N./Le Pair, C. (1989), »The citation gap between printed and instrumental output of technological research: The case of the electron microscope«, *Scientometrics*, Jg. 17, S. 415–425.

Emerson, Roger L. (1990), »The Organisation of Science and its Pursuit in Early Modern Europe«, in: R. C. Olby/G. N. Cantor/J. R. R. Christie/M. J. S. Hodge (Hg.), *Companion to the History of Modern Science*, London, S. 960–979.

Ettrich, Matthias (2004), »Koordination und Kommunikation in Open-Source-Projekten«, in: Bernd Lutterbeck (Hg.), *Open-Source-Jahrbuch*, Berlin, http://www.opensourcejahrbuch.de/2004/pdfs/III-2-Ettrich.pdf.

Etzkowitz, Henry (1994), »Knowledge as Property: The Massachusetts Institute of Technology and the Debate over Academic Patent Policy«, Minerva, Jg. 32, S. 383–421.

Etzkowitz, Henry /Stevens, Ashley J. (1998), »Inching Toward Industrial Policy: The University's Role in Government Initiatives to Assist Small, Innovative Companies in the United States«, in: Henry Etzkowitz/Andrew Webster/Peter Healey (Hg.), *Capitalizing Knowledge. New Intersections of Industry and Academia*, Albany,NY, S. 215–238.

Findlen, Paula (1991), »The Economy of Scientific Exchange in Early Modern Italy«, in: Bruce T. Moran (Hg.), *Patronage and Institutions: Science, Technology and Medicine at the European Court*, Rochester, S. 5–24.

— (1999), »The Formation of a Scientific Community: Natural History in Sixteenth-Century Italy«, in: Nancy Siraisi (Hg.), *Natural Particulars: Nature and Disciplines in Renaissance Europe*, Cambridge, S. 369–400.

Fine, Gary Alan/Kleinman, Sherry (1979), »Rethinking Subculture: An Interactionist Analysis«, *American Journal of Sociology*, Jg. 85, S. 1–20.

Finholt, Thomas A. (2002), »Collaboratories«, in: Blaise Cronin (Hg.), *Annual Review of Information Science and Technology*, Washington, S. 73–107.

— (2003), »Collaboratories as a new form of scientific organization«, *Economics of Innovation and New Technologies*, Jg. 12, S. 5–25.

Finholt, Thomas A./Olson, Gary M. (1997), »From Laboratories to Collaboratories: A New Organizational Form for Scientific Collaboration«, *Psychological Science*, Jg. 8, S. 28–36.

Fisher, Charles S. (1966/67), »The Death of a Mathematical Theory: a Study in the Sociology of Knowledge«, *Archive for History of Exact Sciences*, Jg. 3, S. 137–159.

Fleck, Ludwik (1979 [1935]), *Genesis and Development of a Scientific Fact*, Chicago.

Foltz, Franz A. (2000), »The Ups and Downs of Peer Review: Making Funding Choices for Science«, *Bulletin of Science, Technology & Society*, Jg. 20, S. 427–440.

Foltz, Franz/Foltz, Frederick (2003), »Religion on the Internet: Community and Virtual Existence«, *Bulletin of Science, Technology & Society*, Jg. 23, S. 321–330.

Fontes da Costa, Palmira (2002), »The making of extraordinary facts: authentication of singularities of nature at the Royal Society of London in the first halft of the eighteenth century«, *Studies in History and Philosophy of Science*, Jg. 33, S. 265–288.

Foster, Derek (1997), »Community and Identity in the Electronic Village«, in: David Porter (Hg.), *Internet Culture*, New York, S. 23-37.

Fuchs, Stephan (1992), *The Professional Quest for Truth: A Social Theory of Science and Knowledge*, New York.

Fuchs, Stephan (1993), »A Sociological Theory of Scientific Change«, *Social Forces*, Jg. 71, S. 933-953.

Fujimura, Joan (1987), »Constructing 'Do-able' problems in cancer research: articulating alignment«, *Social Studies of Science*, Jg. 17, S. 257-293.

— (1988), »The Molecular Biological Bandwagon in Cancer Research: Where Social Worlds Meet«, *Social Problems*, Jg. 35, S. 261–283.

— (1992), »Crafting Science: Standardized Packages, Boundary Objects and ›Translation‹«, in: Andrew Pickering (Hg.), *Science as Practice and Culture*, Chicago, S. 168–211.

Gacek, Cristina/Arief, Budi (2004), »The Many Meanings of Open Source«, *IEEE Software*, Jg. 21, S. 34–40.

Galbraith (1977), *Organization Design*, Reading, Mass.

Gallivan, Michael J. (2001), »Striking the balance between trust and control in a virtual organization: a content analysis of open source software case studies«, *Information Systems Journal*, Jg. 11, S. 277–304.

Garfield, Eugene (1979), »Perspectives on Citation Analysis of Scientists«, in: Eugene Garfield (Hg.), *Citation Indexing – Its Theory and Application in Science, Technology, and Humanities*, New York, S. 240–252.

Garfinkel, Harold/Lynch, Michael/Livingston, Eric (1981), »The Work of a Discovering Science Construed with Materials from the Optically Discovered Pulsar«, *Philosophy of the Social Sciences*, Jg. 11, S. 131-158.

Gasser, Les/Ripoche, Gabriel (2003), »Distributed Collective Practices and Free/Open-Source Software Problem Management: Perspectives and Methods«, in: *2003 Conference on Cooperation, Innovation & Technologie (CITE2003)*, http://www.isrl.uiuc.edu/~gasser/ papers/cite-gasser.pdf

Geiger, Roger L. (1988), »Milking the Sacred Cow: Research and the Quest for Useful Knowledge in the American University since 1920«, *Science, Technology, and Human Values*, Jg. 13, S. 3–4.

— (1992), »Science, Universities, and National Defense, 1945–1970«, *Osiris*, Jg. 7, S. 26–48.

George, Wilma (1980), »Sources and Background to Discoveries of New Animals in the Sixteenth and Seventeenth Centuries«, *History of Science*, Jg. 18, S. 79–104.

Gerson, Elihu M. (1983), »Scientific Work and Social Worlds«, *Knowledge: Creation, Diffusion, Utilization*, Jg. 4, S. 357-377.

Ghosh, Rishab Ayer (1998), »Cooking pot markets: an economic model for the trade in free goods and services on the internet«, *First Monday*, Jg. 3, S. http://www.firstmonday. org/issues/issue3_3/ghosh/index.html.

Ghosh, Rishab Ayer/Prakash, Vipul Ved, 2000. *The Orbiten Free Software Survey*. Manuskript, http://www.orbiten.org/ofss/01.html.

Gibbons, Michael/Limoges, Camille/Nowotny, Helga/Schwartzman, Simon/Scott, Peter/ Trow, Martin (1994), *The New Production of Knowledge. The Dynamics of Science and Research in Contemporary Societies*, London.

Giddens, Anthony (1984), *The Constitution of Society: Outline of the Theory of Structuration*, Berkeley and Los Angeles.

— (1987), »Time and social organization«, in: Anthony Giddens (Hg.), *Social Theory and Modern Sociology*, Stanford, S. 140-165.

Gieryn, Thomas F. (1988), »Distancing Science from Religion in Seventeenth-Century England«, *ISIS*, Jg. 79, S. 582–593.

Gilbert, G. Nigel (1976a), »The Development of Science and Scientific Knowledge: the Case of Radar Meteor Research«, in: Gerard Lemaine/Roy Macleod/Michael J. Mulkay/Peter Weingart (Hg.), *Perspectives on the Emergence of Scientific Disciplines*, The Hague, S. 187–204.

— (1976b), »The Transformation of Research Findings into Scientific Knowledge«, *Social Studies of Science*, Jg. 6, S. 281–306.

— (1977), »Referencing as Persuasion«, *Social Studies of Science*, Jg. 7, S. 113–122.

Gilbert, G. Nigel/Mulkay, Michael (1984), *Opening Pandora's Box: A Sociological Analysis of Scientists' Discourse*, Cambridge.

Gläser, Jochen (1998). *Kognitive Neuorientierung der ostdeutschen außeruniversitären Grundlagenforschung als Folge des Institutionentransfers*. Discussion Paper P98-402. Berlin: Wissenschaftszentrum Berlin für Sozialforschung.

— (2000), »Limits of change: cognitive constraints on ›postmodernization‹ and the political redirection of science«, *Social Science Information*, Jg. 39, S. 439–465.

— (2003a), »Privatisierung von Wissenschaft?« in: Stefan Böschen/Ingo Schulz-Schaeffer (Hg.), *Wissenschaft in der Wissensgesellschaft*, Opladen, S. 55–76.

— (2003b), »What Internet Use Does and Does not Change in Scientific communities«, *Science Studies*, Jg. 16, S. 38–51.

— (2001a), »Modus 2a und Modus 2b«, in: Gerd Bender (Hg.), *Neue Formen der Wissenserzeugung*, Frankfurt a.M., S. 83-99.

— (2001b), »Macrostructures, careers and knowledge production: a neoinstitutionalist approach«, *International Journal of Technology Management*, Jg. 22, S. 698–715.

— (2004), »Why are the Most Influential Books in Australian Sociology not necessarily the most highly cited ones?« *Journal of Sociology*, Jg. 40, S. (im Erscheinen).

— (2005), »Neue Begriffe, alte Schwächen: Virtuelle Gemeinschaft«, in: Michael Jäckel/ Manfred Mai (Hg.), *Online-Vergesellschaftung? Mediensoziologische Perspektiven auf neue Kommunikationstechnologien*, Wiesbaden, S. 51–72.

Gläser, Jochen/Becker, Bettina/Goedicke, Anne/Hager, Thomas/Höppner, Marion/Karl, Astrid/Laudel, Grit (1994), »If People Become Afraid of Your Research Methods. Conflicts over Research Reactors in Berlin and Munich«, in: Uwe Schimank/Andreas Stucke (Hg.), *Coping with trouble. How Science Reacts to Political Disturbances of Research Conditions*, Frankfurt am Main, S. 293–332.

Gläser, Jochen/Laudel, Grit (2001), »Integrating scientometric indicators into sociological studies: methodical and methodological problems«, *Scientometrics*, Jg. 52, S. 411–434.

— (2005), »Advantages and dangers of ›remote‹ peer evaluation«, *Research Evaluation*, Jg. 14, S. 186–198.

Gläser, Jochen/Laudel, Grit/Hinze, Sybille/Butler, Linda (2002), *Impact of evaluation-based funding on the production of scientific knowledge: What to worry about, and how to find out (Expertise für das BMBF)*, http://repp.anu.edu.au/expertise-glae-lau-hin-but.pdf.

Gläser, Jochen/Meske, Werner (1996), *Anwendungsorientierung von Grundlagenforschung? Erfahrungen der Akademie der Wissenschaften der DDR*, Frankfurt am Main

Glasner, Peter (1996), »From community to ›collaboratory‹? The Human Genome Mapping Project and the changing culture of science«, *Science and Public Policy*, Jg. 23, S. 109–116.

Godin, Benoit/Ippersiel, M.-P. (1996), »Scientific Collaboration at the Regional Level: The Case of a Small Country«, *Scientometrics*, Jg. 36, S. 59–68.

Goldgar, Anne (1995), *Impolite Learning: Conduct and Community in the Republic of Letters 1680–1750*, New Haven.

Golinski, Jan (1998), *Making Natural Knowledge: Constructivism and the History of Science*, Cambridge.

Goode, William J. (1957), »Community Within a Community: The Professions«, *American Sociological Review*, Jg. 22, S. 194–201.

Grandori, Anna/Soda, Giuseppe (1995), »Inter-firm Networks: Antecedents, Mechanisms and Forms«, *Organization Studies*, Jg. 16, S. 183–214.

Granovetter, Mark S. (1985), »Economic Action and Social Structure: The Problem of Embeddedness«, *American Journal of Sociology*, Jg. 91, S. 481–510.

— (1973), »The Strength of Weak Ties«, *American Journal of Sociology*, Jg. 78, S. 1360–1380.

— (1992), »Problems of Explanation in Economic Sociology«, in: Nitin Nohria/Robert G. Eccles (Hg.), *Networks and Organizations: Structure, Form, and Action*, Boston, S. 25–56.

Green, Roger (2003), »Marktes, Management and ›Reengineering‹ Higher Education«, *The Annals of The American Academy of Political and Social Science*, Jg. 585, S. 196–210.

Gresham, John L. (1994), »From Invisible College to Cyberspace College: Computer Conferencing and the Transformation of informal Scholarly Communication Networks«, *Interpersonal Computing and Technology: An Electronic Journal for the 21st Century*, Jg. 2, S. 37–52.

Gross, Alan G./Harmon, Joseph E./Reidy, Michael S. (2000), »Argument in 17th-Century Science: A Rhetorical Analysis with Sociological Implications«, *Social Studies of Science*, Jg. 30, S. 371–396.

Guntau, Martin/Laitko, Hubert (1987), »Entstehung und Wesen wissenschaftlicher Disziplinen«, in: Martin Guntau/ Hubert Laitko (Hg.), *Der Ursprung der modernen Wissenschaften. Studien zur Entstehung wissenschaftlicher Disziplinen*, Berlin, S. 17–89.

Gusfield, Joseph R. (1975), *Community: A Critical Response*, New York.

Haas, Peter M. (1992), »Introduction: Epistemic Communities and International Policy Coordination«, *International Organization*, Jg. 46, S. 1–35.

Hackmann, W. D. (1989), »Scientific Instruments: Models of Brass and Aids to Discovery«, in: David Gooding/Trevor Pinch/Simon Schaffer (Hg.), *The Uses of Experiment*, Cambridge, S. 31–64.

Hadida-Hassan, Martin/Young, Stephen J./Peltier, Steven T./Wong, Mona/Lamont, Stephan/Ellisman, Mark H. (1999), »Web-Based Telemicroscopy«, *Journal of Structural Biology*, Jg. 125, S. 235–245.

Haenfler, Ross (2004), »Collective identity in the Straight Edge Movement: How Diffuse Movements Foster Commitment, Encourage Individualized Participation, and Promote Cultural Change«, *The Sociological Quarterl,* Jg. 45, S. 785–805.

Hage, Jerald/Alter, Catherine (1997), »A Typology of Interorganizational Relationships and Networks«, in: J. Rogers Hollingsworth/Robert Boyer (Hg.), *Contemporary Capitalism: The Embeddedness of Institutions,* Cambridge, S. 94–126.

Hagstrom, Warren O. (1965), *The Scientific Community,* Carbondale.

Hagstrom, Warren O. (1976), »The Production of Culture in Science«, *American Behaviorial Scientist,* Jg. 19, S. 753–768.

Hall, Rupert (1954), *The Scientific Revolution, 1500–1800: the formation of the modern scientific attitude,* London.

—   (1959), »The Scholar and the Craftsman in the Scientific Revolution«, in: Marshall Clagett (Hg.), *Critical Problems in the History of Science,* Madison, S. 3–23.

—   (1963), »Merton Revisited, or Science and Society in the Seventeenth Century«, *History of Science,* Jg. 2, S. 1–16.

Hall, Marie Boas (1965), »Oldenburg and the Art of Scientific Communication«, *The British Journal for the History of Science,* Jg. 2, S. 277–290.

—   (1973–74), »The Royal Society's Role in the Diffusion of Information in the Seventeenth Century«, *Notes and Records of the Royal Society of London,* Jg. 28, S. 173–192.

—   (1981), »Salomons House Emergent: The Early Royal Society and Cooperative Research«, in: H. Woolf (Hg.), *The Analytic Spirit: Essays in the History of Science in Honor of Henry Guerlac,* Ithaca, S. 177–194.

—   (1991), *Promoting Experimental Learning: Experiment and the Royal Society, 1660–1727,* Cambridge.

Halloran, T. J./Scherlis, William L. (2002), High Quality and Open Source Software Practices. http://opensource.ucc.ie/icse2002/HalloranScherlis.pdf .

Hargens, Lowell L. (1975a), »Anomie und Dissens in Wissenschaftlichen Gemeinschaften«, *Kölner Zeitschrift für Soziologie und Sozialpsychologie,* Jg. 18, S. 375–392.

—   (1975b), *Patterns of Scientific Research,* Washington.

—   (1988), »Scholarly Consensus and Journal Rejection Rates«, *American Sociological Review,* Jg. 53, S. 139–151.

—   (2000), »Using the literature: Reference networks, reference contexts, and the social structure of scholarship«, *American Sociological Review,* Jg. 65, S. 846–865.

Hasse, Raimund/Krücken, Georg/Weingart, Peter (1994), »Laborkonstruktivismus: Eine wissenschaftssoziologische Reflexion«, in: G. Rusch/S.J. Schmidt (Hg.), *Konstruktivismus und Sozialtheorie,* Frankfurt a. M., S. 220-262.

Hayek, Frederick A. (1945), »The Use of Knowledge in Society«, *The American Economic Review,* Jg. 35, S. 519–530.

—   (1969), *Freiburger Studien,* Tübingen.

—   (1973), *Law, Legislation and Liberty. Volume 1: Rules and Order,* London.

—   (1976), *Law, Legislation and Liberty. Volume 2: The Mirage of Social Justice,* London.

—   (1980), *Recht, Gesetzgebung und Freiheit. Band 1: Regeln und Ordnung,* München.

—   (1991), »Spontaneous (›grown‹) order and organized (›made‹) order«, in: Grahame Thompson/Jennifer Frances/Rosalind Levacic/Jeremy Mitchell (Hg.), *Markets, Hierarchies and Networks. The Coordination of Social Life.,* London, S. 293–301.

Healy, B. (1992), »On Gene Patenting«, *New England Journal of Medicine,* Jg. 327, S. 664–668.

Healy, Kieran/Schussman, Alan, 2003. *The Ecology of Open-Source Software Development*. Manuskript, http://opensource.mit.edu/papers/healyschussman.pdf.

Hedström, Peter (2005), *Dissecting the Social: On the Principles of Analytical Sociology*, Cambridge.

Heintz, Bettina (2000), *Die Innenwelt der Mathematik: Zur Kultur und Praxis einer beweisenden Disziplin*, Wien.

van Helden, Albert (1983), »The Birth of the Modern Scientific Instrument, 1550–1700«, in: John G. Burke (Hg.), *The Uses of Science in the Age of Newton*, Berkeley, S. 49–84.

Heller, Michael A./Eisenberg, Rebecca S. (1998), »Can patents deter innovation? The anticommons in biomedical research«, *Science*, Jg. 280, S. 698–701.

Henderson, Rebecca/Jaffe, Adam B./Trajtenberg, Manuel (1998), »University Patenting amid changing Incentives for Commercialization«, in: G. Barba Navaretti/P. Dasgupta/K.-G. Mäler/D. Siniscalco (Hg.), *Creation and Transfer of Knowledge. Institutions and Incentives*, Berlin, S. 87–114.

Henkel, Mary (2000), *Academic Identities and Policy Change in Higher Education*, London.

Hertel, Guido/ Niedner, Sven/Herrmann, Stefanie (2003), »Motivation of software developers in Open Source projects: an Internet-based survey of contributors to the Linux kernel«, *Research Policy*, Jg. 32, S. 1159–1177.

Hessen, B. (1974 [1931]), »Die sozialen und ökonomischen Wurzeln von Newtons ›Principia‹«, in: Peter Weingart (Hg.), *Wissenschaftssoziologie II. Determinanten wissenschaftlicher Entwicklung*, Frankfurt am Main, S. 262–325.

Hewitt, Carl/de Jong, Peter (1984), »Open Systems«, in: Michael L. Brodie/John Mylopoulos/Joachim W. Schmidt (Hg.), *On Conceptual Modelling: Perspectives from Artificial Intelligence, Databases, and Programming Languages*, New York, S. 147-164.

Heyman, Karen (2004), »Funding Deters Scientists from Developing New Models«, *The Scientist*, Jg. 18, S. 54

Hicks, Diana (1995), »Published Papers, Tacit Competencies and Corporate Management of the Public/Private Character of Knowledge«, *Industrial and Corporate Change*, Jg. 4, S. 401–424.

Hilgartner, Stephen (1995), »Biomolecular Databases: New Communication Regimes for Biology?« Science Communication, Jg. 17, S. 240–263.

— (1997), »Access to Data and Intellectual Property: Scientific Exchange in Genome Research«, in: National Research Council (Hg.), *Intellectual Property Rights and the Dissemination of Research Tools in Molecular Biology: Summary of a Workshop held at the National Academy of Sciences, February 15–16, 1996*, Washington, S. 28–39.

— (1998), »Data Access Policy in Genome Research«, in: Arnold Thakray (Hg.), *Private Science – Biotechnology and the Rise of the Molecular Science*, Philadelphia, S. 202–218.

Hilgartner, Stephen/Brandt-Rauf, Sherry I. (1994), »Data Access, Ownership, and Control«, *Knowledge: Creation, Diffusion, Utilization*, Jg. 15, S. 355–372.

Hillery, George A. (1955), »Definitions of Community: Areas of Agreement«, *Rural Sociology*, Jg. 20, S. 111-123.

Hine, C. (2002), »Cyberscience and social boundaries: the implications of laboratory talk on the Internet«, *Sociological Research Online*, Jg. 7, S. U79–U99.

von Hippel, Eric (1987), »Cooperation between rivals: Informal know-how trading«, *Research Policy*, Jg. 16, S. 291–302.

von Hippel, Eric/von Krogh, Georg (2003), »Open Source Software and the ›Private-Collective‹ Innovation Model: Issues for Organization Science«, *Organization Science*, Jg. 14, S. 209–223.

Hirschauer, Stefan (2004), »Peer Review Verfahren auf dem Prüfstand: Zum Soziologiedefizit der Wissenschaftsevaluation«, *Zeitschrift für Soziologie*, Jg. 33, S. 62–83.

Hirsch-Kreinsen, Hartmut (2002), »Unternehmensnetzwerke – revisited«, *Zeitschrift für Soziologie*, Jg. 31, S. 106–124.

Hitzler, Ronald (1998), »Posttraditionale Vergemeinschaftung: Über neue Formen der Sozialbindung«, *Berliner Debatte INITIAL*, Jg. 9, S. 81–89.

Hitzler, Ronald/Bucher, Thomas/Niederbacher, Arne (2005), *Leben in Szenen: Formen jugendlicher Vergemeinschaftung heute*, Wiesbaden.

Hitzler, Ronald/Pfadenhauer, Michaela (1998), »Eine posttraditionale Gemeinschaft. Integration und Distinktion in der Techno-Szene«, in: Frank Hillebrandt/Georg Kneer/Klaus Kraemer (Hg.), *Verlust der Sicherheit? Lebensstile zwischen Multioptionalität und Knappheit*, Opladen, S. 83–102.

Hohn, Hans-Willy (1998), *Kognitive Strukturen und Steuerungsprobleme der Forschung. Kernphysik und Informatik im Vergleich*, Frankfurt a. M.

Holck, Jesper/Jørgensen, Niels (2005), »Do Not Check in on Red: Control Meets Anarchy in Two Open Source Projects«, in: Stefan Koch (Hg.), *Free/Open Source Software Development*, Hershey u. a., S. 1–25.

Hollingsworth, J. Rogers (1991), »Die Logik der Koordination des Verarbeitenden Gewerbes in Amerika«, *Kölner Zeitschrift für Soziologie und Sozialpsychologie*, Jg. 43, S. 18–43.

Hollingsworth, J. Rogers/Boyer, Robert (1997), »Coordination of Economic Actors and Social Systems of Production«, in: J. Rogers Hollingsworth/Robert Boyer (Hg.), *Contemporary Capitalism: The Embeddedness of Institutions*, Cambridge, S. 1–47.

Holmes, Frederic L. (1991), »Argument and Narrative in Scientific Writing«, in: Peter Dear (Hg.), *The Literary Structure of Scientific Argument: Historical Studies*, Philadelphia, S. 164–181.

— (1992), »Do we Understand Historically how Experimental Knowledge is Acquired?« *History of Science*, Jg. 30, S. 119–136.

Holtgrewe, Ursula/Werle, Raymund (2001), »De-Commodifying Software? Open Source Software Between Business Strategy and Social Movement«, *Science Studies*, Jg. 14, S. 43–65.

Honneth, Axel (Hg.) (1993a), *Kommunitarismus: Eine Debatte über die moralischen Grundlagen moderner Gesellschaften*, Frankfurt a. M.

Honneth, Axel (1993b), »Posttraditionale Gemeinschaften: Ein konzeptueller Vorschlag«, in: Michael Brumlik/Hauke Brunhorst (Hg.), *Gemeinschaft und Gerechtigkeit*, Frankfurt am Main, S. 260–270.

Hooykaas, R. (1987), »The Rise of Modern Science: When and Why?« *British Journal of the History of Science*, Jg. 20, S. 453–473.

Horrobin, David F. (1996), »Peer review of grant applications: A harbinger for mediocrity in clinical research?« *Lancet*, Jg. 348, S. 1293–1295.

Hunt, Scott A./Benford, Robert D. (2004), »Collective Identity, Solidarity, and Commitment«, in: David A. Snow/Sarah A. Soule/Hanspeter Kriesi (Hg.), *The Blackwell Companion to Social Movements*, Malden, MA, S. 433–457.

Hunter, Albert J./Suttles, Gerald D. (1972), »The Expanding Community of Limited Liability«, in: Gerald D. Suttles (Hg.), *The Social Construction of Communities*, Chicago, S. 44-81.

Hunter, Michael (1981), *Science and Society in Restoration England*, Cambridge.

Iannacci, Federico, 2003. *The Linux Management Model*. Manuskript, http://opensource.mit. edu/papers/iannacci2.pdf.

Iliffe, Rob (1992), »In the Warehouse«: Privacy, Property and Priority in the Early Royal Society«, *History of Science*, Jg. 30, S. 29–68.

Ingham, Geoffrey (1996), »Some recent changes in the relationship between economics and sociology«, *Cambridge Journal of Economics*, Jg. 20, S. 243–275.

Inhaber, Herbert (1977), »Where Scientists Publish«, *Social Studies of Science*, Jg. 7, S. 388–394.

Inhetveen, Katharina (1997), »Gesellige Gewalt. Ritual, Spiel und Vergemeinschaftung bei Hardcorekonzerten«, *Kölner Zeitschrift für Soziologie und Sozialpsychologie*, Jg. 49, S. 235–260.

Jacobs, Struan (1987), »Scientific community: formulations and critique of a sociological motif«, *British Journal of Sociology*, Jg. 38, S. 266-276.

Jacobs, Struan/Mooney, Brian (1997), »Sociology as a Source of Anomaly in Thomas Kuhn's System of Science«, *Philosophy of the Social Sciences*, Jg. 27, S. 466-485.

James, Oliver (2001), »Business Models and the Transfer of Businesslike Central Government Agencies«, *Governance: An International Journal of Governance and Administration*, Jg. 14, S. 233–252.

Janowitz, Morris (1952), *The Community Press in an Urban Setting*, Glencoe, Ill.

Jensen, Richard/Thursby, Mary (2001), »Proofs and Prototypes for Sale: The Licensing of University Inventions«, *The American Economic Review*, Jg. 91, S. 240–259.

Jindra, Michael (1994), »Star-Trek Fandom as a Religious Phenomenon«, *Sociology of Religion*, Jg. 55, S. 27–51.

Johnson, Francis R. (1940), »Gresham College: Precursor of the Royal Society«, *Journal of the History of Ideas*, Jg. 1, S. 413–438.

Joint statement 2003. The Higher Education White Paper and research funding selectivity. (Hrsg.). 18th June 2003: http://www.psa.ac.uk/psanews/HEFCE_Joint_Statement. htm, Zugriff am 17. Juni 2006.

Jørgensen, Niels (2001), »Putting it all in the trunk: incremental software development in the FreeBSD open source project«, *Information Systems Journal*, Jg. 11, S. 321–336.

Kadushin, Charles (1968), »Power, Influence and Social Circles: A New Methodology for Studying Opinion Makers«, *American Sociological Review*, Jg. 33, S. 685- 699.

Kalyane, V. L./Munnolli, S. S. (1995), »Scientometric Portrait of West, T. S«, *Scientometrics*, Jg. 33, S. 233–256.

Kamoche, Ken/Cunha, Miguel Pina E (2001), »Minimal Structures: From Jazz Improvisation to Product Innovation«, *Organization Studies*, Jg. 22, S. 733–764.

Karp, J. P. (1991), »Experimental Use as Patent Infringement – the Impropriety of a Broad Exception«, *Yale Law Journal*, Jg. 100, S. 2169–2188.

Kaufmann, Thomas DaCosta (1999), »Empiricism and Community in Early Modern Europe: Some Comments on Baths, Plants, and Courts«, in: Anthony Grafton/Nancy Siraisi (Hg.), *Natural Particulars: Nature and Disciplines in Renaissance Europe*, Cambridge, S. 401–417.

Kevles, Daniel J. (1998), »Diamond v. Chakrabarty and Beyond: The Political Economy of Patenting Life«, in: Arnold Thakray (Hg.), *Private Science – Biotechnology and the Rise of the Molecular Science*, Philadelphia, S. 65–79.

Kiley, Thomas D. (1992), »Patents on Random Complementary-DNA Fragments«, *Science*, Jg. 257, S. 915–918.

Kim, Mi Gyung (2001), »The Analytic Ideal of Chemical Elements: Robert Boyle and the French Didactic Tradition of Chemistry«, *Science in Context*, Jg. 14, S. 361–395.

Klandermans, Bert (1994), »Transient Identities? Membership Patterns in the Dutch Peace Movement«, in: Enrique Laraña/Hank Johnston/Joseph R. Gusfield (Hg.), *New Social Movements: Form Ideology to Identity*, Philadelphia, S. 168–184.

Klein, Julie Thompson (1998), »Blurring, Cracking, and Crossing«, in: William H. Newell (Hg.), *Interdisciplinarity*, New York, S. 273–295.

Klein, Ursula (1996), »The Chemical Workshop Tradition and the Experimental Practice: Discontinuities within Continuities«, *Science in Context*, Jg. 9, S. 251–287.

Kleinman, Daniel Lee (1998), »Untangling Context: Understanding a University Laboratory in the Commercial World«, *Science, Technology & Human Values*, Jg. 23, S. 285–314.

Kleinman, Daniel Lee (2001), »Systemic Influences: Some Effects of the World of Commerce on University Science«, in: Jennifer Croissant/Sal Restivo (Hg.), *Degrees of Compromise: Industrial Interests and Academic Values*, Albany, S. 225–239.

Kleinman, Daniel Lee/Vallas, Steven P. (2001), »Science, capitalism, and the rise of the ›knowledge worker‹: The changing structure of knowledge production in the United States«, *Theory and Society*, Jg. 30, S. 451–492.

Kley, Roland (1992), »F. A. Hayeks Idee einer spontanen sozialen Ordnung: eine kritische Analyse«, *Kölner Zeitschrift für Soziologie und Sozialpsychologie*, Jg. 44, S. 12–34.

Kling, Rob/McKim, Geoffrey (1999), »Scholarly Communication and the Continuum of Electronic Publishing«, *Journal of the American Society for Information Science*, Jg. 50, S. 890–906.

Kling, Rob/McKim, Geoffrey (2000), »Not Just a Matter of Time: Field Differences and the Shaping of Electronic Media in Supporting Scientific Communication«, *Journal of the American Society for Information Science*, Jg. 51, S. 1306–1320.

Kling, Rob/McKim, Geoffrey/Fortuna, Joanna/King, Adam (2000), »Scientific Collaboratories as Socio-Technical Networks: A Theoretical Approach«, http://www.arxiv.org /abs/cs.CY/0005007.

Kling, Rob/McKim, Geoffrey/King, Adam (2003), »A Bit More to It: Scholarly Communication Forums as Socio-Technical Interaction Networks«, *Journal of the American Society for Information Science and Technology*, Jg. 54, S. 47–67.

Kling, Joseph M./Posner, Prudence S.(Hrsg.), 1990. *Dilemmas of Activism: Class, Community, and the Politics of Local Mobilization*. Philadelphia: Temple University Press.

Klüvers, Jürgen (2003), »Gutachter hier, Gutachter da – eine sehr persönliche Nachbemerkung zu einer metasoziologischen Diskussion. /2003«, *Soziologie*, Jg., S. 112–117.

Knight, Jonathan (2002), »Online marine resource could soon be swimming with data«, *Nature*, Jg. 415, S. 4.

Knorr-Cetina, Karin (1981), *The Manufacture of Knowledge: An Essay on the Constructivist and Contextual Nature of Science*, Oxford.

—   (1982), »Scientific communities or Transepistemic Arenas of Research? A Critique of Quasi-Economic Models of Science«, *Social Studies of Science*, Jg. 12, S. 101-130.

—   (1984), *Die Fabrikation von Erkenntnis*, Frankfurt am Main

—   (1995a), »How Superorganisms Change: Consensus Formation and the Social Ontology of High-Energy Physics Experiments«, *Social Studies of Science*, Jg. 25, S. 119–147.

— (1995b), »Laboratory Studies. The Cultural Approach to the Study of Science«, in: Sheila Jasanoff/Gerald E. Markle/James C. Petersen/Trevor Pinch (Hg.), *Handbook of Science and Technology Studies*, London, S. 140–166.

— (1999), *Epistemic Cultures: How the Sciences Make Knowledge*, Cambridge.

Knorr-Cetina, Karin/Merz, Martina (1997), »Floundering or frolicking: How does ethnography fare in theoretical physics? (And what sort of ethnography?): A reply to Gale and Pinnick«, *Social Studies of Science*, Jg. 27, S. 123–131.

Knorr-Cetina, Karin/Mulkay, Michael (1983), »Introduction: Emerging Principles in Social Studies of Science«, in: Michael Mulkay (Hg.), *Science observed: Perspectives on the social study of science*, London, S. 1-17.

Koch, Stefan/Schneider, Georg (2002), »Effort, co-operation and co-ordination in an open source software project: GNOME«, *Information Systems Journal*, Jg. 12, S. 27–42.

Koku, Emmanuel/Nazer, Nancy/Wellman, Barry (2001), »Netting Scholars: Online and Offline«, *American Behavioral Scientist*, Jg. 44, S. 1752–1774.

Kornfeld, William A./Hewitt, Carl E. (1988 [1981]), »The Scientific Community Metaphor«, in: Les Gasser (Hg.), *Readings in Distributed Artificial Intelligence*, San Mateo, California, S. 311-320.

Koumpis, Konstantinos/Pavitt, Keith (1999), »Corporate Activities in Speech Recognition and Natural Language: Another ›New Science‹-Based Technology«, *International Journal of Innovation Management*, Jg. 3, S. 335–366.

Kreiner, Kristian/Schultz, Maiken (1993), »Informal Collaboration in Research-and-Development: The Formation of Networks across Organizations«, *Organization Studies*, Jg. 14, S. 189–209.

Krippner, Greta R. (2001), »The elusive market: Embeddedness and the paradigm of economic sociology«, *Theory and Society*, Jg. 30, S. 775–810.

Krishnamurthy, Sandeep (2002), »Cave or Community?: An Empirical Examination of 100 Mature Open Source Projects«, *First Monday*, Jg. 7, S. http://firstmonday.org/issues/ issue7_6/krishnamurthy/index.html.

Kröber, Günter (1991), »Wissenschaft im Spiegel von Chaos«, in: Klaus Meier/Karl-Heinz Strech (Hg.), *Tohuwabohu. Chaos und Schöpfung*, Berlin, S. 179–213.

von Krogh, Georg/von Hippel, Eric (2003), »Editorial: Special issue on open source software development«, *Research Policy*, Jg. 32, S. 1149–1157.

von Krogh, Georg/Spaeth, Sebastian/Lakhani, Karim R. (2003), »Community, joining, and specialization in open source software innovation: a case study«, *Research Policy*, Jg. 32, S. 1217–1241.

Krohn, Wolfgang (Hrsg.), 1976. *Edgar Zilsel: Die sozialen Urspünge der neuzeitlichen Wissenschaft.* Frankfurt am Main

Krohn, Wolfgang/Küppers, Günter (1989), *Die Selbstorganisation der Wissenschaft*, Frankfurt a.M.

Krohn, Wolfgang/Weyer, Johannes (1989), »Gesellschaft als Labor. Die Erzeugung sozialer Risiken durch experimentelle Forschung«, *Soziale Welt*, Jg. 40, S. 349–373.

Kuhn, Thomas (1962), *The Structure of Scientific Revolutions*, Chicago.

— (1970), »Postscript«, in: Thomas Kuhn (Hg.), *The Structure of Scientific Revolutions*, Chicago, S. 174-210.

— (1972a), »Postskript-1969 zur Analyse der Struktur wissenschaftlicher Revolutionen«, in: Peter Weingart (Hg.), *Wissenschaftssoziologie I. Wissenschaftliche Entwicklung als sozialer Prozeß*, Frankfurt am Main, S. 287–319.

— (1972b), »Scientific Growth: Reflections on Ben-David's ›Scientific Role‹«, *Minerva*, Jg. 10, S. 166–178.

— (1973 [1962]), *Die Struktur wissenschaftlicher Revolutionen*, Frankfurt am Main

— (1977a), »Second Thoughts on Paradigms«, in: Frederick Suppe (Hg.), *The Structure of Scientific Theories*, Urbana, S. 459-482.

— (1977b), »Mathematical versus Experimental Traditions in the Development of Physical Science«, in: Thomas S. Kuhn (Hg.), *The Essential Tension: Selected Studies in Scientific Tradition and Change*, Chicago, S. 31–65.

— (1977c [1961]), »The Function of Measurement in Modern Physical Science«, in: Thomas S. Kuhn (Hg.), *The Essential Tension. Selected Studies in Scientific Tradition and Change*, Chicago, S. 178–224.

— (1977d [1968]), »The Relations between History and the History of Science«, in: Thomas S. Kuhn (Hg.), *The Essential Tension. Selected Studies in Scientific Tradition and Change*, Chicago, S. 127–161.

— (1986), »The Histories of Science: Diverse Worlds for Diverse Audiences«, *Academe*, Jg. 72, S. 29-33.

— (1990), »The Road Since Structure«, *PSA*, Jg. 2, S. 3-13.

Lange, Lydia (1986), »Interactions between Disciplines and Countries in Methodological Preferences for Empirical Research«, *Scientometrics*, Jg. 10, S. 281–295.

Langfeldt, Liv (2001), »The decision-making constraints and processes of grant peer review, and their effects on the review outcome«, *Social Studies of Science*, Jg. 31, S. 820–841.

Lanzara, Giovan Francesco/Morner, Michèle, 2003. *The Knowledge Ecology of Open-Source Software Projects*. Vortrag auf der 19th EGOS Colloquium, Copenhagen.

Latour, Bruno (1986), »Visualization and Cognition: Thinking with Eyes and Hands«, *Knowledge and Society: Studies in the Sociology of Culture Past and Present*, Jg. 6, S. 1–40.

— (1987), *Science in Action*, Cambridge, Mass.

— (1988), *The Pasteurization of France*, Cambridge.

— (1996), »On actor-network theory: A few clarifications«, *Soziale Welt*, Jg. 47, S. 369-381.

— (1999), »On recalling ANT«, in: John Law/John Hassard (Hg.), *Actor Network Theory and After*, Oxford, S. 15-25.

Latour, Bruno/Woolgar, Steve (1986 [1979]), *Laboratory Life: The Construction of Scientific Facts*, Princeton.

Lau, Christoph (1988), »Gesellschaftliche Individualisierung und Wertewandel«, in: Heinz Otto Luthe/Heiner Meulemannn (Hg.), *Wertwandel - Faktum oder Fiktion? Bestandesaufnahmen und Diagnosen aus kultursoziologischer Sicht*, Frankfurt a. M., S. 217-234.

Laudel, Grit (1999), *Interdisziplinäre Forschungskooperation: Erfolgsbedingungen der Institution »Sonderforschungsbereich«*, Berlin.

— (2001), »Collaboration, creativity and rewards: why and how scientists collaborate«, *International Journal of Technology Management*, Jg. 22, S. 762–781.

— (2002), »What do we measure by co-authorships?« *Research Evaluation*, Jg. 11, S. 3–15.

— (2003), »Studying the brain drain: Can bibliometric methods help?« *Scientometrics*, Jg. 57, S. 215–237.

— (2005), »Migration Currents among the Scientific Elite«, *Minerva*, Jg. 43, S. 377–395.

— (2005), »Is external funding a valid indicator for research performance?« *Research Evaluation*, Jg. 14, S. 27–34.

Laudel, Grit/Valerius, Gabriele, 2001. *Innovationskollegs als »Korrekturinstitutionen« im Institutionentransfer? Abschlussbericht zum DFG-Projekt »Innovationskollegs als Instrument der Umgestaltung der universitären Forschung im ostdeutschen Transformationsprozess – Akteure, Strukturen und Effekte«*. FIT Arbeitsberichte. Europa-Universität Frankfurt, Frankfurter Institut für Transformationsforschung, Frankfurt (Oder).

Lave, Jean/Wenger, Etienne C. (1991), *Situated Learning: Legitimate Peripheral Participation*, Cambridge.

Law, John (1973), »The Development of Specialties in Science: the Case of X-ray Protein Crystallography«, *Science Studies*, Jg. 3, S. 275–303.

— (1976), »The Development of Specialities in Science: the Case of X-ray Protein Crystallography«, in: Gerard Lemaine/Roy Macleod/Michael J. Mulkay/Peter Weingart (Hg.), *Perspectives on the Emergence of Scientific Disciplines*, The Hague, S. 123–152.

— (1986), »Power/ Knowledge and the Dissolution of the Sociology of Knowledge«, in: John Law (Hg.), *Power, Action and Belief*, London, S. 1-19.

Law, John/Williams, R. J. (1982), »Putting Facts Together: A Study of Scientific Persuasion«, *Social Studies of Science*, Jg. 12, S. 535–58.

Lerner, Josh/Tirole, Jean (2002), »Some Simple Economics of Open Source«, *The Journal of Industrial Economics*, Jg. 50, S. 197–234.

Lewenstein, Bruce V. (1992), »Cold Fusion and Hot History«, *OSIRIS*, Jg. 7, S. 135–163.

— (1995), »From Fax to Facts: Communication in the Cold-Fusion Saga«, *Social Studies of Science*, Jg. 25, S. 403–436.

Leydesdorff, Loet (1998), »Theories of citation?« *Scientometrics*, Jg. 43, S. 5–25.

Lichtblau, Klaus (2000), »»Vergemeinschaftung« und »Vergesellschaftung« bei Max Weber: Eine Rekonstruktion seines Sprachgebrauchs«, *Zeitschrift für Soziologie*, Jg. 29, S. 423-443.

Lichterman, Paul (1995), »Piecing Together Multicultural Community: Cultural Differences in Community Building Among Grass-Roots Environmentalists«, *Social Problems*, Jg. 42, S. 513–534.

Liebeskind, Uta/Ludwig-Mayerhofer, Wolfgang (2005), »Auf der Suche nach der Wunsch-Universität – im Stich gelassen. Anspruch und Wirklichkeit von Hochschulrankings«, *Soziologie*, Jg. 34, S. 442–462.

Lindberg, Leon N./Campbell, John L./Hollingsworth, J. Rogers (1991), »Economic Governance and the Analysis of Structural Change in the American Economy«, in: John L. Campbell/J. Rogers Hollingsworth/Leon N. Lindberg (Hg.), *Governance of the American Economy*, Cambridge, S. 3-34.

Lindblom, Charles E. (1965), *The Intelligence of Democracy: Decision Making Through Mutual Adjustment*, New York.

Lindenberg, Siegwart (1997), »Grounding Groups in Theory: Function, Cognitive, and Structural Interdependencies«, *Advances in Group Processes*, Jg. 14, S. 281–331.

Lindsey, Duncan (1989), »Using Citation Counts as a Measure of Quality in Science: Measuring What's Measurable Rather Than What's Valid«, *Scientometrics*, Jg. 15, S. 189–203.

Livingston, Eric (1995), »The idiosyncratic specificity of the methods of physical experimentation«, *Australian and New Zealand Journal of Sociology*, Jg. 31, S. 1-22.

— (1999), »Cultures of proving«, *Social Studies of Science*, Jg. 29, S. 867-888.

Lo, Clarence Y. H. (1992), »Communities of Challengers in Social Movement Theory«, in: Aldon D. Morris/Carol McClurg Mueller (Hg.), *Frontiers in Social Movement Theory*, New Haven, S. 224–247.

Lodahl, Janice Beyer/Gordon, Gerald (1972), »The structure of Scientific Fields and the Functioning of University Graduate Departments«, *American Sociological Review*, Jg. 37, S. 57–72.

Long, Pamela O. (1991a), »Invention, Authorship, ›Intellectual Property‹ and the Origin of Patents: Notes toward a Conceptual History«, *Technology and Culture*, Jg. 32, S. 846–884.

— (1991b), »The Openness of Knowledge: An Ideal and Its Context in 16th-Century Writings on Mining and Metallurgy«, *Technology and Culture*, Jg. 32, S. 318–355.

— (1997), »Power, Patronage, and the Authorship of Ars: From Mechanical Know-how to Mechanical Knowledge in the Last Scribal Age«, *Isis*, Jg. 88, S. 1–41.

Lorenzi, Rossella (2004), »Italian science under scrutiny«, *The Scientist March 24, 2004*, Jg. 5, Nr. 1, S. 3

Lotka, Alfred J. (1926), »The Frequency Distribution of Scientific Productivity«, *Journal of the Washington Academy of Science*, Jg. 16, S. 317–323.

Luhmann, Niklas (1992), *Die Wissenschaft der Gesellschaft*, Frankfurt a. M.

Luukkonen, Terttu (1992), »Is Scientists Publishing Behavior Reward-Seeking?« *Scientometrics*, Jg. 24, S. 297–319.

— (1997), »Why has Latour's theory of citations been ignored by the bibliometric community? Discussion of sociological interpretations of citation analysis«, *Scientometrics*, Jg. 38, S. 27–37.

Luukkonen, Terttu/Persson, Olle/Sivertsen, Gunnar (1992), »Understanding Patterns of International Scientific Collaboration«, *Science, Technology, and Human Values*, Jg. 17, S. 101–126.

Lux, David S. (1991), »The Reorganization of Science 1450–1700«, in: Bruce T. Moran (Hg.), *Patronage and Institutions: Science, Technology and Medicine at the European Court*, Rochester, S. 185–194.

Lynch, Michael (1985), *Art and Artifact in Laboratory Science: A Study of Shop Work and Shop Talk in a Research Laboratory*, London.

van Maanen, John/Barley, Stephen R. (1984), »Occupational Communities: Culture and Control in Organizations«, in: B. Straw/L. Cummings (Hg.), *Research in Organizational Behaviour*, London, S. 287–365.

Macías-Chapula, C. A. (1992), »Patterns of Scientific Communication among Latin-American Countries, in the Field of Medical-Education«, *Scientometrics*, Jg. 23, S. 123–135.

MacKenzie, Donald (1999), »Slaying the kraken: The sociohistory of a mathematical proof«, *Social Studies of Science*, Jg. 29, S. 7–60.

Mackenzie, Michael/Keating, Peter/Cambrosio, Alberto (1990), »Patents and Free Scientific Information: Making Monoclonal Antibodies Property«, *Science, Technology and Human Values*, Jg. 15, S. 65–83.

MacRoberts, M. H./MacRoberts, Barbara R. (1987), »Testing the Ortega Hypothesis: Facts and Artifacts«, *Scientometrics*, Jg. 12, S. 293–295.

— (1996), »Problems of citation analysis«, *Scientometrics*, Jg. 36, S. 435–444.

Mahdi, Surya/Pavitt, Keith (1997), »Key National Factors in the Emergence of Computational Chemistry Firms«, *International Journal of Innovation Management*, Jg. 1, S. 355–386.

Markl, Hubert (2002), »Science and science television in the changing world of global communication«, *European Review*, Jg. 11, S. 131–146.

Marshall, Eliot (1997), »Snipping Away at Genome Patenting«, *Science*, Jg. 277, S. 1752f.

Mayntz, Renate (1993), »Policy-Netzwerke und die Logik von Verhandlungssystemen«, in: Adrienne Héritier (Hg.), *Policy-Analyse: Kritik und Neuorientierung*, Opladen, S. 39–56.

— (2000), »Individuelles Handeln und gesellschaftliche Ereignisse – zur Mikro-Makro-Problematik in den Sozialwissenschaften«, in: Max-Planck-Gesellschaft (Hg.), *Wie entstehen neue Qualitäten in komplexen Systemen? Dokumentation des Symposiums zum 50jährigen Gründungsjubiläum der Max-Planck-Gesellschaft am 18. Dezember 1998 in Berlin*, Göttingen, S. 95–104.

— (2001), *Die Bestimmung von Forschungsthemen in Max-Planck-Instituten im Spannungsfeld wissenschaftlicher und ausserwissenschaftlicher Interessen: Ein Forschungsbericht*. MPIfG Discussion Paper 01/8. Köln: Max-Planck-Institut für Gesellschaftsforschung.

— (2004), »Mechanisms in the Analysis of Social Macro-Phenomena«, *Philosophy of the Social Sciences*, Jg. 34, S. 237-259.

Mayntz, Renate/Scharpf, Fritz W. (1995), »Der Ansatz des akteurzentrierten Institutionalismus«, in: Renate Mayntz/Fritz W. Scharpf (Hg.), *Gesellschaftliche Selbstregelung und politische Steuerung*, Frankfurt am Main, S. 39–72.

McClellan III, James E. (1985), *Science reorganized: Scientific Societies in the Eighteenth Century*, New York.

McEvily, Bill/Perrone, Vincenzo/Zaheer, Akbar (2003), »Trust as an Organizing Principle«, *Organization Science*, Jg. 14, S. 91–103.

McLauchlan, Gregory/Hooks, Gregory (1995), »Last of the Dinosaurs? Big Weapons, Big Science, and the American State from Hiroshima to the End of the Cold War«, *The Sociological Quarterly*, Jg. 36, S. 749–776.

McLaughlin, Margaret L./Osborne, Kerry K./Ellison, Nicole B. (1997), »Virtual Community in a Telepresence Environment«, in: Steven G. Jones (Hg.), *Virtual Culture: Identity and Communication in Cybersociety*, London, S. 146–168.

McLaughlin, Margaret/ Osborne, Kerry K./Smith, Christine B. (1995), »Standards of Conduct on USENET«, in: Steven G. Jones (Hg.), *CyberCociety: Computer-Mediated Communication and Community*, Thousand Oaks, S. 90–111.

McShane, E. J. (1957), »Maintaining Communication«, *The American Mathematical Monthly*, Jg. 64, S. 309–317.

Melucci, Alberto (1988), »Getting Involved: Identity and Mobilization in Social Movements«, in: Bert Klandermans/Hanspeter Kriesi/Sidney Tarrow (Hg.), *International Social Movement Research: A Research Annual*, Greenwich, S. 329–348.

Merges, Robert P. (1996), »Property rights theory and the commons: the case of scientific research«, in: Ellen Frankel Paul/Fred D. Jr. Miller/Jeffrey Paul (Hg.), *Scientific Innovation, Philosophy, and Public Policy*, Cambridge, S. 145–167.

Merton, Robert K. (1968), »On Sociological Theories of the Middle Range«, in: Robert K. Merton (Hg.), *Social Theory and Social Structure*, London, S. 39-72.

— (1970 [1938]), *Science, Technology & Society in Seventeenth Century England*, New York.

— (1972a [1942]), »Wissenschaft und demokratische Sozialstruktur«, in: Peter Weingart (Hg.), *Wissenschaftssoziologie I: Wissenschaftliche Entwicklung als sozialer Prozeß*, Frankfurt am Main, S. 45-59.

—   (1972b [1957]), »Die Priorität bei wissenschaftlichen Entdeckungen: Ein Kapitel in der Wissenschaftssoziologie«, in: Peter Weingart (Hg.), *Wissenschaftssoziologie I. Wissenschaftliche Entwicklung als sozialer Prozeß*, Frankfurt am Main, S. 121–164.

—   (1973a [1942]), »The Normative Structure of Science«, in: Robert K. Merton (Hg.), *The Sociology of Science*, Chicago, S. 267-278.

—   (1973b [1961]), »Singletons and Multiples in Science«, in: Robert K. Merton (Hg.), *The Sociology of Science*, Chicago, S. 343–370.

—   (1973c [1963]), »Multiple Discoveries as Strategic Research Site«, in: Robert K. Merton (Hg.), *The Sociology of Science*, Chicago, S. 371–382.

Merz, Jon F./Kriss, Antigone G./Leonard, Debra G. B./Cho, Mildred K. (2002), »Diagnostic testing fails the test«, *Nature*, Jg. 415, S. 577–579.

Merz, Martina (1997), »›Nobody Can Force You When You Are Across the Ocean‹ – Face to Face and E-Mail Exchanges Between Theoretical Physicists«, in: Ion Agar/Crosbie Smith (Hg.), *Making Space for Science*, London, S. 313–329.

Merz, Martina/Knorr-Cetina, Karin (1997), »Deconstruction in a ›thinking‹ science: Theoretical physicists at work«, *Social Studies of Science*, Jg. 27, S. 73–111.

Meyer, John W./Boli, John/Thomas, George M./Ramirez, Francisco (1997), »World Society and the Nation-State«, *The American Journal of Sociology*, Jg. 103, S. 144–181.

Meyer, John W./Rowan, Brian (1977), »Institutionalized Organizations: Formal Structure as Myth and Ceremony«, *American Journal of Sociology*, Jg. 83, S. 340–363.

Meyer, Peter B. (2003). *Episodes of collective invention*. BLS Working Paper 238. U.S. Bureau of Labor Statistics.

Milner, Murray Jr. (1978), »Alternative Forms of Coordination: Combining Theoretical and Policy Analysis«, *International Journal of Comparative Sociology*, Jg. 19, S. 24-46.

Mitroff, Ian I. (1974), »Norms and Counter-Norms in a Select Group of the Apollo Moon Scientists: A Case Study of the Ambivalence of Scientists«, *American Sociological Review*, Jg. 39, S. 579-595.

Mockus, Audris/Fielding, Roy T./Herbsleb, James D. (2002), »Two Case Studies of Open Sources Software Development: Apache and Mozilla«, *ACM Transactions on Software Engineering and Methodology*, Jg. 11, S. 309–346.

Moed, Henk F./Burger, J. M./Frankfort, J. G./Van Raan, A. F. J. (1985), »The application of bibliometric indicators: important field- and time-dependent factors to be considered«, *Scientometrics*, Jg. 8, S. 177–203.

Moed, Henk F./van Raan, A. F. J. (1986), »Observations and Hypotheses on the Phenomenon of Multiple Citation to a Research Group's Œuvre«, *Scientometrics*, Jg. 10, S. 17–34.

Moed, Henk F./Garfield, Eugene (2004), »In basic science the percentage of ›authoritative‹ references decreases as bibliographies become shorter«, *Scientometrics*, Jg. 60, S. 295–303.

Moravcsik, Michael J./Murugesan, Poovanalingam (1975), »Some Results on the Function and Quality of Citations«, *Social Studies of Science*, Jg. 5, S. 86–92.

Mowery, David C./Nelson, Richard R./Sampat, Bhaven N./Ziedonis, Arvids A. (2004), *Ivory Tower and Industrial Innovation: University-Industry Technology Transfer Before and After the Bayh-Dole Act in the United States*, Stanford.

Mulkay, Michael (1974), »Einige Aspekte kulturellen Wachstums in den Naturwissenschaften«, in: Peter Weingart (Hg.), *Wissenschaftssoziologie II. Determinanten wissenschaftlicher Entwicklung*, Frankfurt am Main, S. 76–102.

— (1975), »Drei Modelle der Wissenschaftsentwicklung«, *Kölner Zeitschrift für Soziologie und Sozialpsychologie*, Jg. 18, S. 48–61.

— (1976), »The Mediating Role of the Scientific Elite«, *Social Studies of Science*, Jg. 6, S. 445–470.

— (1977), »Sociology of the Scientific Research Community«, in: Ina Spiegel-Rösing und Derek De Solla Price (Hg.), *Science, Technology and Society: A Cross-Disciplinary Perspective*, London, S. 93-148.

— (1991 [1981]), »Action and belief or scientific discourse?«, in: Michael Mulkay (Hg.), *Sociology of Science*, Milton Keynes, S. 14-20.

Mulkay, Michael J./Gilbert G. Nigel/Woolgar, Steve (1975), »Problem Areas and Research Networks in Science«, *Sociology*, Jg. 9, S. 187-203.

Mullins, Nicholas C. (1972), »The Development of a Scientific Specialty: The Phage Group and the Origins of Molecular Biology«, *Minerva*, Jg. 10, S. 51–82.

— (1973), *Theories and Theory Groups in Contemporary American Sociology*, New York.

— (1981), »Ethnomethodologie: Das Spezialgebiet, das aus der Kälte kam«, in: Wolf Lepenies (Hg.), *Geschichte der Soziologie: Studien zur kognitiven, sozialen und historischen Identität einer Disziplin*, Frankfurt am Main, S. 97–136.

Mullins, Nicholas C./Hargens, Lowell L./Hecht, Pamela K./Kick Edward L. (1977), »The Group Structure of Cocitation Clusters: A Comparative Study«, *American Sociological Review*, Jg. 42, S. 552–562.

Muniz, Albert M./O'Guinn, Thomas C. (2001), »Brand community«, *Journal of Consumer Research*, Jg. 27, S. 412–432.

Myers, Greg (1990), *Writing Biology: Texts and The Social Construction of Scientific Knowledge*, Madison.

Nature (2001), »US universities body backs tighter rules on conflict of interests«, *Nature*, Jg. 413, S. 558.

— (2002), »Peer review reviewed: A controversial change to the peer-review process of Germany's principal funding agency is long overdue«, *Nature*, Jg. 417, S. 103–103.

Nederhof, A. J./Van Raan, A. F. J. (1987), »Peer Review and Bibliometric Indicators of Scientific Performance: A Comparison of Cum Laude Doctorates with Ordinary Doctorates in Physics«, *Scientometrics*, Jg. 11, S. 333–350.

Neidhardt, Friedhelm (1985), »Einige Ideen zu einer allgemeinen Theorie sozialer Bewegungen«, in: Stefan Hradil (Hg.), *Sozialstruktur im Umbruch*, Opladen, S. 193–204.

— (1988), *Selbststeuerung in der Forschungsförderung*, Opladen.

Neidhardt, Friedhelm/Rucht, Dieter (1991), »The Analysis of Social Movements: The State of the Art und Some Perspectives for Further Research«, in: Dieter Rucht (Hg.), *Research on Social Movements. The State of the Art in Western Europe and the USA*, Frankfurt am Main, S. 421–464.

Nelsen, Lita (1998), »The Rise of Intellectual Property Protection in the American University«, *Science*, Jg. 279, S. 1460–1461.

Nelson, Richard R. (1959), »The Simple Economics of Basic Scientific Research«, *The Journal of Political Economy*, Jg. 67, S. 297–306.

Newby, Howard (1992), »Community and Urban Life«, in: Peter Worsley (Hg.), *The New Introducing Sociology*, London, S. 221-252.

Nowotny, Helga/Scott, Peter/Gibbons, Michael (2001), *Re-Thinking Science: Knowledge and the Public in an Age of Uncertainty*, Cambridge.

Noyons, E. C. M./ Van Raan, A. F. J. (1998), »Monitoring scientific developments from a dynamic perspective: Self-organized structuring to map neural network research«, *Journal of the American Society for Information Science*, Jg. 49, S. 68–81.

Nye, Mary Jo (1980), »N-Rays: An episode in the history and psychology of science«, *Historical Studies in the Physical Sciences*, Jg. 11, S. 125–156.

Obst, Patricia/Zinkiewicz, Lucy/Smith, Sandy G. (2002), »Sense of Community in Science Fiction Fandom, Part 1: Understanding Sense of Community in an International Community of Interest«, *Journal of Community Psychology*, Jg. 30, S. 87–103.

Olson, Gary M./Olson, Judith S. (2003), »Mitigating the Effects of Distance on Collaborative Intellectual Work«, *Economics of Innovation and New Technologies*, Jg. 12, S. 27–42.

O'Mahony, Siobhán/Ferraro, Fabrizio (2003), *Managing the Boundary of an »Open« Project*. http://opensource.mit.edu/papers/omahonyferraro.pdf.

Ortega y Gasset, Jose (1932), *The Revolt of the Masses*, New York.

Ostrom, Elinor (2002), »Property-Rights Regimes and Common Goods«, in: Adrienne Héritier (Hg.), *Common Goods: Reinventing European and International Governance*, Lanham, S. 29–57.

Ouchi, William G. (1980), »Markets, Bureaucracies, and Clans«, *Administrative Science Quarterly*, Jg. 25, S. 129-141.

Owen-Smith, Jason/Powell, Walter W. (2002), »Standing on Shifting Terrain: Faculty Responses to the Transformation of Knowledge and Its Uses in the Life Sciences«, *Science Studies*, Jg. 15, S. 3–28.

Packer, Kathryn/Webster, Andrew (1996), »Patenting Culture in Science: Reinventing the Scientific Wheel of Credibility«, *Science, Technology & Human Values*, Jg. 21, S. 427–453.

Pahl, Ray/Spencer, Liz (2004a), »Capturing Personal Communities«, in: Chris Phillipson/Graham Allan/David Morgan (Hg.), *Social Networks and Social Exclusion: Sociological and Policy Perspectives*, Aldershot, S. 72-96.

— (2004b), »Personal Communities: Not Simply Families of ›Fate‹ or ›Choice‹«, *Current Sociology*, Jg. 52, S. 199–221.

Park, Katharine (1999), »Natural Particulars: Medical Epistemology, Practice, and the Literature of Healing Springs«, in: Anthony Grafton/Nancy Siraisi (Hg.), *Natural Particulars: Nature and Disciplines in Renaissance Europe*, Cambridge, S. 347–367.

Park, Katharine/Daston, Lorraine J. (1981), »Unnatural Conceptions: The Study of Monsters in Sixteenth- and Seventeenth-Century France and England«, *Past and Present*, Jg., S. 20–54.

Parsons, Talcott (1949 [1937]), *The Structure of Social Action: A Study in Social Theory with Special Reference to a Group of Recent European Writers*, Glencoe, Ill.

— (1952), *The Social System*, London.

— (1953), »The Theory of Symbolism in Relation to Action«, in: Talcott Parsons/Robert F. Bales/Edward A. Shils (Hg.), *Working Papers in the Theory of Action*, Glencoe, Ill., S. 31-62.

— (1959), »The Principal Structures of Community: A Sociological View«, in: Carl J. Friedrich (Hg.), *Community*, New York, S. 152-179.

— (1960), »Pattern Variables Revisited: A Response to Robert Dubin«, *American Sociological Review*, Jg. 25, S. 467-483.

Parsons, Talcott/Shils, Edward (1951), »Values, Motives, and Systems of Action«, in: Talcott Parsons/Edward Shils (Hg.), *Toward a General Theory of Action*, Cambridge, S. 45-275.

Parsons, Talcott/Smelser, Neil J. (1956), *Economy and Society*, Glencoe, Ill.

Pavitt, Keith (2001), »Public Policies to Support Basic Research: What Can the Rest of the World Learn from US Theory and Practice? (And What They Should Not Learn)«, *Industrial and Corporate Change*, Jg. 10, S. 761–779.

Pendlebury, David A. (1991), »Science, Citation, and Funding«, *Science*, Jg. 251, S. 1410–1411.

Peplowski, Ken (1998), »The Process of Improvisation«, *Organization Science*, Jg. 9, S. 560–561.

Peritz, Bluma C. (1983), »Are Methodological Papers More Cited than Theoretical or Empirical Ones? The Case of Sociology«, *Scientometrics*, Jg. 5, S. 211–218.

Perrow, Charles (1967), »A Framework for the Comparative Analysis of Organizations«, *American Sociological Review*, Jg. 32, S. 194–208.

— (1979), *Complex Organizations: A Critical Essay*, Glenview, Ill.

— (1992), »Small-Firm Networks«, in: Nitin Nohria/Robert G. Eccles (Hg.), *Networks and Organizations: Structure, Form, and Action*, Boston, S. 445–470.

Pestaña, Angel/Cerdán, Sebastián (2000), »Spanish scientific productivity and equipment in magnetic resonance from a regional and European perspective«, *Scientometrics*, Jg. 49, S. 215–231.

Pfeffer, Jeffrey/Leong, Anthony/Strehl, Katherine (1977), »Paradigm Development and Particularism: Journal Publication in Three Scientific Disciplines«, *Social Forces*, Jg. 55, S. 938–951.

Pickering, Andrew (1980), »The Role of Interests in High-Energy physics: The Choice Between Charm and Colour«, in: Karin D. Knorr/ Roger Krohn/Richard Whitley (Hg.), *The Social Process of Scientific Investigation*, Dordrecht, S. 107-138.

— (1982), »Interests and analogies«, in: Barry Barnes/David Edge (Hg.), *Science in Context. Readings in the Sociology of Science*, Milton Keynes, S. 125–146.

— (1995), *The Mangle of Practice. Time, Agency and Science*, Chicago.

Pickering, Andrew/Stephanides, Adam (1992), »Constructing Quaternions: On the Analysis of Conceptual Practice«, in: Andrew Pickering (Hg.), *Science as Practice and Culture*, Chicago, S. 139–167.

Pickering, Andy/Nadel, Edward (1987), »Charm Revisited: A Quantitative Analysis of the HEP Literature«, *Social Studies of Science*, Jg. 17, S. 87–113.

Pinch, Trevor J. (1980), »Theoreticians and the Production of Experimental Anomaly: The Case of Solar Neutrinos«, in: Karin D. Knorr/Roger Krohn/Richard Whitley (Hg.), *The Social Process of Scientific Investigation*, Dordrecht, S. 77-106.

— (1985), »Towards and Analysis of Scientific Observation: The Externality and Evidential Significance of Observational Reports in Physics«, *Social Studies of Science*, Jg. 15, S. 3–36.

— (1986), *Confronting Nature: The Sociology of Solar Neutrino Detection*, Dordrecht.

— (1990), »The Sociology of the Scientific Community«, in: M.J.S. Hodge (Hg.), *Companion to the History of Modern Science*, London, S. 87-99.

— (1997 [1982]), »Kuhn - The Conservative and Radical Interpretations: Are Some Mertonians »Kuhnians«' and Some Kuhnians »Mertonians«?«, *Social Studies of Science*, Jg. 27, S. 465-482.

Piore, Michael J. (1992), »Fragments of a Cognitive Theory of Technological Change and Organizational Structure«, in: Nitin Nohria/Robert G. Eccles (Hg.), *Networks and Organizations: Structure, Form, and Action*, Boston, S. 430–444.

Platt, Robert (2004), »Online Communities«, *Technology in Society*, Jg. 26, S. 51–65.

Polanyi, Michael (1951 [1942]), »Self-Government of Science«, in: Michael Polanyi (Hg.), *The Logic of Liberty: Reflections and Rejoinders*, London, S. 49-67.

— (1951 [1947]), »Foundations of Academic Freedom«, in: Michael Polanyi (Hg.), *The Logic of Liberty*, Oxford, S. 32–48.

— (1962), »The Republic of Science«, in: Edward Shils (Hg.), *Criteria for Scientific Development: Public Policy and National Goals*, Cambridge, S. 1-20.

— (1985 [1966]), *Implizites Wissen*, Frankfurt am Main

Polletta, Francesca/Jasper, James M. (2001), »Collective Identity and Social Movements«, *Annual Review of Sociology*, Jg. 27, S. 283–305.

della Porta, Donatella/Diani, Mario (1999), *Social Movements: An Introduction*, Oxford.

Porter, Alan L./Chubin, Daryl E./Xiao-Yin Jin (1988), »Citations and Scientific Progress: Comparing Bibliometric Measures with Scientist Judgements«, *Scientometrics*, Jg. 13, S. 103–124.

Powell, Walter W. (1990), »Neither Market nor Hierarchy – Network Forms of Organization«, *Research in Organizational Behavior*, Jg. 12, S. 295–336.

Powell, Walter W./Smith-Doerr, Laurel (1994), »Networks and Economic Life«, in: Neil J. Smelser/Richard Swedberg (Hg.), *The handbook of economic sociology*, Princeton, NJ, S. 368–402.

Pross, Paul A. (1986), *Group Politics and Public Policy*, Toronto.

van Raan, Anthony F. J. (1990), »Fractal dimension of co-citations«, *Nature*, Jg. 347, S. 626.

— (1991), »Fractal Geometry of Information Space as Represented by Co-Citation-Clustering«, *Scientometrics*, Jg. 20, S. 439–449.

— (1997), »Science as an International Enterprise«, *Science and Public Policy*, Jg. 24, S. 290–300.

— (1996), »Advanced bibliometric methods as quantitative core of peer review based evaluation and foresight exercises«, *Scientometrics*, Jg. 36, S. 397–420.

— (1998), »In matters of quantitative studies of science the fault of theorists is offering too little and asking too much – Comments on: Theories of citation?« *Scientometrics*, Jg. 43, S. 129–139.

— (2000), »On growth, ageing, and fractal differentiation of science«, *Scientometrics*, Jg. 47, S. 347–362.

— (2005), »Fatal attraction: Conceptual and methodological problems in the ranking of universities by bibliometric methods«, *Scientometrics*, Jg. 62, S. 133–143.

van Raan, Anthony F. J. /van Leeuwen, T. N. (2002), »Assessment of the scientific basis of interdisciplinary, applied research – Application of bibliometric methods in Nutrition and Food Research«, *Research Policy*, Jg. 31, S. 611–632.

Rai, Arti Kaur (1999), »Regulating Scientific Research: Intellectual Property Rights and the Norms of Science«, *Northwestern University Law Review*, Jg. 94, S. 77–152.

Rappert, Brian (1995), »Shifting notions of accountability in public- and private-sector research in the UK: some central concerns«, *Science and Public Policy*, Jg. 2, S. 383–390.

Rappert, Brian/Webster, Andrew (1997), »Regimes of Ordering: The Commercialization of Intellectual Property in Industrial-Academic Collaborations«, *Technology Analysis & Strategic Management*, Jg. 9, S. 115–130.

Raven, Diederick (2001), »How not to explain the Great Divide«, *Social Science Information*, Jg. 40, S. 373–409.

Raymond, Eric (1999), »The Cathedral and the Bazaar«, *Knowledge, Technology & Policy*, Jg. 12, S. 23–49.

Reguant, S./Casadella, J. (1994), »English as Lingua-Franca in Geological Scientific Publications – a Bibliometric Analysis«, *Scientometrics*, Jg. 29, S. 335–351.

Reichman, J. H. (1989), »Computer Programs As Applied Scientific Know-How: Implications of Copyright Protection for Commercialized University Research«, *Vanderbilt Law Review*, Jg. 42, S. 639–723.

Renn, Jürgen, 1996. *Historical Epistemology and the Advancement of Science*. Preprint 36. Max-Planck-Institut für Wissenschaftsgeschichte, Berlin.

Restivo, Sal (1995), »The Theory Landscape in Science Studies: Sociological Traditions«, in: Sheila Jasanoff/Gerald E. Markle/James C. Petersen/Trevor Pinch (Hg.), *Handbook of Science and Technology Studies*, London, S. 95-110.

Rey-Rocha, J./Martin-Sempere, M. J. (1999), »The role of domestic journals in geographically-oriented disciplines: The case of Spanish journals on earth sciences«, *Scientometrics*, Jg. 45, S. 203–216.

Rheinberger, Hans-Jörg (1992), »Experiment, Difference, and Writing. 1. Tracing Protein-Synthesis«, *Studies in History and Philosophy of Science*, Jg. 23, S. 305–331.

— (1994), »Experimentalsysteme, Epistemische Dinge, Experimentalkulturen: Zu einer Epistemologie des Experiments«, *Deutsche Zeitschrift für Philosophie*, Jg. 42, S. 405–417.

— (2001), *Experimentalsysteme und epistemische Dinge: Eine Geschichte der Proteinsynthese im Reagenzglas*, Göttingen.

Rheingold, Howard (1993), *The Virtual Community: Homestaeding on the Electronic Frontier*, Reading, Mass.

Richards, J. M., Jr. (1984), »Structure of Specialization among American Population Scientists«, *Scientometrics*, Jg. 6, S. 425–432.

Rip, Arie (1994), »The Republic of Science in the 1990s«, *Higher Education*, Jg. 28, S. 3–32.

Roberts, Lissa (1993), »Filling the Space of Possibilities: Eighteenth-Century Chemistry's Transition from Art to Science«, *Science in Context*, Jg. 6, S. 511–553.

Robles, Gregorio/Scheider, Hendrik/Tretkowski, Ingo/Weber, Niels, 2001. *Who is Doing It? A research on Libre Software developers*. Manuskript, http://widi.berlios.de/paper/study. html.

Rodman, Hyman/Mancini, Jay A. (1981), »The Publishing Patterns of Eminent Social Scientists«, *Sociology and Social Research*, Jg. 65, S. 381–389.

Rosenberg, Nathan (1990), »Why do firms do basic research (with their own money)?« *Research Policy*, Jg. 19, S. 165–174.

Rossi, Paolo (1970), *Philosophy, Technology and the Arts in the Early Modern Era*, New York.

— (2000), *The Birth of Modern Science*, Oxford.

van Rossum, Wouter, (1977), »The Community Structure of Science«, in: J. Farkas (Hg.), *Proceedings of the Sociology of Science Conference*, Budapest, S. 275-288.

Rowlands, I. (1999), »Patterns of author cocitation in information policy: Evidence of social, collaborative and cognitive structure«, *Scientometrics*, Jg. 44, S. 533–546.

Russell, Jane M. (1995), »The Increasing Role of International-Cooperation in Science and Technology Research in Mexico«, *Scientometrics*, Jg. 34, S. 45–61.

Rüschemeier, Dietrich (1964), »Einleitung«, in: Dietrich Rüschemeier (Hg.), *Talcott Parsons: Beiträge zur soziologischen Theorie*, Neuwied, S. 9-29.

Samuelson, Pamela (1990), »Benson Revisited: The Case Against Patent Protection for Algorithms and Other Computer Program-Related Inventions«, *Emory Law Journal*, Jg. 39, S. 1025–1154.

Sayer, Andrew/Walker, Richard (1992), *The New Social Economy: Reworking the Division of Labor*, Cambridge.

Scacchi, Walt (2002), »Understanding the Requirements for Developing Open Source Software Systems«, *IEE Proceedings-Software*, Jg. 149, S. 24–39.

Schaffer, Simon (1989), »Glass Works: Newton's Prisms and the Uses of Experiment«, in: David Gooding/Trevor Pinch/Simon Schaffer (Hg.), *The Uses of Experiment*, Cambridge, S. 67–104.

Scharpf, Fritz W. (1993a), »Coordination in Hierarchies and Networks«, in: Fritz W. Scharpf (Hg.), *Games in Hierarchies and Networks*, Frankfurt am Main, S. 125–165.

— (1993b), »Positive und negative Koordination in Verhandlungssystemen«, in: Adrienne Héritier (Hg.), *Policy-Analyse. Kritik und Neuorientierung*, Opladen, S. 57–83.

— (1997), *Games Real Actors Play. Actor-Centered Institutionalism in Policy Research*, Boulder.

Schimank, Uwe (1988), »Gesellschaftliche Teilsysteme als Akteurfiktionen«, *Kölner Zeitschrift für Soziologie und Sozialpsychologie*, Jg. 40, S. 619–639.

Schmitt, C. B. (1975), »Science in the Italian Universities in the Sixteenth and Early Seventeenth Centuries«, in: Maurice Crosland (Hg.), *The Emergence of Science in Western Europe*, London, S. 35–56.

Schnepf, Eberhard (2002), »Fälschungen – nicht nur in unserer Zeit«, *Biologie in unserer Zeit*, Jg. 32, S. 160–165.

Schuster, John A. (1990), »The Scientific Revolution«, in: R. C. Olby/G. N. Cantor/J. R. R. Christie/M. J. S. Hodge (Hg.), *Companion to the History of Modern Science*, London, S. 217–242.

Schuster, John A./Taylor, Alan B. (1997), »Blind Trust: The Gentlemanly Origins of Experimental Science«, *Social Studies of Science*, Jg. 27, S. 503–536.

Science (1994), »A showdown over gene fragments«, *Science*, Jg. 266, S. 208–210.

— (1998), »Microscopy Across an Ocean«, *Science*, Jg. 281, S. 303.

Scott, W. Richard (1992), *Organizations: Rational, Natural, and Open Systems*, Englewood Cliffs, N. J.

— (2001), »Organization: Overview«, in: Paul B. Baltes (Hg.), *International Encyclopedia of the Social & Behavioral Sciences*, Oxford, S. 10910–10917.

Seglen, P. O. (1992), »The Skewness of Science«, *Journal of the American Society for Information Science*, Jg. 43, S. 628–638.

Seiferth, C. Justin (1999), »Open Source and These United States«, *Knowledge, Technology & Policy*, Jg. 12, S. 50–79.

Shadish, William R./Tolliver, Donna/Gray, Maria/Sen Gupta, Sunil K. (1995), »Author Judgements about Works They Cite: Three Studies from Psychology Journals«, *Social Studies of Science*, Jg. 25, S. 477–498.

Shama, G./Hellgardt, K. /Oppenheim, C. (2000), »Citation footprint analysis Part I: UK and US chemical engineering academics«, *Scientometrics*, Jg. 49, S. 289–305.

Shapin, Steven (1982), »History of Science and its Sociological Reconstructions«, *History of Science*, Jg. 20, S. 157–211.

— (1984), »Pump and Circumstance: Robert Boyle's Literary Technology«, *Social Studies of Science*, Jg. 14, S. 481–520.

— (1988), »Understanding the Merton Thesis«, *ISIS*, Jg. 79, S. 594–605.

— (1991), »»A Scholar and a Gentleman«: The Problematic Identity of the Scientific Practitioner in Early Modern England«, *History of Science*, Jg. 29, S. 279–327.

— (1994), *A Social History of Truth: Civility and Science in Seventeenth-Century England*, Chicago.

— (1995), »Here and Everywhere - Sociology of Scientific Knowledge«, *Annual Review of Sociology*, Jg. 21, S. 289-321.

— (1996), *The Scientific Revolution*, Chicago.

Shapin, Steven/Schaffer, Simon (1985), *Leviathan and the Air-Pump: Hobbes, Boyle, and the Experimental Life*, Princeton.

Shapiro, Barbara (1983), *Probability and Certainty in Seventeenth-Century England*, Princeton.

— (1991), »Early Modern Intellectual Life: Humanism, Religion and Science in Seventeenth Century England«, *History of Science*, Jg. 29, S. 45–71.

— (2000), *A Culture of Fact: England, 1550–1720*, Ithaca.

— (2002), »Testimony in seventeenth-century English natural philosophy: legal origins and early development«, *Studies in History and Philosophy of Science*, Jg. 33, S. 243–263.

Sharma, Srinarayan/Sugumeran, Vijayan/Rajagopalan, Balaji (2002), »A framework for creating hybrid-open source software communities«, *Information Systems Journal*, Jg. 12, S. 7–25.

Shearer, E./Moravcsik, Michael-J. (1979), »Citation Patterns in Little Science and Big Science«, *Scientometrics*, Jg. 1, S. 463–474.

Shibutani, Tamotsu (1955), »Reference Groups as Perspectives«, *American Journal of Sociology*, Jg. 60, S. 562-569.

Shils, Edward (1957), »Primordial, Personal, Sacred and Civil Ties«, *British Journal of Sociology*, Jg. 8, S. 130-145.

Shinn, Terry (2004), »Paradox oder Potenzial. Zur Dynamik heterogener Kooperation«, in: Jörg Strübing/Ingo Schulz-Schaeffer/Martin Meister/Jochen Gläser (Hg.), *Kooperation im Niemandsland. Neue Perspektiven auf Zusammenarbeit in Wissenschaft und Technik*, Opladen, S. 77–101.

Sibum, H. Otto (2003), »Experimentalists in the Republic of Letters«, *Science in Context*, Jg. 16, S. 89–120.

Silk, J. (1999), »Guest editorial: The dynamics of community, place, and identity«, *Environment and Planning A*, Jg. 31, S. 5–17.

Silvani, Alberto/Sirilli, Giorgio/Tuzi, Fabrizio (2005), »R&D Evaluation in Italy: more needs to be done«, *Research Evaluation*, Jg. 14, S. 207–215.

Simon, Bart (1999), »Undead Science: Making Sense of Cold Fusion after the (Arti)fact«, *Social Studies of Science*, Jg. 29, S. 61–85.

Simon, Herbert A. (1962), »The Architecture of Complexity«, *Proceedings of the American Philosophical Society*, Jg. 106, S. 467–482.

— (1996), »Organisationen und Märkte«, in: Patrick Kenis/Volker Schneider (Hg.), *Organisation und Netzwerk: Institutionelle Steuerung in Wissenschaft und Politik*, Frankfurt am Main, S. 47–74.

Six, J./Bustamante, Martha C.(1996), »Bibliometric analysis of publications in experimental particle physics on cosmic rays and with accelerators«, *Scientometrics*, Jg. 37, S. 25–37.

Small, Henry G. (1977), »A Co-Citation Model of a Scientific Specialty: A Longitudinal Study of Collagen Research«, *Social Studies of Science*, Jg. 7, S. 139–166.

— (1978), »Cited Documents as Concept Symbols«, *Social Studies of Science*, Jg. 8, S. 327–340.

Small, Henry G./Crane, Diana (1979), »Specialties and Disciplines in Science and Social Science: An Examination of Their Structure Using Citation Indexes«, *Scientometrics*, Jg. 1, S. 445–461.

Small, Henry/Griffith, Belver C. (1974), »The Structure of Scientific Literatures I: Identifying and Graphing Specialities«, *Science Studies*, Jg. 4, S. 17–40.

Smith, Adam (2002), »Life beyond the walls«, *Nature (Naturejobs)*, Jg. 415, S. 7.

Snobelen, Stephen D. (2001), »Essay Review: Mathematicians, Historians and Newton's Principia«, *Annals of Science*, Jg. 58, S. 75–84.

Solla Price, Derek de (1965), »Networks of Scientific Papers«, *Science*, Jg. 149, S. 510–515.

— (1974 [1963]), *Little Science, Big Science: Von der Studierstube zur Großforschung*, Frankfurt am Main

— (1984), »The science/technology relationship, the craft of experimental science, and policy for the improvement of high technology innovation«, *Research Policy*, Jg. 13, S. 3–20.

Soule, Sarah A. (2004), »Diffusion Processes within and across Movements«, in: David A. Snow/Sarah A. Soule/Hanspeter Kriesi (Hg.), *The Blackwell Companion to Social Movements*, Malden, MA, S. 294–310.

de Souza, Cleidson/Froehlich, Jon/Dourish, Paul (2005), »Seeking the Source: Software Source Code as a Social and Technical Artifact«, in: *ACM International Conference on Supporting Group Work (GROUP 2005)*, Sanibel Island, Florida, S. 197–206.

Stacey, Margaret (1969), »The myth of community studies«, *The British Journal of Sociology*, Jg. 20, S. 134-147.

Star, Susan Leigh (1989), »The Structure of Ill-Structured Solutions: Boundary Objects and Heterogeneous Distributed problem Solving«, in: Les Gasser/Michael N. Huhns (Hg.), *Distributed Artificial Intelligence. Volume II*, London, S. 37-54.

— (2004), »Kooperation ohne Konsens in der Forschung: Die Dynamik der Schließung in offenen Systemen«, in: Jörg Strübing/Ingo Schulz-Schaeffer/Martin Meister/Jochen Gläser (Hg.), *Kooperation im Niemandsland: Neue Perspektiven auf Zusammenarbeit in Wissenschaft und Technik*, Opladen, S. 58–76.

Star, Susan Leigh/Gerson, Elihu M. (1987), »The Management and Dynamics of Anomalies in Scientific Work«, *Sociological Quarterly*, Jg. 28, S. 147–169.

Star, Susan Leigh/Griesemer, James R. (1989), »Institutional Ecology, ›Translations‹ and Boundary Objects: Amateurs and Professionals in Berkeley's Museum of Vertebrate Zoology, 1907–39«, *Social Studies of Science*, Jg. 19, S. 387–420.

Steck, Henry (2003), »Corporatization of the University: Seeking conceptual Clarity«, *The Annals of The American Academy of Political and Social Science*, Jg. 585, S. 66–83.

Stegbauer, Christian (2001), *Grenzen virtueller Gemeinschaft: Strukturen internetbasierter Kommunikationsforen*, Opladen.

Stehr, Nico (1978), »The Ethos of Science Revisited: Social and Cognitive Norms«, in: Jerry Gaston (Hg.), *Sociology of Science*, San Francisco, S. 172-196.

Stichweh, Rudolf (1984), *Zur Entstehung des modernen Systems wissenschaftlicher Disziplinen: Physik in Deutschland 1740–1890*, Frankfurt am Main

— (1992), »The Sociology of Scientific Disciplines: On the Genesis and Stabililty of the Disciplinary Structure of Modern Science«, *Science in Context*, Jg. 5, S. 3–15.

— (1994), *Wissenschaft, Universität, Professionen*, Frankfurt am Main.

Stoecker, Randy (1995), »Community, Movement, Organization: The Problem Of Identity Convergence In Collective Action«, *Sociological Quarterly*, Jg. 36, S. 111–130.

Storer, Norman W. (1966), *The Social System of Science*, New York.

Streeck, Wolfgang/Schmitter, Philippe C. (1985), »Community, Market, State – and Associations? The Prospective Contribution of Interest Governance to Social Order«, in: Wolfgang Streeck/Philippe C. Schmitter (Hg.), *Private Interest Government*, London, S. 1–29.

Strübing, Jörg, 2005, *Pragmatistische Wissenschafts- und Technikforschung: Theorie und Methode*, Frankfurt am Main.

Studer, Kenneth E./Chubin, Daryl E. (1980), *The Cancer Mission – Social Contexts of Biomedical Research*, London.

Sturgeon, Timothy J. (2002), »Modular production networks: a new American model of industrial organization«, *Industrial and Corporate Change*, Jg. 11, S. 451–496.

Sullivan, D./Koester, D./ White, D. H./Kern, R. (1980), »Understanding rapid theoretical chnage in particle physics: a month-by-month co-citation analysis«, *Scientometrics*, Jg. 2, S.

Sullivan, Daniel/White, D. Hywel/Barboni, Edward J. (1977), »Co-Citation Analyses of Science: An Evaluation«, *Social Studies of Science*, Jg. 7, S. 223–40.

Swales, John (1986), »Citation analysis and discourse analysis«, *Applied Linguistics*, Jg. 7, S. 39–56.

Swedberg, Richard (1994), »Markets as Social Structures«, in: Neil J. Smelser/Richard Swedberg (Hg.), *The Handbook of Economic Sociology*, Princeton, S. 255–282.

— (1997), »New Economic Sociology: What Has Been Accomplished, What Is Ahead?« *Acta Sociologica*, Jg. 40, S. 161–182.

Taylor, Verta/Whittier, Nancy (1992), »Collective Identity in Social Movement Communities«, in: Aldon D. Morris/Carol McClurg Mueller (Hg.), *Frontiers in Social Movement Theory*, New Haven, S. 104–129.

TEC (Tertiary Education Commission) (2004), *Performance-Based Research Fund. Evaluating Research Excellence: The 2003 Assessment.* Wellington, New Zealand: Tertiary Education Commission.

Teubner, Gunther (1992), »Die vielköpfige Hydra: Netzwerke als kollektive Akteure höherer Ordnung«, in: Wolfgang Krohn/Günter Küppers (Hg.), *Emergenz: Die Entstehung von Ordnung, Organisation und Bedeutung*, Frankfurt/ M., S. 189-216.

Thomas, K. S. (1992), »The Development of Eponymy – a Case-Study of the Southern Blot«, *Scientometrics*, Jg. 24, S. 405–417.

Thomas, William I./Thomas, Dorothy Swaine (1928), *The Child in America: Behavior Problems and Programs*, New York.

Thompson, James D. (1967), *Organizations in Action*, New York.

Thorndike, Lynn (1957), »Newness and Novelty in Seventeenth-Century Science and Medicine«, in: Philip P. Wiener/Aaron Noland (Hg.), *Roots of Scientific Thouhgt: A Cultural Perspective*, New York, S. 443–457.

Thorsteinsdóttir, O. H. (2000), »External research collaboration in two small science systems«, *Scientometrics*, Jg. 49, S. 145–160.

Thurston, William P. (1994), »On Proof and Progress in Mathematics«, *Bulletin of the American Mathematical Society*, Jg. 30, S.

Tönnies, Ferdinand (1991 [1887]), *Gemeinschaft und Gesellschaft: Grundbegriffe der reinen Soziologie*, Darmstadt.

Travis, G. D. L./Collins, H. M. (1991), »New Light on Old Boys: Cognitive and Institutional Particularism in the Peer Review System«, *Science, Technology, and Human Values*, Jg. 16, S. 322–341.

Traweek, Sharon (1988), *Beamtimes and Lifetimes: The World of High Energy Physicists*, Cambridge.

Tuomi, Ilkka (2001), »Internet, Innovation, and Open Source: Actors in the Network«, *First Monday*, Jg. 6, S. http://firstmonday.org/issues/issue6_1/tuomi/index.html.

Turner, Stephen (2000), »What Are Disciplines? And How Is Interdisciplinarity Different?« in: Peter Weingart/Nico Stehr (Hg.), *Practising Interdisciplinarity*, Toronto, S. 46–65.

Turner, Ralph H./Killian, Lewis M. (1972), *Collective Behavior*, Englewood Cliffs, N. J.

UBMTA (1995), The Uniform Biological Material Transfer Agreement. (Hrsg.). http://www.autm.net/UBMTA/master.html: Association of University Technology Managers (AUTM).

Vanberg, V. (2001), »Markets and the Law«, in: Neil J. Smelser/Paul B. Baltes (Hg.), *International Encyclopedia of the Social & Behavioral Sciences*, Oxford, S. 9221–9227.

Velterop, Jan (2003), »Should scholarly societies embrace open access (or is it the kiss of death)?« *Learned Publishing*, Jg. 16, S. 167–169.

Verspagen, Bart/Werker, Claudia (2003), *The Invisible College of The Economics of Innovation and Technological Change*, Research Memoranda 009. Eindhoven: Maastricht Economic Research Institute on Innovation and Technology, http://edata.ub.unimaas.nl/www-edocs/loader/file.asp?id=780.

Wagner, Gerhard (1993), »Giddens on Subjectivity and Social Order«, *Journal for the Theory of Social Behaviour*, Jg. 23, S. 139-155.

Walsh, John P./Kucker, Stephanie/Maloney, Nancy/Gabbay, Shaul M. (2000), »Connecting Minds: Computer-Mediated Communication and Scientific Work«, *Journal of the American Society for Information Science*, Jg. 51, S. 1295–1305.

Walsh, John P./Roselle, Ann (1999), »Computer Networks and the Virtual College«, in: OECD (Hg.), *Science Technology Industry Review (24)*, S. 49–78.

Ward, K. J. (1999), »The cyber-ethnographic (re)construction of two feminist online communities«, *Sociological Research Online*, Jg. 4, S. U193–U212.

Warner, Susan (2002), »Lawmakers Curbs to Patent Power«, *The Scientist*, Jg. 16, S. 30.

Watson, Nessim (1997), »Why We Argue About Virtual Community: A Case Study of the Phish.Net Fan Community«, in: Steven G. Jones (Hg.), *Virtual Culture: Identity and Communication in Cybersociety*, London, S. 102–132.

Webber, Melvin M. (1963), »Order in Diversity; Community without Propinquity«, in: Lowdon Wingo (Hg.), *Cities and Space: The Future Use of Urban Land*, Baltimore, S. 23-54.

Weber, Max (1947 [1922]), *Wirtschaft und Gesellschaft: Grundriss der verstehenden Soziologie*, Tübingen.

— (1949), »Objectivity« in Social Science and Social Policy«, in: Max Weber (Hg.), *The Methodology of the Social Sciences*, New York, S. 49–112.

Weick, Karl E. (1998), »Improvisation as a Mindset for Organizational Analysis«, *Organization Science*, Jg. 9, S. 543–555.

Weingart, Peter (1976), *Wissensproduktion und soziale Struktur*, Frankfurt.

— (2003), *Wissenschaftssoziologie*, Bielefeld.

— (2005), »Impact of bibliometrics upon the science system: Inadvertent consequences?« *Scientometrics*, Jg. 62, S. 117–131.

Weingart, Peter/Winterhager, Matthias (1984), *Die Vermessung der Forschung. Theorie und Praxis der Wissenschaftsindikatoren*, Frankfurt am Main.

Wellman, Barry (1979), »The Community Question: The Intimate Networks of East Yorkers«, *American Journal of Sociology*, Jg. 84, S. 1201-1231.

Wellman, Barry/Salaff, Janet/Dimitrova, Dimitrina/Garton, Laura/Gulia, Milena/Haythornthwaite, Caroline (1996), »Computer Networks as Social Networks: Collaborative Work, Telework, and Virtual Community«, *Annual Review of Sociology*, Jg. 22, S. 213–238.

Wenger, Etienne (1998), *Communities of practice: Learning, meaning, and identity*, Cambridge.

— (2001), »Communities of Practice«, in: Paul B. Baltes (Hg.), *International Encyclopedia of the Social & Behavioral Sciences*, Oxford, S. 2339–2342.

Wenger, Etienne C./William M. Snyder (2000), »Communities of Practice: The Organizational Frontier«, *Harvard Business Review*, Jg. 78, S. 139–145.

Westman, Robert S. (1980), »The Astronomer's Role in the Sixteenth Century: A Preliminary Study«, *History of Science*, Jg. 18, S. 105–147.

Weyer, Johannes (1997), »Weder Ordnung noch Chaos. Die Theorie sozialer Netzwerke zwischen Institutionalismus und Selbstorganisationstheorie«, in: Johannes Weyer/Ulrich Kirchner/Lars Riedl/F. K. Schmidt (Hg.), *Technik, die Gesellschaft schafft: Soziale Netzwerke als Ort der Technikgenese*, Berlin, S. 54–99.

White, Harrison C. (1981), »Where Do Markets Come From?« *American Journal of Sociology*, Jg. 87, S. 517–547.

— (1988), »Varieties of markets«, in: Barry Wellmann/ Stephen D. Berkowitz (Hg.), *Social Structures: A Network Approach*, Cambridge, S. 226–260.

White, Howard D. (2004), »Reward, persuasion, and the Sokal Hoax: A study in citation identities«, *Scientometrics*, Jg. 60, S. 93–120.

Whitley, Richard D. (1972), »Black Boxism and the Sociology of Science: A Discussion of the Major Developments in the Field«, in: Paul Halmos (Hg.), *The Sociology of Science*, Keele, S. 61-92.

— (1974), »Cognitive and social institutionalization of scientific specialties and research areas«, in: Richard Whitley (Hg.), *Social Processes of Scientific Development*, London, S. 69–95.

— (1978), »Types of science, organizational strategies and patterns of work in research laboratories in different fields«, *Social Science Information*, Jg. 17, S. 427-447.

— (1982), »The Establishment and Structure of the Sciences as Reputational Organizations«, in: Norbert Elias/Herminio Martins/Richard Whitley (Hg.), *Scientific Establishments and Hierarchies*, Dordrecht, S. 313-357.

— (1983), »From the Sociology of Scientific communities to the Study of Scientists' Negotiations and Beyond«, *Social Science Information*, Jg. 22, S. 681-720.

— (1984), *The Intellectual and Social Organization of the Sciences*, Oxford.

— (2003), »Competition and pluralism in the public sciences: The impact of institutional frameworks on the organisation of academic science«, *Research Policy*, Jg. 32, S. 1015–1029.

Wiesenthal, Helmut (2000), »Markt, Organisation und Gemeinschaft als ›zweitbeste‹ Verfahren sozialer Koordination«, in: Raymund Werle/ Uwe Schimank (Hg.), *Gesellschaftliche Komplexität und kollektive Handlungsfähigkeit*, Frankfurt am Main, S. 44–73.

Wilbur, Shawn P. (1997), »An Archeology of Cyberspaces: Virtuality, Community, Identity«, in: David Porter (Hg.), *Internet Culture*, London, S. 5-22.

Williamson, Alex (2003), »What will happen to peer review?« *Learned Publishing*, Jg. 16, S. 15–20.

Williamson, Oliver E. (1975), *Markets and Hierarchies: Analysis and Antitrust Implications*, New York.

— (1981), »The Economics of Organization: The Transaction Cost Approach«, *American Journal of Sociology*, Jg. 87, S. 548-577.

— (1985), *The Economic Institutions of Capitalism: Firms, Markets, Relational Contracting*, New York.

— (1996), »Vergleichende ökonomische Organisationstheorie: Die Analyse diskreter Strukturalternativen«, in: Patrick Kenis/Volker Schneider (Hg.), *Organisation und Netzwerk: Institutionelle Steuerung in Wirtschaft und Politik*, Frankfurt a. M., S. 167-212.

Williamson, Oliver E./Ouchi, William G. (1981a), »The Markets and Hierarchy and Visible Hand Perspectives«, in: Andrew H. Van de Ven und William F. Joyce (Hg.), Perspectives on Organization Design and Behavior, New York, S. 347-370.

— (1981b), »A Rejoinder«, in: Andrew H. Van de Ven und William F. Joyce (Hg.), *Perspectives on Organization Design and Behavior*, New York, S. 387-390.

Windeler, Arnold (2001), *Unternehmungsnetzwerke: Konstitution und Strukturation*, Opladen.

Wissenschaftsrat, 2004. *Empfehlungen zu einem Wissenschaftstarifvertrag und zur Beschäftigung wissenschaftlicher Mitarbeiter*. Drs. 5923/04. Berlin: Wissenschaftsrat.

Wolfe, Alan (1992), »Weak Sociology/ Strong Sociologists: Consequences and Contradictions of a Field in Turmoil«, *Social Research*, Jg. 59, S. 759–779.

Woolgar, Steve (1976), »The Identification and Definition of Scientific Collectivities«, in: Gerard Lemaine/Roy Macleod/Michael Mulkay/ Peter Weingart (Hg.), *Perspectives on the Emergence of Scientific Disciplines*, Paris, S. 233-245.

— (1981), »Interests and Explanation in the Social Study of Science«, *Social Studies of Science*, Jg. 11, S. 365–394.

— (1982), »Laboratory Studies: A Comment on the State of the Art«, *Social Studies of Science*, Jg. 12, S. 481-98.

Wrong, Dennis H. (1994), *The Problem of Order: What Unites and Divides Society*, New York.

Wuethrich, Bernice (1993), »All Rights Reserved: How the gene-patenting race is affecting science«, *Science News*, Jg. 144, S. 154–157.

Wulf, W. A. (1989), »The national collaboratory – a white paper«, in: J. Lederberg/K. Uncaphar (Hg.), *Towards a National Collaboratory: Report of an Invitational Workshop at the Rockefeller University, March 17–18 (Appendix A)*, Washington, S.

Zeitlyn, David (2003), »Gift economies in the development of open source software: anthropological reflections«, *Research Policy*, Jg. 32, S. 1287–1291.

Zilsel, Edgar (1942), »The Sociological Roots of Science«, *American Journal of Sociology*, Jg. 47, S. 544–562.

— (1945), »The Genesis of the Concept of Scientific Progress«, *Journal of the History of Ideas*, Jg. 6, S. 325–349.

— (1976 [1942]), »Die sozialen Ursprünge der neuzeitlichen Wissenschaft«, in: Wolfgang Krohn (Hg.), *Edgar Zilsel: Die sozialen Ursprünge der neuzeitlichen Wissenschaft*, Frankfurt am Main, S. 49–65.

Ziman, John (2002), *Real Science: What it is, and what it means*, Cambridge.

Zuckerman, Harriet (1977), *Scientific Elite: Nobel Laureates in the United States*, New York.

— (1987), »Citation Analysis and the complex problem of intellectual influence«, *Scientometrics*, Jg. 12, S. 329–338.

— (1988), »The Sociology of Science«, in: Neil J. Smelser (Hg.), *Handbook of Sociology*, Newbury Park, S. 511-574.

Zuckerman, Harriet/Merton, Robert K. (1973 [1971]), »Institutionalized Patterns of Evaluation in Science«, in: Robert K. Merton (Hg.), *The Sociology of Science*, Chicago, S. 460–496.

Stichwortverzeichnis

Académie Royale des Sciences 190, 214, 234, 240
Actor-Network-Theory 31, 36-39, 61, 63, 101, 135-137, 142-144, 192f., 266
Akademie der Wissenschaften der DDR 81
Akademien 190, 194, 239, 243
Akteurkonstellation 67f., 70f., 100, 150, 194, 269, 275, 286-289, 291, 293f., 298, 306, 310, 314, 333, 343, 349, 370
Akteurnetzwerk 37, 135, 192f.
Akteurzentrierter Institutionalismus 55f., 370
Anwendungsforschung 332
Anwendungskontexte 43, 332
Anwendungsrelevanz 343
Arbeitsteilung 71, 163, 292, 294f., 324
Archiv 83, 111-114, 157, 163, 186, 204, 216, 230f., 243, 259
Artefakt 33, 35, 47, 105, 106, 115
Astronomie 201f., 224
Aufgabenunsicherheit 28, 301
Auftragsforschung 331f.
Außernatürliches 206f.
Autonomie 55, 58f., 80f., 167, 171
Autopoietische Kommunikationssysteme 39, 156
Belohnungssystem 13, 17, 25f., 141
Beobachtung 73, 78, 96f., 115, 201, 203, 209, 211-213, 216, 223-225, 230, 266, 325
Beobachtungsinstrumente 224

Bibliometrie 34, 63f., 83, 137, 142, 157f., 169, 173f., 176, 179, 351f.
Biomaterialien
    Austausch 110-112, 337
    Hinterlegung 110
Biomedizin 335
Botanik 210f., 216, 240
Boundary objects 42f., 328
Buchdruck 192f., 202-205, 213, 220f., 329
Chemie 214, 227-229, 246
Clan 59
Collaboratories 318, 320, 324f.
Commons-based peer production 278, 281, 295, 300
Copyleft 264
Copyright 221, 264, 329, 342
Core-set 32, 133
Cycle of credibility (Glaubwürdigkeitszyklus) 24, 165
Dämonen 206
Denkkollektiv 11
Denkstil 11
Diskursanalyse 31
Disziplin 139, 159, 171-173, 248
Disziplinäre Matrix 18
Einbettung ökonomischen Handelns 286f.
Elite 84, 150, 163, 169, 170f., 177, 270, 273-276, 349
Emotionale Bindungen 47, 50, 304, 307f., 315f.
Engel 206
Entdeckungsreisen 202

Epistemische Dinge 86
Epistemische Handlungsbedingungen 159, 174, 249f.
Epistemisches Subjekt 180, 324, 372
Erfahrungstatsachen 200, 244
Ethnomethodologie 31, 33, 101, 104, 253-255, 258
Ethos der Wissenschaft 16-18, 21, 45, 165, 189, 262
Evaluationen 345-357
  Auswirkungen auf die Wissensproduktion 352-357
  bibliometrische 142, 349-351
  Peer review 348f.
Experiment 32, 37, 132, 176, 224-226, 230, 244, 246, 325f.
Experimentalsystem 73f., 86f.
Experimenter's regress 32
Experimentum crucis 238
Expressive interests 46
Fachgemeinschaften 18, 39, 159-161, 172, 174, 180, 256, 260, 263
  Mitgliedschaft 162f.
  Größe 162
Fakten, naturgeschichtliche 221f., 227f., 235
Fakten, wissenschaftliche 12, 31, 32, 37f., 125, 135-138, 144, 197
  Entstehung 203, 223f., 230-233, 237, 245f.
Fälschung 133
Familie 55, 311f.
Feld
  wissenschaftliches 23f.
  transwissenschaftliches/transepistemisches 35
Finalisierungstheorie 20
Folding@home 327f.
Förderorganisationen 170, 344
Forschungsfront 83, 114, 140, 149, 158, 173, 177, 186, 328
Forschungsgeräte 110, 114, 161
  Fern-Zugriff 325-327

Forschungsgruppe 27, 39, 40, 170, 179-181, 184
Forschungshandeln 39
Forschungsmaterialien 110, 114, 184, 337, 339
Forschungspfade 89
Frühkapitalismus 212f.
Gefangenendilemma 194
Geheimnisbücher 220f.
Gemeinde 46, 48f., 308f., 312, 315
Gemeinschaft 44-51, 53, 55f., 59f., 304-316
  Definition 304, 310
  Berufs- 49, 210, 308
  community of limited liability 47
  Fan- 49, 306f., 314
  imagined community 309
  Interessen- 48-51, 305, 307
  soziale Ordnung 51-60, 305f., 309f., 314
  epistemische, 266, 308, 310f.
  Marken- 49, 307
  Mitgliedschaft 314
  örtliche 311, 314
  personal communities 311
  Politik- 308
  posttraditionale 36, 308, 315
  Praxis- 49, 266, 307f., 310f., 315
  Religions- 55, 311, 314
  virtuelle 50, 307, 311, 316, 318
Geometrische Optik 201, 237
Gesellschaft 46, 52f., 170, 181-184, 189, 345
Gesellschaften, wissenschaftliche 28, 170, 240, 243
Gott 206-209
Governance 346
Gravitationswellen 32, 74f., 93, 132, 182
Gresham College 214, 240
Grundlagenforschung 25, 81, 97, 277, 332-335, 341-343
Gruppe 282f., 315

Gut
  öffentliches 25, 163f., 194, 265, 338
  privates 336, 338
Gutachter 96-100, 121, 123f., 127-132, 170, 260, 262, 347-349, 352
Handwerkseliten 190, 202-204, 207, 209, 211-215, 219-221
Herausgeber 96, 122f., 127, 129, 131, 173, 235, 281, 321, 355
Hexen 206
Hochenergiephysik 31f., 36, 74, 83, 124, 132, 162, 171, 173, 175-177, 179-182, 325f.
Homo oeconomicus 24, 33
Human Genome Project 332
Humanismus 210-212, 214f., 218f., 239
Idealtypen 38, 167, 182, 284f., 298
Idee des wissenschaftlichen Fortschritts 212, 218-222, 236, 243, 245
Identität
  Definition 218
  individuelle 190, 218, 222, 244, 259, 309, 320
  kollektive 198, 210, 217f., 222, 236, 240, 243f., 259, 283, 309f., 312-315, 375
Idiosynkrasien, lokale 117-119, 126f., 168, 261, 351f.
Immutable mobiles 192
Industrieforschung 329, 331-334
Informationsproblem 70, 72, 79f., 90, 92, 94, 107, 265,
Inkommensurabilität 151
Innovationen
  ökonomische 331-333, 335f., 339f.
  wissenschaftliche 18, 119, 131, 138, 148, 186, 190, 251, 255f., 261
Inscriptions 193

Institutionen 16, 55f., 68-70, 72, 84, 115, 183f., 190, 243, 290, 345, 372
  Definition 69
  in Netzwerken 295
  in Organisationen 291-293
Integrationsproblem 71f., 79f., 107, 147, 265, 280
Intellectual field 27f.
Interaktionsmodi 55f.
Interdisziplinarität 43, 159, 256, 355
Interessen 16, 38, 51, 67, 154, 167f., 286, 294, 313
  kommerzielle 195, 220, 333, 337, 342-344
Internalismus 35, 189
Internet 50, 264, 266-268, 271, 273, 278f., 281f., 311, 317-320, 325-330
  Mehrpersonen-Rollenspiele 280
Invariantentheorie 252, 254f., 257f.
Invisible college 27
Jazz 282f.
Kalte Kernfusion 133, 252, 254f., 257
Know how 83, 112f., 213, 319f.
Kommunikation 21f., 27, 31, 156, 170, 185, 207, 219, 239, 268, 271, 281, 283, 307, 347
  briefliche 218, 230f., 242, 320
  face-to-face 319
  formale 82f., 115, 177, 204, 234, 349
  informelle 29, 39, 83, 108, 111-113, 115 120, 175, 186, 243, 318-320, 341
  Internetbasierte/elektronische 50, 278, 266f., 307, 311, 318-320
  öffentliche 259, 282, 329f., 338
Konkurrenz 17, 23, 25, 84, 91f., 94, 166, 195, 212, 219, 220f., 286, 290, 324
Kontingenzansatz 26, 285, 301
Kontroversen 32, 132f., 136, 172, 236-239, 323

Kooperation 29, 112, 179-181, 184f., 214, 234, 240, 318-320, 324, 326
heterogene 42f.
Kooperationsgewinn 294
Kooperationsnetzwerke 180, 195
Koordination 27, 42f., 53, 55, 58f., 68-71, 90, 265, 292-295, 299
negative 90, 178
Korporative Akteure 293, 333, 337, 343f.
Korrespondenznetzwerke 217, 230-232, 242
Ko-Wort-Analysen 157f.
Ko-Zitierungs-Analysen 34, 157-160, 179
Ko-Zitierungs-Cluster 158f., 162, 178
Kulturen
epistemische 36f., 175f., 371
nationale 182
Künstliches 206f.
Laborstudien 24, 31-34, 36, 80, 101, 118, 134, 136, 168, 324
Lizenzen 265, 333, 339
Lokale Arbeitsumgebung 79f., 85-87, 89, 95, 107f., 113-115, 117, 130, 148, 150, 153, 183, 273-276, 323, 325
Lotka-Gesetz 168f., 275f.
Magier 206
Markt 23-26, 32f., 54, 57-59, 68f., 263, 265, 278, 286-291, 297-299, 302, 329-331, 335-341, 343, 357
Marktversagen 25, 343
Maschinencode 264
Materialität 150f.
Mathematik 75f., 84, 86f., 106, 111-113, 116f., 124, 148, 162, 173-175, 194, 202, 259
Matthäus-Effekt 129
Mehrfachentdeckungen 90-92
Metrologie 194

Mikroskop 224, 326
Modalitäten 135, 138
Modus 2 43f.
Molekularbiologie 36, 134, 171, 173, 318, 321
Motivation 16, 165, 208, 222, 274
extrinsische 166, 215 265
intrinsische 166, 215, 265
Motivationsproblem 70f., 163-167, 215, 265, 280, 289, 291, 294, 297
Musikszene 49
Mutual dependence 28
NASA Clickworkers 279f., 327f.
National spezifische Forschungsgegenstände 184f.
Naturgeschichte 201, 208, 210, 221, 224f.
Natürliches 37, 206f.
Naturphilosophie 195, 200f., 208, 215, 221f., 229
Naturverständnis
modernes 205-208
vormodernes 206
Netzwerk 27-30, 33, 39f., 48, 56, 58-60, 70, 159, 178, 181, 185, 216, 265, 286-288, 293-295, 297-300, 302f., 311-314, 318f., 338
Netzwerkanalyse 28f.
Neue Wissenschaftsökonomie 25f., 163, 165, 193-195
Neugier 166, 208f.
Neuroendokrinologie 76f.
Neutrinos 73f., 84f.
New public management 346
Normen 16-20, 25, 46, 51, 80, 165, 191, 305, 314, 316
Gegen- 16
kognitive 19, 21
Kommunismus/Offenheit 12, 16, 46, 194f., 262
Neutralität 279
organisierter Skeptizismus 16, 46, 262

Originalität 17, 262
Publikations- 321
technische 18f., 99, 130
Uneigennützigkeit 16, 46, 262
Universalismus 16, 20, 46, 262
Zitierungs- 141
N-Strahlen 252, 254f., 257
Obliteration 138
Offene Systeme 41, 43
Ökonomie 57, 59, 71, 177, 287, 289, 357
Online-Datenbanken 318, 321-324
Open Access 329f.
Open-Source-Software-Gemein-schaften 266-270
Optik 201f., 237f.
Organisation 26-28, 56-59, 62, 170, 194, 239-243, 265, 269, 275, 288, 291-293, 295, 297-299, 302f., 314, 331, 344f.
    institutioneller Rahmen 291-293
    intermediäre 95
Organisationssoziologie 15, 28, 70, 282, 285, 291
Orientierungsalternativen 45f.
Ortega-Hypothese 169
Paradigma 18-23, 27, 82, 172, 249f.
Paradigmatische Reife 20, 172
Partikularismus 45, 173
Patent 221, 331-335, 338-341
    experimentelle Benutzung 342f.
    Verletzung 338f., 342f.
Patronage 194f., 208, 211, 215
Pattern variables 45f.
Peer review 262f., 271, 273, 275f., 281, 301, 320, 326
    als Evaluationsinstrument 347-349, 351f.
    von Projektanträgen 95-100
    von Publikationen 122-124, 127-130, 132, 175, 329
Phagengenetik 253, 255, 258

Philosophical Transactions 223, 234f., 238, 241
Physikalische Chemie 253, 255, 258
Preis 25, 58, 69, 290, 296-298, 335
Primärgruppe 47
Prioritätsstreitigkeiten 16f., 90f., 209, 236
Produktionsgeheimnis 341
Produktionskosten 57
Produktionsmarkt 57, 263, 288, 296f.
Produktionsnetzwerk 57, 263, 284, 294, 299
Produktionsorganisation 27, 57, 263, 291, 331
Produktionssysteme
    geschlossene 291, 294
    offene 164, 274, 290, 296
Professionen 49, 311
Projektantrag 96-100, 326, 357
Promotion 80
Publikation 17, 83, 87, 108-110, 139f., 157f., 161, 168, 175-179, 321f., 334, 341, 348, 350
    elektronische 320, 329f.
    empirische 140
    Erarbeitung 120-131
    methodische 140
    Sprache 184
    theoretische 140
Puritanismus 189
Qualitätskontrolle 128, 130, 148f., 153-155, 262f., 275f., 301, 337
Quellcode 264
Radioastronomie 250, 253-255, 258
Rationalität 13, 58, 151
Regeln der Aufgabenbearbeitung 104, 115-117, 273, 295
Religion 205f., 211f., 230, 298
Replikation 132f., 136, 233, 237-240, 254
Reputation 25f., 39, 96, 164-166, 194, 215, 236, 265, 275, 320, 332, 356
Reputational organizations 34

Research Assessment Exercise 346, 348, 353f.
Rollen
  Autoren- 235
  Herausgeber- 235
  in Open-Source-Software-Gemeinschaften 269f.
  in Organisationen 292
  Leser- 235
  Wissenschaftler- 138f., 164f., 190-192, 222, 324
Routinisierung 26, 172
Royal Society 232f., 236, 238-242, 244
Sekundäranalyse 63f., 89, 167, 171, 258
Selbstorganisation 39
Slashdot 281
Solidarität 50, 53, 55, 304, 315
  konzertierte 21f., 45
  mechanische 21, 47, 53
  organische 21, 47, 53
Soziale Bewegungen 310-314
Soziale Ordnung 11, 50, 67-72, 310
  Abstraktionsebenen 53f., 57, 60, 62, 70, 182, 284, 371
  spontane 68, 297f.
  Theorie 51-53, 60, 62, 67
  Typen 15, 52-56, 60, 309, 331
Soziale Welten 40-43
Sozialer Mechanismus 11, 13f., 23, 62, 64, 95, 276
Sozialer Zirkel 30
Soziales Kapital 23f.
Sozialisation 16, 19
Sozialwissenschaften 172f., 176-179, 322
Soziologie der Gemeinschaft 46-51, 60f., 304-306, 375
Soziologie wissenschaftlichen Wissens - siehe Wissenschaftssoziologie, konstruktivistische
Soziometrische Methoden 28, 163, 312

Specialty 18, 26, 158
Standardized packages 134
Staunen 208f., 215
Strong programme 167f.
Subsistenz 164-167, 269, 355
  Produzenten von Open-Source-Software 269
  Wissenschaftler 164-167, 356
Symbolischer Interaktionismus 40-43
Systemtheorie 39-40, 61, 145
Tausch 17, 23, 25, 68, 289-291, 296, 338
Technologietransfer 334, 343
Teleskop 224
Theoretische Physik 36, 75, 106, 111, 175, 318f.
Theorie mittlerer Reichweite 14, 228, 376
Transaktionskostentheorie 57-59, 71, 265, 278
Translation 38
Trusted assessors 127
Übernatürliches 206f.
Universitäten 138f. 190, 333f., 340f., 343f., 346, 348, 352, 357
  vormoderne 204, 210f., 215
Unnatürliches 206f.
Unsicherheit 26, 94, 119, 166f., 300
Unternehmen 57, 59, 286-288, 303
  als Wissensproduzenten 331-333, 341, 343
Vergemeinschaftung 47, 53, 330
  der Datenerzeugung 327
  exogener Beiträge 328
  lokaler Daten 322-324
Vergesellschaftung 47, 53
Vergütung 164, 269, 274f., 289, 291f., 357
Verhandlung 41, 55, 68, 90f., 103f., 108, 122, 129, 180, 263, 294f., 298, 302, 337, 339
Verhandlungssysteme 59, 294f.
Verteilte Künstliche Intelligenz 41

Vertrauen 52, 59f., 131, 148, 233f., 294f., 302, 341
Wahrheit 32, 199f., 232
Werte 19, 27, 50, 55, 191, 304, 316
Wikipedia 278f., 281
Wirtschaftssoziologie 287
Wissen
  Anwendung 277
  Geheimhaltung 195, 219, 220, 336-338
  implizites 32, 113f.
  informell kommuniziertes 111-112, 114, 196
  Offenheit 219-221
  ordnende Wirkung 20-22, 42, 61, 69, 271f.
  Privatisierung 336-343
  publiziertes 108-111, 114
  Relevanz 150
  sicheres 199-201
  vergegenständlichtes 35, 103, 105, 110f., 114, 127, 161, 176, 181
  Verlässlichkeit 150f.
Wissensbestand 80-84, 90, 99, 103f., 118, 125f., 132, 146, 155f., 171, 197, 204, 261, 263, 338, 371
  als Quelle von Aufgaben 76, 107, 236, 244, 257-259, 271f.
  Elemente 108-115, 120
  fraktale Struktur 256
  Open-Source-Software-Produktion 272f.
  Organisationskraft 247-250, 259
  retrospektiver Umbau 140-141, 150
  Wahrnehmung durch die Wissenschaftler 87-89, 97, 129, 131, 155f., 217f., 255, 347
Wissenschaft
  Ausdifferenzierung 189, 191
  Binnendifferenzierung 40, 159, 199, 252
  normale 19, 22, 82

Wissenschaften
  Baconsche 202, 226-229, 245, 247, 249
  klassische 199, 202, 210, 215, 218, 224-226, 229, 238, 246f.
  mathematische 201, 221
Wissenschaftler
  Autorität 23f.
  Forschungsbiographie 87, 89, 97, 347
  Glaubwürdigkeit 17, 24f., 165
  individuelle Perspektive 87-89, 97, 129, 131, 155f., 217f., 255, 347
  Interessen 16, 38, 167f., 215, 337, 344
  Karriere 89, 150, 165f., 183
Wissenschaftliche Revolution 195-198, 214f., 217, 221
  Datierung 188
  zweite 247
Wissenschaftliche Revolutionen 19, 22f., 82
Wissenschaftliche Spezialgebiete 18, 34, 40, 64, 158-163, 175
  Entstehung 19f., 64, 249-258, 371
Wissenschaftshandeln 39
Wissenschaftssoziologie 60, 179, 331, 374f.
  konstruktivistische 12-14, 30-32, 36, 63, 100f., 151, 168, 173, 196f., 373
  Methodologie 172, 354, 371f.
  strukturfunktionalistische 12-14, 17f., 25, 30, 36, 69, 96, 128, 189f.
Wunder 206f.
Zeitschriften 35f., 161, 170, 173, 184f., 321, 329, 344
  Entstehung 234f.
Zeitschriftenaufsätze 63, 120, 126, 177, 321, 330, 350
  Entstehung 232-235, 237
Zeugen 209, 225, 233
Zeugenschaft 232f.

virtuelle 126, 233
Zitierungen 135, 137, 141-147, 149, 177, 350f.
  als Qualitätsmaß 142, 353
  konstruktivistische Theorie 141f.

strukturfunktionalistische Theorie 141f.
Zitierungsanalysen 29, 140, 177
  Validität 142, 351
Zitierungs-Kontext-Analyse 137-139, 145, 182

Campus Einführungen

Kai Buchholz
▶ **LUDWIG WITTGENSTEIN**
2006 · 150 Seiten · ISBN-13: 978-3-593-37858-9

Karlfriedrich Herb, Oliver Hidalgo
▶ **ALEXIS DE TOCQUEVILLE**
2005 · 176 Seiten · ISBN-13: 978-3-593-37647-9

Heiner F. Klemme
▶ **IMMANUEL KANT**
2004 · 172 Seiten · ISBN-13: 978-3-593-37185-6

Peter Trawny
▶ **MARTIN HEIDEGGER**
2003 · 192 Seiten · ISBN-13: 978-3-593-37359-1

Paula-Irene Villa
▶ **JUDITH BUTLER**
2003 · 162 Seiten · ISBN-13: 978-3-593-37187-0

Gerne schicken wir Ihnen aktuelle Prospekte
vertrieb@campus.de · www.campus.de

campus
Frankfurt · New York